Spanish American Literature

A Collection of Essays

Series Editors

David William Foster
Arizona State University

Daniel Altamiranda
Universidad de Buenos Aires

A GARLAND SERIES

Contents of the Series

From Romanticism to *Modernismo* in Latin America

Edited with introductions by

David William Foster
Arizona State University

Daniel Altamiranda
Universidad de Buenos Aires

GARLAND PUBLISHING, INC.
A MEMBER OF THE TAYLOR & FRANCIS GROUP
New York & London
1997

Library of Congress Cataloging-in-Publication Data

From romanticism to modernismo in Latin America / edited with
introductions by David William Foster and Daniel Altamiranda.
    p.   cm. — (Spanish American literature : a collection of
essays ; 3)
    Includes bibliographical references.
    ISBN 0-8153-2677-7 (set : alk. paper). — ISBN 0-8153-2679-3
(v. 3 : alk. paper)
    1. Spanish American literature—19th century—History and
criticism. 2. Romanticism—Latin America. 3. Modernism
(Literature)—Latin America. I. Foster, David William.
II. Altamiranda, Daniel. III. Series: Spanish American literature ; 3.
PQ7081.A1F76 1997
860.9'868—dc21   97-40790
                                    CIP

Printed on acid-free, 250-year-life paper
Manufactured in the United States of America

Contents

Series Introduction

Many and varied are the factors that underlie the growing interest in recent decades in the literary production of Latin American writers, such as, for instance, the international recognition of several Latin American writers such as the Argentine Jorge Luis Borges, the Colombian Gabriel García Márquez, the Mexican Carlos Fuentes, and the Chilean Pablo Neruda, to name only a few of the most renowned figures. Out of these writers, two are Nobel Prize Literature winners: García Márquez and Neruda. Another factor that has fueled this interest is their commercial success and the accompanying cultural diffusion of the so-called Boom of Latin American fiction. And last but not least, is the new and vigorous feminist body of writing, quite unique in Hispanic letters for the richness and variety of its innovations.[1]

Despite the fact that the task of translating some authors into English, such as the Cuban Alejo Carpentier, had begun a little before the crucial decade of the 1960s, it is only beginning in this latter period that there arises an explosion of publishing activity oriented toward making Latin American texts known among English-speaking readers. Furthermore, the creation of Latin American studies programs in numerous North American universities resulted in the institution of a specific field of research that comes to be considered a natural adjunct of Spanish literature. It is evident that all of the interest is not an exclusive result of the internal development of literary history, as though such a thing could occur in the abstract, but rather it presupposes a concrete response to the sociopolitical circumstances of the period: the triumph of the Castro Revolution in 1959, which turned Cuba into a center of enormous political and cultural consequences and whose influence began to be felt early on in the farthest reaches of Latin America.

The factors mentioned above provided the context for the development of extensive research programs whose goals included the elaboration and periodic examination of the literary canon, the analysis of specific texts, authors, periods, and problems. All of this activity has resulted in innumerable dissertations, theses, and books published by academic and trade presses, as well as articles that appeared in journals traditionally devoted to literary history and philology, along with the flourishing of new specialized journals and the organization of national and international congresses on specific themes.

In the face of such an enormous proliferation of commentary and study, it is necessary to offer students undertaking the study of Latin American literature a body of basic texts to assist them in providing an initial orientation in the diverse research areas that have emerged. Consequently, we have chosen to include essays and articles that have appeared in periodical publications, some of which are difficult to obtain by the Anglo-American student. These articles are not limited to philological minutiae or the discussion of highly specific aspects. Rather, they address major texts and problems from an interpretive and critical point of view. Although principally directed toward neophyte students, the present selection will undoubtedly be useful to advanced students and researchers who find themselves in need of a quick source of reference or who wish to consult newer issues and approaches to Spanish American literary studies.

Notes

[1] Although the term "Latin America" will be used throughout as a synonym of "Spanish American," it should be noted that, in its most precise usage, the former includes the other non-Spanish but Romance language-speaking areas to the south of the United States and in the Caribbean. This collection has not sought to include a representation of Portuguese and French-speaking authors on the assumption that it will be used principally in nonresearch institutions where Brazilian and Francophone Caribbean literature is not customarily taught.

Volume Introduction

The nineteenth century in Latin America begins with the confluence of a series of historical phenomena that will modify the general lines of cultural development that had been imposed on the continent by the Spanish imperial program. The weakening of the political institutions established by the Spanish Crown, the emergence of a native consciousness and the diffusion of the ideas of the French Revolution and the Constitution of the United States as a republic were incentives for the development of intellectual nuclei that attempted to find cultural models that would be alternatives to those offered by Spain. From the point of view of political history, the phenomenon that marks the onset of the new century will be the series of separatist revolutions and the long military process of struggles for independence that placed large amounts of territory under armies and that is the direct result of the imposition of the liberal project of the formation of strong and independent nation-states that began with the efforts of local hegemonic groups to participate in the international capitalist market, in the process of formation, toward the attainment of some measure of material progress.

These projects were accompanied by the emergence of a broad array of cultural texts that turned on national identity: national anthems for the various republics were written, armed forces were created and laws promulgated, coats of arms and flags were adopted, the first national histories were written, along with literary texts that sought to underscore non-Hispanic elements of local tradition by replacing Peninsular models with regional culture. At the same time, educational systems were developed that put into effect all of these elements of a national symbolic capital as an instrument for the homogenization of society by the hegemonic groups.

As far as literary history as such is concerned, the relationship of cultural dependency on the Old World was not dissolved. Rather, it was displaced via the substitution of the Hispanic by other cultural centers, particularly Paris and London. Precisely for this reason, it is still possible to employ the criteria of periodization used for world (i.e. European) literature, as long as one takes into consideration the fact that, despite the multiplicity of failed attempts at assimilation and slavish adherence to imported forms, the principal aesthetic tendencies of the nineteenth century, such as Romanticism, Realism, and Naturalism, came to have in Latin America a particular and specific inflexion that was the product of the confluence of artistic programs sanctioned in Europe and an orientation that relied more and more on local nature and social history.

The first decades of the last century were dominated by the holdovers of a neoclassical mode of writing whose best manifestations were to be found in patriotically inspired poetry and journalism. Nevertheless, only with the emergence of the first traces of Romanticism in different places in Spanish America can one consider that a new cultural period had emerged. Among the principal figures that contributed to the acclimatization of Romanticism in Hispanic letters, one can mention the Venezuelan Andrés Bello, the Argentines Esteban Echeverría and Domingo F. Sarmiento, the Cuban Gertrudis Gómez de Avellaneda, and the Peruvian Ricardo Palma. As a consequence, the first block of studies included in this volume is devoted to studies dealing with these authors whose place in the canon is indisputable. We have also included two studies dealing with a marginal production that has been recently discovered by specialists, that of the black Cuban Juan Francisco Manzano.

Andrés Gallardo Ballacay comments on Andrés Bello's *Gramática de la lengua castellana* not only as a capital document in the history of modern linguistics, to the extent that it marked an important awareness of language as an instrument of communication, but it implies also the adoption of an Americanist dream, one with its roots in the liberator Simón Bolívar, since it conceives of the Spanish language as a unifying nucleus for the multiplicity of independent peoples emerging in Spanish America.

As a more properly literary text, Esteban Echeverría's *El matadero* (ca. 1839), although it was first published almost forty years after it was written, is one of the founding texts of Argentine literature. David William Foster emphasizes the extensive use of elements drawn from Christological symbolism in the construction of this text, which has come to be considered the first example of Argentine prose fiction. María Rosa Lojo describes the story in terms of the diversity of its registers—religious, political, anthropological. She goes on to stress its dual nature as a hybrid literary document that is as much fiction as it is chronicle in that it combines various elements in a totality that gives witness to the violence dominating the society that produced it.

Domingo Faustino Sarmiento's *Facundo* was published more closely to the time of the events it describes than Echeverría's text. Its first publication occurred in the Chilean newspaper *El mercurio* in 1845, and it marks the founding moment for another of the master narratives of Latin American culture, the disjunction between civilization and barbarism whose projections under various guises reach down to the present day. Roberto González Echeverría undertakes the study of Sarmiento's work in light of the writings of a multiplicity of travelers who crisscrossed Latin America during the eighteenth and nineteenth centuries. Their paradigmatic representative was, without a doubt, Alexander von Humboldt. While the basic intent of these individuals was to acquire a profound understanding of Latin American reality that would be useful to European interests, their writing practice was an elaborate scientific discourse that came to be imitated in Latin American writing. In this sense, for González Echeverría, *Facundo* exemplifies perfectly a text under the domain of scientific travel literature. From another perspective, Diana S. Goodrich investigates the reception of *Facundo* in the United States and France during the second half of the nineteenth century. This reception, which has been documented in translations and reviews of the book, allows for the study of the conditions of acceptance and resistance affecting the symbolic capital of Latin American cultural production on the occasion of its exportation to the major dominant centers.

But Goodrich's work also contributes to identifying numerous elements that make up the text, along with the compositional strategies employed by the author.

At the other end of the continent, the work of the Cuban Gertrudis Gómez de Avellaneda marks another milestone of Spanish American literature. Janet N. Gold studies the representation of woman in Gómez de Avellaneda's narrative texts, with emphasis on the construction of a specific form of bonding. This article contributes to correlating the construction of the image of the Romantic heroine with the far larger question of the circumstances of subjection of women during the period. Nelly Santos brings to light a series of newspaper articles that Gómez de Avellaneda wrote under the shadow of the fact that she had been denied membership in the Spanish Royal Academy. These texts suggest the need to establish a separation between the Cuban's poetry and her prose writing, since she made the conscious decision in her creative writing to remain on the sidelines of genre conventions imposed on her by her time and literary tradition.

Another Cuban text to be recovered in the recent process of the reconsideration of the literary canon has sparked considerable critical interest, the *Autobiografía* of the black slave Juan Francisco Manzano. Antonio Vera-León considers the *Autobiografía* as an example of "minor literature," to the extent that it stands in stark contrast to canonical writing. The text thus can be seen to constitute a registry of the sociocultural tensions of Cuba in the 1830s when one could begin to perceive the beginnings of a modernizing process, one of whose components was the movement for the abolition of slavery. Although the process that led finally to abolition took many years, Manzano's text serves as a testimonial of a new emergent sensibility. Sylvia Molloy presents a reading of the text that reconstructs the particular writing conditions that originated it, a context strongly determined by the unavoidable mediation of the white man. The critic points out that several characteristics, those that editors and commentators had found problematic, such as a deviant orthography, an unorthodox and unsteady syntax, and a composition that rejects following the standards of contemporary prose, are not simple defects of the text that should be corrected, i.e. whitened, but constituent traits. According to Molloy, the comparison between the early English translation by Richard Madden (1840) and the Spanish manuscript makes it possible to detect nodules of resistance in Manzano's story that are a direct consequence of the fact that his autobiography is, at the same time, the story of a slave in Cuba and the story of a slave as a reader and writer.

Peruvian Romanticism provides for a highly innovative narrative form, the so-called "traditions" created by Ricardo Palma. Phyllis Rodríguez-Peralta concentrates on the attraction Peruvian history held for the author, as well as the way in which the details of life in Lima allowed for underscoring in his *Tradiciones* of the coexistence of conservative and liberal elements, which constituted the ideological base for a writing that, along with the texts on Gaucho themes, consists of one of the great Latin American contributions to nineteenth-century literature. Dario Puccini identifies the constitutive elements of the "traditions": the use of history and chronicle, the incorporation of jokes, proverbs, bibliographical references and quotations, the incorporation of dialogue, digressions, repetitions, and self-censorship. Finally, Alicia G. Andreu examines the parodic aspect of Palma's work as a form of access to an adequate description of his ideological position. Basing herself on a careful reading of "No juegues con la pólvora," she concludes that the narrator, who at first seems to assume a didactic stance, serves to interpret a multitude of texts he uses, via a complex process of weaving together commentaries and editorial strategies, to fabricate fiction.

The literature on the Argentine Gaucho has its origins in the first decades of the nineteenth century, although it peaks in the two parts that make up José Hernández's *Martín Fierro* (1872 and 1879), a work that quickly came to be the first Latin American bestseller. In his study of this long narrative poem, Rodolfo A. Borello underscores how, despite the way in which Hernández recycles themes deriving from the eighteenth-century ballad tradition, his text is profoundly original to the extent that it utilizes the autobiographical monologue, colored by a dramatic, lyric tone, as its structuring principle. Raúl Dorra, for his part, recognizes in the text the possibility for a dual reading that is accompanied by a dual discursive structure. The first derives from the fact that, although the authorial intention seems to be to address the ruling political class of Argentina, the poem was adopted by rural readers as the first time national culture offered an opportunity for the representation of their own voice. As regards the poem's discursive organization, it is both a specific narrated story and a staged song.

Various general phenomena characterize the second half of the nineteenth century in the West: an often acritical enthusiasm toward scientific and technological progress, the industrial revolution, and the restructuring of the world economy that triggered profound and lasting socioeconomic changes. In the case of Latin America, there are several other specific factors: first, the consolidation of governmental and organizational structures that was accompanied, at least to a large extent in the region, by a certain degree of political stability; and secondly, the emergence of great urban centers that would function as centers of cultural attraction and diffusion within and between countries. In the context of the final decades of the last century and the first ones of this century, it is thus possible to discern how Latin America has accessed—in a traumatic, not always satisfactory, and in large measure incomplete way—to the European project of Modernity.

The Peruvian Manuel González Prada was one of the first essayists of Latin America to place himself in this context. Phyllis Rodríguez-Peralta underscores the continual change that characterized his thought. Reputed to be the most liberal of the Latin American positivist thinkers, González Prada, whose central themes are the vindiction of the Indian and a criticism of Peru's sociopolitical circumstances at the end of the century, served as a wake-up call to his fellow citizens in the way in which he was always ready to support profound changes that would lead to the constitution of an ideal country.

Another example offered by writing at the end of the nineteenth century regarding the tensions of the period can be found in the dramatic works of the Uruguayan Florencio Sánchez, considered by critics as the founder of Latin American theater. His work, in which there is a recurrent image of the immigrant against the backdrop of Latin American society, reveals an abundant documentation of cultural conflict in the form of what has come to be called Cocoliche, a spoken register of Spanish used by the Italian immigrants in the River Plate region. Nicasio Perera San Martín provides a detailed philological presentation of Cocoliche and identifies its dual aesthetic function: the representation of characters and the structuring of dramatic oppositions between them.

The same finisecular context, sharpened by the crisis of the war of Cuban Independence (1898) and the U.S. intervention in Panama in 1903, sees the emergence of what criticism has called the first truly Latin America literary movement, *Modernismo*. From an aesthetic point of view, *Modernismo* appeared to present two contradictory and coexistent tendencies: an orientation toward art for art's sake, whose basic representative is the Nicaraguan Rubén Darío, particularly in view of his early poetry and fiction, and an orientation grounded in the sociocultural context whose principal representative is the Cuban José Martí.

In effect, among all the authors who make up the constellation of *Modernismo's* writers, the figure of José Martí is without a doubt the one that best allows for us to appreciate the political and cultural coordinates facing Latin American intellectuals of the day. Roberto Fernández Retamar undertakes an eminently political reading of Martí's essays, and he considers Martí a precursor of an awareness of the rising imperialism that distinguished U.S. politics at the outset of the 1880s. Along another line of inquiry, Sylvia Molloy analizes Martí's essay on the American poet Walt Whitman. Although the title of her study could be misread, since it appears to refer to another famous essay of the Cuban entitled "Nuestra América" (1891), Molloy has chosen to give another meaning to the expression in order to investigate the strategies employed by Martí in dealing with the thorny question of (homo)eroticism in Whitman.

Alfredo Villanueva-Collado presents a well-grounded discussion of the bourgeois ideology of sexual identity that underlies the specialized criticism on another major figure of *Modernismo*, the Colombian José Asunción Silva. This ideology, based on the pre-Freudian medical discourse in terms of morality and property, has generated a series of biographical and critical fictions that conditioned the reading of a textuality whose author has customarily been perceived as abnormal.

Bertín Ortega studies the controversy that the Mexican Manuel Gutiérrez Nájera and various contemporaries were engaged in, regarding the supposed "Frenchification" of the poetry of *Modernismo* versus the no less constructed "nationalism" of realist and naturalist fiction in vogue. Both postures in reality shared a common base: the need to resolve the problem of reconciling the national with European, specifically French, cultural influence.

Gwen Kirkpatrick studies the emergence of the urban landscape as the central theme of Latin American poetry at the end of the nineteenth century. She first identifies three thematic spaces in which it is possible to recognize the ruptures provoked by the crisis at the end of the century: the urban context, interior architectural space, and the body. She then goes on to focus on urban context as the one that encapsulates the other two. Her study concentrates on the poetry of three figures central to *Modernismo*: the Cuban Julián del Casal, Rubén Darío, and the Argentine Leopoldo Lugones.

In opposition to those who have labeled Darío as purely aestheticizing and apolitical, Cathy L. Jrade maintains that Darío's concern for the social and political conditions of Latin America are a constant throughout his career. As a consequence, she proposes to reread the work of the Nicaraguan in terms of a consideration of the aesthetic and spiritual vaccum of Latin America that resulted from the materialist and positivist orientation of bourgeois culture. Carlos Blanco Aguinaga, taking as his point of departure *Azul* (1888) and *Prosas profanas* (1896), as well as Darío's journalistic production, examines the relationship of the poet to a social structure that still continues to sustain a certain form of patronage. As such, Darío serves as a "court poet," and his work reflects the deception and false consciousness of the dominant class—that is, the Spanish American oligarchy, which continues to rule the destinies of the American peoples without ever confronting the profound contradictions implicit in the new relationship of economic and cultural dependency of the continent. Finally, Laura R. Scarano provides a detailed commentary of *Cantos de vida y esperanza* (1905), a work in which Darío's self-consciousness as a developing poet can be observed. The poet grounds his poetry on a "religion of art" that represents an attempt to overcome and to contain the existential anguish deriving from the certainty of death and the fatal awareness of such a destiny. Consequently, poetry presents itself not only as an instrument of aesthetic or cognitive acquisition, but as an absolute value.

Héctor Cavallari examines Leopoldo Lugones's *Lunario sentimental* (1908), a book in which the author aims a merciless attack at the poetry of many epigones and vulgarizers of *Modernismo*. Although the critic recognizes the elements that foreshadow in Lugones's text the *Ultraísta* movement, based on metaphoric proliferation, a playful and burlesque spirit, etc., he chooses to underscore the demonstrable discontinuity between the features that make up *Lunario* and those that define a vanguard of lyrical activity. In a parallel fashion, Uruguay's Delmira Agustini and Julio Herrera y Reissig are two poets who reflect in their work the uncomfortable sensation that the most purely aestheticizing aspects of *Modernismo* have reached a rapid decline. Gwen Kirkpatrick proposes new readings of both poets, whom she considers to be situated at the confluence of the traditions of *Modernismo* and naturalism. Gisela Norat focuses on Agustini and offers a psychological analysis of three features that appear with frequency in her later poetry: vampirism, sadism, and masochism. Norat believes that these features reveal a will toward a poetic and unconsciously psychic resistance in the face of the conflictual relationship the poet had with a religious and repressively severe mother.

Gabriel Zaíd studies the particular shadings taken on by the theme of impossible love, which is part of a long poetic tradition that reaches back to the medieval troubadors, in the poetry of the Mexican Ramón López Velarde. Zaid moves from a detailed biographical study to a description of how the theme is modernized in the distorting reflection of the circumstances of the poet, who inverted the components of traditional myth in order to forge an expressive self-critical instrument. Tomás Segovia, by contrast, stresses the place of eroticism in López Velarde's poetry and analyzes its frequent association with religious themes and liturgical elements, which serve to reinscribe him in the Western tradition, although in a problematical fashion, since for the Mexican poet erotic themes are often associated with the theme of death in extreme manifestations, which leads to a suggestion of necrophilia.

Andrés Bello y la conciencia del idioma

Prof. ANDRES GALLARDO BALLACAY
Depto. de Lingüística y Literatura. Facultad
de Humanidades y Arte. Universidad de
Concepción.

Cuando se mira la historia americana desde el punto de vista del desarrollo cultural, se descubre que los años que siguieron a las luchas por la independencia fueron los más difíciles. Para la mayoría de las nuevas naciones, la guerra había sido una urgencia polarizadora de opciones, donde la reflexión serena parecía no tener cabida. Pero en menos de una generación las cosas cambiaron y otros asuntos se presentaron como apremiantes. En la base misma yacía, desafiante, la necesidad de que cada país descubriera o conquistara su identidad como tal. Una identidad nacional es algo más que la delimitación de un ámbito geográfico —después de todo, cada uno de los países del nuevo mundo ha visto ensanchadas o encogidas sus fronteras en más de una ocasión. Se trata, entonces, de definir una forma de vivir en común, de desarrollarse como sociedad, de enfrentarse con otros grupos como grupo, de establecer y cultivar una red comunicativa que permita encontrarse hacia adentro y hacia el exterior; en suma, se trata de buscar una forma de consenso que les dé sentido supraindividual a las acciones de los individuos. Las identidades nacionales europeas se habían formado lentamente como un acopio laborioso de símbolos de cohesión, pero en el caso de las naciones americanas estos símbolos hubo que trabajarlos sobre la marcha, en forma muchas veces ansiosa. Estados Unidos que, como sabemos, inició la serie de identidades nacionales americanas, nos ilustra todo esto. En cuanto los líderes de la independencia vieron cumplido su objetivo primero, se dieron a la tarea de definir lo que sería la nueva nación. Lo único que estaba claro era que todo estaba por hacerse: aparte de un claro compromiso con una vocación de libertad y con la tradición cristiana,

123

1

quisieron abrirse a todas las opciones de organización, y de hecho fueron muchas las opciones que discutieron antes de decidirse por la forma de una república federal. Es importante señalar que el pasado inmediato les sirvió, aunque de modo negativo, como marco de referencia en su búsqueda de identidad, en el sentido de que los llevó a buscar una identidad que fuera la opuesta de la Gran Bretaña, el antiguo poder colonial, como quien dice. Así, si Inglaterra era una monarquía, los Estados Unidos serían una república; si Inglaterra tenía una religión oficial, en los Estados Unidos habría total separación entre la Iglesia y el Estado; si Inglaterra era regida por una nobleza hereditaria, los Estados Unidos serían regidos por una asamblea elegida de propietarios privados. Pero entre las instituciones heredadas de Inglaterra hubo una que pareció quedar en la sombra pero visible, que no se tocaba pero que estaba siempre a mano, y que, quizás, no convenía menear: la lengua inglesa, la lengua de Inglaterra, la lengua que era, sin embargo, la única lengua en la cual George Washington, George Adams o Thomas Jefferson podían discutir la identidad de su nueva patria. Noah Webster (1758-1843), cuyo nombre sobrevive hoy en unos diccionarios famosos, fue el encargado de hacer ver a sus compatriotas la necesidad de plantearse el asunto de la identidad lingüística como parte importante de la identidad nacional. Noah Webster carecía de la gracia necesaria para ser aceptado como líder, pero tenía una tenacidad inquebrantable, y ya en 1783, cuando tenía apenas 25 años, increpaba la atención de sus compatriotas tratando de convencerlos de que ''América debe ser tan independiente en letras como lo es en política, tan famosa por las armas como por las letras'' (Letters of N.W., p. 4), pues ''tengo demasiado orgullo como para no querer ver a América asumir un carácter nacional, tengo demasiado orgullo como para deberle a Gran Bretaña los libros donde nuestros propios hijos aprendan las letras del alfabeto'' (id., p. 31). Noah Webster entendía que era imposible dejar de hablar inglés, pero dedicó su vida a pulir una estrategia cultural que le permitiera legitimar como genuinamente norteamericana una versión nueva de la lengua común. Y al igual que sus contemporáneos políticos, al principio sólo fue capaz de hallar identificación en el rechazo violento de los modelos ofrecidos por el pasado colonial:

Como nación independiente, nuestro honor requiere que tengamos nuestro propio sistema tanto en la lengua como de gobierno. Gran Bretaña, cuyos hijos somos y cuya lengua hablamos, no debe seguir siendo nuestra norma; pues el gusto de sus escritores ya está corrompido y su lengua en decadencia. Pero aun si así no fuera, está demasiado

124

2

distante como para ser nuestro modelo e instruirnos en los principios de nuestro propio idioma.
(Dissertation on the English Language, pp. 20-21).

A medida que Noah Webster fue madurando intelectualmente, fue también moderando su actitud furibunda ante lo británico y asumiendo una apropiación más positiva y sin duda más creadora de su propio idioma que alguna vez le pareciera casi ajeno. Hoy se puede afirmar que Noah Webster fue quien dio forma por vez primera a un hecho que iba a ser característico de la fisonomía cultural y específicamente lingüística del mundo contemporáneo: el proceso mediante el cual la lengua de una comunidad hablante se convierte en la expresión arraigada de la legitimidad histórica y en el instrumento de comunicación primordial de otra comunidad hablante. Noah Webster simboliza el asentamiento sólido del inglés norteamericano como una versión válida de una entidad más amplia, el idioma inglés, del cual hoy el llamado "inglés británico" no es sino otra versión igualmente válida. Webster consiguió su propósito en una larga vida de trabajos, publicando libros, editando diarios, recorriendo su país, literalmente machacando sus ideas, que alcanzaron su forma más auténtica en el notable *American Dictionary of the English Language* (1828), 70.000 artículos recogidos y redactados de su puño y letra. En esta obra, Noah Webster ofreció a sus contemporáneos la base de un proyecto ejemplar para el conocimiento y cultivo de lo que ya se perfilaba como el "inglés americano", un sistema generador de su propia norma, de sus propios modelos de codificación y con el cual los hablantes podían ya relacionarse con sus propias actitudes, con su propia identidad de hablantes norteamericanos. De acuerdo con esto, Webster incorpora el hecho mismo de tener un idioma no tanto como una continuidad histórica, como la aportación de un tesoro cultural, sino más bien en términos prácticos, como un considerar la lengua sobre todo en su dimensión de instrumentalidad, en este caso un instrumento eficiente y poderoso que conviene mantener en buen estado de funcionamiento. Esto nos muestra que poseer una lengua es mucho más que haber incorporado un sistema de sonidos, una gramática y un vocabulario; poseer una lengua es estar inserto en una determinada forma de cultura. Una consecuencia importante de este hecho es que la forma cómo una comunidad toma posición frente a su lengua va a determinar su actitud de conciencia de las normas de acuerdo a las cuales los hablantes van a ir modelando su comportamiento comunicativo. Así, la trascendencia de Noah Webster consiste en haber objetivado para sus compatriotas una ejemplaridad lingüística nueva, que provenía menos de la actividad creadora de poetas y

125

literatos que del quehacer de científicos y de técnicos. En otras palabras, los modelos de uso, de "bien hablar y escribir", basados hasta entonces en la literatura tradicional británica, se reemplazan por modelos de uso basados en la expresión de la actividad tecnológica. Ello le permitió a Webster liberarse en gran medida de ese pasado literario de la lengua (con Shakespeare a la cabeza) que, si bien era rico y sólido, siempre se le antojó demasiado británico, demasiado transido de alusiones culturales que se le presentaban como ajenas. Prefirió atenerse a lo que ya se perfilaba como la actividad cultural más pujantemente norteamericana: la capacidad de enfrentarse a la naturaleza, al mundo físico circundante, con un desparpajo creativo y manipulador. (Por cierto que ni Noah Webster ni el desarrollo del inglés norteamericano se han manifestado como exclusivamente orientados a lo tecnológico con ausencia de inquietudes puramente literarias; se trata sólo de una tendencia característica, del extremo más visible de un complejo continuum cultural).

Noah Webster murió en 1843; el mismo año en que don Andrés Bello leía en Santiago de Chile, ante sus nuevos compatriotas, un discurso con que inauguraba la Universidad de Chile y en el que presentaba sus puntos de vista sobre el desarrollo político, cultural y lingüístico de una nación que luchaba por definir una fisonomía propia. Es, pues, algo más que el capricho de desenterrar "vidas paralelas" lo que me ha impulsado a presentar juntos a Andrés Bello y a Noah Webster. Andrés Bello representa para los americanos hispanohablantes lo que Noah Webster para los americanos anglohablantes: la pujanza del pionero y la solidez del maestro en la búsqueda de una voz propia y reconocible y auténtica en el ir haciendo el idioma común. Se puede decir con seguridad que Andrés Bello representa la toma de posesión consciente de sí misma del idioma castellano por parte de los hispanoamericanos cultos como el instrumento legítimo de comunicación entre sí y con el resto de las naciones. Oigámoslo a él mismo definir sus términos en su famosa *Gramática de la Lengua Castellana;*

No tengo la pretensión de escribir para los castellanos. Mis lecciones se dirijen a mis hermanos, los habitantes de Hispano-América. Juzgo importante la conservación de la lengua de nuestros padres en su posible pureza, como un medio providencial de comunicación y un vínculo de fraternidad entre las varias naciones de origen español derramadas sobre los dos continentes. Pero no es un purismo supersticioso el que me atrevo a recomendarles. El adelantamiento prodigioso de todas las ciencias y las artes, la difusión de la cultura intelectual y las revoluciones

126

políticas, piden cada día nuevos signos para expresar ideas nuevas. (O.C.V., p. 11).

Hay, en realidad, mucho en común entre Andrés Bello y su lejano colega del norte. Más que la actitud inaugural. Ambos comparten la convicción de que las lenguas son sistemas de comportamiento cultural que poseen su forma específica de desarrollo, y la certeza de que este desarrollo puede ser objeto de manipulación. Dicho de otro modo: el desarrollo lingüístico se puede planificar, y en determinadas circunstancias históricas es incluso conveniente intervenir, someter a cierto control los patrones comunicativos de una comunidad hablante. Esto se logra con la descripción adecuada de lengua en su fonología, en su gramática y en su léxico; con la proposición explícita de una ejemplaridad para el uso concorde con la hechura cultural de los hablantes; y con la incorporación del mayor número posible de hablantes a la forma lingüística muy codificada —estandarizada es el término técnico— que de todo esto resulta. Noah Webster y Andrés Bello hicieron sistemáticamente suyo el programa que acabo de esbozar. Organizaron y expusieron el sistema de sus respectivas lenguas en libros donde vertieron lo mejor de su inteligencia y de la ciencia de su tiempo, propusieron modelos de uso muy claros a sus contemporáneos, y se preocuparon hondamente por extender a toda la comunidad los beneficios de un sistema de comunicación refinado apto para el intercambio cultural más rico. Esto asegura la efectiva vigencia general del idioma, al liberarlo de la tutela de una clase privilegiada o de un claustro de iniciados y ponerlo efectivamente a disposición de todos en forma impersonal y abierta, pero culturalmente asentada. (Digamos aquí que el silabario de Noah Webster fue durante más de dos generaciones libro de cabecera para los norteamericanos —se llegaron a vender más de cien millones de ejemplares entre ediciones piratas y legítimas—, y que las *Advertencias sobre el uso de la lengua castellana dirigidas a los padres de familia, profesores de colegios y maestros de escuela* (1833-1834) de Andrés Bello removieron efectivamente la calma colonial del Chile de entonces, y que sus obras gramaticales elementales, no por menos conocidas, fueron menos eficaces en la educación de las primeras generaciones de chilenos como chilenos). Pero hay que decir también que las diferencias entre Noah Webster y Andrés Bello son muchas y son muy hondas y se deben tanto a las distintas personalidades de ambos hombres como a las distintas condiciones en que les tocó actuar. Esto tuvo profunda influencia en el modo como cada uno enfrentó el problema de la cultura y de la lengua. En primer lugar, Noah Webster, perteneciente a la primera generación de americanos independientes, tuvo, como sus líderes políticos

127

contemporáneos, siempre claro que las colonias emancipadas de Inglaterra iban a ser estados *unidos*, una real unidad en la diversidad —e pluribus unum— y que como uno solo enfrentarían su nueva identidad nacional. Los estados de América, "antes española", como se decía entonces, enfrentaron su vida nacional de muy distinto modo: desmembrados y aún plagados de mutuos rencores, reticencias y desencuentros. Esto hizo que los símbolos de unidad se presentaran a los líderes de mayor visión como más importantes que los símbolos de diversidad cultural. Así nos hallamos con que Andrés Bello hizo suyo, en el terreno cultural, el sueño americanista de Simón Bolívar (A. Salas). Esto significó, en el terreno propiamente lingüístico, que la noción de idioma compartido fuera desde el principio importante para él, lo que le daba una dimensión mucho más compleja a la necesidad también apremiante de darse una fisonomía lingüística española. Así, Andrés Bello, como Noah Webster, mostró a veces un cierto recelo frente a la lengua española en cuanto española, y llegó a desacreditarla.
Así escribía en 1841:

Los españoles abandonaron la sencilla y espresiva naturalidad de su más antigua poesía, para tomar en casi todas las composiciones no jocosas un aire de majestad que huye de rozarse con las frases idiomáticas y familiares.
(O.C. V, p. 469)

Pero no se debe creer que Bello, como Webster, quiso renegar del pasado para afirmar un presente asumido con nueva identidad. Como bien señala Amado Alonso, no se halla "por ninguna página de Bello la prédica de una independencia idiomática que viniera a completar la política" (1951, p. XVI), cosa que sí se dio a tiempo entre intelectuales argentinos y brasileños. Al contrario. Bello era consciente de que sólo el arraigo del idioma en una tradición común podría asegurar la necesaria unidad hispanoamericana. Y aquí radica uno de los aspectos más cruciales de la trascendencia de la obra de Andrés Bello: en nombre de la unidad cultural de pueblos que se habían dado destinos políticos divergentes, se acudía a la tradición idiomática como núcleo unificador. El desafío consistía ahora en adueñarse creativamente, afirmativamente, de esa tradición, de la lengua en que esa tradición había cuajado. Bello se propuso, entonces, legitimar para América la raíz histórica de la lengua castellana, hacer ver a España y a América que ambas eran vertientes igualmente claras pero distintas del mismo manantial (y de ahí la imputación de que fuera a veces España la infiel a la limpia raíz

128

primitiva). Cuando las cosas se entienden dentro de este marco de referencia, la vida y la obra de Andrés Bello se nos presentan con asombrosa coherencia interna. Así, entendemos que Bello prefiriera llamarle *castellana* y no *española* a la lengua común, insistiendo en aludir al origen y no a los cauces diversos del presente, y también entendemos que se refiera, según los casos, a "el estudio de la lengua patria" (O.C. V, p. 457), a "el estudio de la lengua nativa" (O.C. V, p. 465), a "la gramática nacional" (O.C. V, p. 459, y O.C. VI, p. 11), haciendo así cada vez actos de posesión, de toma de conciencia de un idioma cabalmente internalizado como propio. Ahora también, podemos entender la posición de Andrés Bello frente al asunto básico de la ejemplaridad lingüística: así como Noah Webster halló una forma de identidad en la proposición de modelos de uso no literarios, sino tecnológicos, que mejor cuadraban a la originalidad cultural norteamericana y a una situación lingüística bipolar, Andrés Bello halló precisamente en la ejemplaridad de la actividad literaria los modelos de uso básicos para asegurar, al mismo tiempo, la originalidad y la cohesión cultural de Hispanoamérica, en el convencimiento de que la literatura era "el capitel corintio de la sociedad culta" (O.C. V, p. 316). Por eso Bello trabajó tan duramente como hispanoamericano en los primeros momentos grandes de la vieja literatura castellana, por eso gastó tantas horas en dilucidar los orígenes de la épica y en dar cuenta de la naturaleza y significación del *Poema de Mio Cid*, cuya real importancia fue el primer hispanohablante en aquilatar (cf. los trabajos de Luis Muñoz en *Atenea* y en este ciclo sobre la obra y trascendencia de Bello). Andrés Bello conquistó al Cid para nuestro pasado y pudo hacer que un siglo más tarde, la insolencia admirada de Vicente Huidobro fuera un acto culturalmente creador y no una pantomima poética. También conquisto *La Araucana,* poema de un español para España, para la literatura chilena, pues nos convenció de que:

> debemos suponer que *La Araucana,* la Eneida de Chile, compuesta en Chile, es familiar a los chilenos, único hasta ahora de los pueblos modernos cuya fundación ha sido inmortalizada en un poema épico. (O.C. VI)

Gracias a Andrés Bello, un siglo más tarde Pablo Neruda podría hablar con hondo sentimiento de su *colega* don Alonso de Ercilla. Esta condición ejemplar de la lengua literaria "cernida a través del tiempo y del espacio" (A. Salas) asegura su efectiva funcionalidad normadora, y por eso está en la base misma de la idea que Bello tenía de la gramática como el arte de hablar una lengua "correctamente, esto es, conforme al buen uso, que es

129

7

el de la jente educada" (*Gramática*, O.C. IV, p. 15). Obviamente, la "jente educada" es la gente educada en lo más sólido de la tradición literaria, y por eso, nos insiste Bello,

> se prefiere este uso porque es el más uniforme en las varias provincias y pueblos que hablan una misma lengua, i por lo tanto el que hace que más fácil i jeneralmente se entienda lo que se dice.
> (id).

En otras palabras: se prefiere el uso que asegura la unidad y el desarrollo cultivado de la lengua. Esto ha sido muy mal entendido y le valió a Bello serias disputas con sus contemporáneos y lamentable sordera cultural entre sus críticos posteriores. Se le acusó, por ejemplo, de purismo estéril, cosa que Bello, según hemos visto, estaba lejos de practicar o aconsejar. En su famoso discurso inaugural en la Universidad de Chile insistió en forma clarísima:

> Yo no abogaré jamás por el purismo exajerado que condena todo lo nuevo en materia de idioma; creo, por el contrario, que la multitud de ideas nuevas, que pasan diariamente del comercio literario a la circulación jeneral, exije voces nuevas que las representen.
> (O.C. VIII, p. 314).

Pero al mismo tiempo,

> se puede ensanchar el lenguaje, se puede enriquecerlo, se puede acomodarlo a todas las exijencias de la sociedad, i aun de la moda, que ejerce un imperio incontestable sobre la literatura, sin adulterarlo, sin viciar sus construcciones, sin hacer violencia a su juicio.
> (id., p. 315).

La función de la ejemplaridad emanante de la actividad literaria es precisamente servir de marco de referencia para la conciencia de la más honda armazón del idioma. No se trata, pues, de aceptar una autoridad externa a la lengua, sino de hallarla en el actuar mismo de los hablantes más arraigados en las zonas de mayor tensión comunicativa, o sea, en la actividad creadora. Así ve Bello, por ejemplo, la supuesta autoridad de la Academia:

> Nosotros nos contamos en el número de los que más aprecian los trabajos de la Academia Española; pero no somos de aquellos que

130

miran con una especie de veneración supersticiosa sus decisiones... como si tuviese alguna especie de soberanía sobre el idioma para mandarlo hablar i escribir de otro modo que como lo pida el buen uso o lo aconseje la recta razón.
(O.C. V, p. 418).

La Real Academia Española, en el momento en que se erige a sí misma como autoridad, se transforma ipso facto en "española" y por ende reñida con la vocación de unidad que tan sin condiciones desarrolló Bello (quien por cierto nunca manifestó gran simpatía hacia la Docta Corporación con asiento en Madrid, frialdad que fue gustosamente compartida). En el mismo artículo que se acaba de citar, Andrés Bello plantea con firmeza su posición teórica frente a la autoridad académica, con relación a la reforma ortográfica que él propugnaba. Su opinión ahorra todo comentario:

No somos intolerantes de las opiniones ajenas, por débiles que nos parezcan los fundamentos en que las vemos apoyadas; pero hai cierta clase de censores de las reformas ortográficas adoptadas por nuestra facultad de humanidades, que no critican porque hayan formado opinión alguna sobre esta materia, sino por la propensión demasiado común a desestimar lo nuestro, y por la antigua costumbre de recibir sin examen lo que tiene un prestijio de autoridad en cosas que están sujetas al dominio de la razón.
(p. 419).

Esta misma actitud la llevó Bello a otros órdenes de actividad cultural. En su conocido trabajo "sobre el modo de estudiar la historia" se lamenta de que:

es una especie de fatalidad la que subyuga a las naciones que empiezan a las que las han precedido. Grecia avasalló a Roma; Grecia i Roma, a los pueblos modernos de Europa, cuando en ésta se restauraron las luces; i nosotros somos ahora arrastrados más allá de lo justo por la influencia de Europa, a quien, al mismo tiempo que nos aprovechamos de sus luces, debiéramos imitar en la independencia del pensamiento.
(O.C. VII, p. 124).

Observemos que la capacidad de Bello para mirar las cosas en una perspectiva amplia es tal, que se da cuenta de que la identidad de las naciones

131

hispanoamericanas se debe definir no sólo en una toma de posición razonada frente a España, la antigua metrópoli, sino ante Europa, concebida como un todo cultural con claro centro de gravedad francés. Me parece relevante plantearse el origen de este aspecto del pensamiento de Bello: ¿de dónde procede esa voluntad de independencia de juicio, sobre todo en materia de lenguaje? Sin duda no procede de Francia ni de España, que habían optado por oficializar la ortodoxia de las academias. El origen de esta actitud hay que buscarlo en Inglaterra, en Londres, donde Andrés Bello vivió casi veinte años, en contacto con las personas o con las obras de los intelectuales de entonces, y se dejó marcar por el espíritu del empirismo de Stuart Mill, de Bentham, de Reid, y sobre todo de Dugald Steward (Velleman). Consideremos sólo un caso. Bello tenía en su biblioteca, entre otras cosas, un libro de George Campbell, *The Philosophy of Rethoric*. En este notable libro, Campbell establece una distinción fundamental entre lo que él llama "verbal critic", el crítico del idioma, y el "grammarian", el gramático. La función del crítico del idioma consiste en valorar las producciones lingüísticas de los demás y proponer los mejores modelos, establecer tipos de ejemplaridad. La misión del gramático consiste en dar cuenta científicamente de la estructura de la lengua según se usa en determinado momento histórico. El crítico juzga, el gramático describe. El crítico señala rumbos, el gramático expone hechos. Ambos, claro está, han de ser capaces de independencia de juicio. Campbell se definió a sí mismo como crítico. Bello fue consciente de que las circunstancias, y quizás la propia vocación, lo urgieron a hacerse crítico de sus contemporáneos, y gramático para sus contemporáneos y para las generaciones siguientes. A estas dos formas del actuar en la cultura del idioma Bello agregó una tercera dimensión: la de maestro, el que al criticar y al describir enseña. Supo asumir las tres funciones. Como gramático, a su llegada a Chile observó que aun los hablantes de las capas dominantes de la sociedad se atenían a una norma lingüística que pedía *haiga* en vez de *haya; copeo, agraceo, vaceo,* en vez de *copio, agracio, vacio; sentáte, sosegáte,* en vez de *siéntate, sosiégate; cárculo, arbolera,* en vez de *cálculo, arboleda; sandiya, vidro* (ejemplos tomados de Amunátegui). Está claro que, como bien lo señala Oroz,

la causa de semejante estado de cosas consistía, sin duda, en que nosotros /los chilenos/ habíamos vivido y cultivado durante mucho tiempo preferentemente la tradición oral y nos habíamos desligado de la tradición literaria peninsular.
(*Atenea*, 1965, p. 137).

Como gramático también, Bello observó que la norma que informaba la actividad literaria tenía una estructura distinta y poseía una mayor generalidad, y optó por describir esa norma en su *Gramática*. Como crítico del idioma, propuso también esta norma como ejemplar a sus nuevos compatriotas, y como maestro, luchó por hacerla llegar a toda la comunidad a través de la cátedra, del libro y del periódico. Como crítico y como hispanoamericano se adueñó, según hemos visto, de esa tradición literaria. Hoy se ve que, en gran medida, Andrés Bello tuvo éxito en la misión que se fijó. La ejemplaridad literaria descrita tan bien por él comenzó a ser conocida —si no necesariamente seguida— por grupos importantes de miembros de la comunidad hablante. Bello abrió muchos campos hasta entonces intocados. Por ejemplo —y curiosamente pese a la opinión de muchos que lo hallaban retrógrado— consiguió que el Instituto Nacional abriera una cátedra de lengua y literatura catellanas —"idioma patrio" fue el nombre, por cierto— además de los cursos tradicionales de latín. Así,

el cultivo de nuestra lengua tendrá ahora en el primer establecimiento literario de la república todo el lugar que merece; i no se permitirá que pasen a las clases superiores los alumnos que no hayan aprendido a hablar i a escribir correctamente el castellano, ramo tan necesario a toda persona de regular educación, i tan indispensable en el ejercicio de los empleos políticos i profesiones literarias.
(Cit. en Amunátegui, p. 282).

Retomemos ahora el problema de la gran resistencia a Bello en ciertos sectores. ¿Por qué su labor despertó por momentos enconadas polémicas, sobre todo con la intelectualidad joven y liberal? No fue sólo, ciertamente, porque un José Victorino Lastarria o un Domingo Faustino Sarmiento tuvieran

a su favor la simpatía inherente a toda causa libertaria y el hermoso ímpetu de lo juvenil, de lo nuevo.
(Orrego Vicuña, p. 107).

Se trataba más bien de la manera de entender la identidad cultural y lingüística entre la intelectualidad hispanoamericana joven. Bello, sin duda,

representaba la acumulación potencial, la adaptación severa de la vieja cultura a moldes nuevos pero recios, con mejor experiencia del medio

133

y de la época, buscaba una sólida base que pudiera servir a la formación de una cultura chilena, naturalmente en las experiencias y en los progresos del saber occidental.
(ibíd, p. 101).

Andrés Bello representaba la unificación en la tradición. Los jóvenes polemistas "querían encontrar su base por sí mismos, subestimando los valores tradicionales" (ibíd). Los jóvenes polemistas representaban la unificación en el rechazo al pasado. En este sentido, Lastarria y Sarmiento parecían estar más cerca de la actitud del joven Noah Webster en su rechazo a la literatura considerada colonial:

Nuestra literatura debe sernos exclusivamente propia, debe ser enteramente nacional. Hay una literatura que nos legó la España con su religión divina, con sus pesadas e indigestas leyes, con sus funestas y antisociales preocupaciones. Pero esa literatura no debe ser la nuestra, porque al cortar las cadenas enmohecidas que nos ligaran a la península, comenzó a tomar otro tinte muy diverso nuestra nacionalidad.
(*Recuerdos literarios*, p. 100)

Sarmiento, por su parte, atacaba:

Es la perversidad de los estudios que se hacen, es el influjo de los *gramáticos* y el respeto a los *admirables modelos*, el temor de infringir las reglas, lo que tiene agarrotada la imaginación de los chilenos, lo que hace desperdiciar sus bellas disposiciones y alientos generosos.
(En Rec. Lit., p. 111).

Y así como Lastarria propiciaba una literatura puramente chilena, Sarmiento nos instaba:

Escribid con amor, con corazón lo que se os alcance, lo que se os antoje, que eso será bueno en el fondo, aunque la forma sea incorrecta; será apasionado, aunque a veces sea incorrecto; agradará al lector, aunque rabie Garcilaso.
(ibíd, pp. 111-112).

Consideremos todo esto en la perspectiva del desarrollo cultural y lingüístico de las Américas. En primer lugar, Noah Webster, Andrés Bello, José Victorino Lastarria y Domingo Faustino Sarmiento pertenecieron a la élite

134

intelectual de sus tiempos; todos amaban la lengua en que se comunicaban, pero algunos rechazaban aspectos de la cultura en que esas lenguas se habían encarnado. Noah Webster fue más lejos que todos al rechazar la ejemplaridad de la producción literaria engastada en la tradición y proponer una nueva ejemplaridad basada en la pujanza de una cultura tecnológica. Bello, Lastarria y Sarmiento admitían el liderazgo ejemplarizador de la literatura, pero Bello no quiso renegar de la tradición y se dio a apropiarse creativamente de ella; Lastarria y Sarmiento reaccionaron contra esa tradición para buscar voz propia. De aquí emanó el conflicto. Bello, sabio y lleno de experiencia, sabía muy bien que la cultura, la lengua, son formas del actuar humano y por tanto sujetas a patrones y, en último término, necesitadas de guías conforme a las cuales irse modelando como actuar válido. Sabía también que los modelos, para adquirir verdadera ejemplaridad, para poder centrar la identidad de una sociedad, necesitan ser históricamente arraigados y tener su funcionalidad codificada de modo explícito. Sarmiento y Lastarria se pusieron frente a un vacío cultural que generaba contradicción. El mero hecho de admirar a Larra o gustar de Bécquer se podía fácilmente presentar como traición a los propios principios, así como el excesivo entusiasmo con formas literarias extrañas, por ejemplo francesas, despertaba comprensibles recelos nacionalistas. Así, no es de sorprender que lleguemos a una situación en que Lastarria no hizo, ciertamente, literatura puramente chilena ni Sarmiento escribió como le daba la gana sino muy correctamente, a veces quizás demasiado. Ambos terminaron aunados, al igual que Bello, en la tradición hispánica común. La lección para nosotros, sus descendientes culturales, es valiosa. La conciencia del propio idioma es algo muy complejo y su consecución es lenta y laboriosa, pero inexcusable, porque está en la base misma de nuestra identidad como individuos y como sociedad. Nebrija y Fray Luis de León, entre otros, tuvieron que dar una larga lucha para asentar la legitimidad cultural del castellano frente al latín. Andrés Bello tuvo que dedicar una vida a afianzar la legitimidad de la versión americana del idioma frente a la versión peninsular. Nosotros los hispanoamericanos (y por cierto también los españoles) todavía seguimos dando forma a una identidad lingüística. Hemos aprendido mucho del pasado. Sabemos que la actividad metódica de estudiar la propia lengua se complementa con la capacidad creativa. Sabemos que es posible entender la "autoridad" lingüística como la capacidad de proponer modelos de uso válidos, de influir en la acción, en las opiniones, en las creencias, y en las actitudes de los hablantes y no como el poder, venido de alguna autoridad fantasmagórica, de hacer obedecer ciertas reglas no menos míticas.

135

13

Todavía queda camino por andar. Todavía, por ejemplo, se suele plantear el "problema" de la lengua en América en términos de la noción de trasplante cultural. Muchos críticos del idioma, y aun lingüistas entre nosotros, así lo hacen. Fieles, al espíritu de Bello, no hablemos de trasplante sino de continuidad. Imaginémonos nuestro idioma como una red de caminos distintos que se diversifican al comunicarse entre sí pero que a lo mejor conducen a una meta común.

PASCHAL SYMBOLOGY IN ECHEVERRIA'S "EL MATADERO"

by DAVID WILLIAM FOSTER

ONE OF THE MOST DOMINANT AND IMPRESSIVE SYMBOLS IN WESTERN literature is that of Christ—Christ, not in the sense of the biblical figure, but Christ in the sense of a tradition of self-sacrificing individuals who continually renew the promise of the Christian Passion. Aside from any support that this tradition might receive from universal myths—and there is every evidence that we are dealing here with a myth that is indeed universal—the Christ figure derives its permanence and its strength precisely from the Christian virtues of humility and sacrifice. Edwin Moseley, in his *Pseudonyms of Christ in the Modern Novel*,[1] concludes:

> That Christ has come constantly to symbolize man's trap *and* man's freedom we have already pointed out as a natural consequence of Western culture. . . . The very religious and mythic imagery of the narratives of bitter disappointment and disillusionment . . . points out the author's strong conditioning to the rituals of belief or at least an unconscious and natural awareness of them. . . . Shock at being in the abyss can be expressed in anger, bitterness, studied detachment, cynicism, and subtle irony, and it can be dramatized in nostalgia for and mockery of such deifications of values as Christ.
>
> A struggle to climb out of the abyss, or rather somehow to rise above one's inevitable plight in it, takes the form dramatically of . . . an approach to a godhead personified in some facet of Christ. (pp. 216-217)

Despite roots in the Catholic Baroque of Spain, in the Christian nostalgia of European Romanticism, and in the quasi-theology of French existentialism, there has been no penetrating study of examples of "pseudonyms of Christ" in Hispanic-American literature. Doubtless such a study would contribute markedly to the preoccupation with national ideals that is a characteristic of much of the sociology of literature in Latin America today. This paper makes a preliminary contribution in terms of an analysis of Christ and Christ-related motifs in the first example of Argentine prose fiction,[2] Esteban Echeverría's short story, *El matadero* (1838?).

Before directing our attention to the work itself, it is necessary to extend our understanding of Paschal motifs. I have chosen this

1. Pittsburgh, 1962.
2. The problem of genre in *El matadero* has been studied by Mariano Mirínigo, "Realidad y ficción de 'El matadero'," *Humanitas* [Tucumán], No. 18 (1965), pp. 283-318; and by Marí de José Queiroz, "*El matadero*, pieza en tres actos," *Revista iberoamericana*, xxxiii (1967), 105-113.

15

term to imply that the focal point of interest is Christ as a general symbol of suffering mankind, both victimized by society and offered for sacrifice by itself, and the Paschal context, in its Old Testament as well as its New Testament sense, as the transcendent meaning of Christ's Passion.

In *El matadero*, Echeverría dwells on two incidents, one historical, the other fictional, that are indicative of the Buenos Aires of the barbaric dictator, Juan Manuel de Rosas. The bulk of the narrative deals with the delivery of a herd to the stockyards for slaughter during a period of long fast imposed by fall rains and flooding. The time is Holy Week, Good Friday to be specific, and the citizenry after the long fast become wild at the sight of the freshly butchered meat. Following scenes worthy of an ungenteel *costumbrista* like Merimée, in which Echeverría describes the animalistic behavior of Rosas' followers in nauseating detail, the point of view shifts from general and impersonal to focus on an incident involving an anti-Rosas youth who has the injudiciousness to wander into the stockyard area, the province of the *mashorqueros*, Rosas' secret police. The youth is attacked by the men, forced to participate in a kangaroo court that finds him guilty of being anti-Rosas, and subjected to the peculiar deviate tortures cultivated by the *mashorqueros*. At the moment in which his tormentors are to satisfy their lust for blood and vengeance, the youth resists to such an extreme degree that he dies of internal hemorrhaging.

In order to understand fully the impact that Echeverría achieves with this crude but effective narrative, one must appreciate the hatred and the tension between the *federalistas*, those who supported Rosas and his divisive rule by anarchy and terror, and the *unitarios*, those who, like the intellectual Domingo Faustino Sarmiento, decried the barbaric note in Argentine culture and strove for a united nation built on the political precepts of the Enlightenment. This duality has, of course, been a recurrent motif in Argentine political and cultural history, and Echeverría's story along with many other examples of works treating literarily the subject have had the effect of making the duality itself a national, psychoanalytic preoccupation in Leslie Fiedler's understanding of the term *myth*.

It is no surprise, therefore, to find that, in the composition of such a forceful narrative, Echeverría exploits references of a Paschal nature in order to broaden that much more the cultural and universal implications of *El matadero*.

Paschal symbology establishes itself relatively superficially on the level of external organization of the story. We know that the time is Good Friday, and Echeverría is careful to place the question of meat within the context of sin. That meat is both a symbol and a stimulus to sin is an old concept of Christianity with firm roots in Jewish and Arabic taboos. However, the Argentine's tone is studiously ironic as he refers to the council of the Church on the subject. Meat, of course, has traditionally been the staff of life to the Argentine people, and the presence of a meat as a unifying motif in the first, general, segment of the narrative reveals Echeverría's complex irony. If meat is a symbol of sin, the people, Rosas' followers, who have lacked it for a protracted period, have suffered without it not as part of a religious Lenten fast. Their fast is not self-imposed; it is a forced abstention from the meat that so aptly symbolizes their thirst for blood and violence. Amid cries of despair and rage, blaming the rains and the shortage of food on the hated *unitarios*, the people are crazed by the lack of meat. The corrosiveness of the following words are increased by the irony of pseudo-science: "Algunos médicos opinaron que si la carencia de carne continuaba, medio pueblo caería en síncope por estar los estómagos acostumbrados a su corroborante jugo. . ." (p. 431).[3] Coming immediately in the eighth paragraph, these words quickly set the tone of Echeverría's presentation of the behavior of Rosas' *pueblo* in the presence of meat: its *jugo* is the common denominator of the individuals who so crave it and who epitomize it so aptly in the violent carnage of their lives. Echoing the Enlightenment sentiments that pervade much of his work, rather than the recurring Romantic elements that one tends to underline in *El matadero*, Echeverría betrays all of his sarcasm and hatred toward the unholy alliance of Church and government that dominates his country: "Pero no es extraño [que la Iglesia tenga la llave de los estómagos], supuesto que el diablo con la carne suele meterse en el cuerpo, y que la Iglesia tiene el poder de conjurarlo: el caso es reducir al hombre a una máquina cuyo móvil principal no sea su voluntad sino la de la Iglesia y el gobierno." (p. 432)

Thus, on the first level of the structure of the narrative, Paschal symbology is deployed in order that Echeverría may make evident the relationship between the desire and need for meat on the part of the people on the one hand, and the hypocritical role of

---

3. All quotes are from the *Obras completas* (Buenos Aires, 1951), pp. 427-442.

the Church on the other, which ecclesiastically imposes an absti-
nence from meat while politically supporting the anarchy and
violence epitomized by and centering in the stockyards. This corrosive commentary is portrayed within the framework of torrential
rains that threaten to destroy the populace in a revalidation of the
efficacy of the biblical Flood.

The stockyard itself is ironic in its inversion of Christian Paschal
symbology. Taking advantage of an historical fact, Echeverría
refers to it as the *"matadero de la Convalecencia o del Alto"* (*ibid.*).
As the setting for the mockery of Christian love and for the sacrifice of the *unitario*, association with Calvary is unavoidable. More
pertinently functional in the revealing outlines of a vision of the
apostles of Rosas are the fifty head of cattle slaughtered there.
Purposefully jabbing at the Passover custom of offering the first
sacrificial lamb for the almighty Godhead, the first of the steers to
be butchered is dispatched to the dictator. The sarcasm is overwhelming in this scene, reminiscent of a religious ritual: "El primer
novillo que se mató fué todo entero de regalo al Restaurador,
hombre muy amigo del asado. Una comisión de carniceros marchó
a ofrecérselo a nombre de los federales del matadero, manifestán-
dole *in voce* su agradecimiento por la acertada providencia del
gobierno, su adhesión ilimitada al Restaurador y su odio entrañable
a los salvajes unitarios, enemigos de Dios y de los hombres." (*ibid.*)

Echeverría's evident irony, which directs us to believe the opposite of the words themselves, correlates appropriately with the
ironic portrayal in Paschal terms of the events surrounding the
delivery of the cattle. The bestiality of the tumultous scenes of
human degradation establishes well the tone for the movement in
the last third of the narrative to the individual focus of the death
of the *unitario*.

Without entering here into a sociological discussion of the role
of the *matadero* during the reign of Rosas, we must recall that it
functioned as a world unto itself, complete with its own customs
and practices and, of considerable importance here, its own kangaroo courts that functioned, I would venture, principally for the
release of violent feelings. Encouraged by its position outside
whatever law continued to exist during the Rosas period, just such
a kangaroo court serves in *El matadero* to underline the extent to
which the individual, here represented by the innocent and un-
suspecting *unitario*, is a victim of the bestiality and inhumanity

18

brought into unusual prominence by the presence of a tyrannical dictator who depends precisely upon institutions of this sort to perpetuate his rule.

The youth involved here remains totally unidentified, better said, unspecified. In contrast to the blurred Goyaesque panorama of the earlier portion of the composition, his presence calls our attention to the plight of the individual. Nevertheless he is presented and maintained in his role as an archetype or as a symbol of the *unitario* and whatever human virtue Echeverría implies that such an individual embodies.

It is exactly twelve o'clock noon when the slaughter of the herd ends and the butchers notice the unlucky presence of a *unitario*. Their reaction is immediate: narrative economy is essential here and proceeds directly to the issue of the antagonism that exists between the youth and his political—and, we are led to believe, moral— adversaries. After tormenting him verbally, they prepare to make him the victim of their ever-revitalized expertise:

> "¡Mueran!" "¡Vivan!"—repitieron en coro los espectadores, y atándolo codo con codo, entre moquetes y tirones, entre vociferaciones e injurias, arrastraron al infeliz joven al banco del tormento, como los sayones al Cristo. (p. 440)

> Dos hombres le asieron, uno de la ligadura del brazo, otro de la cabeza, y en un minuto cortáronle la patilla que poblaba toda su barba por bajo, con risa estrepitosa de sus espectadores.

> —A ver—dijo el juez—, un vaso de agua para que se refresque.
> —Uno de hiel te haría yo beber, infame. (p. 441)

> inmediatamente quedó atado en cruz, y empezaron la obra de desnudarlo. Entonces un torrente de sangre brotó borbolloneando de su boca y las narices del joven, y extendiéndose, empezó a caer a chorros por entrambos lados de la mesa. (p. 442)

In these three passages, the Christological significance of the youth is obvious in the very choice of words and allusions. The tone of the narrator has changed drastically from the previous events of the slaughter. It is no longer corrosively ironic. After the intensity of the scenes of carnage, the tone is considerably subdued. If it

---

4. That Echeverría's literary production has been considered almost exclusively from the point of view of Romanticism is demonstrated by the surveys of his work: Julio Caillet-Bois, "Echeverría y los orígenes del romanticismo en América," *Revista hispánica moderna*, VI (1940), 98-106; Juan F. Marral, "Estampa de un romántico argentino," *Cuadernos hispanoamericanos*. No. 27 (1956), pp. 51-58; Dora Isella Russel, "Memorias de un romántico: Esteban Echeverría," *Revista de educación* [La Plata], 2a época, III, 7 (1958), 67-73.

is not overtly sympathetic with the plight of the youth, it is free
from previous sarcasm, content to report neutrally and with extensive dialogue the infamous ritual presided over by the "Juez del
Matadero." When the *unitario* is dead, having chosen to destroy
himself in a hemorrhage brought on by his attempt to escape his
bonds rather than submit to assault by the *carniceros*, Echeverría allows himself the brief irony of the words of one of the
executioners: "—Pobre diablo: queríamos únicamente divertirnos
con él y tomó la cosa demasiado a lo serio" (*ibid.*). More telling,
now that Echeverría has reached the moment to bring narrative
and literary vision together into a cohesive pattern, is the narrator's
epiphonema, divorced significantly in style and tone from the story
proper:

> En aquel tiempo los carniceros degolladores del Matadero, eran los
> apóstoles que propagaban a verga y puñal la federación rosina, y no es
> difícil imaginarse qué federación saldría de sus cabezas y cuchillas.
> Llamaban ellos salvaje unitario, conforme a la jerga inventada por el
> Restaurador, patrón de la cofradía, a todo el que no era degollador,
> carnicero, ni salvaje, ni ladrón; a todo hombre decente y de corazón bien
> puesto, a todo patriota ilustrado amigo de las luces y de la libertad; y por
> el suceso anterior puede verse a las claras que el foco de la federación
> estaba en el Matadero. (*ibid.*)

El matadero, for all of its nascent Romantic characteristics, is
essentially a pamphlet inspired by Echeverría's extensive familiarity
with the ideals of the French Enlightenment.[5] We cannot expect
Echeverría as a man of the culture of the late eighteenth century to rely on the symbology of the institutional Christ. However, from out of the expected irony two unusual employments
of Paschal symbology emerge. In the one instance, the author
borrows extensively from the rites and the meaning of the Lenten-
Passover season to reinforce his particular vision of the *matadero*
as the synthesis of the Federation, a belief that he makes explicit
in his concluding paragraph. To comment on the unholy alliance
between the Church and the dictatorship, he makes use of inverted
religious motifs that reveal both the decadence of the Church as
well as the overwhelming bestiality of a society that lives by the
law of the slaughter-house.

---

5. Aníbal Abadie-Aicardi, in "Lo mítico, lo autobiográfico y lo histórico-social en la
interpretación de la obra literaria de Esteban Echeverría (1805-1851)." *Romanistisches
Jahrbuch,* x (1959), 336-362, dwells on Echeverría's anti-democratic posture in *El
matadero,* with its aristocratic disdain for the masses and the Church and Government
that appeal to them. The writer contradicts the egalitarian philosophy of his political
writings, as summarized by José P. Barreiro, *El espíritu de Mayo . . . La visión política
y social de Echeverría* (Buenos Aires, 1951).

In the second and briefer segment of the narrative, correlative to the first segment in the implied parallel between the slaughter of the cattle and the *unitario*, Echeverría's use of Paschal symbology is more directly reminiscent of standard Christian motifs. However, the context is purely one of human, not religious, values. The victim of the violent forces of the *matadero*, the young Christ is destroyed by apostles of a ritual that sacrifice him to their perverted sense of humor and values. The death of the *unitario* is not given a transcendent meaning, and this is a significant aspect of the story. Rather than dwelling on the Romantic struggle of the forces of Good against the powerful forces of Evil, as Mármol is to do in *Amalia*, the major document of anti-Rosas literature, Echeverría presents the incident as one more example of the *de facto* inversion of traditional Good and Evil that the Marquis de Sade had so eloquently detailed in both writings and life.[6] There is a mordant pessimism surrounding the sacrifice of the *unitario*, which is in part self-imposed: it leads, not to the pulling of man from the abyss, to use Moseley's words, but only to the underlining further of the depth of the abyss in which he finds himself.

If we are to assign any importance at all to the Paschal motifs present in *El matadero*, both those that are explicit and those that I read into the work, it must be in terms of Echeverría's bleak and devastating portrayal, in excruciatingly graphic terms, of the full extent to which Sarmiento's ideal for Argentina was removed from the all-pervading reality of the slaughter-house. In *Facundo*, Sarmiento in much more impersonal and measured tones presents essentially the same interpretation of Rosas' Argentina, and with a sophisticated background of the young social sciences to give it support. Nevertheless, Echeverría's far briefer and far more imperfect work is all the more effective from a literary point of view precisely for the elaboration of a primordial vision of a society within the framework of Christian symbology turned inside out.

---

6. See the discussions by Mario Praz of this inversion—a major thesis of his study—in *The Romantic Agony* (New York, 1956).

EL MATADERO DE ESTEBAN ECHEVERRIA: LA SANGRE DERRAMADA Y LA ESTETICA DE LA "MEZCLA"

MARIA ROSA LOJO
CONICET, Argentina

1. Diversidad de registros, sangre, mezcla.

Característica de esta narración híbrida por excelencia[1] es la superposición o entrelazamiento de códigos que conviven, mezclándose. La mezcla explícitamente repudiada pero implícitamente practicada se exalta por fin en la figura de la sangre figura poética y crudo recorte de la realidad se desborda, rebalsa y da homogeneidad a los protagonistas del más violento de los ritos, donde elementos de parodia, carnaval y grotesco confluyen en la sentencia de una Historia transformada en historia: microcosmos (micropaís, o "simulacro"), ejemplo, símbolo.

El despliegue de los diferentes códigos instaura una riqueza de registros en el lenguaje narrativo. Registros que convergen en la fuerza suprema de un acto que los otros no llegan a ejecutar sobre el héroe (el degüello) pero que éste perpetra sin armas sobre sí mismo. El joven unitario muere en la ley del Matadero, haciendo de su cuerpo una vibrante cuchilla y de su espina dorsal una "serpiente", matándose con un exabrupto de pasión, porque no puede matar. Este suicidio encontrará un eco no demasiado lejano en *Sin rumbo*, de Cambaceres, cuyo protagonista se abre el vientre ante una víctima sacrificada por el Destino (su propia hija). Aquí el adversario no es ya político sino metafísico, pero la respuesta aprendida por el estanciero que pasa sus ocios en París es la misma, bárbara e irrefutable cuchilla. Hay, así, implícito, un modelo de exégesis de la realidad y una compleja ambivalente actitud de entrega y resistencia frente a sus agresiones.

---

1. El artículo de Noé Jitrik ("Forma y significación en *El Matadero*", en edición de *La Cautiva y El Matadero*, (París: Les Belles Lettres, 1969), insiste largamente en la hibridez del texto, en cuanto a la forma genérica, en cuanto a los lenguajes, al estatuto ficcional, y aun, en lo que respecta a la psicología de los personajes.

2. El registro religioso

Es éste tal vez, el código que de manera más fuerte y evidente se infiltra en el relato y proporciona el pretexto para construirlo. En efecto, la matanza de animales descrita tiene lugar durante la Cuaresma (probablemente, según los críticos[2], la del 1839) con el objeto de proporcionar alimento vacuno para viejos, enfermos y niños, dispensados de la interdicción alimentaria prevista por la Iglesia Católica para estas fechas. Pero el esquema cuaresmal enlázase aquí con dos tópicos bíblicos: el diluvio y el Apocalipsis.

La referencia al diluvio aparece (aunque negada) ya en las primeras líneas: "A pesar de que la mía es historia, no la empezaré por el arca de Noé y la genealogía de sus ascendientes como acostumbraban hacerlo los antiguos historiadores españoles de América, que deben ser nuestros prototipos" (147).

La ironía del "prototipo" sugerido no oblitera la afirmación posterior de que se ha producido "el amago de un nuevo diluvio". Pero esta vez no habrá "arca de Noé". La inundación elimina o dispersa a los animales: los que se consumen en sustitución de la carne vacuna (gallinas, bueyes), los que desaparecen o emigran por la falta de restos de reses para devorar (ratas, ratones, caranchos, gaviotas, perros). Por otra parte, como contrafigura de la ausente arca de Noé comienza a delinearse el Matadero, lugar inundado (aunque esté en el "alto") donde los animales se sacrifican, no se salvan. Cabe señalar, además, la nota paródica en el hecho de que el nuevo Diluvio no mata a los hombres sino a los ratones:

No quedó en el Matadero ni un solo ratón vivo de muchos millares que allí tenían albergue. Todos murieron o de hambre, o ahogados en sus cuevas por la incesante lluvia" (151).

La inundación es interpretada por los sacerdotes y predicadores federales como réplica del Diluvio pasado y anuncio cierto del Juicio Final: "Es el día del Juicio decían el fin del mundo está por venir. La cólera divina rebosando se derrama en inundación". La coyuntura se atribuye a las herejías, crímenes y blasfemias que el narrador irónicamente corporiza en "el demonio unitario de la inundación" (151). A esto se une el tópico de las *plagas* ("plagas del Señor") traídas por la impiedad de los unitarios.

---

2.   Ver la edición (de aquí se han extraído las citas textuales), de Angel Battistessa, *La Cautiva, El Matadero*, (Buenos Aires, Peuser, 1958). (Con apéndice documental e iconográfico), p. LXV.

La ironía, en fin procedimiento intratextual que a veces se alía como hemos visto *supra* con la intertextualidad de la parodia de las Sagradas Escrituras[3] es el tono constante de la introducción toda. Sus objetivos fundamentales son: 1). Denunciar el abuso de poder y el autoritarismo fanático, irracional, de la Iglesia ("Y como la Iglesia tiene, *ab initio* y por delegación directa de Dios, el imperio inmaterial sobre las conciencias y estómagos, que en manera alguna pertenecen al individuo..."). El carácter brutal y retrógrado del mandamiento ("oscurantista") se destaca aún más por la contraposición con el criterio científico ("Algunos médicos opinaron que, si la carencia de carne continuaba, medio pueblo caería en síncope por estar los estómagos acostumbrados a su corroborante jugo; y era de notar el contraste entre estos tristes pronósticos de la ciencia y los anatemas lanzados desde el púlpito por los reverendos padres contra toda clase de nutrición animal y de promiscuación en aquellos días destinados por la Iglesia al ayuno y la penitencia. Se originó aquí una especie de guerra intentina entre los estómagos y las conciencias...", (152); "el caso es reducir el hombre a una máquina cuyo móvil principal no sea su voluntad sino la de la Iglesia y el gobierno", (153). 2). Mostrar la utilización de la Iglesia al servicio y la conveniencia de Rosas ("la justicia y el Dios de la Federación os declararán malditos", (149) y la hipocresía de las exigencias impuestas por los preceptos que los federales, tan "buenos católicos" son los primeros en transgredir. Así, el Restaurador manda carnear hacienda pese a las dificultades para arrearla, temiendo disturbios populares y sabiendo que la carne no pasará sólo al sustento de niños y enfermos. La tercera parte de la población gozará del fuero eclesiástico de alimentarse con carne: ¡Cosa extraña que haya estómagos privilegiados y estómagos sujetos a leyes inviolables, y que la Iglesia tenga la llave de los estómagos!", (153). A Rosa se le ofrenda, incluso, el primer animal: "Es de creer que el Restaurador tuviese permiso especial de su Ilustrísima para no abstenerse de carne..." (154). 3) Por fin, el discurso irónico apunta hacia la "herejía política de los unitarios, herejía de los gringos que violan los "mandamientos carnificinos" de la Iglesia y que reciben un castigo grotesco: "pero lo más notable que sucedió fue el fallecimiento casi repentino de unos cuantos gringos herejes que come-

---

3. La ironía es un tropo que supone la inversión semántica de lo dicho y una evaluación pragmática de tipo negativo, pero sin apelar a textos ausentes, como sucede, en cambio en el caso de la parodia: "Au niveau de sa structure formelle, un texte prodique est l'articulation d'une synthése, d'une incorporation d'un texte dans le neuf. Mais ce dédoublement parodique ne fonctionne que pour marquer la *différence...*" (Linda Hutcheon, "Ironie, stire, parodie. Un approche pragmatique de l'ironie.", en *Poétique*, No. 46 (avril 1981), 143.

tieron el desacato de darse un hartazgo de chorizos de Extremadura, jamón y bacalao, se fueron al otro mundo a pagar el pecado cometido por tan abominable promiscuación." (151)

La ironía descuella en el ridículo al que es sometido el ritual y los medios mágicos, supersticiosos para una "mentalidad progresista" que la Iglesia utiliza para manejar la realidad. Así, el narrador se refiere a las rogativas ordenadas por el "muy católico" Restaurador y al proyecto de una procesión que iría "descalza y a cráneo descubierto, acompañando al Altísimo, llevado bajo palio por el Obispo hasta la barranca de Balcarce, donde millares de voces, conjurando al demonio unitario de la inundación, debían implorar la misericordia divina" (150). Todo este aparato suplicante se declara absurdo e inútil, pues "la inundación se fue poco a poco escurriendo en su inmenso lecho sin necesidad de conjuro ni de plegarias".

Por otra parte, se insiste en la identificación del Restaurador y de su familia con las jerarquías de la santidad y de la divinidad:

no había fiesta sin su Restaurador, como no hay sermón sin San Agustín (154).

La fe política y la fe religiosa se amalgaman en los letreros que ornan la casilla del Juez. Uno de los homenajeados en ellos es la "heroína doña Encarnación Ezcurra", "patrona muy querida de los carniceros quienes, ya muerta, la veneraban como viva por sus virtudes cristianas y su federal heroísmo en la revolución contra Balcarce." (157) Ya bien entrado el relato y comenzada la acción de la matanza se abandona la ironía para reemplazarla por una seriedad hiperbólica pero condenatoria.

"Infierno" e "infernal" describen reiteradamente el gran *espectáculo* (volveré luego sobre la importancia de este término) del Matadero. Lo demoníaco alcanza incluso al gringo que cae en el pantano, arrastrado por los carniceros que van en persecución del toro: "Salió el gringo, como pudo, después, a la orilla, más con la apariencia de un demonio tostado por las llamas del infierno que de un hombre blanco pelirrubio" (165). Aquí, todavía, la calificación es jocosa, pero, hacia la culminación del relato, el joven unitario que va a ser sacrificado se convierte y ello sin burla alguna en figura de Cristo, cuyos tormentos son paralelos al suyo: "Y, atándole codo con codo, entre moquetes y tirones, entre vociferaciones e injurias, arrastraron al infeliz joven al banco del tormento, como los sayones al Cristo" (171). La palabra "sayones" sigue ciertamente en boca del narrador: "los sayones federales" (171), "un sayón" (176) y también del unitario mismo, quien, con culto y grandilocuente léxico, se dirige a sus captores: "¡Infames sayones! ¿Qué intentan hacer de mí?" (173)

El texto evangélico está presente, como fondo, aun en ciertas inversiones de contenido. Por ejemplo, si a Cristo le niegan el agua, y le dan hiel y vinagre, al joven le dan un vaso de agua que éste rechaza, contestando al juez, no muy cristianamente, "uno de hiel te haría yo beber, infame" (174).

Los paralelismos prosiguen, antes y después de la muerte:

Inmediatamente quedó atado en cruz y empezaron la obra de desnudarlo. (176)
En aquel tiempo los carniceros degolladores del Matadero eran los apóstoles que propagaban a verga y puñal la federación rosina, y no es difícil imaginarse qué federación saldría de sus cabezas y cuchillos. Llamaban ellos salvaje unitario, conforme a la jerga inventada por el Restaurador, patrón de la Cofradía, a todo el que no era degollador, carnicero, ni salvaje, ni ladrón (178).

b) El registro político

El registro político se entremezcla con la parodia religiosa casi coincidiendo con ella, pues se refiere a un mundo donde la suprema autoridad, legal y espiritual, temporal y eterna, se ha corporizado en la figura de Don Juan Manuel de Rosas. Por eso se ha dicho que las inscripciones dibujadas en la casilla del Juez son "símbolo de la fe política y religiosa de la gente del Matadero" (157).

Con todo, hay referencias al plano político como diseño deforme y monstruoso de una República que, sumida en un molde autocrático y teocrático más propio del Oriente que de Occidente, no puede acercarse al paradigma de la libertad y la civilización, propuesto por Francia, al que adhiere Echeverría.

El modelo bárbaro de la República cuyo ejemplo o símbolo es el Matadero supone una autoridad y una ley cuya sede es, no la casa de gobierno, sino la casilla:

En la casilla se hace la recaudación del impuesto de corrales, se cobran las multas por violación de reglamentos y se sienta el Juez del Matadero, personaje importante, caudillo de los carniceros, y que ejerce la suma del poder en aquella pequeña república, por delegación del Restau-

rador. Fácil es calcular qué clase de hombre se requiere
para el desempeño de semejante cargo. (157)

Resalta la desproporción entre la insignificancia y la ruinidad
material de la casilla del Juez y el formidable, taxativo carácter del
poder que allí se ejerce, ambas cosas, signos de barbarie:

> *La casilla, por otra parte, es un edificio tan ruin y pequeño*
> *que nadie lo notaría en los corrales a no estar asociado su*
> *nombre al del terrible juez y a no resaltar sobre su blanca*
> *cintura los siguientes letreros rojos: 'Viva la federación',*
> *'Viva el Restaurador y la heroína doña Encarnación Ezcurra',*
> *'Mueran los salvajes unitarios'. (157)*

El Juez tiene su trono: el sillón de brazos donde se sienta para
administrar "justicia" (171). Es él quien contesta con fría calma a los
apasionados interrogatorios del joven, e impone silencio a la cólera
federal. También es él quien ordena luego azotarlo en castigo, "bien
atado sobre la mesa" (176).

Con todo la autoridad del Juez resulta limitada por los miembros
de su misma "república" y por los ajenos a ella. El Juez se muestra
impotente para impedir el desborde de la violencia. A pesar de sus
intentos por mantener cierta concordia, la "justicia" se dirime a puñala -
das o a dentelladas, en el nivel humano o en el animal, configurando
esta lucha impiadosa un "simulacro"[4] de la organización del país.

> *Por un lado, dos muchachos se adiestraban en el manejo del*
> *cuchillo, tirándose horrendos tajos y reveses; por otro, cuatro,*
> *ya adolescentes, ventilaban a cuchilladas el derecho a una*
> *tripa gorda y un mondongo que habían robado a un carnicero,*
> *y no de ellos distante, porción de perros, flacos ya de la forzosa*
> *abstinencia, empleaban el mismo método para saber quién se*
> *llevaría su hígado envuelto en barro. Simulacro en pequeño*
> *era éste del modo bárbaro con que se ventilan en nuestro país*
> *las cuestiones y los derechos individuales y sociales. (161)*

Tampoco puede evitar que el unitario escape a su jurisdicción,
muriendo. Más orgulloso que Cristo y sin mayor deseo de salvar a la

---

4. El trabajo de María Josefa Barra (*"El Matadero* de Esteban Echeverría:
la escritura como simulacro", monografía inédita) se basa en la operatividad de este concepto en todos los niveles del relato (político, religioso,
escritural): "Los simulacros se reiteran a lo largo del relato y componen
imágenes diversas, que se superponen en el entramado textual".

pervertida humanidad que lo rodea, el unitario prefiere entregar su espíritu (su sangre) incontaminado antes de consentir en el contacto y el tormento infamante.

Esta muerte imprevista contraría al Juez, en quien puede presumirse decepción (porque la presa se le ha escapado) o un cierto remordimiento (porque el crimen excedía sus intenciones):

> *Pobre diablo: queríamos únicamente divertirnos con él, y tomó la cosa demasiado en serio exclamó el Juez frunciendo el ceño de tigre Es preciso dar parte; desátenlo y vamos. Verificaron la orden; echaron llave a la puerta y en un momento se escurrió la chusma en pos del caballo del Juez, cabizbajo y taciturno. (178)*

Por otra parte, se insinúa la presencia de transgresiones que corroen, desde dentro, un sistema que ya es en sí mismo transgresivo en respecto al orden universal de la civilización humana, e hipócrita hacia las leyes que dice obedecer, como la eclesiástica (Ver *Supra*):

> *Oíanse a menudo, a pesar del veto del Restaurador y de la santidad del día, palabras inmundas y obscenas, vociferaciones preñadas de todo el cinismo bestial que caracteriza a la chusma de nuestros mataderos, con las cuales no quiero regalar a los lectores. (161)*

También es transgresivo (y aquí la violación por disimulo viene del Juez mismo, el hecho de que haya entrado un toro para ser sacrificado (hecho que causa, por un encadenamiento de circunstancias, la muerte de un niño):

> *La risa y la charla fue grande; todos los incidentes desgraciados pudieron fácilmente explicarse. Un toro en el Matadero era cosa muy rara, y aun vedada. Aquel, según reglas de buena policía, debía arrojarse a los perros, pero había tanta escasez de carne y tantos hambrientos en la población, que el señor Juez tuvo a bien hacer ojo lerdo. (167)*

c) **El registro antropológico: configuración de lo humano en El Matadero**

1. Interacción (y/o identificación) de lo humano y lo animal.

Hasta cierto punto, *El Matadero* puede considerarse una "historia de animales", en tanto toda la acción, hasta la entrada del unitario en escena, gira sobre el eje de la matanza, el descuartizamiento y la final apropiación de los despojos de un grupo de reses. Además de las reses mismas, hay otros muchos animales en el campo narrativo que dependen de la existencia de estas víctimas sacrificables: los ratones y ratas, los perros (dogos o mastines), las aves: gaviotas, buitres o caranchos. En esta pelea por los restos los seres humanos están en el mismo plano que los animales.

> *Multitud de negras rebusconas de anchuras, como los caranchos de presa, se desbandaron por la ciudad como otras tantas harpías prontas a devorar cuanto hallaran comible. Las gaviotas y los perros, inseparables rivales suyos en el Matadero, emigraron en busca de alimento animal. (151)*

Recuérdese el perfecto paralelismo, por otra parte, entre la lucha de los muchachos y la de los perros, que se narra en la escena citada *supra*.

En otro lugar se dice que los mastines pululan entremezclados con "la comparsa de muchachos, de negros y mulatas achuradoras, cuya fealdad trasmutaba las harpías de la fábula." (158)

Las gaviotas celebran chillando la matanza, al tiempo que los muchachos se dan de vejigazos o se tiran bolas de carne. (160)

Los rapaces que hostigan a una vieja "la rodeaban y azuzaban como los perros al toro". (161)

Cuando aparece el unitario en el campo visual de la narración comienzan a disiparse con mayor velocidad y asiduidad los símiles animales sobre la "chusma federal".

Notando, empero, las significativas miradas de aquel grupo de dogos de matadero." (170)

> *cayendo en tropel sobre la víctima como los caranchos rapaces sobre la osamenta de un buey devorado por el tigre. (170)*

> *Siempre en pandilla cayendo como buitres sobre la víctima inerte. (170)*

> *... la fuerza y la violencia bestial. Esas son vuestras armas, infames. El lobo, el tigre, la pantera también son fuertes como vosotros. Deberíais andar como ellos, en cuatro patas. (175)*

El Juez es asimilado (por sí mismo, incluso) al tigre:

> *" ¿No temes que el tigre te despedace?*

30

Lo prefiero que, maniatado, me arranquen, como el cuervo, una a una las entrañas. (175)

exclamó el Juez frunciendo el ceño de tigre. (177)

También se atribuyen a lo animal algunas propiedades no muy compatibles, por ejemplo, "el *cinismo* bestial. (160)

Pero la comparación más importante no está formulada por el narrador, y es el paralelismo notorio entre el toro infiltrado en el Matadero y el joven unitario infiltrado en la zona federal:

Toro	Joven unitario
"mirar *fiero*" (161)	"lanzando una *mirada de fuego* sobre aquellos hombres feroces" (170)
"una *rojiza* y *fosfórica* mirada" (163)	
"prendido al lazo por las astas bramaba echando espuma, *furibundo*" (162)	"el joven, en efecto, estaba *fuera de sí de cólera*. Todo su cuerpo parecía estar *en convulsión;* su pálido y amoratado rostro, su voz, su labio trémulo, mostraban el movimiento *convulsivo* de su corazón, la agitación de sus nervios. Sus ojos de *fuego* parecían salirse de la órbita, su negro y lacio cabello se levantaba erizado. Su cuello desnudo y la pechera de su camisa dejaban entrever el latido violento de sus arterias y la respiración anhelante de sus pulmones." (173)
"aunque cansado, manifestaba *bríos* y *colérico* ceño" (166)	
"brincaba haciendo hincapié y lanzando roncos bramidos" (160)	
"lanzó al mirarlas un bufido aterrador" (164)	
"su brío y su furia redoblaron; su lengua, estirándose *convulsiva,* arrojaba *espuma,* su nariz humo, sus ojos *miradas encendidas*" (166)	
"*Brotó un torrente de la herida,* exhaló algunos bramidos roncos, vaciló y cayó el soberbio animal entre los gritos de la chusma..." (167)	"Gotas de sudor fluían por su rostro, grandes como perlas; *echaban fuego sus pupilas, su boca espuma,* y las venas de su cuello y frente negreaban en relieves sobre su blanco cutis como si estuvieran repletas de sangre".
"clasificado provisoriamente como toro por su indomable fiereza"	"Entonces *un torrente de sangre brotó borbolloneando de la boca y las narices del joven,* y extendiéndose empezó a caer a chorros por entre ambos lados de la mesa." (177)

31

Si bien el narrador no compara expresamente al unitario con el toro, lo hacen, en cambio, los mismos federales:

1. El toro, dicen: "Es emperrado y arisco como un unitario" (163)

2. "Está furioso como toro montaraz" (173)
"Ya lo amansará el palo" (173)
"Es preciso sobarlo" (173)

Asimilación, a la inversa, del unitario al toro.

Antes han querido *degollarlo:* "Degüéllalo como al toro" (171)

Al toro le echan pialas y por fin queda prendido de una pata; al joven lo atan sobre la mesa.
La rabia, el rugido o bramido que el narrador le atribuye al toro son calificaciones que los federales dedican también al unitario.

" Está rugiendo de rabia" articuló un sayón" (176)
" Reventó de rabia el salvaje unitario dijo uno" (177)
" Tenía un río de sangre en las venas articuló otro" (177)

El narrador aporta, por su parte, comparaciones con otros elementos de la Naturaleza:

"Encogíase el joven, pateaba, hacía rechinar los dientes. Tomaban ora sus miembros la flexibilidad del junco, ora la dureza del fierro, y su espina dorsal era el eje de un movimiento parecido al de una serpiente." (175-176)

El unitario, que no llega a ser azotado, muere ferozmente igual que el toro. Aunque no expira al aire libre como las reses, sino en la casilla, su sangre desborda sobre el suelo como la de los animales ("aquel suelo de lodo regado con la sangre de sus arterias", (158) se refiere a las arterias de las reses y al suelo del Matadero). Esto homologa su sacrificio con el de los novillos y el toro mismo (y también pero sólo hasta cierto punto, con el del niño, víctima absolutamente pasiva e inocente, cuyo tronco degollado lanza "por cada arteria un largo chorro de sangre". (164)

Víctima, pero víctima rebelde, el unitario muere, como el toro, respondiendo a la ley de la violencia, no como Sócrates bebiendo la cicuta, o como Cristo deteniendo la lanza de Pedro.

2. La sexualidad.

La "escena representada" en el Matadero se caracteriza precisamente por ser en muchos aspectos lo que para la moral ordinaria y las convenciones culturales debiera estar rigurosamente fuera de escena, esto es, lo *ob-sceno* (de ob-scenere), que comienza por el lenguaje ("Oíanse a menudo palabras inmundas y obscenas...") y se ejemplifica en las acciones.

Desde la negra que se mete "el sebo en las tetas", hasta las múltiples palabrotas designadas sólo con su inicial y/o final (la.m..., los c..., c...o) todo el lenguaje de la chusma del Matadero se halla traspasado de alusiones directas a lo genital y lo excrementicio. El Matadero aparece así como un *mundo al revés*, un mundo carnavalesco (si se atiende a la caracterización hecha por Bajtín[5], un mundo *grotesco* (adjetivo que varias veces se repite en la narración) marcado por la deformidad, la caricatura, la exageración, la parodia.

Por cierto, un muy antiguo vínculo destacado en el ya clásico libro de Bataille[6] sobre el erotismo liga la sexualidad y el excremento, la cópula, la muerte y la corrupción de la carne, elementos que confluyen en la estructura de la violencia: esto es, el *exceso*, la *desmesura* de la vida en su generación y aniquilación continuas, que produce un efecto ambivalente de horror y de fascinación. Este es también el ámbito que se designara como *sagrado*, zona que comprende lo bendito y lo maldito, lo puro y lo impuro (aunque lo impuro, transfigurado en diabólico, haya sido arrojado de la esfera de lo sacro por el cristianismo). Hay así un nexo ancestral entre lo erótico y lo *escatológico* y también lo *esjatológico*.[7]

Recordar estas conexiones tal vez contribuya a explicar por qué la sacralidad, la putrefacción y los excrementos aparecen juntos en el Matadero, que no es sólo una pintura realista de una situación efectivamente dada, sino también la reelaboración de una estructura antropo-psicológica raigal en la humanidad. Este "carnaval" incluye, también, *juegos:* arrojarse barro y vísceras, y "máscaras" peculiares (los rostros embadurnados de sangre). No hay, desde luego, en la conciencia del narrador una valoración positiva de lo grotesco y carnavalesco, como ocurría con estos fenómenos durante el Medioevo, donde el "mundo al revés" y su "ley inversa" que transfiere lo alto

---

5. (Ver Mijaíl Bajtín, *La cultura popular en la Edad Media y el Renacimiento.* (Barcelona. Seix Barral, 1974). 22.

6. Georges Bataille, *El erotismo* (Buenos Aires: Sur, 1964).

7. Ver Ariel Arango, *Las malas palabras.* (Buenos Aires: Legasa, 1983).

a lo bajo (seno fermentativo de la tierra, en el que se des-compone y se re-genera la vida), y lo sublime a lo grosero, tiene un efecto liberador y fecundante. Lo cierto es que la escritura se ha fecundado estéticamente (ha crecido, se ha beneficiado y en ello concuerdan todos los críticos) quizá seducida por esa irradiación tan fascinadora como temible que emerge del núcleo erótico-tanático, fértil e impuro, de la violencia.

No sólo conforman las alusiones obscenas la atmósfera general del Matadero; Sexualidad y violencia culminan en el personaje del unitario, cuya imagen se dibuja sobre la figura del toro. La duda constante con respecto a la madurez sexual de la bestia (toro o novillo) se proyecta sobre el atildado "cajetilla" en cuyo caso el desnudamiento y el azote sobre las nalgas ("con verga") funcionan como parodia o amago de una vejación abiertamente sexual.[8]

Tanto el unitario como el toro afirman su masculinidad en y después de la muerte violenta. La capacidad genésica parece ligarse a la capacidad de matar y de morir. El círculo se cierra y el nudo de Eros y Tánatos queda firmemente soldado con el sello de la sangre que oblitera las diferencias y amalgama lo bestial y lo humano, la vida y la muerte, llevando a la paradójica comunión de los adversarios.

d) La víctima expiatoria

Resulta de especial interés relacionar aquí los sucesos de *El Matadero* con la teoría de René Girard sobre el sacrificio colectivo de una víctima expiatoria, y la operatividad de este sacrificio en la fundación y mantenimiento de un determinado orden cultural.[9]

En la "mímesis de apropiación" encuentra Girard el patrón de conducta que a la vez diferencia o identifica al animal y al hombre. Tanto en la conducta animal como en la humana, el aprendizaje se funda en la *imitación,* y a esto no escapa el aprendizaje del deseo mismo. Pero si en el animal la rivalidad provocada por la imitación del deseo del otro es *limitada*, si se ajusta a "dominance patterns" por los cuales se establece una rígida subordinación o sumisión hacia el dueño del objeto y del deseo, no sucede así en el caso de los seres humanos. Por el contrario, la rivalidad mimética puede intensificarse

---

8.   Ver Jitrik, 173-174.

9.   René Girard, *La violencia y lo sagrado* (Barcelona: Anagrama, 1983) y *El misterio de nuestro mundo. Claves para una interpretación antropológica. Diálogos con J.M. Oughourlian y J.G. Lefort.* (Salamanca: Sígueme, 1982).

hasta provocar verdaderas crisis de violencia colectiva. Girard sitúa su hipótesis de la víctima propiciatoria precisamente en ese momento de la vida comunitaria en que la pugna se ha hecho desesperada e insoluble. Ya no se puede distinguir a los oponentes mismos; todas las razones o sinrazones son igualmente válidas. Es el estadio de los "dobles", de los "hermanos enemigos" que se traban en una lucha tan estéril como feroz. Este momento –la crisis mimética– es descrito menudo con las metáforas del contagio y de la peste, equiparado a una catástrofe natural. La crisis se resuelve cuando la ira colectiva se concentra sobre un individuo a quien se designa como culpable de la violencia desatada y como su futura víctima.

En la base de todas las culturas, de todos los ritos, de todos los mitos, halla Girard este homicidio originario que tiene la virtud de aplacar el furor social. Los ritos reproducen esta crisis transgrediendo las prohibiciones que atañen a la violencia mimética (esta infracción es cada vez más elaborada, más simbólica, menos cruenta, a medida que aumenta el desarrollo de las sociedades). La violación deliberada de los tabúes tiene el sentido de justificar la inmolación ulterior de la víctima elegida. Dicha víctima que, en el asesinato primero, pertenecía totalmente a la comunidad en conflicto, ahora es sustituida por un "chivo expiatorio" no totalmente ajeno al grupo social, pero tampoco asimilable a él por completo. De ahí que los locos, los enfermos, los muy viejos o los muy jóvenes, los seres con alguna anomalía, los animales domésticos, los extranjeros capturados y esclavizados, etc., pueden ser categorías seleccionadas para la inmolación ritual. Esta ambivalencia de cercanía-alejamiento conviene a las condiciones del sacrificio, que no debe desencadenar otra vez la violencia a través de una venganza posible (cosa muy difícil cuando la víctima es un marginal o no pertenece a la categoría humana). Determinados ritos insisten en la necesidad de alejar y distinguir a la víctima; otros, en la precisión de acercarla, de asemejarla. En las culturas más complejas las víctimas asumen un carácter crecientemente representado, menos carnal.

Los mitos –afirma Girard– recuerdan también, con mayor o menor crudeza, este asesinato originario. En ambos casos se elimina a la víctima porque se la considera culpable de los males de la comunidad, y se le adjudica una doble naturaleza benéfica y maléfica, monstruosa y sublime: es el *pharmakós* y el *dios*.

Instituciones sociales como la realeza (que muchas veces incluye una inmolación real o simulada del monarca), o el culto a los muertos, se fundan –dice Girard– en la estructura ambivalente del sacrificio. La domesticación animal y la caza ritual hallarían su raíz en la necesidad de disponer de víctimas sacrificables. La cultura

–apunta Girard en una frase de inquietante recordación– "se elabora siempre como tumba", "la tumba no es más que el primer monumento humano que hay que elevar en torno a la víctima expiatoria, la primera cuna de significación, la más elemental, la más fundamental".[10]

Ni en el mito ni en el rito hay conciencia, por cierto, de que la violencia es inmanente, humana. Su desencadenamiento se vive, en suma, como una catástrofe determinada por una epifanía vengadora de la divinidad.

Conviene recordar, en relación con estas premisas, la concatenación de los hechos de la violencia en el Matadero. Se observa:

1. Existe un marco de *catástrofe*: la inundación, que parece incontenible y cuyo "culpable" se insinúa irónicamente es "el demonio unitario de la inundación" (o las blasfemias y herejías de los disidentes unitarios).

2. Esta tensión, que llega a ser extrema y a la que se piensa aplacar con procesiones y rogativas, desaparece luego sin necesidad del rito.

3. El clima de la violencia colectiva se reinstala en el Matadero. Hay menos reses que de costumbre y se entabla una lucha cada vez más encarnizada entre los concurrentes por la apropiación de los animales. La puja llega a su ápice en la escena que ya he citado *supra*: adolescentes que se acuchillan/ perros que se agreden. Escena que conforma un "simulacro en pequeño" del estado de violencia en la República.

4. En ese preciso momento emerge una víctima potencial que centraliza todas las miradas. Este animal que, por ser toro, es extraño a la fauna acostumbrada del Matadero, opera como un intruso, como el elemento ajeno que polariza las fuerzas contrarias y dirige toda la violencia intestina sobre sí mismo.

5. A partir de aquí se genera una cadena de víctimas que se superponen o se sustituyen. Primero, una víctima absolutamente inocente y casual: el niño, que es degollado por el *lazo*. Esta muerte casi inadvertida (pasa "como un relámpago"") sólo logra atraer la horrorizada atención de un grupo reducido, y no paraliza en modo alguno la persecución del toro. La pesquisa va ocasionando otras diversas víctimas (aunque no mortales), en situaciones más o menos grotescas (las negras achuradoras, el gringo arrojado al pantano y pisoteado, etc.). Por fin aparece el unitario, no en el Matadero mismo sino en una zona marginal (de modo que hay que ir a buscarlo enlazarlo vivo, como al animal en fuga). Su figura sustituye al toro, que acaba de ser inmolado, y repite sus gestos.

---

10.   *El misterio de nuestro mundo*, 95.

6. Tanto el toro como el unitario son objeto de befas, pero asimismo de una cierta admiración y reconocimiento (perceptible sobre todo, en el caso del unitario, cuando se consuma su muerte). Hay también, implícita, una divinidad a la cual son sacrificados (Rosas). Estos sacrificios quieren permitir la conservación de un orden mediante la inmolación de las bestias y de los hombres identificados con ellas, excluidos o desterrados de su condición humana prójima, próxima con denominaciones como las de "salvajes", "inmundos", "asquerosos" (unitarios).

7. Se muestra aquí, entonces, cómo el esquema central del sacrificio colectivo de la víctima expiatoria subyace esta descripción de la "federación rosina". Pero el texto de Echeverría no contribuye, como los mitos o los ritos, a mantener oculto el origen humano de la violencia, sino que lo des-mitifica; exhibe despiadadamente mediante la parodia religiosa, incluso de qué modo lejos de toda epifanía vengadora o castigo celeste la violencia nace de las discordias entre los hombres, de la feroz inmanencia, y no de la transcendencia. Por ello mismo, el sacrificio perpetrado no augura ninguna paz. La víctima humana, en principio, no se deja sacrificar, sino que prácticamente, se mata, alimentando y continuando, con su conducta, el círculo de la violencia. Por otra parte, el unitario, aunque desconocido en su humanidad, y en su argentinidad, por los hombres del Matadero, es la otra cara del país, el otro bando en una desgarrada guerra civil. Su muerte sólo calma pasajeramente la ira y promete, antes bien, una cadena de venganzas por parte del sector oculto en una comunidad irremediablemente escindida.

Por todas estas razones el texto de *El Matadero* pertenece a esa categoría de obras literarias que para Girard iluminan claramente, mejor que el pensamiento especulativo, los mecanismos socioculturales de la violencia y revelan su naturaleza humana, demasiado humana. Lo cual no quita y este es uno de los méritos del relato que una lograda fascinación estética mantenga toda la fuerza de atracción y repulsión (que *se siente* como avasalladora, desmesurada, sobre-humana) en la experiencia de lo violento (donde confluyen, como mencioné *supra*, la sexualidad y el excremento, la cópula y la putrefacción, lo escatológico y también lo "esjatológico").

e) **El registro estético**

Como obra de arte literario, *El Matadero* pertenece a las categorías de la ficción y de la crónica, del costumbrismo y de la pesadilla, de la literalidad y el símbolo (ejemplo, imagen, simulacro), del "espectáculo" y de la "voz". Habla de un arrabal de Buenos Aires, pero también de los arrabales del infierno.

Se impone aquí claramente la categoría de la *hibridez* que hemos visto operar acarreando la convergencia de códigos y de tonos. El ideal de la separación desemboca en la notoria realidad de la mezcla.

Destacaré, en primer término, el carácter pictórico, espectacular, de la narración, ligado tanto a lo real como a lo imaginario: "la escena que se *representaba* en el Matadero era para vista, no para escrita" (esto es, la falsificación sutil de las palabras no podría dar cuenta de su fuerza brutal, intransferible a una escritura que a pesar de todo, lo está narrando, acomodándose a los medios de la imagen.). Si aquí se acentúa la fuerte realidad de lo ocurrido, por otro lado se dice: "acontecieron cosas que parecen soñadas" (151) apelando a la fantasía propia del sueño (o de la pesadilla) para dar cuenta de sucesos atroces que excederían los moldes de lo aceptable y verosímil.

En la creación-transcripción de esta *escena*, de este *espectáculo* (palabras ambas utilizadas por Echeverría) no sólo cuenta la vista. Hay otro registro fundamental, que es el de la *voz*. Voz que degenera, la más veces, en grito, aullido, reprensión violenta, rogativa fanática.

La voz está siempre en su paroxismo: espanta y ensordece. Es una presencia continua en todo el relato, aun antes de la acción propiamente dicha:

> *Los predicadores* **atronaban el templo y hacían crujir el** **púlpito a puñetazos"** *(Se transcribe el discurso, con abundancia de exclamaciones e interjecciones). (149)*

En la planeada procesión, que no llega a ejecutarse, "millares de voces, conjurando al demonio unitario de la inundación, debían implorar la misericordia divina". (150)

Los ministros de la Iglesia prorrumpen en "inexorables vociferaciones". (152)

La guerra entre estómagos y conciencias se manifiesta "por sollozos y gritos descompasados en la peroración de los sermones, y por rumores y estruendos subitáneos en las casas y calles de la ciudad o dondequiera concurrían gentes." (152)

Cuando se da la orden de carnear

> *los corrales del Alto se llenaron, a pesar del barro, de carni-* *ceros, achuradores y curiosos, quienes recibieron* **con gran-**

*des vociferaciones y palmoteos los cincuenta novillos desti-
nados al Matadero. (153)*

Estas exclamaciones son en alabanza al Restaurador y de la
Federación:

*Cuentan que al oír **tan desaforados gritos** las últimas ratas
que agonizaban de hambre en sus cuevas se reanimaron y
echaron a correr desatentadas. (154)*

Para colmo llegan sonidos estentóreos de lo alto:

*un enjambre de gaviotas blanquiazules (...) revoloteaban,
cubriendo con su **disonante graznido todos los ruidos y voces
del Matadero**... (158)*

El robo de carne por parte de los espectadores del faenamiento:

*originaba **gritos** y **expresión de cólera** del carnicero, y el
continuo hervidero de los grupos, **dichos y gritería descom-
pasada** de los muchachos. (159)*

Otra vez la nube de gaviotas "celebraba chillando la matanza".
(160)

*Alguna tía vieja salía furiosa en persecución de un muchacho
que le había embadurnado el rostro con sangre y, acudiendo
a sus gritos y puteadas, los compañeros del rapaz la rodeaban
y azuzaban como los perros al toro, y llovían sobre ella
zoquetes de carne, bolas de estiércol, **con groseras carcajadas
y gritos frecuentes**... (160-161)*

Cuando quieren pialar al toro rebelde:

***Gritábanlo**, lo azuzaban en vano con las mantas y pañuelos
los muchachos prendidos sobre las horquetas del corral, y **era
de oír la disonante batahola de silbidos, palmadas y voces,
tiples y roncas, que se desprendían de aquella singular orquesta**. (162)*

Por primera vez, las voces verdaderamente **hablan** aquí, con
alguna grosera inteligencia:

*Los dicharachos, las **exclamaciones chistosas y obscenas**
rodaban de boca en boca, y cada cual hacía alarde espontáneamente de su ingenio y de su agudeza, excitado por el
espectáculo o picado por el **aguijón de una lengua locuaz.**
(162)*

En este discurso surge la "palabra mágica" que suspende todo
despliegue de ingenio y devuelve a la imprecación, al grito feroz:

*Es emperrado y arisco como un unitario.
Y al oír esta mágica palabra, todos a una voz exclamaron:
¡Mueran los salvajes unitarios! (163)*

Aquí aparece, configurada por las voces, compelida por las
alabanzas, la figura del degollador: Matasiete, el tuerto. Las loas son
interrumpidas por "una voz ronca" que alerta sobre la trayectoria del
toro.

Un espantado hueco de silencio surge a consecuencia de la
muerte accidental del niño: "deslumbrados y atónitos guardaron silencio", "manifestando horror en su atónito semblante". (164)

Quienes no han sido fulminados por este "relámpago" de la
muerte inesperada, siguen el ritmo normal de la vida en el Matadero,
corriendo al toro que se escapa, y acompañan la persecución "vocife-
rando y gritando". La inmolación de la víctima inocente queda por
completo despojada de palabra. Todo parece verbalizable, menos ese
tipo de muerte para el cual no hay palabra en el lenguaje del Matadero.

En cambio la burla halla su cauce cuando los jinetes cruzan el
pantano en busca del toro y vuelcan al gringo, que les merece
"carcajadas sarcásticas". (165)

Los individuos que participan en la matanza suelen ser meto-
nímicamente reducidos a voces:

*Allá va - gritó una voz ronca.
¡Desjarreten ese animal! - exclamó una voz imperiosa.
Mas, de repente, una voz ruda exclamó.*

Los diálogos, salvo excepciones que designan un oficio o
posición dentro del grupo (un carnicero, el Juez) son entablados por
voces anónimas. El único nombrado, y no por su verdadero apelativo,
sino por su apodo, es Matasiete. Tampoco el unitario (más prototipo
ideal que figura concreta) tiene nombre.

Las pullas dirigidas al animal, y entre ellos mismos, se centra-
lizan luego sobre el unitario:

*Una tremenda carcajada y un nuevo viva estertorio volvió a
victoriarlo (a Matasiete cuando amenaza degollar al unitario)
(170)*

entre vociferaciones e injurias, arrastraron al infeliz (171)

La voz del Juez (auténtico adversario del joven) es "imponente". La del unitario "preñada de indignación" (173)

El Juez es el que dirime las peleas y marca los intervalos de la
voz y el silencio.

Cuando se intenta atar al joven y prepararlo para ser azotado,
los gritos y las vociferaciones cesan. Sólo caben las escuetas órdenes
y la acción inmediata, silenciosa. La muerte del unitario provoca un
efecto muy similar a la del niño:

*Los sayones quedaron inmobles y los espectadores estupefac-
tos. (176)*

El Juez, a la cabeza de la chusma, se marcha "cabizbajo y
taciturno". (178)

Además de las "chuscadas" que ya se mencionaron, sólo el
diálogo Juez/unitario pese a transmitir odio y furia desbordadas
construye un discurso propiamente articulado. Fuera de esto, la voz
se vuelve aullido y vociferación, se entremezcla y se alía con el ruido,
el estrépito, los chillidos y bufidos de los animales, frecuentando
–disonante y desaforada– zonas primitivas, previas al concepto, la
estructura y la armonía.

Por otra parte, las escenas de *El Matadero* se presentan como
espectáculo "animado y pintoresco". En tanto espectáculo, es objeto
de la mirada, y el narrador se siente obligado a presentarlo, con relieve
irrefutable, ante los ojos del lector: "Pero para que el lector pueda
percibirlo en un golpe de ojo, preciso es hacer un croquis de la
localidad" (156). "La perspectiva del Matadero, a la distancia, era
grotesca, llena de animación" (158). Esta perspectiva se compondrá
de una serie continua de cuadros móviles que se sustituyen velozmen-
te: "Pero a medida que adelantaba, la perspectiva variaba; los grupos
se deshacían, venían a formarse tomando diversas actitudes y se
desparramaban corriendo como si en medio de ellos cayese alguna
bala perdida..." (159) Los mismos que componen el cuadro se escru-
tan mutuamente, bien por distracción, bien porque la mirada es parte
esencial en la lucha encarnizada por las presas ("entre la chusma que
ojeaba y aguardaba la presa de anchura..." (159)

La expresión "hacer ojo" o "echar ojo" se repite:

Algunos jinetes, con el poncho calado y el lazo prendido al tiento, cruzaban por entre ellas, al tranco, o, reclinados sobre el pescuezo de los caballos, echaban ojo indolente sobre uno de aquellos animados grupos". (158)

El Juez "hace ojo lerdo" a la prohibición de traer toros al Matadero. (167)

No sólo las escenas representadas son un espectáculo destinado al narratario, sino para el conjunto de los personajes participantes. Y esto se da sobre todo cuando ingresa el toro (aquí la discusión se centra precisamente en el bulto barro u órganos genitales que la vista no alcanza a divisar).

*Formaban en la puerta el más grotesco y sobresaliente grupo varios pialadores y enlazadores de a pie, con el brazo desnudo y armados del certero lazo, la cabeza cubierta con un pañuelo punzó, y chaleco y chiripá colorado, teniendo a sus espaldas varios jinetes y **espectadores de ojo escrutador y anhelante.** (162)*

*cada cual hacía alarde espontáneamente de su ingenio y de su agudeza **excitado por el espectáculo...**" (163)*

Espectáculo que tiene grotescamente sus "palcos" ("los muchachos prendidos sobre las horquetas del corral" (162), y su "orquesta", hecha de voces, silbidos y palmadas (162).

La vista se evalúa como suprema instancia de captación de lo real representado que excede a las posibilidades de la escritura (cfr. lo dicho en p. 26 de este trabajo). El relato concluye con el predominio del registro visual: el "torrente de sangre" que cubre el espacio de la casilla (la casa de gobierno del Matadero) y el espacio narrativo.

Vista y voz dibujan, con creciente vibración, un *cuadro animado* que excede lo verosímil y se propone como símbolo o parábola del país. Un relato irónico, de cuño aparentemente costumbrista o naturalista, alcanza visos de pesadilla, aparato teatral casi de tragedia[11] y connotaciones infernales. Un personaje que habla casi como en las obras de los hermanos Varela, se contrapone a los hombres rudos que lo interpelan en la jerga del Matadero. Al final, la reflexión del narrador retoma la ironía de las primeras páginas y reinstala esta

---

11.   Ver sobre la teatralidad de *El Matadero*: María de José Queiroz: *El Matadero*, pieza en tres actos", *Revista Iberoamericana*, Vol XXXIII, No. 63, (Enero-Junio 1967).

"historia" particular en la Historia, cerrando los significados y adscri-
biendo la irrupción de una violencia en la que participa todo el país
escindido (incluso, como lo hemos visto, el joven capturado) al
"prontuario" de la "federación rosina".

f) Conclusiones

Se representa en *El Matadero* una realidad "mezclada" donde
las categorías y las distinciones se disuelven y se revuelven como el
lodo y la sangre bajo las patas de los caballos y de las reses: mezcla
de razas (blancos con negros y mulatos), de sexos, de edades, de
animales y de hombres, de Ley (el Juez, el código del Matadero) y de
violento, intolerable caos; convergencia de la prohibición y de la
transgresión, del sermón represor y de la obscenidad, de lo trágico y
lo groseramente cómico, del lenguaje prostibulario y de la alocución
más culta. Mezcla sólo descriptible por la hipérbole ("reunía todo lo
horriblemente feo, inmundo y deforme...," (155),) y sellada por la
final efusión de la sangre del prisionero –el otro, el extraño que muere
en la violencia común.

Mezcla de códigos, mezcla de géneros[12], "fiesta del monstruo"[13], *El Matadero* aun a conciencia de que la escritura es copia o
reflejo, inferior en vitalidad a la voz, y, sobre todo, a la *vista*, quiere
absorber y devolver el caos abigarrado del mundo en una literatura
también "mezclada", capaz de incluir, hasta donde ello es posible, la
múltiple llamada de los sentidos, el símbolo y la pesadilla.

---

12.   Apunta María Josefa Barra, ampliando las observaciones de Noé Jitrik,
       que la mezcla practicada por Echeverría "ha contribuido a plasmar el
       discurso de nuestra literatura: un mixto en donde conviven el relato, el
       ensayo sociológico, la parábola, la crónica, el mito..."

13.   Josefina Ludmer *(El género gauchesco. Un tratado sobre la Patria*
       Buenos Aires, Sudamericana, 1988) utiliza esta designación para referirse
       al mundo sanguinario de la amputación de los cuerpos perpetrada por el
       "monstruo", el salvaje degollador de las ideas, que quiebra así la dicotomía
       ilustrada cuerpo/alma.

Bibliografía

BARRA, María Josefa: *"El Matadero*, de Esteban Echeverría: la escritura como simulacro" (inédito).

BUCICH, Antonio: *Esteban Echeverría y su tiempo*, Buenos Aires, 1938.

CARILLA, Emilio: "Ideas estéticas de Echeverría", *Revista de Educación*, La Plata, Año III, No. 1.

CORTAZAR, Augusto Raúl: "Echeverría: iniciador de un rumbo hacia lo nuestro". Separata del Prólogo a *La Cautiva* y *El Matadero*, de Esteban Echeverría, Buenos Aires, Peuser, 1946.

CHANETON, Abel: *Retorno a Echeverría*. Ayacucho, 1954.

FURT, Jorge: *Esteban Echeverría*. Colombo, 1948.

JITRIK, Noé: "El Romanticismo: Esteban Echeverría", en *Historia de la literatura Argentina*, Tomo I: Desde la Colonia hasta el Romanticismo, Buenos Aires: CEDAL, 1980/1986, pp. 241-264.

"Forma y significación en *El Matadero*, de Esteban Echeverría", en *El Matadero* et *La Cautiva*, suivis de trois essais de Noe Jitrik, Paris, Les Belles Lettres, Annales Littéraires de l'Université de Besançon, Vol. 103, 1969.

KISHERMAN, Natalio: *Contribución a la bibliografía de Esteban Echeverría*. Buenos Aires, Instituto de Literatura Argentina Ricardo Rojas, 1960.

LUDMER, Josefina: *El género gauchesco. Un tratado sobre la patria*. Buenos Aires. Sudamericana, 1988.

PRIETO, Adolfo, y otros: *Proyección del rosismo en la literatura argentina*, Seminario del Instituto de Letras, Universidad Nacional de Litoral, Facultad de Filosofía y Letras, Rosario, s/f.

QUEIROZ, María de José de: *"El Matadero*: pieza en tres actos", *Revista Iberoamericana*, No. 63, Vol. XXXIII, En-Junio 1967.

44

WEINBERG, G.F.: *El salón literario*. Buenos Aires: Hachette, 1958.

Ediciones utilizadas:

ECHEVERRIA, Esteban: *La Cautiva. El Matadero,* Buenos Aires: Peuser, 1958. Estudio Preliminar y Notas de Angel Battistessa. Con apéndice iconográfico y documental.

La Cautiva. El Matadero. Estudio Preliminar y Notas de Iber H. Verdugo, Buenos Aires; Kapelusa, 1971.

Otras obras de Echeverría utilizadas:

ECHEVERRIA Esteban: *Páginas Literarias,* seguidas de los fundamentos de una estética romántica. Prólogo de Arturo Capdevila y Apéndice de Juan María Gutiérrez. Buenos Aires: Jackson, s.f.

REDESCUBRIMIENTO DEL MUNDO PERDIDO: EL *FACUNDO* DE SARMIENTO [1]

POR

ROBERTO GONZÁLEZ ECHEVARRÍA
Yale University

1

> «Un viajero inglés de principios del siglo XIX, refiriéndose
> al viaje combinado en canoa y en mula, que podía durar
> hasta cincuenta jornadas, había escrito: "Este es uno de los
> peregrinajes más malos e incómodos que un ser humano
> pueda realizar." Esto había dejado de ser cierto los primeros
> ochenta años de la navegación a vapor, y luego había vuelto
> a serlo para siempre, cuando los caimanes se comieron la
> última mariposa, y se acabaron los manatíes maternales, se
> acabaron los loros, los micos, los pueblos: se acabó todo»
> (GABRIEL GARCÍA MÁRQUEZ, *El amor en los tiempos del có-
> lera* [Barcelona: Bruguera, 1985], p. 488).

La frase que abre «El matadero», de Esteban Echeverría, es ambigua,
pero a la vez claramente programática: «A pesar de que la mía es historia,

[1] Este texto forma parte de un libro sobre la narrativa hispanoamericana del
cual he publicado otras dos partes, además de varios trabajos preliminares. Los
prolegómenos del libro aparecieron en «*One Hundred Years of Solitude:* The Novel
as Myth and Archive», *Modern Language Notes* (The Johns Hopkins University),
vol. 99, núm. 2 (1984). pp. 358-380. Parte del segundo capítulo se publicó bajo el
título «The Law of the Letter: Garcilaso's *Commentaries* and the Origins of the
Latin American Narrative», *The Yale Journal of Criticism*, vol. 1, núm. 1 (1987),
pp. 107-131. En breve, el libro postula que la narrativa hispanoamericana se ha elabo-
rado en el contexto de tres *fábulas maestras*, que surgen en tensión dialéctica con un
discurso hegemónico, cuyo poder lo determinan las relaciones político-sociales de la
época. Los tres discursos hegemónicos son, a saber: el del derecho durante el período colonial, el de los viajeros científicos en el siglo XIX y el de la antropología
en el siglo XX. Dos novelas-archivo me permiten formular la existencia de esas
fábulas maestras, o *fábulas de origen: Los pasos perdidos* y *Cien años de soledad*.

no la empezaré por el arca de Noé y la genealogía de sus ascendientes, como acostumbraban hacerlo los antiguos historiadores españoles de América, que deben ser nuestros prototipos» [2]. Es éste un comienzo portentoso para un mero relato, pero el texto de Echeverría es ambicioso en extremo. El autor se proponía que «El matadero» representara la implacable represión política a la que eran sometidos los oponentes de Rosas. Las escenas explícitas de abusos y violencia se presentan con el tono clínico de un observador científico que describe fenómenos naturales. En la narración, un joven, que es evidentemente proyección del autor, es asaltado por la turba de los que trabajaban o simplemente se reúnen en el matadero de Buenos Aires, y que representan a los bárbaros que apoyaban a Rosas. El joven es asesinado como si fuera una res más. «El matadero» es una alegoría política, pero es también mucho más. La declaración de Echeverría sobre la historia es de interés por dos razones. Primera, reconoce un deseo de continuidad de propósito en la historia americana. Los historiadores a quienes Echeverría se refiere son obviamente los cronistas del descubrimiento y la conquista de América. Como ellos, Echeverría desea ubicar el Nuevo Mundo en un amplio marco histórico; de aquí su alusión a la Biblia. Escribir la narrativa de América implica también escribir sobre el comienzo de la historia, porque América como acontecimiento es de proporciones tales que fuerza a situar de nuevo los principios de la historia; es decir, tanto sus inicios como las reglas que la rigen. Pero, al mismo tiempo que Echeverría invoca como sus modelos a los cronistas, también señala su ruptura con la concepción que tienen de la historia. Esta ruptura es crucial porque es la evidencia de que ha surgido una nueva fábula maestra en la narrativa de América. La articulación de esa fábula no dependerá de un diseño providencialista que retrotraiga a la Biblia en busca

---

Estas novelas-archivo —otras serían *Terra Nostra* y *Yo el Supremo*— constituyen una cuarta manifestación de la *fábula maestra*, que significativamente regresa a la primera, de origen legal. Mi deuda para con la obra de Michel Foucault debe ser evidente. Pero mi *fábula maestra* se aparta de la *episteme* en que el conocimiento, o el acceso al conocimiento, viene a ser como uno de los personajes de un proceso que siempre se resuelve en relato, en anécdota, en fabulación.

Con Borges, creo que todo texto es un borrador. Este lo es más que de costumbre —no sólo por su carácter de *work-in-progress*, con perdón de Joyce—, sino porque fue redactado originalmente en inglés, y varias manos, la mía inclusive, han colaborado en su traducción.

El libro será publicado por la Cambridge University Press, de Cambridge, Inglaterra.

[2] Cito de «El matadero», por Seymour Menton, *El cuento hispanoamericano: antología crítico-histórica*, 3.ª ed. (México: Fondo de Cultura Económica, 1986), p. 13.

de coherencia y significado, como lo hacía la historiografía de Indias, sino que invocará otro principio, tan portentoso como el de ellas, que determine el desarrollo de la historia de América. La historia de Echeverría será la historia del presente. Este presente es *sui generis* e histórico a la vez, porque la naturaleza del Nuevo Continente le otorga la posibilidad de romper con el pasado y de crear una nueva secuencia, un nuevo argumento. La violencia representa esa ruptura en «El matadero», violencia cuya víctima es el joven y culto observador, que no puede permanecer suficientemente alejado del fenómeno que observa para sobrevivirlo. El presente violento es antecedente de sí mismo, su propio punto de partida. El relato de Echeverría marca el comienzo de una nueva fábula maestra, mediatizada por el discurso de más autoridad producido por el Occidente desde el siglo XVIII: la ciencia moderna. «El matadero» puede muy bien contener todos los elementos más importantes en esa nueva fábula.

La coherencia de esa nueva fábula no emana de la observación e imitación directa de la naturaleza americana, sino de las obras de numerosos viajeros científicos, que deberían, en justicia, ser considerados los segundos conquistadores del Nuevo Mundo. Si los primeros descubridores y colonizadores tomaron posesión de América por medio del discurso legal, estos nuevos conquistadores hicieron lo propio con la asistencia del discurso científico. Este discurso está dotado de su propia retórica, que difiere considerablemente de lo que entendemos hoy como el discurso de la ciencia. Los exploradores viajeros escribieron textos en forma de diarios y relatos de viajes que no se ubicaban —como lo hace hoy el discurso científico— fuera de la literatura y las artes. Había, por el contrario, una estrecha complicidad entre la literatura y el informe científico, lo cual facilitó a los escritores y pensadores latinoamericanos la asimilación de estas narraciones y la creación, a partir de ellas, de una nueva fábula maestra. La nueva narrativa de Latinoamérica absorbe este segundo viaje, este peregrinaje en busca de la singularidad histórica americana, bajo el amparo textual de la ciencia europea. Al igual que con el discurso legal, esa mediación terminó convirtiéndose en un proceso dialéctico de imitación y deformación, proceso que se convierte en el verdadero subtexto de la fábula maestra. No hay libro que ejemplifique este proceso más dramáticamente, y no hay libro que deje una impronta más profunda en la narrativa americana, que el *Facundo,* de Sarmiento, casi contemporáneo de «El matadero» y que, en cierta forma, es una ampliación del relato de Echeverría.

Facundo, como es sabido, es un libro imposible de clasificar: es un estudio sociológico de la cultura argentina, un panfleto político contra la dictadura de Juan Manuel de Rosas, una investigación filológica de los orígenes de la literatura americana, la biografía del caudillo Facundo Quiroga, la autobiografía de Sarmiento, la nostálgica evocación de la patria por un desterrado político, una novela basada en la figura de Quiroga. (Para mí es como nuestra *Fenomenología del espíritu.)* No importa cómo interpretemos este libro: *Facundo* es uno de esos clásicos cuya influencia es innegable y permanente y es reclamado por varias disciplinas simultáneamente. El hecho de que Sarmiento llegara a presidente de la Argentina y pusiera en práctica programas políticos que tuvieron tan duradero impacto en el curso de la historia de la nación se suma a la inmensa notoriedad de su libro. La evidencia más reciente de la perdurable relevancia y pertinencia de *Facundo* en el discurso hispanoamericano son los debates en torno a la figura de Calibán, tópico cuyo origen se encuentra en Sarmiento. Otra, de tal vez más duradero valor literario, es la proliferación de novelas de dictadores en Hispanoamérica, todo lo cual tiene su origen común en *Facundo* [3]. *El recurso del método,* de Alejo Carpentier (1974), rinde el homenaje más explícito posible a Sarmiento, y no solamente por las alusiones indirectas, como llamar Nueva Córdoba a la ciudad provincial en la que sucede parte de la acción. La novela de Carpentier es una reflexión crítica sobre el proceso mimético entre textos europeos y americanos que *Facundo* pone en movimiento. Este proceso es la razón de la continua presencia de la obra de Sarmiento en la imaginación latinoamericana. En consecuencia, no es un accidente que *Facundo* se centre en el tema de la autoridad y el poder.

2

Facundo o civilización y barbarie en las pampas argentinas fue escrito, como es de todos sabido, cuando Sarmiento era exilado político en Chile. Como suele ocurrir con tantos clásicos (para frustración de los críticos positivistas), el texto evolucionó a través de varias ediciones, de modo que es imposible decir cuál es la versión definitiva. Cuando apareció por primera vez, en 1845, en Santiago de Chile, el libro se intitulaba *Civilización y barbarie: Vida de Juan Facundo Quiroga y aspecto físico, costumbres y hábitos de la República Argentina.* La segunda edición omitió la fórmula *civilización y barbarie,* que habría de convertirse en un tópico

---

[3] Me he ocupado de la novela de dictador, en términos que pueden ser pertinentes para la discusión aquí esbozada, en «The Dictatorship of Rhetoric/The Rethoric of Dictatorship», en mi *The Voice of the Masters: Writing and Authority in Modern Latin American Literature* (Austin, Texas: The University of Texas Press, 1985), pp. 64-85. Hay edición *paperback* de 1988.

de la literatura y del pensamiento latinoamericanos. El libro se llama ahora simplemente: *Vida de Facundo Quiroga y aspecto físico, costumbres y hábitos de la República Argentina, seguida de apuntes biográficos sobre el general fray Félix Aldao* (1851). Hay otras ediciones de la época, incluso una impresa en Nueva York en 1868 y otra en Francia en 1874. Cualesquiera hayan sido los cambios efectuados, la médula del libro continúa siendo la *vida* de Facundo Quiroga, caudillo a quien Sarmiento quiere estudiar con el fin de comprender a Rosas y la génesis y el ejercicio del poder político en su país. De ahí tal vez el cambio de título. Con el estudio de Facundo, Sarmiento espera aislar una etapa inicial en el desarrollo de la dictadura, su germen, por así decirlo. El estudio de Facundo Quiroga lleva a Sarmiento a su descripción de la pampa y de la sociedad de gauchos dentro de la cual emergió el caudillo. Poder y autoridad están de alguna manera alojados en la figura seminal de Facundo Quiroga, producto bárbaro de la tierra, quien —Sarmiento lo sabe— está en el contradictorio origen de la Argentina y, por extensión, de la cultura latinoamericana (lo que Hegel llamaba un individuo histórico mundial al referirse a Napoleón). Sin embargo, Sarmiento mismo se sabía también parte de esa cultura: era el futuro civilizado que para ella anhelaba. Es con fascinación y asco que Sarmiento se aproxima a Facundo Quiroga como alguien que sondea en los más oscuros rincones de su subconsciente. La grandeza del libro se basa en su origen antitético, en el cual autor y protagonista se abrazan como gemelos dióscuros, unidos por sus diferencias correlativas.

La relación de Sarmiento con Facundo Quiroga es homóloga a la que su libro establece con el discurso de los viajeros científicos y pensadores, cuyos nombres menciona con frecuencia y cuyos textos cita o usa como epígrafes a todo lo largo del texto. La función de esta red de textos —algunos colocados en posición marginal, otros citados en el cuerpo del trabajo— es la de conferir autoridad al discurso de Sarmiento, la de servir de modelo. Para que Facundo sea inteligible tiene que pasar por las categorías y clasificaciones de la ciencia moderna, pero para ser original (del origen contradictorio visto) tiene que escaparse de ellas. Para ser inteligible a los lectores europeos o a aquellos inmersos en la cultura europea, Sarmiento tiene que escribir un libro que se conforme al discurso de ellos, pero para ser él mismo y, por lo tanto, interesante para la mirada de ellos tiene que ser diferente y original.

La importancia de la copiosa literatura de viajes producida por los incontables viajeros científicos que dejaron sus huellas por los vastos paisajes americanos en los siglos XVIII y XIX no ha sido totalmente ignorada, pero, como cuerpo de textos, tiene todavía que ser sistemáticamente estudiada. Su relevancia para la historia literaria latinoamericana ha sido soslayada, y cuando no, ha sido tendenciosamente interpretada [4]. Sin embargo, la importancia, en conjunto, de la literatura de viajes en el contexto general de la cultura latinoamericana fue establecida por Mariano Picón Salas en 1944 en su magistral *De la conquista a la independencia*. Dice así Picón Salas:

> El creciente interés de países europeos, como Inglaterra y Francia, por asegurarse libres rutas oceánicas para su comercio internacional, unido al espíritu de investigación naturalista, tan propio de la época, hace del siglo XVIII un siglo de viajes y expediciones científicas que tratan de rectificar la confusa cartografía de países y costas lejanas, fijar astronómicamente sus latitudes y estudiar, complementariamente, la botánica y zoología ultramarinas. La conveniencia comercial y política se identifica, así, con la curiosidad científica, y los viajeros del siglo XVIII, entre los cuales, como en el caso del francés Louis de Bougainville, se da una compleja dualidad de aventurero y observador de la naturaleza,

[4] Sobre los viajeros han escrito, además de Picón Salas: Lincoln Bates, «En pos de una civilización perdida: dos audaces viajeros del siglo XIX exploran la América Central», *Américas* (OEA), vol. 38, núm. 1 (1986), pp. 34-39; Chester C. Christian Jr., «Hispanic Literature of Exploration», *Exploration* (Journal of the MLA Special Session on the Literature of Exploration and Travel), 1 (1973), pp. 42-46; Evelio A. Echevarría, «La conquista del Chimborazo», *Américas*, vol. 35, núm. 5 (1983), pp. 22-31; Iris H. W. Engstrand, *Spanish Scientists in the New World. The Eighteenth-Century Expeditions* (Seattle: University of Washington Press, 1981); Jean Franco, «Un viaje poco romántico: viajeros británicos hacia Sudamérica: 1818-1828», *Escritura* (Caracas), año 4, núm. 7 (1979), pp. 129-141; Hans Galinsky, «Exploring the 'Exploration Report' and Its Image of the Overseas World: Spanish, French, and English Variants of a Common Form Type in Early American Literature», *Early American Literature*, 12 (1977), pp. 5-24; C. Harvey Gardiner, «Foreign Traveler's Accounts of Mexico, 1810-1910», *Américas*, vol. 8 (1952), pp. 321-351; C. Harvey Gardiner (ed.), *Journeys Across the Pampas and Among the Andes* (Carbondale, Illinois: Southern Illinois University Press, 1967); Edward J. Goodman, *The Explorers of South America* (Nueva York: The Macmillan Co., 1972); Edward J. Goodman (compilador), *The Exploration of South America: An Annotated Bibliography* (Nueva York: Garland Publishing, 1983); Ronald Hilton, «The Significance of Travel Literature With Special Reference to the Spanish and Portuguese Speaking World», *Hispania*, 49 (1966), pp. 836-845; Josefina Palop, «El Brasil visto por los viajeros alemanes», *Revista de Indias*, año 21, núm. 83 (1961), pp. 107-127; Mary Luise Pratt, «Scratches on the Face of the Country; or, What Mr. Barrow Saw in the Land of the Bushmen», *Critical Inquiry*, vol. 12, núm. 1 (1985), pp. 119-143 (aunque es esencialmente sobre el Africa, algunas de las observaciones son de interés comparativo para América Latina); S. Samuel Trifilo, «Nineteenth Century English Travel Books on Argentina: a Revival in Spanish Translation», *Hispania*, vol. 41, núm. 4 (1958), pp. 491-496.

informan a la vez al rey y a las academias de las ciencias. Con los productos de tan lejanos climas se forman en las capitales europeas —desde Madrid a San Petersburgo— los jardines botánicos, las colecciones mineralógicas, los museos de «curiosidades». Los soberanos del despotismo ilustrado son también reyes coleccionistas. Para la América colonial, aquellos viajes fueron especialmente valiosos no sólo porque precisan mejor el conocimiento de su geografía, sino porque traen, como reactivo para la nueva mentalidad, métodos y observaciones que enseñan al criollo a conocerse y a conocer su mundo circundante. El viajero de entonces no es un seco especialista que se contente con levantar sus cartas o determinar la posición de las estrellas, sino que ofrece también, al público que ha de leerlo, la crónica y los elementos pintorescos de aquellas sociedades remotas. A todo lo largo del siglo se escalona una abundantísima literatura de viajes, y estos franceses e ingleses, que, desde Frezier (1713) hasta Vancouver (1795), recorren las costas americanas, parecen los precursores del gran Humboldt, con quien la geografía y hasta la sociología del Nuevo Continente alcanzarán plena madurez científica[5].

Picón Salas describe la mayoría de las principales características de la literatura europea de viajes científicos en la era moderna. Los nuevos poderes imperiales, a través de instituciones encargadas de adquirir y organizar el conocimiento (instituciones científicas, jardines botánicos, museos de historia natural, zoológicos), comisionaban a personas poseedoras de preparación científica para viajar a sus colonias, dependencias o protocolonias para recoger información. Allí, estos frecuentemente pintorescos personajes se lanzaban a una variedad de aventuras en busca de conocimientos. El resultado fueron miles de libros que describen, analizan y clasifican la flora, la fauna, el paisaje, la organización social, la composición étnica, las formaciones fósiles, la atmósfera; es decir, todo lo que puede ser conocido por la ciencia del siglo xix —conocido y consumido, analizado y convertido tanto en objeto de observación como en producto—. La ecuación entre poder y conocimiento, entre acumulación de saber y posesión no podría ser más evidente, sobre todo si tenemos en cuenta que muchos de los viajeros, como en el caso del capitán Francis Bond Head, eran representantes de corporaciones enfrascadas en algún tipo de explotación económica (en su caso, la minería). Los diversos intentos del Imperio Británico por ocupar territorios abandonados por los españoles son manifestaciones no tan mediatizadas de esta relación, como no lo fueron menos los de los Estados Unidos cuando emergió ese país en la escena mundial como

---

[5] *De la conquista a la independencia,* 4.ª ed. (México: Fondo de Cultura Económica, 1965), pp. 207-208. La primera edición es de 1944.

poder económico y militar por derecho propio (hubo muchos viajeros nor-teamericanos). Esto significa, paradójicamente desde nuestra perspectiva, que estos exploradores fueron en su mayoría agentes del «progreso», y que sus esfuerzos tuvieron un impacto revolucionario en las sociedades de La-tinoamérica. El caso de Alexander von Humboldt es, por supuesto, el más notorio en este aspecto.

Amparados como estaban por el poder de sus imperios, y armados con la sistemática coherencia del discurso de la ciencia europea, estos viajeros y sus escritos se convirtieron en los proveedores de un discurso sobre la realidad americana, que tenía un aura de verdad y que, por tanto, fue enormemente influyente[6]. Su entera actividad discursiva, desde la organi-zación del viaje a la taxonomía materializaba la verdad y rezumaba auto-ridad a través de su propia práctica. La influencia de esta literatura de viajes fue inmensa no sólo sobre los acontecimientos políticos dentro de la misma realidad que ella describía, sino sobre la concepción de esa reali-dad y de ellos mismos que los individuos dentro de ella tenían. El obsoleto discurso legal de la colonia fue reemplazado por el discurso científico como el lenguaje autorizado del conocimiento, del conocimiento de uno mismo y de la legitimación. Este discurso científico se convirtió en objeto de imi-tación por la narrativa latinoamericana tanto de ficción como de no-ficción, y está presente tanto en el *Facundo*, de Sarmiento, como en *Cecilia Valdés*, de Cirilo Villaverde (Cuba, 1880), y en *Os Sertãos*, de Euclides da Cunha (Brasil, 1902). Es el modelo hegemónico en la narrativa latinoamericana hasta 1920, y aparece como un fuerte vestigio en ficciones totalizantes contemporáneas desde *Los pasos perdidos* (1953) hasta *Cien años de sole-dad* (1967) y *Yo el Supremo* (1974).

Aunque sería inútil buscar sus huellas en manuales de literatura y en revistas especializadas, el volumen de libros sobre Latinoamérica publica-dos por científicos europeos y norteamericanos es asombroso. Miles de estas obras aparecen en la reciente bibliografía publicada por Thomas L. Welch y Myriam Figueras, *Travel Accounts and Descriptions of Latin America*

---

[6] Un buen ejemplo de la presencia de los viajeros científicos en la obra de escrito-res románticos hispanoamericanos es la revista *El plantel*, publicada en Cuba por el grupo liderado por Domingo del Monte, que pensó por primera vez la posible exis-tencia de una literatura cubana. En la revista hay largos artículos del naturalista cubano Felipe Poey, con dibujos de animales y plantas como los encontrados en los libros de viajeros. Véase *El plantel*, 2.ª serie (octubre 1838). La complicidad entre explotación de recursos naturales, ciencia y literatura en los inicios del romanticis-mo es perfectamente común y natural, además de generalizada por el mundo his-panoamericano. En Sarmiento culmina esta tendencia, no exenta en muchos casos de un racismo «científico» que tuvo gran auge entre pensadores y literatos hispano-americanos hasta los años de la vanguardia.

and the Caribbean 1800-1900: A Selected Bibliography (1982), y estoy
seguro de que muchos podrían agregarse si las fechas que ésta abarca se
ampliaran para incluir el siglo xviii y principios del xx. Esta proliferación
es sólo comparable a la de los documentos legales durante los dos primeros
siglos de la dominación española, o hasta la famosa *Recopilación de leyes
de Indias* de 1681. Los libros de viajes desempeñan un papel similar en
relación con la narrativa, aunque las diferencias son también significativas.
Para comenzar, estos textos científicos no obedecían a reglas retóricas anónimas ni fueron escritos por meros notarios, frailes o funcionarios. Los
libros de viajes fueron escritos por autores de tal renombre como Charles-
Marie de la Condamine, Alexander von Humboldt, Charles Darwin, Peter
Wilhelm Lund, Captain Francis Bond Head, Robert y Richard Schomburgk.
No todos los libros fueron escritos por científicos en el sentido estricto de
la palabra. Como dice S. Manuel Trifilo refiriéndose a los viajeros ingleses
en Argentina: «The accounts were written by a wide cross-section of British society —soldiers, merchants, naturalists, diplomats, businessmen, en-
gineers, miners, missionaries, adventurers, tourists, and many others [7]—.»
Por otra parte, contrariamente a las humildes fórmulas de la burocracia
española, y aun de las cultas historias de América escritas por humanistas
como Francisco López de Gómara, los diarios científicos de viajes son
literarios en casi todos los niveles: estos exploradores estaban imbuidos de
literatura en la misma medida en que los poetas de la época estaban fasci-
nados por la ciencia (Goethe, por ejemplo). Además, los diarios de viajes
no sólo daban cuenta de los objetos recolectados, sino también del proceso
por el cual éstos eran hallados, es decir, de la vida del viajero cuando éste
se desplazaba por el espacio y el tiempo en busca de los secretos de la
naturaleza, con lo cual, por cierto, la expedición termina siendo además
un viaje de autodescubrimiento. Estos exploradores son con frecuencia escritores extraordinarios, y sus historias están repletas de peligrosas y también divertidas aventuras. Su pasión por la naturaleza, tan intensa como
la de los poetas de la época, produjo ejemplos imponentes de lo sublime
romántico. Esto es así no sólo en las obras maestras, como el *Voyage aux
régions équinocciales du Nouveau Monde,* de Von Humboldt, sino también
en obras menores, como *Reise in British Ghiana,* de sus discípulos Richard y Robert Schomburgk. Además, algunos de los viajeros eran artistas
o llevaban artistas en su comitiva para que dibujaran o pintaran el paisaje
o los especímenes que encontraran —en algunos casos, porque éstos no
podían ser conservados; en otros, para que el lector pudiera «verlos» en su
habitat natural—. El resultado fue que muchos de los libros que estos viaje-

---

[7] Trifilo, *op. cit.,* pp. 491-492.

28

ros produjeron son objetos notables, con bellas ilustraciones de la flora, fauna, formaciones geológicas, tipos humanos y, ocasionalmente, del grupo mismo de aventureros científicos.

Si se tuviera que señalar el elemento más importante de estos libros de viajes, y el que mayor influencia tuvo en otros que los tomaron como modelo, tendría que ser el tiempo, o más precisamente la historia, y aún más específicamente la historia natural[8]. La naturaleza americana había sido objeto de asombro para los europeos desde el descubrimiento, y las crónicas españolas están llenas de descripciones curiosas de objetos naturales, de seres y fenómenos que eran extraños o fuera de lo ordinario para el autor, quien a menudo no tenía palabras para describirlas. La hegemonía de la filosofía neoescolástica era demasiado férrea para permitirles a los españoles concebir la naturaleza americana como un sistema distinto, sometido a una evolución distinta[9]. No les fue dado a los cronistas pensar que en realidad la naturaleza americana pudiera ser diferente. Se invirtió una enorme cantidad de energía intelectual para lograr encasillar fenómenos naturales ajenos a los conocidos por los europeos dentro de categorías aristotélicas. El caso más notorio e interesante es la monumental *Historia natural y moral de las Indias* (1590), del padre José de Acosta. Era como forzar las categorías, y los resultados fueron naturalmente monstruosos. Se invocaban elementos de diversas especies para describir animales que parecían haber sido armados con piezas tomadas de diferentes rompecabezas. Un animal dado no era resultado de una historia singular, sino un amasijo de partes de otras criaturas, de las que se habían tomado prestadas una ala, una pata o una garra. Mucho del encanto de la literatura barroca latinoamericana se halla en las contorsiones tropológicas que se requieren para describir el Nuevo Mundo como un *collage* de piezas del Viejo. En cambio, los viajeros científicos trajeron un concepto de la historia que permitiría que una singular naturaleza americana sentara las bases de un ser americano distinto y autónomo. Por el lado político, el resultado fue la independencia de España. Por el narrativo produjo una fábula maestra nueva, la que Sarmiento escribió al redactar su *Facundo*. Los elementos de esta fábula modelo están determinados tanto por la

---

[8] Me guío aquí sobre todo por Michel Foucault, *Les mots et les choses* (París: Gallimard, 1966); Arthur O. Lovejoy, *The Great Chain of Being* (Cambridge, Mass.: Harvard University Press, 1936).

[9] Véanse las páginas 12-14 de la «Introducción» de Juan Bautista Avalle-Arce a su edición del *Sumario de la Natural Historia de las Indias*, de Fernández de Oviedo (Madrid: Anaya, 1963). Habla aquí Avalle-Arce del empirismo de Oviedo, que constituye la aproximación más audaz a la realidad americana, por cuanto logra así desprenderse de las codificaciones recibidas.

ciencia como por el viaje mismo. Las expediciones de los exploradores
científicos o cuasi-científicos eran parte del *Bildungsreise* romántico. El
viaje es emblema del tiempo. La historia natural no es sólo una dinámica
maquinaria de tiempo, sino que el ser que la observa, el viajero científico,
es arrastrado también por el torbellino de la temporalidad. Este doble movimiento de sujeto y objeto crea una asíntota, que expresa ese anhelo tan
romántico de unión de la persona y el cosmos, anhelo cuyo resultado es
generalmente una fisura kantiana. Viajar era una ordalía, un desprendi-
miento del mundo conocido del viajero en busca de conocimiento de la
naturaleza y de sí mismo. El ideal era, por supuesto, el descubrimiento de
uno mismo, un uno mismo en que naturaleza y persona constituyeran una
unidad indivisible, unidad en la cual la exuberante y hasta sombría belleza
del mundo natural estaría en perfecta armonía con el alma del viajero en
busca de sus secretos. La retórica de la literatura científica de viajes está
vertebrada por la figura de este héroe-narrador, que se somete a pruebas
para adquirir conocimiento. Estas pruebas no eran insignificantes, dado
lo primitivo de los medios de transporte de que se disponía, el peso, volumen y fragilidad de los toscos instrumentos científicos, las epidemias a las
cuales se exponía el viajero, y a las cuales su cuerpo estaba lejos de ser
inmune, para no hablar de las dificultades de comunicación con los naturales de las diferentes regiones visitadas. A esto podrían agregarse las com-
plicaciones que implicaba la recolección de muestras, su preservación y
envío de vuelta a la metrópoli para que fueran analizadas, clasificadas y,
eventualmente, exhibidas. Muchos baúles de Von Humboldt, repletos de
especímenes disecados, hicieron dilatados periplos; algunos no han llegado
todavía a destino.

La prueba más ardua para el viajero era, sin embargo, mantener su
sentido de identidad a la vez que exploraba el mundo natural americano;
establecer una distancia científica de la realidad descrita, sin por ello dis-
torsionarla; permanecer alejado, continuar escribiendo como otro, en
medio de una realidad que amenazaba con revelar un conocimiento que
concebiblemene podría, por su poderoso atractivo, hacer perder al viajero
su sentido de identidad. Esto es así muy particularmente en el caso de viajeros como Head, cuyas proezas como jinete lo aproximaban peligrosa-
mente al gaucho, de tal modo que uno siente al leerlo que se está identi-
ficando más y más con él. Pero al escribir para un público europeo, científico o no, el viajero tenía que seguir siendo europeo, debía perseverar en
su identidad, a pesar de las tentaciones de lo salvaje, de lo bárbaro del
otro. El recurso retórico que mantiene esta distancia —y que es el equivalente discursivo de los instrumentos científicos— es la constante expresión
de maravilla, de sorpresa, de distancia que crea el viajero escritor al hacer

repetidas comparaciones entre el mundo europeo y el colonial, pero principalmente por la práctica de la clasificación y taxonomía. El mundo del otro es clasificable, apto para ser integrado en una taxonomía. El alma, el espíritu del viajero, interpone la red de las clasificaciones científicas entre su deseo de fundirse con el objeto de estudio y el objeto mismo. En estos libros, Latinoamérica se convierte en un viviente museo de historia natural, un jardín botánico o zoológico en el cual, en recintos contiguos, los animales y las plantas conviven en el presente, pero separados por siglos de evolución.

En algunos de estos viajes, esta perseverancia en la identidad europea se manifiesta de modo verdaderamente espectacular, como cuando los hermanos Schomburgk, que viajan bajo auspicio británico, disparan salvas en medio de la selva para festejar el cumpleaños de la reina. Su expedición a Guayana es como una cápsula de tiempo europeo dentro de la vasta maquinaria de tiempo de la naturaleza. En la literatura popular, esto se traduce en los laboriosos preparativos que los viajeros hacen para transportar con ellos por la selva un ambiente europeo. En *La jangada*, de Julio Verne, novela sobre el Amazonas, por ejemplo, la enorme balsa construida por los expedicionarios franceses se convierte en una especie de Arca de Noé de la vida europea, una isla de civilización que flota río abajo, a través de la jungla. Los avíos europeos aíslan al viajero de la realidad exterior, pero a la vez constituyen un punto de mira. En los complejos vehículos de Verne se labran ornadas ventanas, escotillas o claraboyas a través de las cuales se pueden observar y clasificar la flora, la fauna y las variedades de la vida humana. De ahí la ventana en forma de observatorio del capitán Nemo en el *Nautilus,* que le permite contemplar raros animales en las profundidades del océano.

La imagen del capitán Nemo escudriñando en las profundidades nos permite postular las características de la literatura de viajes que derivan de la ciencia (las previas eran derivadas de los viajes). La noción de profundidad expresa la concepción de la realidad como historia natural; un desplegarse en el tiempo o, desde luego, una evolución en el tiempo que explica las diferencias en la flora y la fauna porque la evolución tomó diferentes sendas en regiones diferentes. El tiempo, en otras palabras, es diferente en regiones distintas. Cada camino evolucionario dado lleva a un grupo distinto de animales. Los viajeros que recorrían el mundo colonial buscaban estas diferencias con la esperanza de dar con la llave maestra de toda la historia natural, el secreto del comienzo o comienzos de todo. Pero Nemo busca también animales que pertenezcan a la prehistoria, animales que, por alguna razón, quedaron fuera del proceso evolucionario, que, por lo tanto, se extinguieron o de los que quedan muy pocos. En el siglo XIX, Latinoamérica se convirtió en el campo de estudio de un importante grupo de paleontólogos que se proponían descubrir los secretos de la evolución en restos de animales prehistóricos conservados por un capricho o accidente histórico[10]. Esto es lo que el profesor Challenger, el explorador de *The Lost World,* de Sir Arthur Conan Doyle, busca en la altiplanicie ficticia en la selva sudamericana, meseta que, dada su altura, ha aislado su flora y fauna del resto de la jungla, creando una especie de tubo de ensayo natural (igual que las islas Galápagos en la obra de Darwin).

Este «espléndido aislamiento», como lo denominó George Gaylord Sympson en uno de sus magníficos libros sobre la materia, ha conservado vivos los orígenes hasta el presente. Los viajeros científicos que recorrieron Latinoamérica no buscaban sólo muestras corrientes de la flora o la fauna, sino ejemplares que representaran un salto atrás, hacia los orígenes de la evolución. Es por esto que viajar por Latinoamérica significaba encontrar la historia en la evolución de las plantas y de los animales y hallar conservado el comienzo de la historia, un origen remoto pero paradójicamente vivo y contemporáneo.

La fascinación de Sarmiento con el trabajo de los exploradores europeos es bien conocida. Los cita frecuentemente, y hasta declara: «Sudamérica en general, y Argentina en particular, necesita de un Tocqueville que, armado con el conocimiento de la teoría social, como el viajero científico con sus barómetros, brújulas y octantes, viniera y penetrara las profundidades de nuestra vida política como en un vasto territorio inexplorado por la ciencia y lo revelara a Europa, a Francia...»[11]. (He aquí el origen de los instrumentos científicos que Melquíades traerá a Macondo muchos años después...) Pero, más allá de estos ditirambos, lo más interesante es el modo en que la literatura científica de viajes determina al *Facundo* como texto y crea de esta relación una nueva forma de narrar en América,

---

[10] George Gaylord Sympson, *Splendid Isolation. The Curious History of South American Mammals* (New Haven: Yale University Press, 1980), y *Discoverers of the Lost World. An Account of Some of Those Who Brought Back to Life South American Mammals Long Buried in the Abyss of Time* (New Haven: Yale University Press, 1984). El omnívoro Sarmiento, desde luego, conoció bien la labor de estos paleontólogos, en particular la de Francisco J. Muñiz, sobre el cual escribe una biografía cuya importancia para el tema que nos ocupa rebasa los límites de este trabajo. Véase el tomo 43 de las *Obras de Domingo F. Sarmiento* (Buenos Aires: Imprenta y Litografía Mariano Moreno, 1900).

[11] Cito por *Facundo o civilización y barbarie en las pampas argentinas,* fijación del texto, prólogo y apéndices de Raúl Moglia, xilografías de Nicasio (Buenos Aires: Ediciones Peuser, 1955), p. 10.

que perdurará aún en vestigios hasta el presente, pero que estará vigente como fábula maestra hasta los años veinte de nuestro siglo. La supervivencia del *Facundo* en la narrativa latinoamericana se debe a la ejemplaridad, a la nitidez y a la profundidad y arraigo de ese proceso mimético que establece con los textos de los viajeros científicos.

El viaje que aleja a Sarmiento de Argentina puede haber tenido un motivo político, pero es semejante a la ordalía de separación de la que hablamos con referencia a los libros de viajes; es la prueba que lleva a la escritura. En efecto, el acto mismo de abandonar la Argentina, que se narra en el Prólogo de *Facundo,* está indisolublemente ligado al acto de escribir. Sarmiento garabatea un desafío político en una piedra al cruzar la frontera hacia Chile. Partir y escribir están unidos en *Facundo,* como sucede en los libros de viajes. Sarmiento se descubrirá a sí mismo y explorará la cultura argentina al alejarse y verla a distancia. Desde luego, Sarmiento simultáneamente se aleja y se acerca a su propia cultura como objeto de análisis, mientras que los viajeros parten de su cultura hacia otra ajena que se proponen estudiar. Esta diferencia es crucial porque destaca una de las contradicciones más productivas del *Facundo:* el territorio que realmente recorrerá Sarmiento no será el de Argentina, sino el de los textos de los viajeros europeos. Es un hecho sabido que el conocimiento de la pampa de Sarmiento provenía en su mayor parte de libros, en particular el de Sir Francis Bond Head, *Rough Notes Taken During Some Journeys Across the Pampas and Among the Andes (1826),* que Sarmiento cita por cierto en francés [12]. El descubrimiento de sí mismo en *Facundo* es profundamente literario, un proceso mediatizado por los textos, exactamente como los textos de los viajeros son mediatizados por el discurso científico. Esta doble mediación es significativa, porque es la versión de Sarmiento de la perseverancia en una identidad europea, el equivalente del equipaje e instrumental de los viajeros europeos. Sólo que aquí la manifestación de esa perseverancia es textual y corresponde a la red de citas, epígrafes y alusiones del libro.

El carácter literario de esa mediación se revela también en un rasgo curioso del discurso de Sarmiento: Sarmiento compara con frecuencia la sociedad gaucha con diversas sociedades orientales, tal como la describen orientalistas europeos [13]. Si el gaucho es el origen de la cultura argentina,

---

[12] He manejado *Journeys Across the Pampas and Among the Andes,* edited with an introduction by C. Harvey Gardiner (Carbondale: Southern Illinois University Press, 1967). El original es de 1826.

[13] Aprovecho aquí lecturas en *Orientalism,* de Edward W. Said (Nueva York: Vintage Books, 1979).

el estrato más profundo del ser argentino, ese origen es la figura inconfundiblemente literaria de un gaucho vestido con traje de beduino, tal y como éste aparece descrito por viajeros franceses, alemanes e ingleses. A veces la comparación se establece con textos desenfadadamente literarios, como los de Victor Hugo. Lo que la congruencia de la ciencia europea es para el discurso de los científicos, esta prisión textual es para el de Sarmiento: la red que presumiblemente le impide fundirse con el objeto de su estudio.

Más allá de esta doble mediatización están las prácticas clasificatorias de Sarmiento, especialmente del gaucho. Entre las páginas más memorables de *Facundo* (las que uno más recuerda de la escuela primaria y secundaria) se encuentran las que dedica a la descripción de las distintas clases de gauchos: el payador, el rastreador, el baquiano, el gaucho malo. Cada uno de esos tipos es minuciosamente descrito, desde su atuendo hasta sus rutinas diarias. El gaucho es para Sarmiento lo que una especie de vida animal cuyas diferentes familias se encuentran, describen y clasifican, para el explorador europeo. La misma manía taxonómica se aplica a mayores sectores de la vida argentina, como cuando las distintas clases de ciudades son analizadas y contrastadas (Córdoba *vs.* Buenos Aires). Lo que es notablemente moderno en esta clasificación es que contiene simultáneamente múltiples estratos temporales, es decir, refleja profundidad en el sentido discutido anteriormente. Buenos Aires y Córdoba ocupan el mismo tiempo en el presente, pero pertenecen a dos épocas distintas, separadas tal vez por siglos. La pampa puede ser el remoto origen de todo, y si es así, es contemporánea con manifestaciones posteriores de la cultura argentina que ha determinado. Facundo Quiroga es una etapa anterior de Juan Manuel de Rosas, aun cuando son contemporáneos (ambos nacieron en 1793, pero el caudillo fue muerto en 1835, mientras que el dictador vivió una larga vida en el exilio, hasta 1877). *Facundo,* como los libros de los viajeros, se propone mostrar la dinámica de la historia en un modelo espacial, una especie de movimiento congelado, destacando las diversas formas que los accidentes de la evolución han creado en la región específica observada. El libro es como una galería de tipos y de épocas sincronizadas por la máquina del discurso científico, con el origen en el centro, vivo aún, presente y vigente.

Tal vez el mejor modo de visualizar todo esto sea precisamente mediante un cuadro. En 1859, el pintor norteamericano Frederick Church desveló su gigantesca tela «Heart of the Andes», basada en dos viajes a Sudamérica, pero mayormente inspirada por los escritos de Alexander von Humboldt. Church se guiaba por la visión de Humboldt, según la cual al mirar los Andes «de un solo vistazo, el ojo examina majestuosas palmas, húmedas forestas... y luego, más arriba de estas formas de vegetación tropical, aparecen robles, rosas silvestres, y más arriba de esto, picos nevados» [14]. Discípulo de Thomas Cole, Church fue miembro de lo que se conoce como la *Hudson River School of Painting*, que se deleitaba en representar la belleza del paisaje norteamericano. En «Heart of the Andes», sin embargo, Church intentó dar una visión total de la historia natural, a la manera del ambicioso libro de Von Humboldt *Kosmos. Entwurg einer physischen weltbeschreibung.*

Todos estos prolegómenos llevan a Sarmiento a su espécimen: Facundo Quiroga, cuya vida se sitúa en el centro del libro como un raro insecto atrapado en un pisapapeles de cristal. La historia de la vida de Facundo Quiroga no obedece a reglas retóricas convencionales para escribir biografías. La vida, la biografía aquí, pone el énfasis en la *bio* —la vida es *bio*lógica—. La vida es un concepto muy en boga en la ciencia del siglo XIX, y el debate entre organicistas y mecanicistas es bien conocido. Se trata de un concepto que deja una huella profunda en el pensamiento y la literatura europeos, que tal vez culmina con Nietzsche, Unamuno y las versiones hispánicas de la *Lebensphilosophie* llamada «vitalismo». Sarmiento da cuenta del carácter de *Facundo* y de su destino en términos científicos. El caudillo es motivado, como explica Sarmiento muchas veces, por un *exceso de vida;* por un impulso vital que inevitablemente, trágicamente, lo lleva a Barranca Yaco, donde él sabe o intuye que será asesinado. El exceso de Facundo Quiroga es visible en la forma de su cráneo, en su corpulencia y en sus feroces ojos. Estos son todos accidentes biológicos que determinan su destino, lo que hace que su vida se conforme más aún a un modelo trágico. Así como la originalidad de Facundo Quiroga es el resultado de accidentes, lo mismo sucede con toda la cultura de los gauchos.

La pulpería, núcleo social de la vida gauchesca, es el resultado del encuentro *casual* de los gauchos, no de una organización premeditada o legada por la tradición. Aun la poesía del gaucho se debe a accidentes topográficos, a irregularidades parecidas a las de los huesos de su cráneo (Sarmiento se dejó seducir también por la frenología). La noción de accidente es crucial, ya que determina la libertad de Facundo Quiroga, su distanciamiento de la norma; por lo tanto, su originalidad. Cuando el caudillo derrota a ejércitos establecidos, lo hace por tener la libertad de emplear tácticas no convencionales, que burlan a sus enemigos. Todo accidente es inaugural por definición, independiente del pasado; es un presente violentamente separado de la historia, un comienzo, como el que el paleontólogo espera encontrar en cuevas y excavaciones. La inclinación de Facundo

---

[14] Tomo la información y la cita de Mary Sayre Haverstock, «La fascinación de los Andes», *Américas,* vol. 35, núm. 1 (1983), p. 41.

Quiroga por la violencia es una expresión de su libertad, de su anomalía; la violencia forma deformando, mutilando. Como origen presente del caudillismo, el carácter accidental y violento de Quiroga explica la inclinación de Rosas por la violencia.

3

Cuando Sarmiento llega finalmente a su vida de Facundo Quiroga, leemos la siguiente anécdota, que no podemos menos que citar en su totalidad:

Media entre las ciudades de San Juan y San Luis un dilatado desierto que, por su falta completa de agua, recibe el nombre de *travesía*. El aspecto de aquellas soledades es, por lo general, triste y desamparado, y el viajero que viene de oriente no pasa la última represa o aljibe de campo sin proveer sus chifles de suficiente cantidad de agua. En esta travesía tuvo una vez lugar la extraña escena que sigue. Las cuchilladas, tan frecuentes entre nuestros gauchos, habían forzado a uno de ellos a abandonar precipitadamente la ciudad de San Luis y ganar la travesía a pie, con la montura al hombro, a fin de escapar de las persecuciones de la justicia. Debían alcanzarlo dos compañeros tan luego como pudieran robar caballos para los tres. No eran por entonces sólo el hambre o la sed de peligros que le aguardaban en el desierto aquel, que un tigre cebado andaba hacía un año siguiendo los rastros de los viajeros, y pasaban ya de ocho los que habían sido víctimas de su predilección por la carne humana. Suele ocurrir, a veces, en aquellos países en que la fiera y el hombre se disputan el dominio de la naturaleza, que éste cae bajo la garra sangrienta de aquélla; entonces el tigre empieza a gustar de preferencia su carne, y se le llama cebado cuando se ha dado a este nuevo género de caza: la caza de hombres. El juez de la campaña inmediata al teatro de sus devastaciones convoca a los varones hábiles para la correría, y bajo su autoridad y dirección se hace la persecución del tigre cebado, que rara vez escapa a la sentencia que lo pone fuera de la ley.

Cuando nuestro prófugo había caminado cosa de seis leguas, creyó oír bramar el tigre a lo lejos, y sus fibras se estremecieron. Es el bramido del tigre un gruñido como el del cerdo, pero agrio, prolongado, estridente, y que, sin que haya motivo de temor, causa un sacudimiento involuntario en los nervios, como si la carne se agitara ella sola al anuncio de la muerte. Algunos minutos después el bramido se oyó más distinto y más cercano; el tigre venía ya sobre el rastro y sólo a una larga distancia se divisaba un pequeño algarrobo. Era preciso apretar el paso, correr, en fin, porque los bramidos se sucedían con más frecuencia, y el último era más distinto, más vibrante que el que le precedía. Al fin, arrojando la montura a un lado del camino, dirigióse el gaucho al árbol que había divisado, y no obstante la debilidad de su tronco, felizmente bastante elevado, pudo trepar a su copa y mantenerse en una continua oscilación, medio oculto entre el ramaje. Desde allí pudo observar la escena que tenía lugar en el camino: el tigre marchaba a paso precipitado, oliendo el suelo y bramando con más frecuencia a medida que sentía la proximidad de su presa. Pasa adelante del punto en que ésta se había separado del camino, y pierde el rastro; el tigre se enfurece, remolinea, hasta que divisa la montura, que desgarra de un manotón, esparciendo en el aire sus prendas. Más irritado aún con este chasco, vuelve a buscar el rastro, encuentra al fin la dirección en que va, y levantando la vista, divisa a su presa, haciendo con el peso balancearse el algarrobillo, cual la frágil caña cuando las aves se posan en sus puntas. Desde entonces ya no bramó el tigre; acercábase a saltos, y en un abrir y cerrar de ojos sus enormes manos estaban apoyándose a dos varas del suelo sobre el delgado tronco, al que comunicaban un temblor convulsivo que iba obrar sobre los nervios del mal seguro gaucho. Intentó la fiera dar un salto imponente; dio vuelta en torno del árbol midiendo su altura con ojos enrojecidos por la sed de sangre, y al fin, bramando de cólera, se acostó en el suelo, batiendo sin cesar la cola, los ojos fijos en su presa, la boca entreabierta y reseca. Esta escena horrible duraba ya dos horas mortales; la postura violenta del gaucho y la fascinación aterrante que ejercía sobre él la mirada sanguinaria, inmóvil, del tigre, del que por una fuerza invencible de atracción no podía apartar los ojos, habían empezado a debilitar sus fuerzas, y ya veía próximo el momento en que su cuerpo extenuado iba a caer en su ancha boca, cuando el rumor lejano de galope de caballos le dio esperanza de salvación. En efecto, sus amigos habían visto el rastro del tigre y corrían sin esperanza de salvarlo. El desparramo de la montura les reveló el lugar de la escena, y volar a él, desenrollar sus lazos, echarlos sobre el tigre empacado y ciego de furor, fue obra de un segundo. La fiera, estirada a dos lazos, no pudo escapar a las puñaladas rápidas con que, en venganza de su prolongada agonía, le traspasó el que iba a ser su víctima. «Entonces supe qué era tener miedo», decía el general don Juan Facundo Quiroga, contando a un grupo de oficiales este suceso [15].

Sarmiento ha cifrado en esta anécdota, en el umbral de la vida de Facundo Quiroga, el mecanismo tropológico central de su libro. La historia se puede leer no sólo como una alegoría de la vida del caudillo, sino también, y lo que es aún más interesante, de la vida de *Facundo*, el libro; de la existencia de éste en relación con Sarmiento con el protagonista y con

[15] *Facundo,* pp. 71-73.

el lector. Este texto casi marginal, en las vísperas de la historia completa, es una versión de aquella fábula maestra de la narrativa latinoamericana cuyo núcleo vimos en «El matadero», de Echeverría.

Es un hecho curioso y llamativo que la primera frase de la vida de Facundo Quiroga contenga ya una figura que anuncia los tropos mayores de la historia, como si el principio siempre tuviera que contener medios y finales. El desierto entre San Juan y San Luis se llama una «travesía» por la falta absoluta de agua; sin embargo, normalmente, uno llama «travesía» al cruce de una extensión de agua. Por lo tanto, en este contexto específico, el nombre significa lo contrario de lo que refiere normalmente; es una especie de catacresis natural, como si el lenguaje comunicara de una manera misteriosa, no-racional, haciendo violencia a las relaciones convencionales entre significante y significado. Para entender el texto debemos ser capaces de dominar un código que no es universal, que no es el que presumimos basado en la experiencia acumulada del intercambio racional de la humanidad, sino específico, singular y en apariencia accidental. El desierto es llamado una travesía, sin embargo, *por* su absoluta carencia de agua, no por una razón arbitraria, por lo que debemos prepararnos a leer lo opuesto de lo que el lenguaje parece significar.

La metáfora se extiende, por supuesto, cuando se nos dice que los viajeros deben almacenar agua antes de embarcarse en un viaje a través del desierto hacia la última represa. Represa se da aquí como sinónimo de aljibe, cisterna, que, de hecho, contiene agua, pero que, al parecer, recibe su nombre porque marca el límite del desierto, no porque suministre agua. La metafórica extensión de agua por atravesar se encuentra enmarcada por los pozos en donde el viajero debe aprovisionarse de aquello de lo que el área encerrada carece. Si recordamos que las vastas extensiones de la pampa en *Facundo* se comparan frecuentemente con el mar, podemos entender mejor que, dentro del sistema tropológico del texto, la tierra pueda ser agua. Todas estas inversiones han preparado al lector para lo inusual, lo inesperado, la «escena extraña» que se va a relatar, en la que el hombre es el objeto de la caza, y no al revés. La extrañeza, la singularidad, el accidente, prevalecen en la historia de Facundo Quiroga, la singular criatura que va a ejemplificar una peculiar variedad biológica americana.

La singularidad del gaucho, su estar fuera de la norma, se expresa por el hecho de que es, a menudo, un individuo que vive al margen de la ley. El nuestro, en particular, huye de la ciudad porque ha apuñalado a un hombre en uno de los habituales duelos a cuchillo de los gauchos. La propensión violenta del gaucho lo hace un individuo tanto en estado de naturaleza como fuera de la ley. Como la catacresis que describe su ambiente, el gaucho vive en un mundo de transgresiones, de abusos, de rupturas, de interrupciones, de accidentes. Dicha condición se enfatiza, en este caso, por el hecho de que el gaucho debe viajar a pie. El caballo era la forma de vida del gaucho, prácticamente desde la cuna. La «extraña historia» no es sólo la de un individuo que funciona al margen de la ley, sino de uno que está, en este momento en particular, fuera de su propia ley, donde puede sufrir un accidente como el que, de hecho, le sobreviene. La historia relata una instancia original y única, que rompe con todas las normas.

El tigre entra en la «extraña historia» también bajo la señal de un nombre equivocado. No se trata de un tigre, por supuesto, sino de una especie de jaguar; «tigre» es una de las aproximaciones a que acudieron los europeos para nombrar un fenómeno natural americano que no se adaptaba a sus categorías. Como el gaucho, el tigre está fuera de la ley porque ha matado. No es éste un tigre ordinario, como tampoco lo es el gaucho un gaucho común. Este tigre pertenece a una clase especial de los que sienten predilección por la carne humana. Una vez que ha probado a un ser humano, el tigre adquiere un gusto especial por ellos, preferencia basada en un conocimiento extraordinariamente íntimo, secreto y prohibido de los humanos. El adjetivo con que se califica este tipo de tigre es de singular significación: «cebado». «Cebado» quiere decir tener un conocimiento previo que incita al deseo, tener o haber tenido algo ya de lo que se busca, de lo que se desea. Este conocimiento y el deseo de tener más es la contrapartida de la curiosidad científica de los exploradores, de su anhelo de saber. La habilidad del tigre para capturar seres humanos, su técnica para rastrear un olor, su poder hermenéutico para interpretar las huellas de la presencia humana son características de su saber previo. Hay, además, un sentido en el que este deseo de conocimiento por parte del tigre excede la norma, va más allá de la mera necesidad de comida, que tal vez sea paralelo al excedente artístico del conocimiento de los exploradores. Estar cebado significa no sólo tener un conocimiento previo, sino también ser gordo, estar saciado. Uno puede cebar a un animal, engordarlo para el cuchillo del carnicero. De ahí que el gusto de la carne humana por parte del tigre sea un conocimiento prohibido, que es como un vicio, un deseo que excede a la necesidad. Hay en las hermosas descripciones del animal, especialmente en sus actos de violencia y en su perseverancia en perseguir la presa hasta el punto de dejar su vida en su empeño, un reflejo de este ambiguo carácter vicioso, a la vez crueldad y adicción al placer. Estar cebado es tener una inclinación por el exceso, ser guiado por un exceso de vida, como es el caso de Facundo Quiroga. Este conocimiento adquirido al probar la carne está en consonancia con la comunicación establecida entre el tigre y el gaucho.

Cuando el gaucho se encuentra en la copa del árbol, sabe de la presencia del tigre, por el rugido del animal, en reacción al cual «sus fibras se estremecieron», lo que se refiere, por supuesto, a sus fibras musculares, a su carne. El sentido del gusto no es el único por el cual la carne del gaucho y la del tigre se comunican. En el renglón que sigue se explica que el rugido del tigre es como el gruñido del cerdo, pero estridente y prolongado. Aun cuando no hay razón para temer —y uso razón en el sentido fuerte—, el sistema nervioso del hombre se estremece involuntariamente, como si la carne misma se agitara «al sólo anuncio de la muerte». El rugido del tigre establece una comunicación con la carne del gaucho que sobrepasa la razón. Más tarde, el mismo tipo de entendimiento se establece cuando el tigre hace temblar al árbol, con lo cual actúa directamente sobre los nervios del gaucho. Tigre y gaucho se entienden subliminalmente, y lo que se comunica entre ellos es también subliminal: deseo y miedo. Esta identificación, y la comunicación entre ambos por medio de un lenguaje subliminal, revela mucho sobre la fábula maestra cifrada en el texto de Sarmiento.

El idioma de la pampa rompe con el lenguaje recibido de la comunicación social; las palabras significan frecuentemente, irracionalmente, contra la historia, lo opuesto de lo que normalmente significan. Ese lenguaje es como el que hablan el tigre y el gaucho. El sentido no se da a través de un código establecido, sino mediante una sensación dada, sensación que se manifiesta en el umbral mismo de la necesidad del lenguaje figural. La pampa no es sólo un llano —especie de página en blanco o silencio donde el lenguaje tiene que inscribirse como si fuera por primera vez—, sino que su extensión provoca un sentimiento de infinitud, que es como el que inspira el mar. Por lo tanto, cruzar la pampa es una «travesía». La «extraña historia» narra un accidente, algo que no puede tener antecedente, a riesgo de no ser tal. Si no tiene nada anterior que lo explique, el accidente debe ser narrado en un lenguaje catacrético, accidentado, nuevo, cuyos raros signos estén en consonancia con los singulares rasgos del protagonista. El hecho de que Facundo Quiroga adquiera su *nom de guerre* en esta escena es una clara indicación de cómo el nombrar funciona en este lenguaje. El gaucho le roba al animal su equivocado nombre. Al matar al tigre, el gaucho se da un nombre. Nombrar es una actividad accidental y violenta, que rompe normas, que rebasa clasificaciones y taxonomía. Esto no sería de interés si la historia fuera narrada, a distancia, por la voz que Sarmiento modula para clasificar, la retórica de los viajeros, que le permite distinguir como diferente, extraño e incivilizado aquello que describe.

Hasta que Facundo Quiroga interviene para explicar que entonces fue que conoció el miedo, *no sabemos que era el caudillo mismo quien estaba narrando la historia.* Sarmiento, subrepticiamente, entrega la voz narrativa al propio protagonista, deja que hable por él y por sí mismo. La prosopopeya crea una identificación entre Facundo Quiroga y Sarmiento, que es paralela a la ya establecida entre el tigre y el gaucho. ¿Es Sarmiento un observador distante y civilizado, o está, como el gaucho, en el árbol, vibrando con el sublime lenguaje del miedo y del deseo? Recordemos que el gaucho no puede esquivar la sangrienta mirada del tigre, que lo llama y amenaza a la vez, atrayéndolo a la enorme boca del animal. Boca con voz, pero sin idioma articulado, que habla por los ojos el lenguaje del miedo y del deseo —boca de Facundo que le roba su voz a Sarmiento—. Si uno tiene en cuenta que Sarmiento insiste, una y otra vez, en que Rosas gobierna a base del miedo, entonces la cadena de identificaciones se hace aún más interesante y la naturaleza del idioma del texto mucho más clara: el tigre es como Facundo Quiroga, que es como Juan Manuel de Rosas, que es como Domingo Faustino Sarmiento. El texto se compone de un lenguaje subliminal, arcano, *cebado*, vicioso en todos sentidos. El modelo del texto, pues, no es el diario de viaje científico, sino el lenguaje accidental de la literatura, un lenguaje cuyo sistema consiste en romper el sistema y cuya aspiración es la de ser único, como el gaucho y el tigre, la de robarles a éstos su violenta belleza.

Hay más, por supuesto, ya que, en la matanza del tigre, el gaucho se mata a sí mismo, o al menos prefigura su propia muerte en Barranca Yaco. La vida de Facundo Quiroga es materia para la tragedia. Su exceso de vida, como la *hybris* trágica, lo lleva tanto al cenit de su poder como a su muerte, de la que es prevenido en varias ocasiones. No puede escapar a su destino porque, para ser libre, debe estar marcado por accidentes que lo liberan de la norma. El miedo, el lenguaje que él conoce, puede agitar su carne en la anticipación de la muerte, pero no le puede decir qué hacer para evitarla; si algo hace es llevarlo hacia ella. Sarmiento, el narrador en el libro, cae en la misma trampa. Dada su identificación con Facundo Quiroga y Rosas, la muerte de aquél es su propia muerte. Como ellos, es ciego a su suerte, que es ser como ellos, y, por lo tanto, no la puede evitar.

En la historia de la literatura, Sarmiento vive gracias a Facundo Quiroga. Lo que Sarmiento ha encontrado en su viaje de descubrimiento y de autodescubrimiento es un origen real, que habla a través de él, destruyendo la hueca máscara de su lenguaje científico. No alcanzará la autoridad sino por el trágico sacrificio de su protagonista, que el autor refleja en el texto.

From Barbarism to Civilization: Travels of a Latin American Text

Diana S. Goodrich

"Author's Notice," a brief story that confronts the reader at the beginning of Domingo Faustino Sarmiento's (1811–88) *Facundo o civilización y barbarie* (1845), encapsulates my argument. Its point of departure is a brief pronouncement in French, "On ne tue point les idées," attributed to Fortoul and followed by its Spanish translation, which in English might read, "Men can be beheaded, ideas cannot." And then comes the story:

> Toward the end of 1840, I was leaving my homeland [Argentina], a pitiful exile, ruined, full of bruises, kicks, and blows received the previous day in one of those bloody bacchanals of low soldiers and *mazorqueros*. As I passed the baths of Zonda . . . I wrote these words in charcoal: "On ne tue point les idées." The government, which had been made aware of this, sent a commission in charge of deciphering the hieroglyph, which was said to contain base outpourings, insults, and threats. Having heard the translation, they said, "So, what does this mean?" (4–5)[1]

Sarmiento wants to show the intellectual ineptitude of his oppressors: they fail to catch on to the metaphorical possibilities, not just the factual impossibility, of killing ideas. They cannot decode the trope and thus make their way out of the prison house of language. They are, unlike him, barbarous and uneducated. Proof of this is the book he wrote after he left his homeland—and which follows this emblematic story. *Facundo* was to bear testimony to the strength of his ideas and fight against the oppression of Juan Manuel de Rosas's dictatorship, whose barbarous followers had inflicted on him the "bruises, kicks, and blows" alluded to. Defying the temporal frame in which its immediate political goals were inscribed, the book went on to become a classic of Latin American letters and is read as one of its founding texts.

The bafflement expressed by the question "What does it mean?" cannot, however, be attributed only to the ignorance of Rosas's cronies: it also has to do with the fundamental displacement that any cultural transplantation brings about. For one thing, there is the obvious effect of translation, and the question posed by the dumb government commission brilliantly dramatizes what Walter Benjamin has identified as the task of the translator—to communicate the foreignness of languages, including our own (69–82). The question about the meaning spells out not only the deeper disarticulation between language and an extralinguistic correlative but also the cultural wandering, the errancy, set in motion by translation. And when we altogether give up on translation—as I did when I left *mazorqueros* in Spanish—we are confronted with a break between worlds, a contextual gap that can be only partially filled through explanation and commentary.[2] We, too, would like to ask, "What does this mean? Where are we?" For North American readers the question is not merely rhetorical: the world invoked by the story I borrowed from *Facundo* and, for that matter, the book itself and its author, reach us from the margins of our cultural tradition. Hence it presents itself as a panoply of questions which are attendant upon the encounter with the other. What I wish to examine issues from such questions; focusing on *Facundo* I observe the workings of cultural circulation as the production of a new context that alters both understanding and the use to which a work is put, a process of representation of one culture (in this case, the Latin American one) by another. If intellectual life is nourished by the circulation of ideas, the distance traversed brings about, as a concomitant effect, their transformation according to the time and place to which their transplantation subjects them. The case of *Facundo*'s nineteenth-century reception in the US and France illustrates the conditions of acceptance and resistance under which cultural capital from Latin America migrated to the centers of domination.

Sarmiento's choice of a moment to enact the scene of writing anticipates significantly the multiple forms of exile that traverse the book even before it was subjected to the estrangement of translation. He wrote *Facundo* while in exile in Chile, and it is a gloss on the elusive French phrase, proving his determination to help ideas survive the ravages of tyranny. His text was meant to travel, to be read not only back in Argentina, where it would contribute to the fight against the tyrant Rosas, but also in Europe and the US, where it would sway public opinion in favor of his political cause.[3] After all, is not this transnational reader implicit in the choice of a foreign language with which to slip into the act of writing? The dynamic of appropriation set in motion by these displacements is charged with a deforming effect already at work in the act of cultural borrowing that Sarmiento himself performs, one that also prefigures the fate of *Facundo* as it migrated. When he inscribed "On ne tue point les idées" on the rock on his way to Chile, attributing it to Fortoul, Sarmiento subjected it to a process of transformation typical of cultural annexations. In his case an error underscores the transformation: he got both the quotation and its author wrong. The closest one can get to the phrase is Diderot's "On ne tue pas de coups de fusil aux idées" ("Ideas are not killed by gunshots"), a maxim that Sarmiento might have encountered in the *Revue Encyclopedique*, read by the members of his generation as a source of European culture. The phrase reached him in a characteristically mediated way, as the epigraph of an 1832 article written by Charles Didier, "Les doctrines et les idées" (Verdevoye 76 n160). This instance of inventive distortion characterizes the cultural practice I will examine: the innovating, transforming, misrendering, mistranslating yet productive effects of cultural circulation and migration. I trace this cultural practice first in Mary Peabody Mann's 1868 translation of *Facundo*. The book presented to North American and English readers is heavily marked by the need to bridge the hemispheric cultural gap and hence indicates the framing devices meant to overcome such a gap, but which may actually moot the possibility of effectively overcoming it. The second one is *Facundo*'s first foreign review by Charles de Mazade in the *Revue des Deux Mondes*—a reading that reveals the preconceptions a foreign gaze brings to bear on the South American other.

A founding text of Argentine and Latin American letters, *Facundo o civilización y barbarie* presents a problematic case of canon formation because it has been immersed in controversy since its publication in 1845. A plurality of conflicting readings have interrogated it, attempted to validate or subvert it, but ultimately contributed to its canonization. Ostensibly the biography of the rural leader Facundo Quiroga, murdered in 1835, the book doubled as an attack on the dictator Rosas, in power between 1829 and 1832 and again between 1835 and 1852. Canon and conflict are deeply imbricated in the case of *Facundo* as a result of the binary logic announced in its Spanish subtitle, *civilización* (attributed, of course, to European culture and institutions) *y barbarie* (to be identified with Spanish America as land, the native, the customs of the untamed rural world). The text shows the problems inherent in the untenable conceptual rigidity of this polarity and frequently ends up subverting that polarity in the peculiar economy of blindness and insight. Sarmiento's program to do away with barbarism in order to proclaim the law of civilization has been aligned by his numerous enemies with the forces of modernization that have betrayed the quest for a native identity, in one of the many unresolved debates in Latin American politics and culture.

Moreover, Sarmiento's discursive strategies invite conflict. They reflect in some measure the text's first appearance in newspaper form: the imprint of the *feuilleton* is visible in the book's penchant for the melodramatic scene, in the theatrical portrayal of the country leader—which has the effect of mooting any claims to objectivity—and, among many other aspects, in the choice of literary and even fictive strategies for the presentation of events. All this results in considerable generic instability: the book can be read as a biography, a political pamphlet, an embryonic sociological treatise, and even a history of the post-Independence years. While this polymorphous quality has to do with the controversies surrounding its reception, it also accounts for its success, for as a foundational text it maps out the political conflicts raging in Argentina within a compelling conceptual frame, deploying brilliant, powerful stylistic devices. It remains a work to be contended with in any attempt to tease apart the complex strands that make up the cultural and ideological forces at work in Latin America. For a nineteenth-century reader, it was a most powerful work, one that was invoked by any thinker intent on understanding the identity of the subcontinent.

As *Facundo* was translated into French and English, it was exposed, like Diderot's dictum in Sarmiento's hands, to telling forms of productive misreading. Reframed by a new context of reception, it was drawn out of its native cultural place, maimed by the removal of significant chapters, and then repackaged with the aid of presentational devices such as prefaces, footnotes, glossaries, and appendixes. Thus, it was readied to occupy a new site in a different field of cultural and political discourses in post–Civil War America and in the France of Louis Philippe and François Guizot, becoming in some ways a new cultural artifact and revealing in the process the intricate web of raw material factors and highly mediated textual ones that rendered the book accessible to its foreign audiences.

In this context, a question to consider is how a strategic location is produced in order that a text like *Facundo* can be translated into the languages of power. In other words, how precisely does cultural capital circulate? What are some of the concrete factors engineering this circulation? In the mid-nineteenth century, long before the so-called boom brought Latin American literature to the attention of foreign readers, this process entailed a very concrete kind of mediation: the author himself literally brought the book to the metropolis, often knocking on doors and making the contacts that would lead to publication. This is particularly clear in the case of the early and partial French translation of 1846—as a little story Sarmiento narrates in the account of his travels illustrates:[4]

> I bring the key to two doors in order to penetrate Paris: the official recommendation of the Chilean government and *Facundo*; I have faith in this book. So, I arrive in Paris and I try out the second key. Nothing! . . . I wanted to tell every writer I ran into ¡io anco! but my book was in bad Spanish, and Spanish is an unknown language in Paris, where the wise men believe that it was only spoken in the days of Lope de Vega or Calderon; after that it degenerated into a dialect which is unmanageable for the expression of ideas. Therefore, I have to spend one hundred francs in order for an orientalist to translate a part for me.[5] He translates it, and I give it to a friend who is to recommend it to the journals. Two months have gone by between translating and reading, and he says nothing to me. What's happened to my book? I'm reading it. I get a bad feeling about this. I return later, I inquire about my manuscript, and he tells me, "I find it . . . rather vague . . . there is novelty and interest, but . . . " The truth is that he hadn't read a word of it. Who reads what has been written by someone who is judged to be inferior to ourselves? (*Viajes*)[6]

The story does have a happy ending: a friend introduces him to the editor of the *Revue des Deux Mondes,* who eventually gets around to reading it, and when he does, his attitude toward Sarmiento undergoes a dramatic transformation. *Facundo* had opened the key to Paris after all, its author wants to suggest. In the larger scheme of things, I suspect the other key provided by the government of Chile played the instru-

. . . a question to consider is how a strategic location is produced in order that a text like Facundo can be translated into the language of power. In other words, how precisely does cultural capital circulate? What are some of the concrete factors engineering thi. circulation?

mental role, since in 1846 Sarmiento was an obscure figure,
and the attention he received sprang from his being the official representative of a South American republic in search of
educational programs. Some 20 years later, when the English
translation appeared, Sarmiento's standing was much more
prestigious, since he had occupied several government posts
in Argentina and had risen to prominence as a journalist. In
fact, the appearance of the English translation was concomitant with Sarmiento's candidacy for the presidency of
Argentina, and it was clearly meant to contribute to its
author's prestige by making him known to English and American readers, thus proving to Argentines that he commanded
the respect of foreign audiences. Here discourse and power
intersect in the starkest terms. Since 1865 Sarmiento had been
living in the US as minister plenipotentiary from Argentina.
Getting his book translated and published by Hurd and
Houghton culminated his intense efforts to locate himself near
the center of American cultural life. As minister plenipotentiary he directed his energies to the related enterprises of
learning about the American educational system and getting
to know the cultural and political figures of the nation he
called the great giant of the North. By the turn of the century,
the professionalization of the writer led to severing the ties
between writing and political action; Sarmiento still had reason to be confident that the forging of nations and texts went
hand in hand. While in the US he founded a magazine,
Revista de Ambas Americas 'Magazine of Both Americas,'
designed to achieve what the *Revue Encyclopedique* had done
for his generation, namely mediate between the dominant and
emerging cultures, helping the new ideas that had shown their
effectiveness in the North travel to the South. The magazine
was greatly valued, and it received considerable support from
its different countries, including a subscription for 200 copies
from President Juárez of Mexico. It contained letters from
American educators, and it dealt with a matter of great concern in the US at the time: the controversy over a national
office of education.[7] The magazine went through four numbers, and it was interrupted by Sarmiento's departure from the
US in 1868, on the eve of his election to the presidency. He
also turned to the social efficacy of biography: he wrote a *Life
of Lincoln* in 1865, only a few months after the president's
murder. Manipulating the genre for the sake of its exemplary
power, Sarmiento intended the book for the elementary
schools of Argentina, for he strove to make the US known
there, setting it up as an example to be emulated. In the same

74

vein he wrote a book in New York in 1865, whose title, *The Schools: Basis for the Prosperity and for the Republic in the United States*, indicates the belief that there is a deep connection between the educational level of the people and the success of a political and economic system. The book owes a great debt to the thought of Horace Mann: it contains many of his ideas and a short biography of him as well.

Sarmiento's connection with Horace and Mary Mann played a key role in the transplantation of *Facundo* to the US. He had met them in 1847 during an earlier trip, when, having obtained a letter of introduction during his Atlantic crossing, he traveled to West Newton and spent two days with the Manns. Mary's role as Sarmiento's translator may have begun then, for by speaking French with him she made communication possible. Horace Mann gave Sarmiento copies of his writings, speeches, and reports, as well as many letters of introduction to prominent people.[8] The Manns and Sarmiento shared the belief that education was crucial for consolidating democratic institutions, and there is a striking parallel between the lives of these two founders of educational institutions. What Horace Mann had sought to appropriate from the English educational system for his emerging nation was replicated in Sarmiento's own feverish borrowings from the American system. These doublings extended to the textual field: while Sarmiento translated Mary Mann's biography of her husband into Spanish, she in turn translated Sarmiento's biography of Facundo into English, in a friendly barter of texts and status. This was a time for nation building in both hemispheres.

When Sarmiento arrived in the US the second time, in May 1865, circumstances had changed a great deal: Rosas had been overthrown in 1852, and as the Argentine ambassador Sarmiento was in a position to further the contacts made in 1847 in a productive way. Horace Mann had died in 1859; in a letter written to his widow on 8 July 1865, very soon after his arrival, Sarmiento paid homage to his memory while reminding her of their acquaintance: "Perhaps you will not remember me; but if an appreciation of Mr. Mann were helpful in gaining your friendship, let me assure you that no one has had a greater estimation of his character and service to humanity" (qtd. in Rockland 34). Later that month he sent her a copy of *Facundo* (a book he had identified to a close friend in Argentina as "my parrot and my cannon" ["To Aurelia"], alluding to its power as a means of introduction), and by 23 September he was asking her to undertake its translation into English: "Are you blessed with an abundance of spare time and good will to undertake the translation of Civilization and Barbarism? Were you disposed to do it, I would feel particularly proud to see on the title page of a book written by Mr. Sarmiento the name of Mrs. Mary Mann."[9] She agreed to do it "as a work of love," as she was to tell Longfellow in a letter of 1868, in which she requested his help with two passages, assuring him that the English version "will prove interesting and give the public at least a good geography and history lesson" (qtd. in Rockland 54). Having spent some time in Cuba with her sister Sophia in 1833, Mann knew enough Spanish to undertake the project, and it is not hard to find reasons for her interest in it. Sarmiento was keeping her husband's memory and interests alive way beyond the confines of the state of Massachusetts, but he was also a loyal friend to her, as is proven by the almost 400 letters exchanged between them until the year of her death, in 1887. Moreover, having been actively involved in teaching, with her sister Elizabeth, before she had even met Horace Mann, her concern with Sarmiento's initiatives was part of her lifelong interest in education.

Mary Mann's translation bears many traces of the cultural migration she put into effect. First of all, since the name *Facundo* lacked the emblematic value easily recognized by Argentine readers, a title change was in order. Instead of *Facundo o civilización y barbarie*, the English version reads *Life in the Argentine Republic in the Days of the Tyrants; or Civilization and Barbarism*. As a presentational device, a title suggests thematic possibilities: if the choice of a name would lead readers to expect the parameters of biographical writing, the new title displaces the individual and privileges the gaze of an outside observer intent on the spectacle of tyrant-ridden Argentina. Through this grid it was possible to filter the chaotic scenes of tyranny and gaucho outlaws into the consciousness of Northern readers. This title change may lead to a reexamination of the work, since it is possible to read the first few chapters under the aegis of the English title and confirm that it does work as a travel book, which in turn suggests the crisscrossings and round-trips that can be mapped out in the routes of cultural circulation. Recent scholarship has made interesting claims about the influence on Latin American writing of the discourse produced by European scientific travelers in the eighteenth and nineteenth centuries, as providing a paradigm with which to apprehend the New World. Their power as master narratives was such that they have left significant traces in *Facundo* itself, a point elegantly argued by Roberto Gonzalez Echevarria. Sarmiento's self-legitimating gestures result in a number of epigraphs from such travelers as Alexander von Humboldt and Captain Francis Bond Head, but their discourse is also embedded in deeper, less explicit ways. What Foucault would call the exteriority of this will to knowledge is powerfully at work in the protocols of reading through which *Facundo* was assimilated in the metropolitan countries. What *Facundo* and other foundational Latin American texts, such as Tristão da Cunha's *Os Sertoes* (1902) or Cirilo Villaverde's *Cecilia Valdes* (1880), had appropriated was part and parcel of the European enterprise of political expansion that had surged since the end of the eighteenth century. Like Napoleon's emblematic trip to Egypt accompanied by dozens of savants who were to produce the 23 volumes of *Description de l'Egypte* between 1809 and 1828, Western domination rests on descriptive taxonomies, on accounts of territories, statistics, landscape description, and other discursive forms that domesticated the planet and made it recognizable. The power of the resulting discourse is such that when Latin Americans take up their pens in the nineteenth century in order to take stock of their own world, they turn to the authority of the travelers' master code. Sarmiento illustrates this point when, in the first three chapters, he needs to present the "Physical Aspect of the Argentine Republic, and the Forms of Character, Habits and Ideas Induced by It" (1).[10] Here he is faced with providing a description of the plains or pampas he has never visited. Born in the western province of San Juan, on the frontier with Chile, his travels had been limited by his scarce means and the constraints of exile. So he turned to an Englishman's account of a trip taken in 1826 from Buenos Aires to Mendoza across the pampas in a frustrated attempt to set up an English mining concern at the base of the Andes. Captain Francis Bond Head's authority presides over chapter 1 in both its descriptions and its epigraph, which reads with an appropriately grandiose tone: "The extent of the pampas is so prodigious that they are bounded on the north by groves of palm trees and on the south by eternal snows"(1).

Sarmiento also turns to Orientalism to render familiar the South American other. One is indeed struck both by the insistence with which Orientalism is deployed as a system of comparison—particularly in the early chapters of *Facundo*—and, concomitantly, by the formidable structures of cultural domination that the West produced. In his attempt to translate for his metropolitan audience the chaos of the Argentine Republic in the days of the tyrants, Sarmiento affiliates himself with the forms of representation of the Orient generally associated with Napoleon's project to dominate Egypt, and hence with French colonial ambitions in general (Said 87–88). The genealogy of such phrases as "the Babylon of America" and "American Bedouins" or of such comparisons as "like the chief of an Asiatic caravan" is revealed in several of the chapter epigraphs and the main body of the text. Sarmiento's sources were, borrowing Edward Said's phrase, "the textual children" of the Napoleonic expedition (88). One example shows how the transfer is engineered. In chapter 1 he makes the outlandish claim that "[t]here is something in the wilds of the Argentine territory which brings to mind the wilds of Asia; the imagination discovers a likeness between the pampas and the plains lying between the Euphrates and the Tigris" (8). Never having stepped beyond the borders of Argentina and Chile, Sarmiento may have been resorting to a textually stimulated imagination, but we may ask whose imagination would perform the leap between the Mesopotamian plains and the Argentine pampas. The answer lies in a quotation preceding this passage: the leap needs the springboard provided by a text from the Comte de Volney in which the rising moon is described at the ruins on the Euphrates river: "La pleine lune a l'Orient s'elevait sur un fond bleuatre aux plaines rives de l'Euphrate" ("The full moon to the east rose over a bluish background on the flat banks of the Euphrates"). Volney was a French traveler whose *Voyage en Egypte et en Syrie* (1787) was one of Napoleon's textbooks during the Egyptian conquest—his hostility toward Islam, couched in the most objective terms, had the advantage of validating French colonial ambitions. Woven into Sarmiento's text, how could this source not color it with its own ideological strands?[11]

These various traces of the ruling discourse betray the imprint of European supremacy and its effect on the migration of texts. They also suggest that the transplantation of *Facundo* to the cultural soils of the Northern Hemisphere was considerably facilitated by an easily recognizable archive of allusions and references. Thanks to these cultural boomerangs, *Facundo* crossed boundaries with ease, eliciting the interpretive paradigms of a travel book. The process was furthered by the text's main thesis, namely, that European civilization and all its trappings were to abolish the backwardness of native barbarism; but the elaboration of this argument in terms a foreign reader would find congenial was indispensable. It would thus seem that even as it reads about the other, the discourse of domination is doomed to keep reading itself, to find its own image reflected in the new. Or is that the secret of its success?

Not in every instance, however, is the mediation so felicitous. Mary Mann's attempt to bridge the gap between *Facundo*'s world and its foreign audience suffers from the difficulties entailed in easing the puzzlement of American readers encountering the narration of the political chaos following the wars of Independence. Her laborious preface which accompanies the translation eloquently reveals the problematic nature of bringing one culture to the attention of another. It is rife with the complications of contextualizing the events surrounding Facundo's actions and their connection with Rosas, the book's implicit protagonist. The strategies that Mann deploys for supplementing the information in *Facundo* reveal an understandable lack of objectivity regarding the events—after all, as the author's friend and the one who has toiled through the translation, she wants the book's theses to be well received. She also reveals a sometimes alarming lack of accuracy and narrative competence. The correspondence between Mann and Sarmiento shows her avidly seeking information, and he wrote several letters providing sketchy answers to her questions, but the opacity of the material to foreign eyes presented a considerable challenge (see Sarmiento, *Cartas*).

It is telling that while Sarmiento chose to begin the book with the description of the land and its effect on "man," the translator's demarcation of a significant point of departure is of an entirely different epistemological nature. Her preface rewrites or supplements Sarmiento's own beginning, going all the way back to the sixteenth-century foundation of Buenos Aires, as if her readers could not make sense of the text unless they bracketed the land and witnessed the coming of the Europeans on the scene, thus inverting the direction of fit that Sarmiento suggests when he makes the land the point of departure for his inquiry. She botches her accounts of the difficulties in settling the area of Buenos Aires, and of establishing the Spanish viceroyalties; she also misrepresents the nineteenth-century Independence movements, the early attempts at forging political order and their failures, and Facundo's and Rosas's exploits. And she goes beyond 1835 (when the book ends) to describe Rosas's demise and the ensuing problems. Her point of closure, not surprisingly, coincides with the very reason for the publication of the book in the US—Sarmiento's presidential candidacy. The reader of her painstaking yet benighted efforts at summarizing an immensely complex period of almost four centuries is alarmed at the spectacle of chaos that besieges her. Making sense of Argentine historical discourse may present a formidable challenge to this day, but the task gets the better of Mann. At times she is led astray by linguistic estrangement, getting names completely wrong, often making an area or an agent unidentifiable. There are instances of narrative ineptness, as in the following passage: "The Unitario forces, who, with their leaders, had emigrated from Buenos Aires, occupied the Province of Córdoba, under the orders of General Paz, who was caught by a lasso at the head of his army, and thus made prisoner" (xxiii). Notice how we simultaneously read about the successful occupation of Córdoba by Paz and his demise. At one fell swoop she collapses the pinnacle of his success and the depth of his defeat without, however, relinquishing the expendable detail about the lasso. Knowledge gaps produce the impression that historical change comes about without rhyme or reason: Mann lacks a master code to emplot her account because she is overwhelmed by the unfamiliar, tumultuous disarray to be contended with. Her account of the movements of independence from Spain furnish another example of how problematic it is to construct a narrative representation without the knowledge that would permit a plausible explanation. Mann leaves out the crucial role of the Napoleonic invasion of Spain and proposes the following sequence of events:

> At this period arose two rival parties, the European and the American. Ferdinand VII was at that time dethroned; and this trouble in Spain, added to the ideas suggested by the French Revolution, increased the difficulties in South America. The first of January 1809, a conspiracy, supported by the Europeans, presented themselves in the public square of Buenos Ayres and demanded the deposition of the viceroy and the establishment of a governmental junta. (xviii)

The identification of the rival parties as European and American is misleading, since they did not divide along such neat lines and, in fact, were fractured by many other factors. The fall of Ferdinand VII seems to be the product of sheer chance; the date of the establishment of the junta, which is one of the two main historical events celebrated by the Argentine "invention of tradition," is simply wrong (it did not take place on 1 January 1809, but on 25 May 1810). There are times when Mann's position as an outsider gives itself away in the recognition of the strangeness of the land and its inhabitants, as when she describes the gauchos as "a peculiar race of men that is seen in the pampas" (xx).

This flawed preface stands in place of Sarmiento's own preface to the first edition. There he provides the reader with an interpretive paradigm, explaining his aims and reasons for choosing Facundo to fathom the reasons for Rosas's chaotic dictatorship. He had left it out of the third edition, on which the translation is based, and one reason that such an effective presentational device was not put to any use was set down in a letter Sarmiento wrote to Mary Mann, in which he explained that he did not have the introduction with him in the US. It seems that Mann was weighed down by cultural estrangement, by the effort of conceptualizing in the raw, without the systems of thought that Sarmiento skillfully adapted from his readings in the hegemonic culture. Her venture into historical discourse further complicates things, for her data are alternately too full and too sparse: she struggles to tell the whole story since the Spanish conquest without managing to produce a meaningful representation hinged on cause and effect. What she lacked in narrative felicity, she made up for in her efforts to reassure the reader by promoting both the myth of the author, on the one hand, and the prestige of the US and its institutions, on the other. The preface takes as its point of departure not the work but "Colonel" Sarmiento as the founding subject who is to privilege it with the assurances of a plenitude of meaning. Reading *Facundo* is valorized by attributing it to the man who has been carried "to the proudest position before his country which any man since San Martín, the hero of its independence . . . has ever occupied" (i). He is erected as the source of signification capable of reordering the chaotic historical narrative and the visionary agent of history who will save his country, as she claims in her closing words: "[His countrymen's] wild cry of agony now summons him to their aid" (xxviii). So powerful a validating force warrants the addition of selections from Sarmiento's autobiography, *Recollections of a Province* (1850), at the end of *Facundo*. Thus the book's identity is modified, and, despite what the title announces, it contains many pages about Sarmiento himself. A combination of passages taken from his autobiography and various other texts provides a detailed account of the author's many achievements. In a complementary gesture that reveals an equally flexible conception of the work, the last two chapters of *Facundo* are omitted. Faced with the possibility of becoming president, Sarmiento removed the programmatic portions in which he had sketched out his project of national organization after Rosas's demise. For who would want to be held so clearly accountable by a vision articulated years earli-

er? The book was thus repackaged to attain maximum efficacy in the quest for attention and power.

Further reassuring the North American reader was
Mann's insistence that Sarmiento deeply admired US institutions and that he intended to persuade Argentina's "most
advanced men" to model their government "upon that of the
US, which is their prototype, and to which they now look,
rather than Europe, for light and knowledge" (vi–vii). Even in
its most confusing moments, Mann's framing of the text
allowed it to win the approval of the audience at which it was
aimed.[12] This repackaging underscores the productive effects
of reception, for the English version is teeming with gestures
that appeal to its intended readers and that, if judged by an
unsigned review that appeared in the *New Englander* in October of 1868, had the desired effect. *Life in the Argentine
Republic in the Days of the Tyrants* was construed as confirming the success of the North American system of government—a success, in fact, that "is modifying the character of
other nationalities as a mere Utopia never could do" ("Article" 666). The very point of the review is to show the growing
ascendancy of the American model in a hemispheric context.
The reviewer, while giving an account of the early chapters of
Facundo, mapping out the forces involved in the struggle
between civilization and barbarism and quoting from
Sarmiento's colorful descriptions of the different kinds of
gauchos in the early chapters of the book, avers at the outset
that his or her interest in the book is framed by the desire to
emphasize the exemplary status of the US: "But it is our purpose here . . . to show something of the kind of life led by an
unimportant state of South America in its attempt to realize
within its territory the ideas of republican government set in
motion by the success of the United States . . ." (666–67).

In an America emerging from the bloody struggle of its
own Civil War and the murder of President Lincoln, *Facundo*
could be read as the inverted image of "the glory, intelligence,
and strength of this republic" (Rev. of *Life, Christian Examiner*), but it also acted as a textual space in which the tensions
within the context of reception could be inscribed. A case in
point is the *Nation*'s review, which reflects the ideological rift
between North and South that outlasted the Civil War. The
reviewer turns to *Facundo* to condemn further the recently
defeated South and to suggest that the horrors of Rosas's
regime, so vividly described by Sarmiento, bear a strong
resemblance to those of the seceding states: "We have been
struck, in reading these pages, with nothing more than with

*In an America emerg-
ing from the bloody
struggle of its own
Civil War and the mur-
der of President Lin-
coln,* Facundo *could be
read as the inverted
image of "the glory,
intelligence, and
strength of this repub-
lic," but it also acted
as a textual space in
which the tensions
within the context of
reception could be
inscribed.*

the close resemblance of the gauchos, as a class, to Southern
slaveholders as a class. The latter, to be sure, were purely agricultural, the former cattle-raisers only—yet almost equally
scattered, equally idle and averse to profitable exertion, equally lawless" (Rev. of *Life, Nation*). Sarmiento's description of
gaucho mores and Rosas's regime is compared to "Mrs.
Stowe's account of Legree's plantation"; the "perversion of
language which still lingers in the mouths of the Democracy"
is mirrored in the public discourse induced by Rosas's confed-
eracy. The parallel is borne out neither by Sarmiento's book
nor by the plantation-determined structures of Southern society: it bespeaks what might be described as "the needs of interpretation." In its English version of 1868, then, *Facundo*
helped to reinforce the utter failure of the Southern enterprise.
Thus, the overall effect of reading it was to bolster America's
sense of nationhood by setting it off against the upheaval that
still held many of the South American republics in its grip.
The spectacle of barbarism reinforced the experience of civilization that the mid-nineteenth-century American public
sought to solidify. After all, there is a rather cathartic effect to
be gained by turning to the other for that which one is trying to
exorcise at home. The transnational appropriation of Latin
American literature bears the stamp of this interpretive strategy to this day, I would argue: a significant number of the books
that are translated and reviewed are vivified by the assumption
that they will satisfy readers' expectations of encountering
chaos, passion, the exotic, and, not infrequently, even magic
and romance. The complex of institutions and audiences
involved in contemporary translation, publication, promotion,
and consumption makes the enterprise of multiculturalism
problematic, even if highly desirable. *Facundo*'s migration to
the metropolitan culture in the nineteenth century suggests the
processes through which one culture constructs representations
of the other, and its reception maps out some of them. Here
again, the *New Englander* review provides revealing proof:
"[N]or can it be without advantage to us to see ourselves
reflected in this mirror, and to get some oblique light cast upon
our American civil liberty from the image set up on those
South American plains" (667). Such a reading is bound to
respond more to the culture that produces it than to its putative
object. The image in the mirror will be a distorted one: the
South American other can only provide a cautionary vision of
the deformation (or malformation) of political institutions.

The strategies of appropriation had a much harsher edge
when *Facundo* traveled to France, where interpretation as an

exercise in power and authority was exacerbated in telling ways. Sarmiento was convinced that the first foreign review, which he took such pains to obtain, would assure the book's standing. Proof of his satisfaction with this review is that he published it in the second Spanish edition of 1851, as if to certify European approval. A closer reading of Charles de Mazade's piece in the *Revue des Deux Mondes* (1846) reveals that while superficially praising Sarmiento for his work, seen as "one of the rare testimonies which come to us of the intellectual life in South America" ("un des rares témoignages qui nous arrivent de la vie intellectuelle dans l'Amérique méridionale" [635]), it is one of the harshest and most damning documents produced by the discourse of European supremacy about Latin America. This text needs to be read as the intersection of the political and cultural forces that provided a context for *Facundo*'s reception in France. The site it occupied had as much to do with the problems attached to Rosas's foreign policy as with some of the debates of the July monarchy of Louis Philippe; their conjunction produced its conditions of existence.

In the long history of European intervention in the River Plate region, there were several blockades of the harbors of Buenos Aires and Montevideo. When Sarmiento set out for Europe in 1846, both France and England were embarked on a joint blockade of the Buenos Aires harbor. The reasons are too complex to go into, but derive from Rosas's interference in English and French commercial interests by controlling customs duties and the access to key harbors. For Rosas's Argentine political enemies (like Sarmiento), foreign intervention was most desirable in this case, because it would help bring about his demise. Imagine their disappointment, then, when in 1846 Lord Palmerston, succeeding Lord Aberdeen to the Foreign Office, declared the blockade illegal (he was keenly aware of its detrimental effects on commerce) and persuaded François Guizot, head of the French government, to suspend French participation in it as well (see Ferns, esp. ch. 9). Sarmiento saw his arrival in Paris (May 1846) as one very important opportunity for exerting pressure in favor of the blockade before it was altogether dismantled. Meetings with Admiral Mackau and even with Guizot himself produced disappointing results, so Sarmiento turned to the head of the opposition, Louis Thiers, who embraced his cause at the parliamentary debates for obvious strategic reasons. His speech stridently evoked French colonial ambitions in the area, and he called Montevideo (the Uruguayan city that would benefit

from the blockade) "une vraie colonie française" 'a true
French colony,' which should not be abandoned by France.
Mazade's review rests on Thiers's claims and reproduces their
logic while elaborating a compelling case for the need to "def-
fendre la cause de la civilization" 'defend the cause of civilization.' Thus *Facundo* was located in the French political
arena in a way that was only apparently congruent with its
larger conceptual argument. For even if Sarmiento decried the
barbarism of Facundo, Rosas, and the gauchos who supported
them, he did not make the case for colonialism in the brutally
unequivocal way in which Mazade phrased it. Here we see the
dangers of interpretation: by evoking Sarmiento's polarity
(civilization versus barbarism), it was possible to conclude
that European civilization surely had to obliterate South
American barbarism by concretely occupying it and submit-
ting it to French rule.

Mazade's strategy of persuasion is grounded in the con-
demnation of "américanisme." The shift from "barbarism" to
"americanism" brings about a significant change in geographic specificity: now the nefarious qualities of barbarism are
extended to cover what he calls "les Républiques du Sud," as
though it now subsumed the entire South American continent.
Sarmiento himself uses "americanismo" ironically in the final
chapters of *Facundo* to mimic Rosas's nationalistic rhetoric,
but Mazade elides Sarmiento's parodic slant and appropriates
the term to degrade the whole of South America. He entitles
his review "De l'Américanisme et des Républiques du Sud"
and ignores the first portion of Sarmiento's book, while focusing instead on the "moral infirmity of these new populations"
("l'infirmité morale de ces populations neuves" [629]) and the
"sort of savage infancy of the indigenous races" ("cette sorte
d'enfance sauvage des races indigènes" [628]), conditions
that, further degraded by Spanish colonization, have produced
"the veritable plague of these young countries, the chronic
disease against which it is necessary to fight" ("la véritable
plaie de ces jeunes pays, le mal chronique contre lequel il faut
lutter" [658]). There is one consequence of this barbarism that
this text is most concerned with—one that Sarmiento barely
touched on in *Facundo*—and that is the way in which foreign-
ers are treated in these republics. Much of the review is an
impassioned defense of what Mazade calls "the rights of for-
eigners" in such countries as Nicaragua, Mexico, Chile,
Paraguay, and, of course, Argentina. The fact that one of the
main reasons for the French blockade had been precisely the
issue of the benefits extended to Frenchmen living in the

River Plate area indicates how *Facundo* is used to drive a political argument home. This becomes more dramatically clear in the conclusions drawn at the end of the review. Having paraphrased, quoted, or summarized Sarmiento's account of the geographic and human forces that shape the struggle between civilization and barbarism, Mazade appeals to it as uncontestable evidence of the need to conquer these barbarous republics: "By forcing the European powers to use weapons against [the 'brutal and blind patriotism' of the Rosas era], it has thrown light on a fact that sums up the relationship between the two worlds, and it is that Europe is fatally pushed to make the material conquest of America, if she does not peacefully achieve its moral conquest" (659).[13] Thus, Mazade espouses the rhetoric of European imperialism to legitimate its ventures, which set out, as he puts it, "to transform the world" ("transformer le monde"). He presents the blockade of Buenos Aires as part of the overall enterprise that led England to North America and to India and "the genius of France" ("le génie de la France") to Africa: "They are all the same symptoms, the same efforts on the part of the conquering civilization" ("Ce sont les mêmes symptômes, les mêmes efforts de la civilization conquérante" [633]).

There is a somewhat poignant irony in a Latin American text serving as the palimpsest upon which the discourse of its own domination is inscribed. And while Sarmiento alluded to this review with great pride—it was, after all, the legitimating agent from the metropolis—Mazade considered the book a mere "petit livre" 'little book' with the dubious honor of being "one of the rare testimonies of the South American intellectual life which reach us" ("un des rares témoignages qui nous arrivent de la vie intellectuelle dans l'Amérique méridionale" [635]), bearing with it "the savage perfume of the poetic flowers of the pampa" ("ces fleurs poétiques de la pampa pour nous en faire sentir de plus près le parfum sauvage" [644]).

Nevertheless, the wiles of misreading are such that this review ended up contributing to the canonization of *Facundo*: what mattered back in South America was that the celebrated *Revue des Deux Mondes* had considered the book worthy of its attention. Sarmiento in turn may have performed his own appropriating sleight of hand by having the review published with the second edition, confident that the mere fact of its existence far outweighed the negative thrust of its comments on South America. It had the designed effect: what it had to

86

say, with the exception of a few emblematic passages that have been quoted many times, hardly mattered. Like *Facundo*, the review also traveled in fragments: it was not read in its entirety. This might be one of the final ironies of the trip back home: the foreign review was in a way stripped of its political agenda and made into a mere gesture of approval. Of course, this is a minor triumph in the larger scheme of historical events, but it suggests other possible strategies of oblique resistance that might be put to work in the avatars of cultural circulation. Borrowing, transforming, reading, or misreading, the strong and the weak are playing all the tricks through which self and other engage in conversation.

Notes

This essay was originally written for presentation at Wesleyan University's Center for the Humanities, as part of a semester dedicated to the theme of "Migrating Texts."

1. "A fines del año 1840, salía yo de mi patria, desterrado por lástima, estropeado, lleno de cardenales, puntazos y golpes recibidos el día anterior en una de esas bacanales sangrientas de soldadesca y mazorqueros. Al pasar por los baños de Zonda, . . . escribí con carbón estas palabras: 'On ne tue point les idées.' El Gobierno, a quien se comunicó el hecho, mandó una comisión encargada de descifrar el jeroglífico, que se decía tener desahogos innobles, insultos y amenazas. Oída la traducción, '¡y bien!— dijeron—, ¿qué significa esto?' " Translations from Spanish works for which no English version is cited are my own.

2. In the case of *mazorqueros*, a note is in order describing the complex apparatus of repression set up by the government of Rosas (1793–1877) and the paramilitary squads he created to control dissent. There is also the matter of the "baths of Zonda," assumed by Sarmiento to be a geographic indicator helpful in situating the reader, but only rather baffling in the English version.

3. Sarmiento was a *unitario* 'unitarist,' which meant he supported the notion of a centrist government by an educated, urban elite that would put down the untamed, federalist rural masses seen as "barbarous" and refractory to the civilizing influence of European ideas.

4. Minister Montt of Chile had sponsored Sarmiento's European trip in order to make it possible for him to study educational systems but also to remove him from the scene of the heated political debates in which Sarmiento had become involved. For more on this, see Verdevoye (ch. 4).

5. The choice of a term with which to designate a translator from the Spanish is highly indicative of the packaging together of discourses on the

other which was in place at this time, and to which even a marginalized intellectual resorted.

6.   " . . . la llave de dos puertas llevo para penetrar en París, la recomendación OFICIAL del gobierno de Chile y el *Facundo*; tengo fe en este libro. Llego, pues a París y pruebo la segunda llave. ¡Nada! . . . Yo quería decir a cada escritor que encontraba ¡io anco! pero mi libro estaba en mal español, y el español es una lengua desconocida en París, donde creen los sabios que sólo se habló en tiempos de Lope de Vega o Calderón; después ha degenerado en dialecto inmanejable para la expresión de las ideas. Tengo, pues, que gastar cien francos para que algún orientalista me traduzca una parte. Tradúcela en efecto, y doila a un amigo que debe recomendarla a las revistas. Ya han pasado dos meses entre traducir y leer, y nada me dice. ¿Qué hay de mi libro? Estoy leyéndolo. Mala espina me da esto. Vuelvo más tarde, pido mi manuscrito y me dice: lo hallo . . . un poco difuso . . . hay novedad e interés pero. . . . La verdad era que no había leído una palabra. ¿Quién lee lo que ha escrito uno a quien juzgamos inferior a nosotros mismos?"

7.   One of the many appendixes to the 1868 translation addresses precisely this question: it is a letter Sarmiento wrote to Senator Sumner urging him to take a stand against "the discontinuance of the National Department of Education."

8.   For a complete account of this connection, see Rockland.

9.   Letter of 23 Sept. 1865, in English (Sarmiento, *Cartas* 225).

10.   All English quotations from *Facundo* refer to Mann's edition.

11.   For more on this, see Said (ch. 1).

12.   In this regard, it is important to consider that the US was itself bent on asserting its own identity as distinct and different from that of Europe. Hence it was particularly flattering to North American readers to read that Europe was overshadowed in its exemplariness by the US. I thank Richard Ohmann for this suggestion.

13.   "En réduisant les puissances européennes à employer les armes contre lui, [ce patriotisme aveugle et brutal] il a mis en lumière un fait qui résume les relations des deux mondes: c'est que l'Europe est fatalement poussée à faire la conquête matérielle de l'Amérique, si elle ne fait pacifiquement sa conquête morale."

Works Cited

"Article II.—*Life in the Argentine Republic in the Days of the Tyrants; or Civilization and Barbarism*." *New Englander* 27 (1868): 666–79.

Benjamin, Walter. "The Task of the Translator." *Illuminations*. Ed. Hannah Arendt. Trans. Harry Zohn. London: Fontana-Collins, 1973. 69–82.

Ferns, H. S. *Britain and Argentina in the Nineteenth Century.* New York: Oxford UP, 1960.

González Echevarriá, Roberto. "Redescubrimienta del mundo perdido." *Revista Iberoamericana* 143 (1988): 385–406.

Rev. of *Life in the Argentine Republic in the Days of the Tyrants; or Civilization and Barbarism,* trans. and ed. Mary Peabody Mann. *Christian Examiner* Sept. 1868: 195.

Rev. of *Life in the Argentine Republic in the Days of the Tyrants; or Civilization and Barbarism,* trans. and ed. Mary Peabody Mann. *Nation* 12 Nov. 1868: 397.

Mann, Mary Peabody, trans. and ed. *Life in the Argentine Republic in the Days of the Tyrants; or Civilization and Barbarism.* By D. F. Sarmiento. 1st American ed. New York, 1868.

Mazade, Charles de. "De L'Américanisme et des Républiques du Sud." *Revue des Deux Mondes* 16 (1846): 635.

Rockland, Michael A. "Introductory Essay." *Travels in the United States* in 1847. By Domingo Faustino Sarmiento. Trans. Rockland. Princeton: Princeton UP, 1970. 3–75.

Said, Edward W. *Orientalism.* New York: Vintage, 1978.

Sarmiento, Domingo Faustino. *Cartas de Sarmiento a la Señora María Mann.* Buenos Aires: Imprenta de la Universidad, 1936.

———. *Facundo o civilización y barbarie.* 1845. Prólogo Nóe Jitrik. Ed. Jitrik. Notes Nora Dottori and Silvia Zanetti. Caracas: Ayacucho, 1977.

———. *Obras completas.* 52 vols. 1899–1909. Buenos Aires: Ed. Peuser, 1948–56.

———. "To Aurelia Vélez." 15 Oct. 1865. Letter in *Obras Completas* 29: 67.

———. *Viajes.* Vol. 5 of *Obras Completas.*

Verdevoye, Paul. *Domingo Faustino Sarmiento éducateur et publiciste (entre 1839 et 1852).* Paris: Jouve, 1963.

The Feminine Bond:
Victimization and Beyond in the Novels
of
Gertrudis Gomez de Avellaneda

Janet N. Gold
Bates College

Chloe liked Olivia . . . perhaps for the first time in literature . . . All these relationships between women, I thought, rapidly recalling the splendid gallery of fictitious women, are too simple. So much has been left out, unattempted. And I tried to remember any case in the course of my reading where two women were represented as friends. . . . They are confidantes, of course now and then mothers and daughters. But almost without exception they are shown in their relation to men . . . And how small a part of a woman's life is that. (86)

Virginia Woolf pondered this literary phenomenon in 1928. Pondering Virginia Woolf's observations, and the recent work of Janice Raymond, Louise Bernikow, Pauline Nestor and Nina Auerbach, who are studying communities of women and friendship among women, I decided to embark upon a rereading of the novels of Gertrudis Gomez de Avellaneda with an eye to what, if anything, was going on among the women.

A concurrent rereading of Gomez de Avellaneda's biographies, casting a skeptical eye on the particular information that her various biographers chose to foreground, convinced me that something was missing. Just as Virginia Woolf wondered why friendships between women were not to be found in British novels of the nineteenth century, I wondered why there were no significant relationships with women in Gertrudis' life. The answer is: There were.

Unfortunately, the scope of this essay does not allow me to describe in detail some of the interesting female bonding in her life. Suffice it to say that one must dig deep and read between the lines to reconstruct this aspect of her life, because her biographers have in general been so fascinated by her heterosexual affairs and with the possibility of equating her fictional romantic heroines with Avellaneda's own passionate temperament, that they have failed to explore or interpret the importance of other women in her life.[1]

The importance of the Carmona sisters in her childhood, her emotional and intellectual attachment to Rosa Carmona and to her cousin Eloisa Arteaga during her adolescence and early adulthood, the mutual friendship and support of other women writers, notably Cecilia Böhl de Faber and Carolina Coronado in Spain in her mature years, her publication in Cuba of a woman's magazine, *El album cubano,* her much read and discussed essay "La mujer" — a defense of women that includes a healthy catalogue of brave, intelligent and powerful women throughout history — all these examples lead one to realize that Avellaneda was very aware of other women.[2] She sustained intimate and important friendships with other women, and, importantly, she had a general respect for women as a group, something that many women who achieve success or recognition often lose. Unlike her successor Emilia Pardo Bazan, for example, who recognized an injustice in women's situation but attributed it to feminine weakness and saw herself as superior to other women, I believe Avellaneda's analysis includes an understanding of the role of society in creating and perpetuating women's situation as minor players. Her autobiographical writings and her essays demonstrate her growing awareness that the ideal of an eternal, romantic, heterosexual love might not be, in the real world of Royal Academies that don't allow women in their ranks and earth-bound men who don't understand the transcendental longings of a woman's soul might not be the answer to a woman's prayer.

A reading of Avellaneda's novels then, that foregrounds the women characters and attempts to interpret the significance of their interaction, sets in relief a dynamic of female bonding that can be seen in a number of her novels. I would like to discuss now three of her novels in which female bonding contributes to characterization, thematic development and narrative structure. They are *Sab, Dos mujeres* and *El artista barquero.*

I use the term female bonding to refer to a kind of camaraderie between or among women that exists in opposition to or as a rejection of what women perceive as male standards or structures. Leslie Fiedler talks about the relationship between Huck Finn and Jim as an example of the very prevalent male bonding in the literature of the United States.

These two young boys draw together in an attempt to escape the world of Aunt Polly and feminine domesticity, which they see as infringing on independence (238). Female bonding, similarly, is often the result of women needing to form microstructures of comprehension within the macrostructure that is hostile or unresponsive to their needs.

Beginning with *Sab,* then, Avellaneda's first novel, I will focus on the two predominant women characters in each text. In *Sab,* Teresa and Carlota represent graphically the two angles of an isoceles triangle that eventually converge at the resolution of the novel. Throughout the novel they are companions who share the externals of daily life, yet exist in separate spheres. They have been raised in the same household, yet their paths into the future have been predetermined by their different social and economic status; Carlota is the legitimate daughter of a landowner, engaged to marry the man of her dreams; Teresa is an orphan without a dowry. Both women are isolated within their circumstances and consequently from one another. Carlota is isolated as only the romantic heroine can be—she lives a protected and privileged existence, surrounded by dreams, illusions and the effusiveness of her own emotions, to say nothing of her father's wealth. She is the prototypical virgin who has yet to suffer "una primera desilusión (57). Teresa's isolation in contrast, is the result of there being no way for her to enter into the world of material privilege and its attendant illusions. And while she is also a virgin in the literal sense of the word, she in effect has been violated by life. Material reality has forced itself upon her and stripped her of innocence or naivete.

It is only when Carlota and Teresa experience their rites of passage into adulthood and the two women are physically separated, that their lives begin to converge. Teresa enters a convent and embarks on an inner journey of purification and renunciation. As Stacy Schlau has observed, having dissolved the bonds that forced her into a marginal position, she achieves salvation. Teresa lives out her life fulfilled, and at peace. In this sense, she may be considered the true heroine of *Sab* (500). Carlota enters adulthood when she marries the man of her dreams, only to find herself abruptly stripped of her illusions and submerged in an all too real world, a material world created by the acquisitive materialism of the husband she now recognizes as ordinary if not despicable, a far cry from her romanticized ideal.

As she realizes that she has become a slave to the social convention of marriage, she longs for contact with Teresa because she understands that only Teresa, a victim of society in her own right, can understand. So now, "su único placer era llorar en el seno de su amiga sus ilusiones perdidas y su libertad encadenada" (215). They spend long hours in Teresa's convent cell engaged in endless conversation. (If only Avellaneda had shared with her readers what transpired during those long hours in Teresa's cell, the 19th century Cuban novel might have given us what Virginia Woolf so longed for in the British novel!)

As Sab has demonstrated in his letter that we read at the close of the novel, both Carlota and Teresa are, in their position as women in a society controlled by men, enslaved just as Sab himself. Sab has found a solution to his life's contradiction in a kind of absolute mysticism: In death his virginal soul will unite with God, for God's eternal soul is the only one compatible

with his own superior soul. Teresa has similarly found salvation through re-
nouncing society and turning inward. But what of Carlota? Significantly,
the narrator tells us that she doesn't know for sure what has become of
Carlota; that she and her husband have probably gone to live in another
country, perhaps they're in London. Novelistic options for 19th century
romantic heroines were limited to submission to one's fate, entering a convent or suicide. One is tempted to guess that Carlota opted for the first since
suicide as an alternative does not appear in Avellaneda's novels until a few
years later.

Avellaneda chose to give her next novelistic creation a title that might
have served as accurate for *Sab: Dos mujeres*. The two women who figure
in this novel are in many ways the counterparts of Carlota and Teresa. Luisa, like Carlota, is described as pure, angelical, celestial, virginal—again,
both literally and figuratively. Like Carlota, who, at the beginning of *Sab*
had not yet suffered "una primera desilusión," Luisa "no había conocido
ni los placeres ni los dolores de la vida" (16). Their childhood and adoles-
cent experiences are similar in that both lead isolated lives enclosed in the
protected circle of home and family, whose goal is for them to marry and
assume the traditional feminine role; they share an innocence that is the
result of their having scant exposure to a world outside of their illusions.

Catalina, Teresa's counterpart in *Dos mujeres* shares with her a certain
worldliness from having experienced some of life's disappointments. Teresa
is a literal orphan of society. Catalina, married at sixteen to a wealthy man
whom she does not love, at his death declares herself a self-exiled orphan of
society, disillusioned with love as well as with society.

The movement of this novel is again, as in *Sab*, the separate struggles
of two very different women who finally develop between them a bond
based on a realization of their shared victimization as women. Although
Carlos, the man who loves both women, is ostensibly the protagonist, just
as on one level Sab may be read as the protagonist of *Sab* and although
romantic love is ostensibly the theme, the real drama and the real illumina-
tion of the novel center around the parallel lives of the two women and the
convergence of their lives at the novel's end: And just as an abolitionist interpretation of *Sab* gives way to a feminist reading whose ultimate revela-
tion is contradictory, so the theme of love and its passion and its inconstan-
cy serves as a framework for a reading of *Dos mujeres* as a novel that deals
with the essential contradiction inherent in being a woman in a partriarchal
society

In *Sab*, Avalleneda draws a parallel between being a slave and being a
woman, concluding that a woman's lot is ultimately more oppressive since a
slave can buy his freedom, whereas a woman's only freedom is in death or
renunciation. The distinctions in *Dos mujeres* are subtler, because love
takes its toll on everyone in this story, the difference being that a man can

lose his pain in his ambition, his career, his dealings with society, while a woman who is hurt by love has nowhere to turn for distraction, since, "lo único permitido a la mujer es el amor" (94)

Just as in *Sab*, the convergence of the two women's lives at the end of *Dos mujeres* registers both a reversal or awakening in the women's characters and a special kind of bonding, a solidarity of victimization. Society requires the two women to be rivals in a competition that neither can win. Luisa cannot win because she sees that her husband loves Catalina with a passion he does not feel for her. Catalina cannot win because Luisa is "la honrada con título de esposa" (140). Catalina initially confronts Luisa arrogantly because she feels herself privileged in Carlos' love while Luisa has society's sanction but not Carlos' passionate attachment. She soon realizes, however, that both she and Luisa are the victims of their gender. Woman's only illusion is love, and no matter who wins temporarily, no one wins in the long run. In recognizing their common plight, Luisa and Catalina establish the primary bonds of a sisterhood of suffering. As a result of this bond, each woman decides to let go of her illusion and let the other have the man. Catalina resolves her fate by conmitting suicide. In her own way, she has, like Teresa before her, rejected a society that will not accept her. Luisa chooses the path of submission, as did Carlota. She knows that her relationship with Carlos will never be the same, but she remains silent and stays with him, playing the role that society requires of her.

I would like to mention briefly a third novel, *El artista barquero*, because its pattern is similar to that of *Sab* and *Dos mujeres*, yet its resolution is strikingly different. This is a narrative that once again ostensibly centers around a man in love. The hero, Huberto Robert, loves and is loved by two women very different from one another. These two women— Josefina, the lovely criolla who lives in Marseille, and Madame Pompadour, none other than the formidable mistress of Louis XV—complete Avellaneda's trilogy of rival women characters. Josefina, prototypical romantic heroine in the Carlota/Luisa paradigm, is again the quintessential virgin, isolated by the tyrannical though loving protection of her father. Madame Pompadour, like Teresa and Catalina, is the woman society does not favor. She is a powerful woman, an anomaly that society has always had trouble with. Because of her power she is also, like all the other women we have mentioned, isolated. Madame Pompadour feels a compassionate solidarity with her rival, and, because of this bond, elects to sacrifice her own possible happiness with the hero to insure that of the other woman. She defends Josefina, although she has never met her, and she insists on being present at the wedding, to bestow her blessing on the happy couple. And when Josefina first meets Madame Pompadour, jealousy of her one-time rival never figures in her reaction.

In vivid contrast to *Sab* and *Dos mujeres*, there is no mystical renunciation in *El artista barquero,* no one disappears to another continent so that we can't observe her unhappiness, there is neither suicide nor a life of submissive self-denial for either of the two women. On the contrary, Josefina, nine years later, is "una bellísima dama en . . . la lozanía de su vida acompañada por su esposo ... y cuatro preciosos niños" (205). Madame Pompadour has died, and though her grave is a modest one, she will be remembered as "la omnipotente favorita cuyos caprichos rigieron 20 años a la Francia" (197).

By foregrounding the principal women in these novels we can also see more clearly the role that the romantic hero plays in the lives of romantic heroines. Avellaneda herself experienced a series of disappointing love affairs, mainly because she always set her sights so high. She longed for a compatible soul, in her case a superior soul, and her women characters repeatedly experience similar disappointments. Huberto Robert comes closest to being the fictional representative of Avellaneda's answer to a woman's prayer. He loves his wife, he recognizes her virtue, and, perhaps most important, he has the superior soul of an artist coupled with the noble bearing of a man who has worked and suffered. Josefina can be content as a wife because the man to whom she is married is noble. And Madame Pompadour can be fulfilled though ostracized from polite society because she is smart enough to know where the power lies.

Female bonding in *Sab* and *Dos mujeres* occurs because of the need for comfort or the recognition of a commonality between victims. In *El artista barquero* female bonding is magnanimous and graceful because the two women can afford to be likewise. Each in her own way has her Prince Charming. *El artista barquero* is Avellaneda's only novel that offers the woman reader that particular satisfaction of a "novela rosa." Her women characters aren't usually so fulfilled.

The two paradigms I have outlined represent women in conflict, women divided within themselves or against themselves. Carlota, Luisa and Josefina are women who built their illusions around the patriarchal dream. They are Cinderellas, but unfortunately only one has been rescued by her Prince Charming. Teresa, Catalina and Madame Pompadour are anti-Cinderellas, heroes if you will rather than heroines, active agents manipulating their own destinies. That these figures communicate or commiserate with one another can be understood as a kind of bonding, as I have indicated, but I would like to end by suggesting one further possibility: that within each text the two contrasting or rival women represent the two sides of a single conflicted self—that self being woman facing nineteenth century Cuban and Spanish society as Gertrudis Gomez de Avellaneda knew it.

Avellaneda has not, however, dealt with the difficult task of integrating the rival needs and desires that war within the individual and society. That would have required a utopian leap of the imagination. When there exists so profound a contradiction that even an imaginative writer, a craftsperson whose primary tool is prevarication, cannot create believable resolutions, it is because the contradiction is so deeply embedded in the fabric of society that one would indeed have to imagine a different society in order to imagine an integral solution.

NOTES

[1] All of the biographies of Avellaneda to date tend to equate her life with her work, often attempting to draw biographical information from her fiction. The biographies by Cotarelo y Mori and Figarola-Caneda are the most complete, while Bravo Villasante's stands out as the most sentimental.

[2] Most illuminating here are Avellaneda's *Autobiografía*, as well as her correspondence. See also Beth Miller's "Gertrude the Great: A Nineteenth Century Feminist."

BIBLIOGRAPHY

Atwood, Margaret. "That Certain Thing Called the Girlfriend." *The New York Times Book Review*. May 11, 1986. 1 38-9.

Auerbach, Nina. *Communities of Women*. Cambridge: Harvard University Press, 1978.

Ballesteros, Mercedes. *Vida de La Avellaneda*. Madrid: Aguirre, 1949.

Bravo-Villasante, Carmen. *Una vida romántica: La Avellaneda*. Barcelona: E.D.H.A.S.A., 1967.

Carlos, Alberto J. "La conciencia feminista en dos ensayos: Sor Juana y La Avellaneda." *El ensayo y la crítica literaria en Iberoamérica*. Toronto: University of Toronto, 1970. 33-41.

Cotarelo y Mori, Emilio. *La Avellaneda y sus obras*. Madrid, 1930.

Fiedler, Leslie. *What Was Literature?* New York: Simon and Schuster, 1982.

Figarola-Caneda, Domingo. *Gertrudis Gómez de Avellaneda*. Madrid: Sociedad General Española de Librería, 1929.

Gómez de Avellaneda, Gertrudis. *Autobiografía*. Originally published under the title: *La Avellaneda. Autobiografía y cartas de la ilustre poetisa,* Huelva, 1907. Quotations are from the following edition: *Diario de amor,* Ed. Bernardo Callejas, Habana: Letras cubanas, 1981.

_____, *El artista barquero. Obras de La Avellaneda*. Habana: Miranda, 1914. IV.

_____, *Dos mujeres. Obras de La Avellaneda*. Habana: Miranda, 1914. V.

_____, *Sab. Obras de La Avellaneda*. Habana: Miranda, 1914. IV.

_____, "La mujer." *Obras de La Avellaneda*. Habana: Miranda, 1914. VI.

_____, *Memorias.* Habana: El Siglo XX, 1919. Reproduced in: *Gertrudis Gómez de Avellaneda.* Domingo Figarola-Caneda. 249-92.

_____, *Cartas inéditas existentes en el museo del ejército.* Ed. José Priego Fernández del Campo. Madrid: Fundación Universitaria Española, 1975.

Guerra, Lucía. "Estrategias femeninas en la elaboración del sujeto romántico en la obra de Gertrudis Gómez de Avellaneda." *Revista Iberomericana* 132-33 (jul.-dic., 1983): 707-22.

Martí, José. "Poetisas americanas." *Obras completas.* Ed. Jorge Quintana. 1962. III.

Miller, Beth. "Gertrude the Great: A Nineteenth-Century Feminist." *Women in Hispanic Literature.* Ed. Beth Miller. Berkeley: University of California Press, 1983. 201-214.

Nestor, Pauline. *Female Friendships and Communities.* Oxford: Clarendon, 1985.

Raymond, Janice. *A Passion for Friends.* Boston: Beacon, 1986.

Schlau, Stacy. "The Discourse of Alienation in Gómez de Avellaneda's Abolitionist Novel *Sab.*" *Hispania.* 69.3 (Sept. 1986): 495-503.

Smith-Rosenberg, Carroll. "The Female World of Love and Ritual:. Relations Between Women in Nineteenth-Century America." *The Sions Reader. Women, Gender and Scholarship.* Eds. Elizabeth Abel and Emily K. Abel Chicago: University of Chicago, 1983. 27-55.

Woolf, Virginia. *A Room of One's Own.* New York: Harcourt Brace Jovanovich, 1929.

Las Ideas Feministas de Gertrudis Gómez de Avellaneda*

Nelly E. Santos

El propósito del presente trabajo consiste en destacar las ideas feministas de la poetisa cubana Gertrudis Gómez de Avellaneda, perdidas entre los hilos endebles de la comunicación del romanticismo hispánico.

Desde las primeras obras literarias en lengua castellana se nos ofrece una extensa producción sobre el tema de la mujer. Durante el siglo XV, la polémica feminista se hizo más agria y su eco llegó hasta el siglo siguiente donde las ideas del humanismo renacentista permitieron el brote de mujeres destacadísimas como una prueba irrevocable de que la cultura era un patrimonio común de ambos sexos.

Santa Teresa y Sor Juana Inés de la Cruz son gloriosas afirmaciones del feminismo del siglo XVI y XVII. Ellas inauguran el nuevo fenómeno—la defensa de su sexo—que contribuiría a elevar la condición cultural y social de la mujer en los estrechos lazos de la hispanidad. Sor Juana Inés de la Cruz, mujer feminista por excelencia, nos ha legado, con su *Carta-Respuesta a Sor Filotea*, la carta magna de la emancipación femenina,[1] al mismo tiempo que afirma sus puntos de vista sobre la libertad intelectual de la mujer.

Como un epígono de este nuevo fenómeno socio-cultural aparece el romanticismo que produce una nueva manera de ser, una diferente actitud ante la vida en todos los aspectos. Aunque el romanticismo fue

NELLY E. SANTOS es profesora en el Baruch College of the City University of New York.

* Ponencia leída en el symposium conmemorativo al centenario de la muerte de Gertrudis Gómez de Avellaneda en el State University College de New Paltz en Nueva York, octubre 27 de 1973.

[1] Alberto G. Salceda, Edición, introducción y notas al t. IV de *Sor Juana Inés de la Cruz, Obras Completas*. México: Fondo de Cultura Económica, 1957, pág. xxii.

un movimiento genuinamente literario, ejerció una decisiva influencia sobre las demás artes, las costumbres y la política; posiblemente más decisiva que cualquier otro movimiento en cualquier otra época.

Gertrudis Gómez de Avellaneda vivía en España desde 1836. Ya había logrado triunfar como poeta y autora dramática, al mismo tiempo que se sentía ardiente defensora de las ideas de libertad y progreso, haciendo de su vida fehaciente ejemplo. Para exponer las ideas feministas de la poeta cubana y encontrar el alegato abolicionista de su prosa, nos pareció prudente dar al olvido todo razonamiento expuesto por sus personajes novelescos y dramáticos y reducirnos al límite de su estilo periodístico por creerlo el índice de su verdadera personalidad feminista.

De esta manera, la selección de los cuatro artículos publicados bajo la denominación genérica "La Mujer,"[2] no es caprichosa sino que obedece a una razón más importante que nos concierne destacar aquí. Se apoya, principalmente, en que éstos surgieron de la tan belicosa confrontación con los académicos españoles al rechazar, "por cuestiones de sexo," el nombramiento de Gertrudis como miembro de la Academia Española. En efecto, como ha indicado Cotarelo,[3] la selección mencionada es de poquísimo valor estético, aunque de un valor histórico incuestionable para el tema que perseguimos.

En enero de 1853 falleció don Juan Nicasio Gallego, amigo y mentor de Gertrudis, individuo de número de la Real Academia Española a quien la poeta aspiraba a suceder. Gertrudis anhelaba con vehemencia el nombramiento, aunque a veces fingía hacerlo por razones de amistad y lealtad. Su carta del 3 de enero del mismo año (1853) debe servirnos como una radiografía sentimental. En ella expresa un argumento decisivo:

(La Academia) . . . no podrá menos que desear que alcance alguna honrosa distinción la pobre mujer poeta, que se ve privada por su sexo a aspirar a ninguna de las gracias que están alcanzando del Gobierno sus compañeros literarios, no cediendo a ninguno en laboriosidad y en amor a las letras, y que hallará justo y debido y honroso para la Academia al compensarme en cierto modo, mostrando que no es en España un anatema el ser mujer de alguna instrucción; que el sexo no priva del justo galardón al legítimo merecimiento.[4]

[2] Publicados en el *Album cubano de lo bueno y lo bello*. Revista quincenal de moral, literatura, bellas artes y modas. Dedicada al bello sexo y dirigida por Gertrudis en 1860. Fueron reimpresos en *La América* de Madrid, el 8 de abril de 1862, págs. 8 a 10; y, en parte, fueron reimpresos también en el *Diario de la Marina* de La Habana, el 7 de abril de 1909. Están recogidos en sus *Obras literarias completas*. Madrid: M. Rivadeneyra, 1871, Tonoy, págs 283–306.

[3] Emilio Cotarelo y Mori, *La Avellaneda y sus obras*. Madrid: Tipografía de Archivos, 1930, pág. 350.

[4] Citado por Carmen Bravo-Villasante, *Una vida romántica, la Avellaneda*. Barcelona: Editora y Distribuidora Hispano Americana, S.A., 1967, pág. 176.

Si tomamos la cita anterior como un inocente desahogo de vanidad, no estaríamos haciendo justicia a esta mujer superior que, sintiéndose agraviada, no hacía sino reclamar un sitio merecido en la cima de las letras españolas. Hoy podemos leer su argumento como una queja de aquella "mujer enorme" que se describió a sí misma como "una criatura que . . . consulta más a sus instintos que a su razón."[5]

Poco después, inmersa en una aureola de fracaso, recibe Gertrudis una carta del Marqués de la Pezuela, que viena confirmar sus temores:

> En mi juicio—le dice—casi todos valíamos menos que usted; pero, sin embargo, por la cuestión del sexo (y el talento no debe tenerlo), los partidarios de usted sufrimos todos la pena de no contarla a usted, por ahora, entre nuestros académicos.[6]

Sólo con lo citado se podría argüir el recalcitrante antifeminismo que animaba a los miembros de la gran institución académica. Con suma razón escribió Gertrudis en 1856:

> Soy acaso el único escritor de España que jamás ha alcanzado de ningún Gobierno distinción ni recompensa (sic) grande o chica. Mi sexo ha sido un eterno obstáculo a la buena voluntad que algunos Ministros me han manifestado, y mi amor propio herido ha tenido, sin embargo, que aceptar como buenas las razones que, fundándose siempre en mi falta de barbas, se han servido alegar.[7]

La Avellaneda sufrió toda clase de ultrajes literarios; después de la circulación de un romance satírico de Luis Fernández Guerra, intitulado "Protesta de una 'individua' que solicitó serlo de la Academia Española y fue desairada," en el bando enemigo era peyorativamente designada con el nombre de "Doña Safo."[8]

El incidente con la Academia parece haber despertado el latente feminismo combativo que tantas veces su espíritu artístico explorara en heroínas novelescas y dramáticas, al encontrar una fraternal lianza e identificación con las causas abolicionistas que se nutrían en las voces feministas de su siglo en varios continentes. Este incidente sirve también un propósito dual, es la génesis y asunto de sus artículos publicados en La Habana, en 1869, cuando, finalmente, le es posible desplegar sus ideas

---

[5] Véase su carta a Ignacio de Cepeda fechada en Madrid el 26 de marzo de 1854, recogida en *Antología*, prólogo y notas de Ramón Gómez de la Serna. Buenos Aires: Espasa-Calpe, 1948, pág. 148.

[6] Citado por Carmen Bravo-Villasante, *op. cit.*, pág. 178.

[7] Carta dirigida a Leopoldo Augusto Cueto con fecha 20 de octubre de 1856, citada por Carmen Bravo-Villasante, *op. cit.*, págs. 187–188.

[8] El romance satírico de Luis Fernández Guerra empezaba así:

> Yo, doña Safo segunda,
> entre *avellaneda* y fresca;
> musa que soplo a las nueve
> y hago viento a los poetas. . .

Citado por Emilio Cotarelo y Mori, *op cit.*, pág. 254.

emancipadoras en un órgano publicitario que funda y dirige, el "Album cubano de lo bueno y lo bello," revista quincenal de moral, literatura, bellas artes y modas, dedicada al bello sexo.[9]

Cuando se hubiera creído ya olvidado el disgusto de su madurez, lanzó al aire toda la amargura acallada durante los años; se expresó sobre la cuestión con tanta violencia polémica, atacando con tan dura ironía y feroz sarcasmo el antifeminismo de los académicos que, a su lectura, no es necesario insistir en el valor histórico que estos artículos guardan para el estudio evolutivo de las ideas feministas de Gertrudis Gómez de Avellaneda.

Al leer el primer artículo, de los cuatro que forman la serie mencionada, nos damos cuenta que la poeta conocía muy bien el desarrollo histórico de la controversia de las mujeres y que tenía plena conciencia de la posición emancipadora que habría de tomar la mujer de su siglo. Sin embargo, decir que Gertrudis era la continuación de aquel movimiento socio-literario del pasado sería exagerar, como lo sería hoy ver en sus palabras la afirmación al comentario de Cotarelo de que el último artículo de esta serie "era donde había la autora de desfogar sus iras contra el 'sexo dominador.' "[10]

En más de una ocasión se ha comparado la obra de Gertrudis con la de Sor Juana,[11] sin embargo, en lo que no se había insistido es en el paralelo evidente que arroja la lectura de su artículo tercero de esta serie, en donde se analiza a la mujer "respecto a su capacidad para el gobierno de los pueblos y la administración de los intereses públicos," con la *"Carta-Respuesta a Sor Filotea,"* de Sor Juana. Ambos escritos esencializan la misma combatividad y enlazan las más puras actitudes feministas de las dos mujeres poetas.

En sus escritos, ellas muestran a la mujer con una gran capacidad y aptitud para la administración del Estado y de los grandes intereses públicos, recurriendo a la Historia para apuntalar sus afirmaciones. Sor Juana y Gertrudis admiten que, aunque la mujer está dotada de muchas facultades, está mal educada y dirigida. Así lo exclama Gertrudis, en un raudo vuelo de entusiasmo:

> . . . y no olvidéis que las mujeres en ningún país del mundo somos educadas para sufrir fatigas, afrontar peligros, defender intereses públicos y conquistar laureles cívicos.[12]

Si el tratamiento esencial del tema las une, la calidad estética las separa. Como ya hemos anotado, no pretendemos afirmar que, con los

[9] Esta primera entrega constaba de 384 páginas a dos columnas. Se editaba quincenalmente y desapareció el mismo año.

[10] Emilio Cotarelo, *op. cit.*, pág. 350.

[11] Véase a Raimundo Lazo, *Gertrudis Gómez de Avellaneda, la mujer y la poetisa lírica*. México: Editorial Porrúa, S.A., 1972, págs. 54–56.

[12] Gertrudis Gómez de Avellaneda, *op. cit.*, pág. 296.

artículos de la poeta cubana, ofrecemos al público una obra maestra desatendida; éstos sirven el propósito de nuestro trabajo, el de justificar la incorporación de su voz a una de las grandes preocupaciones de nuestro tiempo.

Como conclusión a ese largo desfile de heroínas, mártires y gobernantes ejemplares, la Avellaneda escribe, en su último artículo, sobre la capacidad científica, artística y literaria de la mujer. Y aquí nos habla Gertrudis "por la boca de la herida." El asunto produce una catarsis en su ánimo, pierde la contención y se entrega a los embates desencadenados de su temperamento.

De la capacidad científica de la mujer, anota:

> Sería absurdo pretender hallar gran número de celebridades científicas en esa mitad de la especie racional, para la que están cerradas todas las puertas de los graves institutos, reputándose hasta de ridícula la aspiración de su alma a los estudios profundos. La capacidad de la mujer para la ciencia no es admitida a prueba por los que soberanamente deciden su negación, y causa sumo asombro que -aún así y todo- no falten ejemplos gloriosos de perseverantes talentos femeninos. . .[13]

Nótese el tono irónico que ofrece Gertrudis en este pasaje; el mismo que parece trasminar la esencia de las famosas redondillas de Sor Juana, "Queredlas cual las hacéis,/ Hacedlas cual las buscáis."

La tentativa feminista de estos artículos culmina en la agudización de su propio recuerdo. El rechazo de sus aspiraciones a pertenecer a la Real Academia Española nos alcanza una vez más en las líneas formidables de su prosa, cuando ridiculiza los excesos antifeministas de los ilustres miembros de dicha institución, diciendo:

> . . . no se crea tampoco que data de muchos siglos su aceptación en el campo literario y artístico . . . ese terreno le ha sido disputado palmo a palmo por el exclusivismo varonil, y aún hoy día se la mira en él como intrusa y usurpadora, tratándosela, en consecuencia, con cierta ojeriza y desconfianza, que se echa de ver en el alejamiento que se la mantiene de las academias barbudas . . . esas ilustres corporaciones de gentes de letras, cuyo primero y más importante título es el de 'tener barbas'."[14]

Vemos cómo, en este último artículo, la defensa de la mujer ha degenerado en contienda en que, más que la afirmación o negación de las buenas cualidades femeninas, se ventila la primacía de un orgullo personal herido que esgrime el dardo de un feminismo exaltado. Y continúa:

> Como desgraciadamente la mayor potencia intelectual no alcanza a hacer brotar en las partes inferiores del rostro humano esa exuberancia animal que requiere el filo de la navaja, ella ha venido a ser la única e insuperable distinción de los literatos varones, quienes—viéndose despojados

[13] *Ibíd.*, pág. 302.
[14] *Ibíd.*, pág. 303.

cada día de otras prerrogativas que reputaban exclusivas—se aferran a aquella con todas las fuerzas de su 'sexo fuerte.' "[15]

Cabe observar aquí que la Avellaneda habla con una gran sinceridad sobre un suceso polemístico, sin darle una perspectiva ajena a toda su intervención personal. Al desplegar una crítica acerba y sin riesgo de censuras declara, asimismo, que nunca, codiciosa de bienes personales, ha vendido su integridad y su verdad artística.

Gertrudis por otra parte, con su perspectiva doble de mujer y de artista, disfrutó de un punto de vista extraordinario para observar y juzgar los problemas feministas de su siglo.

¿Qué aporta Gertrudis al feminismo como movimiento renovador?

Descontando el antecedente personal que mueve a la Avellaneda a escribir los artículos, podemos anotar que la recreación del tema feminista equivale a esa complacencia en la expresión de los sentimientos que caracteriza a nuestros románticos, y que poco a poco ha de convertirse en un rasgo peculiar en la obra de nuestras escritoras.

Por otra parte, es interesante notar que el tema que hemos visto expuesto en sus artículos escapa la obra lírica de Gertrudis, pudiéndose afirmar, sin gran especulación, que la Avellaneda lo consideraba fuera de los lindes de la poesía ya que, la temática de una literatura activa, o del romanticismo social, era considerada asunto de la prosa. De esta manera, Gertrudis no escapa de estas convenciones y, ciñéndose al viejo cuño de la poesía, no intenta desordenar los límites de los géneros literarios.

La mejor aportación de la poeta, entonces, se reduce al campo histórico ya que los artículos tratados reflejan, sin duda alguna, el clima ideológico de su autora, al mismo tiempo que constituyen un documento fehaciente de un interesante aspecto de la cultura española del siglo XIX.

[15] *Ibíd.*

Ensayos

Juan Francisco Manzano: el estilo bárbaro de la nación*

ANTONIO VERA-LEÓN

En uno de los pasajes más notables de su *Autobiografía*, Juan Francisco Manzano (1797?-1854) relata las escondidas sesiones de escritura en que copiaba la letra de su amo:

> [...] me fui identificando de tal modo con sus [del amo] costumbres qe. empese yo tambien a darme estudios, la poesia en todos los tramites de mi vida me suministraba versos analogos a si situasion [...] tomaba sus libros de retorica me ponia mi leccion de memoria la aprendia como el papagallo [...] compre mi taja pluma y plumas compre papel muy fino y con algun pedaso de los qe. mi señor botaba de papel escrito de su letra lo metia entre llana y llana con el fin de acostumbrar el pulso a formar letras iva siguiendo la forma qe. de la qe. tenia debajo con esta inbension antes de un mes ya asia renglones logrando la forma de letra de mi señor causa pr. qe. hay sierta identidad entre su letra y la mia.[1]

La Habana, 1957. Ha escrito sobre Rigoberta Menchú, Miguel Barnet, Jesús Díaz, Guillermo Cabrera Infante. Prepara un libro sobre retórica documental en América Latina. Actualmente enseña Literatura Hispanoamericana y del Caribe en la State University of New York-Stony Brook.

* Una versión previa de este trabajo fue leída en el Department of Spanish and Portuguese, University of California, Berkeley, el 15 de marzo de 1990. Le agradezco a Anna Stahl, a Kenya Dworkin, a Kimberle López y a Julio Ramos sus comentarios y sugerencias.

1. Juan Francisco Manzano, *Obras*, La Habana, Instituto Cubano del Libro, 1972, pp. 30, 31. Las citas parten de esta edición que estuvo al cuidado de María del Carmen Pérez y Dania Pérez Rubio. Acreditaré las referencias al texto de Manzano dando el número de la página citada entre paréntesis. Escrita en 1835, la *Autobiografía* se imprimió por primera vez en un volumen titulado *Autobiografía, cartas y versos de Juan Francisco Manzano* [La Habana, Cuadernos de historia habanera, 1937], con un estudio preliminar del historiador José Luciano Franco. El texto fue traducido al inglés y publicado por Richard R. Madden bajo el título de *Poems by a Slave in the Island of Cuba, recently liberated; translated from*

El fragmento recoge la única instancia en que el vocablo "identidad" figura en la *Autobiografía*. La función del término no es indicar parecidos entre personas sino, en el contexto de su aprendizaje, apuntar la semejanza entre la escritura del amo y la del esclavo.[2]

En el manejo de ese lugar común autobiográfico—aprendizaje de la escritura—, Manzano se mueve en el territorio del canon, compartiendo con otros la importancia que el tópico tiene en la retórica del género antiobiográfico.[3] Sin embargo en Manzano ese lugar común autobiográfico requiere un comentario doble ya que en su texto el autobiografema aprendizaje-de-la-escritura rebasa las consideraciones estrictamente canónicas, y puede ser más acertadamente interpretado en el contexto de una escritura "menor" autobiográfica: la de textos afro-americanos. En éstos, como ha visto Henry Louis Gates, Jr., las escenas de la instrucción del esclavo o esclava, el encuentro inicial con el lenguaje escrito, recurren con tanta frecuencia como las diatribas retóricas contra la institución de la esclavitud.[4] El énfasis "negro" en el carácter liberador de la escritura se entiende mejor ubicándolo en tensión con el pensamiento "blanco" metropolitano que desde el Renacimiento y la Ilustración había imaginado la "falta" de escritura y arte en las culturas africanas como una muestra de la inferioridad mental del negro con respecto al europeo.[5]

Para los esclavos que escribían la escritura en sí constituía literalmente la posibilidad de ganar la libertad personal—como ocurrió en los casos de Juan Franscisco Manzano y otro poeta esclavo cubano, José del

---

the Spanish by R. R. Madden. M.D. with the History of the Early Life of the Negro Poet, written by Himself; to which are prefixed two pieces descriptive of Cuban Slavery and the Slave-Traffic by R. R. Madden, London, Thomas Ward and Co., 1840.

2.   Sylvia Molloy, "From Serf to Self: The Autobiography of Juan Francisco Manzano", *MLN*, CIV, n° 2 (1989), pp. 393-417.

3.   James D. Fernández ha indicado que el aprendizaje de la escritura constituye uno de los autobiografemas fundamentales de la autobiografía. Ver "La novela familiar del autobiógrafo: Juan Goytisolo", *Anthropos* (1990). Número en imprenta dirigido por Angel Loreiro, dedicado a la autobiografía. Para la noción de "autobiografema", ver Sylvia Molloy, "At Face Value: Autobiographical Writing in Spanish America", *Dispositio*, IX, Nos. 24-26, (1984) pp. 1-18: "[...] autobiographemes, or recurring units that would signify in a manner sufficiently stable so as to establish, if not a model for autobiography, a continuity in autobiographical discourse [...]."

4.   Henry Louis Gates, Jr. *Figures in Black. Words, Signs, and the "Racial" Self*, New York, Oxford University Press, 1987, pp. 130-31.

5.   Gates, Jr., *ibid.*, xxxi: "[...] the person of African descent has not produced, or cannot produce, written art and that, because of this absence or lack, the black person has demonstrated, prima facie, evidence of his or her innate mental inequality with the European." Ver Robert Stepto, *From Behind the Veil: A Study of Afro-American Narrative*, Urbana, IL, University of Illinois Press, 1979.

Carmen Díaz[6]—pero también era un modo de afirmar la humanidad colectiva del negro. De ahí el valor político de la publicación de textos poéticos "negros", que los abolicionistas, en Cuba o en los Estados Unidos, practicaron con tesón como parte íntegra de sus campañas. La escritura demostraba la humanidad del negro, su potencial de sujeto civilizable capaz de manejar los productos más sublimes de la república de las letras.[7]

En *Nationalism and Minor Literature*[8] David Lloyd señala que una literatura menor, en virtud de su exclusión del canon, opera en oposición al mismo y al Estado que—representado en la escritura canónica—lo ha originado e institucionalizado. Para David Lloyd la escritura canónica es uno de los dispositivos destinados por la política de la cultura a la producción de relatos de identidad. En éstos los protagonistas logran estabilizar una identidad propia de sujetos autónomos que metafóricamente —el protagonista como representante de una comunidad— la escritura canónica hace extensiva a los lectores. En este esquema, la escritura menor, excluida del canon, operaría oposicionalmente sobre los modos de representación canónicos impulsada por la negación del deseo de identidad que rige a la escritura dominante. El manejo paródico, antifilológico, de estrategias textuales canónicas es lo que, según Lloyd, establece la diferencia entre una literatura radicalmente menor y las escrituras menores que deseen cumplir una función canónica. Uno de los focos de tensión entre la escritura canónica y las escrituras menores lo constituye la zona de roce que posibilita la parodia del canon pero que también podría producir la absorción de la escritura menor por la cultura canónica.

6.   La libertad de Juan Francisco Manzano se compró con fondos recogidos por los miembros de la tertulia de Domingo del Monte. La manumisión de José del Carmen Díaz se pagó con la recaudación de las ventas de la edición de 1879 de *Poetas de Color* de Francisco Calcagno.

7.   Ivan Schulman y Richard L. Jackson entre otros, han señalado que la representación del esclavo en el texto de Manzano y en la novela antiesclavista en general venía diseñada "desde arriba" para producir una imagen sumisa y dócil del esclavo que no atemorizara a los amos blancos. Sin embargo, la supuesta docilidad de Manzano debe repensarse a la luz del fuerte signo político de la escritura "negra" que he indicado anteriormente. Ver Ivan Schulman, "The Portrait of the Slave: Ideology and Aesthetics in the Cuban Antislavery Novel," *Comparative Perspectives on Slavery in New World Societies,* ed. Vera Rubin and Arthur Tuden, New York, Academy of Sciences, 1977; Richard L. Jackson, "Slavery, Racism and Autobiography in Two Early Black Writers: Juan Francisco Manzano and Martín Morúa Delgado," *Voices from Under. Black Narrative in Latin America and the Caribbean,* William Luis, ed., Westport, CT, Greenwood Press, 1984.

8.   David Lloyd, *Nationalism and Minor Literature. James Clarence Mangan and the Emergence of Irish Cultural Nationalism*, Berkeley, CA, University of California Press, 1987. Ver también Gilles Deleuze/Félix Guattari, *Kafka. Por una literatura menor,* Jorge Aguilar Mora, trad., México, Era, 1978. Existe una traducción inglesa realizada por Dana Polan [Minneapolis, University of Minnesota Press].

El texto de Manzanno constituye uno de los momentos originarios de esa zona de roce en el siglo XIX cubano. En su escritura, pero también en la lectura del texto efectuada por el círculo de Domingo del Monte, es posible leer el encuentro entre el amo y el esclavo: Manzano imitando diferencialmente la letra del amo, y los amos/maestros del círculo delmontino leyendo y reescribiendo el texto de Manzano, diseñando modos de inscribir sus deseos de hegemonía en discursos de "representación" de la nación.

La problemática estrategia abolicionista de demostrar la humanidad del "otro" mediante su incorporación a los lenguajes dominantes opera en esa zona de roce que construye el texto de David Lloyd. Si el abolicionismo es índice de una fractura entre los intelectuales que dominaban la emergente producción discursiva criolla—carente, por otra parte, de un estado nacional y subordinada a la estructura de poder colonial—, es también cierto que no dejaba de compartir las premisas de la cultura metropolitana dominante, en la medida en que la lógica de la incorporación se fundamentaba en la imitación o adopción de sistemas de representación basados en la superioridad de los lenguajes "blancos" con respecto a los discursos "otros". ¿Cómo, por lo tanto, articular discursos subalternos en los lenguajes "blancos" sin que éstos tradujeran la diferencia de los discursos "otros" a la identidad deseada por los lenguajes dominantes?

El pasaje citado al comienzo termina de esta forma: "[...] proivioseme la escritura pero en vano todo se abian de acostar y entonces ensendia mi cabito de bela y me desquitaba a mi gusto copiando las mas bonitas letrillas de Arriaza a quien imitando siempre me figuraba con pareserme a él ya era poeta o sabia aser versos [...]" (*Autobiografía*, p. 31). Tal es el impulso de Manzano hacia la escritura que su autobiografía puede leerse como una trama que elabora la voluntad de escribir del esclavo, su deseo—voraz en el uso de desperdicios—de entrar al lenguaje escrito, de ser escritor. La *Autobiografía*—genealogía del esclavo y también genealogía de su escritura—es el retrato del esclavo como escritor, el relato de la formación del escritor menor ubicado en una tradición doble: la "blanca" metropolitana y la oralidad vernácula criolla.

Que sepamos existen dos versiones del soneto "Treinta años". La versión de mayor circulación ejerce una gramática y una puntuación correctas. En ellas se anuncia la posible intervención de un editor. La versión menos conocida, de la que según Roberto Friol existe una copia "de puño y letra del autor", es la que cito:

Cuando miro el espacio qe he corrido
Desde la cuna hasta el presente día
Tiemblo y saludo a la fortuna mía
Mas de terror qe de atención movido.

Sorpréndeme la lucha qe he podido
Sostener contra suerte tan impia,
Si así puede llamarse la porfía
De mi infelice ser al mal asido;

Treinta años háy, qe conosí la tierra:
treinta años háy, que en gemidor estado,
Triste infortunio pr do quier me asalta.

Mas nada es pa mí la dura guerra
Qe en vano suspirar he soportado,
Si la carculo, oh Dios! con lo que falta.[9]

El texto guarda una tensa relación de identidad y diferencia con la tradición literaria española "blanca" y la escritura "correcta" propia de esa tradición. "Hay" figura dos veces y ambas acentuado, "conoci" aparece escrito con "s", y "carculo", producto de la sobrecorrección, trastoca las consonantes líquidas "l" y "r". "Para" figura apocopado como "pa". La rareza del soneto estriba, en parte, en el manejo de códigos distantes que el texto hace cohabitar inscribiendo el lenguaje de una doble tradición sin que el texto resuelva la tensión entre sus varios registros en un lenguaje único. Manzano se sitúa en la tradición del soneto, una de las más "blancas" líneas de la lírica castellana. El primer verso del poema retoma la postura de enunciación del "yo" lírico de la estética que Boscán y Garcilaso de la Vega, reescribiendo la tradición petrarquista, iniciaron en la poesía española y que continúa en la lírica amorosa de Góngora y Quevedo. En Manzano, sin embargo, la queja amorosa del "yo" se convierte en una queja antiesclavista. La dama indiferente y cruel del amor cortés se transforma en "suerte tan impía", referencia eufemística a la esclavitud, construida sobre el topos del amante como vasallo de la amada.

La tradición literaria "blanca" metropolitana es celebrada en el texto de Manzano y simultáneamente desfigurada por la escritura "imperfecta" del esclavo, llena de faltas de ortografía, "contaminada" por la

9. Roberto Friol, *Suite para Juan Francisco Manzano*, La Habana, Editorial Arte y Literatura, 1977, p. 12.

relación estrecha que su texto establece entre la escritura y la oralidad vernácula. La tensión entre las tradiciones de Manzano se registra en el deseo de corrección gramatical que en ocasiones se desliza hacia la sobrecorrección, produciendo un involuntario efecto paródico de lo correcto: escribir ''carculo'' y no ''calculo''.

En la escritura de Manzano se pueden leer las operaciones del escritor menor ante los textos de la literatura canónica así como la apropiación de un texto menor por los intelectuales criollos. En Manzano la escritura no efectúa el rechazo total, ni la reproducción de los clásicos. Su escritura opera como reescritura desfiguradora de la tradición y el lenguaje metropolitanos. Manzano no escribe en oposición a un canon autóctono, nacional, sino metropolitano español. Esta es una de las condiciones que más interés dan a su escritura que aunque menor, antimetropolitana y antiesclavista, contribuyó sin embargo a la formación de un canon nacional cubano.

Desde la perspectiva de una escritura menor el texto de Manzano no exhibe la negatividad casi absoluta que David Lloyd inscribe en las escrituras menores, las cuales parecen sustraerse totalmente al deseo de identidad. En Manzano la tensión mayor radica en los discursos de lo nacional, así como en la tradición ''alta'' metropolitana, sin por ello someterse a los modelos de identidad —blanca, o al menos blanqueda— manejados por los intelectuales criollos, quienes representaban al negro como el ''otro'' externo a lo cubano, ni a los lenguajes canónicos metropolitanos.

Cabe señalar que el impulso ''canónico'' de producir un relato de identidad es compartido por Manzano, quien planeaba escribir una novela *cubana*. En ese modo de operar, incluso de un relato menor, encontramos una de las leyes, tal vez ineludibles, de la escritura en la situación colonial en que Manzano escribía; ''ley'' fijada, desde luego, por los intelectuales blancos —pero que Manzano parece hacer suya— en la ciudad letrada criolla: la escritura como forma de pensar la nación.

Más que como piezas concluidas, los textos de Manzano han funcionado como lugares de circulación y negociación de proyectos de escritura. Manzano aprende a escribir calcando la letra de don Nicolás y la estética de Arriaza. A su vez los textos del esclavo son corregidos y reescritos por los escritores del círculo de Domingo del Monte. El roce y la negociación de la escritura entre los amos y el esclavo, operan como impulsos fundadores de la institución literaria cubana del siglo XIX. De hecho al calcar la letra de su amo Nicolás, Manzano literalmente escribía sobre la letra de los orígenes de la institución literaria en Cuba. Don Nicolás de Cárdenas y Manzano (1793-1863) fue nombrado director de la Academia Cubana de Literatura al fundarse ésta en 1834 como institución independiente de la Real Sociedad Económica de Amigos del País, corporación a la que había pertenecido hasta entonces bajo el título de Comisión Permanente de Literatura.[10] Domingo del Monte (1804-1853), el mentor literario de Manzano, desempeñó el cargo de secretario de la Academia.

En la versión citada del soneto aparece la grafía que caracteriza a Manzano. Erizada de irregularidades gramaticales y estilísticas, la escritura de Manzano ha sido objeto de una intrincada serie de reescrituras y correcciones, constantemente domesticada mediante la mano correctora del gramático, del copista y aun del traductor.[11] Esas intervenciones se han legitimado invocando la necesidad de aliviar la torpeza estilística y el desaliño que se le han imputado a sus textos.

Es un lugar común de la crítica de Manzano señalar la "problemática" factura estilística de su escritura. Ivan Schulman, editor de una versión de la *Autobiografía* y autor de la modernización gramatical de ese texto, apunta en las "Palabras preliminares" al mismo, que para facilitar la lectura al público contemporáneo decidió "[...] no reproducir el texto de la edición de Franco, en la cual aparece el manuscrito original con todas sus deficiencias ortográficas y sintácticas que tanto dificultan su lectura".[12] Roberto Friol encuentra que en "Treinta años" "llama la atención la cacografía ostensible en algunas palabras del manuscrito y hasta la imperfecta articulación de algún vocablo que se trasluce en la es-

10.   La creación de la Academia dio lugar a una fuerte polémica entre los miembros de la Sociedad de Amigos del País y la nueva Academia. La polémica terminó con el destierro de José Antonio Saco por orden del gobernador Miguel Tacón. La Sociedad no reconoció la existencia independiente de la Academia, y ésta dejó de existir al chocar con la activa oposición de las instituciones de gobierno en la isla. La polémica consistió en el intercambio de virulentos escritos entre José Antonio Saco (miembro de la Academia de Literatura) y Juan Bernardo O'Gavan y Guerra, director de la Real Sociedad de Amigos del País. Ver José Antonio Saco, *Colección de papeles científicos, históricos, políticos y de otros ramos sobre la isla de Cuba,* La Habana, Editorial Nacional de Cuba, 1963, Tomo III, pp. 1-90.
11.   Recientemente Lee Williams, bibliógrafo de Yale University, encontró en la biblioteca de esa universidad un cuaderno escrito por Nicolás Azcárate que contiene una copia de la vida de Manzano. La historia de las reescrituras del texto de Manzano es intrincada. El original de Manzano se conserva en la Biblioteca Nacional José Martí de La Habana. El texto de Azcárate parece haber sido copiado de la versión de Anselmo Suárez y Romero. Esta fue sacada de Cuba por Richard A. Madden, traducida, reescrita y publicada en Londres en 1840. Ivan Schulman al modernizar la gramática del texto de Manzano, le impuso una puntuación moderna que forzosamente lo obligó a crear párrafos y un hilo narrativo que no coinciden con el texto original de Manzano, es decir con la versión de Suárez y Romero. Ver William Luis, "Autobiografía del esclavo Juan Francisco Manzano: versión de Suárez y Romero", en Raquel Chang-Rodríguez y Gabriella de Beer, comps., *La historia en la literatura iberoamericana*, Hanover, NH, Ediciones del Norte, 1989, pp. 250-68.
12.   Juan Francisco Manzano, *Autobiografía de un esclavo,* Madrid, Guadarrama, 1975. "Palabras preliminares", p. 10.

critura''.[13] Incluso las lecturas que monumentalizan a Manzano continúan manejando el modelo de la lectura como corrección, aunque ésta figure desplazada, realizada de forma metafórica: "Estas faltas inspiran respeto, porque no son, en rigor faltas, son como las cicatrices de su cuerpo [...]''.[14]

Max Henriquez Ureña en su *Panorama histórico de la literatura cubana,* marca el texto de Manzano como el "otro" caótico y desordenado de la literatura. Reproduciendo nociones que se encontraban ya en los escritores antiesclavistas del círculo de Domingo del Monte, Henríquez Ureña lee la *Autobiografía* como un "tosco borrador pendiente de revisión'' que "narra sin retórica'', "sin adornos'', de "manera ingenua y espontánea''. "[Bastaría] con pasar en limpio ese texto, librándolo de impurezas, para que resalte en toda su sencillez la forma clara y emotiva en que Manzano cuenta sus desdichas''.[15]

Recientemente Susan Willis ha vuelto a señalar la dificultad de la escritura de Manzano, así como la defectuosa estructura narrativa de la misma. Según Willis, Manzano no pudo tan siquiera imaginar el destinatario de su autobiografía debido al aislamiento impuesto por la esclavitud, por lo que la narración resultó sumamente desordenada: "Hasta cierto punto Manzano escribió sus fragmentados e incoherentes recuerdos como confesiones dirigidas a sí mismo sin tener en mente ningún lector real'' ["To some extent he wrote his fragmented and incoherent remembrances as confessions directed to himself with no real audience in mind''].[16]

De hecho, el comentario del estilo de Manzano constituye una línea ininterrumpida desde los primeros lectores del texto. Escrito a instancias de Domingo del Monte[17] para ser circulado en Inglaterra por el abolicionista Richard R. Madden, el texto de Manzano pasó a manos de Anselmo Suárez y Romero para que éste lo corrigiera según estimara conveniente. William Luis afirma que Suárez y Romero "[...] realizó cambios

13. Friol, p. 12.
14. Cintio Vitier, "Dos poetas cubanos, Plácido y Manzano'', *Bohemia,* 14 de diciembre de 1973, p. 21.
15. Max Henriquez Ureña, *Panorama histórico de la literatura cubana,* New York, Las Americas Publishing Co., 1963, p. 184.
16. Susan Willis, "Crushed Geraniums: Juan Francisco Manzano and the Language of Slavery'', in Charles T. Davis and Henry Louis Gates, Jr., comps., *The Slave's Narrative,* Oxford, Oxford University Press, 1985, pp. 203-04. Traducción mía.
17. Es difícil fijar con precisión la fecha en que Manzano escribió su autobiografía. Tradicionalmente se ha tomado el año 1838 como la fecha de composición. Sin embargo Roberto Friol ha fijado 1835 como la fecha de escritura. El texto de Manzano hace una referencia al posible momento de la escritura: "Pero vamos a saltar los años de 1810 11 y 12 hasta el presente de 1835 [...]'' (*Autobiografía,* p. 24).

significativos en el manuscrito. Por ejemplo, eliminó repeticiones, alteró el orden de las frases, creó párrafos y combinó otros que ya existían en el manuscrito de Manzano".[18] Sin embargo en una carta dirigida a del Monte en la que comenta su trabajo de corrección, Suárez y Romero indica que: "[...] por lo que dice al estilo he variado poco el orijinal a fin de dejarle la melancolía con que fue escrito, y la sencillez, naturalidad y aun desaliño que le dan para mí mucho mérito alejando toda sospecha de que los sucesos referidos sean mentira [...].[19]

A la luz de las múltiples intervenciones y reescrituras de los textos de Manzano realizadas por otros escritores es notable que en "Treinta años" la sobrecorrección —escribir "carculo"— opere como recurso poético, como forma de semantizar el estilo de Manzano, el cual, lejos de ser la efusión inmediata de un esclavo aislado y de rudimentarios conocimientos, es —como indican las numerosas correcciones y la carta de Suárez y Romero— una decisión editorial calculada —*carculada*—, realizada por un grupo de escritores y promotores de la literatura como discurso de lo nacional. El estilo de Manzano es (re)escrito, construido tanto por Manzano como por el grupo de Domingo del Monte al ser una escritura afín a los proyectos literarios de esos intelectuales.[20]

La década en que Manzano escribe, años en que Esteban Tranquilino Pichardo Tapia publica el *Diccionario provincial casi razonado de vozes cubanas* (1836) que sería ampliado y reeditado en 1862, ha sido llamada "década de oro" en referencia a la actividad literaria de Plácido, José María Heredia, José Jacinto Milanés y Gertrudis Gómez de Avellaneda entre otros. Uno de los debates literarios del momento se centraba en la producción de una literatura criolla: ¿cómo escribir un texto autóctono, nacional? Según Ramón de Palma, "el principal carácter de la literatura está en la lengua", por lo que, ante la carencia de un lenguaje literario nacional, "la poesía cubana, a pesar de guajiros y palmares, no es

18. William Luis, p. 262.
19. Domingo del Monte, *Centón epistolario*, La Habana, Academia de Historia de Cuba, 1953, Tomo IV, p. 81. La carta es de fecha 20 de agosto de 1839.
20. Según Domingo del Monte, Plácido "Logró más instrucción literaria que Manzano; y en sus versos, por lo común rotundos y armoniosos, no se encuentran las incorrecciones gramaticales y las faltas de prosodia que en los muy sentidos y melancólicos del pobre esclavo [...] Pero yo prefería los cantos tristes del esclavo, a las nugscanors (versos simples, aunque armoniosos) del mulato libre [...] porque los principios de mi estética y de mi filosofía, se avienen más con el lamento arrancado del corazón del oprimido [...]. "Dos poetas negros: Plácido y Manzano". *Humanismo y humanitarismo. Ensayos críticos y literarios*, La Habana, Editorial Lex, 1960, Tomo IV, pp. 113-15. El título del texto de Cintio Vitier publicado en *Bohemia* ("Dos poetas cubanos: Plácido y Manzano") es una reescritura nacionalista del título de del Monte. Este subrayaba el carácter "racial" de los poetas ("negros")—recuérdese la significación de la escritura "negra" para los abolicionistas— mientras que Vitier los absorbe al discurso de lo nacional ("cubanos").

más que poesía española [...]".[21] Los temas o los motivos cubanos eran un fundamento, tal vez necesario, pero insuficiente para la creación de una literatura cubana. Esta requería la articulación de un lenguaje literario autóctono que en su misma factura lingüística escribiera lo cubano.

La lectura de la narrativa cubana del siglo XIX esclarece un principio que para algunos intelectuales del momento operó como fundamento de un posible lenguaje literario nacional. En gran medida los textos criollos del XIX suponen una relación estrecha entre la escritura y la oralidad. Esta es la operación que figura en el diario de Martí como emblema de la llegada a la patria. En el monte, Martí el poeta, escucha y anota con un gozo casi infantil los modismos criollos y los desconocidos nombres de las plantas que los campesinos de la zona le enseñan. Llegar a la patria es escuchar su idioma y anotarlo. El diario martiano no hace sino resumir una de las operaciones fundadoras de la escritura criolla del XIX: escribir las voces cubanas.

No todos los anotadores se limitan a apuntar lo que la lengua les dicta. La anotación del habla negra iba acompañada de comentarios suplementados por los anotadores. En una de las muchas conversaciones que figuran en *Cecilia Valdés,* doña Josefa, la negra carnicera, relata en habla "negra habanera" un hecho violento que perturba a Cecilia Valdés porque su amante puede ser el involucrado en el incidente. El narrador comenta la intervención de doña Josefa: "Con semejante descuadernado e ininteligible relato, se asustó mucho Cecilia [...]".[22] A raíz del comentario del narrador, parecería que lo que asusta a Cecilia Valdés es el discurso de la narración y no el relato referido. Para el narrador el habla de doña Josefa es "descuadernada", un habla que por desaliñada hace violencia a la escritura, al cuaderno. El habla de doña Josefa desarticula la escritura y por lo tanto resulta ininteligible. De manera que la inteligibilidad de la oralidad en *Cecilia Valdés* depende de la docilidad de ésta ante la escritura. En Cirilo Villaverde la narrativa funciona como una práctica en la que la oralidad es enfrentada a la escritura, siendo uno de los fines de ésta la domesticación (transcripción) de lo oral para hacerlo inteligible.

La postura del escritor que anota el lenguaje del pueblo no sólo es la del romántico que supone en aquél un camino hacia el origen y el fundamento de un sujeto nacional, sino también es la del científico que recoge muestras del idioma. Esa postura en América Latina está vinculada a la legitimación de las variantes americanas del castellano en oposición a las peninsulares. Privilegiar el uso de la lengua por sobre la prescriptiva es lo

---

21. Cintio Vitier, *Lo cubano en la poesía*, La Habana, Instituto del Libro, 1970, p. 148.
22. Cirilo Villaverde, *Cecilia Valdés* [1882], Caracas, Biblioteca Ayacucho, 1981, p. 189.

que fundamenta y legitima la propuesta de una gramática "destinada al uso de los americanos", como indica el título de la *Gramática castellana* (1847) de Andrés Bello. Es de utilidad comentar el prólogo de Bello por las tensiones internas a la lengua madre que ahí se articulan.[23]

La compleja postura del discurso de Bello parece similar a la del Martí deslumbrado en el monte, anotador de lo que la lengua le dicta: "Yo no me creo autorizado para dividir lo que ella [la lengua] constantemente une, ni para identificar lo que ella distingue".[24] Sin embargo el prólogo de la *Gramática* problematiza esa misma postura. Pensar una gramática, en Bello, no consiste en la mera anotación de la lengua. La *Gramática* conlleva realizar una delicada conjugación de identidades y diferencias, requiere un balance entre la pulsión hacia lo particular— "Chile i Venezuela tienen tanto derecho como Aragón i Andalucía para que se toleren sus accidentales diverjencias"[25]— y el proyecto de unidad continental, que en Bello necesariamente implicaba la conservación de una lengua común. Para Andrés Bello la unidad lingüística transcribiría el rostro único del sujeto latinoamericano. De ahí que "el mayor de todos" los vicios lingüísticos señalados por él sea "la avenida de neolojismos de construcción".[26]

El texto no tarda en recordar la proliferación de diferencias que dio lugar a "lo que fue la Europa en el tenebroso período de la corrupción del latín". La descontrolada proliferación de lo particular produciría la desfiguración del rostro de la lengua convirtiéndolo "en una multitud de dialectos irregulares, licenciosos, bárbaros, embriones de idiomas futuros [...]".[27] De ahí que la escritura de la *Gramática* —gesto fraternal "a mis hermanos, los habitantes de Hispano-América"— intente conciliar "la conservación de la lengua de nuestros padres en su pureza posible, como un medio providencial de comunicación i un vínculo de fraternidad"[28] con el impulso bárbaro del cambio y la fragmentación. En la *Gramática* se puede observar la misma tensión entre oralidad y escritura

23. "Más aún, las letras eran un instrumento de la formación de sujetos disciplinados; sujetos de la ley, subordinados al orden general y capaces incluso de administrarlo. Porque las letras, como elocuencia, más que un mero índice de prestigio o distinción, eran un paradigma—por su carácter formalizado—de la racionalidad que orientaba los proyectos de la nueva sociedad, en su pugna por ordenar el 'caos' americano". Julio Ramos, *Desencuentros de la Modernidad en América Latina. Literatura y política en el siglo XIX,* México, Fondo de Cultura Económica, 1989, p. 44.
24. Andrés Bello, *Gramática castellana, destinada al uso de los americanos* [1847], Madrid, Librería de Leocadio López, 1887, p. ix.
25. Bello, p. xv.
26. Bello, p. xiii.
27. Bello, p. xiii.
28. Bello, pp. xii-xiii.

que señalamos en *Cecilia Valdés*. Bello es también el anotador de la lengua que al anotarla construye en la *Gramática* una estructura para contener y frenar la proliferación de diferencias en la oralidad. Contradictorio proyecto este, más si toma como foco legítimo de la lengua la "costumbre uniforme i auténtica de la jente educada".[29]

Lo notable y paradójico de los intelectuales que se interesaron en el lenguaje de Manzano es que ante éste, "la jente educada" que anotaba el habla como dato ineludible a la fundación de un lenguaje literario autóctono, se encuentra con un lenguaje "desaliñado" y "bárbaro" como fundamento lingüístico y narrativo de dicho proyecto. Una vez que la *Autobiografía* había circulado en el grupo delmontino y se inició la compleja relación entre el texto de Manzano y la novela antiesclavista—piénsese en la serie de relatos antiesclavistas que desde el nombre de uno de sus personajes principales, Francisco, proponen una filiación con la *Autobiografía*—, podemos leer el estilo de Manzano como una escritura conjunta, como una alianza, o *conspiración literaria* desde donde negociar un lenguaje para narrar la nación. En el estilo de Manzano, en los usos de la retórica del desaliño que Suárez y Romero indicaba, ciertos intelectuales criollos atisbaron un estilo en el que inscribir las estrategias y construcciones literarias e históricas del reformismo triunfante en el siglo XIX cubano. En el estilo de Manzano se puede leer una trama doble: la personal de Manzano hacia la escritura y la libertad, y la trama de los intelectuales—entre los cuales incluyo a Manzano porque hay que recordar que él prometió escribir una novela *cubana*—, ocupados en la articulación de un lenguaje literario que fundara un proyecto de sujeto nacional.

La posición central del negro en la literatura cubana venía prefigurada desde *Espejo de paciencia* (1608). Sin embargo esa centralidad tiene que ser repensada a partir de la crisis en que entraba la esclavitud en Cuba durante la decada de los treinta y los cuarenta,[30] y sobre todo a la luz de la creciente preocupación demográfica de los modernizadores criollos temerosos de que Cuba repitiera la historia haitiana de finales del siglo XVIII. La demografía esclavista condicionó las decisiones políticas, económicas y culturales que tomaron los modernizadores criollos.

Después del fracaso de la conspiración de los "Soles y Rayos de Bolivar" a mediados de la década de los años de 1820, se dio en Cuba la acción represiva del gobierno de Francisco Dionisio Vives conjuntamente con una campaña para contrarrestar la propaganda separatista. A esta

---

29. Bello, p. xv.
30. Ver Manuel Moreno Fraginals, *El ingenio,* La Habana, Editorial de Ciencias Sociales, 1978, 3 tomos; Rebecca J. Scott, *Slave Emancipation in Cuba. The Transition to Free Labor, 1860-1899*, Princeton, NJ, Princeton University Press, 1985.

última se sumó Arango y Parreño publicando en *El Revisor* de La Habana el folleto "Reflexiones de un habanero sobre la independencia de esta isla". Ramiro Guerra y Sánchez resume la tesis del texto de Arango: "La composición de la población de Cuba hacía imposible la independencia. Cualquier movimiento revolucionario dirigido a alcanzarla, provocaría irremediablemente la rebelión de los esclavos, la destrucción de la riqueza, el aniquilamiento de la población blanca y la transformación de Cuba en otro Haití".[31]

Por consiguiente, la producción intelectual de esos años se organizó en torno a la creación de estrategias para aplacar el fantasma de Haití inventando un lugar para el negro en los emergentes discursos de lo cubano.[32] La retórica del mestizaje diseñada en el estilo de Manzano conjuntamente con la novela antiesclavista conforman la negociación de un texto nacional que dosificaba la "elocuencia salvaje" del negro en el vocabulario literario autóctono.

Las constantes conspiraciones político-militares originadas en el interior y en el exterior de la isla durante aquellos años, así como las seguidas polémicas civiles, corren paralelamente a la formación de una narrativa nacional como estrategia antimetropolitana. En una situación colonial los intelectuales reformistas pensaron un sujeto nacional desde la literatura. Carentes de un estado y sus instituciones—piénsese en la frustrada Academia Cubana de Literatura continuando su existencia no oficial en el círculo delmontino—, la literatura de los intelectuales reformistas operó como una política desplazada y traducida a los conflictos de la escritura, como el discurso en el que ensayar proyectos de sujetos nacionales para robar terreno a la metrópolis. No sorprende entonces la politización del debate sobre la Academia Cubana de Literatura que tan por "sorpresa" tomó a Saco.[33]

La circulación de la escritura de Manzano en la literatura del grupo

31. Ramiro Guerra y Sánchez, *Manual de historia de Cuba desde su descubrimiento hasta 1868* [1938] La Habana, Editorial de Ciencias Sociales, 1971, pp. 287-88.
32. Uno de los primeros intelectuales que acomete este proyecto es Félix Varela; ver su "Memoria que demuestra la necesidad de extinguir la esclavitud de los negros en la isla de Cuba atendiendo a los intereses de sus propietarios, por el presbítero Félix Varela, diputado a Cortes", en Hortensia Pichardo Viñals, *Documentos para la historia de Cuba (época colonial)*, La Habana, Editora del Consejo Nacional de Universidades, 1965, pp. 291-99.
33. José Antonio Saco. "Fundación de una Academia en La Habana en 1834, y contienda deplorable que se suscitó entre ella y algunos miembros de la Sociedad Económica de La Habana", *Colección de Papeles científicos, históricos, políticos y de otros ramos sobre la isla de Cuba*, La Habana, Editorial Nacional de Cuba, 1963, p. 1: "Extraño parecerá, que destinado este tomo a los papeles políticos que sobre Cuba escribí, empiece cabalmente por un asunto cuya naturaleza es puramente literaria; pero las tristes pasiones que en él se mezclaron, diéronle desde el principio un carácter jurídico que muy pronto degeneró en político [...]".

delmontino marca un momento de importancia en la institucionaliza-
ción—no oficial—de una tradición narrativa autóctona. Esa tradición
construía un vocabulario literario autóctono, ficcionalizado en la narrativa antiesclavista, con los textos del amo y los del esclavo, imaginando
que la creación de un lenguaje cubano significaba la existencia de una
identidad nacional, de un destino nacional que, por diferente del español, requería la formalización de una entidad política y jurídica independiente de España. Hacer la guerra—reformistamente—desde la literatura
fue la forma de articular versiones de lo cubano que se opusieran, aunque blandamente, al relato metropolitano español.

La producción intelectual en la isla a mediados del XIX tenía como
otro de sus ejes centrales la modernización. Los grandes patricios se en-
cargaban de repensar la modernización de la industria azucarera y su
transformación a un régimen de trabajo asalariado, movidos por la apremiante búsqueda de un sustituto para la mano de obra esclava. Todo ello
en relación a la "cuestión social", es decir, el lugar del negro que, según
los censos realizados en la isla, constituía la mitad de la población".[34]

De ahí que el sujeto nacional imaginado por los modernizadores se
articulara en términos raciales. Esa era la línea de las numerosas peticio-
nes de inmigración europea que soñaban con un sujeto criollo blanco.
José Antonio Saco: "Si fuera dable trasladar a nuestros campos una colonia de agricultores holandeses o ingleses, ¡qué transformación prodi-
giosa no experimentaría nuestra Cuba en el curso de un año!".[35] La modernización deseada —que era política también— por lo tanto, implicaba
articular estrategias para reducir el poder metropolitano y crear espacios
de operación para los intelectuales criollos. Pero estrategias de corte
reformista que no contrariaran abiertamente a la metrópolis, que amenazaba con retirar su fuerza militar y abandonar a Cuba a repetir la suerte
de Haití.

El vocabulario narrativo cubano, a la par de las estrategias reformistas del momento, diseñó una demografía narrativa dosificando el lenguaje "bárbaro" del negro en las letras de los blancos, transcribiendo a la
literatura la política y la demografía que a mediados del siglo XIX re-

34.   "The suspect Cuban census of 1841 shocked the Creoles with numbers that indicated,
for the first time, numbers of slaves in excess of whites". Robert L. Paquette. *Sugar is
Made with Blood. The Conspiracy of La Escalera and the Conflict between Empires over
Slavery in Cuba*, Middletown, CT, Wesleyan University Press, 1988, p. 92.
35.   José Antonio Saco, *Memoria sobre la vagancia en la isla de Cuba* [1831], Santiago de
Cuba, Instituto Cubano del Libro, 1974, p. 68. La figura de Saco ilustra la complejidad de
las posturas de los intelectuales antiesclavistas del momento. Saco es el polemista que defendió a la Academia Cubana de Literatura, la cual continuaría su vida "no oficial" en el
círculo de Domingo del Monte al que Juan Francisco Manzano fue invitado a leer su poema
"Treinta años", es también el escritor que pide el blanqueamiento de Cuba.

gían en Cuba al triángulo de criollos blancos, negros y españoles. La formación del discurso narrativo cubano del XIX es un elemento integral de la cultura reformista, de las tensiones y luchas entre un fragmentado y emergente orden criollo y el proyecto metropolitano.

La literatura en parte construyó su campo de discurso imaginando al "otro", merodeando en torno al "negro" y articulando con respecto a éste la red de "lo cubano", que inevitablemente tenía que pensar al negro, asignarle un lugar, aun cuando sólo fuera el de límite. Lo notable de la escritura producida en el grupo de Domingo del Monte es que a pesar de.las premisas reformistas indicadas antes y a pesar del racismo manifiesto del mismo del Monte,[36] los textos manejaron lenguajes narrativos que no descansaban fácilmente sobre el lenguaje de la identidad —la pureza del lenguaje "blanco" de nuestros padres de que hablaba Andrés Bello.

El lenguaje narrativo del texto antiesclavista se configura en tensa combinación de las varias voces cubanas, como un esfuerzo por administrarlas y ordenarlas. La narrativa antiesclavista y costumbrista de la década de 1830-1840 opera una compleja negociación literaria escrita en una lengua rota en la que figura abundantemente el habla "bárbara" e "impropia" del negro como elemento que irrumpe en, y perturba el rostro del lenguaje "blanco".[37] Esa narrativa surge de una mirada que bus-

36. En 1848, desde París, del Monte escribe que recomienda "acabar con la trata primero y luego ir suprimiendo insensiblemente la esclavitud, sin sacudimientos ni violencias; y por último [...] limpiar a Cuba de la raza africana". *Escritos de Domingo del Monte,* La Habana, Cultural, 1929, Tomo I, p. 231. Citado por Ivan Schulman, prólogo a *Cecilia Valdés,* Caracas, Biblioteca Ayacucho, 1981, p. xiii, nota 15v.

37. Hablar de lenguajes "blancos" o "negros" presenta sólo una entrada parcial a los problemas de la escritura criolla de la década de 1830-1840. La escritura literaria enfrentaba a los lenguajes "correctos" de los intelectuales y letrados, al desaliño y la torpeza de los lenguajes no cultos, fueran éstos "negros" o no. La lectura del costumbrismo —objeto de un futuro trabajo— producido en Cuba contemporáneamente con los textos de Manzano y la novelística antiesclavista, aclara que el choque de lenguajes cultos y no cultos operó como una de las condiciones de posibilidad de la escritura. "Instrucciones a mi cliente", texto costumbrista de Manuel Costales, publicado en *La siempreviva* (1839), narra los problemas de comunicación entre un abogado y su cliente. El cliente habla desordenadamente —"discurso en el sentido lato de la palabra no lo ha tenido, ni lo tendrá jamás, ni menos conversación formal que digamos", dice el texto—, por lo que el abogado-narrador se desespera al no poder someter el lenguaje desaliñado del cliente a la ley de la buena expresión: "¿Cómo dar a conocer el conjunto que a la vista ofrece el semblante de mi cliente? ¿Cómo dar una idea de la expresión que toma su semblante cuando en medio de su torpeza y por no encontrar palabras con que expresarse fija en mí sus pequeñísimos ojos [...] No puedo, no, intentarlo, y dejo esta tarea tan difícil en sí como mi grande insuficiencia" [Salvador Bueno, *Costumbristas cubanos del siglo XIX,* Caracas, Biblioteca Ayacucho, 1985, pp. 197-98]. El lenguaje bárbaro del cliente es ingobernable, está fuera de la ley. La escritura queda representada como el esfuerzo fallido por incorporar el desaliño al orden legal de la escritura.

caba exponer las costumbres privadas. En una carta a Domingo del Monte, Félix Tanco y Bosmeniel comunicaba el proyecto de un relato significativamente titulado "Historia de Francisco": "Con el negrito Francisco voy a meterme en todos los rincones de las casas desde el palacio hasta el bohío, y todo lo he de sacar a la pública expectaci ´on".[38] La escritura literaria cubana entendía su trabajo como un plan de ocupar espacios internos a un orden —criollo, blanco— para hacerlos narración pública y cuestionar su "blancura", para representarlos como espacios mulatos del mestizaje. Uno de los posibles modelos narrativos de "Historia de Francisco" es la trama doméstica de la autobiografía de Manzano, la cual mezcla las historias familiares de amos y esclavos.

Para Tanco y Bosmeniel esa era la forma en que "deben escribirse novelas cubanas o dramas". Según él, la novela cubana debía "[...] presentar los contrastes de los colores de nuestra población; los negros y los blancos trabajándose mutuamente, pervirtiéndose hasta en lo más indiferente de la vida, de manera que en los blancos se ven los negros y en los negros a los blancos".[39] En Manzano y en Tanco la "cuestión social" funciona como fundamento de una narrativa y una estética del mestizaje.

Interesa señalar que Tanco describe el estilo de otro de sus relatos como "[H]arto desaliñado, y comunísimo, lo cual es calculado y adrede, para darle tal aire de verdad a lo que digo que parezca la relación de un proceso, o de un hombre y no literato, que está refiriendo hechos verdaderos".[40] El desaliño quedaba pensado como el estilo de la verdad al implicar un sujeto que escribía desde la exterioridad de la literatura.[41] Esto también era lo que había interesado a Suárez y Romero en el lenguaje de Manzano. Para esos intelectuales Manzano manejaba un lenguaje "inmediato", anterior al desdibujamiento que ocasiona la literatura. La carga documental que Suárez y Romero veía en la escritura de Manzano radicaba en el estilo desaliñado que representaba la barbarie experimenta-

---

38. *Centón epistolario de Domingo del Monte*, La Habana, Academia de la historia de Cuba, 1953, Tomo VII, p. 115. La carta es de fecha 4 de septiembre de 1838. "El oficial de causas" de Manuel Costales comienza aclarando este tópico. El oficial de causas conversa con el escritor: "Usted es uno de los que se introducen en todas partes, y se acercan y todo lo ven [...] Sobre que se han propuesto ustedes no dejar clase alguna de la sociedad que no saquen a plaza, y ridiculicen, y las pinten en láminas, y en artículos [...]" Salvador Bueno, *Costumbristas cubanos del siglo XIX,* p. 201.
39. *Centón epistolario,* Tomo VII, p. 113. La carta es de fecha 20 de agosto de 1838. En la misma carta añade: "[...] hasta ahora parece que se ha tenido y se tiene miedo, o se tiene escrúpulo o asco de presentar a los negros en escena o en la novela junto a los primeros [...] como si no estuviésemos juntos en la realidad, no ya juntos, sino ingertados, amalgamados como cualquiera confección farmacéutica".
40. *Centón epistolario,* Tomo VII, p. 116. La carta es de fecha 8 de septiembre de 1838.
41. Habría que estudiar en relación a los "orígenes" de la narrativa cubana la conexión entre la escritura de la oralidad y el gesto de fundar una literatura como anti-literatura.

da por el esclavo. El texto de Manzano escribía el cuerpo de la escritura lacerado por los "yerros" de la incorrección. En la república de las letras criollas la mayor muestra de la barbarie sufrida por Manzano era la desfiguración de la letra y la costumbre "uniforme i auténtica de la jente educada" que realizaban sus textos.

La acentuación irregular es uno de los aspectos más notables en que la escritura de Manzano desfigura el rostro de la lengua. En el texto de Bello la acentuación apropiada es un elemento de importancia en la dicción castellana: "[...] no importa menos atender al acento, que da a cada palabra una fisonomía, por decirlo así, peculiar [...]".[42] De manera que la prosa fundacional cubana surge como una zona que no logra resolver el choque entre un lenguaje bárbaro, oral, y el proyecto de su domesticación en la escritura. Lo que apelaba en el lenguaje de Manzano era su condición de lenguaje "bárbaro", desfigurador de la lengua literaria "blanca".

Desde esta perspectiva el lenguaje de Manzano se presentaba como una posible respuesta a la pregunta de cómo narrar a Cuba. En la alianza —nada monolítica— de proyectos nacionales y literarios que se negociaba en el círculo de Domingo del Monte el texto de Manzano operaba como modelo discursivo de una retórica de la barbarie, y de la mezcla de los lenguajes "blancos" y los lenguajes "minoritarios" como posible vía para la creación de un lenguaje literario autóctono.[43]

Si bien el texto antiesclavista representa el lenguaje del negro, es necesario aclarar que éste no figura en el mismo nivel, ni con la misma autoridad que el lenguaje "blanco" del narrador. Cuando en el texto de Suárez y Romero habla un personaje negro, su lenguaje figura marcado en itálica para indicar la anomalía, la incorrección del mismo y la distancia que lo separa del lenguaje del narrador y de los personajes blancos. Por lo tanto no se trata de la total democratización de las voces cubanas, sino más bien de un reformismo literario que representa las voces

---

42. Bello, p. 8.
43. En la advertencia a *Francisco*, Anselmo Suárez y Romero comenta el estilo de su texto. Es notable la reproducción casi textual de ciertas indicaciones que había escrito a Domingo del Monte en referencia al texto de Manzano: "A ruegos de varios amigos he intentado algunas veces retocar en el fondo y en el estilo a *Francisco*; mas pronto conocí que, escrita la novela por mí hace tantos años, con el calor y el desaliño de un joven sin conocimientos de ninguna especie, porque hasta de numerosas faltas ortográficas están plagados los originales, lo que surgía, desde las primeras páginas limadas, era una nueva obra, y no la misma que brotó como un involuntario sollozo de mi alma al volver la vista hacia las escenas de la esclavitud. Así es que he rasgado todas las copias con enmiendas que comenzaba a hacer, prefiriendo que se mantenga el trabajo primitivo con el color ingenuo, imposible de ser imitado en el ocaso de la vida". *Francisco. El ingenio o las delicias del campo*, La Habana, Dirección de Cultura, 1947, p. 40.

"otras" no de forma autónoma sino dentro de los marcos de la voz "blanca" del narrador. Ésta es la que administra el discurso y la estética del mestizaje que esbozan los textos criollos.

En la novela antiesclavista se verifica la articulación de un lenguaje literario mediante la dosificación de las voces "bárbaras" en el emergente sistema literario criollo. De manera que la narrativa del XIX está informada no sólo por el deseo de escribir las voces cubanas, sino que ese proyecto tiene como uno de sus objetivos dominar en una estética del mestizaje la "elocuencia salvaje" del negro, ponerla a producir para hacerla literatura, es decir, patria.

Sin embargo, sucede que las narraciones antiesclavistas no resultan en una adecuación perfecta entre las proyectos declarados de los narradores y los textos. En ellos puede leerse las dificultades del estilo del mestizaje y no la fácil apropiación del negro por la literatura. La narrativa antiesclavista relata la historia de la formación de un lenguaje literario nacional fragmentado y no la historia del rostro único que Bello buscaba en la costumbre "uniforme i auténtica de la jente educada". Hay textos en los que la dinámica de rechazo y atracción por el "otro" queda articulada nítidamente. El núcleo narrativo de *El negro Francisco* (1875) de Antonio Zambrana[44] lo forma el deseo de situar al negro en el interior de la familia criolla. El primer capítulo, titulado "Una escena de familia", se arma en torno al pasaje siguiente:

> Estamos en noviembre de 1861. Son las ocho de la mañana. En la galería circular y sentada de modo que puede contemplar el patio, se halla doña Josefa, vestida como siempre con un traje oscuro, propio de la estación, que ya comienza a ser fría. De codos sobre el pequeño balcón que forma la galería, Carlos de Orellana fuma con lentitud voluptuosa un aromático cigarro. Hay alguien más allí: una joven mulata. Se llama Camila y tiene diez y siete años [...] el fresco de la mañana parece estremecerla, y echada, más bien que sentada a los pies de doña Josefa, en un pequeño sitial, tiene cierta actitud ner-

---

44. Antonio Zambrana, *El negro Francisco* [1875], La Habana, Imprenta P. Fernández y Cía., 1948. Zambrana recordaría, años después, la "Noche literaria" en Guanabacoa cuando Suárez y Romero leyó su novela *Francisco* en 1862: "Aquello no tenía la intención de ser un poema, tenía el propósito de ser una acusación. La acusación contra un hombre, por lo pronto, y en el fondo—y acaso sin advertirlo—, la acusación de un gran crimen nacional. El que era un niño, no tiene bastante confianza en su discernimiento de entonces para apreciar el valor artístico del relato. De lo que está seguro es de que comenzó a llorar poco después de haberse empezado la lectura, y de que cuando se hubo concluido lloraba todavía". Citado por Williams Luis, p. 261.

viosa, que un pintor hubiera querido copiar y que un gato imitaría (Zambrana, p. 12).

La información que suministra el narrador es relativamente exacta en cuanto a los personajes blancos. Doña Josefa, "vestida como siempre", no ofrece mayores problemas a la voz narrativa. El adverbio "siempre" confirma el trato ya establecido y la familiaridad que hacen posible la descripción. Doña Josefa, además, queda representada en una posición de poder. Su mirada abarca el patio. Su hijo Carlos fuma. Es representado bajo el signo de lo sensual. La mirada del narrador, que como la de doña Josefa abarca la casa, se detiene ante el próximo personaje. "Hay alguien más allí".

En oposición a la nitidez de la información transferida anteriormente, ante Camila, el discurso experimenta dificultades. "Alguien", la mulata Camila, representa la intrusión de lo innombrable, lo inesperado y lo añadido: "Hay alguien más". Ese "alguien" "parece" estremecerse y "tiene cierta actitud nerviosa". Es evidente que Camila, verdadero centro de la descripción, paradójicamente ocupa una posición baja, echada a los pies de doña Josefa. La posición animal, "otra", se hace explícita inmediatamente: "que un gato imitaría". Sin embargo, el texto la propone con una "sorprendente elegancia". Camila es el oscuro objeto del deseo de Carlos y también del narrador.

De hecho el texto declara que su proyecto narrativo es explicar esa atracción, fundamento del mestizaje: "Fáltanos explicar qué era lo que había podido establecer armonías entre Camila, ese delicado producto de la civilización, y Francisco, esa extraña creación de la selva" (Zambrana, p. 20). La trama amorosa entre Camila, Francisco y Carlos de Orellana puede leerse como la problemática de la ubicación de Camila en el ámbito de la familia criolla blanca. En uno de los pasajes citados Camila aparece echada a los pies de doña Josefa, ocupando el lugar de un animal doméstico. En el otro pasaje, sin embargo, Camila es el "delicado producto de la civilización". Con respecto a la esclava el narrador desarrolla una retórica de la inenarrabilidad asociada a la dualidad atribuida a la mujer esclava: animal (doméstico)/civilización. En cuanto a Francisco el narrador señala: "Nosotros, que durante la guerra de Cuba, hemos tenido oportunidad de asistir a estas ceremonias [religiosas afro-cubanas] sentimos no poder encerrar en algunas líneas una idea completa de la elocuencia salvaje y poderosa que hay en esas leyendas místicas, obra de un patriotismo, que el espectáculo de la civilización no extingue" (Zambrana, p. 63). Describir al negro, situarlo, es imposible para un discurso que no puede contener la "elocuencia salvaje" de la "barbarie". Para el texto de Zambrana describir es encerrar. El contexto de dicho encerramiento/descripción es la dificultad de someter la barbarie a un orden discursivo. Es éste uno de los proyectos de la narrativa antiesclavista y de su incorporación del texto de Manzano.

La paradoja del antiesclavismo literario fue desear un sujeto blanco, pero tener que contar con el lenguaje del negro para la articulación del discurso literario nacional. ¿Qué sucede cuando el lenguaje que se anota es un habla "bárbara", desaliñada? Si para Bello las palabras tenían fisonomías, la escritura de Manzano, incorporada al lenguaje literario cubano del XIX, marcaba rasgos de "barbarie" en el rostro criollo, como Sarmiento descubría el chiripá debajo de las voluntariosas levitas. Más que la escritura de un rostro único, el lenguaje literario cubano del XIX escribió la difícil armonización de un lenguaje turbulento y roto que dosificaba la elocuencia "bárbara" del negro en el rostro de la lengua literaria criolla.[45]

45.   La lectura de varios trabajos de Josefina Ludmer me ha sido de mucha utilidad. Ver, "Quien educa", *Filología*, XX (1985), pp. 103-16; "La lengua como arma. Fundamentos de género gauchesco", en Lía Schwartz Lerner e Isaías Lerner, comps., *Homenaje a Ana María Barrenechea*, Madrid, Castalia, 1984, pp. 471-79; "Tretas del débil", en Patricia Elena González y Eliana Ortega, comps., *La sartén por el mango*, Río Piedras, Puerto Rico, Huracán, 1984, pp. 47-54.

From Serf to Self: The Autobiography of Juan Francisco Manzano

Sylvia Molloy

"The lady Doña Beatriz de Justiz Marchioness Justiz de Santa Ana, wife of Don Juan Manzano, took pleasure every time she went to her famous estate of El Molino in choosing the prettiest Creole girls, when they were ten or eleven years of age; she took them with her and gave them an education suitable to their class and condition so her house was always filled with servants. . . ." ["La Sra. Da. Beatriz de Justiz Marqueza Justiz de Sta. Ana, esposa del Sor. Don Juan Manzano, tenía gusto de cada vez qe. iva a su famosa asienda el Molino de tomar las mas bonitas criollas, cuando eran de dies a onse años; las traía consigo y dándoles una educación conforme a su clase y condision, estaba siempre su casa llena de criadas. . . ."][1]

---

[1] Juan Francisco Manzano, *Autobiografía, cartas y versos de Juan Fco. Manzano*, with a preliminary study by José L. Franco (La Habana: Municipio de La Habana, 1937), p. 33. This edition, unlike others, retains the idiosyncratic syntax and uncertain spelling of Manzano's original manuscript of 1835. I shall quote from it, indicating page numbers in parentheses only when quoting from the *Autobiografía* itself. I shall translate Manzano's *tone* as best I can, respecting the run-in construction of his sentences, his punctuation and the belabored nature of his syntax. I shall not attempt, however, to reproduce his misspellings. This seems to me preferable (and surely fairer to Manzano) than quoting from the much altered, cleaned up and ideologically conditioned English translation of 1840 published in *Poems by a Slave in the Island of Cuba, Recently Liberated; Translated from the Spanish by R. R. Madden, M.D. with the History of the Early Life of the Negro Poet, Written by Himself, to Which Are Prefixed Two Pieces Descriptive of Cuban Slavery and the Slave-Traffic, By R.R.M.* (London: Thomas Ward and Co., 1840). I find it equally inadvisable to translate from Ivan Schulman's modernized edition (Juan Francisco Manzano, *Autobiografía de un esclavo*, ed. Ivan A. Schulman [Madrid: Guadarrama, 1975]). I shall discuss these and other manicured versions of Manzano later on.

This casual anecdotal beginning, not unlike the opening of so many nineteenth-century novels, is deceptively innocent. For it is not, as might appear, the beginning of a novel told by a third-person narrator of which the Marquesa is the principal character; it is, instead, the beginning of the autobiography of the Marquesa's slave, Juan Francisco Manzano. Nor, as the Spanish original clearly shows, is it a particularly harmonious piece: unsystematic in its spelling, arbitrary in its punctuation, nonchalant in its syntax, this text is, quite obviously, *different*.

With the same carefree syntax and quirky orthography, Juan Francisco Manzano goes on to narrate what appears to be the first and only slave narrative published in Spanish America. The initial focus on his mistress is elaborated upon in the lines that follow. Manzano tells how, on one of his lady's visits to El Molino, she chose "one María del Pilar Manzano, my mother" (33) for chief handmaid; how María del Pilar wet-nursed Manuel de Cárdenas y Manzano, the Marquesa's grandson; how the handmaid married Toribio de Castro, another of the Marquesa's slaves; and, eventually, as a culmination of this tortuous genealogy binding the slave to his master, how María del Pilar gave birth to a child of her own, the Juan Francisco Manzano who writes the *Autobiografía*. As was customary, the child was not given his father's surname but that of his master. In this way, the Marquesa's mundane visit to El Molino (an ironic antecedent of Valéry's *marquise* sallying forth at five) becomes a founding, life-giving gesture: the aged, benevolent presence of Beatriz de Justiz must per force open Manzano's life story since she is, quite literally, the power that, presiding over life and death, allows him to be born.

That the slave's life should depend so totally on a gesture from his owner, or that the slave's family romance should be so enmeshed in that of his master's is not, of course, unusual in nineteenth-century colonial Cuba: "remember when you read me that I am a slave and that the slave is a dead being in the eyes of his master," writes Manzano to his protector, Domingo Del Monte.[2] In his *Autobiografía*, Manzano brings life to that dead being in the eyes not of his masters but of his readers. He replaces the mistress' founding gesture, even as he describes it, with another gesture, also life-giving, which he himself effects—his own writing.

The circumstances in which this autobiography was written, and

---

[2] Letter of 25 June 1835, in *Autobiografía*, p. 84.

the fortune of the text thereafter, are of singular interest. As a domestic city slave who taught himself to read and write against remarkable odds (I shall return to this issue, quite central to my discussion), Manzano stands out amongst his peers. A poet of some renown, his slave status notwithstanding, he became in the 1830's the protégé of the reformist although not openly abolitionist Cuban intellectuals who gathered around the liberal writer and publicist, Domingo Del Monte, and he was encouraged in his literary ventures by that group. One result of these contacts was Manzano's freedom; taking up a collection, Del Monte and his friends obtained his manumission in 1836. Manzano's autobiography was another: at Del Monte's request, in order to publicize the cause of abolition abroad, Manzano wrote a two-part autobiography narrating his miserable life as a slave. The text was to be included in a dossier that Del Monte was compiling for Richard Madden, the British magistrate who, as superintendant of liberated Africans, served as arbiter in the Court of Mixed Commission established in Havana in 1835.[3] Once completed, Manzano's life story was corrected and edited by a member of Del Monte's group, Anselmo Suárez y Romero, himself the author of an abolitionist novel, *Francisco*, which was also to be part of the Del Monte anti-slavery dossier. Manzano's text was translated into English by Madden (not so Suárez y Romero's *Francisco*) and presented, together with a report, at the General Anti-Slavery Convention held in London in 1840. In Cuba, Manzano's manuscript (which remained the property of Domingo Del Monte) circulated clandestinely in del Monte's milieu, to the point that "when someone mentions 'the autobiography' it is immediately understood that he speaks of Manzano's."[4] Thanks to the occasional slackening of censorship laws, Francisco Calcagno was able to integrate several fragments of the text in his *Poetas de color,* a series of biographies of Black poets, but the entire autobiography was considered unpub-

---

[3] For a concise and informative account of the tumultuous relations between England and Spain (and hence Cuba) on the issue of slavery, see Franklin W. Knight, *Slave Society in Cuba during the Nineteenth Century* (Madison, Milwaukee and London: University of Wisconsin Press, 1970), especially Chapter III: "The Cuban Slave Trade, 1838-1865." For an overall vision of slavery in Cuba, reference to Manuel Moreno Fraginals, *The Sugarmill. The Socioeconomic Complex of Sugar in Cuba. 1760-1860* (New York and London: Monthly Review Press, 1976), is indispensable.

[4] Francisco Calcagno, *Poetas de color.* 4th ed. (Havana: Imprenta Mercantil de los Herederos de Santiago Spencer, 1887), p. 64, note 1. This and all other translations are mine, unless otherwise indicated.

lishable, for political reasons, at least until 1898. By then, it was all but forgotten. Virtually unknown for nearly a century, Manzano's fifty-two-page manuscript passed on to Del Monte's heirs and was eventually acquired by the Biblioteca Nacional in Havana; it was published for the first time in its entirety in 1937. Until then, Madden's somewhat special English translation was the only version of Manzano's autobiography available to the general reader.

As may be seen from this account, Manzano's autobiography was an inordinately manipulated text—a slave narrative that, besides having dispossession for its subject, was, in its very composition and publication, dispossessed. It was written at the request of another (Del Monte); it was corrected and edited by another (Suárez y Romero); it was translated and altered by another (Madden); it was integrated into another's text (Calcagno). It was, in short, a text *used* by others over which Manzano had, apparently, little or no control. That the text was used to further a worthy cause, one close to Manzano's heart, does not lessen the importance of that manipulation.

Manipulation of one kind or another is a frequent enough phenomenon, of course, in North American slave narratives. The slave's story was usually told orally first, then discussed with the editor, then dictated to that editor, who would then read it back to its original storyteller for clarification. The transcribed text would then be complemented with other testimonies to support it and, of course, to condition its reception.[5] As often as not, the editors would add factual details or rhetorical pronouncements to the text

[5] See John W. Blassingame's introduction to his edition of *Slave Testimony. Two Centuries of Letters, Speeches, Interviews, and Autobiographies* (Baton Rouge: Louisiana University Press, 1977):

Generally the former slave lived in the same locale as the editor and had given oral accounts of his bondage. If the fugitive believed that the white man truly respected blacks, they discussed the advisability of publishing his account. Once the white man persuaded the black to record his experiences for posterity, the dictation might be completed in a few weeks or be spread over two or three years. Often the editor read the story to the fugitive, asking for elaboration of certain points and clarification of confusing and contradictory details. When the dictation ended, the editor frequently compiled appendices to corroborate the narrative. The appendices consisted almost entirely of evidence obtained from southern sources: official reports of legislatures, courts, governors, churches, and agricultural societies, books written by southern whites or newspapers edited by them. If those among the editor's friends who first heard the story doubted its authenticity, they sometimes interrogated the fugitive for hours. (p. xxii)

so as to enhance its dramatic effect.[6] This creative and well-meaning editing was not without its pitfalls since, as John Blassingame points out, "on occasion the narratives contain so many of the editors' views that there is little room for the testimony of the fugitive."[7]

Manzano's case is obviously different. At the time he composes his life story, he is (besides being a slave) a writer, a relatively well-established poet, and would not seem to need, as did so many North American slaves, the mediation of a white scribe to give shape to words he himself could only speak. Yet Manzano does need the white man's mediation—not for his text to be written but for it to be read. Inevitably, slave narratives are works in collaboration since, on his own, the slave lacks the authority to plead against his condition; his text must be incorporated into the white literary establishment (and thus validated by it) if it is to be heeded at all. It is always, in one form or another, a mediated text, one unavoidably fostering the *twoness* so many black writers have described and so many members of minorities have felt. In Manzano's case, the two principal mediators were Del Monte and Madden, the instigator and the translator, whose interest in Manzano needs now to be considered in detail.

Del Monte played the role of literary mentor for Manzano well before the autobiographical project, when Manzano was writing poetry. This was not an exceptional role for him, and his magisterial influence was recognized by many young writers who sought his guidance. Even so, Manzano's reaction to Del Monte's reception of his poems seems excessive. His letters reveal unconditional faith in the critic's literary opinion, unending gratitude for his help, and a near total reliance on Del Monte that amounts to granting him absolute power over the poems:

[6] According to Blassingame, these transcribed narratives were not high on the list of priorities held by abolitionists, who much preferred Blacks to lecture about their lives and thus reach a wider audience:

[Abolitionists] placed a relatively low priority on the *written* narratives of former slaves as propaganda. Generally the abolitionist preferred to base his indictments of slavery on the writings of southern whites. . . . The main propaganda role played by blacks in the abolition movement was as lecturers. . . . [A]ntislavery societies published less than 20 percent of the antebellum black autobiographies. There were also comparatively few reviews of the slave narratives in abolitionist journals. (Blassingame, p. xxix)

[7] Blassingame, p. xxviii.

Only the care with which Your Grace has devoted himself to polishing my verses, improving them in those parts where it was necessary, will grant me the title of 'half poet.' I have a few amatory compositions amongst them a poem I don't know if didactic or descriptive, the truth is it bears some resemblance to those things, dedicated to a young mulatto woman at the piano. To D. at the piano. I wanted to send them to you; but I don't know what Your Grace will decide; on the poems that are currently in your power I await your orders to dispose of them.[8]

Del Monte assumes the power given him by Manzano. Besides dispensing literary advice and editing Manzano's poems, he arranges for their publication, in Cuba and abroad.[9] He also has Manzano attend his *tertulia* and read his poems out loud. (Critics have isolated one such reading, turning it into a memorable emblematic fiction—Manzano, reading his sonnet, "My Thirty Years," before an audience of compassionate *delmontinos* who promptly start a collection to buy his freedom.) It is quite possible that Manzano played up the dependent nature of his relationship with Del Monte in the hopes of gaining the critic to a cause far more important than the literary quality of his writing.[10] Not coincidentally, in his letter of 11 December 1834 to Del Monte, after quoting from one of his poems where he compares himself to a leaf, lost in the wind, and Del Monte to a powerful tree, Manzano places not only his poems but his liberty in the hands of his "incomparable protector," reminding him of "the inclination to gain his freedom that, by natural principle, is in every slave."[11]

In a sense, both men had something to gain from each other; Manzano, both as a slave and as a poet, for reasons that are self-evident; his patron, for reasons somewhat more complex. It is clear that for Del Monte, who held liberal views on slavery but was capable, when he felt threatened, of obfuscated reactions against

---

[8] Letter of 16 October 1834, in Juan Francisco Manzano, *Autobiografía*, p. 79.

[9] Letter of 11 December 1834, *Autobiografía*, p. 80.

[10] "He realizes that his poetry, whatever its value, must pass through Del Monte's hands if it is to reach Europe. He suspects that his freedom, if he is ever to attain it, will also come, in one way or another, from those hands." (Roberto Friol, *Suite para Juan Francisco Manzano* [La Habana, Editorial Arte y Literatura, 1977], p. 60) Manzano may have exaggerated his devotion to Del Monte, yet his loyalty was nonetheless real. This was made evident in his testimony in favor of Del Monte during the cruel investigation following the Conspiración de la Escalera in 1843.

[11] Letter of 11 December 1834, *Autobiografía*, p. 81. In another letter, dated 25 February 1835, Manzano informs Del Monte of his wedding (to a free woman) and brings up, once more, the subject of his freedom: "Let not Your Grace forget that J.F. will not be happy if he is not F. and now more than ever." *Autobiografía*, p. 83.

Blacks,[12] the patient and submissive Manzano (whose patience and submission may have been strategical as well as temperamental) fit his expectations; Manzano became for him, as Richard Jackson puts it, somewhat of "a showpiece Black."[13] As such, he could in-

[12] No text is more eloquent, in this respect, than the open letter Del Monte writes, in August 1844, while in exile in Paris, to the editor of *Le Globe*. The main thrust of the letter is to defend himself against the "calumnies" of those who would implicate him in the 1843 Escalera conspiracy, the thwarted Black uprising against Spanish authorities. The letter is a remarkable mixture of realistic thinking, ideological straight-jacketing and irrational fear. Del Monte firmly reasserts his wish to abolish slavery but then extends his wish to include the banishment of Blacks ("one of the most backward races in the human family") from the island, so that Cuba may become "the most brilliant beacon of civilization of the Caucasian race in the Spanish American world." The way in which Del Monte describes the conspirators' plans is revealing:

Suffice it to recall what the plan of the conspiracy was, according to depositions made by the Blacks themselves. In the final analysis, this plan amounted to the destruction, by fire, of sugar mills and other country estates, and to the destruction, by knife and poison, of all white men, so as to take pleasure in their daughters and their wives with impunity and then establish a Black republic on the island, like the one in Haiti, under England's protectorate." (Domingo Del Monte, *Escritos*. T. I. Ed. José A. Fernández de Castro. [Havana: Colección de Libros Cubanos, Editorial Cultural, S.A., 1929], pp. 189-202)

At the beginning of this letter, Del Monte had denied his involvement in the conspiracy, arguing that the depositions implicating him were extracted from the Black conspirators under duress. Ironically, in the paragraph quoted above, he resorts to those same depositions as truthful sources without making the same allowances.

[13] "The standard imposed by the Del Monte group, which was more reformist than abolitionist, called for 'moderation and restraint' in the depiction of the black slave. . . . Since Del Monte knew he had a showpiece Black with a good image and intellectual capacity, why not display him?" (Richard L. Jackson, "Slavery, Racism and Autobiography in Two Early Black Writers: Juan Francisco Manzano and Martín Morúa Delgado" in William Luis ed. *Voices from Under. Black Narrative in Latin American and the Caribbean* [Westport, CT: Greenwood Press, 1984], pp. 56-57). For other examples of the typification of slaves for abolitionist purposes, see Larry Gara, "The Professional Fugitive in the Abolitionist Movement," *Wisconsin Magazine of History*, xlviii (1965), pp. 196-204.

Ivan Schulman observes, for his part, that the ideal of the Del Monte group was the *negro racional* or the *criada de razón* (incidentally, an expression that Manzano uses to describe his mother), a reasonable, non-rebellious "victim of society, unlikely to alienate the conservative elements of the sacarocracy that staunchly defended the principle of the slave's tyrannization—*tiranizar o correr el riesgo de ser tiranizado*—and the continuation of the illegal slave trade. The resultant pathetic being would, it was hoped, not only win converts to the *criollo*'s humanitarian cause, but also court the mercy and justice of foreign readers, especially the English, who, in turn, might bring pressure to bear on the Spanish crown to enforce the slave treaties." (Ivan A. Schulman, "The Portrait of the Slave: Ideology and Aesthetics in the Cuban Antislavery Novel," in Vera Rubin and Arthur Tuden, eds. *Comparative Perspectives on Slavery in New World Plantation Societies* [New York: New York Academy of Sciences, 1977], p. 359).

deed be counted upon to produce an autobiography that would be
doubly useful; useful because it would depict the heinous excesses
of slavery; and useful, most importantly, because it would reflect
(vicariously, through the slave's testimony) the opinion of an enlightened middle class that wished to distinguish itself from its
more obtuse contemporaries. The dossier containing Manzano's
autobiography that Del Monte was to give Madden was destined to
furnish the English magistrate with "the exact state of opinion on
the slave trade and on the condition of slaves held by the thinking
youth of this country."[14]

It is unclear (and of course impossible to evaluate) to what point
Manzano deliberately conformed to Del Monte's ideology.
Jackson's contention that, in order to please his protector, Manzano "had to play down the threatening image of the rebellious
slave while playing up the image of the docile and submissive
slave," while not impossible, has little to ground it.[15] Equally plausible (although undoubtedly more bleak) is the conjecture that
Manzano did not have to play down the "threatening image of the
rebellious slave," simply because he did not have one: the system
had perversely beaten it out of him, both through physical abuse
and, more importantly, through the attribution of privilege. In
oppressive situations, self-censorship becomes second nature; of
the images the system had to offer, Del Monte's ideal probably
seemed the most desirable to Manzano and it may well have coin-
cided, without too much conflict, with his self-image.

Only Manzano's letters remain of the correspondence between
Manzano and Del Monte, so that whatever written injunctions
were given by Del Monte, if any, are missing. Furthermore, Manzano's letters do not refer to any instructions he might have received from Del Monte, nor does he provide details about what he
is writing. He calls his project "the course of my life" or "the story
of my life," and, quite often, refers cautiously to his autobiograph-

[14] Jose Z. González del Valle, *La vida literaria en Cuba,* cited in César Leante, "Dos
obras antiesclavistas cubanas," *Cuadernos americanos,* 207 (July-August 1976), p.
175.

[15] Jackson, p. 56. Jackson's conjecturing does not stop here. Concluding, from
the end of part one of the *Autobiografía* (the only one that remains), that Manzano
was in the process of shedding his submissive image, Jackson speculates on why
part two went astray: "[W]e can assume that part 2 could well have been franker
than part I. Perhaps Manzano in part 2 forgot the original guidelines and expressed some views that, for all concerned including Manzano, were better left
unsaid. Perhaps Manzano had tired of being circumspect and wanted to go faster
and farther than his liberal white friends were prepared to go." (p. 58).

ical venture as "the matter," *el asunto;* significantly, he uses the same euphemism to refer to the plans for his manumission, showing how writing and freedom were closely allied in his mind. What Manzano's letters do reveal, however, is a *change of attitude,* effected by the autobiographical experience itself. Two letters referring specifically to the project allow one to measure that change. In the first, dated 25 June 1835, Manzano describes the actual beginning of his writing. I quote it in its near entirety for it is of consequence:

> My dear Sir Don Domingo: I received Your Grace's esteemed letter of the fifteenth of this month and I was surprised that in it Your Grace tells me that three or four months ago he asked me for the story, I can't but answer that I did not receive notice so far in advance, for the very day that I received your letter of the 22 I set myself to looking over the space occupied by the course of my life, and when I was able to I set myself to writing believing that a *real*'s worth of paper would be enough, but having written on without stopping, even when skipping at times four, and even five years, I have still not reached 1820, but I hope to end soon limiting myself to the most interesting events; on more than four occasions, I was close to giving up, a picture filled with so many calamities seems but a bulky chronicle of lies [*un abultado protocolo de embusterías*], all the more so since from a very young age cruel lashings made me aware of my humble condition; I am ashamed to tell this, and I don't know how to demonstrate the facts if I leave the worst part out, and I wish I had other facts to fill up the story of my life without recalling the excessive rigor with which my former mistress treated me, thus obliging or pushing me into the forceful need to resort to a risky escape to save my miserable body from the continuous mortifications that I could no longer endure, so prepare yourself to see a weak creature stumbling in the greatest sufferings, going from overseer to overseer, without ever receiving praise and being always the target of misery, I fear losing your esteem a hundred percent, but let Your Grace remember when he reads me that I am a slave and that the slave is a dead being in the eyes of his master, and do not lose sight of what I have gained. Consider me a martyr and you will find that the endless lashings that mutilated my still unformed body will never make a bad man of your devoted servant who, trusting in your characteristic prudence, now dares breathe a word on this matter, and this when the one who has caused me such misery is still alive.[16]

The awkward syntax of this letter, which I have attempted to

---

[16] *Autobiografía,* pp. 83-84. The person alluded to at the end of the letter was the Marquesa de Prado Ameno, who died in 1853, a year before Manzano. (Friol, p. 51).

reproduce in English,[17] is typical of Manzano's prose. It lends a
sense of urgency to his writing, contributing effectively to its compelling quality. Manzano needed little encouragement to tell his
story. How to tell it, as this letter illustrates, was another matter.
For Manzano, the autobiography signifies access to a new scene of
writing fraught with anxiety, very different from the relatively safe
scene to which he was accustomed as a derivative poet. The questions he asks himself in this letter, the reflections self-writing inspires, the misgivings he experiences are all part of the autobiographer's quandary. What shall I choose to tell? When shall I stop?
Will they think I'm lying? And then, as the "bulky chronicle of lies"
is out in the open before him, come the fears: I am ashamed of it; I
wish I had other things to tell besides it; it will disappoint my
reader (Del Monte) who will no longer like me.

What is Manzano ashamed of, what is the nature of the *it* that
disturbs him to the point of shame? If it is the misery and torture
to which he has been subjected, why should he be ashamed and
not his oppressors? If it is the telling of that misery, why would it
disappoint Del Monte when he had requested the piece? These
ambiguities are not resolved but enhanced by the contradictory
nature of some of Manzano's queries. On the one hand, he declares that he is limiting himself to the "most interesting" events;
on the other, he wishes that there were *other* facts than those he is
telling to fill up the story of his life. A second letter to Del Monte,
written three months later on 29 September 1835, is remarkably
different. Again Manzano brings up the *asunto*, but gone are the
anxiety and disarray that marked his first reaction to his mentor's
request. Even the manner of the letter is different, the syntax less
choppy, the tone more poised. Again, for purposes of comparison,
I quote extensively:

> [I] have prepared myself to write down for Your Grace a part of the
> history [*istoria*] of my life, reserving its most interesting events of it mine
> [*de mi ella*] for some day when, seated in some corner of my country, at
> peace, assured of my fate and of my livelihood, I may write a truly
> Cuban novel. For the moment it is best not to give this matter the spec-
> tacular development required by different occurrences and scenes be-

[17] See, for example, the English translation of this same letter in Juan Francisco
Manzano, *The Life and Poems of a Cuban Slave*. Edward J. Mullen, ed. (Hamden, CT:
Archon Book, 1981) pp. 14-15. Much like Madden, the editor chooses to render
Manzano's letters in "correct" English. I disagree with his choice and shall elaborate
later on my disagreement.

cause one would need a whole volume, but in spite of that Your Grace will not lack material, tomorrow I shall begin to steal hours from my sleep for that purpose.

I saw Doctor Don Dionisio by chance on the street, I spoke to him about this matter and he told me not to worry, that he would not forget me because he wanted Europeans to see that he was right to speak of a slave who had served in his house, a poet whose verses he recited by heart and some doubted that they were written by one without education, and that he would write to Your Grace as soon as he could.[18]

Manzano's attitude in this letter could not differ more from that of the previous one. Instead of queries and doubts, now there are decisions; Manzano speaks as the author of his text, in control of his writing, well aware of the fictional potential of his material. (He even reminds the recipient of his letter, in an oblique way, of his fame as a poet: white men know his texts by heart.) While the first letter gave full power to Del Monte over Manzano's story, the second establishes a line between what has been promised to the critic ("you will not lack your material") and what Manzano keeps for himself. The previous letter, marked by subservience, waived Manzano's rights to the text by "giving" it to Del Monte; the second letter, marked instead by resistence, has Manzano keep the text for himself. Or rather, has him keep *part* of the text.

In addition, the second letter reverses the notion of *interest* that justifies the choice of material for the autobiography. In June, Manzano was writing down "the most interesting events" for Del Monte; in September he is reserving "the most interesting events" for himself, for an eventual book he will write when he is free and feels fully at home. Now this does not mean, of course, that Manzano, in September, is removing those most interesting events recorded in June from his text and replacing them with other, less interesting ones. It does mean, and this I find of capital importance, that in these three months of writing himself down, Manzano's concept of "the most interesting" has changed; that he is valuing *something else* in himself besides the story of his misfortunes, and that that most interesting *something else* is not for giving.

[18] *Autobiografía*, pp. 84-85. Dissatisfied with his masters, Manzano was trying to change houses ("the freedom I had been promised in this house seems to have dissipated in the wind together with the word", p. 85) and Dionisio Mantilla, whose family Manzano had served, had promised to help him. Although Dionisio Mantilla was unable to do so, he was active in collecting money to buy Manzano's freedom (see letter of 16 October 1835, p. 86).

Since Manzano never wrote his "Cuban novel" (indeed he did
not write much after the *Autobiografía,* save some poems[19]) he did
not endow that something else with a visible form. My contention
is that that something else is nonetheless there, marking the entire
autobiography, from the moment *resistance* to the other (or differ-
entiation from the other) replaces capitulation before the other. I
would argue that, from the moment Manzano announces that
there is a part of himself he will not cede—a part that is *ungiving*
—that part informs, through its very defiant silence, the rest of the
writing.

A look at Richard Madden's translation of Manzano's text, and,
more precisely, a comparison of that English version with the
Spanish original, is useful at this point. Indeed, by working from
Madden's text back to Manzano's, assessing the changes made by
Madden and, more importantly, evaluating what Madden suppressed from the original because it in some way frustrated
readers' expectations, one can begin to identify the nodules of resistance in Manzano's story. After undertaking precisely such a
comparison in his 1981 edition of Madden's translation, Edward
Mullen pays scant attention to the differences between the two
texts. While noting that there are suppressions and a few changes,
he surprisingly concludes that "Madden's translation is—with the
exceptions noted—strictly that, a rendition into English of the
original, . . . of an *originally authored text*".[20] The statement is highly
debatable, given the fact that one of the first things Madden does
is, precisely, to "unauthorize" the text by making it anonymous. It

[19] Much has been made of this purported "silence" of Manzano which has often
been attributed mythical overtones. Suárez y Romero speciously argues that "it was
as a slave that he learned to read and write, as a slave that he composed his first
poems, as a slave that he sketched the disturbing account of his troubled life, as a
slave that he struck up friendships with the intellectuals who redeemed him. . . .
[H]owever, as if pain were his only inspiration, Juan Francisco Manzano became
silent when the night of serfdom gave way to the dawn of freedom." (Quoted in
Antonio López Prieto, *Parnaso cubano. Colección de poesías selectas de autores cubanos.* I
[Havana: Editorial Miguel de Villa, 1881], p. 253) By carefully tracking down
poems by Manzano that were published in periodicals after his manumission, Roberto Friol successfully challenges this myth and restores Manzano's "silence" to its
true proportions. (Friol, pp. 215-6)

[20] Mullen in Juan Francisco Manzano, *The Life and Poems of a Cuban Slave,* p. 22.
My emphasis. Several pages earlier, Mullen's critical assessment seemed to point in
the opposite way: "Another plausible explanation [for the difference between
Madden's text and Manzano's] would be that Madden's translation is in reality a
reconstruction of the Spanish original designed to reflect abolitionist views, which
would explain why the text highlights in particular the degradations of slavery" (p.
13).

becomes, to quote the title, *The Life and Poems of a Cuban Slave.* Madden's claims that this was done to protect Manzano, while most probably sincere, are not completely convincing. For, as has been argued, if Manzano's name has effectively disappeared from the title page, his initials appear in a quotation from Del Monte contained in Madden's preface. Furthermore, Madden furnishes details from Manzano's life (how much it cost to liberate him, what trades he plied as a free man[21]) that make him easily identifiable: "The Spanish authorities did not identify him simply because they did not wish to. At that time, the only poet on the island that had once been a slave was Manzano."[22] It is highly likely, instead, that Madden needed to make the text anonymous in order to heighten what he considered its representativeness. Thus his translation was presented not as the life story of one individual but as the generic account of "the Cuban slave" and, even more ambitiously, as "the most perfect picture of Cuban slavery ever given to the world."[23] The claim for representativeness that led Madden to the excision of the particular (the amputation of the name; the cuts that would follow) tells us as much about Madden and his practice of reading as it does about the generic Cuban slave.[24] In a more general manner, this burden of representativeness cast upon certain texts

[21] "He was about thirty-eight years of age when he obtained his liberty. The price paid for it was 800 dollars. He obtained employment as a tailor for some time after he got his freedom, subsequently, he went out to service—then tried the business of a house-painter—was not successful—was advised to set up as a confectioner, and lost all his money in that line, and eventually, settled down as a 'chef de cuisine' in occasional service." (Madden, in Manzano, *The Life and Poems of a Cuban Slave*, p. 39)

[22] Friol, p. 34. For non-Cuban readers, identification seems to have been less easy: "Since Madden did not publish Manzano's full name in his translation, a number of American writers, among them Amelia E. Barr and William Wells Brown, confused Manzano with the better-known mulatto poet, Plácido (Gabriel de la Concepción Valdés, 1809-44), producing curious hybrid biographical sketches of the writers." (Mullen, in Manzano, *The Life and Poems of a Cuban Slave*, p. 12)

[23] Madden, in Manzano, *The Life and Poems of a Cuban Slave*, p. 39.

[24] A similar manipulation of the text, from the individual to the general, may be seen in Schulman's retitling of Manzano's autobiography, *Autobiografía de un esclavo* (an echo, perhaps, of Miguel Barnet's *Biografía de un cimarrón*, published to considerable acclaim a few years earlier). Indeed, Schulman's preliminary words, the non sequitur of the second sentence notwithstanding, confirm this shift towards the general:

> [W]e decided not to reproduce the text of Franco's edition, which duplicates the original manuscript with all the orthographic and syntactic deficiencies that make it so hard to read. We believe that the contemporary reader, more than ever interested in matters of Black literature, slavery, underdevelopment and cultural dependency, requires a text both reliable and modern. (Juan Francisco Manzano, *Autobiografía de un esclavo*, p. 10)

139

is indicative of the way in which those texts, written by individuals from groups judged weaker or insignificant by the group in power, are often read. In such cases, neither the autobiographers, nor the personas they create, are easily accepted as individuals by a reading community who much prefers to perceive difference *en bloc*. This imperative exerted on some autobiographical texts—a way of putting its author in his or her place—may be also observed in the way women's autobiographies are very often read.

Madden not only made the text anonymous, he incorporated it into a book most of whose sections he had written himself. The order of Madden's book is as follows: two long poems by Madden denouncing slavery, "The Slave-Trade Merchant," and "The Sugar Estate;"[25] then the "Life of the Negro Poet Written by Himself" in a much abridged form; then a few "Poems, Written in Slavery by Juan. . . ," adapted into English by Madden; finally, a quite lengthy appendix containing a conversation between Madden and "Señor . . ." (Domingo Del Monte) and sundry pieces against the slave trade, again written by Madden. Despite the book's title, calling attention to the slave, only about a fourth of the pages of the total text have been written by the slave himself, and they are dwarfed by Madden's doubtlessly well-meaning, although somewhat stifling, prefatory and concluding material.

As I mentioned, there are other cuts in Madden's translation besides the supression of Manzano's name.[26] Family names are often omitted, as are place names and dates. The order of some incidents is altered, perhaps, as William Luis persuasively suggests,[27] to present Manzano's suffering as a continuum of growing intensity and not, as does the text in Spanish, as an accumulation of brutal incidents interspersed with unexpected moments of

[25] The fact that the title page of the book announced the slave's poems in the first place, possibly led Philip Foner (after what must have been a very hasty reading) to attribute these two opening poems by Madden to Manzano. (*A History of Cuba and Its Relations with the United States,* I [New York: International Publishers, 1962], p. 192). When Foner's book was translated into Spanish, the Cuban translators (after a reading that must have been equally hasty), embarked on a fruitless search for the Spanish "originals" of these two poems. (Friol, 33)

[26] The suggestion made by Mullen (Manzano, *The Life and Poems of a Cuban Slave,* p. 13) that Madden might have been translating from a first draft that was shorter than Manzano's final version—so that it would not have been he who cut, but Manzano who added—is not very convincing. The excised sections, for one reason or another, are all atypical of a "traditional" abolitionist piece and it is easy to see why Madden would have suppressed them.

[27] William Luis, *Literary Bondage: Slavery in Cuban Narrative* (Austin: University of Texas Press, forthcoming publication)

peace and happiness. To have left these moments in place, argues Luis, would have lessened the effect Madden strived for, suggesting that the slave's misfortunes were mitigated by moments of happiness or, at least, relief. Whatever the reasons for this reordering, it ultimately does a disservice to the very cause Madden preached. His more linear presentation of events, while effectively stressing the progressive nature of suffering in the slave's life, sacrifices another of its characteristics, no less fearful—its arbitrariness. By alternating random moments of cruelty with no less erratic moments of kindness, Manzano's original highlights to perfection the utter helplessness of the slave, a pawn in the hands of his master.

Positive moments are downplayed, displaced or even suppressed in the English version. Other suppressions affect passages that must have been perceived as harmful to the "worthy victim" image desired for Manzano; passages illustrating Manzano's ambiguous stance with respect to other Blacks, his confused sense of allegiance, the dubious manifestations of his *twoness*. For example, Madden edits out Manzano's self-presentation as "a mulatto amongst blacks" (p. 68). He deletes a passing comparison of Manzano to Christ (replacing it with the phrase "like a criminal") in the description of one of his punishments (p. 52), he does away with the passage where Manzano speaks, with some smugness, of his status as head servant and of the way in which he was set as an example before the other slaves, sparking their envy (p. 59-60). He even eliminates an episode in which Manzano is "dangerously wounded" in the head by a stone "thrown accidentally by a black" [*me la dio un moreno sin querer*]. (p. 42). Finally, Madden omits the enthusiastic (and not very sympathetic) passage in which Manzano, evoking an exceptionally long period in which the capricious Marquesa de Prado Ameno did not make him the victim of her ire, speaks of her fondly: "[I] had forgotten the past and I loved her like a mother, I did not like to hear the other servants calling her names and I would have accused many of them to her had I not known that she got angry at those who carried tales." (p. 68).

These editorial deletions, following a definite ideological pattern, are not, however, the most interesting. More revealing are other passages suppressed by Madden, those dealing more directly with Manzano's person—his urges, his appetites—eliminated for reasons one can only guess. Probably judged insignificant, as having no direct bearing on the exemplary story of the "Cuban slave," perhaps even considered frivolous by the somewhat staid

Madden, they are, on the contrary, crucial to the understanding of Manzano the man and Manzano the autobiographer in his complex relation to writing and books.

Manzano's autobiography abounds in references to the body, which is not surprising, given the amount of physical abuse his text describes. For Manzano, the slave, the body is a form of memory the unerasable reminder of past affronts: "These scars are perpetual [*estan perpetua*] in spite of the twenty four years that have passed over them." (p. 54) Yet that body does not belong to him; it is his master's to exploit, through hard labor, and it is also the master's to manipulate, for his pleasure. From early childhood on, Manzano's body is not so much exploited through hard work (a city house slave, he is only overworked when, in punishment, he is sent to the sugar mill) as it is used by his mistresses. His first mistress, the kind and grandmotherly Marquesa de Justiz, who has the child christened in her own daughter's christening robes, "took me for a sort of plaything, and they say I was more in her arms than in my mother's who . . . had given her mistress a little Creole whom she called the child of her old age." (p. 34) Infinitely more complex but equally depersonalizing is the involvement of his second mistress, the perfidious Marquesa de Prado Ameno, with Manzano's body. As his mistress's page, Manzano writes, "I was an object known as the *chinito* or little mulatto of the Marquesa." (p. 61) Emblematic of her power over his body is an intricate ritual of dress. Madden's translation reduces to three lines the following detailed description of Manzano's first livery:

> [T]hey made me many striped short suits and some white undergarments [*alguna ropita blanca*] for when I wore my page's livery, for holidays I was dressed in wide scarlet trousers of fine cloth, trimmed in gold braid, a short jacket without a collar trimmed with the same, a black velvet cap also trimmed with red feathers and on the tip two little rings in the French style and a diamond pin and with all this and the rest I *soon forgot the secluded life I had led in the past.* . . . She dressed me combed me and took care *that I not mix with the other little Blacks* (p. 37, my emphasis).

For Manzano, clothing provides a new identity while effacing the old.[28] It makes and unmakes the man at random, conferring a

[28] "Clothing is that through which the human body becomes significant and therefore a carrier of signs, even of its own signs." (Roland Barthes, "Encore le corps," *Critique*, 423-424 [1982], p. 647)

tenuous sense of selfhood (a sense that is reinforced by isolation from his peers[29]) that is all too easily destroyed. If Manzano's years in the Marquesa de Prado Ameno's service are presented as an oscillation between good and evil depending on the mistress's whims, no less important is the alternation between the two forms of dress that the text so painstakingly details. On the one hand, there is the *ropa fina*, the finery that clothes his body inside the house and signals, to him and to others, that he is in his mistress's good graces. On the other, there is the fall from grace, the shorn hair, the bare feet and the *esquifación* or field laborer's hemp gown Manzano is forced into before being tied up and carried off to the sugar mill.[30] This change of dress was public, and one was stripped of one's identity in the presence of others; Manzano cleverly enhances this humiliation by recording the horror and disbelief in his little brother's eyes when watching the scene for the first time (p. 46). As Manzano writes eloquently, "the change of clothes and of fortune were one." (p. 55).

Isolated from the bodies of other Blacks, permanently disoriented by the frequent change in costume, Manzano's body is, quite literally, displaced. If one looks for the *space* allotted that body in the mistress' house, one will see it has none. Its place is always at the mistress's side or at her feet, but never out of her sight or her control: "[M]y task was to get up at dawn before the others awoke and sweep and clean all I could. Once I finished my duties, I would sit outside my lady's door so that, on awakening, she would find me immediately. I went wherever she went, following her like a lap dog, with my little arms folded." (pp. 39-40). The threshold—by definition a non-place, a divisory line—is the space assigned to Manzano's body, the *locus* of his exploitation. In it, the body is no longer a body but a tool and a buffer: "[I] stayed

[29] On a much larger scale, isolation was, of course, a well-known means of ensuring the good functioning of the slave system. Newly arrived Africans were routinely mixed up ethnically so that no slave group consisted of Africans of one ethnic origin. Communication was much impeded if not rendered impossible: "Plantation owners, in fact, had a vested interest in not permitting slaves to interact freely, for with social cohesion might come a sense of solidarity." (Manuel Moreno Fraginals, "Cultural Contributions and Deculturation," in *Africa in Latin America: Essays on History, Culture and Socialization*, ed. Manuel Moreno Fraginals, trans. Leonor Blum [New York: Holmes and Meier, 1984], p. 7.

[30] "Boys and girls wore a one-piece shirt with one lateral seam. . . . Footwear was never handed out. There was even an eighteenth century French decree forbidding giving shoes to Blacks because 'shoes tortured their feet'." Moreno Fraginals, "Cultural Contributions," p. 16.

outside her door, stopping anyone who tried to enter, or fetching whom she called for, or being silent if she slept." (p. 51). To be on his mistress's threshold, to be that threshold wherever she goes, intercepting undesirable contact, is the function of Manzano's body: "In the evenings *monte* was played in the home of the Gomes ladies and, as soon as she sat down, I had to stand behind her chair with my elbows spread out, preventing those who were standing from pushing her or grazing her ears with their arms." (p. 65) Indeed, the only place where his body escapes the control of his mistress is the common lavatory: "Regularly the common room was my place for meditation. While I was there I could think of things in peace" (p. 68).[31]

The lavatory as a refuge and a place to be, while clearly not an original concept, allows me to explore another aspect of Manzano's bodily manifestations, one that Madden deletes completely, and one that slowly but surely, I hope, will bring me closer to Manzano's problematic relation with books and writing. Several times in his text, Manzano stresses his hunger, more specifically, his gluttony, giving it an importance that surpasses the cliché of the ever-hungry growing boy. "I was very fearful and I liked to eat," (p. 38) is the way he succinctly describes himself as a child. A way of repossessing his body, this voraciousness is also a powerful means of rebelling against limits:

> It is not surprising that, always hungry, I ate everthing that came my way, for which reason I was considered a great glutton, and as I did not have a fixed time for eating I stuffed myself and swallowed my food nearly without chewing and that resulted in frequent indigestions that had me frequently attending to certain needs and that got me punished ... (p. 39)

As there is no place for Manzano's body, there is no specific time for his eating. However, in the same way that he furtively carves a space for himself in the lavatory, which is a place of waste, he will, no less furtively, make leftovers his nourishment: "When they dined or supped I was quick to pick up everything they left un-eaten and I had to be crafty about it for when they got up to leave the table I had to go with them." (p. 40) It is by building on this notion of the residual, neglected by Manzano's translators and, I

---

[31] A statement Madden incredibly mistranslates as "[M]y only comfort at that moment was the solitude of my room." (Manzano, *The Life and Poems*, p. 105)

may add, his commentators,[32] that I wish to approach his relation to books.

This relation is, of course, notoriously one-sided. Manzano's gluttony for food is only matched by his voracity for the letter, yet that letter is constantly denied him: books are unavailable, reciting by heart punished, writing forbidden. (Even when Manzano publishes, as he will later, he will do so by special permission.) The notion of an archive, of a cultural totality, indeed the very notion of a *book*, which inspired such awe in a Sarmiento, the "man with a book in his hand," are totally alien to Manzano. His is a very particular scene of reading, for he only has access to fragments, devalued snippets from an assortment of texts he comes across by chance, leftovers from his masters' cultural table:

> Since I was a little boy I had the habit of reading whatever was readable in my language and when I was out on the street I was always picking up bits of printed paper and if it was verse I did not rest till I learned it by heart. (pp. 65-66)

Even before knowing how to read, the child is a collector of texts. Under the tutelage of his first mistress, the Marquesa de Justiz—who, interestingly enough, was herself a poet[33]—he memorizes eulogies, short plays, the sermons of Fray Luis de Granada and bits of operas he is taken to see. He becomes, very early on, a most efficient memory machine. As the young Sarmiento a few years later, his gift is exhibited before company, yet unlike Sarmiento, that gift is not allowed to follow its normal course. As soon as the young Manzano uses his prodigious memory for himself he is regarded with suspicion: "When I was twelve I had already composed many stanzas in my head and that was the reason my godparents did not want me to learn how to write but I dictated them from memory to a young mulatto called Serafina." (p. 38). Manzano is condemned to orality—not in vain is he nicknamed "Golden Lips"; and, when his recitation of the poems he composes mentally and keeps in "the notebook of verses of my memory" (p. 41) is judged too disruptive, he is condemned to silence:

> My mistress found out that I chatted too much and that the old servants in the house gathered around me when I was in the mood and enjoyed

[32] With the exception of Antonio Vera León's perceptive mention of Manzano in "Testimonios, reescrituras: la narrativa de Miguel Barnet," Diss. Princeton 1987.
[33] Friol, p. 48.

hearing my poems . . . [She] who never lost sight of me even asleep she dreamed of me spied on me one winter night they had made me repeat a story surrounded by many children and maidservants and she was hidden in the other room behind some shutters or blinds. Next day for no good reason I received a good thrashing and I was made to stand on a stool in the middle of the room, a big gag in my mouth, with signs hanging on my chest and on my back I cannot remember what they said and it was strictly forbidden for anyone to engage in conversation with me and if I even tried to engage one of my elders in conversation he was to give me a blow. (p. 41)

Lacking books, the "notebook of [Manzano's] memory" will have to do. A repository for his models (the poems he hears, or occasionally reads, or picks up in the streets), it also stores the poems he continues to compose even if he cannot write them down or say them out loud. In the same manner, in the absence of writing, oblique means of leaving a trace on paper must be found. I quote from an admirable passage describing the drawing lesson given the mistress and her children, which Manzano, a passive attendant, turns to his profit:

[I] too would be present standing behind my mistress's chair and there I stayed throughout the class as they all drew and Mr. Godfria [probably Godfrey] who was the teacher went from one to another of those who were drawing saying such and such here correcting with the pencil there and fixing something over there, through what I saw and heard corrected and explained I found myself ready to count myself as a regular attendant of the drawing class I forget which one of the children gave me an old brass or copper pen and a pencil stub and I waited till they threw away a draft and the next day after having looked around me I sat in a corner my face to the wall and I started making mouths eyes ears eyebrows teeth . . . and taking a discarded draft which was untorn . . . I copied it so faithfully that when I finished my mistress was gazing at me attentively although pretending not to see me . . . From that moment on everybody started throwing all sorts of drafts to me in my corner, where I half lay on the floor. (p. 40)

Relying heavily on residue and mimesis, Manzano's drawing lesson reverts the order of the lesson of his masters. Fished out of a waste basket or thrown to him like a bone, this used up matter, discarded from above, is given new life and value as it is used below—in the corner, on the floor, in the serf's place. From copying drafts, Manzano will go on to copying script and to writing itself. During his short, happy time in the service of the Marquesa's son, Nicolás Cárdenas y Manzano, he recognizes that the furtive memorization of his master's manual of rhetoric, taken up "to give myself learning," is unproductive since he cannot fully apply what he learns. Deciding to "teach myself something more useful" (p. 57), he teaches himself to write, in a manner no less striking than when he taught himself to draw, resorting to an equally inventive recycling of refuse. Buying pen and very fine paper, he rescues his master's crumpled notes and discarded scraps of writing and, flattening them out under one of his fine sheets, literally traces them "and with this invention before a month was over I was writing lines shaped like my master's script. . . ." (p. 57) His master, "who loved me not like a slave but like a son," (p. 56) opposes these efforts and (in this respect, no different from his mother) "ordered me to leave that pastime, inappropriate to my situation in life, and go back to sewing." (p. 57) That this same master was "an illustrious protector of public instruction on this island,"[34] and, indeed, would later be president of the Education Section of the *Sociedad Económica de Amigos del País*, does not lack irony but should not surprise us.[35] Whereas Manzano sees writing as *useful*, his master (who sends him back to his sewing, a task, Manzano claims, he was not neglecting) considers it a *pastime* and time, within the slave system, cannot be *passed*, it must be *measured* in work.[36]

[34] López Prieto, *Parnaso cubano* p. 252.

[35] For the way in which Blacks were denied education, see Ramón Guirao, "Poetas negros y mestizos en la época esclavista," *Bohemia*, Aug. 26, 1934, pp. 43-44, 123-124.

[36] "When, for reasons beyond their control, the slave-owners had no productive work for the slaves to do, they devised unproductive work for the slaves such as moving objects from one place to another and then returning them to their place of origin. A slave without work was an element of dissolution for the whole system, a factor of possible rebellion." (Moreno Fraginals, "Africa in Cuba. . . ," p. 200). Examples of this invented work to avoid empty time (or pastimes) may be found in Manzano: "It was my task every half hour to clean the furniture, whether it was dusty or not." (p. 48); and: "I was sent to polish the mahogany so that I would spend my time weeping or sleeping." (p. 56).

A study of time, of the different notations of time in Manzano's *Autobiografía* would be of definite interest. Critics have pointed to the apparent contradiction between Manzano's exceptional memory for literature and his poor memory concerning facts. Chronology and time notations are indeed blurry, imprecision alternating with very precise deictics ("a little before eleven," etc.). I suggest the following remarks on perception of time by slaves, again by Moreno Fraginals, as a possible solution to the controversy on Manzano's sense of time:

"After some time this accumulated fatigue became irreversible. The unnatural rhythm must have brought about a deep-seated dissociation between human time and the time required for production, a total lack of synchronization between biological capabilities and the task that had to be performed." (Moreno Fraginals, "Cultural Contributions and Deculturation," p. 18)

Identity and identification are words that occur nowhere in
Manzano's autobiography except here, in the course of the writing
lesson I have described. Manzano tells how, in preparing his
master's table, chair, and books every morning, he "began identifying with his habits;" (p. 56) and, when summarizing the learning
process observed above, he explains that "that is why there is a
certain identity between his handwriting and mine." (p. 57) What
is noteworthy, of course, is that Manzano does not identify with
the master himself: he identifies with his reading, with his writing,
with the *means* through which he, Manzano, will ultimately achieve
his own identity. For there are two stories in Manzano's autobiography: one, complying with Del Monte's request, is the story of the
self as slave; the other, just as important if not more so, is the story
of that slave self as reader and writer.

His master's initial objection notwithstanding, Manzano would
continue his writing with considerable success. From a modest cot-
tage industry somehow run out of the Marquesa's home ("I wrote
many notebooks of stanzas in forced meter, which I sold" [p. 66]),
he would go on to publish with special permission (*Poesías líricas,*
1821; *Flores pasageras* [sic], 1830), on to Del Monte's patronage,
and on to moderate renown as a poet and as a playwright (*Zafira*
1842). What strikes the modern reader about Manzano's poetry,
however, is its desperately conventional, measured and ultimately
correct style. It is mediocre Neoclassicism at its very worst, which, if
one thinks of it, was to be expected. Manzano himself declares that
his model was Arriaza, the contemporary Spanish poet who translated Boileau; Del Monte, an ardent Neoclassicist, helped Manzano edit his poetry; and Neoclacissicism, after all, was very much
the fashion of the day. Besides being the style Manzano read,
heard and memorized, it was, I suspect, a style that afforded him
comfort precisely because of its readymade formalism, its handy
clichés, its lofty abstraction, its reassuring meters. Manzano's
avowed liking for *pie forzado*—the prefixed "mold" of the poem
(verse and rhyme) determining the writing itself—confirms, I believe, this suspicion. It is pointless to search these poems for poetic
originality, personal confessions or reflections on slavery; ludi-
crous to find in them, as does one critic, "the cry of the *patiens ovis
injuriae*,"[37] or, as does another, a "creative suffering" reflecting

[37] Calcagno, *Poetas de color*, p. 50.

"the blues or spiritual atmosphere [sic]."[38] Yet it is equally short-sighted to dismiss them because they are imitations.[39] (A fact of which Manzano was well aware: he himself called them "cold imitations" in his autobiography [p. 66]). Manzano's poetry, I argue, is original precisely *because* it is so imitative, because it is such a deliberate and total act of appropriation of the reading and writing that had been denied him.

In his poetry, Manzano models his self and his "I" on the voice and the conventions of his masters. His second wife, the nineteen-year-old free mulatto María del Rosario, "pretty as a gold nugget from head to toe"[40] becomes a conventionally abstract *Delia*. (A previous muse, sung in the 1821 poems, perhaps his first wife Marcelina Campos, receives the Catullian name of *Lesbia*.) Another poem, "A Dream," addressed to Manzano's brother Florencio, describes the latter as a "robust Ethiopian"—an ordinary, pretentious euphemism for Blacks which would be used on Manzano himself ("a poet of the Ethiopian race"[41]). Manzano's poems relish artificiality: streams become lymphs, winds are zephyrs, heaven is the empyrean. Hyperbaton and prosopopeia abound, mannerisms and classical references are frequent; so are resounding, meaningless fillers—"en divinal trasunto," to give but one example.[42] "His ear taught him the cadence of verse; his genius dictated to him the marks of good taste," writes Calcagno, intent on forcing Manzano into the stereotype of the uneducated, "natural" poet.[43] But those marks of "good taste" (another name for the literary conventions of the day) were less attributable to "genius" than to Manzano's extraordinary gift of mimicry, a gift so excessive it contained in itself its own undoing.[44] Manzano's poetry is so overdetermined by

[38] Antonio Olliz Boyd, "The Concept of Black Awareness as a Thematic Approach in Latin American Literature," in *Blacks in Hispanic Literature*, Miriam DeCosta, ed. (Port Washington, N.Y.-London: Kennikat Press, 1977), p. 69.

[39] Myriam DeCosta, "Social Lyricism and the Caribbean Poet/Rebel," in *Blacks in Hispanic Literature*, pp. 115-6. For a somewhat more balanced judgment on the phenomenon of imitation, see Samuel Feijóo, "African Influence in Latin America: Oral and Written Language," in *Africa in America*, p. 148.

[40] Letter of 11 December 1834 to Domingo Del Monte, Manzano, *Autobiografía*, p. 82.

[41] López Prieto, p. 251.

[42] "Poesía (En el feliz alumbramiento de la serenísima Infanta doña María Isabel Luisa de Borbón)," cited in Friol, p. 99.

[43] *Poetas de color*, p. 51.

[44] "In Manzano, with his exaggerated rhetoric, his excessive decorum, his exalted sentimentalism, we see how the impossibility of breaking out of a literary code

imitation, it constitutes such a comprehensive reservoir of clichés, that it unwittingly turns into parody. His only contribution to the theatre, *Zafira,* a play in verse, fared no better. It is a "Moorish" romance in the spirit of the period, as closely dependent on convention, thematically speaking, as were the poems in their choice of form.

After the poems and the play, a look at the *Autobiografía,* however perfunctory, cannot but disconcert the reader. If the poetry gave the impression of being overwritten, the story of Manzano's life and of his self-discovery as a poet produces quite the opposite effect. The possibility exists that Manzano was helped more with the first than with the second: his poems were reviewed and edited by del Monte before publication whereas the manuscript of the autobiography, at least the one that was published in 1937, apparently did not benefit from editorial help. (Del Monte had charged Suárez y Romero with editing Manzano's text and Suárez apparently complied;[45] yet that corrected version, the whereabouts of which are unclear, was not the one that was finally published.) What a comparison of both, poetry and autobiography, shows is an unquestionable split, affecting Manzano's production as much as his self-image as a writer.

The lyric "I" of Manzano's poetry is a relatively comfortable rhetorical construct, one into which Manzano seems to fit without effort. His models, stored either in his memory or in his stray bits of print, are easy to call up and reassuring in their authority: they are, after all, the models of the master. However, when Manzano writes prose, and more specifically when he writes himself down in his autobiography as a black man and a slave, there is no model for him, no founding fiction—no *master* image— to be rescued from texts. In order to validate his autobiographical gesture and thus authorize himself, Manzano cannot pick and choose from his scraps because those scraps do not contain the makings of his image, or rather contain them, unwritten, as an absence. If those scraps may be used for poetic mimicry, allowing Manzano to speak with his master's voice, they do not lend themselves easily to the

---

forces the black writer to master it through exhaustion and excess." (Roberto González Echevarría, "Nota crítica sobre Pedro Barreda, *The Black Protagonist in the Cuban Novel,*" in *Isla a su vuelo fugitiva* [Madrid: Porrúa Turanzas, 1983], p. 245).

[45] See the Suárez y Romero letter describing his editing task in Friol, p. 231.

expression of an autobiographical persona they in no way pre-figure. One can trace letters from the master's refuse; one cannot, however, trace a self for which there is no written model.

The *Autobiografía* as Manzano wrote it, with its run-in sentences, breathless paragraphs, dislocated syntax and idiosyncratic mis-spellings, vividly portrays that quandary—an anxiety of origins, ever renewed, that provides the text with the stubborn, uncon-trolled energy that is possibly its major achievement. The writing, *in itself,* is the best self-portrait we have of Manzano, his greatest contribution to literature; at the same time, it is what translators, editors and critics cannot tolerate. "It would suffice to clean up this text, freeing it of impurities, for the clear and touching manner in which Manzano relates his misfortunes to reveal itself in all its sim-plicity," writes Max Henríquez Ureña.[46] This notion (shared by many) that there is a clear narrative imprisoned, as it were, in Manzano's *Autobiografía,* waiting for the hand of the cultivated ed-itor to free it from the slag—this notion that the impure text must be replaced by a clean (white?) version for it to be readable—amounts to another, aggressive mutilation, that of denying the text readability in its own terms. Of all the "perpetual scars" that mark Manzano's body, this could well be the cruellest.

Yale University

[46] Max Henríquez Ureña, *Panorama histórico de la literatura cubana* (Puerto Rico: Ediciones Mirador, 1963), p. 184.

Liberal Undercurrents in Palma's
Tradiciones peruanas

RICARDO PALMA[1] WAS BORN IN THE EARLY YEARS OF Peru's independence when the spirit of the viceroyalty still lived in the customs and attitudes of a young, uncertain republic. Palma's life stretches from the unheavals and turmoils which accompanied this transitional period in Peru, through the partial stability before the disastrous War of the Pacific, into the changing circumstances and perspectives of the twentieth century. His Tradiciones peruanas, begun around mid-nineteenth century and written until 1915, serve as a Peruvian contribution to a Spanish-American literature which was anxiously seeking its own identity.

The bustling, gregarious district of Lima in which Palma spent his childhood was filled with current gossip and viceroyalty legends. Large portions of the walls of colonial Lima were still standing; the back part of Palma's house almost touched the old cells of the Inquisition; the stately Plaza de Armas remained the site of religious and secular processions. The "tapadas," and the gentlemen of the republic who still greeted each other with their titles of nobility, passed in and out of the arches of the Portales which Viceroy Moncloa had erected at the end of the seventeenth century. The eighteenth century Paseo de Aguas, begun by Viceroy Amat, still caused local comment that it had been built to flatter his mistress, La Perricholi. Evidences of viceregal

153

splendor existing side by side with the tensions and prosaism of a frustrated republic partially explain the nostalgia and pride in the past of This City of Kings which had fought so valiantly for its independence. An ebullient, young Palma absorbed the curious mixture of viceregal airs and republican aspirations which made up this semi-colonial world.

Literary development in the newly independent Peru was stunted by perennial civil wars and incessant rebellions which tore at a floundering nation. As a consequence, romanticism appeared later in Peru than in other Spanish-American countries, and, coinciding with a period of relative calmness, the new movement was greeted with enthusiasm in a city that was beginning to preen itself again. Like all the eager young writers of his generation, Palma embraced romantic poetry and the romantic theater. But Palma began within romanticism as a consequence of the epoch, and his skeptical, jesting vein could not be held for long in the romantic ranks.

Palma's first prose work (1851-1852) falls within the dimensions of romantic legends or sentimental historical accounts and cannot be distinguished from numerous other contemporary writings. He labeled similar pieces in 1853 with the subtitles "romance histórico," "romance nacional," and "cuento nacional," and it was not until 1854 that he used the words "tradición peruana."[2] He had found the proper setting for his talents, and with increasing care and polish he made the "tradición" his own genre. In its initial phase of development, there were light romantic touches, which pleased the taste of "limeña" society, and an occasional Incaic theme which Palma seems to substitute for Spanish medieval times. During his years of exile in Chile, 1861 to 1863, his "tradición" was fully formed. Jaunty and confident, he wrote "Don Dimas de la tijereta," in 1864, which left behind all sentimentality in the piquant tale of a notary who comes out victorious against the Devil. (Palma gives a humorous twist to the Faust legend in this portagonist whose soul is so darned and mended that even the Divine Majesty cannot recognize what He created.) In 1872 Palma published his first series of fifteen "tradiciones," a corrected and revised harvest from the originals which had appeared in national and foreign publications. Their immediate success brought the next series in 1874, with continuous new series appearing at regular intervals through the years. *Ropa vieja* (última serie) was published in 1889. In 1891 came *Ropa apolillada* (octava y última serie); *Tradiciones y artículos históricos* and *Cachivaches* in 1899-1900; *Mis últimas tradiciones* in 1906; *Apéndice a mis últimas tradiciones* in 1910. The final "tradición" of this remarkable list, "Una visita al Mariscal Santa Cruz," appeared on January 10, 1915, in *La Prensa* of Buenos Aires.

Palma's *Tradiciones peruanas* touch four centuries of Peruvian history, but he focuses mainly on the viceroyalty.[3] This fact has been the basis for considering him a colonialist who regretted the loss of courtly splendor and the egalitarian aims of a republic. The underlying attitudes of the *Tradiciones peruanas*, however, are multifaceted and very frequently reveal a liberal and contemporary spirit. With obvious affection Palma reconstructs a Peruvian colonial world vividly alive with ambitious officials, cunning clergy, coquettish, seductive women, strutting Spaniards. It is a cape and sword epoch of passion and intrigue, of superstition where the Devil stalks, of processions and deceits and religious devotion. What Palma re-creates with intricate sensitivity is the seething New World scene, swathed in Spanish cloaks. But subtle comparisons of the astute, wily "criollos" and mestizos with the vain Spanish "hidalgos" show his sympathy for the rebellious "criollo" rather than for the Spaniard. He lauds the cleverness of the "limeño" bellringer who comes out victorious against a pretentious viceroy; or the successful protests by the "limeñas" against viceroys, archbishops, and even an edict of Felipe II legislating against "la saya y el manto,"[4] the distinct dress of the "tapadas"; or the young boy from Arequipa who bests the Spanish Archbishop and years later becomes the twentieth Archbishop of Lima and one of the great men of independence. The most interesting and beautiful women are from Lima, not those who arrived from Spain. The most vivid scenes take place in the streets of Lima and not in the stately palace of a surrogate king. Palma smiles slyly but fondly at the pomposity and pride of the viceroyalty.

The hum of activity and the murmur of conversations which emanate from the *Tradiciones* bring a spicy perfume of the past, undiluted by idealization. Archbishops and viceroys live again; Martín de Porres scatters his miracles; La Perricholi entices Viceroy Amat and scandalizes the aristocracy. Haughty nobles,

potbellied monks, and discontented shrimp-sellers jostle each
other in the crowded pages. Palma knows the origins of count-
less street names in Lima, why the Church of San Pedro has three
doors, how the Jesuits schemed to get an estate away from the
Paulist fathers, why pregnant women were allowed to roam
through monasteries, why neither viceroy nor archbishop can
use a parasol in religious processions, how the ceremonies of
Holy Thursday began in Lima, when the first bullfights were
fought, and the history of the first olive trees. He describes in
detail the excitement at the arrival of Spanish ships bearing news
from Spain, the stir over the constant excommunications, the
feuds over the right of asylum. Nothing pleases Palma more than
to spy on the intrigues of the viceroy's court, or to come upon
scandals of the convent, or to delve into the enmity among
religious orders. Palma's historic past is without idealism. He
views the Church, the Jesuits, the colonial institutions with
amusement, irreverence, and irony. His sarcasm stings, but it
does not wound deeply. The tone is popular, and Palma neither
moralizes seriously nor attempts to extract deep philosophic
lessons from history.

A multiplicity of perspectives govern Palma's attitudes toward
the colonial past. As a "limeño" he takes great pride in the
viceroyalty which brought honor and glory to the City of Kings.
Yet he shows little nostalgic longing to return to viceregal times.
On occasion a faint wistfulness passes through the work, inevitable, surely, in both the artist who misses grace and elegance in
his prosaic surroundings and in the political man of his times,
anguished by the present. But any wistfulness comes wrapped in
fine irony. Thus with straight face Palma relates a seventeenth
century dispute over whose carriage should give way in a narrow
street—the one belonging to the second Marqués de Santiago, or
the one belonging to the first Conde de Sierrabella ("Un litigio
original"). All Lima's nobility becomes involved, which gives
Palma the opportunity to present pages of noble titles in Lima,
plus each family coat of arms. Straightforwardly he announces
that his exhaustive investigations have never come upon a
Palma! A citizen of the republic did not need titles, but more
than once Palma's obscure origins had been jolted by the hierar-
chal structures of Lima's society.

Palma saw the foibles of society and was sometimes wary. At
the same time his whimsical spirit, seeking the humorous in the

human, allowed spontaneous, irrepressible humor to ripple through the *Tradiciones*. These facets of sparkling wit belong to the festive air of coastal Peru and to the languid atmosphere of Lima. Palma is an authentic "criollo" with the "lisura" of Lima on his lips—the "lisura," that graceful maliciousness with which the "limeño" has greeted life since colonial times. It has enabled him to be satiric while smiling, to exaggerate with delicacy, to be provocative while maintaining his exterior decorum. (The "lisura" of the viceroyalty was an acceptable satire of customs and prejudices and provided a lighter side to the excessive formalism of the epoch.) Palma's "tradición" is tinged with a mischievous, even salacious flavor[5] which may take on picaresque coloration. Peruvian picaros ("mataperros criollos"), however, have greater subtlety and certain aristocratic attitudes not present in their Spanish counterparts, and their jesting and joking were not meant to inflict injury. The "limeña" note, so evident in Palma, stems from a long line of Peruvian satirists,[6] and Palma is the continuation of this native trait as he encases graceful "limeña" satire in lasting artistic form.

In the soft, sensuous ambiance of Lima there is a frivolous vision of life which brings the light joviality to Palma's prose. The humor can be straight-faced, teasing, tart, malicious. The grief of Doña Violante de Ribera is treated with concern: "A cadaver in the room of a noble and reputable young lady is an unwelcome guest." ("La monja de la llave") The love between a young Inca princess and a handsome Spanish captain leads to amorous meetings. Palma advises his readers to read the first pastoral idyl they can find in order to form a correct idea of their transports of love. And then immediately to drink a glass of water in order not to gag from so much syrup. ("Hermosa entre las hermosas") He is amused by the pretentious dolt who began a sermon: "Our Lord Jesus Christ said, and in my opinion He said it very well . . . " ("Historia de una excomunión") He characterizes María Abascal as what is understood by the term "an aristocratic courtesan," that is, a "horizontal" of high tone. ("María Abascal")

Nowhere is the irony more subtle and fine than in Palma's discreet irreverence. With candor he relates the miracles which abounded on all sides. "Yo ni lo niego ni lo afirmo," he assures the reader after relating the feat of Fray Gómez, who, according to the Franciscan chronicles, flew through the air. Without overt comment he describes the situation of a mason in Lima who fell from a wall and was left suspended in the air while Fray Martín de Porres, under sentence not to perform more miracles, went to ask his superior for permission. Behind the mask of innocent acceptance the reader glimpses the smiling irony. Other "tradiciones" exhibit more open humor in their irreverence toward bishops, saints, virgens, and even Christ Himself. In "Un pronóstico cumplido" Palma explains earnestly that flattery will continue on in heaven. Why, it will be necessary to applaud the trills of the seraphim with great enthusiasm and to give loud kisses to the stem of the lilies that St. Joseph carries! "Apocalíptica" quotes God as saying: "Ya no aguanto más a esa canalla ingrata que sólo me proporciona desazones. Convoca, hijo, a Juicio Final." But although God fumes and the trumpet player tires, the "limeños" never bestir themselves to get to the Final Judgment. "¡Válganos Santa Pereza!" Christ and His apostles appear in unexpected places, "montados sobre la cruz de los calzones, o sea en el rucio de nuestro padre San Francisco" ("Refranero limeño"), or trudging across the Peruvian sands on their way to Ica. Conversations between the Savior and St. Peter are blunt. "Cuidado, Pedro, con tener malas pulgas y cortar orejas. Tus genialidades nos ponen siempre en compromisos." ("Dónde y cómo el diablo perdió el poncho") On occasion Palma just misses being sacrilegious because of the ingenuous attitude he adopts. Such an attitude also enables him to discuss solemnly the salubrious effects of the Devil, or to relate an Indian catechumen's opinion of the Mass: "Tiene de todo su poquito. Su poquito de comer, su poquito de beber y su poquito de dormir." ("Una aventura amorosa del Padre Chuecas") Only occasionally does Palma's light irreverence toward the Church and religion veer in the direction of sarcastic anticlericalism. Then it is the Jesuits[7] among the religious orders who receive the brunt of his jokes. In the main, however, Palma reveals a skeptical but benevolent attitude, one of fine doubt, perhaps more of the human than the divine.

Palma is unequaled in the grace and spice with which he portrays the women of his Tradiciones peruanas. A "limeño" must be gallant, an expert in matters of love, a connoisseur of the ladies. Palma plays his role to the hilt. In his flattering tributes to feminine beauty, coupled with his bantering, impious outlook toward its effect on men, he represents the attitude of his century, the "beloved torment" attitude in direct opposition to the unisex ideas of the late twentieth century. Woman is an essential element of the *Tradiciones*. Palma worships beauty and youth first; he is respectful toward mothers (and few are unworthy); he is indulgent toward the Perricholi and her sisters; he is dubious about those who enter the religious life; he is acrid toward mothers-in-law; he dislikes old women. Palma paints with great detail the physical aspects of the women who interest him. (Such detail is not wasted on men.) The seduction of feminine beauty begins with the eyes: Doña Violante de Ribera was a "limeña" beauty with "eyes blacker than a bad intention." Leonorcica Michel had "eyes with more questions and answers than the catechism." Then the velvet skin, the lips redder than wild cherries, the flowing hair, the tiny feet. How Palma enjoys the attributes of Eve's daughters! Visitación has a tiny and tempting waist with that look-at-me but do-not-touch air. "¡Cuando yo digo que la moza era un pimpollo a carta cabal!" Mariquita Martínez was one of those "limeñas" who possess more grace in walking than a bishop in confirming. Mariquita Castellanos: A royal lass indeed. "Bocado de arzobispo y golosina de oidor."[8] The fruit of Paradise depends on age, on her "twenty Aprils" or her "seventeen springs." On the other hand, he is unimpressed by those who "give the flesh to the Devil and later offer the bones to God." And he deals harshly with the serpents in Paradise, that is, the "mothers-in-law." Above all, Palma admires femininity, "la mujer-mujer" of Rosa Campusano, the favorite of San Martín, rather than Manuela Sáenz, the "mujer-hombre" of Bolívar. (" 'La Protectora' y 'La Libertadora' ")

Palma uses language appropriate to the social class of the woman and according to the quality of character. The frequent diminutives not only denote endearing attributes of the person herself, but the fondness and fascination of the author. Virtue, purity, fidelity of wives and widows, and the abnegation of mothers are highly lauded. At the same time marriage remains a trap which the adroit male should seek to avoid. And a deceived husband who does not avenge himself merits no respect! Palma is never more effective than when he is revealing a slightly licentious story. The obsession of the theme of honor, revolving around a woman, vies with Golden Age theater.

Palma's attitudes toward women are highly conventional. Yet even here there are stirrings of flexible, even non-traditional thinking. His women can be coquettish, clever, winsome, frivolous; but reflecting his New World perspectives, it is always the vivacious, bewitching "limeña" who holds the place of honor in the vast procession of women who file through the pages of the Tradiciones. Nonetheless, he often criticizes the indolence characteristic of many "limeñas," while he applauds those who stand up to the authorities, particularly viceroys and archbishops. There is also a certain grudging admiration for the spirit of those who avenge their dishonor either by cleverly trapping the errant male or by cruelly slaying him. And all the adoration of feminine pulcritude does not prevent Palma from voicing his disapproval of the atrocious feminine education in all eras.

Not far removed from colonial times, Palma's generation lived without the yoke of Spanish government but still within the confines of Spanish influence. For Palma, political independence did not mean a severance from Spanish culture and tradition to which he adhered with pride. His Hispanism, however, never takes precedence over his Americanism, nor confuses his identity. The Palma who fought valiantly against Spanish dreams of reconquest in 1866 is the same Palma who traveled eagerly to Spain to embrace with warmth the writers he had admired through his lifetime.

Palma's Americanism is particularly evident in his attitude toward the language held in common by America and Spain. Before the Real Academia Española de la Lengua in 1892 he presented his argument for the admission of some 350 Americanisms into the Diccionario de la lengua española on the grounds of their longstanding use by Spanish-American writers and by the general public.[9] In Palma's view, the Spanish language should provide a strong link between the two peoples, cemented and enriched by an understanding and an acceptance of American contributions. Conversely, he was completely opposed to the increasing influence of French on the language. In his plea for unity of vocabulary he reflects the thought of many American men of culture belonging to his epoch who deplored the splintering effects which the separation from Spain had had on the language.[10]

In his *Tradiciones* Palma deliberately uses popular language and archaisms, neologisms and the traditional, Spanish-American and Spanish. The language of the "tradición" sparkles with diminutives, elegance, proverbs, erudition, even street vocabulary, and thus is connected to all levels of society. Palma possesses a rich vocabulary encompassing the classical and the colloquial, and his concern with language, plus his versatility, enable him to use encrusted words of the *Siglo de Oro* as naturally as American, particularly Peruvian, expressions.

The flavor of spontaneous speech forms the stylistic basis of the "tradición," which sets it apart from the language of both the neo-classicist and the romantic. The reader seems to hear rather than to see the words. The syntax, which is usually rigorously pure, may follow oral use at appropriate times. Metaphorical and picturesque properties of speech contribute to the local, "limeña" essence, while archaic expressions, which Palma constantly uses, contribute an air of antiquity. Palma is an intuitive rather than a formal linguist. Specialists in the field will say later that he was inaccurate in the archaisms he used to create verisimilitude,[11] but this has little importance over and against his artistic success in making the past stir with life. The undiminished stock of proverbs and sayings, which represent collective popular wisdom, fascinated Palma for their linguistic and historical interest and especially as a colonial heritage which continued in his own era. He considered himself an authority on the popular language of old Lima, and he always defended the popular voice against the academician. "Se trata de un limeñismo, sobre cuya propiedad o impropiedad solo los de la parroquia tenemos voz y voto."[12]

Palma saw his *Tradiciones peruanas* in a patriotic light and even attributed a social role to them. He believed that America had not formed an appreciative awareness of its past and that the fanciful trappings of his new genre would enhance its image. Palma was able to see the poetry inherent in the Peruvian past at a time when others of his generation were steeped in devotion to a European medieval past that was not even their own, and where many, trying to remain faithful to a romantic-liberal creed, feigned contempt toward everything about the viceroyalty be-

cause it represented oppression and political dependence. On
the other hand, with the advance of the century a deep nostalgia
enveloped many Peruvian writers, particularly poets, who
wrapped themselves in the cult of Perricholism and viceregal
courtliness without the human dimensions of Palma's *Tradiciones*.

Peruvian attitudes toward Palma's concepts of their past underwent various revisions. During his lifetime Palma enjoyed the
deep affection and respect of his countrymen, and his *Tradiciones* were a perennial success. At the same time when the battle
lines between the native and the colonial were being drawn,
Palma's work was pushed into the colonial ranks, and to many
he became a reactionary. The chief instigator of this view was
Manuel González Prada, harsh critic of Peru's social, religious,
and political traditions. In his desire for a complete restructuring
of the country, González Prada castigated Peruvian literature
which he believed fostered a nostalgic love of the past and a
consequent disinterest in Peru's present and future. His attacks
began in 1886, and they peaked in 1888 with a speech in which
he condemned the "tradición" (without mention of Palma's
name) as a monstrous falsification of history. He ridiculed the
content: "Hai gala de arcaísmo, lujo de refranes i hasta choque de
palabras grandilocuentes; pero ¿dónde brotan las ideas? Se oye
ruido de muchas alas: mas no se mira volar al águila." And he
rejected false styles: "Verdad en estilo i lenguaje vale tanto como
verdad en el fondo. Hablar hoi en idiotismos i vocablos de otros
siglos, significa mentir, falsificar el idioma."[13]

Palma was fully aware that many aspects of the colonial era
had only assumed different guises in his own contemporary
world. He treated this with sarcastic wit and a subtlety apparently missed by some of his contemporaries.[14] He spins tales
around public figures of the past whose attributes can be applied
to public figures of his day. He constantly draws pungent comparisons between the two epochs: an excommunication in those
days was as frightening as "our mass meetings." The election of
an abbess in the eighteenth century caused factions and had the
same impact as a change of president has in "our republican
era." Professional weepers of colonial times have disappeared, to
be replaced by something worse: the obituaries that appear in the
papers "today." Sometimes the comment is biting: he describes a
rowdy group in the early seventeenth century being taken off to

the Pescadería prison, where "in our democratic days" liberals and conservatives serve time in loving companionship with bandits. Far from being slavishly enamored of the past, or escaping into remote times to avoid the present, Palma's keen nineteenth century eyes peer at the historical process. At the slightest provocation he sets the reality of the present against the past, and, as narrator, he moves easily backward and forward in time. (In the midst of mentioning the important people in Spain who received boxes of chocolate from the Jesuits in Cuzco, he adds that he will not give a list as interminable as the kicks that the congresses give to that old bird called the Constitution. That's the reason she can't give birth to anything . . . And the story of the Jesuits continues ["El chocolate de los jesuitas"]). In politics and in conscience Palma is a liberal. Imbued with the spirit of independence, he puts his faith in the fundamental morality and good judgment of the "pueblo." His popular roots and liberal critiques are present in his *Tradiciones* together with his love of the colonial world, and the paradoxical qualities contribute to their delight.

The originality of the "tradición" as a literary form should also be included as an expression of Palma's unfettered spirit. He considered himself the initiator of a new literary genre,[15] an opinion which can be accepted in the sense that his "tradición," although heir of many literary strains, has no model. Loosened from the tangle of antecedents, Palma's "tradición" floats freely in the literary currents.[16] The lack of false idealism, the range of characters from all social classes, and the popular and colloquial language fall within the reality of the current Peruvian panorama. At the same time Palma's refined irony and his power of fantasy elevate the "tradición" to an imaginative and creative category. Palma began his "tradición" in the early years of independence, and his new genre contributed to the evolution of American literature in the process of separating from its Spanish roots. Of all the nineteenth century literature written before modernism, only the *Tradiciones peruanas* and the gaucho poetry of Argentina and Uruguay stand out as original American contributions.

Palma's originaltiy does not, of course, cancel certain limitations in his prose. His themes are local, not universal. His spirit is vivacious but not profound. His historical concepts lack objectivity. Too large a measure of his work at one time will cloy.

It is curious that his chief defect is also one of his chief attributes: his "limeña" vision which colors his *Tradiciones* so delightfully but also reduces them entirely to one small portion of the world. Nevertheless, the expression of this parochial vision spread the fame of Lima far and wide, and through his *Tradiciones peruanas* Palma succeeded in folding a poetic past around his beloved city which enabled it to take its place among other great cities of the world.[17] Indeed, for many years "lo peruano," to the outsider, meant Lima, as seen in the concepts of Peru held by Unamuno, Valera, and other Spanish writers.

Within the development of Peruvian literature, the combination of conservative and liberal attitudes and perspectives in Palma's *Tradiciones* provides a starting point for an appreciation of the complex mixtures that make up Peruvian society. Thoroughly at home in Lima, Palma focuses his *Tradiciones* on the capital from which all Peruvian culture had radiated since the time of its founding. While he gives no evidence of the confusion and tensions which grip the later "serrano" writers, he does incorporate a "criollismo" and "mestizaje" of the coastal area of Peru. Adding the spirit of the Andean provinces with antipodal aspects of Peru will be the arduous task of the Peruvian writers who come after him.

A contemporary Peruvian of his time, with pride in the past and confidence in the future, Palma contributed greatly to the development of a national consciousness. His completely Peruvian, "limeño" spirit, which might have limited his effectiveness, opened the door of fame. In turn, this international eminence as a Peruvian writer brought a sense of pride and self-confidence to a nation groping for identity. The lesson was not lost that the grace, the charm, the sparkling wit, the malicious joy sprang from Palma's Peruvian essence.

Temple University
Philadelphia, Pennsylvania

NOTES

1. 1833-1919. Palma's family origins are still being disputed. Most researchers have accepted a baptismal certificate found in Lima of

Manuel Palma, natural son of Pedro Palma and Guillerma Carrillo Pardos (although Raúl Porras Barrenechea claims the latter was the grandmother and that Dominga Soriano, who does not appear on the certificate, is the real mother). Palma did use the name Manuel Ricardo Palma for his first publications.

2. Palma gives "La muerte en un beso" as his first published literary prose (1852). He inserted it in the tenth series of the *Tradiciones* with a note that it is really a little romantic novel of the type in vogue during his youth. In the same series is "Consolación," dated 1851, which Palma apparently sketched in his school days. His first "tradiciones" were published in *La revista de Lima, La república*, and *El liberal*.

3. The *Tradiciones* can be divided into the following historical periods: Incaic Peru and the Conquest (7); Viceroyalty: under the Hapsburgs, 1533-1700 (213); under the Bourbons, 1700-1824 (190); Independent Peru, 1821 on (107).

4. No one has succeeded in finding the origin of "la saya y el manto," not even Palma. This local, colonial style began to decline around 1853 in favor of French styles. The Corpus Christi procession of 1854 seems to be the final appearance.

5. *Tradiciones en salsa verde*, written in 1901, was a collection of some 51 pages of manuscript meant only for his friends. For Palma's time, they were almost pornographic, and naturally copies were made. Recently *Tradiciones en salsa verde* was published in Lima: La Editorial Jurídica, 1973.

6. In Peru a strong, picaresque-like strain, coming from colonial times, merged with Peruvian "costumbrismo" (tinged, always, with irony). During the colonial regime, Juan del Valle y Caviedes pounced on physicians as his main target, Esteban de Terralla de Landa ridiculed the women of Lima, Fray Francisco del Castillo ("El ciego de La Merced") poked fun at aspects of the domestic scene. In independent Peru there were Palma's immediate predecessors, the Peruvian "costumbrista" satirists Felipe Pardo y Aliaga (1806-1868) and Manuel Ascencio Segura (1805-1871). And then Palma, the full flowering of Peruvian "criollo" satire.

7. Palma's antipathy toward the Jesuits went very deep. In 1896 he published *Refutación a un compendio de historia del Perú*, in which he denounced the work of Ricardo Cappa, a Spanish Jesuit. In the opinion of Palma, Father Cappa's study unduly lauded the Spanish conquest and colonization of Peru while reducing the republic of Peru to nothing. Palma's work provoked much public discussion, and the Congress finally decided on the Jesuit's expulsion from Peru, much to Palma's satisfaction.

8. Violante de Ribera in "La monja de la llave." Leonorcica Michel in "Rudamente, pulidamente, mañosamente." Mariquita Martínez in "La trenza de sus cabellos." Mariquita Castellanos in "¡Pues bonita soy yo, la Castellanos!"

9. Palma was disturbed that Americanisms were considered inferior to the provincialisms of Spain which were included in the *Diccionario*. Although he had no success in 1892-3, seven years later a new edition of the *Diccionario* contained at least half the words he had proposed.

10. Palma's *Neologismos y americanismos* (1896) and *Papeletas lexicográficas* (1903), the latter amplifying the *Diccionario de peruanismos*, 1883-4 of "Juan de Arona", came from his interest in channeling one common language within the borders of purist and popular.

11. The same criticism will be leveled against the early indigenists in their attempts to write down the speech of the Indian.

12. Letter of Nov. 5, 1896, to Aníbal Galindo.

13. *Páginas libres*. 1915 edition, p. 54. "Discurso en el Teatro Olímpo."

14. Blanco Fombona in his 1915 prologue to *Páginas libres* is a case in point: "Tradiciones peruanas, de Ricardo Palma, es una de las obras mas amenas y más americanas de nuestra literatura. Y caso curioso . . . Palma es un españolizante, un retardatario, un espíritu servil, un hombre de la colonia." p. xxii

15. Letter to Juan María Gutiérrez, July 5, 1875.

16. The fabric with which he constructed his "tradición" comes from many sources, some close, some remote. The American are more interesting than the European. A forerunner is Concolorcorvo's *El Lazarillo de ciegos caminantes*, published in Lima (1773? 75?) The spicy anecdotes, the popular sayings, the sarcastic, realistic observations narrated in the first person surface again in the *Tradiciones*. See also footnote 6 above.

It is futile to enter into debates about the appearance of earlier "tradiciones." Julio Arboleda, an exiled Colombian living in Lima, directed Palma's steps in the direction of the "tradición" with his "Gonzalo de Oyón," a romantic legend in verse. In Guatemala, José Batres y Montúfar (1809-1844) used the title *Tradiciones de Guatemala* for his piquant stories in verse which are similar in tone to the Peruvian "tradiciones." Batres is the first to inject a jesting quality into the romantic legend, but his poetry pales beside the adroit flexibility of Palma's prose.

17. The well-known "El alacrán de Fray Gómez" is an illustration. Palma cites a Franciscan chronicle as his source. Castro Arenas (*De Palma a Vallejo*, Chap. 3, pp. 71-76) identifies this as the *Crónica de la*

Religiosísima Provincia de los Doce Apóstoles del Peru (1651), which contains an account of the life, death, and miracles of a Fray Juan Gómez. However, in his "tradición" Palma elaborated a little on these miracles, and the main miracle of the "alacrán" did not appear in the chronicle. This belonged to another Franciscan in Guatemala who changed a lizard into an emerald. What Palma created, then, was a story that redounded to the credit of Lima.

LA DOBLE ORALIDAD Y OTRAS CLAVES
DE LECTURA DE RICARDO PALMA*

Dario Puccini

No es mi intención hablar aquí de la fortuna italiana de Ricardo Palma, que resulta escasa, a pesar del buen aporte de un libro de Alessandro Martinengo, sobre *Lo stile di Ricardo Palma,* publicado en 1962. Pero deseo adelantar una noticia: la Editorial UTET de Turín se apresta a publicar, este año o el próximo, una antología de las *Tradiciones,* y será ésta una oportunidad favorable para despertar en Italia el interés hacia el importante autor peruano.

Como indica el título de la ponencia, voy a dividir mi exposición en tres puntos o párrafos para ilustrar y explicar algunas claves de lectura de las *Tradiciones peruanas* de Palma. Esto para simplificar y sintetizar al máximo mis palabras. Ustedes, buenos conocedores de Palma, comprenderán, al escucharme, que la síntesis podría transformarse en análisis con más tiempo a disposición —esto es con más referencias y citas de los textos de nuestro escritor, como sería deseable y necesario.

El primer punto que voy a tratar es el siguiente:

1. **Los mecanismos e ingredientes narrativos de las "Tradiciones".**

Se ha dicho, con mucha razón, que es muy difícil o casi imposible describir y establecer una estructura tipo o un modelo standard de la "tradición" de Palma, y también algunas estructuras o modelos de la misma. La verdad es que, en este campo, las variantes superan sin duda a las invariantes o constantes de este especial género literario, que tiene antecedentes y parentescos con el periodismo inglés del siglo XVIII, con la leyenda romántica, con el artículo de costumbres de los costumbristas españoles, con el cuento breve *tout court* o más bien con el cuento breve romántico, realista o post-romántico, o en fin visto desde la perspectiva actual — con ciertas investigaciones antropológicas e infra-históricas.

(*) Ponencia leída por el autor durante los actos organizados por la Academia Peruana de la Lengua con motivo de la celebración del sesquicentenario del nacimiento de Ricardo Palma.

263

Ahora bien, si no se puede hablar, sino con muchas salvedades, de estructuras, sí que se puede hablar, con provecho, de mecanismos e ingredientes que componen la "tradición" de Palma

El término "mecanismo" (que, con cierta extensión o aproximación, en nuestro caso, podría coincidir con el término de Tomascevskij "proceso narrativo" o con "función narrativa" de Greimas) es un término utilizado en algunas investigaciones de caracter historiográfico. Y esto establece una curiosa e interesante afinidad entre los textos narrativos de Palma y los textos históricos, que están por abajo o por encima de las *Tradiciones,* como intencionalidad o como ambición de fondo. Me sugiere este término un librito excelente de Ruggiero Romano, *Mecanismes de la Conquête,* publicado en 1962. Allí se estudian, con buena inteligencia crítica, precisamente algunas constantes del fenómeno histórico que llamamos Conquista española de América. Se trata de un principio dinámico —el mecanismo— que permite establecer causas y efectos de la invasión hispánica y todas la sub-causas y sub-efectos de la misma, en un conjunto rico de implicaciones de todo tipo: económico, cultural, hegemónico, etc.

En nuestro caso, los mecanismos son exactamente aquellas líneas dinámicas que entrelazan los varios *ingredientes* narrativos. Como toda literatura, y más precisamente como todo fenómeno cultural, la narrativa de Palma se puede descomponer —del mismo modo que la cocina y las buenas comidas— en muchos ingredientes. (Más o menos es lo que hace el antropólogo Lévy-Strauss en el libro *Lo crudo y lo cocido.* Y no me parece raro que Roland Barthes, en una oportunidad, haya hablado del "sabor" de la literatura).

¿Cuáles son los ingredientes que forman esa especial "cocina", ese resultado complejo y variado que es la "tradición", así como sale de la pluma multifacética de Ricardo Palma?

La lista de los ingredientes es grande y todos tienen relieve e importancia: el uso de la historia y de la crónica, el cuento oral, el chiste, el refrán, el diálogo, la digresión, la referencia o cita ajena, la repetición, las pausas y las autocensuras. Probablemente, hay uno o dos ingredientes más, pero en este momento se me escapan.

Cada uno de estos ingredientes o elementos narrativos básicos merecería un planteo particular y pormenorizado, pero no es éste el lugar para trazar tal planteo, que trataré en cambio de delinear brevemente. Por ejemplo, tratar del uso del chiste en Palma sería de gran utilidad crítica, en el caso específico del escritor peruano; y en esto nos sería de singular provecho lo que escribió Sigmund Freud, en una de sus obras más fecundas (fecunda en sugerencias literarias, como se ha visto en algunas oportunidades).

¿Y cuáles son los mecanismos o procesos narrativos principales? Pues bien: los que derivan de la combinación variada de tales ingredientes. El mecanismo de la comicidad, el mecanismo de la ironía, el mecanismo del entretenimiento o

264

de la evasión literaria, el mecanismo de las pausas y de los silencios (que está en conexión directa con las que he denominado "autocensuras") y el mecanismo diégetico sin más.

Por ejemplo, el mecanismo de la comicidad y el mecanismo de la ironía (que no son obviamente la misma cosa) pueden utilizar *chistes* o *diálogos,* o la combinación de los dos ingredientes: chistes en diálogo, o diálogos que terminan en chistes. El mecanismo de la ironía puede servirse de pausas y silencios, de referencias cultas en función de contraste o de digresiones un poco artificiales.

Al examinar una "tradición" más bien sencilla y seguramente bien lograda como *El ahijado de la Providencia* (título que es ya de por sí un apodo popular o una *vox populi)* encontramos esta serie (en la primera parte):

a) Uso de la historia, en serio.
    ("El cuarto monarca del Perú en la dinastía incásica. . .")

b) Uso de la historia, con ironía.
    (Parece que Pizarro no quería tener cerca de sí mucha gente de pluma. . .")
    ("Nada entendido en heráldica el demócrata que esto escribe, atiénese a la explicación que sobre tal alegoría [el escudo de armas] da un cronista".)

c) Uso del refrán
    ("Quien lo hereda no lo hurta").

d) Uso de una inserción "oral"
    ("Si hay quien lo explique mejor, que levante el dedo").

e) Otro refrán o proverbio
    ("Arequipa, ciudad de dones, pendones y muchachos sin calzones").

f) De nuevo el uso de la historia, en serio, o sea del documento.
    ("El ejemplar que he consultado se encuentra en la Biblioteca Nacional").

g) Uso del diálogo con chiste final
    ("Pues don Fulano de Tal, de Tal y de Tal, vuesa merced se vista como se llama o llámese como se viste").

h) Uso de la crónica, con ironía, o sea, ironía sobre los documentos.
    ("Y si ello es embuste o invención, no me pidan cuenta los arequipeños, que es el duque, y no yo, quien lo refiere").

i) Final de capítulo o de premisa histórica con auto-ironía.
    ("Si he traído a cuenta este cardumen de dato históricos. . .")

Viene después el segundo párrafo o capítulo, o sea el cuento efectivo, donde se repiten, casi con simetría, los mismos ingredientes: otro proverbio, otro diálogo con chiste final, otra ironía con moraleja, final con explicación del apodo y del título de la "tradición".

265

2. La doble oralidad de las "Tradiciones".

Ya en la "tradición" que acabo de examinar, se ha visto que hay varios elementos y rasgos de oralidad: el diálogo con el lector, la inserción "oral", el diálogo como muestra de una oralidad inducida, el chiste y la búsqueda de una complicidad irónica con quien escucha o lee. Palma vuelve a las fuentes orales de la narración en sus formas fundamentales: la oralidad que deriva de las crónicas y que ya se ha transformado en voz popular, difundida y esfumada (¡cuántas veces Palma utiliza el verbo "decir" —*diz que* o *algunos dicen que*— o el verbo "parecer" —*parece que* o *según parece!*); o más bien, más concretamente, los cuentos de la abuela, de alguna vieja o de algún viejo, o los cuentos que se remontan a la tradición oral de los cuzqueños, de los arequipeños, de los pequeños pueblos o de las provincias del Perú.

Leo en el "Suplemento cultural" de *Crónica* que acaba de salir en estos días, en la nota de Isabel Córdova Rosas *(Literatura oral, primera fuente de Palma)*, la siguiente frase: "Vinculado al chisme limeño desde niño, a la conseja familiar y al pregón callejero, al rumor de cierrapuertas y al resabio cunda de una casta mestiza, Palma como Garcilaso, como Ciro Alegría, como García Márquez, haría de la memoriación de los años mozos y de la parla de sus amistades, un mundo original, una nueva configuración de la historia sin ser propiamente historia, convirtiéndose en nuestro primer clásico de las letras republicanas". Perfecto.

Pero el hecho más interesante es que en Palma se dan las dos vertientes principales de la oralidad: las que podemos llamar de "ida y vuelta". No sólo se encuentra en sus páginas el fenómeno de las fuentes orales, sino también el de la transformación de la tradición oral en una especie de "estilo oral". Doble oralidad. Porque Palma conserva una dimensión oral y hablada en todas sus "tradiciones". Cada buen lector y crítico de Palma sabe cuánta importancia cobran en este escritor los recursos "orales" de la narración: así que su "tradición" más bien se parece a una conversación ininterrumpida, con los imaginables ademanes, pausas, silencios y alusiones del discurso hablado.

En este sentido —también en este sentido— Palma es escritor que se presenta con cierta peculiaridad y originalidad y que seguramente se encuentra en una especial encrucijada de la historia del "texto oral". Es cosa conocida que sobre todo en estos lustros ha habido un *revival* de los estudios acerca de los aspectos orales de la narración escrita (y cito, entre varias obras, al libro de los críticos norteamericanos Scholes y Kellogg, *The Nature of Narrative*, del año 1966, o los libros, tan sugestivos, de Vladimir Propp sobre la fábula y los de Yuri Lotman sobre la estructura del texto poético y su *Tipología de la cultura)*, pero, quizás salvo lo que se ha escrito, a este propósito, sobre *Cien años de soledad*, pienso que el tipo de doble oralidad que ofrece Ricardo Palma en sus *Tradiciones* merece una consideración aparte.

266

En efecto, lo que se tendría que estudiar en Palma es el hecho que no sólo utiliza la tradición oral de los abuelos, de la historia que se ha vuelto mito, de la interpretación oral de las crónicas, sino también que aun cuando utiliza la tradición escrita la traduce en algo que se parece a la tradición oral. Al fin y al cabo, su fantasía se enciende precisamente ante las posibilidades conversacionales del discurso narrativo.

Así, en la perspectiva de un tratamiento más detenido de este tema, voy a señalar aquí algunos rasgos, ya ilustrados por los especialistas del fenómeno de la oralidad, que se pueden aplicar o adaptar a la "tradición" de Palma, y a sus procedimientos narrativos. Uno de estos consiste en lo que los teorizadores del argumento han llamado "simulación de la oralidad", o sea lo que he explicado más arriba. El segundo es el recurso al "marco" en cada narración: recurso señalado por Lotman. El *incipit* y el final de muchas "tradiciones" presentan calidades peculiares de "marco": para dar garantía de veracidad a sus narraciones (cosa muy de su tiempo), Palma construye una adecuada premisa de referencias, una suma rápida de referentes históricos o cronísticos. Y el final, en varios casos, consiste en reanudar esas premisas y esas referencias para concluir en forma proporcionada y cumplida el discurso narrativo de la "tradición". Ultimo rasgo: ya que el texto oral es, en general —como han observado los expertos de esta materia— más elíptico y redundante que el texto escrito, es posible notar en Palma el recurso frecuente a la *repetitio* y a la *elipsis*: peculiaridad que algunos críticos han llamado "barroquismo" parcial o episódico del escritor peruano.

Sin embargo, el análisis de estos rasgos tendría que ir más a lo profundo: ahondar en los textos y en la forma de su expresión.

3. Las "Tradiciones" vistas desde la perspectiva actual

No tengo dudas a este propósito: Ricardo Palma, visto desde la perspectiva actual, resulta el escritor que el Perú necesitaba en aquel momento histórico y en aquellas contingencias. Hasta sus mistificaciones, sus vuelos retóricos, sus pedagogismos, sus lugares comunes, sus pequeñas vulgaridades, como su interpretación fundamentalmente reconfortante de la historia colonial denuncian un escritor burgués, pero con su innegable función "nacional-popular", para decirlo con Antonio Gramsci, José Carlos Mariátegui, que conocía las opiniones de Gramsci (pero no, me parece, su noción de literatura "nacional-popular"), supo valorar a Palma según su papel en una determinada circunstancia histórica.

Voy a hacer algunas consideraciones al respecto. Muchas veces Palma se autodefine "cronista". Esto quiere decir que Palma nunca se olvida de su función informativa, base de cada buen escritor de consenso. Siempre se funda sobre una opinión pública "media", más o menos burguesa, y siempre tiende a construir, con sus *Tradiciones*, una opinión pública media, "para la gente". Al haber nacido en otra sociedad, Palma habría sido un buen periodista o un escritor completa-

267

mente distinto —un novelista, un ensayista quizás. En la sociedad peruana del siglo XIX, a la búsqueda de un estatuto de identidad propio, ha sido el autor de las *Tradiciones,* un escritor original y variado, muy brillante y cordial, con un lenguaje rico de metáforas populares, de refranes, de formas sencillas y conversacionales. Escritor de consenso, lucha para establecer una manera de ver e interpretar los hechos según un sentido democrático, mayoritario, "nacional-popular".

Palma mira casi siempre hacia el pasado. Y ha sido fácil, en este sentido, tacharlo de pasatista, de conformista, de reaccionario. A mi modo de ver, Palma muestra que sabe tratar la historia patria con familiaridad, sin miedo y sin prejuicios, con tolerancia— con un espíritu liberal que no·siempre ganó sus batallas en el Perú y en América Latina. *Su* pasado no es ni hermoso ni feo, ni bueno ni malo: pero es un pasado, una tradición y una perspectiva que resultan útiles a un país de incierta o no consolidada ciudadanía, de incierto o no consolidado "Registro Civil". ¿Nostalgia del pasado? ¿Nostalgia del tiempo colonial? ¿Nostalgia de España? No sé. Puede ser. En todo los casos, Palma sabe que todo el pasado —bueno o malo, grandioso o mediocre— puede servir para crear el álbum de familia, la galería de retratos de la nación.

Palma es un escritor entretenido, divertido en muchas oportunidades. Acaso uno de los pocos escritores entretenidos del siglo pasado, en América Latina. Para llegar a ser divertido emplea todos los recursos posibles, algunos hasta fáciles, baratos. Utiliza la historia también como manera de evasión, porque sabe que la mejor evasión es la que no tiene apariencia y aire de evasión, sino apariencia y aire de verosimilitud o de verdad. Pero con su simpatía por la historia, por el documento, por la antigualla se parece a un arqueólogo, a un antropólogo moderno, a un restaurador. Repito: de haber vivido en una sociedad autodestructiva como la de hoy, Palma habría sido un ecólogo, un conservador inteligente de las cosas de antaño, muy parecido a los que en Alemania se llaman, en este momento, "los verdes". Mira hacia atrás, mira al pasado con un espíritu nuevo: hecho de tolerancia, de humorismo (algo raro en el mundo "latino"), de crítica irónica y con un sentimiento profundo de la paz social que necesita el Perú, en su tiempo y quizás aún hoy.

Al fin y al cabo, Palma con sus *Tradiciones* no funda toda la tradición del Perú, pero seguramente *funda una* tradición, *una* memoria colectiva, *una* forma importante de la identidad peruana, *una* forma autónoma y autosuficiente del "peruanismo" de todos los tiempos.

268

Una nueva aproximación al lenguaje en las *Tradiciones peruanas* de Ricardo Palma

RICARDO PALMA BASÓ SUS *TRADICIONES PERUANAS* EN el pasado histórico del Perú: el virreinato y la república. Dentro de las múltiples reflexiones teóricas que ha suscitado su obra se ha subrayado su carácter contradictorio, conflictivo. En un artículo reciente, Durán Lazio señala, por ejemplo, que las contradicciones inherentes en la obra de Palma reflejan las oposiciones barrocas de la sociedad limeña virreinal, económicas, políticas y culturales (587). Nosotros somos de la opinión que las contradicciones en la obra de Palma responden a la presencia de la parodia en las *Tradiciones*, la cual se caracteriza por tener una multiplicidad de lenguajes. La intención de nuestro trabajo es, por consiguiente, la de analizar el aspecto paródico de la obra de Palma con la finalidad de descubrir las múltiples capas textuales en las cuales ha montado el tradicionista toda su obra y también de revelar la verdadera posición ideológica del autor.

Para llevar a cabo nuestro propósito hemos escogido sólo una de las *Tradiciones*, "No juegues con pólvora." Su selección no significa que ésta sea la única tradición que se preste a este tipo de análisis, ni mucho menos.[1] Al contrario, nosotros somos de la opinión que toda la obra palmiana cabe dentro del marco paródico que analizaremos a continuación. "No juegues con pólvora" contiene, no obstante, todos los ingredientes necesarios que hacen que ésta se

convierta en el modelo paradigmático con el que hemos querido
ilustrar las bases teóricas de las *Tradiciones peruanas*.

La parodia como concepto teórico proviene de las obras de Mikhail
Bakhtin y de Linda Hutcheon.[2] Mikhail Bakhtin traza los orígenes
de la parodia a la cultura popular del carnaval de la Edad Media
y del Renacimiento. En ambas épocas el carnaval era un período
de alegría ya que representaba una manera auténtica del pueblo de
despojar a la vida de su aspecto de orden y de normalidad y de permitirle la incorporación de su lado extravagante. Lo grotesco de la
existencia parodiaba el orden establecido, la razón; lo grotesco
confrontaba lo oficial. Por consiguiente, la parodia trajo consigo
la desnivelización: degradaba todo lo que es alto, espiritual e idealizado, y lo remontaba a la esfera de lo mundano. Por otro lado, ele-
vaba, espiritualizándolo, todo aquello considerado por los canones
tradicionales como lo vulgar y lo ordinario. El carnaval se basaba,
entonces, en la dinámica de la confrontación de dos entidades opues-
tas y contradictorias. En el vaivén entre el orden y el desorden, radicaba la esencia del carnaval: todo encerraba una antítesis, una contradicción.

El principio carnavalesco fue asumido más tarde por la literatura
a través del tropo de la parodia; por medio de éste, el realismo grotesco (término que Bakhtin le asigna al género literario que abarca
la imagen carnavalesca) llega a incorporar las contradicciones inherentes al carnaval antiguo. Al confrontarse la retórica establecida,
oficial, con la retórica común y corriente de los textos populares,
la primera aparece desnivelada, degradada. Cuando más encumbrada
se encuentra aquélla, más fácil es su transmutación. En consecuencia, la parodia consigue con la literatura el mismo resultado del carnaval antiguo: una transformación radical de los canones literarios
establecidos a través de una confrontación de todos los textos presentes en el espacio que define la escritura. La literatura se carnava-
liza, entonces, en la medida en que se hace paródica, es decir, en
la medida en que logra la interacción de sus distintos lenguajes, de
sus distintas texturas lingüísticas. Dicha confrontación produce una
nueva palabra—la palabra dialógica—cuya distinción principal es
la ambigüedad como resultado de la multiplicidad de lenguajes que
contribuyen a su gestación. Esta nueva palabra es el resultado de
la contienda dialógica que ha tomado lugar entre los múltiples lenguajes, dispares y conflictivos, contenidos en la escritura literaria.

Hutcheon elabora el concepto bakhtiniano de la parodia al mismo tiempo que le añade algunos elementos significativos. Según Hutcheon, la parodia se manifiesta en la literatura en la oposición y contraste entre múltiples textos, pero no con el propósito de copiar ni de ridiculizar sino de recontextualizar, de sintetizar, en otras palabras, de reformular convenciones literarias de una manera respetable (33). Hutcheon previene, por consiguiente, que el acto paródico en la literatura representa algo más que una mera comparación textual: "the entire enunciative context is involved in the production and reception of the kind of parody that uses irony as the major means of accentuating, even establishing, parodic contrast" (34). Por lo tanto, mientras que el acto y la forma paródica están basadas en la incorporación de una multiplicidad de textos, su función es una de separación y de contraste. El significado de la parodia se apoya, entonces, en el reconocimiento de la superimposición de todos los niveles textuales (34).

Por último, según Hutcheon, la parodia requiere que el lector sea el agente descodificador de la obra literaria. Reclama aquélla, exige, demanda, que el lector [el "inferring reader" de Hutcheon] se convierta en cómplice, y que, como tal, interprete los niveles textuales de la obra de ficción. Como resultado del acto interpretativo, el lector efectúa la superimposición, o yuxtaposición de los múltiples textos: "The encoder, then the decoder, must effect a structural superimposition of texts that incorporates the old into the new" (33).

Entrando ya en el terreno específico de la obra de Palma, y siguiendo las pautas de la parodia establecidas por Bakhtin y Hutcheon, podremos entonces empezar el análisis del lenguaje palmiano.

Las "Tradiciones" y el criollismo

José de la Riva Agüero, uno de los primeros investigadores de la obra de Palma, considera al tradicionista como el representantes de los escritores criollos peruanos (*Carácter de la literatura* 129). Lo que este vocablo significa para Riva Agüero lo define en esta misma obra con los siguientes términos: "Posee [Palma], más que nadie, el donaire, la chispa, la maliciosa alegría, la fácil y espontánea gracia de la tierra" (129).[3] Clemente Palma, al refutar el predominio de la influencia inglesa que algunos críticos han querido ver en la obra de su padre, señala que la tradición es el resultado de la mezcla de una manifestación legítima del alma criolla — mestizaje indohispano — y de las narraciones escritas en lengua inglesa."[4] Feliú Cruz confirma la postura del hijo de Palma cuando señala que el autor de las *Tradiciones peruanas* es el cordón umbilical que une el viejo espíritu criollo con el nuevo; de este último subraya que es "esencialmente cosmopolita" (II 13).

Picón Salas subraya que Palma es un Voltaire criollo aunque carece del patetismo que marcó al francés. Para Picón Salas, el escritor peruano se encuentra siempre dispuesto a "encontrar la nota del ingenio, la espiritualidad corrosiva o graciosa que destruye una superstición o un convencionalismo venerable."[5] Fabio Xammar considera a Palma, "*mataperro* criollo," porque "[se] jacta bonachonamente de una crueldad que no conoce, ni es capaz de poseer" (105). Por último, habría que señalar que criollo también se le ha considerado al espíritu de Palma, temperamento que para otros sería el equivalente al criollismo pícaro.[6]

Aunque el término criollo ha sido generalmente visto en un marco sociológico — dícese del blanco nacido en las colonias, y de los españoles nacidos en América — en el contexto de este estudio aplicamos este concepto a un nivel lingüístico, sacándolo de esta manera de su significado tradicional. La integración racial y cultural que ha definido a Latinoamérica desde la época de la conquista, ha afectado obviamente su lenguaje. Esto se percibe muy claramente en la abundancia de giros, de expresiones gramaticales, y de una lexicografía del lenguaje americano, las cuales han superado, y desbordado, las delineaciones lingüísticas originales que los españoles trajeron consigo a finales del siglo XV. Luis Beltrán Guerrero, en 1978, señala que el español:

> es lengua oceánica en que desembocan Amazonas y Orinocos, torrenteras de indigenismo, raudales de africanismos, gran mestizaje que no desdeña el transplante de ninguna corriente étnica, lengua española americana.[7]

Este fenómeno integrativo de estas y otras raíces lingüísticas compone las bases de lo que nosotros comprendemos por lenguas criollas americanas. Por consiguiente, para nuestros propósitos, entendemos que el lenguaje criollo americano contiene la combinación o multiplicidad de niveles discursivos señalada. Es, asimismo, esta misma plurivalencia de textos discursivos la que define las *Tradiciones* palmianas. De ahí que críticos al estilo de Riva Agüero se refieran

al "peculiarísimo" lenguaje palmiano, en el cual, "a la habla anti-
cuada se agregan todos los regionalismos, todos los limeñismos y
todas las palabras familiares y plebeyas" (*Carácter de la literatura*
157).

Un aspecto adicional del lenguaje criollo es que cada uno de sus
textos tiende a dominar sobre los otros. Yahni, por ejemplo sugiere
que es lo coloquial lo que tiende a predominar, aunque también
se pueden encontrar intercalados refranes o voces populares (173).
Caillet-Bois indica que es a partir del último tercio del siglo XVIII
cuando se empieza una ávida recopilación de vocablos populares,
los cuales son incorporados en las obras literarias al estilo de las
Tradiciones (70-71).[8]

Habría que añadir, no obstante, que cuando el lenguaje palmiano
es visto como una manifestación del criollismo peruano, la valori-
zación de este fenómeno ha oscilado con el punto de vista del crítico. Algunos perciben el aspecto integrativo como algo positivo
mientras que otros manifiestan lo contrario. Al referirse a los "limeñismos" y a la presencia de "palabras familiares y plebeyas" en la
obra de Palma, Riva Agüero, por ejemplo, añade que éstas aparecen dignificadas pero sólo al ir acompañadas por modismos y refranes "de pura raza española" (*Carácter de la literatura* 157). Como
resultado de esta actitud, cuando Riva Agüero elogia el criollismo
de Palma, celebra especialmente el trasfondo español "muy claro
y definido" contenido en las *Tradiciones* (157).

Palma mismo estaba consciente de lo criollo en su escritura.[9] En
una carta a Vicente Barrantes, escrita el 29 de enero de 1890, el tradicionista pone un gran énfasis en el hecho que su estilo es mestizo,
si por tal se entiende la unión de varias lenguas: "Mi estilo es exclusivamente mío: mezcla de americanismo y españolismo, resultando
siempre castiza la frase y ajustada la sintaxis de la lengua" (*Epistolario* I 333). Palma condena, por lo tanto, el purismo lexicográfico:

> Muchos hacen estribar el purismo en emplear sólo las palabras que trae
> el diccionario. Si una lengua no evolucionara, si no se enriqueciera su voca-
> bulario con nuevas voces y nuevas acepciones, si estuviera condenada al
> estacionarismo, tendrían razón los que así discurren. Para mí el purismo
> no debe buscarse en la corrección del vocabulario sino en la corrección sin-
> táctica, que la sintaxis es el alma, el espíritu característico de cada lengua.
> (*Papeletas lexicográficas* vi)

De ahí que no llama la atención el ataque violento del tradicionista a la ideología autoritaria de la Real Academia de la Lengua, responsable del rechazo de ciertas locuciones americanas en el léxico español.[10]

Palma escribió sus *Tradiciones peruanas* en el momento en el que el lenguaje americano, como tópico, se había ido convirtiendo en el centro de ardientes polémicas, algunas de ellas violentas; esta preocupación había comenzado con el período de la Independencia y con la llegada del Romanticismo. Recuérdese que uno de los caracteres distintivos del romanticismo literario fue la renovación del vocabulario, de la sintaxis, de las imágenes y de los temas americanos. Pedían los escritores románticos un mayor cuidado en la forma y en el conocimiento de los temas que se trataban. [11] Como bien lo señala Pedro Henríquez Ureña, en América latina se padecía "urgencia romántica de expresión" (37).

La polémica del lenguaje americano se había ido formando alrededor de la búsqueda de un modo de expresión que fuera propicio y adecuado para las nuevas repúblicas americanas. Antonio Houaiss anota que en el siglo XIX americano los intelectuales latinoamericanos hicieron grandes esfuerzos para crear un instrumento de comunicación verbal que los uniera (52). Las preocupaciones sobre el lenguaje llevaron a muchos filólogos y lingüistas prominentes a la formulación de gramáticas normativas durante el siglo XIX, aunque éstas presentaban casi siempre el español castizo como el paradigma lingüístico. Houaiss apunta que a través de estas obras se trataba de establecer, "una fuerte vigilancia consuetudinaria sobre los escritos," y de ajustar, "la pronunciación de acuerdo con los patrones puros peninsulares" (52).

La obra del venezolano Andrés Bello es tal vez la que mejor representa la preocupación por el tema del lenguaje americano durante la segunda mital del siglo XIX y principios del XX. En el prólogo a su *Gramática castellana*, escrita en cooperación con el colombiano Rufino José Cuervo, Bello señala que uno de los propósitos que lo había movido a escribirla era el deseo de llamar la atención a "ciertas prácticas viciosas" del habla popular de los americanos, "para que se conozcan y se eviten" (vi). Sin embargo, en esta misma obra manifiesta también ciertas nociones que contradicen lo ya dicho cuando critica aquellas imitaciones de las construcciones castellanas españolas hechas "sin el debido discernimiento" (viii). En uno de sus previos discursos, pronunciado en Chile el 17 de setiembre de 1843, con el título de "Discurso en la instalación de la Universidad de Chile," ya había manifestado Bello previamente ciertas reservaciones frente a este mismo tema:

> yo no abogaré jamás por el purismo exagerado que condena todo lo nuevo en materia de idioma; creo, por el contrario, que la multitud de ideas nuevas que pasan diariamente del comercio literario a la circulación general, exige voces nuevas que las representan (*Antología del pensamiento*, 188).

Más adelante, escritores como el peruano González Prada rechazarán lo que para ellos era el el aspecto "positivista" del lenguaje por el que abogaron gramatólogos al estilo de Andrés Bello. En la recopilación de discursos y ensayos que publica González Prada en París en 1894, bajo el título de *Páginas libres*, escribe:

> Aquí en América i en nuestro siglo, necesitamos una lengua condensada, jugosa i alimenticia, como extracto de carne; una lengua fecunda como riego en tierra de labor; una lengua que desenvuelva períodos con el estruendo i valentía de las olas en la playa; una lengua democrática que no se arredre con nombres propios ni con frases crudas como juramento de soldado; una lengua, en fin, donde se perciba el golpe del martillo en el yunque, el estridor de la locomotora en el riel, la fulguración de la luz en el foco eléctrico i hasta el olor del ácido fénico, el humo de la chimenea o el chirrido de la polea en el eje. (181–182)[12]

Los trabajos que se han dedicado al estudio del lenguaje en la obra de Ricardo Palma se han referido repetidamente a la originalidad lingüística de las *Tradiciones peruanas*. Alberto Escobar, por ejemplo, indica que la "realidad" de la obra de Palma se basa, más que en la cronología del relato, en la "perspectiva lingüística que aprisiona la problemática de la temporalidad" (120). Carlos Miró Quesada Laos se refiere a los muchos peruanismos que invaden la prosa de Palma, "vocablos castellanos y peruanos aparecen juntos en *Tradiciones*, para fusionar el idioma, dándole esplendor y genuino ambiente popular" (90).

El humor es otra de las características esenciales del lenguaje criollo palmiano. Varios críticos han hecho referencias al aspecto cómico de las *Tradiciones*. Feliú Cruz, por ejemplo, señala que el hacer reír al público lector se había convertido en una obligación del tradicionista (II 227). En una carta que Miguel de Unamuno le escribe a Palma, desde Salamanca, el 29 de octubre de 1903, le elogia su sentido de humor con la siguiente anécdota:

Acababa un día de acostarme cuando a poco entra mi mujer en el cuarto alarmada al oírme reír de tal modo, en carcajada contenida —por no despertar a los niños— que creyó que me había dado algún accidente, y ello era que acababa de leer el chistosísimo cuento . . . (*Epistolario* II 396)

La mayoría de los críticos que se han aproximado a la obra de Palma lo consideran el maestro insuperable en el uso del lenguaje irónico. Riva Agüero menciona una lista de escritores que precedieron a Palma y que le dejaron de herencia el elemento de la ironía que tan diestramente supo utilizar en su escritura: Boccaccio, Chaucer, Rabelais, el Arcipreste de Hita, Cervantes, Quevedo, La Fontaine, entre otros (*Ricardo Palma* 35). Haya de la Torre elogia la ironía tradicionista por haber recaído en todos los segmentos de la sociedad peruana, sin habérsele escapado ninguno.[13] Tanner lo considera el maestro del humor, de la sátira y de la ironía, por ontonomasia (4). Palma mismo parece haber estado consciente de la relación entre su escritura y el humor. En carta a Vicente Barrantes, escrita desde Lima el 29 de enero de 1890, afirma que:

Precisamente el escritor *humorista*, para serlo con algún brillo y llamar sobre si la atención, tiene que empaparse mucho de la índole del idioma y hacer serio estudio de la estructura de la frase, de la eufonía y ritmo de la palabra, etc., etc. (*Epistolario* I 333)

En el contexto de la ironía como uno de los aspectos esenciales del lenguaje de las *Tradiciones*, resulta interesante, aunque debatible, la afirmación de parte de algunos críticos para quienes la presencia de la ironía en la obra palmiana responde a los sentimientos negativos de un escritor que se ha sentido victimizado por cierto tipo de ataques, o que ha sido testigo de las dificultades de la vida contemporánea peruana. Tanner señala, por ejemplo, que las experiencias de Palma lo llevaron a un "disenchantment that manifested itself in irony and the ironic satire that constitute such a significant component of his style and tone" (12). Durán Luzio señala que Ricardo Palma escribe para "acentuar los vicios de la colonia" o sea, para "extirpar esa presencia de un legado que retardaba y dificultaba la implantación del sistema republicano en el Perú" (593).

Lo problemático de esta afirmación radica en el hecho de que para críticos como Tanner y Durán Lazio, el tropo de la ironía suple una función didáctica, la cual no tiene otro propósito que el deseo de Palma de mostrar los males que aquejaron a la sociedad peruana virreinal y republicana con el propósito de corregir los contemporáneos. La intención del humor tradicionista estaría motivada, por lo tanto, por dos propósitos fundamentales, y la crítica a varios niveles (Tanner 11), y como resultado de ésta, la instrucción moral del pueblo peruano.

Por otro lado, existe otro tipo de crítico para el cual el lenguaje irónico palmiano no representa todo lo positivo que, según ellos, podría o debería representar en la obra de Palma. Culpan al escritor de que se mantenga siempre a nivel de la broma, de la sonrisa, sin profundizar ni entrar en lo esencial. Alberto Sánchez es uno de los que señala que la representación de la colonia en la obra de Palma aparece sin poco elemento dramático. La representación de los crímenes y de las rebeliones resultan atenuadas por el buen humor del narrador: "Nada merece un arrebato. Todo es objeto de broma. Todo adopta un aire frívolo y zumbón" (115). Oviedo se refiere a que la sátira y el humor fueron en Palma "una máscara fiel" pero también "un disfraz cortesano que ocultó los más dramáticos perfiles de nuestra realidad decimonónica" (33).

Como podemos ver, lo que tenemos delante de nosotros es una amalgama de interpretaciones de lo que es, o puede ser, el lenguaje en la obra de Palma. Dada la multiplicidad de interpretaciones podemos concluir que las *Tradiciones peruanas* han llegado a constituir un mito, el mito del lenguaje palmiano. Al mito, nos recuerda Roland Barthes, no se le debe definir por el objeto de su mensaje sino más bien por la manera en que éste, el mito, expresa su mensaje (109). En otras palabras, al mito palmiano debe estudiársele como tal, como lenguaje.

"No juegues con pólvora"

La estructura paródica de la obra de Ricardo Palma se percibe muy claramente en la tradición, "No juegues con pólvora." El argumento resulta ser bastante sencillo. Se trata del rechazo amoroso que sufre Pacorro, andaluz, por parte de la agraciada arequipeña, Carmencita Domínguez. Esta, aconsejada por el cura confesor del convento de San Francisco, fray Tiburcio, sobre la falta de carácter de su pretendiente, termina rechazándolo. En venganza, el español coloca un pasquín, o cartel, en la esquina de la Alcantarilla en el que ridiculiza el aspecto moral del religioso. Ya casi a finales de la narración, algunos peruanos residentes de Arequipa — Pacorro entre ellos — se enlistan para luchar contra piratas ingleses que habían estado saqueando la costa peruana de sus riquezas. Al pasar los soldados uniformados por el lugar donde Pacorro había previamente colocado su pasquín, dispara éste su arma no sin antes haberle echado una doble carga de pólvora. Desafortunadamente para el galán español, la fuerza del disparo le arranca el brazo entero, dejándolo manco.

Aunque el lenguaje palmiano parece moverse con bastante facilidad entre los textos oficiales, convencionales y pasatistas, lo vemos también manejar, con el mismo ingenio, registros lingüísticos de procedencia popular. De las crónicas de la conquista, por ejemplo, adopta el elemento documental y ordenador con el cual se van constatando los varios sucesos narrativos. Recuérdese que por "cronología" se entiende una ciencia, cuyo objeto es el de determinar no sólo el orden sino también la fecha de ciertos sucesos. En otras palabras, la función de la crónica sería la de brindar una capa de legitimidad a los sucesos narrados. Por otro lado, la fecha "(1679)" que acompaña el título de la tradición registra tanto la fecha oficial en que los piratas ingleses salieron de Jamaica, como la época aproximada en que tomaron lugar los acontecimientos entre Pacorro y Carmencita Domínguez. Como se puede ver, la cita de esta crónica oficial, se confronta a otra crónica presente en "No juegues con pólvora," de procedencia popular, cuyo título se menciona directamente: *Suelo de Arequipa convertido en cielo*.

En seguida nos encontramos con una variedad de citas provenientes de textos históricos, la cual va creando la apariencia de un ambiente determinado. Este consiste en la presencia de locales "reales," de personajes "verídicos," y de momentos "específicos":

Los piratas Harris, Cook y Mackett, que habían sido compañeros del famoso filibustero Morgan, salieron de Jamaica en marzo de 1679 con nueve buques, y después de hacer en el mar valiosas presas atacaron los puertos de Ilo y Arica, amenazando continuar sus correrías por la costa. Casi a la vez otros piratas, Bartolomé Charps y Juan Warlen, desembarcaron en Arica, y después de ocho horas de reñido combate la muerte de Warlen dió la victoria a los peruanos. (461)

Al igual que en el caso anterior, las citas históricas derivan, en ciertos momentos, de textos populares como cuando se describe la llegada de la imagen de San Francisco al convento del mismo nombre.

Remitieron de España, con destino a las iglesias del Cuzco, varias efigies de bienaventurados. Al llegar al valle de Vítor, los arrieros que, a lomo de mula, conducían los cajones en que iban las imágenes, escapóse una mula y fué a dar con la carga en la puerta del tempo de San Francisco de Arequipa. (460)

Los paradigmas de textos históricos populares se manifiestan a diferentes niveles y desde diferentes perspectivas. En algunos casos, su composición usa la forma de verso. El pasquín de Pacorro nos sirve de ejemplo:

El fraile que a guardanía
aspira de San Francisco
es hijo de un berberisco
ahorcado en Andalucía.
Es más tragón que un arpía;
bebe al día tres botellas;
el vicio va tras sus huellas;
es más sucio que una tripa,
y se ocupa en Arequipa
en desdoncellar doncellas. (460)

En otros casos, el texto histórico popular está escrito en prosa, como en las siguientes citas: "Reclamaron los cuzqueños, y pelecharon tinterillos y abogados, pero los franciscanos de Arequipa dijeron gato el que posee" (460), y "Los improvisados matachines [soldados] iban tan huecos, como si llevasen al rey en el cuerpo" (461). Una gran variedad de expresiones discursivas populares, de frases hechas, acompañan a estos textos. Leemos que Carmencita Domínguez, "era de las que prometen y no cumplen" (459); que el mancebo andaluz, "ostentaba más garbo que verguenza" (459), y que, "no admitía maestro para cantar unas seguidillas al compás de una guitarra" (459). Se encuentran, asimismo, letras de canciones populares provenientes de la tradición española.

La hermosura de los cielos,
cuando Dios la repartió,
no estarías tú muy lejos
cuando tanta te tocó. (459)

Presentes se hallan citas vinculadas al habla popular española y peruana. Ejemplos de lo primero se encuentran en el repetido "¡jinojo!" de Pacorro, el cual acompaña las elocuciones españolas presentes en el discurso del andaluz.

—¡Jinojo! Alto ahí, manojito de clavellinas, que por el alma de mi abuela
que esté en gloria, hoy has de sacar ánima del purgatorio, dándole a este
majo un sí como Cristo nos enseña. ¡Jinojo! Yo no soy hombre que aguanta
un feo de nadie, y a cualquiera le hago la mamola, y que me entren moscas.
¡jinojo! (459)

También se encuentra en: "—Bendita sea tu boca, ¡jinojo!" (459),
o "—¡Jinojo! ¡Tras que la niña era fea, se llamaba Timotea! ¡Mire
usted si es suerte perra la mía! ¡Jinojo!" (459). Una cita proveniente
del habla popular peruana se encuentra en la respuesta de Carmencita, "lo que es gustarme a mí . . ., ¡vamos! . . ., me gustas por lo
desvergonzado como una empanada de yemas" (459).

Las citas de textos religiosos aparecen incorporadas a la estructura de la tradición, "¡Sea todo por Dios!" (460) y, "¡Hermanitos!,
pidan conmigo a Dios que tenga misericordia con ese pobre pecador que así injuria a los ministros del altar" (460). En el siguiente
ejemplo, el consejero franciscano le recomienda a Carmencita ha-
cerle la cruz a Pacorro, "como al enemigo malo" (459). Habría que
señalar, además, que la tradición palmiana incorpora citas de otras
tradiciones con las cuales se mantiene en constante estado de diálogo. Tal es el caso de la tradición "muy popular en Arquipa" con
la que Palma culmina su obra.

Por último, citas de textos literarios comparten el espacio de la
escritura tradicionista. De novelas de folletín deriva la caracterización
acartonada de sus personajes. De las novelas romántico-sentimentales
decimonónicas proviene la representación estereotipada del triángulo Pacorro-Carmencita Domínguez-fray Tiburcio. Vale recordar,
no obstante, algo que ya se ha señalado. Al encontrarse todos estos
textos en el espacio de la escritura palmiana cada uno de ellos trata
de dominar la narración. Tal acto resulta contraproducente, no obstante, ya que la parodia niega todo acto de autoridad textual. El
conjunto de estos textos, cruzados, enlazados, y superpuestos, va
creando una nueva palabra, cuya distinción esencial es la de ser por-
tadora de una multiplicidad de significados proveniente de los lenguajes originales. Por esta razón, se puede concluir que el lenguaje
criollo del tradicionista está marcado por la ambigüedad.

Deteniéndonos brevemente en la presencia del narrador podemos
también percibir la importante función paródica que éste desempeña en la tradición. Habría que empezar señalando que la presencia del narrador omnisciente de "No juegues" proviene de textos

realistas decimonónicos. De éstos adopta el tono moralizante que despliega en sus discursos político y religioso, aunque tiende a ser más evidente en el primero de los casos: "Fray Tiburcio . . . sabía esconder las uñas" (460), o, "La verdad es que otro gallo le cantara al Perú si lo que hemos gastado en pólvora, después de la Independencia, lo hubiéramos empleado en irrigar terrenos" (461). A medida que la tradición va asimilando citas de los varios textos señalados, no obstante, el narrador va asumiendo la voz de cada uno de ellos. De ahí que de un historiador pase a ser un cronista, de un moralizador a un comentarista, para culminar con el papel de escritor de ficciones. Se puede concluir, por consiguiente, que mientras que la voz del narrador a principios de la obra parece tener un propósito moralizante, a medida que va pasando de texto en texto va revelando su verdadera función, la de un glosador. Como tal, a través de las varias "máscaras" textuales, interpreta los signos lingüísticos provenientes de los múltiples textos para beneficio del lector, ampliándolos, reduciéndolos, omitiéndolos, y, por último, editándolos.

El aspecto paródico de la escritura palmiana nos lleva también a cuestionar el título de la obra, "No juegues con pólvora." Ya hemos visto cómo sus bases polifacéticas niegan los supuestos preceptos de la sana moral contenidos en la palabra del narrador. El título contiene el mismo cuestionamiento debido a la dualidad que domina la palabra ambigua de la tradición. Como ya hemos visto, la contradicción marca la tradición desde sus inicios, prolongándose hasta el final:

> Y no me digan que no:
> así me lo refirieron:
> si los cronistas mintieron,
> no tengo la culpa yo (461).

La elocución del título, "no juegues" apunta, asimismo, a su oposición. Al mismo tiempo que le indica al lector que no juegue, le está sugiriendo que lo haga. Es la responsabilidad del lector descodificar no solo aprender las reglas del juego sino también jugar. Esta actividad hace que el lector ponga en juego las convenciones literarias establecidas a medida que va formulando nuevas convenciones. Al hacerlo no sólo va poniendo de manifiesto la insustancialidad ideológica que generalmente se le han superpuesto a las convenciones literarias canonizadas contenidas en los textos hegemónicos sino que también va orientando al lector a las verdaderas preocupaciones morales y sociales contenidas en las *Tradiciones*. De esta manera se puede ver que la parodia desborda los confines literarios para llegarse a convertir en una metáfora de contextos más amplios. Por consiguiente, como sugiere Hutcheon, al lector de las *Tradiciones* no se le permite inhibirse ante la presencia de la parodia ni ante la posibilidad de juzgarse o cuestionarse a sí mismo (92). A lo que sí está forzado es a relacionar el pasado con el presente, tanto a un nivel literario como moral.

Vista en el contexto de la parodia, podemos afirmar, por consiguiente, que el juego de "No juegues con pólvora" no es otra cosa que la imposición de una nueva ideología basada esta vez en la carnavalización del lenguaje hegemónico por medio de la cual se destruyen las jerarquías textuales tradicionales. Este proceso cuestiona la autoridad que a través de la historia se les ha impuesto a los documentos oficiales del virreinato, entre los que sobresalen las crónicas, las historias, y los documentales legales de todo tipo. Como resultado, las *Tradiciones* desmontan todo el aparato del poder de la escritura oficial con el cual se ha querido construir la "verdadera historia" del pasado peruano.

En resumen, el lenguaje paródico de la obra de Ricardo Palma logra juegos lingüísticos con los cuales incorpora una multiplicidad de textos a su escritura. Aunque parece moverse con facilidad en los códigos de un lenguaje convencional, pasatista, lo vemos también manipular, con el mismo ingenio, otros registros lingüísticos, ya sean éstos castizos o peruanos, laicos o religiosos, prosaicos o poéticos. El resultado es la formulación de una nueva e innovadora escritura, conocida en el contexto de nuestro estudio como el "lenguaje criollo" de Ricardo Palma.

Middlebury College
Middlebury, VT

NOTAS

[1] Véase mi estudio, "*Amor de Madre*: Paradigma intertextual en la obra de Ricardo Palma, a ser publicado próximamente en *Discurso Literario*.

[2] De las obras de Bakhtin véanse especialmente, *The Dialogic Imagination* y *Rabelais and his World*; de Linda Hutcheon, *A Theory of Parody*.

³ "*Ameno, divertido*, son los epítetos que al hablar de él acuden incesantemente a los puntos de la pluma. No es colorista . . . Es sobrio en lo pintoresco, sin dejar de ser maravillosamente sugestivo y riquísimo en el sentimiento histórico y local . . . es burlón, irreverente con las supersticiones más prestigiosas; y es enamoradizo y galante. El criollo, aunque ha sido muy religioso, no reverencia ciegamente al clero y á la Iglesia. A menudo se ríe y se divierte á su costa. No tiene por las jerarquías sociales y las altas clases el respeto profundo de otros pueblos: el carácter zumbón y ligero es el mejor agente de la igualdad. El amor ocupa mucho lugar en la vida del criollo, pero no es serio ni trágico sino raras veces" (*Carácter de la literatura* 129).

⁴ Citado por Feliú Cruz, II 360.

⁵ Mariano Picón Salas, "Centenario de Ricardo Palma," *Zig-Zag*. Citado por Feliú Cruz, II 374.

⁶ "Un temperamento como el suyo," escribe Feliú Cruz, "peruano hasta la médula, hecho carne con la ciudad de Lima, tuvo la pasión del tiempo viejo, el amor a la tradición y la encendida admiración por el pasado opulento de su pueblo (II 15). También se elude a su temperamento pícaro de criollo. Xammar indica que Palma es, "nuestro" pícaro, pero con, "mayor nobleza intelectual; con mayor sutileza emocional; con cierta aristocrática despreocupación en el vivir" que el pícaro tradicional (105).

⁷ Citado por Morales Benítez 266.

⁸ Interesante resulta el comentario de Carlos Miró Quesada Laos cuando compara la obra de Palma a la patria, en la cual se habla "en el lenguaje de la conseja, el runrún y el episodio" (99).

⁹ Tanner, crítico dedicado al análisis del lenguaje en las *Tradiciones*, menciona que Palma, "worked and reworked his stories with great patience while acclimatizing and immersing himself in the lexicon and the spirit of the language" (5).

¹⁰ El ataque contra la presencia autoritaria de la Real Academia se puede ver en sus Prólogos a *Papeletas lexicográficas* y a *Neologismos y americanismos*.

¹¹ Para un análisis más profundo del tema, véase la obra de Henríquez Ureña, *La utopía de América*.

¹² Vale señalar que esta misma polémica continúa hasta nuestros días. Carlos Fuentes, en una conversación sostenida hace poco con el fallecido Emir Rodríguez Monegal, señala que todavía "vivimos en países donde todo está por decirse, pero también donde está por descubrirse *cómo* decir ese todo" (17).

¹³ Escribe Haya de la Torre, "A don Ricardo Palma, que tuvo gracia y certeza auténticas en sus pinturas coloniales y que, en mi modesto concepto, es el más grande ridiculizador de la época, porque, del virrey al paje, todo cae bajo su ponzante ironía" (97).

TEXTOS CITADOS

Bakhtin, Mikhail. *The Dialogic Imagination*. Ed. Michael Holquist. Tr. Caryl Emerson y Michael Holquist. Austin: University of Texas Press, 1981.

——. *Rabelais and his World*. Tr. Helene Iswolsky. Massachusetts: MIT Press, 1968.

Barthes, Roland. *Mythologies*. Tr. Annette Lavers. New York: Hill and Wang, 1972.

Bello, Andrés. "Discurso en la instalación de la Universidad de Chile." *Antología del pensamiento de lengua española en la Edad Contemporánea*. Ed. José Gaos. México: Séneca, 1945.

——. *Gramática castellana*. Paris: R. Rober y F. Chernoviz, 1918. Caillet-Bois, Julio. "Problemas de la lengua y de estilo en las *Tradiciones peruanas* de Ricardo Palma." *Revista de la Universidad de La Plata* 3 (1958): 69-79.

Durán Luzio, Juan. "Ricardo Palma, cronista de una sociedad barroca." *Revista Iberoamericana* 140 (julio-setiembre 1987): 581-93.

Escobar, Alberto. *Patio de letras*. Lima: Ed. Caballo de Troya, 1965.

Feliú Cruz, Guillermo. *En torno de Ricardo Palma*. Chile: Prensas de la Universidad de Chile, 1933. 2 vols.

Fernández Moreno, César. *América Latina en su literatura*. México: Siglo XXI, 1972.

Fuentes, Carlos. "Situación del escritor en América Latina." *Mundo Nuevo*. (París, julio-diciembre, 1966): 5-21.

González-Prada, Manuel. *Páginas libres/Horas de lucha*. Intr. Luis Alberto Sánchez. Venezuela: Biblioteca Ayacucho, 1976.

Haya de la Torre, Víctor Raúl. *Por la emancipación de América Latina*. Buenos Aires: M. Gleizer, 1927.

Henríquez Ureña, Pedro. *La utopía de América*. Pról. Rafael Gutiérrez Girardot. Caracas: Biblioteca Ayacucho, 1978.

Houaiss, Antonio. "La pluralidad lingüística." *América latina en su literatura*. Ed. César Fernández Moreno. México: Siglo XXI, 1972: 41-52.

Hutcheon, Linda. *A Theory of Parody. The Teachings of Twentieth-Century Art Forms*. New York: Methuen, 1985.

Miró Quesada Laos, Carlos. *De Santa Rosa a La Perricholi*. Lima, 1958.

Morales Benítez, Otto. *Memorias del mestizaje*. Bogotá: Plaza & Janes, 1984.

Oviedo, José Miguel. *Ricardo Palma*. Buenos Aires: Centro Editor de América Latina, 1968.

Palma, Ricardo. *Epistolario*. 2 vols. Lima: Ed. Cultura Antártica, 1949.

——. *Neologismos y americanismos*. 1896

——. *Papeletas lexicográficas*. Dos mil setecientas voces que hacen falta en el Diccionario. Lima: Imprenta la Industria, 1903.

——. *Tradiciones Peruanas Completas*. Ed. Edith Palma. Madrid: Aguilar, 1964.

Picón Salas, Mariano. "Centenario de Ricardo Palma." *Zig-Zag*. (Citado por Feliu Cruz 374).

Riva Agüero, José de la. *Carácter de la literatura del Perú Independiente*. Lima: E. Rosay, 1905.

——. *Don Ricardo Palma*. Lima: Sociedad Amigos de Palma, 1933. Sánchez, Luis Alberto. *La literatura del Perú*. Buenos Aires: Revista de la Universidad, 1939.

Tanner, Roy L. *The Humor of Irony and Satire in the "Tradiciones peruanas"*. Columbia: Univ. of Missouri Press, 1985.

Xammar, Luis Fabio. "Elementos románticos y antirrománticos de Ricardo Palma." *Revista Iberoamericana* 4 (1941): 95-107.

Yahni, Roberto. *Antología de la literatura hispanoamericana*. Madrid: José Porrúa Turanzas, 1977.

La originalidad del *Martín Fierro*

Al cumplirse este año el centenario de la muerte de José Hernández, no parece caprichoso preguntarse por las razones del asombroso éxito que su poema obtuvo en el siglo XIX y ha seguido teniendo en los años posteriores. Y cuando hablamos del éxito queremos decir algo tan complejo como esto: por qué es la obra que logra la más amplia e inmediata respuesta comprensiva de parte del público —en su mayoría analfabeto— al que iba destinada, y por qué, al mismo tiempo (en contra de lo que cierta crítica superficial ha escrito), encontró también entre los cultos una respuesta positiva y admirativa, que no ha cesado hasta nuestros días[1].

Si bien se mira, es la única obra literaria hispanoamericana que en la centuria pasada consiguió de su público una aceptación inmediata y se convirtió en el primer *best seller* que recuerdan las letras de nuestro continente. Obra que se erigió entonces en caso único y que en las décadas siguientes fue aumentando su prestigio, su valor y excentricidad no sólo a nivel nacional, también continental. La opinión de lectores y críticos tan equilibrados como Juan M. Gutiérrez, Unamuno, Menéndez y Pelayo y Henríquez Ureña supone que estamos ante algo realmente excepcional. Desde 1872 se han dado numerosas y variadas respuestas para explicar por qué *Martín Fierro* era algo distinto a todo el resto de la poesía gauchesca; ninguna parece aclarar de modo definitivo un proceso complejo y fascinante. Aquí se intenta ver qué separaba a *Martín Fierro* del resto de la gauchesca. Hemos comenzado preguntándonos por qué el texto de Hernández ha sido siempre reconocido como la cumbre del género «poesía gauchesca» y por qué sus lectores, críticos, historiadores de la literatura, oyentes, juzgaron desde su aparición que el poema superaba todo lo anterior y era *diferente* de todo lo anterior. La primera respuesta, casi obvia, sería que Hernández escribe un texto original, distinto, insertándose sin problemas en una tradición que enriquece y amplía hasta límites jamás antes alcanzados. Aclarar todo el sentido de ese proceso y de esa rica realidad que es la obra de Hernández desbordaría el corto espacio de estas páginas. Nuestro examen —inevitablemente limitado— consistirá en ir viendo qué trae la obra de nuevo, de diferente, y cómo recrea materiales y formas anteriores para dar a su poema aspectos originales que lo apartan de esa misma tradición de la que pasa a formar parte.

---

[1] A. Pagés Larraya, «Las primeras cartas sobre Martín Fierro», *en* Martín Fierro; un siglo (Buenos Aires: Xerox, 1972), pp. 175-181; *y del mismo autor,* «Unamuno y la valoración crítica del Martín Fierro», Logos, 12 (1972), 423-440. Fermín Chávez, «Los primeros hernandistas», *en* Martín Fierro; un siglo, citado, pp. 155-158.

ción exacta de lo que ha sucedido en la expedición a Buenos Aires, que escribe un sargento de la comitiva, en este año de 1778, en las siguientes décimas», conocida por contener la primera descripción en verso del tipo gaucho que conocemos. [6]

Hidalgo escribió la «Relación que hace el gaucho Ramón Contreras a Jacinto Chano de todo lo que vio en las fiestas mayas de Buenos Aires en 1822», y Ascasubi compuso «Jacinto Amores, gaucho oriental, haciéndole a su paisano Simón Peñalva, en la costa del Queguay, una completa relación de las fiestas cívicas que para celebrar...» (H.J. Becco,, *Antología de la Poesía gauchesca*, Madrid: Aguilar, 1972, p. 476).

¿Por qué nos detenemos en estas dos especies o tipos de poesía gauchesca? Porque aunque Hernández apeló —como veremos— a algo distinto de lo que conocemos como textos gauchescos, no por eso dejó de utilizar todos los antecedentes que podían serle útiles para componer su obra. Es evidente que el poema hernandiano posee momentos dialogados, que sirven de unión a los encuentros del personaje principal con los otros, y hay algún pasaje de la obra donde el *diálogo narrativo* (que es, en definitiva, el sentido esencial de esta forma, y que encontramos por ejemplo en el encuentro con Cruz), se suma al diálogo sin más (encuentro con el Moreno). Pero debe reconocerse, con absoluta claridad, que ese no fue el módulo preferido por Hernández, al contrario, hay una visible voluntad de no utilizar ese esquema que es la base del *Fausto*, por ejemplo.

El texto todo es sentido por el protagonista como una narración informativa, como una *relación*. Así es como denomina Fierro a su largo monólogo, que combina en una forma muy particular elementos narrativos y elementos líricos, pero con preeminencia de lo informativo, de lo testimonial:

«Y atiendan la relación / que hace un gaucho perseguido» (I, 109-110).

«Y ya con estas noticias / mi relación acabé» (I, 2306-07).

Y en la *Vuelta*, al terminar Fierro el relato de su regreso:

«Concluyo esta relación, / ya no puedo continuar», II, 1551-52.

Otros elementos —en general poco estudiados en el Poema— provienen de la más antigua tradición hispánica. El Poema utiliza por una parte *temas* que provienen del romancero (del más viejo y del deturpado y en decadencia del siglo XVIII): romances de valentones, héroes desmesurados, monstruos, cierta misoginia más o menos visible, lances de valentía hiperbólica, religiosidad popular, didactismo constante, picaresca. Por otra ciertos recursos de estilo o *fórmulas específicas* romanceriles, como los comienzos con sus invocaciones religiosas, los finales, cargados de didactismo, la adjetivación, los asonantes, etc. [7]

---

[6] *Angel J. Battistessa, «Antecedentes de la poesía gauchesca en el siglo XVIII», Sur, 14 (1935), 90-96.*

[7] *Juan A. Carrizo estudió algunos aspectos de la relación entre el romancero del siglo XVIII y la poesía gauchesca: «El matonismo en algunos poetas del Río de la Plata», Revista de Educación, a. 3, n.º 3, 521—525. A. Navarro González, «El gaucho Martín Fierro o De Dios abajo ninguno», Revista de Literatura, Madrid, t. 37, N.º 73-74 (enero-junio 1970), 5-14. Véase las similitudes textuales y temáticas que señalamos en «Hernández y Ascasubi», Revista Iberoamericana, 87-88 (abril-septiembre 1974), 393-408. Además, la ponencia que leímos en el Congreso del Instituto de Literatura Iberoamericana celebrado en Madrid, el junio de 1984 (cuyas Actas deben estar a punto de salir editadas): «El Martín Fierro y los romances de ciego».*

El relato autobiográfico

Hernández usó algo muy distinto a todo el resto de la gauchesca (por lo menos de la poesía gauchesca que conocemos), algo infrecuente en el género: el relato monologado de tipo autobiográfico o, para decirlo con más precisión, *el monólogo autobiográfico de tono dramático-lírico*. Es evidente que el Poema combina sabiamente varias de las direcciones temáticas y estilísticas anteriores, a partir de este esquema fundamental. El *Martín Fierro* es, esencialmente, una sucesión de monólogos autobiográficos encabezados por el del protagonista, al que siguen envueltos en el alvéolo fundamental de la voz y la presencia constante de Fierro —los de Cruz, el Hijo Mayor, el Hijo Segundo, Picardía, el Moreno. Debe insistirse en este aspecto del Poema porque es uno de los costados diferenciales del mismo frente a casi toda la gauchesca anterior. El relato autobiográfico no sólo establece en el Poema una dirección de sentido, un nivel estructural y formal, le da un *tono* peculiar (que tiñe todo lo dicho de una atmósfera emotiva específica), y es el que constituye uno de sus más eficaces y poderosos instrumentos de ejemplaridad social y de identificación social, entre la voz del protagonista y la del público al que estaba destinado.

¿De dónde proviene este relato autobiográfico? Ya Sarmiento, en aquella página admirable del *Facundo*, dedicada al «gaucho cantor», hizo una enumeración de los temas y motivos preferidos por la «poesía de los gauchos». Esta poesía es la que suponemos componían los miembros de la clase social llamado *gauchos*, antes y durante el período que va de fines del siglo XVIII, hasta fines del XIX. No nos quedan nada más que unos pocos versos deturpados de esa poesía oral; no había entonces antropólogos interesados en esos textos, ni hubo folkloristas con dictáfonos para registrar su música y sus letras... De cualquier manera el testimonio negativo de Joseph de la Vandera (el funcionario español que se ocultó debajo del seudónimo de Concolorcorvo), en *El Lazarillo de ciegos caminantes* (1773), debe sumarse al de Sarmiento. En *Facundo* leemos algo sorprendente:

> El cantor mezcla entre sus cantos heroicos, la relación de sus propias hazañas... El año 1840, entre un grupo de gauchos... estaba sentado en el suelo... un cantor que tenía azorado y divertido a su auditorio, *con la larga y animada historia de sus trabajos y aventuras*. Había ya contado lo del rapto de la querida, con los trabajos que sufrió; lo de la *desgracia* y la disputa que lo motivó; estaba refiriendo su encuentro con la partida, y las puñaladas que en su defensa dio... (Cap. II, «Cantor»). [8]

El testimonio es importantísimo porque muestra que, en la poesía típica de los gauchos, ya a mediados del siglo XIX, uno de los temas reiterados, de los temas

[8] *Para no repetir cosas ya dichas, véase Borello, Becco, Weimberg, Prieto,* Trayectoria de la poesía gauchesca *(Buenos Aires: Plus Ultra, 1977) pp. 43-46, donde se analiza todo el pasaje de* Facundo *y se demuestra su valor como descripción de los temas, motivos y situaciones que usó preferentemente la que hemos convenido en llamar «poesía de los gauchos». Recuérdese lo que escribió hace muchos años Federico de Onís: «Cuando se habla de poesía gauchesca se hace referencia a dos cosas que hay que separar muy claramente...: una, la poesía de los payadores o cantores populares, que no escribían, sino cantaban o recitaban sus propias obras o las ajenas; otra, la de los poetas cultos, de la ciudad, que escribieron sus obras en lenguaje gauchesco», «El* Martín Fierro *y la poesía tradicional».* Homenaje a Menéndez Pidal *(Madrid, 1925), p. 407.*

que llamaríamos preferidos y constantes, era el de un hombre que narra a otros sus sufrimientos (éste es el sentido clásico con que Sarmiento usa en el pasaje la palabra *trabajos)* y sus aventuras. Obsérvese que los temas son los de la poesía gauchesca de autores cultos, y muchos de los que aparecen en el *Martín Fierro:* peleas con la partida, sufrimientos, encuentros dramáticos, rapto de la mujer amada, muertes *(desgracias)* cometidas por el cantor, etc.

¿Hay antecedentes de esta clase en la poesía gauchesca propiamente dicha? Si examinamos los Diálogos gauchescos, tanto los de autores conocidos (Hidalgo, Araucho, Ascasubi, Del Campo, Lussich, etc.), como los anónimos, veremos que siempre hay, en el relato del gaucho que narra, elementos autobiográficos; pero muy pocas veces nos encontramos con un auténtico *monólogo* autobiográfico. Ninguno convierte (como Hernández) a ese relato autobiográfico del protagonista en el eje central, dramático y narrativo, lírico y social, del poema. En ninguno la vida del protagonista, su destino tristísimo oído a través de su voz cargada de tensión dramática y de intención acusadora existencial y social, se erige en elemento fundamental de la obra, como ocurre en *Martín Fierro*. Hernández supo combinar elementos anteriores que insertó en su poema con admirable habilidad (lo tradicional hispánico, lo gauchesco, la poesía de los gauchos, el diálogo, la relación, etc.), y tuvo clara conciencia de qué quería hacer con su obra. A partir de un esquema inicial fundado en la presencia del protagonismo que narra y canta su vida y sus sufrimientos (los del *individuo* Martín Fierro, y los de la *clase social* a la que representa, simultáneamente), Hernández supo organizar con encomiable conciencia estética, las distintas partes del Poema. Parece exagerada la opinión de Martínez Estrada cuando afirma que Hernández comenzó la obra con una forma estética determinada, y a mitad de camino cambió equivocadamente el punto de vista (o la voz) que *dice* el relato. [9]

¿Hubo algún antecedente conocido de relato autobiográfico en un texto gauchesco parecido al de *Martín Fierro?* Sí lo hubo, pero no es el de Lussich, como han escrito

[9] E. *Martínez Estrada,* Muerte y Transfiguración de Martín Fierro *(México: F.C.E., 1948),* «Parte primera. Las estructuras, Donde el Poema se bifurca», sostiene que hay un serie de incongruencias en el Poema: de lo evocado se pasa a lo dramáticamente mostrado (del telling de un hecho pasado, al hoy de un showing); hay una confusión y superposición de narradores; lo lírico es destruido por lo dramático; la obra confunde estilos (del esquema monológico se pasa al diálogo, que es lo que habían sido los poemas gauchescos anteriores), etc. etc. Asuntos todos que los pocos estudios posteriores sobre el tema, han confundido de modo lamentable. Esperamos estudiar algunos de estos aspectos en un trabajo en preparación. Como observación general creo que la crítica debe atenerse estrictamente a lo que el Poema es, y quiso ser. Y no entiendo qué derecho tiene el crítico a superponer al texto concreto que estudia, sus ideas personales sobre cómo debió ser organizado y estructurado dicho texto. La Obra que leemos, es una estructura lingüística que produce en nosotros, lectores, un efecto dado. El primer deber del crítico es explicar lógicamente las razones de esos efectos estéticos sobre el lector. Claro que cuando hablo de razones englobo en ello esa confusa totalidad que suma significaciones, ritmo, sonidos, resonancias, poesía, estructuras temáticas, estructuras retóricas (monólogo autobiográfico, uso de la primera persona, tipos de Narrador, narratario(s), tiempo, espacio, fórmulas tópicas, etc.).

repetidamente varios críticos, comenzando por el autor de *El Aleph*. [10] En un oscuro periódico político favorable a Rosas, en 1830, apareció un texto titulado «Historia de Pancho Lugares». En numerosos aspectos ese relato autobiográfico escrito por un tal Luis Pérez, coincide con el *Martín Fierro*. Comienza, como la obra hernandiana, con las invocaciones religiosas tradicionales (a la Virgen del Rosario, a Dios); viene después la narración autobiográfica desde la niñez, el aprendizaje de su trabajo como domador y peón en las «estancias de Rosas»; un día, Pancho es sorprendido por un oficial, detenido y llevado en leva forzada a servir como soldado en la guerra contra el Imperio del Brasil (1825-1828). Es mal tratado; piensa en desertar; lo hace. Después el texto va perdiendo su centro autobiográfico y el narrador desplaza su atención de sí mismo al conflicto político entre Dorrego y Lavalle. De la relación de la propia vida se pasa a lo testimonial político y desemboca, finalmente, en una biografía, en verso del tirano Juan Manuel de Rosas. [11]

No se quiere decir aquí que Hernández leyó este texto, o que el mismo influyó o determinó a *Martín Fierro*. Simplemente se indica que el olvidado y olvidable poema de Pérez está dentro de una línea autobiográfica tradicional, que Hernández usó como esquema vertebral de su Poema. La historia del arte nos ha enseñado que casi siempre la literatura se inspira en la literatura, pocas veces en la realidad. Y que Hernández, como indicara una aguda crítica, siempre tuvo muy en cuenta los materiales heredados, lo tradicional y folklórico como fuente primaria de inspi-

---

[10] *Ya Borges, en uno de sus primeros ensayos sobre el tema, había escrito: «El libro de Lussich, al principio, es menos una profecía del* Martín Fierro, *que una repetición de los coloquios de Ramón Contreras y Chano. Entre* amargo y amargo, *tres veteranos cuentan las patriadas que hicieron. El procedimiento es el habitual, pero los hombres de Lussich no se ciñen a la noticia histórica y abundan en pasajes autobiográficos. Esas frecuentes disgresiones de orden personal y patético, ignoradas por Hidalgo o por Ascasubi, son las que prefiguran el* Martín Fierro, *ya en la entonación, ya en los hechos, ya en las mismas palabras»* Discusion (Madrid: Alianza, 1980), p. 23. *A continuación Borges compara diversos pasajes de Lussich con otros —muy semejantes— del* Martín Fierro. *Y después de ello escribe: «Huelgan otras confrontaciones. Bastan las anteriores, creo, para justificar esta conclusión: los diálogos de Lussich son un borrador del libro definitivo de Hernández. Un borrador incontinente, lánguido, ocasional, pero utilizado y profético», ibidem, p. 27.*

Eneida Sansone de Martínez, en el prólogo a Los tres gauchos orientales *(Montevideo: Bca. Artigas, 1964), pp. IX-XV, probó definitivamente que el imitador y discípulo confesado del «maestro» Hernández, fue Lussich. Este, en la segunda edición de dicha obra, corrigió numerosos pasajes (agregó 250 versos) para ajustarse a las fórmulas, vocabulario, estilo, que aparecían en* Martín Fierro.

Angel Rama ha esbozado una historia del desarrollo de la poesía gauchesca vista como un proceso de paulatino enriquecimiento que, a partir de lo simple y semi-teatral (la danza folklórica del «cielito» y los Unipersonales *neoclásicos), fue hacia lo complejo y dramático. Según Rama, de los Diálogos de dos personajes se pasa a los de varios (los de Lussich), y de aquí nació el teatro nacional rioplatense. Lussich sería el antecedente tanto de* Martín Fierro, *como de Juan Moreira (la pieza inspirada en la novela de Gutiérrez, que mimó la compañía de Podestá). Adjudicaciones ambas, aventuradas e indemostradas; véase A. Rama,* Los gauchipolíticos rioplatenses. Literatura y sociedad *(Buenos Aires: Calicanto, 1976), pp. 126-143.*

[11] *Ricardo Rodríguez Molas, «Luis Pérez y la biografía de Rosas escrita en verso en 1830»,* Historia, *Buenos Aires, 6 (1956), 99-137. La parte autobiográfica de este texto fue reeditada con el título de «Historia de Pancho Lugares», en* Poesía Gauchesca, *prólogo de A. Rama, Selección, Notas y Cronología de J. B. Rivera (Caracas: Bca. Ayacucho, 1977), pp. 37-53. El texto se inicia así: «En nombre de Dios comienzo/ a la virgen del Rosario,/ para referir mi vida/ como gaucho del Salado». Ignoro si el título que se adjudica al texto en esta última reedición, figura en el original de la revista* El Gaucho, *números 1 a 10 (Buenos Aires, 1830), donde por primera vez apareció esta composición. Es evidente que Luis Pérez (como haría más tarde Hernández), apeló a la fórmula del relato autobiográfico sabiendo que era popular entre la gente del campo.*

ración para componer su obra. [12] Debemos suponer (después de los testimonios de Concolorcorvo, Sarmiento, el texto de Pérez, y algunos ejemplos de romances de finales del XVIII), que hubo un subgénero de poesía gauchesca basado en el relato de la propia vida por un gaucho, que con el acompañamiento de la guitarra, cantaba-contaba ante los demás, su existencia. Su vida era casi siempre trágica, desdichada, había llevado al protagonista a ser un desertor, un asesino (sin quererlo), un abandonado por la mujer amada, un hombre fuera de la ley y condenado a huir de la persecución de una justicia primaria encarnada en jueces y policías no siempre demasiado duros. No sabemos muy bien cuál era el sentido de esos relatos; posiblemente emocionar, entristecer, conmover, reclamar justicia (¿acusar a una clase de su irresponsabilidad y culpabilidad?), presentar el propio destino como muestra documental de la fatalidad, o sea darle un sentido ejemplar y didáctico (motivo éste el más reiterado de gran parte de este tipo de historias en el romancero del siglo XVIII). A esto debemos agregar que, en poemas orales, populares, recogidos en este siglo en algunas regiones de la Argentina, cuya antigüedad en ciertos casos puede remontarse hasta los comienzos del siglo XIX, este subgénero del relato trágico de la propia vida, aparece reiteradamente. Casi siempre se trata, como indicó O. Fernández Latour de Botas, de:

«...muchachos que salen a divertirse, inocentes que, por su mala estrella, caen en desgracia ante la justicia; presos políticos; *desertores llevados por la desesperación y la miseria*... esos desgraciados, perseguidos por la fatalidad, incomprendidos por la sociedad... vagabundos tristes y en el fondo inocentes hablan con la entonación de los personajes hernandianos», *Prehistoria de Martín Fierro* (Buenos Aires: Platero, 1977), p. 115.

Si se leen despacio algunos pasajes de la vida humilde de Francisco Lugares, se verá que aquí están presente esos dos elementos básicos del *Martín Fierro:* una vida narrada por el agonista de esa vida; un hombre que además es ejemplar representante de una clase social... Esta sabia combinación de lo individual y lo social, encarnados por un mismo individuo, y expresados en una misma y sola voz, explica uno de los secretos básicos del éxito, del envidiable poder para conquistar de inmediato un público humilde (sus iguales), que escuchaba en otro el mismo triste destino propio... Fierro no era sólo un destino idéntico —en su dolor y en ser sujeto de la injusticia— al de los que oían su voz; en él en su canto melancólico y a veces feroz, escuchaban sus sufrimientos, veían objetivados sus destinos, expresados con admirable claridad sus reclamos de justicia. Los que escuchaban cómo la desespera-

[12] *«El caso de Hernández es, sin embargo, particularísimo. Su lenguaje y su estilo son mucho más reales, mucho menos caricaturescos que los de los otros poetas gauchescos. Y esto fue posible seguramente, porque Hernández conocía y supo aprovechar las dos dimensiones de esta perspectiva: se apartó de lo folklórico lo necesario para elegir sus rasgos característicos (y así parecer realmente folklórico ante la cultura urbana), y se alejó de lo gauchesco lo suficiente para suprimir su visión deformante (y realizar así la obra más parecida a lo auténticamente popular»,* Olga Fernández Latour de Botas, *«El* Martín Fierro *y el folklore poético»,* Cuadernos del Instituto Nacional de Investigaciones Folklóricas, 3 *(Buenos Aires, 1962), 287-308, espec. p. 302. De la misma autora, «Aportes del folklore a la crítica del* Martín Fierro*»,* Logos, 12 *(1972, Facultad de Filosofía y Letras, UNBA, 171-220.*

ción de los de abajo los empuja a la autodestrucción matando a otros desdichados (eso son, en definitiva, los homicidios que Fierro comete contra el Negro, contra el Terne, contra los miserables soldados de la Partida), veían en ese destino frustrado un ejemplo terrible del propio. Fierro no es sólo este individuo en particular, es también en el Poema el tipo ejemplar de una clase social. Esta dualidad simultánea se expresa, como hemos demostrado hace ya muchos años, con ciertos recursos lingüísticos y estilísticos. [13] Y esta circunstancia es otra de las razones que explican no sólo el éxito de público, también la poderosa identificación sentimental y social que el texto ejerce de manera hipnótica sobre el oyente-lector que lo percibe.

Se trata (como indicó A. Reyes hablando de un texto medieval), de un Yo ejemplar, no de un Yo autobiográfico. Ejemplar en el sentido de típico, y ejemplar en sentido didáctico. Típico, como representativo de una clase, de un nivel social específico. Si se comparan los sucesos que de su propia vida narra Fierro, con los que cuenta Cruz, o los de los hijos, se verá que hay en todos ellos un mismo dibujo, una identidad semejante que nace de lo social: es la vida casi igual de los que pertenecen a esa clase desheredada y orgullosa en su miseria que fueron los gauchos. [14] Martín Fierro no es jamás descripto desde afuera por ningún narrador; jamás es contemplado por nadie. No sabemos cómo es su rostro, color de ojos, estatura, manos, ropa. Todo lo que sabemos está dado en la acción, en las reacciones, en los sentimientos, en los juicios. Creo que carece de rostro descripto por varias razones que no podemos examinar aquí. Pero una de ellas está relacionada con su funcionalidad representativa desde el punto de vista social. Su vida es *ejemplar* (un ejemplo concreto y neto), porque retrata a toda una clase. Esto ya fue claramente señalado por Hernández en el prólogo a la primera edición de la *Ida:*

Me he esforzado... en presentar un tipo que *personificara* el carácter de nuestros gauchos, concretando el modo de ser, de sentir, de pensar y de expresarse que les es peculiar.

¿Por qué ejemplar en sentido didáctico? Porque Fierro, siendo un personaje que ha vivido y sufrido la dura existencia de sus iguales, ha extraído de esas experiencias una forma muy peculiar de sabiduría. El Poema, en ambas partes, está lleno de referencias didácticas, de enseñanzas que Fierro, de modo paternal, transmite a sus oyentes siempre como nacidas de esos años de sufrir y vivir. Lo didáctico es una parte esencial del Poema, y la capacidad de enseñar, de hablar paternalmente y didác-

---

[13] «*La simultaneidad de lo biográfico y lo social en la voz de Martín Fierro*», Martín Fierro; un siglo *(Buenos Aires: Xerox Argentina, 1972), pp. 115-122.*
[14] R. Rodríguez Molas, Historia social del gaucho *(Buenos Aires: Maru, 1968), reunión numerosos documentos que no dejan dudas sobre las condiciones terriblemente negativas y en desamparo en que vivió esa clase social. La obra echa luz —definitivamente— sobre la mentirosa y edulcorada leyenda blanca con que se ha silenciado —en la Argentina— la situación de pobreza, explotación, ausencia de derechos en que vivieron esos hombres. De aquí debe extraerse una conclusión necesaria: Hernández dio una pintura exacta de la situación de los gauchos, tanto en sus campañas periodísticas, como en su Poema. Su descripción de la leva forzada, el maltrato, la vida en los fortines, así como las de sus hijos y Picardía sobre la justicia, el poder y las leyes, son exactas, pueden comprobarse con multitud de referencias de la época. Martínez Estrada demostró que el Poema posee una veracidad histórica absoluta. Véase en la obra citada, «Parte tercera. La frontera».*

ticamente desde sus años, constituye uno de los elementos sustanciales de la figura del protagonista. En la compleja figura de Fierro se expresan muy distintos niveles de significación. Uno de los más poderosos (porque aparece como velado por aspectos más visibles en una primera lectura) es éste de lo paternal, que se une sin solución de continuidad con la capacidad de enseñar, de convertir sus experiencias en enseñanza útil a sus compañeros de infortunio. Ese es el sentido indirecto, ambiguo, que se expresa en aquella afirmación final que dice: «no se ha de llover el rancho / en donde este libro esté» (II, 4857-58) que encarece este aspecto, a veces descuidado por la crítica, interesada en nuestro siglo por lo histórico, lo social, lo estético, y que ha olvidado que éste ha sido uno de los componentes básicos de la obra.

Martínez Estrada ha señalado, con su habitual precisión, que una de las notas más características del tipo social llamado gaucho está dada por la ausencia de la figura paterna y, por ende, por la existencia de una vida familiar retaceada, limitada —a veces— solamente a la presencia activa y constante de la madre y a un padre muchas veces ausente, desconocido, y apenas aludido como una realidad o una persona supuesta, pero no fácticamente visible. Tal vez aquí resida una de las causas psicológicas (y psicoanalíticas) más importantes para explicarse el asombroso éxito de la obra en los niveles sociales más alejados del mundo social dominante, de la cultura o de los poderosos. Siempre me he preguntado qué veían allí, en ese Poema tan cargado de dolores, de ausencias, de injusticias, de vidas destruidas por un sino casi infernal, estos posibles admiradores del héroe que recibieron su mensaje con un interés superior a toda previsión. No parece descaminado suponer que en la voz y sobre todo en el «presencia vicaria» de Martín Fierro estos analfabetos que veían reflejada en esa vida su propia existencia dolorosa, que en sus reclamos de justicia (en sus denuncias y en sus palabrotas, en sus chistes burdos y la pobreza de esa existencia) escuchaban su propia voz dicha por otro que la encarnaba y captaba con asombroso mimetismo. Pero hay más. Creo que en esa voz y en esa presencia ellos escuchaban la voz y «sentían» «percibían» la presencia de una figura paterna de la que muchos habían carecido. «Un hombre que da consejos / más que padre es un amigo / ...» nos dice (decíales a aquéllos) el Padre Martín Fierro. ¿No sería justo decir que hay tres voces, tres diferentes niveles de significación en esa voz?: el hombre éste, Martín Fierro, que nos cuenta su vida y su destino. Un gaucho cualquiera, ejemplar, en cuya vida se da como una perfecta síntesis de los destinos de todos los otros gauchos. Un Padre, una figura Paterna, que nos entrega su experiencia vital y nos habla en nuestra lengua, con nuestras inflexiones a nosotros, oyentes-compañeros-iguales en el infortunio - hijos-discípulos en el complejo, duro oficio de vivir. Es esta trilogía, creo, la que explica psicoanalíticamente el éxito de la obra y su asombrosa persistencia hasta la actualidad en zonas donde todavía persisten situaciones como las que describe Martínez Estrada en su ya famoso libro sobre el Poema. Fierro sería entonces la figura paterna no tenida, el Padre desconocido y anhelado. Y esa sería una de las explicaciónes del hecho —asombroso para los patrones estéticos de finales del siglo XIX y de gran parte del XX— de que una obra cargada de significaciones e intensiones didácticas, siga interesando a un público

Retrato de José Hernández, por Tomás Di Taranto

que desconoce (aparentemente) este aspecto en la literatura contemporánea. Y que parece rechazarlo en casi toda ella. Pero ya veremos, con un sólo ejemplo, que lo didáctico está de tal modo presente y actuante en la obra de Hernández, que asoma su rostro inesperado (y desapercibido) en los momentos más dramáticos del Poema.

El protagonista-héroe-narrador

A la calidad paternal (en la que no es exagerado pensar que se unían el personaje y su autor), se suman varios rasgos que explican la intensidad poderosa con que Fierro-personaje protagónico se ha fijado en la memoria y el sentimiento de sus oyentes. En primer lugar su constante y poderosa presencia, su esencial *estar ahí,* que supone siempre —durante todo el transcurso de la obra y aún después de terminada, cuando entra a hablar un Narrador en tercera persona que podríamos suponer que es el autor— que Fierro (su voz, su presencia, su cálida cercanía) es siempre el testigo que acompaña y da nacimiento al mundo todo de la obra. Ese es uno de los sentimientos del comienzo, que persiste durante todo el desarrollo, (el decirse-cantarse-narrarse del Poema):

Aquí me pongo a cantar / ...

Es un presente constante de tipo espacial y temporal, que ya desde la primera palabra del Poema instala ante nosotros esta figura taumatúrgica que da nacimiento a la obra, y participa, actúa, tiñe toda ella de un tono específico. Ese *Aquí* supone que el que habla está presente ante nosotros y *ante todos los hechos* que suceden en el Poema. No se olvide que se trata de un narrador *homodiegético:* El Narrador es a la vez Actor, según la designación de Genette. [15] Pero en el caso de *Martín Fierro* se trata de algo más complejo y más rico. Jamás desaparece Fierro como persona, con su drama y su dolor y ferocidad individuales; *siempre está ahí, presente,* con toda su densidad como persona específica: dolores, pérdidas, fracasos, venganza, destino injusto e irremediable, desaparición final voluntaria. Narra y actúa; de modo doble: como personaje de muchos pasajes dramáticos, y como Voz presente, que cuenta, canta y recuerda. Hay una doble función activa en el protagonista: 1) *Narrar-cantar,* tiñendo todo lo dicho con su Voz y pasión individuales; 2) *actuar* en el mundo que él va creando en ese Presente constante que nace del dibujo de su Voz. Obsérvese la riqueza de niveles temporales; en general todo el mundo evocado está en el pasado, como ocurre con la épica. Pero la Voz que narra está en un presente eterno, presente acentuado por la presencia constante del mismo que ha vivido ese pasado que ahora se trae otra vez a la vida.

Esta es otra de las grandes novedades que Hernández introduce en la gauchesca: convertir en personaje protagónico, en héroe y en ente poético cargado de significa-

---

[15] G. *Genette,* Figures III *(París: Du Seuil, 1972), pp. 252-261. Un examen muy bien sintetizado, con vasta bibliografía, Jaap Lintvelt, «Pour une typologie de l'enònciation écrite»,* Cahiers Roumains d'Etudes Littéraires, I (1977), 62-80.

ción social e individual, a un personaje cuyo drama asume ahora una dimensión antes desconocida en el género. Hernández va a dar a la gauchesca una dimensión inesperada y asombrosa: del diálogo costumbrista-dramático-político, cargado de sentido todavía ilustrado, Hernández va a pasar a lo décimonónico: notas novelescas, épicas, románticas. Toda la obra, como ocurre con otras del siglo (Byron, Espronceda), está centrada en la figura protagónica, un narrador-protagonista, que habla de sí y que mostrará ciertas notas de época: primera persona, verso, narración cargada de elementos autobiográficos, mezcla de lirismo y epicidad, dramatismo, comicidad, intención y crítica social. Pero la gran invención de Hernández es elevar a categoría de héroe único, irrepetible, a un hombre cuya vida y cuyas desgracias son las de toda una clase. Elevar a la dignidad de héroe central, a una vida formada —en el fondo— con la suma de miles de otras vidas semejantes. Martín Fierro es un hombre, este, particularísimo y único; cantor, peleador, asesino sin quererlo, dominado por un destino infausto, condenado a la soledad, a la pobreza, a la derrota, a la desaparición. Y que de toda esa suma de notas negativas extrae sin embargo una afirmación positiva de su misma existencia. Convertir lo social en individual; volver lo individual en representativo de una totalidad de miles. Y de esa pobreza a primera vista misérrima, crear una obra de asombrosa fuerza dramática y poética.

Siempre se ha preguntado por qué en *M.F.* jamás se describe al protagonista. No sabemos ni la edad, ni la estatura, ni los rasgos físicos externos del héroe ni de sus hijos. Como bien señalara M. Estrada el único personaje descripto desde el exterior con absoluta exactitud y cuidado es el Viejo Vizcacha. Y la respuesta es obvia: si, como hemos señalado, todo el Poema es una sucesión de relatos autobiográficos que van «diciendo» los agonistas (una serie de cantos elegíacos que cada uno dice a su turno, todos rodeados por el gran marco biográfico y aún sonoro de Martín Fierro), es natural que éste no se describa a sí mismo en ningún momento. Ningún gaucho auténtico lo habría hecho; esto habría significado una concesión vanidosa, un narcisismo insoportable para el carácter mesurado, anti-confesional, del personaje protagónico. Es aquí donde pueden señalarse los límites que separan las notas románticas del poema, de la confesionalidad y el regusto en el ego que arrastra a tanto héroes del XIX a hablar y describirse a sí mismos. El sentido del ridículo, la medida visión de sí mismo (que sólo se manifiesta en los momentos extremos de dolor o de peligro), habrían impedido al héroe esta forma «vistosa» de autocontemplación absolutamente fuera de los gustos, los límites y los intereses del personaje y del tipo social que encarnaba. Claro que también puede y debe aceptarse la observación de Martínez Estrada: el rostro de un ser que encarna a miles no puede ser descripto ni fijado en una suma de rasgos particulares.

La notable originalidad de Hernández frente a toda la gauchesca, tal vez su creación más importante después de la unidad de estilo que caracteriza al Poema, es haber centrado toda la obra en una figura protagónica y en haber dado vida a esa figura. El protagonista es, por una parte, el foco narrativo. La Voz que narra y canta y desde la cual toda la obra emana como nacida mágicamente de esa Voz. Esa voz es la que revive ante nosotros el pasado épico, lo trae a la actualidad de nuestra presencia, que somos espectadores-oyentes-destinatarios; mundo entonces evocado, pero acompañado siempre, desde lejos o desde muy cerca por el Cantor.

Pero por otra parte, Fierro y su biografía son el modelo estructural-argumental de la obra. Ese modelo sustancialmente fundado en lo biográfico narrado de manera auto-monológica, prosigue un modelo muy antiguo, que fue preferido por el público al que Hernández dirigía su obra. Es una estructura nacida de una necesidad de comunicación y de identificación, como ocurre con el nivel de lengua, el mundo evocado, las presencias y las ausencias. Este es uno de los secretos de la aceptación inmediata de la obra. También a nivel formal el Poema se acomoda a su público.

El Poema funciona con el primitivo (sencillo, pero no simple) esquema comunicativo de la épica: 1) un cantor (protagonista-narrador-evocador-actante), que habla ante un público; 2) el mundo evocado, siempre en un pretérito lejano o cercano; la tensión y el peligro o lo didáctico, acercan ese pasado, lo presentifican; el dolor de la felicidad perdida, lo aleja desmesuradamente del Cantor; ese mundo evocado es la biografía personal, con sus dolores, aventuras, peligros; 3) un público supuesto y, a veces, activamente presente, que rodea al Cantor y escucha su relato; 4) nosotros, oyentes-espectadores a segundo grado, que somos los destinatarios (¿los narratarios?) últimos de todo el texto. Unas veces nos sentimos tan identificados con el Cantor que lentamente —inadvertidamente— comenzamos a decirlo en alta voz, y a través de él reclamamos justicia y comprensión. Otras, recibimos su mensaje. En unos casos formamos parte de los explotados y necesitados de justicia; en otros, nos sentimos partícipes y culpables de esas injusticias. Unas veces somos gauchos; otras el Poder injusto que recae sobre ellos. Esta doble polaridad está siempre presente en el Poema, aunque pocas veces se advierta su compleja funcionalidad significativa y su intención, de la cual tenía clara conciencia el autor.

Hernández —y aquí está una de las pocas notas que acerca su Poema a la épica clásica— da el texto como nacido de la voz creadora del Cantor, que establece con el mundo evocado una relación dinámica y cambiante que varía según la situación, la tensión dramática y la intención concreta del pasaje. En unos casos podemos establecer una clara distancia, una visible separación entre el cantor-evocador (Fierro), y el mundo evocado. En otros casos la fuerza de la situación evocada ante nosotros es tan poderosamente dramática, que ese pasado se actualiza, se presentifica ante nosotros de tal manera que ocupa todo el espacio evocado. Es lo que ocurre en los grandes momentos de tensión (pelea con el Moreno, pelea con el Terne, pelea con la partida, pelea con el indio). En esos casos el Yo-narrador-evocador, pasa a ser sólo Yo-actor. En otros casos, lo didáctico abarca tanto espacio narrativo, que la escena (aun las de gran tensión dramática) parece detenerse (como cuando en cine detenemos el filme para ver un fotograma, o detenemos el tape en un video para analizar una escena dada), y el Cantor intercala una observación de sentido didáctico. Esto es visible en una de las más complejas partes de la obra, la del relato que se hace de la pelea con el indio, cuando Fierro expone su vida para salvar a la Cautiva y en un pasaje de terrible peligro termina venciendo a su enemigo y huyendo a la civilización. No hay aquí espacio para describir toda la riqueza de recursos, de módulos temporales y estilísticos usados por el autor para entregarnos el episodio. Sólo queremos mostrar cómo esa tensión intolerable se detiene por un momento, para intercalar lo didáctico. Y cómo, la presentificación de la acción evocada (sucedida hace mucho en un pretérito cumplido y terminado: un pretérito *perfecto*, en el sentido aspectual), vuelve a ese pretérito para dar paso a otro presente: el del Cantor-Padre-Consejero, que se vuelve hacia nosotros para darnos indicaciones nacidas de su rica experiencia vital.

Estamos en la *Vuelta*, al final del canto VII, ocupado todo por la soledad y la pena de Fierro, conmovido por la muerte de Cruz. En los últimos versos Fierro se encuentra con la escena de la Cautiva, salvajemente golpeada por el Indio. El canto VIII es un canto explicativo, relato y descripción de la vida que las cautivas llevan entre los indios. Ese Canto comienza con un adelanto de su contenido, técnica de ida y vuelta, de anticipación sintética del argumento, que es típica de la obra. Allí leemos: «Más tarde supe que ella, / de manera positiva, / que dentró una comitiva» (VIII, 1015-17); todo lo que allí se narra es el relato que la Cautiva hizo a Fierro más tarde, durante la larga huída hacia la tierra de cristianos. Es canto explicativo y justificativo: da los antecedentes de la feroz escena de la mujer golpeada por el Indio, y explica por qué Fierro deberá matarlo o morir en el encuentro. Viene ahora el canto IX, en cuyo comienzo se resume todo lo anterior y se reinicia la acción en el momento en que fue interrumpida al final de VII. Ahora sabemos bien quién es ella, y por qué llora: «De ella fueron los lamentos / que en mi soledá escuché, / en cuanto al punto llegué / quedé enterado de todo» (II, 1117-1120). La acción del canto se desenvuelve en dos partes; la primera va desde el comienzo del combate, hasta la caída de Fierro (1117-1248); la segunda va desde la invocación a Dios, hasta el final (1249-1370). Una línea de puntos (= tiempo, pausa dramática) separa las dos partes; ella marca una clara división entre el momento de máxima tensión y peligro para el protagonista, de la vislumbre del triunfo, encabezada con la invocación teologal, de claro corte tradicional. Sin embargo, aún en este pasaje de poderoso suspenso *(suspensión* escribía Cervantes), hay pausas didácticas, momentos en que se detiene el filme y un fotograma queda fijo por un segundo ante nosotros, para que el Cantor intercale su experiencia de vida:

> 1159 Se debe ser precabido
>   cuando el indio se agasape

Obsérvese bien cómo un instante de terrible peligro, en el que la vida del héroe está casi a punto de terminar, sirve para este presente didáctico:

> 1201 En la dentrada no más
>   me largo un par de bolazos;
>   uno me tocó en el brazo;
>   si me da bien me lo quiebra,
>   pues las bolas son de piedra
>   y vienen como balazo

pues: 'porque', explicación de ese peligro.
La vida vivida sirve para encarecer el peligro:

> 1209 era el salvaje más pillo
> que he visto en mis correrías

Las explicaciones que detienen la acción y nos vuelven a la realidad presente del Cantor:

> 1301 pisa el indio y se refala
> en el cuerpo del chiquito.
> Para esplicar el misterio
> es muy escasa mi cencia;
> lo castigó, en mi conciencia,
> su Divina Majestá:
> donde no hay casualidá
> suele estar la providencia

Lo didáctico casi siempre es intemporal, y esa intemporalidad se expresa a través del presente, tiempo que asume muy específicos sentidos en la obra. [16]

Este didactismo va acentuándose a medida que avanza la obra. Ya al final, Fierro, directamente da sus consejos a los hijos, pero esas advertencias van/iban dirigidas también a los oyentes que componían el público de su tiempo, oyentes que entonces como hoy, han seguido interesándose por ese costado sorprendentemente anacrónico del poema. Lo didáctico, encarnado en una figura paternal para aumentar su poder suasorio, es uno de los componentes esenciales de la obra. Componente muy bien destacado por Hernández en su conocido prólogo «Cuatro palabras de conversación con los lectores». Allí indicó con toda claridad la dualidad horaciana de «dulce et utile» («...sólo así esa lectura puede serles amena, interesante y útil...») y también comentó largamente qué quería enseñar: que el trabajo honrado es la fuente del bienestar, las virtudes morales, la religión, le ética y el amor familiar, etc. Todo esto nuestro autor lo sintetizó en dos palabras: «propósitos moralizadores». [17]

Es tan poderoso —y tan constante— este respeto por la obra como conjunto de normas explícitas, que aún hoy, en ciertas zonas cordilleranas de la Argentina del noroeste, algunos individuos saben el Poema de memoria (se lo llama reverentemente «El Libro»), y lo recitan de la misma manera que lo hacían hacia fines de siglo algunos «repetidores» de los que habló Lugones en *El Payador.* Todo esto nos lleva a destacar otra vez cómo el texto utiliza y conserva con eficacia todavía actuante, este aspecto de la más antigua literatura en lengua española (la medieval y la neoclásica). Lo cual demuestra nuevamente la enorme importancia que lo tradicional, lo hispánico heredado y rememorado tiene en la obra.

---

[16] *Véase nuestro análisis: «Lectura de Martín Fierro (Vuelta, cantos (VI-IX)*, Revista de Literatura Argentina e Iberoamericana, 2, Mendoza (1960), 31-48, *donde estudiamos el uso de los tiempos verbales y lo didáctico.*

[17] Martín Fierro, *edición de Luis Sáinz de Medrano (Madrid: Cátedra, 1980, 2.ª ed.), pp. 194-195.*

Epica y lírica (lo narrativo y lo confesional)

Otra de las visibles diferencias (y de la enorme riqueza) del Poema frente a toda la gauchesca anterior, que éste entregaba un verdadero mundo narrativo coherentemente organizado, con un protagonista que quintaesenciaba los valores gauchos, y cuya personalidad, aventuras y padecimientos retrataban los de esa clase social. Ese cosmos narrativo describía exactamente los aspectos más destacados de la vida gaucha (y de su progresiva desaparición histórica), con una marcada admiración por los valores encarnados en ese tipo social: independencia, libertad, amistad, coraje, generosidad, honestidad, caballerosidad. El esquema narrativo era el más fácilmente comprensible y aprehensible por dicho público: el del marco biográfico. El Poema funciona como una serie de biografías narradas por cada agonista, dentro del gran marco biográfico del personaje principal. Esta forma biográfica ha sido la más antigua y tradicional utilizada por la humanidad. Y es evidente inferir el cambio de nombre que deciden todos los personajes al final del Poema, que hay allí un equivalente a la desaparición histórica de la clase que ellos representaban. Primero deciden que van a separarse «para empezar vida nueva» (II, 4.590); después vienen los consejos que Fierro da a sus hijos y al de Cruz (II, 3.595-4.780); finalmente, se dirige a «los cuatro vientos» y «convinieron entre todos/ en mudar allí de nombre» (II, 4.791-92).

Los sucesos narrados en el Poema, las situaciones, episodios, motivos, eran conocidos y cotidianos para el público oyente, público que al oír el texto confrontaba y vivía una rica experiencia: verse retratado en la voz y los sucesos del que hablaba, y al verse a sí mismos tenían una visión objetiva de la propia existencia y de sus terribles injusticias. A la vez, esa voz denunciaba dichas injusticias y reclamaba un trato más humano para sus iguales. Pero la segunda parte (como indicó Pérez Amuchástegui), ampliaba el público al que esa denuncia se dirigía. Por una parte exigía de la clase dirigente, una política distinta para los gauchos; por otra, dirigía a éstos una serie de consejos para reinsertarlos en la nueva sociedad que estaba forjándose en esos momentos en la Argentina de finales de siglo, la de la inmigración, la inversión capitalista, los ferrocarriles y el progreso desenfrenado. Claro que tenemos plena conciencia de que la *Vuelta* posee una riqueza argumental, episódica, pintoresca, colorística, muy distinta del acre y burilado dibujo de la *Ida,* tan ferozmente denuncialista [18].

Esta totalidad narrativa se entrega sin embargo de un modo peculiar, que también diferencia absolutamente *Martín Fierro* de todos los otros textos gauchescos. Pero antes de proseguir en el análisis de lo lírico y lo subjetivo en el Poema, creemos necesario hacer referencia a dos hechos que juzgamos esenciales. Uno es lo que hace muchos años escribió don Miguel de Unamuno, cuando considerando la calidad genérica de la obra de Hernández observó:

[18] *Véase nuestro libro,* Hernández: poesía y política *(Buenos Aires: Plus Ultra, 1973), pp. 151-158.*

En Martín Fierro se compenetran y como que se funden
íntimamente el elemento épico y el lírico

El otro es la sensación de profundo desagrado que sentí al terminar de ver, por vez primera, la versión fílmica que Torre Nilsson realizó del Poema. Mucho tiempo he tardado en darme cuenta de cuál era la causa de ese marcado rechazo a la puesta en imágenes del Poema. El rechazo no provenía de que se trataba de esa u otra versión cinematográfica, el rechazo estaba originado en que el Poema parece resistirse a ser «visto», o «imaginado» en imágenes. Hay una como interioridad, como subjetividad de la acción, que separa de modo absoluto a *Martín Fierro* de toda obra puramente realista (el *Santos Vega* de Ascasubi, por ejemplo, o el *Juan Moreira* de Gutiérrez, dos típicos relatos). ¿Pero es que entonces *Martín Fierro*, en contra de lo que escribió Borges, no es una novela...? Asociemos esta sensación a lo escrito por Unamuno.

A la unión de lo narrativo y lo confesional, de lo épico y lo lírico, se suma el rechazo de lo visual, esa especial vivencia de que el contenido del Poema (el mundo puesto en obra) está rodeado de un aura que lo aparta de lo real-visual, de lo directamente mentado por palabras que hacen referencia a sucesos, situaciones, rostros, espacios, tiempos, personajes. Esta constante subjetivación de lo narrado, esta oscilante y diría ambigua situación del mundo narrativo (que parece mentar lo real siempre a través de una sensibilidad, quitándole nitidez, restándole realismo), tiene un claro origen.

Al comenzar la obra leemos:

> Aquí me pongo a cantar
> al compás de la vigüela,
> que el hombre que lo desvela
> una pena estraordinaria,
> como el ave solitaria,
> con el cantar se consuela. (I, 1-6).

Es el cantor que nos anuncia el comienzo del Poema; pero a la vez este que en primera persona (YO) nos dice que *aquí* (presente constante, ya lo hemos señalado), él se pone a cantar.

Aquí es uno de los extremos de este comienzo. En el medio, está la primera persona *Yo:* «me *pongo* a cantar». El otro extremo es el de la subjetividad: «una pena extraordinaria». *Aquí* es un término que carga dos grupos de significaciones: espaciales y temporales. En lo espacial el Cantor nos indica que en este sector del espacio («cerca de Ustedes» que me rodean en el Poema, y me escuchan; pero cerca también, actuando y contemplando lo que actúo, estoy al lado del mundo ficticio que mis palabras van creando: el recuento de lo pasado). Pero también estoy —de alguna manera— cerca de los otros que me escuchan y me leen: Ustedes los lectores de mañana, los oyentes de hoy y de siempre[19].

Temporales, porque *Aquí* significa «simultáneamente, a la vez, en el mismo momento» en que este mensaje se emite. Yo estoy, estaré, siempre aquí, *al mismo tiempo,* frente a Ustedes mientras me escuchan. No desaparezco mientras emito este mensaje y su mundo; estoy siempre presente. Pero ¿qué, o quién está presente...? Lo que está siempre presente es en primer lugar *un estado de ánimo, un temple de ánimo:* el del Cantor. Todo lo narrativo está siempre acompañado de ese hombre, de esta voz que *aquí/canta.* Es esta presencia la que tiñe de subjetividad todo lo narrado. Aun lo más épico, lo peligroso y dramático está inundado de esta especialísima sustancia emotiva. La voz narrativa, centrada en una primera persona consustanciada en presencia y en co-temporalidad, inunda constantemente todo lo mentado de subjetividad activa y presente.

El texto posee aspectos de marcada ambigüedad y uno de los más importantes e imperceptibles es este de la subjetividad del relato, que se logra a través de la

---

[19] *El Poema utiliza el esquema de una típica «payada», relato en verso en el que un* improvisador *(esto significa originalmente* payador) *narra una historia acompañado de su guitarra, ante un público concreto. En la obra, Fierro (Cantor y Narrador), se dirige constantemente a una audiencia, a un público (Narratario, en el esquema de la narratología). Ese público es casi siempre plural:*

Soy gaucho, y entiéndanlo	*I, 79*
Y sepan cuantos escuchan	*I, 103*
Y atiendan la relación	*I, 109*
si gustan... en otros cantos	
les diré lo que he sufrido	*I, 285-86*

Todas referencias a Ustedes, *el plural respetuoso de segunda persona que, como sabemos, por herencia de Vuesa Merced, usa el verbo en tercera. Estas alusiones no son siempre en tercera, y tampoco se refieren a* Ustedes. *Pero constituyen siempre formas de* captatio benevolentia, *o tratamientos amistosos; así apela a la segunda persona singular (Usted):*

> *Pues si usté pisa en su rancho*
> *y si el alcalde lo sabe*
> *lo caza lo mesmo que ave*
> *aunque su mujer aborte I, 2159-62.*

O al término amical: ¡Aparcero si usté viera *I, 381*
no soy lerdo... pero, *hermano, I, 657*
Afigúrese cualquiera/ la suerte de ese su *amigo, I, 661-2.*

Como ha indicado Eneida Sansone de Martínez, formas de «lograr que el lector se ponga imaginativamente en su lugar», en el del Cantor. La misma crítica habla de «un ritmo, una ondulación del relato, que fluctúa entre la confianza de la confidencia amistosa y el contar a personas desconocidas», ver La poesía gauchesca en Martín Fierro *(Montevideo: la casa del estudiante, 1981), pp. 58-60.*

Pero este Narratario del Poema, es múltiple. Por una parte supone un Tú, al que se dirige el Yo que habla (un Tú plural o singular, eso no es demasiado importante), y que aparece claramente acotado en las formas lingüísticas que hemos transcripto. Hay sin embargo otros destinatarios, fuera de la escena que supone el texto mismo. Y esos otros Narratarios son los que escuchan o leen el Poema, destinatarios a los que Hernández (el scriptor) tuvo en cuenta y que pertenecían a niveles sociales determinados. Por una parte, gauchos a los que el texto retrataba, concientizaba en cuanto a su condición y situación, y aconsejaba. Por otra la clase dirigente, que recibía un llamado de atención y una dura denuncia de sus injusticias, inadvertencias e incapacidades.

Para los problemas del Narratario, ver Gerald Prince, Narratology. The form and functioning of narrative. *(Berlín: Mouton Publishers, 1982). Janua Linguarum, Series Maior 108, pp. 16-26.*

voz que nos entrega el texto y su mundo. Nada hay aquí comparable a la escritura realista del siglo XIX, con la tercera persona constante, aquella que Benveniste calificó de «la no persona» [20]. Estamos ante una serie de mensajes emitidos todos desde Yoes, teñidos todos con el Yo del protagonista. Una serie de relatos más o menos confesionales que abundan en referencias autobiográficas con algunas notas subjetivas (estados de ánimo, emociones, etc.). La nota constante es la nostalgia, el dolor por la felicidad perdida, más dolorosa al evocarla en el sufrimiento (como ya dijo inmortalmente Dante). Todo el texto parece en un primer momento dirigido a explicar y justificar este estado de ánimo nacido del sufrir del protagonista. Y ese Yo se dirige siempre a un Tú, lo supone (como también indicó Benveniste). Y este destinatario constante somos —en último término— nosotros mismos, los lectores u oyentes del Poema. Otro elemento más que explica el poder convocador, la penetración afectiva y sentimental que logra el texto por su sola presencia.

Rodolfo A. Borello

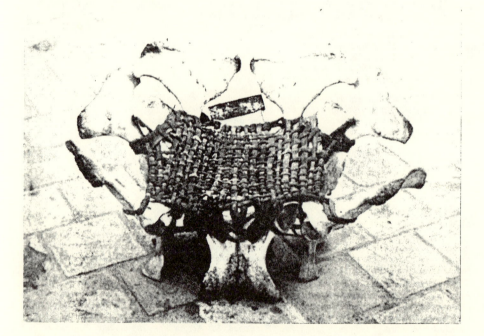

[20] E. Benveniste, Problèmes de linguistique générale, I *(París: Gallimard, 1966), p. 242: «La 3.e personne ne s'oppone à aucune autre, elle est au vrai une absence de personne».*

Dispositio Vol. XV, No. 40, pp. 95–105

MARTIN FIERRO:
LA VOZ COMO FORMA DEL DESTINO NACIONAL

Raúl Dorra
Universidad de Puebla, Puebla, México

Sin ánimo de incurrir en el lenguaje figurado podría decirse que cuando, en 1982, la Imprenta de la Pampa lanzó a la circulación las estrofas de *El gaucho Martín Fierro* de inmediato una voz, o el fantasma de una voz, comenzó a recorrer las poblaciones rurales y aun urbanas de la Argentina. Es difícil calcular la magnitud de la respuesta obtenida por el libro pues a las once ediciones que se sucedieron en los primeros seis años, "con un total—según el propio autor—de cuarenta y ocho mil ejemplares"[1], habría que agregarles no sólo las incontables ediciones clandestinas sino sobre todo el hecho de que las estrofas, mucho más que por la lectura, se propagaron oralmente. Aparecido el libro, se multiplicaron los recitadores que, respondiendo a la implícita voluntad del propio libro, se dieron a memorizar el poema y a ofrecerlo al entusiasmo de un público siempre dispuesto a interrumpir el ocio o el trabajo para escuchar la narración de un destino que les era fascinante. Ciertamente, esta forma de comunicación no ocurría sólo por el hecho de que el poema estaba llamado a circular entre una población privada del alfabeto sino esencialmente porque el poema exigía ser recogido y propagado por la voz. Construido sobre el verosímil de *lo hablado*, este libro promovió de tal modo la voz—o, mejor dicho, *una* voz—y lo hizo con tal contundencia que pronto la imagen de esa voz quedaría ligada a la imagen del destino nacional argentino. La voz actuaba el drama del gaucho y persuadía de que ese drama era el drama de la patria. Cuando el peón de campo escuchaba, o repetía, la voz del gaucho Martín Fierro se convencía de que aquélla era su propia voz y de que él, precisamente porque hablaba de ese modo, era un personaje

211

central en el confuso juego de sentimientos, intereses y propósitos que pronto comenzaría a definirse como *la patria*. Humillado, perseguido por la injusticia, los sufrimientos de ese hombre estaban llamados a representar los sufrimientos de la patria y su redención, por lo tanto, habría de convertirse en necesidad suprema. Curiosa, o tal vez nesariamente, este libro que tan bien imitó—pero tal vez, con más propiedad, habría que decir: fundó—la voz del gaucho y que con tanto éxito circuló entre aquellos cuya habla interpretaba, estaba en último término destinado a lectores cultos y en especial a la clase política argentina pues era con los políticos con quienes José Hernández continuaba una discusión emprendida hacía tiempo en publicaciones periodísticas. Esto explica en gran parte el ímpetu que puso en la voz y en la conducta del protagonista a quien pintó con los tintes más patéticos que la verosimilitud permitía. El tránsito de Martín Fierro es una escalada de desgracias: de hombre sosegado en la paz de su oficio y su familia a soldado forzado por una leva; a víctima, por lo tanto, de variadas injusticias infligidas por autoridades militares y civiles; a desertor; a paria; a gaucho "alzado"; a sujeto de borracheras y peleas; a homicida; y, como última consecuencia de tan irremediable infortunio, a tránsfuga de la vida social. Todo ello expuesto en una voz, antes que lastimera, orgullosa y rebelde cuya lógica argumentativa está destinada a mostrar su esencial inocencia pero sobre todo a demostrar que la sociedad en la que el gaucho actúa está de tal modo organizada sobre la injusticia que su retrato no puede ser sino el de una continua afrenta a los valores de la naturaleza y del espíritu. La voz era la del que acusa.

Cuando, modificado él mismo por el impacto creciente de su libro, José Hernández se convenció de que debía componer una segunda parte se convenció también de que para que esa segunda parte fuera un complemento del mensaje de la primera el gaucho, esta vez, no debía ser sólo el objeto de imitación sino el destinatario de la voz. Si con *El gaucho Martín Fierro* había intentado moralizar a los hombres de la ciudad, con *La vuelta* se propondrá moralizar al propio gaucho. La crítica no dejó de advertir este cambio de tono y perspectiva. En un artículo publicado en 1894, Unamuno se refirió a la continuación del poema (editada en 1879 por la Imprenta de P. F. Coni) lamentando su sentido "sobradamente didáctico", tan distinto, según él, de la "briosa frescura" y la "ruda espontaneidad" desplegada en la primera.[2] Más que lo que dijo la crítica, importa decir que los propios interpelados por la voz se sintieron, ahora, menos recogidos por ella. Entre tantas paradojas que el ejercicio de la literatura depara podríamos agregar la de este libro: cuando José Hernández ensayó un poema para destinarlo a la clase política argentina, el peón de campo se sintió de inmediato interpelado por sus estrofas pues en ellas se pintaban sus desgracias pero sobre todo tenía lugar un hecho definitivo: la emergencia de su voz; y cuando José Hernández, seguro de haber dado con esa voz, quiso ahora dirigirla a esos hombres de la tierra, tales hombres sintieron que esa voz ya había hablado y que esta vez, más que la voz, interesaba la continuación de la historia cuyo interés estaba fundado por la primera parte. Para hacer esta afirmación—sobre una materia, por otra parte, tan huidiza—basta conocer, si es posible por dentro, lo que la memoria colectiva de los argentinos ha preferido retener en este poema. Para esa memoria—en cuya constitución este poema jugó, justamente, un papel decisivo—lo perdurable es la denuncia, el orgullo, el lamento y la bravata, no la conformidad resignada. La memoria escoge por razones que no conocemos y que sin embargo son las razones de nuestra identidad. Antes de morir, Don Quijote recuperó la cordura, una cordura que le dictó las frases más razonables que le hemos conocido, pero pocos recuerdan ese hecho porque todos hemos preferido pensar que Don Quijote es, eternamente, aquel desmesurado que se enfrentaba solo contra molinos de viento como si fueran gigantes y que trataba a las criadas como a señoras espléndidas. Del mismo modo, los argentinos somos menos propensos a pensar que Martín Fierro es aquel moralista que aconseja obedecer al superior ("obedezca el que obedece/ y será bueno el que manda") porque antes hemos sido ganados por la queja de aquel varón que habiendo nacido honrado fue forzado por la adversidad a vivir como si no lo fuese: "Y atiendan la relación/ que hace un gaucho perseguido/ que padre y marido ha sido/ empeñoso y diligente/ y sin embargo la gente/ lo tiene por un bandido."

Pero tratándose del tema de la voz y el trabajo que con ella intentó José Hernández, importa considerar la segunda parte del poema porque en ella Hernández, seguro ya de su arte, se siente en condiciones de reflexionar sobre sus técnicas y sus estrategias. Si *El gaucho Martín Fierro* lleva un prólogo sesgado (la carta que el autor dirige a Zoilo José Miguens a propósito del poema), *La vuelta de Martín Fierro* será prologada por "Una conversación con los lectores" en la que Hernández expone su poética. Así, en ese prólogo Hernández declara haber destinado su libro a "una población casi primitiva" para que allí "su lectura sea una continuación natural de su existencia". De esta importante declaración podemos sacar rápidamente dos consecuencias de interés: Hernández se sitúa sin vacilaciones como productor de un libro—es decir como hombre de la escritura—y profesa una poética que en lo central concibe que los espacios del arte y de la vida se corresponden y continúan sin conflicto. Siendo "continuación natural de la existencia" un arte como el suyo (de fines edificantes) tenía asegurada la posibilidad de su eficacia moral y podía por eso mismo ser una manifestación enérgica de la *razón práctica*. Pero debemos pensar, por otra parte, que la existencia humana, mejor dicho la existencia del hombre en tanto ser moral, y en especial la del que forma parte de "una población casi primitiva", está sostenida y conformada por la circulación de la palabra viva. Destinar un libro a hombres iletrados—y precisamente porque lo son—no es una paradoja si ese libro retiene la palabra como acontecimiento actual y material, como energía sonora en movimiento. Hernández había observado que para estos hombres de cultura oral la concepción del destino y la conducta, tanto como la economía de los afectos, están regidos por la palabra y, más que por la palabra, por el ritmo y la entonación de la palabra. La prosodia, entonces, ese factor que no tiene substancia sino que es pura temporalidad, organiza en secreto el sentido de la vida. Se trata de un factor que es sólo acompasamiento—intensidad, intervalo, recurrencia—y que, como la respiración, establece el intercambio entre el hombre y el mundo. El canto, la poesía rítmica, serán la materia y también el resultado de este intercambio, y es natural que las culturas orales estén organizadas sobre la actividad de ese factor. El gaucho—dirá Hernández en su prólogo—"Canta porque hay en él cierto sentido moral, algo de métrico, de rítmico que domina su organización y que lo lleva al extraordinario extremo de que todos sus refranes, sus dichos agudos, sus proverbios comunes son expresados en dos octosílabos perfectamente medidos." Agreguemos nosotros que, siendo el metro octosilábico el período nuclear en la entonación del español, es un metro dominante no sólo en la cultura del gaucho sino en todas las culturas abastecidas por la lengua española. Reiterado en composiciones de diferente extensión, o combinado con otros metros que se subordinan a su ritmo, el octosílabo (que Navarro Tomás describió como el "metro natural" y que por la tanto también tiene la forma de la memoria llamada *natural*, esto es la memoria colectiva) es básicamente el encargado de contener la información y el sentido de la vida que la sabiduría popular ha ido alimentando a través de las generaciones.

Así, pues, ese hombre de la escritura que es José Hernández, ese moralista que antes que por los olvidados del campo había querido ser escuchado por la clase política argentina, se propuso componer su poema sobre modelos orales de la comunicación. La oralidad, pensemos, se opone a la escritura como la sucesividad temporal se opone a la simultaneidad del espacio. Son, pensemos, dos órdenes diferentes para la inscripción del sentido. Si la escritura puede fijar sus signos en la piedra o en la página, la oralidad no puede hacerlo sino en la memoria. Es en la memoria donde la irreversible sucesividad puede volverse recurrencia, donde el tiempo puede ser recuperado como duración. Por lo tanto la comunicación oral, sobre todo aquella concebida para durar en la memoria, necesariamente se organizará sobre el ritmo según una técnica que permita equilibrar la permanencia con la variación, el gasto del sonido con la retención del sentido. Se tratará en primer término de un ritmo verbal pero ese ritmo habrá de corresponderse con un ritmo mental y construirá secuencias de oposiciones y semejanzas con las cuales el mundo quedará ordenado como una gramática. La presencia del octosílabo o de otros metros afines, si bien característica, no será sin embargo suficiente para indicarnos que estamos ante producciones de la oralidad. Este metro, por otra parte, puede ser fácilmente utilizado en otro tipo de composiciones que aspiran a evocar, o a imitar, la oralidad. Otros indicadores—el tipo de articulaciones, el tipo de figuras, el estilo de la representación—pueden ser a este respecto más seguros puesto que son menos visibles. Por ejemplo, el tipo de sintaxis que Dámaso Alonso ha descrito como *suelto* para oponerlo a la *sintaxis trabada* de la escritura, es un recurso al que debe prestarse atención cuando se trata de indagar en el estilo de la representación oral. La comunicación oral, en efecto, es un flujo de frases articuladas de manera laxa, a menudo sólo yuxtapuestas, y este procedimiento suspende las exigencias lógicas del enunciado para dar lugar a un lenguaje sintético fuertemente afectivo cuyas operaciones son las de la ambigüedad, las transiciones y los desplazamientos:

Sosegao vivía en mi rancho
como pájaro en su nido.
Allí mis hijos queridos
iban creciendo a mi lao...
Sólo queda al desgraciao
lamentar el bien perdido.

En la citada estrofa los dos últimos versos se muestran como una consecuencia necesaria de los cuatro que los anteceden. Esta necesidad, sin embargo, es puramente afectiva y, en el plano del enunciado, puramente rítmica. Para hacerse sitio, ella ha debido dejar en suspenso el rigor lógico-sintáctico de la estructura discursiva. Los cuatro primeros versos (que son dos frases yuxtapuestas y representan la fase tensiva del enunciado) hablan de un estado pero los dos últimos (en la fase distensiva) exponen una conclusión que ya no se refiere a dicho estado sino que habla del hablar sobre ese estado. Antes era el tener y ahora es el hablar sobre aquello que se tuvo. El desplazamiento es el natural desplazamiento de la afectividad encausada por un ritmo que la dispone para la contemplación; pero esa naturalidad es también un salto de la sintaxis entendida como trabazón lógica del discurso. El avance lógico va del tener al perder y de ahí al lamentar pero el enunciado ha omitido la descripción de la segunda fase a fin de unir directamente la primera con la tercera y comunicarnos así con el ánimo contemplativo del gaucho para quien, sin transición, la existencia ha pasado de la plenitud al lamento.

Esta misma estrofa podrá indicarnos otra característica: la representación del universo como una red de semejanzas y oposiciones que asocia sin transición la naturaleza y el espíritu. Se trata aquí de un universo de continuidades, reflejos y llamados en el que cada objeto es lo que es y al mismo tiempo tiene el valor de un símbolo cuyo mensaje alcanza su más pleno sentido en el orden moral. Cada objeto tiene una naturaleza visible que lo hace ser precisamente aquello que es, y tiene además una naturaleza oculta que hace de él *otra cosa* y lo proyecta sobre un espacio de significaciones ambiguas cuyo sentido se ordenará bajo la sabiduría de una mirada. Este espacio de unidades móviles, fluyentes, se organiza sin embargo sobre un juego preciso de estructuras binarias. El ordenamiento binario, recalquémoslo, es una tendencia omnipresente en el universo de la comunicación oral. En el interior de nuestra estrofa los versos tienden a asociarse de dos en dos para oponerse y continuarse completando un enunciado que a su vez se opondrá a otro que dura dos versos. Estas oposiciones binarias no son desde luego solamente métricas sino que se reproducen en todos los niveles: la afirmación y la perplejidad, la descripción y el lamento, la enumeración y la sentencia, la relación hombre-pájaro, la relación hijos-padre, la transformación del bien en desgracia son algunas expresiones de dicha tendencia. Por ello también se explica que la figura recurrente, y característica, en el plano de la *elocutio* sea la comparación. Se tratará casi siempre de una comparación explícita (es decir: no de una metáfora sino, en cuanto trabajo de elaboración estilística, de su contrario) que enlaza dos órdenes diferentes haciendo de uno de ellos el intérprete del otro y señalando entre ambos una relación de subordinación que va de lo superficial a lo profundo. Comprender el destino de un hombre es descifrar las claves de una gramática de la profundidad y de la semejanza: el hombre es como el pájaro, el canto es como el viento, la copla es como el agua. La estrofa que ocupa nuestra atención puede enseñarnos a valorar la intuición de José Hernández y puede por eso mismo explicarnos el mimetismo de su libro.

La organización binaria de lo real es al parecer el recurso elemental de toda lógica. Si la lógica de la oralidad es una lógica "natural" nada tiene de extraño que la binariedad sea su característica. Pero debemos agregar que, en el universo ideológico de la estrofa, esta tendencia está poderosamente reforzada por la presencia de la teología cristiana para la cual el mundo no puede ser comprendido sino como una continua oposición entre materia y espíritu. Esta teología es la morada mental del gaucho Martín Fierro tanto como la de su autor. Más allá del universo ordenado y moralizado por esta teología no habrá sino el caos perpetuo, aquello que no tiene profundidad y que no puede explicarse ni por la oposición ni por la semejanza: el espacio de la barbarie. En el libro, este espacio está representado por el indio, personaje de similitudes horizontales, habitante de un mundo sin correspondencia ni profundidad. Puesto que es infiel, terrenalidad irredenta, puesto que vive en un mundo no ordenado por la moralidad, el indio carecerá de símiles entre las criaturas del aire o del agua. El será siempre como el "cerdo" o el "peludo": oscuro engendro de la tierra. Construido sobre un esquema no menos rígido que el del *Facundo*, el libro traza la frontera entre civilización y barbarie salvo que, a diferencia de Sarmiento, Hernández incluye plenamente al gaucho como sujeto de civilización. El indio, en cambio, queda más allá, en una intemperie siempre recomenzada. "Es tenaz en su barbarie—nos advierte Fierro—; no esperen verlo cambiar". Fuera del universo ordenado por la mirada divina, el indio no alcanza siquiera la dignidad de la voz; no ríe ni habla; profiere gritos: "dan cada alarido atroz/ que hace erizar los cabellos./ Parece que a todos ellos/ los ha maldecido Dios." Así, el juego polar de las unidades binarias conforma un universo de correspondencias que podemos seguir desde las sugestiones de la prosodia hasta los ordenamientos de la teología.

La estrofa comentada es un ejemplo de los aciertos de José Hernández por reproducir las formas de la comunicación oral del habitante de las poblaciones rurales argentinas. Sin embargo debemos decir que este tipo de estrofas no es el más frecuente y ello habla de lo difícil que resulta sostener, en un largo poema, una atención mimética. Las imperfecciones de la imitación, es de esperarse, dejan sus reveladoras marcas aun en los esfuerzos de los poetas más intuitivos. Más frecuentes en el *Martín Fierro* son estrofas como la siguiente:

> Aquí me pongo a cantar
> al compás de la vigüela
> que el hombre que lo desvela

una pena extraordinaria
como la ave solitaria
con el cantar se consuela.

La primera palabra quiere consagrar el poema a la inmediata presencia y por lo tanto a la voz, al espontáneo flujo verbal: ella dispone el escenario donde acontecerá *lo hablado*. Pero a pesar del arcaísmo, ciertamente espectacular, del vocablo "vigüela" compensado por el uso, también espectacular, del vocablo "extraordinario", que imitan astutamente los esfuerzos *literarios* del payador, la estrofa sigue una dirección conflictiva. Esta estrofa, que persigue un ritmo binario, está sintácticamente estructurada alrededor de una conjunción causal (*que*, con valor de *por-que* o *puesto-que*) que debe alertarnos sobre una tendencia constructiva que pertenece más bien a la escritura. La estrofa es una sola, compleja frase desarrollada como un razonamiento. La trabazón sintáctica del enunciado expone los hábitos del escritor antes que los del cantor popular aunque esta característica esté voluntariamente atenuada por recursos de la comunicación oral. El tercer verso—clave de esta estructura—presenta, al mismo tiempo que la conjunción que sostiene la estructura, una imperfección en el régimen sintáctico propia de la oralidad, lo cual revela que en la estrofa conviven dos formas de practicar la lengua, dos ritmos mentales y dos imágenes del destinatario. Ello es a su vez revelador del conflictivo espacio en que el autor se sitúa para componer el poema.

José Hernández quiso escribir su poema para un público iletrado y, fiel a una poética, eligió como método la oposición y la semejanza. El poema debía ser como el mundo en el que estaba destinado a circular o quizá como Hernández quería que ese mundo fuese: una combinación de sabiduría y desamparo, de dolor y de orgullo, de inspiración y precariedad. Pero si el poema debía contener este público en relación de semejanza, debía a la vez implicar otro en relación de oposición: el de los hombres del poder, especialmente el de aquellos que labraron la indigencia de su héroe. Estos últimos, ciegos hombres de la escritura, debían encontrar en el poema el hilo de un relato persuasivo destinado a convencerlos de que su juicio sobre el gaucho era una violenta injusticia y una herida en la historia de la patria.

Es fácil, creo, advertir que el *Martín Fierro* supone esta doble posibilidad de lectura, y que a su vez está compuesto sobre una doble estructura discursiva. El poema es un cuento y es un canto, la narración de una historia y la escenificación de un espectáculo. Y aunque cada una de estas especies sostiene y complementa a la otra, cada una tiene su propio tiempo y su propia línea de desarrollo y sobre todo su propio proyecto retórico. Proponiéndose el poema una eficacia práctica—conmover, educar, demostrar—, reservándole a la energía de la voz una función protagónica, sugiriendo continuamente un espacio de comunicación en el que alguien—un gaucho cantor—se sitúa de cara a un auditorio que quiere transformar, este poema puede también ser entendido como una adaptación de tradiciones retóricas. Que José Hernández estaba familiarizado con la Retórica como arte del hablar persuasivo no sólo podemos suponerlo porque en el *Prólogo* introduce los nombres de Hugh Blair y José Gómez Hermosilla (seguramente las dos autoridades mayores en el mundo hispánico de entonces) sino sobre todo por su entrenamiento en el alegato político. No olvidemos que esa antigua disciplina hacia fines del siglo XIX continuaba moldeando enérgicamente tanto el discurso de los hombres públicos como el de los hombres de Iglesia.

Jorge Luis Borges opinó con reiteración que los argentinos hemos cometido el decisivo error de elegir, tristemente, como héroe nacional "a un desertor, a un prófugo, a un soldado que pasa al enemigo"[3]. Pero como pieza retórica—es decir como obra de un hablar persuasivo—la estrategia argumentativa del poema consiste en llegar a la demostración de que las quiebras morales del gaucho Martín Fierro son, antes bien, delito de sus perseguidores. Hacer de un hombre honrado, de un noble hijo de la tierra y el trabajo el sujeto de esas desgracias que Borges enumera es, justamente, la penosa impiedad, la ciega culpa, el escándalo que el poema denuncia:

> Y sepan cuantos escuchan
> de mis penas el relato
> que nunca peleo ni mato
> sino por necesidad
> y a tanta adversidad
> sólo me arrojó el mal trato.

Esta estrofa es una síntesis del trabajo argumentativo de todo el poema. Concebido como el elogio de las virtudes del héroe y de la clase por él representada, el largo relato es un complejo "exemplum" encargado de persuadir, antes que nada, de la inocencia del reo y de la culpabilidad de sus jueces, y a partir de tal logro, de la necesidad de introducir oportunas modificaciones en el cuerpo de la ley escrita para adecuarla a los reclamos de otra ley más legítima que, siendo obra divina, ha de ordenar el mundo moral así como ordena la naturaleza. El *Martín Fierro* reúne por lo tanto dos géneros retóricos de los que Aristóteles habló con abundancia: el judicial o forense y el deliberativo o político. No es difícil encontrar en él las técnicas y procedimientos recomendados por una tradición tan antigua como Occidente.

Pero como "opus" retórico el poema tiene una sabrosa particularidad: su parte más inmediatamente visible—esto es, la *elocutio*—está trabajada sobre modelos de la tradición oral mientras que las otras dos—la *inventio* y la *dispositio*—sigue los modelos cultos. Por último, siendo la técnica argumentativa central la del "exemplum", José Hernández pudo darle al alegato la forma de un relato novelado o, como quieren otros, de una narración épica. Exordio, argumentación, epílogo son (tanto en la *Ida* como en la *Vuelta*) los episodios de un recorrido narrativo a través de los cuales cierto oscuro peón de campo con facultades de cantor es trabajado por una recurrente adversidad que termina haciendo de él el héroe de un destino colectivo.

No ya como relato sino como canto dirigido a "millares de personas que jamás han leído", el *Martín Fierro* se propone persuadirnos de algo, al menos literariamente, todavía más decisivo: que el libro que compuso Hernández no es en verdad un libro sino un acontecer de la *voz*, un acto de comunicación que tiene lugar *ahora* y que está desarrollándose *aquí* o, en todo caso, que tuvo lugar en un *aquí-ahora* fundante e inextinguible, esto es, mítico. Tal estructura, que engloba a la anterior, se aparta de la tradición culta para aproximarse a retóricas de tradición popular; retóricas, desde luego, no escritas. En tales retóricas, las técnicas persuasivas comienzan a actuar antes del propio espectáculo, en el momento previo y delicado de su presentación. El teatro callejero que ha cultivado antes que nada el arte de prometer pues para ser eficaz necesita de una crédula atención, la voz del payador que antes de dirigirse a su antagonista se dirige a su público para convencerlo—por vía del autoelogio o de la estudiada modestia—de que el espectáculo que todos aguardan le dará plenamente la razón, han hecho de la necesidad propagandística un momento estético decisivo. Prometer lo admirable, anunciar que la atención va a ser arrebatada por una revelación inminente es algo que no puede tener efecto si la promesa no está ocurriendo ya, si la voz que anuncia una gracia venidera no la ha causado con el anuncio mismo:

> Atención pido al silencio
> y silencio a la atención
> que voy en esta ocasión
> si me ayuda la memoria
> a mostrarles que a mi historia
> le faltaba lo mejor.

Autoreferente, protagónica, la voz es desde el comienzo la plenitud del espectáculo. Recogiendo en su estructura englobante las formas de la payada y del drama popular, el *Martín Fierro* marca desde el arranque el protagonismo de la voz. La voz no puede ser sino acontecer de la presencia, y esa sola presencia define la temporalidad y dispone las figuras en relación a la palabra. Según esa disposición la historia del gaucho Martín Fierro acaba de suceder y lo que está ahora sucediendo—lo que presenciamos—es su narración, el espectáculo a que ha dado lugar. En ese espectáculo el cantor crea un público semejante a él, un público que es su propia continuidad, y nos persuade de que debemos ser ese público, actuar nosotros también la semejanza.

Sabemos que José Hernández trabajó de diferentes maneras para lograr ese efecto de presencia, a veces, singularmente, por omisión. Sabemos por ejemplo que en las correcciones para la edición de 1878 no se preocupó por fijar la puntuación como tampoco se preocupó por normar la ortografía y mantuvo la imprecisa acentuación sobre todo en los verbos terminados por pronombres enclíticos. Era desde luego un gesto de ilusionista con el cual se proponía indicar que esas grafías eran apenas una imperfecta notación de la voz. Incluso dejó

constancia de que su proyecto fue hacer de tal defecto una virtud. "Muchos
defectos están allí—dice Hernández—con el objeto de hacer evidente y clara la
imitación de lo que son en realidad." Inconsecuencias estructurales, versos de
forzada acentuación cuyo perfeccionamiento hubiera sido fácil, rimas demasiado
circunstanciales contribuyen al efecto de proximidad, nos colocan en la situación
del que escucha el brotar de una improvisación garantizada por sus inevitables
accidentes.

Es verdaderamente interesante observar la fabricación de este lenguaje pues
Hernández—en realidad, todos los autores de poesía gauchesca—trabaja sobre
un límite en el que las normas de corrección gramatical son puestas en crisis por
las reglas de producción artística. El trabajo hecho en el filo de la corrección
gramatical tiene por objeto elaborar la imagen de una voz cuya eficacia
persuasiva esté justamente sostenida por un efecto de imperfección. La
imperfección, imperfección del que improvisa, asegura a su vez el efecto de
inmediatez. A este mismo efecto contribuyen también los dichos moralizantes.
Borges—para volver a él—se refirió a las constantes sentencias del poema como a
"dicharachos hereditarios que estorban su decurso". Sin embargo él mismo
sugirió que su valor podía estar no tanto en su contenido ético sino más bien en su
función estilística. "Prefiero—dijo siguiendo en esto a Lugones—ver en esas
prédicas meras verosimilitudes o marcas del estilo directo."[4] De esas sentencias,
pues, lo que más interesa es el hecho mismo de su pronunciación, el tono de voz
que ellas sugieren. Porque un tono de voz, como sabemos, es la cifra de un
destino. Y el destino que prefirió Hernández para su personaje es el de un hombre
que practica la exaltación pero que termina siempre bajando la voz para
demorarse en la contemplación de lo vivido. Tal juego de inflexiones, el paso de
lo tensivo a la cargada distención, la suspensión del énfasis y aún del patetismo
para que en su lugar emerja la gravedad de una sentencia es la imagen acústica de
la sabiduría o al menos lo que este poema contribuyó a que aceptemos como
sabiduría de la vida. Hernández escribió su poema a fin de persuadirnos de que ese
poema era un voz viva y semejante en todo al gaucho cuya nobleza quería alegar,
y que esa voz decía cosas dignas de la memoria. De que la capacidad persuasiva
de Hernández era en verdad poderosa no habrá casi argentino—aun a más de un
siglo de distancia—que no sea profundamente una muestra. Pero que el poema
que Hernández escribió—mezcla de retóricas populares y de retórica clásica, de
primitivo romance español y de nueva novela romántica, de impulso lírico y de
nostalgia épica—tiene una composición más bien extraña no habrá casi
argentino propenso a percibirlo puesto que el poema difunde un personaje en el
que desde el principio hemos visto una íntima forma del destino nacional. Esa
extrañeza, entonces, quizá esté instalada en nuestra propia intimidad.

Con una concepción naturalista, Hernández pensaba que el arte debía ser
una imitación de la vida y que su poema era bueno porque la imitación que él
había practicado se reveló fiel al modelo. Con el mismo rigor o con la misma
arbitrariedad, Oscar Wilde hubiera dicho, sin duda gustosamente, que el gaucho
argentino no existió sino a partir del momento en que Hernández dio a conocer

su *Martín Fierro*. Para abandonar los extremos digamos nosotros que entre el arte y la vida las mediaciones son de tal modo incesantes que se nos hace imposible averiguar cuánto el poema tomó y cuánto ofreció en la construcción de ese modelo cuya actividad espiritual convirtió al peón de campo en un arquetipo nacional y que hizo de la palabra gaucho un universo de significaciones para siempre inseparable del libro de Hernández. ¿Quién escuchó primero la patética, la sentenciosa, la inmodesta, la demorada, la nunca ingenua voz del gaucho? ¿Fue el poeta o fue el trabajador de la llanura? ¿Es que en el comienzo debemos situar la respiración de un cuerpo entregado a las vastas intemperies o la oscura disciplina de unos versos?

Lo que podemos decir, en todo caso, es que en las letras argentinas hay un libro que desde hace ya más de un siglo insiste en confundirse con nosotros y que su misma intimidad nos impide saber si elegirlo fue inevitable error o fue una gracia igualmente inevitable. Tanto se parece a nosotros que el hecho de que tenga una composición más bien extraña ha sido siempre, para nosotros, un detalle irrelevante.

NOTAS

[1] Cfr. Prólogo a *La vuelta de Martín Fierro*.

[2] El estudio *El gaucho Martín Fierro* de Miguel de Unamuno apareció por primera vez en 1894, en Madrid, en la *Revista Española*, año 1, No. 1. Luego fue reproducido en diversas publicaciones.

[3] Se trata de una afirmación reiterativa en Borges. Est cita en particular se encuentra en el texto de una entrevista que el autor concedió a María Esther Vázquez y que apareció en *Borges: imágenes, memorias, diálogos*. Ver p. 49.

[4] Ver: J. L. Borges, "La poesía gauchesca" en *Discusión*. En esa edición la cita se localiza en p. 34.

REFERENCIAS BIBLIOGRAFICAS

Borges, Jorge Luis. 1964. "La poesía gauchesca". *Discusión*. Buenos Aires: Emecé.
Unamuno, Miguel de. 1894. *El gaucho Martín Fierro. Revista Española* 1.1: n. pag.
—. n.dat. *La vuelta de Martín Fierro*.
Vázquez, María Esther. 1977. Entrevista con Borges. *Borges: imágenes, memorias, diálogos*. Caracas: Monte Avila.

GONZÁLEZ PRADA'S SOCIAL AND POLITICAL THOUGHT

PHYLLIS RODRÍGUEZ-PERALTA
Temple University
Philadelphia, Pennsylvania, U.S.A.

M ANUEL GONZÁLEZ PRADA (1848-1918), harsh critic of Peruvian reality, was a link in the social and political processes of a country emerging laboriously rom the grip of past traditions into a confusing and uncertain present. In his fervent desire for a re-structuring of Peru's social and cultural environment, he fiercely attacked the forces that he believed were keeping a nation enslaved. González Prada agitated and ignited a Peru which did not fully understand the depth of his social concern. Later, many kindred spirits took up his challenges, using his ideas as a springboard into the ever developing streams of contemporary thought.

Because of González Prada's status in Peru as the classic nonconformist critic, it is worthwhile to return to his works and re-examine the ideas that he actually expressed, both those which are still pertinent and those which contemporary ideology might find incomplete or illogical.

The essays, articles, and speeches of González Prada were published in two collections during his lifetime, *Pájinas libres* in 1894, and *Horas de lucha* in 1908, plus seven posthumous collections. [1] To a traditional, conservative country he brought a combination of iconoclastic ideas which reached into all levels of Peruvian consciousness. Assuming the public role of accuser and modern prophet after the disastrous War of the Pacific (1879-1884), he tried to force his defeated country into considering national problems and past and present errors. Taking up a cudgel, in one hand, and a torch, in the other, he chastised the leaders of the government, the aristocracy, the military, the Church, the bourgeoisie, the timid, blindly obedient masses. A fervent patriot, even chauvinist, he attacked with fury the thinking that had led to the Chilean defeat, and to what he considered the deplorable conditions of his contemporary Peru: "Hoy el Perú es organismo enfermo; donde se aplica el dedo brota pus." [2] His public speeches were swords that cut and wounded; they almost always brought misunderstanding and hatred from many segments of Peruvian society: "En esta obra de reconstitución y venganza no contemos con los hombres del pasado: los troncos añosos y carcomidos produjeron ya sus flores de aroma deletéreo y sus frutas de sabor amargo. ¡Que vengan árboles nuevos a dar flores nuevas y frutas nuevas! ¡Los viejos a la tumba, los jóvenes a la obra!" [3]

The political ideas of González Prada underwent constant change. The founder of radicalism in Peru, he originally believed that the new, radical Unión Nacional party, an outgrowth of the Círculo Literario, would bring a victory of principles and social reform. At that period, he accepted the idea of a party of collective action rather than one formed around an individual. Later, he became anti-political, disillusioned with politics, which he felt represented an inevitable alignment with a dominant class. While he continued his espousal of the evolution of society through social reforms, he put more and more emphasis on the individual. Thus, he came to reject both socialism and incipient Marxism in favor of world anarchism. In his last years, he was more inclined to violence, and he came to believe that only a total universal revolution would solve the world's crisis.

His speech "Librepensamiento de acción," in 1898,[4] chastised any abstract liberal thinking which avoided participation in the world's struggles, and he concluded that it was illogical for a freethinker to be other than a revolutionary. In his 1905 speech "El intelectual y el obrero," he took up the dilemma of the intellectual revolutionary. Revolutions come from above, he stated, and filter to those at the bottom of the social scale, who, seeing the vision of justice held out to them, plunge in to obtain it. But the intellectual who wants to awaken the multitudes also wants them to walk in the paths that he himself indicates. González Prada asked for what he termed true revolutionaries capable of understanding that the *pueblo,* once it is shaken out of its repose, will not be content to obey the initial movement and will continue to march toward its own ends. González Prada's dreams of justice center on the belief that the goods of this world are not for one class but for all. The planet belongs to humanity. "Según la justicia divina muchos son los llamados y pocos los elegidos: según la justicia humana, todos son llamados, todos son elegidos."[5]

Great vindicator of the Indian, González Prada called for his incorporation into the national scene. Deploring the terrible ignorance and isolation of the Indians in the sierra, he excoriated the Justice of the Peace, the Governor, and the Priest—"esa trinidad embrutecedora del indio"[6]—as the principal culprits of this tragic situation. Pages and pages of his prose are devoted to the initial responsibility of Spain and the Church. In his eyes, the Church's role in the conquest was not a spiritual quest, but an opportunity to spread its temporal powers by fostering submission and resignation in the Indian. And the government of Spain, aligned with the Church, profited equally from the exploitation. Since the contemporary Indian of Peru exists at a lower level of civilization than the Indian found by the conquerors, he hurls the terrible question: Who is to blame? The essay "Nuestros indios"[7] contains some of his most vehement charges. Brandishing sarcasm and biting scorn, González Prada berates the inhumanity of the exploiting landowners who hold all rights over the lives of their Indians. The searing prose passes over the same ground that will be covered in the Peruvian indigenist-regional and social protest literature which fills the decades after 1920. The coming social ferment is implicit in his statement that a nation which permits vast landholdings will always be divided into two classes, the masters and the servants. In Peru, "la cuestión del indio, más que pedagógica es económica, es social."[8] Advocating open rebellion in order to achieve the Indians' just ends, González Prada favored rifles and cartridges for the Indian instead of alcohol and fiestas. Violence should be met with violence! He was convinced that if pride and rebellion were preached instead of humility and resignation, the Indian would be redeemed through his own efforts rather than by the hope of humanizing the oppressors.

Like other Latin Americans of his epoch—Eugenio María de Hostos, Justo Sierra, Enrique José Varona—González Prada adhered to positivist philosophy. In addition to Auguste Comte and Herbert Spencer, he was greatly influenced by French writers of contemporary thought, especially Ernest Renan and Jean-Marie Guyau. One of the most liberal of the positivists, González Prada's ideology underwent constant change, and through the years much less determinism is found in his positivist thinking. He came to emphasize the importance of the individual evolutionary process rather than that of the species. That is to say, it is the individual who perfects himself, not the species collectively; and intelligence, as opposed to instinct, is what gives man his evolutionary force. He recognized that instinct triumphs in the greater part of humanity, but—anticipating present thought—he laid the blame for this not on the individual, but on the structures of society.

Rejecting the metaphysical, he accepted only what science reveals, and he advocated a constant shift in perspective as more knowledge becomes available. Thus, he introduced currents of scientific thinking in Peru. Although moral precepts should be sought in what science teaches, he believed that it is the process of life, and particularly the intelligence, that determines moral law. Emancipated man does not respect creeds or laws other than one: to proceed in accordance with his own ideas of the universe and life. "La Moral no se alberga en biblias ni códigos, sino en nosotros mismos: hay que sacarla del hombre." [9]

These views led González Prada in his last years to his utopian concept of social anarchy. From his ideas of free men (linked to small property owners), he evolved to the concept of a completely free individual (with no private property). In 1907, he wrote:

El ideal anárquico se pudiera resumir en dos líneas: la libertad ilimitada y el mayor bienestar posible del individuo, con la abolición del Estado y la propiedad individual... El anarquista, ensanchando la idea cristiana, mira en cada hombre un hermano; pero no un hermano inferior y desvalido a quien otorga caridad, sino un hermano igual a quien debe justicia, protección y defensa. Rechaza la caridad como una falsificación hipócrita de la justicia, como una ironía sangrienta, como el don ínfamo y vejatorio del usurpador al usurpado. No admite soberanía de ninguna especie ni bajo ninguna forma, sin excluir la más absurda de todas: la del pueblo. Niega leyes, religiones y nacionalidades, para reconocer una sola potestad: el individuo. Tan esclavo es el sometido a la voluntad de un rey o de un pontífice, como el enfeudado a la turbamulta de los plebiscitos o a la mayoría de los parlamentos. Autoridad implica abuso, obediencia denuncia abyección; que el hombre verdaderamente emancipado no ambiciona el dominio sobre sus iguales ni acepta más autoridad que la de uno mismo sobre uno mismo. [10]

His social and political views were strange to the Peru of his time, but he was even more alien in the realm of religious speculation: "Tan metafísico y teólogo es un hombre al afirmar la existencia de Dios como al negarla. La verdadera filosofía consiste en dudar." [11] In his essay "La muerte y la vida," [12] he sees little hope for any continuation of life after death, for if nature can create flowers to be eaten by worms, and planets to be destroyed by explosions, humanity can also be created to be reduced to nothingness. With deep pessimism, he sees life as cruel, desolate, and without meaning. Reconciling this view with his concept of man's continual advancement, he concludes that humanity has progressed from savages to builders of the Parthenon through its own efforts and without divine help. Therefore, we should look ahead, not up, and laugh and love over the tombs of our parents as our children will laugh and love over our own tombs.

González Prada is an implacable foe of Catholicism. He sees in the Church the greatest evils that have beset Peru from the exploiting conquest to the Church's interaction with contemporary governments. In his opinion, religion and the state represent the same enemy of the individual. Politics cannot be separated from religion, and liberty via radical reform cannot be reconciled with the dogmas of Catholicism: "No se concibe un revolucionario a medias; quien lucha por el individuo contra el Estado, tiene que luchar contra la Iglesia." [13] He rejects the Church's intervention in the social order of Peru, its privileged position, and especially its monopoly of education. Basing his hopes for mankind's progress on the scientific method, he abhors the religious dogmas which are crammed into the heads of children: "Obliteran del cerebro la Razón para grabar la Fe." [14] Compounding his criticism, he denies that the anti-scientific bias of religious education is compensated by an increase in moral values: "Quien practica el bien por la remuneración póstuma, no se distingue mucho del prestamista usurario que da hoy uno, para recibir mañana diez." [15]

With special wrath, he castigated the effects of religion on women. While he acknowledged that some Peruvian men might breathe contemporary air, he was convinced that the medieval atmosphere of Peru asphyxiated Peruvian women. Characterizing religious women as idiots, mesmerized by priests, he appealed to husbands to cast off their wives' ignominious yoke; for how can there be progress, he asked, if men are erasing myths and demolishing churches while their wives are inculcating the children with the "virus" of the Catholic religion? Attacking all the favorite targets of the most radical twentieth-century women's liberation groups, he advocated a complete rupture with existing traditional morality: "Meretrices son las esposas que sin amor se entregan al marido, espúreos son los hijos engendrados entre una pendencia y un ronquido; honradas son las adúlteras que públicamente abandonan al esposo aborrecible y constituyen nueva familia santificada por el amor, legítimos y nobles son los espúreos concebidos en el arrebato de la pasión o en la serena ternura de un cariño generoso." [16] It is difficult to imagine opinions more scandalous to the Peruvian people in 1904.

"Nuestros conservadores," [17] a biting description of his contemporary Peruvian society, uses the mastery of his prose description to satirize the "Uniones Católicas." Somewhat like Francisco de Quevedo, he groups together an odd assortment of humanity in these religious organizations: hen-pecked men, disenchanted with earthly vanities and hoping to find in heaven the happiness that their Catholic wives denied them; women of insecure social position seeking to rub elbows with those more elevated; retired beauties who now offer up a splendid chastity that no one would dare to test. A strict division of classes reigns in these Catholic charitable groups where so many humanitarian ladies forget that a stomach devoured by hunger does not ask for prayers but for bread, and that flesh torn by grief and pain wants morphine, not holy oils. Foreign priests rule supreme here. For González Prada, the French priests are mellifluous and rarely cause a disagreeable impression. However, the Spanish priest is an amalgamation of a gypsy, an inquisitor, and a bullfighter, so repulsive that he cannot enter into a zoological classification! [18] "Política y religión," the final essay of *Horas de lucha,* concludes: "El progreso intelectual y moral de las naciones sudamericanas se mide por la dosis de Catolicismo que han logrado eliminar de sus leyes y costumbres." [19]

González Prada's hatred of Catholicism goes much deeper than anticlericalism or rejection of the institutional church. He is an enemy of Christianity, as Miguel de Unamuno wrote in his essay on Latin American literature. [20] His tirades on religion raise hackles today exactly as they did in his time, not because of his views—to which he is entitled—but because of his ridicule of those who hold opposite opinions and the impugning of their sincerity because they do not agree with him. Those who insist that he only criticized fanatics in Peru who wanted to impose their religion, or hypocrites who use religion for their own ends, cannot hide the fact that, for González Prada, *all* Catholics are fanatics and hypocrites. Therefore, his assaults on religion come on two levels: from the intellectual who sincerely sees the Church as the enemy of social progress, and from the obsessive man whose hatred and scorn spring from deep-seated conflicts of a personal nature. His legitimate criticism of the educational system of Peru, for example, including specific weaknesses of Catholic instruction, is of a different caliber than the invective he spews forth in the same essay about the clergy: "Poseen todos los defectos de las solteronas y ninguna de las buenas cualidades femeninas: especie de hermafroditas o andróginos, reúnen los vicios de ambos sexos." [21] Indeed, some of his anti-Catholic statements would best be forgotten in today's society: "La adhesión al Catolicismo, en vez de probar el origen aristocrático de un hombre, denuncia su africanismo. La intensidad del fervor religioso crece en proporción a la oscuridad de la piel... Los católicos del Peru no deberían enorgullecerse de su Catolicismo sino avergonzarse de él como de un estigma hereditario: les prueba que si por la raza son 'negroides', por la intelectualidad son plebe." [22]

Consistently anti-Spanish, González Prada is a severe judge of Spain's past role in Latin America, with its heritage of avarice, exploitation, and rigid structures of socio-political systems bequeathed from the conquest. He believed that Peru must break away from its Spanish traditions, rooted in Catholicism, in order to find its own identity. Other Latin American intellectuals of his epoch shared many of the same views, but the thinking was new to Peru. Contemporary Spain held no attraction for González Prada, who advocated more progressive models, particularly French. In corrosive metaphorical language, he spoke of a retardatory, medieval Spain: "Situada en la extremidad del Continente, soldada a los Pirineos como el apéndice caudal se adhiere al tronco, España vive respirando las exhalaciones digestivas del estómago francés." [23]

He insisted that contemporary Spanish literature was archaic because there were no modern thinkers. González Prada's essay on Juan Valera reproves his

unconvincing pretense of skepticism and his pretentious "Cartas sudamericanas." "No vuela libremente: sujeto por la religión y la monarquía, se mueve y
cabecea como globo cautivo." [24] According to González Prada, the Spanish
language was in decline because it was not open to scientific, technical, and
modern terms. Opposed to traditional pride in a pure language, which he said
came from national narrowness, he welcomed the French invasion of the
Spanish language as a current connecting Spain to the world. [25] Convinced
that America was suffering morally, culturally, and politically from its
Spanish inheritance, González Prada took the opposite stand from those who
looked for progress in a synthesis of new strains over the traditional Spanish
base.

Although González Prada's social and political impact exceeded his literary
influence, his goal of re-structuring Peruvian society also encompassed the
scope and spirit of Peruvian literature. [26] Aggressively, he declared in his first
speech after the War with Chile: "En literatura, como en todo, el Perú vivió
siempre de la imitación." [27] Hence, his constant admonishments that political
emancipation will be useless if writers slavishly follow Spain's direction. They
must look to the world for inspiration. And they must be American writers,
using their own oral language and their own terminology. They must belong to
the present or to the future, and should never disinter old ideas and dead words:
"Arcaísmo implica retroceso: escritor arcaico, pensador retrógrado." [28]
González Prada advocated popularizing literature and a complete avoidance of
ivory-tower exclusiveness. Prose must be clear and direct, with language
constantly refreshed in fountains of popular use. His resumé of Peruvian
literature was short: "Congestión de palabras, anemia de ideas." [29] He spent
little time on Peruvian writers. From the bohemians, he recognized Clemente
Althaus, Carlos Augusto Salaverry, and Arnaldo Márquez. His opinion of
Ricardo Palma, who remained nameless, was given in his speech in the Olimpo
Theater in 1888: "En la prosa reina siempre la mala 'tradición', ese monstruo
engendrado por las falsificaciones agridulcetas de la historia y la caricatura
microscópica de la novela." [30] In 1902, he wrote a glowing prologue to José
Santos Chocano's *Poesías completas,* in which he bestowed on him the title of
"National Poet of Peru," for his fresh and original poetry had flowered in the
midst of the shallow intellectual progress of his country.

The prose style of González Prada stays close to the precepts he himself
prescribed. He uses short, concise phrases and eliminates many superfluous
words, particularly unnecessary adjectives. The emphasis of romanticism
remains, but when compared to the involved work of many other nineteenth-
century writers, his prose is remarkably shorn of rhetoric. His political articles
and essays, especially, rely on short, jabbing clauses to prod and excite. He
writes from deep convictions, and the tone is rebellious and angry, even
haranguing and invective on occasions. It is humorless, didactic work—never
intimate—whose purpose is to agitate and convince. The prose is direct with no
shades nor suggestive nuances. One of the first essayists of Latin America,
González Prada does not employ a systematic order in his writing. While this
habit can be criticized on general principles of clarity and unity, it has the
virtue of creating a dynamic, even spontaneous, touch. By contrast, his
polished phrases show the conscious care given to form. His vast classical and

European culture, linking him with early nineteenth-century writing, is evident in all his prose, although it is possible to find more cultural references in his initial than in his later work. Of the multiple qualities in his style, the most persistent is the graphic, strong and vigorous metaphor—appropriate for oratory as well as to be read—which he constantly employs to illustrate his points. Opening his lecture in the Ateneo of Lima, he said: "Los hombres de genio son cordilleras nevadas; los imitadores no pasan de riachuelos alimentados con el deshielo de la cumbre." [31] In the same lecture, he illustrated his opposition to archaism in language: "Las lenguas no se rejuvenecen con retrogradar a la forma primitiva, como el viejo no se quita las arrugas con envolverse en los pañales del niño ni con regresar al pecho de las nodrizas." [32] In attacking the errors that had beset Peru, he declared: "En fin, señores, seamos verdaderos, aunque la verdad cause nuestra desgracia: con tal que la antorcha ilumine ¡poco importa si quema la mano que la encienda y la agite!" [33]

The multiple facets of this Peruvian fit uneasily into compartments. Of contradictory nature, he was proud, reserved and aloof; [34] yet his fiery speeches permeated vast segments of Peruvian life. A humanist and a positivist, he sought higher ideals for mankind; but he synthesized rather than originated philosophic interpretations. A combative social reformer, he helped found a political party; but he was not a politician, never sought nor held office, and evolved in theory toward idealized anarchy.

It cannot be denied that much of González Prada's criticism is destructive rather than constructive. He denounced great evils in Peru, but in spite of advocating scientific methods, he did not leave a scientific analysis of the problems nor a profound philosophical interpretation of the Peruvian situation. Nor did he advocate concrete solutions for the problems and errors which he berated with such intensity. Dogmatic and fanatic in his own way, he lacked the qualities of an analytically dispassionate critic. He oversimplified. He preferred extremes. In his anxiety for the welfare of Peru, he saw only the bad or an ideal good, not the vast grey area of reality between these two poles. Nevertheless, his selfless sincerity is unquestionable.

In a country where outside opinion had scarcely penetrated, González Prada served as a necessary goad to stimulate the Peruvian conscience. Catholic, traditional Peru hated González Prada as a heretic and as a traitor to his class and family background. In defying this semi-colonial world, he was a solitary and unique figure who sparked constant controversy and conflict. His mission was to open doors, to widen horizons, to give new directions to Peruvian thought. Later generations built in the territory he opened up.

NOTES

1 *Bajo el oprobio*, 1933; *Anarquía*, 1936; *Nuevas páginas libres*, 1937; *Figuras y figurones*, 1938; *Propaganda y ataque*, 1939; *Prosa menuda*, 1941; *El tonel de Diógenes*, 1945.

2 *Páginas libres*. "Propaganda y ataque" (1888), p. 174. The original 1894 edition, *Páginas libres*, carried González Prada's orthographic changes, but Blanco-Fombona restored the traditional Spanish spelling in the edition of 1915. The page numbers and the quotations used in this article come from the second edition.

3 *Páginas libres*. "Discurso en el Politeama" (1888), p. 79.

4 *Horas de lucha*. This would have been his second speech after his return from Europe. His first conference of Aug. 21, 1898 ("Los partidos y la Unión Nacional"), had spoken openly of the defects of Peruvian political parties. The next speech, "Librepensamiento de acción," was scheduled for Aug. 28, but was not permitted by the government. The page numbers and quotations from *Horas de lucha* are from the Lima edition: Librería Distribuidora Bendezu, 19?

5 *Horas de lucha*. "Nuestros liberales" (1902-1908), p. 165.

6 *Páginas libres*. "Discurso en el Politeama" (1888), p. 78. Eugenio Chang-Rodríguez points out that it was the native chronicler Felipe Guamán Poma de Ayala who mentioned for the first time these three oppressors of the Indian. *La literatura política de González Prada, Mariátegui, y Haya de la Torre* (México: de Andrea, 1957), p. 104.

7 *Horas de lucha*. González Prada did not include this 1904 essay in the original edition, but it appears in the second edition of 1924.

8 *Ibid.*, p. 337

9 *Anarquía*, pp. 157-158. This posthumous collection, together with *Propaganda y ataque* and *Prosa menuda*, contain most of his work published in newspapers, usually in small workers' journals.

10 "La anarquía" (1907). *Ensayos escogidos* (Lima: Universo, 1970), pp. 126-127. It is interesting that González Prada's probing never touched on problems of industrialization. The lack of development in his Peru does not seem a sufficient explanation.

11 *El tonel de Diógenes*, p. 169, footnote of "Dios."

12 *Páginas libres*. Written in 1890 after the death of his second child, Manuel, at ten days' age. Unamuno points out the strong echo of Guyau and other French writers, and he quotes the words of José de la Riva-Agüero (tome I, p. 235) to show his opinion of this essay: "Ideas propias y originales, en rigor no las tiene Prada." *Algunas consideraciones sobre la literatura hispano-americana* (Buenos Aires: Espasa Calpe, 1947), pp. 81-82.

13 *Horas de lucha*. "Política y religión" (1900), p. 344.

14 *Páginas libres*. "Instrucción laica" (1892), p. 141.

15 *Ibid.*, p.142.

16 *Horas de lucha*. "Las esclavas de la iglesia" (1904), p. 103.

17 *Horas de lucha*.

18 *Horas de lucha*. "Nuestros inmigrantes" (1903), p. 262.

19 (1900), p. 352.

20 "González Prada es un ardiente enemigo del catolicismo y hasta del cristianismo," *op. cit.*, p. 81.

21 *Páginas libres*. "Educación laica" (1892), p. 137.

22 *Horas de lucha*. "Nuestra aristocracia" (1904), pp. 214-215. In his penetrating analysis of González Prada's anti-Catholicism, Jeffrey L. Klaiber states that, at his death, there were few negative things left to be said against religion or the church in Peru. Klaiber points out, however, that González Prada forced other thinkers to see religion in the context of all society, and not just as a church-state question. *Religion and revolution in Peru, 1824-1976*. Chap. 2: "González Prada's anti-Catholic knee: The rise of radical anticlericalism." (Notre Dame: Univ. of Notre Dame, 1977), pp. 24-44.

23 *El tonel de Diógenes*. "Nuestra madre", p. 40. Unamuno downgrades his disdain for Spain by observing that he did not know the country in spite of having been there (*op. cit.*). And he adds that González Prada is still impregnated with "españolismo, tan profundo e íntimamente español de espíritu, a pesar de su afrancesamiento de corteza." p. 90.

24 *Páginas libres.* "Valera," p. 226.

25 See "Notas acerca del idioma" (1889), *Páginas libres.* Interested in the development of language, he advocated a condensed, democratic language for America. This led to his reform of what he called illogical spelling, which places him with the experiments of Andrés Bello and Domingo Faustino Sarmiento.

26 José Carlos Mariátegui, one of the intellectual leaders who reflected the influence of González Prada's political theories, believed that his work was more literary than political. Writing in 1928, and holding Marxist views, Mariátegui saw no doctrines nor programs of action in González Prada's work, but only the suggestion of Peruvian reality cast in literary language. *Siete ensayos de interpretación de la realidad peruana* (Lima: Amauta, 1928), pp. 191-193.

27 *Páginas libres.* "Conferencia en el Ateneo de Lima" (1886), p. 2.

28 *Ibid.*, p. 24.

29 *Páginas libres.* "Propaganda y ataque" (1888), p. 170.

30 *Páginas libres*, p. 46.

31 *Páginas libres*, p. 1.

32 *Ibid.*, p. 24.

33 *Páginas libres.* "Discurso en el Teatro Olimpo" (1888), p. 57.

34 Luis Alberto Sánchez offers this perceptive statement: "Amaba a la multitud, sin rozarla... Aunque sus blasones nobiliarios yacían empolvándose en un desván, nunca condescendió con lo plebeyo, que no confundía con lo popular." *Escritores representativos de América* (Madrid: Gredos, 1957), tome II, pp. 56-57.

EL COCOLICHE
EN EL TEATRO DE FLORENCIO SÁNCHEZ
DESCRIPCIÓN
ELEMENTOS DE EVALUACIÓN ESTILÍSTICA

COMUNICACION AL V° CONGRESO
DE LA ASOCIACION INTERNACIÓNAL DE HISPANISTAS
BORDEAUX 1974

INTRODUCCIÓN

0.1. La voz *cocoliche* aparece en el teatro popular rioplatense de fines del siglo XIX como designación de un personaje, rápidamente convertido en arquetipo. Del específico *Cocoliche* pasamos pues al genérico *un cocoliche*.

La lexicografía corriente no consigna, por otra parte, ese primer significado del vocablo[1]. Y si consigna el valor del genérico — tal el caso del *Diccionario de la Real Academia* — sugiere, por la redacción del artículo, que se trata de un empleo metonímico, de una sinécdoque, exactamente, originada en una tercera acepción.

En efecto, paralela o posteriormente a esta evolución de la voz *cocoliche* en cuanto a su *comprensión* y *extensión* se refiere, se opera igualmente una transformación en cuanto a su contenido semántico. Sin dejar de designar al pintoresco inmigrante italiano, *cocoliche* pasa a designar, con mayor frecuencia, su habla. De *Cocoliche*, pasamos pues a *un cocoliche* y de éste a *el cocoliche*.

La evolución semántica considerada ha operado pues, siempre, en el *eje metonímico*[2] y la acepción más corriente de la voz *cocoliche*, aquella con la cual la utilizamos en este trabajo, esto es la de *habla de los inmigrantes italianos del Río de la Plata*, es producto de dos sinécdoques : una de individuo, antonomasia y la otra de abstracción.

Se trata, en realidad, de casos de catacresis. El uso afecta *cocoliche* a la designación del habla al mismo tiempo que se generaliza el empleo de *gringo* o del aféresis *tano*, para designar al individuo.

---

1. La única excepción que hemos podido constatar es el *Diccionario del lenguaje campesino rioplatense* de Juan Carlos Guarnieri, Montevideo, Florensa y Lafon, 1968.

2. Ver *Deux aspects du langage et deux types d'aphasie*, in *Essais de Linguistique générale* de Roman Jakobson, Paris, Éditions de Minuit, 1968, p. 43-67.

0.2. Estos son los primeros vestigios lingüísticos que aquí consideramos de un fenómeno histórico concreto : la inmigración masiva de italianos en ambas márgenes del Río de la Plata, a fines del siglo xix y principios del siglo xx. Son estos inmigrantes los hablantes de *cocoliche*.

El estudio del *cocoliche* se debe circunscribir a una época precisa y ya remota. Los primeros testimonios referentes a este comportamiento lingüístico remiten a la última década del siglo xix y cuando, en la era del fascismo italiano, se detiene el aluvión inmigratorio, el uso del *cocoliche* como lengua de comunicación comienza a retroceder. De entonces a acá, lo que fue un *fenómeno social* de proporciones considerables se reduce, cada vez más, a un *fenómeno individual* o a una *manifestación retórica* basada en el uso del *cocoliche* como *lenguaje connotativo*[3].

Estas precisiones, a nuestro entender, no disminuyen en absoluto el interés del estudio de este fenómeno lingüístico, aunque limiten las posibilidades metodológicas.

0.3. Siendo el *cocoliche*, como lo es, un fenómeno prácticamente desaparecido, su descripción lingüística propiamente dicha está excluida. Debemos necesariamente limitarnos al empleo de técnicas filológicas.

Intentaremos pues aprehender el fenómeno *cocoliche* tal como podía percibirlo e intentar reproducirlo (*mimeisthai*) un gran autor dramático de la época de auge del fenómeno.

Descripción

1.1.1. Los ejemplos de *cocoliche* en el teatro de Florencio Sánchez aparecen en las obras siguientes : *Canillita*[4], *La pobre gente*[5], *La gringa*[6], *Mano santa*[7], *El desalojo*[8] y *Moneda falsa*[9].

La extensión de las manifestaciones de *cocoliche* varía de una obra a otra y depende, naturalmente, del número y la importancia dramática de los personajes que lo hablan. No obstante se dan, a nuestros ojos, las condiciones necesarias y suficientes para la delimitación de un *corpus*. El autor único y la variedad de contex-

---

3. Ver *Prolégomènes à une théorie du langage* de Louis Hjelmslev, Paris, Éditions de Minuit, 1969.
4. Todas nuestras citas de Florencio Sánchez remiten a la segunda edición del *Teatro Completo* compilada y anotada por Dardo Cúneo, Buenos Aires, Editorial Claridad, 1952, en la cual el texto de *Canillita* figura en las p. 218-234.
5. Id., *ibid.*, p. 236-262.
6. Id., *ibid.*, p. 123-166.
7. Id., *ibid.*, p. 264-275.
8. Id., *ibid.*, p. 310-321.
9. Id., *ibid.*, p. 342-361.

tos situacionales y socio-culturales, el isomorfismo de los textos y su relativa contemporaneidad son, a nuestro juicio, garantías suficientes[10].

Dicho esto, aún cabe agregar la que es, a nuestros ojos, característica sobresaliente del *corpus* así definido, a saber, el hecho que a través de él se recrean las *condiciones reales de funcionamiento del cocoliche*, es decir que, como en la realidad que el autor intenta reflejar, *las manifestaciones de cocoliche aparecen insertas en un contexto lingüístico de español rioplatense.* Y ello no ya para crear una red de comunicación lingüística excluyente — función que puede ejercer y efectivamente ha ejercido el uso de una lengua extranjera en el teatro o en el cine — sino como forma natural de comportamiento lingüístico de determinados personajes, que no obsta en absoluto a la comprensión y comunicación entre todos ellos, hablen *cocoliche* o no. Es decir que, en definitiva, nos hallamos frente a un comportamiento lingüístico diferente, pero no *diferenciado.*

1.1.2. Y tan es así, que no ya solamente los diferentes personajes, sino el mismo personaje, en diferentes circunstancias, ejemplifica mayor o menor grado y número de interferencias entre español e italiano, a diferentes niveles, configurando así lo que podríamos llamar *mayor o menor grado de cocoliche.*

Los diferentes *grados de cocoliche* observables en el mismo personaje pueden corresponder a un fenómeno real o a un recurso retórico de Florencio Sánchez.

En cambio, los diferentes *grados de cocoliche* correspondientes a diferentes personajes nos parecen una prueba incontrastable de la « *inconsistencia* » del *cocoliche* de que habla el Dr. Meo-Zilio[11] y nos llevan a adoptar sin reservas su afirmación que el *cocoliche* « *no constituye un sistema regular y constante* »[12] y su conclusión cuando dice que hay « *tantos* COCOLICHES *como hablantes* »[13].

Esta « *inconsistencia* », el funcionamiento del *cocoliche* en los actos de comunicación, nos llevan a plantearnos un último problema de carácter teórico, que hasta ahora hemos evitado : ¿qué es el *cocoliche*?

1.1.3. Si lo que pretendemos es llegar a una caracterización que sitúe claramente al *cocoliche*, con respecto a categorías científicamente definidas, debemos, en primer término, rechazar por impro-

10. Máxime si se tiene en cuenta la brevedad de los ejemplos recogidos en *Canillita* (1902), hecho que sitúa la casi totalidad de las realizaciones consideradas, entre 1904 y 1906.
11. Giovanni Meo-Zilio, *El « cocoliche » rioplatense. Boletín de Filología de la Universidad de Chile*, XVI, Santiago, 1964, p. 61-119 (subrayado del autor, p. 63).
12. Id., *ibid.*, p. 63 (subrayado del autor).
13. Id., *ibid.*, p. 64 (subrayado del autor).

cedentes las adjetivaciones de la lexicografía corriente : « Jerga híbrida y grotesca... »[14], « Castellano macarrónico... »[15].

El *cocoliche* no es más macarrónico ni grotesco que cualquier otro comportamiento lingüístico, ni es castellano, ni es tampoco una jerga propiamente dicha. Por razones obvias nos detendremos solamente en esta última afirmación.

El *cocoliche* no es una jerga por la sencilla razón que el principal rasgo que caracteriza a una jerga es la *voluntad de diferenciación en el seno de una comunidad lingüística*. Siendo el *cocoliche*, como lo es, producto de la convivencia de *dos comunidades lingüísticas* y más aún, resultante de una *voluntad de integración* de una comunidad (la italiana) en el seno de la otra (de lengua española), mal puede llamársele *jerga*. Si no se utiliza esa designación en su sentido técnico, sólo explica su empleo una connotación despectiva que no entraremos a discutir.

Los problemas que plantea el *cocoliche* deben analizarse a la luz de la teoría de lo que Jakobson llama « associations de langues »[16]. Debemos por lo tanto rechazar las categorías de *variedad de italiano* o de *variedad de español*.

Si nos atenemos a las categorías propuestas por Pierre Perego[17] debemos concluir que, por su carácter unilateral, no diferenciado, inestable y multiforme, *el cocoliche es un pseudo-sabir*.

1.2.0. Pasemos ahora a analizar las características propias del *cocoliche* tal como aparece en el teatro de Florencio Sánchez.

De acuerdo con lo establecido anteriormente (0.1.) sólo tomaremos en cuenta las realizaciones que se adjudican a personajes italianos, pero incluiremos las de *Pedrín*, en *Moneda falsa*, cuando intenta y logra pasar por italiano a los ojos de *Gamberoni*.

Tomamos pues en cuenta las realizaciones de los personajes siguientes : *Tano* en *Canillita*, *Giovanna* en *La pobre gente*, *Don Nicola* y *María* en *La gringa*, *Doña Anunziata* en *Mano santa*, la Encargada y *Genaro* en *El desalojo* y *Gamberoni* y *Pedrín* en *Moneda falsa*.

La situación de base, la que da origen al *cocoliche* es la siguiente : « *Genaro* — (...) *¿Dove sono i rapazzi? Indalecia — No sé. En la*

14. *Diccionario de la Real Academia*, 18ª edición, 1956 ; 19ª edición, 1970.
15. *Enciclopedia del Idioma*, Martín Alonso, Madrid, Aguilar, 1958. Y *Diccionario de Americanismos*, M. A. Morínigo, Buenos Aires, Muchnik, 1966 (esta definición proviene, a estar a nuestra memoria, y sin que lo hayamos podido confirmar ahora, de Malaret).
16. Roman Jakobson, *Sur la théorie des affinités phonologiques entre les langues*, in N. S. Troubetzkoy, *Principes de Phonologie*, Paris, Klincksieck, 1970, Appendice IV, p. 351-365.
17. Pierre Perego, *Les sabirs*, in *Le Langage*, dir. André Martinet, Encyclopédie de la Pléiade, Paris, N. R. F.-Gallimard, 1968, p. 597-607.

calle tal vez... » (*El desalojo*, Esc. III, p. 313). En los hechos, el *coco-liche* es lo que va de la pregunta de Genaro a la respuesta de Inda-lecia.

Pero desde el punto de vista científico la simplificación es exce-siva, vista la variedad de dialectos italianos que han podido influir en tal o cual realización. Máxime si se tiene en cuenta las simili-tudes o paralelismos de algunos de ellos con el español. En puridad, es prácticamente imposible establecer en qué medida los *sistemas* aparecen afectados. De ahí cierto laxismo en las observaciones que siguen, que constituyen más bien un inventario que una descripción sistemática.

1.2.1. Aunque con suma irregularidad — como seguramente ocurría en los hechos, por otra parte — la grafía refleja interesantes rasgos fonéticos :

a) inestabilidad de las vocales : o por u (*mochacha* : muchacha) ; u por o (*cusecha* : cosecha ; *sun* : son) ; e por i (*me* : mis ; *sempati-cas* : simpática) ; i por e (*siñora* : señora ; *mi* : me).

Estos pocos ejemplos muestran la diversidad de las causas que originan los fenómenos : interferencias de léxico (*signora*), de mor-fología (*me*), influencias dialectales (*sun*) y, por sobre todo, diver-gencias de los sistemas en la diversificación de los grados de aper-tura. Esta divergencia provoca tentativas de reducción de los sis-temas más complejos del italiano y sus dialectos al sistema más simple del español. Pero el estatuto fonológico de las vocales no parece afectado sino incidentalmente.

b) Rastros de perturbación en la interpretación de la bilabial sorda [p], interpretada como sonora : *emborta* o *imborta* : importa ; *sembaticas* : simpática. Resulta particularmente difícil en este caso determinar si el error de interpretación se sitúa a nivel del hablante (representado por el personaje) o del oyente (representado por el autor).

c) Rastros de una realización [ᵈ3] del fonema rioplatense [3] : *yia* : ya. Como es sabido, el sistema del español del Río de la Plata neutraliza la oposición [y]-[l̯] en una sola realización [3], que es una continua. Pues bien, la grafía *yia* sólo puede interpretarse como una tentativa de transcribir la realización africada correspondiente.

d) Las mayores particularidades se encuentran a nivel de las velares. Tanto la oposición oclusiva/fricativa como la oposición sorda/sonora aparecen perturbadas. Así la sonora [g] aparece en lugar de la sorda [k], particularmente en posición inicial : *golono* : colono. Por su parte, la oclusiva sorda es realización habitual de la fricativa : *quente* : gente ; *trabaco* : trabajo ; *afliquirse* : afligirse. Este último es sin duda el rasgo más constante y el que afecta más profundamente el sistema por eliminar una oposición pertinente. Estos dos hechos concurren sin duda para convertirlo en el rasgo más típico.

Señalemos por otra parte que el *cocoliche* adopta algunos rasgos fonéticos del habla popular rioplatense (supresión de [d] final; supresión del morfema -s final; alternancia de las líquidas; etc.). Su consideración detallada no viene al caso, aunque sí permite precisar que el contexto exacto con relación al cual debe ser considerado el *cocoliche* es el del español *popular* del Río de la Plata.

1.2.2. Digamos por fin, antes de abandonar este aspecto de nuestro estudio, que las interferencias más estables se producen en los puntos precisos que reflejan una evolución fonética peculiar del español general (la fricativa velar [x]), del español del Río de la Plata (la palatal continua [3]) o un estatuto fonológico particular (caso de algunas vocales abiertas italianas que operan como marcas de plural).

1.3.0. En el plano de la morfología, los fenómenos resultan más difíciles de clasificar y jerarquizar.

Ya se ha visto, por ejemplo, cómo confluyen, en la perturbación de las oposiciones de tipo singular/plural, la dicción rioplatense y las características del sistema italiano. No volveremos sobre el punto.

Veremos aquí, en cambio, aspectos de la morfología del verbo que están indisolublemente ligados a la sintaxis, así como usos especiales de determinadas voces invariables, cuyo análisis tal vez debería ser incluido entre los fenómenos relativos al léxico.

1.3.1. Las formas pronominales, en particular las de la. y 2a. personas del singular, presentan un uso francamente caótico. Son singularmente interesantes las confusiones de dativos y acusativos de ambas lenguas. Las formas *me, mi, te* y *ti*, existentes en ambos idiomas, pero con diferente distribución, dan lugar a realizaciones del tipo : « ... *Tú mi* dai lo numero, e per que *tú* no pierdas tiempo, io *ti* daró, ... » (*Moneda falsa*, Esc. VI, p. 349).

Destaca aquí no sólo la aparición del dativo italiano, sino la de *tú.* El italiano Gamberoni es el único personaje de la obra que utiliza esta forma. Todos los demás vosean.

El mismo tipo de interferencia entre temas en -e y en -i aparece con respecto a las formas de 3a. persona *se* y *sí.* Pero aquí el fenómeno es más complejo.

1.3.2. En efecto, la conjunción *si* (italiano : *se*) agudiza la confusión y provoca realizaciones del tipo : « ... *Se* fossi rica... » (*La*

114 BULLETIN HISPANIQUE

pobre gente, Acto I, Esc. XII, p. 247) y en la misma escena, el mismo personaje : « ... no *si* mete la gente... ».

La persistencia de la forma *se* en los ejemplos del primer tipo, forma nunca interferida por el español *si* en locutores italianos, nos permite suponer que, mientras las formas únicas son relativamente estables, los sistemas más complejos y sutiles no sólo originan interferencias, sino que provocan la aparición en *cocoliche* de formas que no corresponden ni al español ni al italiano.

1.3.3. Tal el caso del ya citado « *lo* numero » (1.3.1.) o el de algunos posesivos curiosos como « *me* hijas » o « *il* suo marito » (hipercorrección), ambos en *La pobre gente* (Acto I, Esc. XII y XIII, p. 247 y 248 respectivamente).

Estos ejemplos, que demuestran fehacientemente la fineza de observación del autor, tienen un marcado interés estilístico.

1.3.4. Pero antes de abandonar el campo de la Morfología debemos examinar las formas verbales.

— En Presente aparecen interferencias en la conjugación del verbo *ser* : « *Sun* yiá tres setimanas... » (*La pobre gente*, Acto I, Esc. XII, p. 247), dialectal ; « Io *son* estato... » (*Moneda falsa*, Esc. V, p. 346) junto a formas correctas ora españolas, ora italianas. Lo mismo ocurre con algunos otros verbos de uso frecuente. Ej. : « ... si *pué* gioccare... » (*Moneda falsa*, Esc. VI, p. 348). Estas realizaciones parecen confirmar que la vocación para suscitar la hibridación es característica de los sistemas complejos, representados aquí por los llamados « verbos irregulares », ya que en la mayor parte de los casos alternan formas españolas correctas con formas italianas correctas.

— En Imperfecto, hemos recogido una sola forma interesante, en *La pobre gente* (Acto I, Esc. XII, p. 247) : « ¿Cóme qué quiero? ... *Veniva* perqué mi pague... ». Nuevamente aquí, la interpretación es delicada ya que probablemente no se trata de un cruce entre el español *venia* y el italiano *venivo*, sino de una forma italiana arcaizante correspondiente al antiguo paradigma *veniva, veniva, veniva*.

— En Futuro se puede señalar una mayor resistencia del morfema italiano *-ó* de 1a. persona. Ejemplo de ello son realizaciones del tipo : « ... Está bene ; *asperaró*... » (*La pobre gente*, Acto I, Esc. XIII, p. 248), caso en el cual convergen las interferencias en el lexema y en el morfema, imposibles de desentrañar en el frecuente *diró*, que bien puede ser considerado como italiano normal.

— En el Imperativo se produce una interferencia curiosa entre las formas de verbos pronominales correspondientes al voseo (*sen-*

tarse-sentate) y los morfemas italianos *-ate, -ete, -ite*. Así tenemos : « ¡ Ché ... *venite* vos también !... » o « *Caminate* no más para adentro... » (*La gringa*, Acto II, Esc. IV, p. 141). Esta interferencia es susceptible de neutralizar la oposición entre trato cortés y trato familiar. En *La gringa* (Acto I, Esc. VI, p. 127) *Nicola* se dirige a uno de sus peones diciéndole : « *Diga*, Ramón... » y, obtenida la respuesta a su pregunta, decide : « *Bueno. Andate* ahora al rastrojo... ». El mismo personaje dice más adelante a su mujer : « *Usted callate, te* he dicho... » (*La gringa*, Acto IV, Esc. XIII, p. 166). Aquí la incongruencia formal, más patente, adquiere un valor retórico.

En otros tiempos verbales, las interferencias que hemos recogido son de orden sintáctico.

1.3.5. Preposiciones, conjunciones, interrogativos, indefinidos italianos aparecen con frecuencia, incluso en enunciados españoles :

— *e* por *y*. Ej. : « ... que hoy *e* que mañana *e* que de aquí a un rato... » (*El desalojo*, Esc. I, p. 310).

— *ma* por *pero*. Ej. : « ... El hijo no era malo. *Ma* se metió a enamorársela... » (*La gringa*, Acto IV, Esc. VII, p. 156). Muy frecuente.

— *se* por *si*. Ya citado y muy frecuente.

— *perque* por *porque*. Ej. : « ... la mochacha trabaca *perque* tiene necesitá... » (*La pobre gente*, Acto I, Esc. XII, p. 247). Obsérvese que la oposición entre la relación de *causalidad* (expresada aquí por *perque*) y la relación de *finalidad* es manifestada por una forma acentuada : *perqué*. Ej. : « ... Veniva *perqué* mi pague... » (*La pobre gente*, Acto I, Esc. XII, p. 247).

— *cosa* por *qué*, por *algo*, en una palabra, universalizado y nuevamente lexicalizado a través de un masculino : *coso*. Ej. : « ¿ *Cosa*? ... ¿ *Cosa*?... » (*La gringa*, Acto I, Esc. XVII, p. 136). En boca de Nicola, « *cosa* », sea interrogativo o exclamativo, es prácticamente una interjección y cumple una función retórica. « ... Esta es *cosa* que me operaron en el hospital... » (*Mano santa*, Esc. IV, p. 268) ; « ... tamaño *coso* de minestra... » (*Mano santa*, Esc. III, p. 267).

— *nesuno* por *ninguno*. Ej. : « ... ¡ Ah ! ¡ No está *nesuno* !... » (*Mano santa*, Esc. IV, p. 268), caso en que tampoco se puede decir que la sintaxis resulte indemne.

— *cómo* (italiano *come*) por *qué* enfático. Ej. : « ... ¡ *Cómo* estoy cansada !... » (*La gringa*, Acto II, Esc. III, p. 139). Implica también una interferencia sintáctica.

— *sen* (italiano *senza*) por *sin*. Ej. : « ... tanto tiempo *sen* buscar pieza... » (*El desalojo*, Esc. I, p. 310).

— *nel* o *ner* (alternancia de las líquidas mencionadas en 1.2.1.),

por *en el*, implicando a menudo una interferencia sintáctica. Ej. :
« ... Cuelo que arrangia afari*nel* (sic) cuez de paz... » (*Moneda falsa*,
Esc. V, p. 346) ; « ... esto cachivache *ner* patio... » (*El desalojo*,
Esc. I, p. 310).

— *dal* implica también interferencias sintácticas.

1.4.1. En efecto, las interferencias sintácticas más caracterizadas
se dan en el dominio de la rección. El *cocoliche*, como híbrido, confirma así la persistencia de ese tipo de dificultades observadas en
los casos de bilingüismo o de aprendizaje de una lengua extranjera.
Estas interferencias se manifiestan sea por una forma italiana (*dal*,
nel, ya citadas), sea por una preposición española mal utilizada (*en*,
de), sea por una forma híbrida (*de la*), sea por omisión.

— *da, dal, de la* por *en casa de*. Ej. : « ... yo tengo mi plata *da*
Testaseca... » (*La gringa*, Acto II, Esc. X, p. 147) ; « Y ahora nos
vamos al pueblo ... *dal* escribano... » (*La gringa*, Acto I, Esc. XV,
p. 133) ; « ... que lo haga *de la* modista... » (*La gringa*, Acto II,
Esc. IV, p. 140).

— *da* también introduce otros complementos de lugar, según
un modelo sintáctico italiano : « ... ¿y entonces por qué no está
allá, allá en su trabajo, *da* la máquina?... » (*La gringa*, Acto IV,
Esc. XIII, p. 166).

— *nel*. Ej. : « ... Que lo meta *nel* asilo... » (*El desalojo*, Esc. V,
p. 316). Es la simple traducción de *en el* (asilo).

— *per* por *para*. Ej. : « ... una sala *per* recibir las visitas... »
(*El desalojo*, Esc. V, p. 316).

— *en* por *a*. (Casos en que el italiano usa *in*). Ej. : « ... se le
están viniendo muchos pájaros *en* la cabeza... » (*La gringa*, Acto II,
Esc. IV, p. 140).

— *de* por *por*. Ej. : « ... Mil *de* una parte y trescientos cuarenta
de la otra... » (*La gringa*, Acto II, Esc. X, p. 146).

— omisión de la preposición *a* delante de complementos que
la exigen. Ej. : « ... ¡ Dequen en paz esa pobre muquer... » (*El desalojo*, Esc. VI, p. 316). Este tipo de construcción ha sido con justicia
señalado como uno de los rasgos más importantes de la influencia
del italiano en el español del Río de la Plata.

1.4.2. Pero no es ese el único caso de interferencia en el sintagma
verbal. Señalemos la extraña construcción de que es objeto el verbo
precisar (en el sentido de *tener necesidad de*) como *impersonal*, acompañado de un *dativo*. Ej. : « ... ¿qué *le precisa* tener tanto hicos?... »
(*El desalojo*, Esc. I, p. 311).

Ya hemos visto (1.3.4.), a propósito de otro aspecto, realizaciones
en que aparece el verbo *ser* como auxiliar de tiempos compuestos

(« Io *son* estato... »). Otro ejemplo también citado (1.2.0. : « ¿Dove *sono* i rapazzi? ») nos permite completar el cuadro de las interferencias, sea semánticas, sea de distribución sintáctica, de los cuatro verbos *ser* y *estar*, *essere* y *stare*.

Tener, por su parte, aparece seguido de la preposición *de*, en lugar de la conjunción *que*, en realizaciones del tipo : « ... Todo lo que teníamos *de* hablar ya está conversado... (...) Vamos a ver... Tengo *de* darle... » (*La gringa*, Acto II, Esc. X, p. 146).

A su vez, determinados tiempos verbales aparecen expresando valores temporales o relaciones de subordinación para los que no son aptos en español. El caso más frecuente es el del Imperfecto. «... Ya *debía* estar en el suelo... » (*La gringa*, Acto II, Esc. VII, p. 156) por *ya debería estar en el suelo*, se explica indudablemente por el aspecto *inacabado*, común a ambos tiempos. Pero la misma neutralización se opera en construcciones perfectamente codificadas, dando origen a realizaciones del tipo : « ... Se *pagaba* lo que *era*... » (*La gringa*, Acto IV, Esc. V, p. 161) en lugar de *se hubiera pagado lo que fuera*.

Con estos ejemplos, llegamos a un nivel en que es imposible discernir la interferencia de la opción retórica que engendra un rasgo estilístico. En efecto, en ambos casos, se produce una actualización que atenúa el carácter remoto de realizaciones que, en su contexto, son expresión de frustraciones de la voluntad.

El mismo valor estilístico, aunque de signo contrario, adquiere el Indefinido cuando, ante una invitación, se responde : « ¡ Cómo no ! Ya *estuvo*... » (*La gringa*, Acto II, Esc. I, p. 138)[18].

1.5.0. En lo que al léxico se refiere, hay un aspecto ya mencionado, el *grado de cocoliche* (1.1.2.), que *condiciona* las interferencias. Sin embargo, a poco que se reflexione sobre la situación concreta en que aparece el *cocoliche*, se comprenderá fácilmente que, en el terreno de la designación, el italiano resulta más permeable al impacto de una realidad de referencia nueva y diferente.

En ese campo, el español rioplatense se substituye rápidamente al italiano, tanto por su mayor adecuación, como por la voluntad de integración de los inmigrantes.

El italiano es, en cambio, más resistente, en tanto que lengua materna, cuando de expresar la subjetividad se trata.

El *cocoliche* se desarrollará pues, con toda su amplitud, en aquellas realizaciones en que prevalezca la *función expresiva* del lenguaje.

1.5.1. A ese dominio concreto corresponden los saludos, las interjecciones e imprecaciones de todo orden.

18. Charles E. Kany, en su *Sintaxis hispanoamericana*, Madrid, Gredos, 1969, cita, entre otros, este mismo ejemplo y concluye : « En estas expresiones, el indefinido anticipa realmente la acción, a la manera de un futuro, pero la describe expresamente como ya cumplida e irrevocable (como el *se acabó* modélico) » (p. 203).

Así, entre el español *Buenos días* y el italiano *Buon giorno* aparecen los « ¡ *Buen giorno* ! » (*La gringa*, Acto II, Esc. X, p. 146) o « ¡ *Bon giorno* ! » (*La pobre gente*, Acto I, Esc. XII, p. 246), antecedentes inmediatos sin duda del actual rioplatense *Buen día*.

Otras fórmulas de cortesía también son producto de interferencias. Ej. : « ... ¿*Cómo va* la siñora Mónaca?... » (*La pobre gente*, Acto I, Esc. XII, p. 246) ; » *Permiso...* » (*Mano santa*, Esc. III, p. 266).

Las interjecciones son particularmente numerosas, así como sus variantes : « ... ¡ *Dio* !... » (*El desalojo*, Esc. I, p. 310) ; « ¡ *Dio Santo* !... » (*El desalojo*, Esc. VI, p. 316) ; « ... *per Dio* !... » (*El desalojo*, Esc. VII, p. 317) ; « ... ¡ *Marona de lo Gármino* !... » (*Canillita*, Cuadro Segundo, p. 225) ; « ¡ *Madona del Carmen* !... » (*El desalojo*, Esc. VI, p. 316) ; « ¡ *Ay* !... ¡ *Madona Santisima* !... » (*El desalojo*, Esc. I, p. 310) ; « ¡ *Un corno* !... » (*El desalojo*, Esc. I, p. 310) ; « ... *Diablo* con la gente ésta... » (*La gringa*, Acto I, Esc. VII, p. 128).

1.5.2. La intensidad connotativa es igualmente importante y atrae el mismo tipo de interferencias en toda clase de expresiones denigratorias : « ... *esa roba de gente...* » (*La gringa*, Acto IV, Esc. III, p. 160) ; « ... *povero diavolo...* » (*La gringa*, Acto IV, Esc. V, p. 161) ; « ... *una punta de imbroglioni...* » (*La pobre gente*, Acto I, Esc. XII, p. 247) ; « ... *Esta canaglia de un botegliero...* » (*El desalojo*, Esc. VII, p. 317) ; « *Bruta gente* », la expresión que caracteriza a Genaro en *El desalojo* y que él repite constantemente, sin que sea posible determinar si el valor semántico de *bruta* debe interpretarse como italiano o como español, o si el personaje realiza una perfecta síntesis identificatoria de la fealdad física con la infracción a los buenos modales y la consideración, que resulta, en definitiva, la perfecta expresión de la bajeza moral.

1.5.3. Todos estos ejemplos contrastan con el brevísimo número de interferencias en el plano de la designación propiamente dicha, que se sitúan en campos semánticos perfectamente definidos como el del objeto de uso diario — caso del *birloche*, italiano *birloccio* de *La gringa* — o el de la gastronomía — caso de *vitela* o *minestra* en *La gringa* o en *El desalojo* — ejemplos que muestran a las claras que ese tipo de interferencia sólo aparece cuando se apoya en una influencia de índole socio-cultural mucho más amplia y profunda[19].

1.6. En el teatro de Florencio Sánchez, según lo señalamos más arriba (1.1.3.), el *cocoliche* aparece como un *pseudo-sabir*, esto es, como un habla unilateral, no diferenciada, inestable y multiforme.

19. Giovanni Meo-Zilio ha estudiado detenidamente la influencia italiana en el léxico de la gastronomía.

El cocoliche es un habla unilateral en la medida en que el locutor comunica normalmente con hispano-hablantes que le responden en su propia lengua. La comunicación lingüística se produce, pues, sin el requisito teórico de un código común.

El cocoliche es un habla no diferenciada en la medida en que el locutor carece de la conciencia lingüística necesaria para discernir con exactitud cuál es su código de referencia, de modo que se expresa de manera sensiblemente similar, sean sus interlocutores italianos o rioplatenses hispano-hablantes [20].

El cocoliche es un habla inestable en la medida en que evoluciona permanentemente hacia un español rioplatense normal. Esto es tanto más comprensible si se piensa que, en su desarrollo, están ausentes las condiciones que han concurrido a la fijación del *sabir* o del *papiamento*, por ejemplo.

El cocoliche es un habla multiforme en la medida en que, siendo sus características el resultado de interferencias a diferentes niveles, la personalidad del locutor desempeña un papel determinante en función de su origen y condición social, su cultura, su conciencia lingüística, su grado y modo de integración en la sociedad rioplatense.

Todas estas características son, naturalmente, solidarias e incluso interdependientes. Si aparecen, en la obra de Florencio Sánchez, con la nitidez suficiente como para realizar un estudio cabal, es porque en su teatro, reflejo fiel de la sociedad rioplatense de la época, hay numerosos hablantes de *cocoliche*.

ELEMENTOS DE EVALUACIÓN ESTILÍSTICA

2.1. Ya hemos señalado (0.1.) cuál fue la fortuna del arquetipo de inmigrante italiano en los albores del teatro rioplatense.

Florencio Sánchez, que ha descrito con emoción esos primeros intentos dramáticos, reivindica los aspectos positivos de su legado [21]. Pero rechaza con energía la tradición del *Cocoliche* : « Excluyo, por repulsivo, inestético y falso, al famoso Cocoliche que aún pasea su grotesca figura por los actuales escenarios nuestros » (p. 622).

En los hechos, el *Cocoliche* de ese teatro primitivo es un personaje burdo, caricaturesco, vestido como un payaso y permanentemente ridiculizado en aras de una comicidad grosera, propia de la escena de circo que le vio nacer. De ahí, sin duda, el rechazo de Florencio Sánchez, « ... por repulsivo, inestético... ». Pero a los fundamentos

---

20. Podría suponerse que es la naturaleza del *corpus* la que inspira esta reflexión. Nuestra propia observación personal confirma, sin embargo, este rasgo.
21. Ver *El teatro nacional*, in *op. cit.*, p. 620-624.

éticos y estéticos se agrega otro « ... y falso... » que debemos analizar en dos planos.

El rechazar un tipo teatral por « falso » no sólo entraña una apreciación sobre la adecuación entre el « tipo » y la « realidad » de referencia, sino que implica una concepción estética según la cual el personaje teatral debe ser moldeado sobre esa « realidad ».

Esa breve definición nos permite pues situar a Florencio Sánchez en la perspectiva del teatro naturalista francés y del *verismo* italiano que, por esa época, recogen los mayores éxitos en los escenarios porteños y montevideanos.

Así como Verga, Bertolazzi o los autores del teatro dialectal italiano en general, declinan toda convención dramática e imponen a sus personajes una veracidad lingüística que será uno de los pilares de su éxito, Florencio Sánchez hará hablar a los suyos el lenguaje gauchesco, el lenguaje popular urbano, el lunfardo o el *cocoliche* que caracterizan a sus modelos.

De modo que el *cocoliche*, como comportamiento lingüístico de los personajes de Florencio Sánchez, es un rasgo de *verismo*.

Claro que, como muchos de los autores aludidos, Sánchez tiene con frecuencia una intentión que sobrepasa el mero « reflejo » de la realidad. El *cocoliche*, sin dejar de ser un rasgo realista, esto es, sin ser falseado, cumplirá además una función dramática precisa. Esa función dramática, siendo como es, vehiculada por la *forma de la expresión*, es una *función estilística*.

2.2. Naturalmente, el desarrollo y la importancia dramática de la función estilística del *cocoliche* dependen de la importancia de los personajes que lo hablan.

Por supuesto que, tratándose de un comportamiento especial, que distingue a *uno* o a lo sumo a *dos* personajes de cada una de las obras aludidas (1.2.0.) *la primera función del cocoliche es la caracterización de los personajes como inmigrantes italianos.*

Por su número, por la cantidad y variedad de oficios populares que estos inmigrantes desempeñan, el solo hecho de caracterizar a un personaje como tal, remite al público a una realidad bien conocida, la de su vida cotidiana. Y pone al autor a cubierto de la necesidad de dar mayor « espesor » dramático a su personaje, dotándolo de un pasado, de un comportamiento, de una ideología o de una filosofía de vida propios.

Si estos elementos implícitos caracterizan al personaje con respecto a una realidad *exterior*, otros, explicitados, le caracterizan desde un punto de vista *interno*. Las más veces serán muletillas verbales — ya hablamos del « ¿Cosa? » de Nicola en *La gringa* y del « ¡ Bruta gente ! » de Genaro en *El desalojo* — o interjecciones o invocaciones a *Dios* o a la *Madona del Carmine*. Estas caracterizaciones remiten a modalidades canónicas : la sensibilidad viva, el genio rápido, la vocación melodramática, la religiosidad pueril.

Esa es la función estilística precisa del *cocoliche* que hablan el Tano en *Canillita,* Giovanna en *La pobre gente,* Doña Anunziata en *Mano santa.* Se trata de personajes secundarios cuya caracterización sólo agrega un poco de « color local » a la intriga de las obras.

En *El desalojo,* tanto la Encargada como Genaro cumplen ya papeles más importantes. El de la primera es consustancial a la intrigua, ya que es ella quien da el desalojo. Genaro, por su parte, se opone a todos los demás personajes de la obra por ser el único sensible al drama de Indalecia, el único personaje generoso de una intriga sórdida. Su condición de italianos, el *cocoliche* que hablan, sólo sirven de aderezo a la obra. La oposición dramática que los enfrenta, sus disputas, en cambio, superan dialécticamente, en forma implícita, la tradicional oposición entre « criollos » y « gringos », demostrando que las tensiones sociales van más allá de esa falsa línea demarcatoria.

2.3. El caso de Nicola y María, en *La gringa,* es ya totalmente diferente. Ellos están en el centro mismo de la intriga. Por su condición de inmigrantes italianos instalados en el campo argentino y por todo lo que esa condición supone : su mentalidad, su forma de vida, su « manía » de labrar la tierra en lugar de criar ganado, su ansia de extender su propiedad y transformarlo todo, su desprecio por los criollos.

El cocoliche que ellos — y ellos solos — hablan en la obra es la concreción formal de su oposición dramática a Don Cantalicio y al mundo que éste representa, expresado a su vez por un habla gauchesca caracterizada que sólo comparte, en la misma medida, el Paisano a quien ocasionalmente encontrará en la fonda, en el Acto II, Esc. IX. Personaje que es, como Don Cantalicio, representante de una mentalidad arcaica y de un mundo condenado, y que se identifica con él por su odio a los *gringos* : « ¡ Pucha que los quiere bien usted a los gringos !... ¡ Se parece a mí en eso !... » (p. 144).

De este somero análisis surge la evidencia de que, en *La gringa,* el *cocoliche* cumple *la función estilística fundamental de oposición dramática entre los personajes.*

2.4. El *grado de cocoliche,* por su parte, es, en *La gringa,* el aspecto material, el *significante* de un signo cuyo *significado* es la cólera de María (Esc. V del Acto IV), la turbación de Nicola (Esc. X del Acto II) o toda emoción que les impulse a expresarse en forma rápida o espontánea.

Este elemento matiza el uso retórico que Florencio Sánchez hace del *cocoliche* ya que, si el *cocoliche,* como lengua connotativa, denota al inmigrante italiano del Río de la Plata a principios del siglo xx, el *grado de cocoliche*, por su parte, *denota* un estado anímico especial del personaje.

2.5. Un uso retórico diferente y funciones estilísticas especiales cumple el *cocoliche* que hablan, en *Moneda falsa*, Gamberoni y Pedrín.

Ambos son protagonistas de una intriga secundaria, cuya piedra de toque es el *cocoliche*. Además de *caracterizar* a Gamberoni como inmigrante italiano, el *cocoliche* es la artimaña que usa Pedrín para pasar por italiano a los ojos de Gamberoni, ganar su confianza y estafarlo.

El *cocoliche* que Pedrín habla con soltura ejerce en *Moneda falsa* la *función de neutralizador* de la manida *oposición* entre criollos y gringos.

2.6. Desde el punto de vista semiológico, y en tanto que *lengua connotativa*, el *cocoliche* tiene, en el teatro de Florencio Sánchez, una connotación de signo positivo.

En efecto, antes de Florencio Sánchez, el *cocoliche* es el habla de personajes grotescos y ridículos, meras caricaturas sin significación dramática. En su teatro, el *cocoliche* es el habla de personajes cabales que, por obra y gracia de la intriga, concitan, las más veces, la simpatía del espectador o del lector.

Conclusión

3.1. Nuestro estudio nos ha permitido confirmar, en líneas generales, los pocos trabajos científicos existentes sobre el *cocoliche*. Pero también nos ha permitido aportar precisiones, sea en un plano general (definición del *cocoliche* como pseudo-saber, condiciones de su funcionamiento, contexto de referencia, valor retórico de su utilización como lenguaje connotativo), sea en un plano particular (numerosos detalles que contrastan al analizar al *cocoliche* desde el punto de vista del español y sobre los cuales no abundaremos).

3.2. A nivel semiológico, destaca la equipolencia de la *sustancia de la expresión* con la *sustancia del contenido*, tal vez condición *sine qua non* de la obra artística lograda.

3.3. En el plano de la *interpretación* literaria, el uso que Florencio Sánchez hace del *cocoliche*, ejemplifica esa su visión *dramática* del mundo, cristalizada a través de *oposiciones de discurso*.

Nicasio PERERA SAN MARTÍN.
Université de Nantes.

Roberto Fernández Retamar

JOSE MARTI EN LOS ORIGENES DEL ANTIMPERIALISMO LATINOAMERICANO**

EL 18 de mayo de 1895 José Martí está de vuelta a la Isla en que naciera: se encuentra allí desde que treintisiete días antes, el 11 de abril, desembarcara, con el General en Jefe Máximo Gómez y otros patriotas, para incorporarse a la guerra que él había preparado, según sus palabras, como una obra de arte. Ese 18 de mayo, aquel a quien con voz de hijo amoroso Rubén Darío había dedicado y dedicaría después los elogios más encendidos y bellos por la excelsitud de su obra literaria y de su alma, y Gabriela Mistral llamara "el hombre más puro de la raza", aunque tiene los grados de Mayor General, viste en esos días ropa humilde: pero está embriagado por la naturaleza cubana, por andar entre otros héroes, entre hombres y mujeres cabales, a la hora de la grandeza. Un noble orgullo, una radiante felicidad (sólo comparable a la luz, dice) atraviesan su diario, sus cartas; donde quiera que llega, sus discursos enardecen a los combatientes. Más de la mitad de su existencia la ha pasado en el destierro, anhelando u organizando esta guerra, este instante, el porvenir de justicia que vislumbra. Para él, en lo estrictamente personal, ese porvenir será entonces de apenas un día. Se sienta a hacer

una carta a su entrañable confidente, el mexicano Manuel Mercado:

Campamento de Dos Ríos, 18 de mayo de 1895.

Sr. Manuel Mercado.

Mi hermano querídismo: Ya puedo escribir; ya puedo decirle con qué ternura y agradecimiento y respeto lo quiero, y a esa casa que es mía y mi orgullo y obligación; ya estoy todos los días en peligro de dar mi vida por mi país y por mi deber —puesto que lo entiendo y tengo ánimos con que realizarlo— de impedir a tiempo con la independencia de Cuba que se extiendan por las Antillas los Estados Unidos y caigan, con esa fuerza más, sobre nuestras tierras de América. Cuanto hice hasta hoy, y haré, es para eso. En silencio ha tenido que ser, y como indirectamente, porque hay cosas que para lograrlas han de andar ocultas, y de proclamarse en lo que son, levantarían dificultades demasiado recias para alcanzar sobre ellas el fin. Las mismas obligaciones menores y públicas de los pueblos, —como ése de Ud. y mío, —más vitalmente interesados en impedir que en Cuba se abra, por la anexión de los imperialistas de allá y los españoles, el camino, que se ha de cegar, y con nuestra sangre estamos cegando, de la anexión de los pueblos de nuestra América, al Norte revuelto

* Sobre este Congreso, v. en este número de *Casa de las Américas* la p. 163; y en el número 150 las p. 193 y 194. (N. de la R.)

** Esta ponencia funde y sintetiza otros trabajos anteriores míos, con vistas a presentar el tema en el I Congreso Latinoamericano sobre el Pensamiento Antimperialista. (N. del A.)

3

y brutal que los desprecia, —les habrían impedido la adhesión ostensible y ayuda patente a este sacrificio, que se hace en bien inmediato y de ellos. Viví en el monstruo, y le conozco las entrañas; —y mi honda es la de David.

Y después de consideraciones variadas, que incluyen la confianza en que México halle "modo sagaz, efectivo e inmediato, de auxiliar, a tiempo, a quien lo defiende [...] Esto es muerte o vida, y no cabe errar", y también esta certidumbre: "Sé desaparecer. Pero no desaparecería mi pensamiento [...] obraremos, cúmplame esto a mí, o a otros", pasa a hablar de sí. Sólo unas líneas, y a continuación ésta: "Hay afectos de tan delicada honestidad".

Sin duda trajines propios de la guerra le impiden continuar. Con esa última palabra, que parece resumir toda su vida, concluirá su larga y conmovedora correspondencia con Mercado. Horas después, Martí cae acribillado a balazos en el primer combate armado en que participa.

No hace mucho, en el magnífico simposio sobre *Darío, Martí y la nueva literatura latinoamericana y caribeña* celebrado aquí en Managua, expliqué que no me era dable acercarme al escritor Martí sin mencionar su condición básica de revolucionario político y social. Ahora que voy a poner énfasis en un costado de esta última condición suya, debo añadir que tampoco puedo dejar de mencionar la centelleante hermosura de cuanto escribió o dijo este hombre, así se tratase de una carta íntima, de un discurso de ocasión o de un documento abiertamente político: no digamos un poema o un ensayo.

Pero, por supuesto, me centraré en un punto: su (pre)visión del imperialismo. Aunque desde hace tiempo se conoce esa visión —ya desde la década del veinte de este siglo la subrayaron Julio Antonio Mella y Emilio Roig de Leuchsenring, y este último abundó después en la cuestión—, hay sendas antologías recientes que ponen al estudioso en contacto con mucho de lo que produjo Martí sobre el tema, y con una buena selección de lo que se ha escrito sobre la faena de Martí en este orden. Ambas fueron preparadas por el Centro de Estudios Mar-

tianos, y aparecieron a finales del pasado año: una es *En las entrañas del monstruo;* otra, *José Martí, antimperialista.* Aunque ambos volúmenes deben ser desbordados por quienes se propongan ahondar en el asunto, los menciono de inmediato por su utilidad, y porque no poco de lo que he de citar proviene de ellos, aunque en el caso del último libro, a fin de no abrumar con un extemporáneo aparato bibliográfico, no siempre nombre explícitamente a los autores de cuya sabiduría, que aquí agradezco, voy a valerme.

Naturalmente, doy por sentado que el imperialismo de que hablamos es esa "fase superior del capitalismo" al cual dedicó Lenin el libro clásico que escribiera durante la primavera de 1916 y fue publicado al año siguiente; imperialismo que, según las palabras del gran dirigente, "es la fase monopolista del capitalismo", caracterizada por los "rasgos fundamentales" que él señaló entonces.

En lo que toca a Nuestra América, sin dejar de tomar en consideración la presencia de otros imperialismos, sobre todo el inglés, el determinante iba a serlo, cada vez más, el ejercido por los Estados Unidos. Y éste empezó a hacerse sentir, en el hemisferio occidental, en esta zona nuestra, las Antillas y Centroamérica: triste privilegio.

No es en Nicaragua, que conoció sobradamente las fechorías de William Walker, donde sea menester recordar los antecedentes de este imperialismo, en la etapa aún premonopolista del capital norteamericano. Ni tiene un cubano que ser un historiador profesional (como no lo es quien les habla) para saber que desde los albores del siglo XIX Cuba, situada geográficamente a la boca del río Mississippi, a la entrada del Golfo de México, y en el camino entre los Estados Unidos y Centroamérica, donde un canal interoceánico habría de construirse más tarde o más temprano, estuvo en la mira de las voraces ambiciones expansionistas norteamericanas. Singularmente, al frente de sus *Versos sencillos,* publicados en 1891, Martí hermanó a nuestros dos pueblos como territorios ambicionados por la oligarquía estadounidense. En aquel prólogo, Martí nombra indignado a "el águila de López y de Walker." El primero, Narciso López, un mercenario na-

4

cido en Venezuela, quiso anexar Cuba a los Estados Unidos y pereció en la demanda; el filibustero William Walker no necesita aquí predicados.

La relación dramática entre Cuba y su ávido vecino norteño es de tal naturaleza, que Darcy Ribeiro, del Brasil, pudo escribir en su notable y polémico libro *Las Américas y la civilización* (1969):

> Se deben así a Cuba las dos orientaciones sobresalientes de la política norteamericana respecto a los demás países del continente. La primera fue la Doctrina Monroe, nacida como un esfuerzo tendiente a fundamentar jurídicamente la dominación de la isla. La segunda es la Alianza para el Progreso, formulada como una respuesta al desafío representado por la Revolución Cubana, tanto en su fisonomía inicial [..] como en su formulación definitiva, y que consiste simplemente en un mecanismo financiero de sostenimiento del *statu quo*, mediante la renovación del pacto con los aliados tradicionales de los yanquis: las viejas oligarquías latinoamericanas para las cuales el sistema vigente es también altamente rentable.

> En toda la historia de la América independiente se contraponen el gigante del continente y la pequeña isla osada. Nacidos juntos e incluso asociados por la viabilidad económica que la próspera explotación azucarera de las Antillas dio a las colonias inglesas pobres, continúan polarizados hasta hoy, como dos personajes históricos disociados en todo pero sin embargo complementarios.

Este amplio marco histórico hace entender mejor, sin querer restarle un ápice a su genialidad, por qué Martí pudo llegar a ser el primer veedor (e impugnador) del imperialismo yanqui en nuestras tierras. Señalaré además algunos factores que coadyuvaron a que tal hecho ocurriera. Por ejemplo, la vasta experiencia latinoamericana de Martí, quien no sólo vivió en cuatro países de Nuestra América y visitó otros, sino que además fue colaborador de una veintena de periódicos de la comarca, socio corresponsal en Nueva York de la Academia de Ciencias y Bellas Artes de San Salvador, representante de la Asociación de la Prensa de Buenos Aires en los Estados Unidos y Canadá, cónsul en Nueva York de la Argentina, el Uruguay y Paraguay, Presidente de la Sociedad Literaria Hispanoamericana de Nueva York, e incluso representante del Uruguay en la Conferencia Monetaria Internacional Americana, realizada en Washington en 1891. No ha de extrañar, pues, que tuviera una perspectiva continental, y que pensara y actuara en calidad de ciudadano de la patria grande que soñaron hombres como Bolívar, y se extiende del Río Bravo a la Patagonia, incluyendo "las islas dolorosas del mar".

A aquel factor se añade otro: la condición martiana de antillano de nacimiento y asunción. Ya ha sido destacado suficientemente lo que esta coyuntura significó para el proceso de independencia que las islas debían acometer. De hecho, ese proceso, en lo que toca a Nuestra América, empieza en las Antillas: en la vecina isla de Haití, donde tiene lugar la única revolución de esclavos triunfante en el hemisferio, y quizá en el planeta, hasta constituir a su comunidad como nación. Pero esto tendrá consecuencias múltiples sobre las otras Antillas: consecuencias que no son ajenas a que hasta hoy varias de aquéllas sigan siendo colonias de distintas metrópolis. A fin de hacer lo más sucintas posibles estas líneas, limitémonos ahora a las Antillas de lengua española, y, por razones obvias, a Cuba. Los sucesos haitianos habían convertido a la mayor de las Antillas en la azucarera del mundo, al precio de hacer crecer inmensa y cruelmente la mano de obra esclava. Los enriquecidos hacendados criollos, temerosos de que sumarse a la guerra de independencia que conmoviera al Continente desde 1810 significaría para ellos un destino igual al de sus similares haitianos, se abstuvieron de participar en la contienda. Sólo en 1868 un sector de dicha clase, menos dependiente de la esclavitud, encendería la guerra, que iba a extenderse entonces por diez años, sin obtener la independencia. Esa guerra, que marcó a fuego al joven Martí (significándole presidio político, exilio y conciencia de su condición histórica), desde el punto de vista nacional hizo extinguir el carácter hegemónico de los hacendados cubanos: ese carácter hegemónico pasaría a clases y capas medias y populares que en-

5

contraron su vocero por excelencia en Martí, quien organizó en 1892 el Partido Revolucionario Cubano con vistas a reiniciar la guerra y preparar la República futura. Pero esa guerra ya no se enfrentaría sólo al destartalado colonialismo español, sino también, por obligación, al naciente imperialismo norteamericano.

Para que él llegara a comprender este último hecho fueron decisivos los casi tres lustros que, entre 1880 y 1895, Martí vivió desterrado en los Estados Unidos. No cabe la menor duda de que el cubano, particularmente sensibilizado por la condición irredenta de su patria chica, desvinculado de los intereses de las clases acomodadas de la misma (su suerte estaba echada "con los pobres de la tierra") y extremadamente zahorí en su mirada, vio que en la década del ochenta del pasado siglo estaban ocurriendo en los Estados Unidos, ante sus ojos, fenómenos que después se sabría que eran el paso del capitalismo premonopolista al capitalismo monopolista e imperialista en aquella nación. El hecho era tanto más agudamente percibido por Martí por cuanto desembocaría inexorablemente, si no en un zarpazo hacia Canadá o en un nuevo zarpazo hacia México (el cual había perdido ya la mitad de su territorio a mediados de siglo, en una etapa anterior del capitalismo norteamericano), en otro, más previsible, sobre las islas de Cuba y Puerto Rico. La comprensión que Martí llegó a tener de la patria de Washington es aún hoy pasmosa. No es éste el momento de detenernos globalmente en tal hecho, del que habló con admiración Darío en el deslumbrante obituario que dedicara a aquel a quien llamaba Maestro.

Algunos han puesto en duda que Martí hubiera podido apreciar el fenómeno imperialista, surgiente en el momento de su permanencia en los Estados Unidos. Recordemos las primeras líneas del libro mentado de Lenin: "Durante los últimos quince o veinte años, sobre todo después de la guerra hispano-norteamericana (1898) y de la anglo-boer (1899-1902), las publicaciones económicas, así como las políticas, del viejo y el nuevo mundo, utilizan cada vez más el concepto de imperialismo para caracterizar la época que atravesamos." ¿Cómo podría Martí, dicen aquellos dudadores, muerto tres años antes de 1898, en la guerra que la interven-

ción norteamericana impedirá que haya sido de independencia cubana frente a España, haber analizado el imperialismo? Pero el propio Lenin, en su artículo "El imperialismo y la escisión del socialismo", escrito varios meses después de su obra famosa, dirá: "El imperialismo, como fase superior del capitalismo en América [léase los Estados Unidos] y en Europa, y después en Asia, *estaba ya plenamente formado* hacia 1898-1914." (Subrayado de R. F.R.) Es decir, que en 1898 no *comienza* el imperialismo norteamericano sino se *manifiesta* en una clamorosa acción bélica (la cual, por cierto, será la experiencia histórica fundamental de esa "generación del 98" hispanoamericana que en gran medida se expresó en el modernismo maduro). Si Hobson, Hilferding y sobre todo Lenin pueden contemplar al imperialismo como una realidad formada, Martí, aunque no llegue a desarrollar (no podía haberlo hecho) una teoría del imperialismo, va describiendo sus rasgos *a medida que van apareciendo*, y esa descripción es un espectáculo político e intelectual impresionante. Martí, al enfrentarse al imperialismo naciente de los Estados Unidos, se planteó un problema que todavía no había sido considerado por el pensamiento marxista. No es un marxista, pero sí un demócrata revolucionario de creciente radicalidad, y —¿por qué no decirlo?— un preleninista, el Martí que, en la década del ochenta, va denunciando lo que Lenin iba a señalar luego como "rasgos fundamentales" del imperialismo: el surgimiento de los monopolios ("el monopolio", dice Martí, "está sentado, como un gigante implacable, a la puerta de todos los pobres"); la fusión del capital bancario con el industrial y la consiguiente creación de la oligarquía financiera ("esos inicuos consorcios de los capitales", siempre según palabras martianas, que han creado "la más injusta y desvergonzada de las oligarquías", a la que también llama "aristocracia pecuniaria"); la exportación de capitales (volvamos sobre sus textos: "¡En cuerda pública, descalzos y con la cabeza mondada, debían de ser paseados por las calles esos malvados que amasan su fortuna con las preocupaciones y los odios de los pueblos [. . .] —¡Banqueros no, bandidos!"); el reparto entre las grandes asociaciones monopolistas internacionales de territorios política y militarmente débiles (Martí condena las acciones yanquis en Samoa, 1889, y Hawai, 1890, y por supuesto las tocantes a Nuestra América).

Esa década del 80, en que apuntaba el imperialismo norteamericano, fue de inmensa importancia para el mundo todo. Precisamente como parte de esa entrada del capitalismo en su última etapa, el imperialismo, se hizo necesario a las potencias desarrolladas abalanzarse cada vez más sobre el resto del mundo. Si la llegada de los europeos a América, así como el espantoso traslado de africanos en calidad de esclavos, entre otras cosas, habían formado parte esencial de aquellas idílicas condiciones de que hablara con sarcasmo Marx, necesarias para que se desarrollara en la Europa occidental el capitalismo, que surgió chorreando sangre y lodo por todas partes, ahora el advenimiento del imperialismo implicaba una nueva entrada de la "civilización" (occidental), en plan predatorio, sobre países materialmente más débiles, considerados por sus invasores la "barbarie". Así, Francia (que ya antes había puesto su garra sobre Argelia, participado con Inglaterra en las guerras contra China y organizado una expedición a Siria, además de la conocida a México), se apoderó en 1881 de Túnez. En 1882, la lucha francoinglesa por Egipto concluyó con la victoria de Inglaterra, dueña a la sazón de numerosos territorios, como Irlanda y la India. En 1884, Alemania conquistó Togo, Camerún, Sudeste Africano y Tanganica. En 1885 Francia se apoderó de Anam y Tonkín, e Inglaterra de Birmania: todo ello sin mencionar los territorios que de antiguo poseían muchos de estos países en el Caribe y otras regiones. Las conquistas proseguirían hasta llevar al intento de los dinosaurios históricos de repartirse de nuevo el mundo repartido, lo que inevitablemente hubo de conducir a la Primera Guerra Mundial, y a la grieta por la que se hundirá el capitalismo.

Hagamos un alto aquí para evocar una de las reuniones más repugnantes de las llamadas grandes potencias. Me refiero a la conferencia celebrada en Berlín entre 1884 y 1885. La "civilizadora" finalidad de esa conferencia, en la que participaron quince países capitalistas, era repartirse África, como los buitres se reparten un inmenso animal herido.

Es evidente que Martí fue particularmente sensible a la cuestión del colonialismo. Él mismo era hijo de una colonia, obligado a vivir en el exilio por oponerse a esa condición. Por eso adquirieron una intensidad tal las líneas suyas que dedicó a defender a Túnez, Egipto, Irlanda, la India, Vietnam y muchas tierras expoliadas más. Entre estas últimas, desde luego, eran para él de importancia primordial las de su propia América.

¿Podía no tener presentes Martí la dramática evolución que había detectado en el país donde vivía su doloroso destierro, la rapiña de las metrópolis y hechos como la conferencia de Berlín, cuando los Estados Unidos convocan a las naciones latinoamericanas a la primera conferencia panamericana en Washington: esa conferencia de Berlín del hemisferio occidental, con un solo buitre... que se decía águila, "el águila de López y de Walker"? Realizada entre 1889 y 1890, su meta ostensible era uncir aquellas naciones (las nuestras) al carro norteamericano, y "ensayar en pueblos libres", dirá Martí, "su sistema de colonización": evidente anuncio del neocolonialismo. Las crónicas que Martí escribió en esta ocasión, así como su discurso "Madre América" y sus cartas sobre el tema, denuncian y rechazan con claridad y energía el proyecto norteamericano. Baste recordar, de aquellas crónicas, acaso su párrafo más famoso:

> Jamás hubo en América, de la independencia acá, asunto que requiera más sensatez, ni obligue a más vigilancia, ni pida examen más claro y minucioso, que el convite que los Estados Unidos potentes, repletos de productos invendibles, y determinados a extender sus dominios en América, hacen a las naciones americanas de menos poder, ligadas por el comercio libre y útil con los pueblos europeos, para ajustar una liga contra Europa, y cerrar tratos con el resto del mundo. De la tiranía de España supo salvarse la América española; y ahora, después de ver con ojos judiciales los antecedentes, causas y factores del convite, urge decir, porque es la verdad, que ha llegado para la América española la hora de declarar su segunda independencia.

7

Es a la luz de estos hechos, ya desembozado el nuevo plan agresivo de los Estados Unidos contra nuestras tierras, que Martí escribe, al romper 1891, su texto capital, "Nuestra América", donde restallan como latigazos estas palabras:

A los sietemesinos sólo les faltará el valor. Los que no tienen fe en su tierra son hombres de siete meses. Porque les falta el valor a ellos, se lo niegan a los demás. No les alcanza al árbol difícil el brazo canijo, el brazo de uñas pintadas y pulsera, el brazo de Madrid o de París, y dicen que no se puede alcanzar el árbol. Hay que cargar los barcos de esos insectos dañinos, que le roen el hueso a la patria que los nutre. Si son parisienses o madrileños, vayan al Prado, de faroles, o vayan a Tortoni, de sorbetes. ¡Estos hijos de carpintero, que se avergüenzan de que su padre sea carpintero! ¡Estos nacidos en América, que se avergüenzan, porque lleva delantal indio, de la madre que los crió, y reniegan, ¡bribones!, de la madre enferma, y la dejan sola en el lecho de las enfermedades! Pues, ¿quién es el hombre? ¿el que se queda con la madre, a curarle la enfermedad, o el que la pone a trabajar donde no la vean, y vive de su sustento en las tierras podridas, con el gusano de corbata, maldiciendo del seno que lo cargó, paseando el letrero de traidor en la espalda de la casaca de papel? ¡Estos hijos de nuestra América, que ha de salvarse con sus indios, y va de menos a más; estos desertores que piden fusil en los ejércitos de la América del Norte, que ahoga en sangre a sus indios, y va de más a menos! ¡Estos delicados, que son hombres y no quieren hacer el trabajo de hombres! Pues el Washington que les hizo esta tierra ¿se fue a vivir con los ingleses, a vivir con los ingleses en los años en que los veía venir contra su tierra propia? ¡Estos "increíbles" del honor, que lo arrastran por el suelo extranjero, como los increíbles de la Revolución francesa, danzando y relamiéndose, arrastraban las erres!

Ese mismo año 1891, como complemento del anterior congreso, tiene lugar también en Washington, un nuevo congreso panamericano, relativo a la moneda, al que esta vez Martí ha de asistir como delegado del Uruguay. A propósito de dicho congreso, dirá Martí en nueva crónica:

Creen [los Estados Unidos] en la necesidad, en el derecho bárbaro, como único derecho: "esto será nuestro, porque lo necesitamos". Creen en la superioridad incontrastable de "la raza anglosajona contra la raza latina". Creen en la bajeza de la raza negra, que esclavizaron ayer y vejan hoy, y de la india, que exterminan. Creen que los pueblos de Hispanoamérica están formados, principalmente, de indios y de negros. Mientras no sepan más de Hispanoamérica los Estados Unidos y la respeten más [. . .] ¿pueden los Estados Unidos convidar a Hispanoamérica a una unión sincera y útil para Hispanoamérica? ¿Conviene a Hispanoamérica la unión política y económica con los Estados Unidos?

Quien dice unión económica, dice unión política. El pueblo que compra, manda. El pueblo que vende, sirve. Hay que equilibrar el comercio, para asegurar la libertad. El pueblo que quiere morir, vende a un solo pueblo, y el que quiere salvarse, vende a más de uno. El influjo excesivo de un país en el comercio de otro, se convierte en influjo político. La política es obra de los hombres, que rinden sus sentimientos al interés, o sacrifican al interés una parte de sus sentimientos. Cuando un pueblo fuerte da de comer a otro, se hace servir de él. Cuando un pueblo fuerte quiere dar batalla a otro, compele a la alianza y al servicio a los que necesitan de él. Lo primero que hace un pueblo para llegar a dominar a otro, es separarlo de los demás pueblos. El pueblo que quiera ser libre, sea libre en negocios. Distribuya sus negocios entre países igualmente fuertes. Si ha de preferir a alguno, prefiera al que le necesite menos, al que le desdeñe menos. Ni uniones de América contra Europa, ni con Europa contra un pueblo de América. El caso geográfico de vivir juntos en América no obliga, sino en la mente de algún candi-

8

252

dato o algún bachiller, a unión política. El comercio va por las vertientes de tierra y agua y detrás de quien tiene algo que cambiar por él, sea monarquía o república. La unión, con el mundo, y no con una parte de él; no con una parte de él, contra otra. Si algún oficio tiene la familia de repúblicas de América, no es ir de arria de una de ellas contra las repúblicas futuras.

Ni en los arreglos de la moneda, que es el instrumento del comercio, puede un pueblo sano prescindir —por acatamiento a un país que no le ayudó nunca, o lo ayuda por emulación y miedo de otro, —de las naciones que le anticipan el caudal necesario para sus empresas, que le obligan el cariño con su fe, que lo esperan en las crisis y le dan modo para salir de ellas, que lo tratan a la par, sin desdén arrogante, y le compran sus frutos.

Martí no es primordialmente un contemplativo, sino un político y un profundo pensador, cuyos análisis penetrantes son también guías para la acción. Por eso, tras múltiples empeños, hace realidad en los primeros meses de 1892 el Partido Revolucionario Cubano, el cual se constituye, como dice el artículo primero de sus "Bases", "para lograr con los esfuerzos reunidos de todos los hombres de buena voluntad, la independencia absoluta de la isla de Cuba, y fomentar y auxiliar la de Puerto Rico". Es decir, para hacer entrar por el camino independiente aquellos países que en ese momento constituían el eslabón más débil de Hispanoamérica. Pues es esta última, Nuestra América entera, e incluso el mundo en su conjunto, lo que Martí tiene en mente cuando propugna la liberación de las dos islas antillanas. Pocas veces se pone esto más de relieve que en su artículo "El tercer año del Partido Revolucionario Cubano", cuyo elocuente subtítulo es "El alma de la revolución y el deber de Cuba en América", y que ve la luz en el periódico *Patria*, órgano oficioso del Partido, el 17 de abril de 1894. Allí dice Martí:

En el fiel de América están las Antillas, que serían, si esclavas, mero pontón de la guerra de una república imperial contra el mundo celoso y superior que se prepara ya a negarle el poder, —mero fortín

de la Roma americana—; y si libres —y dignas de serlo por el orden de la libertad equitativa y trabajadora— serían en el continente la garantía del equilibrio, la de la independencia para la América española aún amenazada y del honor para la gran república del Norte, que en el desarrollo de su territorio —por desdicha, feudal ya, y repartido en secciones hostiles— hallará más segura grandeza que en la innoble conquista de sus vecinos menores, y en la pelea inhumana que con la posesión de ellas abriría contra las potencias del orbe por el predominio del mundo.

Más adelante añade Martí en este artículo: "Es un mundo lo que estamos equilibrando: no son sólo dos islas lo que vamos a libertar. (...) Un error en Cuba, es un error en América, es un error en la humanidad moderna. Quien se levanta hoy con Cuba, se levanta para todos los tiempos."

Naturalmente que Martí no podía ignorar que los Estados Unidos, los cuales durante casi un siglo se habían opuesto a todo intento en favor de la independencia de Cuba, e incluso, se ha dicho, a los propósitos anexionistas si no provenían de ellos mismos, tenían que ver con hostilidad los intereses de los cubanos y los puertorriqueños por obtener su independencia. En carta privada de 14 de diciembre de 1889, cuando está teniendo lugar la primera conferencia panamericana, dice a quien habría de ser su secretario, Gonzalo de Quesada y Aróstegui:

Sobre nuestra tierra, Gonzalo, hay otro plan más tenebroso que lo que hasta ahora conocemos, y es el inicio de forzar la Isla, de precipitarla a la guerra, para tener pretexto de intervenir en ella, y con el crédito de mediador y de garantizador, quedarse con ella. Cosa más cobarde no hay en los anales de los pueblos libres: ni maldad más fría. ¿Morir, para dar pie en qué levantarse a estas gentes que nos empujan a la muerte para su beneficio? Valen más nuestras vidas, y es necesario que la Isla sepa a tiempo esto. ¡Y hay cubanos, cubanos, que sirven, con alardes disimulados de patriotismo, estos intereses!

9

Sin embargo, el Partido Revolucionario Cubano organizado y lidereado hasta su muerte en combate por Martí, aunque con ramificaciones en muchas otras partes de América y aun de Europa, tenía por obligación su centro en los Estados Unidos. La consecuencia natural de esto es que sus trabajos, y en especial los de Martí, eran espiados minuciosamente. Esta última tarea la desempeñaba sobre todo la Agencia Pinkerton, que ya había espiado a los patriotas cubanos durante la Guerra de los Diez Años, y que sobreviviría hasta que, en este siglo, volcara sus archivos en organismos nuevos, oficiales, del gobierno yanqui. (Quizás el único rasgo simpático de la Pinkerton es que uno de sus exagentes, quien después sería, además de escritor extraordinario, miembro del Partido Comunista norteamericano y víctima del macartismo, fue Dashiell Hammett.) Esa CIA de la época no debe haber sido ajena a uno de los grandes tropiezos de Martí durante la organización de la guerra. Aquél proyectaba una acción relámpago que hiciera imposible, o dificultara mucho, la intervención yanqui en la contienda, y para ello había reunido, sobre todo con el concurso económico de los obreros cubanos en el Norte, tres grandes cargamentos de armas que en sendos barcos debían reunirse en enero de 1895 en el puerto floridiano de Fernandina, para trasladarse después a la Isla, llevando además a bordo a los principales jefes militares y al propio Martí. Al parecer por la intervención de un traidor y, según se ha dicho, por las gestiones de la Pinkerton, el proyecto fue frustrado, y los navíos, apresados por el gobierno de los Estados Unidos. Quedaba así expedito el camino para, una vez iniciada la nueva guerra en Cuba, lo que ocurrió el 24 de febrero de aquel año, "tener pretexto de intervenir [los Estados Unidos] en ella, y con el crédito de mediador y garantizador" quedarse con la Isla. Como sabemos, eso fue exactamente lo que ocurrió. Tres años después del 24 de febrero de 1895, los Estados Unidos hicieron volar en la bahía de La Habana su propio acorazado Maine, declararon con esa excusa la guerra a España, y se apoderaron de Cuba (y de paso, en calidad de botín de guerra, de otras colonias españolas, algunas de las cuales, como la hermana Puerto Rico, aún permanecen en sus manos). La auténtica liberación de Cuba no vendría a ser obtenida sino el primero de enero de 1959, setenta años después de que Martí hubiera reclamado la "segunda independencia" de Nuestra América, que también alboreó en aquella fecha. Es pues natural que Fidel hubiera llamado a Martí, a raíz del ataque al Moncada el 26 de Julio de 1953, autor intelectual de la hazaña y de la revolución que nacería con ella.

En su libro *Imperialismo y liberación en la América Latina* (México, 1978), escribe Pablo González Casanova:

> La historia contemporánea de América Latina abarca aproximadamente de 1880 a nuestros días. Corresponde a un proceso de ascenso y crisis del imperialismo y del sistema capitalista mundial. En las antiguas potencias coloniales, y en Estados Unidos, se desarrolla un nuevo tipo de empresas, conocidas como el capital monopólico, que ejercen gran influencia en los aparatos del estado y combinan las antiguas formas de expansión colonial con otras nuevas. Las conquistas de los pueblos más débiles y menos desarrollados se realizan con modernas técnicas militares; la imposición de gobernadores, nombrados directamente por las metrópolis, se complementa con la sujeción de los pueblos a través de sus propias clases gobernantes; el comercio colonial, que monopoliza territorios enteros, se junta con el llamado "libre comercio", y entre ambos imponen bajos precios a las mercancías primarias y altos precios a las industriales; los créditos usurarios se mezclan con inversiones de máximo rendimiento al estilo colonial: la "conquista espiritual" utiliza, a la vez, las "misiones evangélicas" y el saber científico y tecnológico, los medios de comunicación tradicional y las nuevas artes de la propaganda.

> A esa historia se enfrenta otra de luchas de resistencia y liberación, en que las masas pugnan por no ser sometidas ni explotadas, o por romper los lazos que las atan. Las luchas de las masas se expresan en formas directas e indirectas, violentas y políticas. Sus movimientos, a menudo locales, semejan a los más antiguos de indios contra conquistadores. Otros, de

campesinos y obreros, se enfrentan en los centros de trabajo a la extorsión y dominación variada de haciendas, manufacturas y compañías. [. . .]

El actor principal de la integración de la América Latina al imperialismo fue Estados Unidos [. . .] El actor principal de la liberación fueron las masas de América Latina.

Esa (esta) historia contemporánea de la América Latina que abarca aproximadamente de 1880 hasta nuestros días, adquirió conciencia de sí misma por vez primera en José Martí, aunque a él no le fue dable ver en qué medida sus predicciones fueron acertadas, y los combates que anunciaba irían dando poco a poco la victoria a las masas de la América Latina. Sin embargo, volvamos a su carta póstuma a Mercado con la que habíamos iniciado estas líneas, y recordemos aquellas observaciones suyas: "Sé desaparecer. Pero no desaparecería mi pensamiento [. . .] obraremos, cúmplame esto a mí, o a otros". Mientras Martí escribía esa carta que quedó inconclusa, como inconclusa quedó su vida, aquel mismo día, el 18 de mayo de 1895, en un polvoriento y tierno pueblecito de Nicaragua, veía la luz un niño al que la historia iba a conocer como Augusto César Sandino, el General de Hombres Libres.

His America, Our America:
José Martí Reads Whitman

Sylvia Molloy

I want to contextualize this piece within the framework of the project
on which I am working, as part of a more general reflection on turn-
of-the-century Latin American literatures and most especially on the
anxiety-ridden construction of gender and sexual norm, and of gender and sexual difference, in Latin American cultures during the construction of the budding nation-states. My reflection assumes that the
definition of norm does not precede but is arrived at, and indeed
derives from, the gender and sexual differences that purportedly deviate from it—in the same way that the definition of health, in psycho-
legal studies of the period, follows that of disease, and decadence gives
birth retrospectively to notions of maturity and fullness. This assumption measures, of course, the apprehension informing those constructions and definitions. By focusing my reflection on Latin America at
the turn of the century, that is, at the moment of its complex entrance
into modernity, I must take into account two related issues: first, the
ideological implications of these issues in debates on national identity
and national, even continental, health; and second, the double pressure of continued cultural dependence vis-à-vis Europe and of United
States political expansionism that informs these debates on national
identity, as it does all forms of cultural production of the period.

In my larger project I devote particular attention to manifestations
of uneasiness concerning gender constructions (or manifestations of
panic, in the sense given the term by Eve Sedgwick) in what I would

like to call scenes of translation, in which Latin America encounters its influential cultural others and, depending on the sense attributed to the encounter, reads itself into, or reads itself away from, those others, for specific ideological reasons. Rubén Darío's reading of Oscar Wilde, or rather Rubén Darío's reading away from Oscar Wilde, is one scene of translation; his reading of D'Annunzio's *Le Martyre de Saint Sébastien*, another. José Martí's reading of Oscar Wilde's *figure*, during his North American tour of 1882, is a third example of anxious translation. Rodó's reading of Rubén Darío, and maybe of all *modernismo* in its more patently decadent mode, is a fourth. In this piece I consider yet another scene of translation, Martí's very complex reading, erasure, translation, and re-creation of Whitman and the part he assigns Whitman in the national, or rather continental, program he proposes.

> It is good to love a woman; but it may be better to love a man.—Martí to Manuel Mercado, 14 September 1882

An obsessive meditation on progeniture and filiation runs through the pages of José Martí. Of his first book of poetry, *Ismaelillo*, celebrating his three-year-old son, he writes (in French) to his friend Charles Dana, editor of the *New York Sun*: "I have just published a little book, not for profit but as a present for those I love, a present in the name of my son who is my master. The book is the story of my love affair with my son [*mes amours avec mon fils*]: one tires of reading so many stories of love affairs with women."[1] Even in its homier aspects, the love affair appears to be an intensely pedagogical venture. In a notebook fragment striking for its fatherly fetishism, Martí observes that "when I decide to store the little straw hat and the booties that my son wore a year ago, I check to see if what is written in the newspaper in which I

---

[1] Martí, *Obras completas*, 28 vols. (Havana: Editorial Nacional de Cuba, 1963–73), 21:253. Translations, unless otherwise indicated, are my own.

Sylvia Molloy is Albert Schweitzer Professor of Humanities at New York University. Her most recent book is *At Face Value: Autobiographical Writing in Spanish America* (1991). She is currently working on a book about decadence, national health, and the construction of sexualities in turn-of-the-century Latin America.

am about to wrap them is the work of men's passions or if it defends just causes. I go ahead and wrap them in the latter case. I believe in these contaminations" (21:186). Since I too believe in these contaminations, though probably not in the way envisioned by Martí, I shall proceed to explore the very fertile conjunction of fathers, sons, and just causes—without forgoing men's passions, the adhesiveness (to borrow from Whitman) that holds them together.

Intensity of fatherly emotion reverberates throughout *Ismaelillo*. Martí writes about his son and for his son, and, in another example of contamination between written page and child, he refers to the book itself, with an intensity that goes beyond trite comparison, *as* his son:

> What different shapes this son of mine takes when warmed up by my love! . . . That is why I love this book, because the little one running loose within its pages, now sad, now cheerful, now mischievous, the simple creature whom I, with the potency of my love, turn into my king, my sorcerer, my knight, has really passed before my eyes, airy, shining, bubbling. just as I depict him. I have seen a beautiful little boy, barely clothed in the lightest of shirts, sitting on a very high mound, waving his little pink feet in the air, and I have said to myself: "As this child looks down on those below him, so does he govern my soul. And I have called him my magician." And I have imagined him on a throne, humid and fluid as a throne that would shine for Galatea, and myself, coming before him, like a hunter surrounded by his dogs, bringing him, my king and master, my passions for tribute. (21:221)

Fatherly rapture over the "airy, shining, bubbling" little one, in whom it is easy to see a prefiguration of another lithe spirit and male muse, Rodó's Ariel, is matched, in Martí, by intensity of filial feeling. As the figure of the son structures affection and desire in Martí's writing, so does the figure of the father. It functions as an allegorical construct ensuring historical continuance:

> The Father
> Must not die till richly armed
> Into the fray he thrusts the son!
> (16:148)

It functions too as a thematic prop, or as a transhistorical principle: "Everything moves toward unity, towards synthesis; essences move to one being; . . . a father is father to many sons; a tree trunk supports many boughs; a sun emits innumerable rays. In every case, unity pro-

ceeds to multiplicity, and multiplicity merges and resolves itself back
into unity" (21:52).

Martí's obsession has been diversely commented on first by Angel
Rama and then, most convincingly, by Julio Ramos, who reads Martí's
insistence on filiation as a way of setting up a new model of *affiliation*,
in Said's sense of the term, as the replacement of one family model by
another.[2] That women are excluded from Martí's new family model—
this "rigid and self-sufficient male couple," as Rama calls it—is, of
course, obvious.[3]

The notion of a new family model allows me an entrance into
Whitman, or into Whitman as read by Martí. Two observations qualify
and complete Rama's statement. The first is the place of the subject in
the new family model—family romance, really. Between opposing but
reversible male foci of love, the son and the father, the I operates as a
shifter, brokering the relation and effectively subverting its rigidity,
playing father to the son and son to the father, making the son his
father and the father his son. Another fragment from the notebooks, a
charming little scene of pedagogy that, in spite of its mocking stance,
should be taken at face value, stresses their reversibility: "I see myself
playing with you. And in order to make you learn joyfully, I make you a
little teacher's hat, and I place my spectacles on your nose, and I sit you
down on the highest chair, so that you get used to being big in every
way." (21:167). The playful give-and-take, which should be taken most
seriously, assures not so much the presence of a "rigid . . . couple" (the
expression might be best applied to Sarmiento's scene of instruction
with *his* son, in *Vida de Dominguito*) as the polymorphous, nonhierar-
chical exchange of all-male feeling. My second observation is the
undubitable *political* import attributed by Martí to this intense male
bonding:

[2] Ramos, *Desencuentros de la modernidad en América Latina: Literatura y política en el
siglo XIX* (Mexico City: Fondo de Cultura Económica, 1989), 184.

[3] "Martí is the only writer capable of that double outburst of love, successfully
uniting father and son in an emotional bond from which all feminine presence, be it
maternal or marital, is elided" (Rama, "La dialéctica de la modernidad en José
Martí," in *Estudios martianos: Memoria del Seminario José Martí*, by Manuel Pedro
González, Iván A. Schulman, et al. [San Juan: Editorial Universitaria, Universidad de
Puerto Rico, 1974], 150).

This generous preoccupation [*miedo generoso*], this care for son and father *at the same time,* this love that encompasses all those who are needy for it, both those who lack it and those who are not even aware of it, this dogged vigilance, this labor of preparation, this attention to the substance of things and not to their mere form, this politics that founds instead of fragmenting, this politics of elaboration is the revolutionary. (22:47–8; emphasis added)

It is in light of these characteristics—the *fluidity* of male/male feeling, the reciprocal learning experience afforded by that exchange, and the *revolutionary* value ascribed to that feeling by Martí—that I wish to read his essay on Whitman. Surely one of Martí's most famous pieces, written during his exile in the United States, it is routinely read and celebrated for its programmatic value as are, unfortunately only too often, most of Martí's works. In celebrating Whitman, such a reading goes, Martí is really celebrating democracy and is considering Whitman an exemplary influence on the Latin American project for which Martí is justly famous. This reading deals less with Whitman himself than with what Enrico Mario Santí has called the *idea* of Whitman, that is, with what Whitman has come to signify, many years after Martí's piece and in part as a result of it, in the Latin American cultural imaginary.[4] As such, the reading is anachronistic; yet the greater of its ills is that it is repressive. Inattentive to detail and to the essay's dynamics, it replaces process with the end product.

I wish to look instead at how Martí, in a complex series of moves, deals with his personal reactions to the Whitman text and, through them, packages Whitman for Latin American consumption. The essay is dated 19 April 1887, four days after Whitman delivered his annual lecture on the death of Lincoln during his last visit to New York. Resorting to the didactic model he uses successfully in other essays written for a Latin American public, Martí adopts the role of go-between: Here is the poet (or the event), and here am I, the witness, to interpret him (or it) for you. The Whitman he presents to Latin America is, at first glance, conventionally simple, one more version of the good gray poet: grandiose, prophetic, robust, and, above all, *nat-*

[4] Santí, "The Accidental Tourist: Walt Whitman in Latin America," in *Do the Americas Have a Common Literature?* ed. Gustavo Pérez Firmat (Durham, N.C.: Duke University Press, 1990), 160–1.

ural. Martí's elaboration of the natural is worthy of comment. How could this astonishing book (*Leaves of Grass*) not be prohibited by the shortsighted, Martí asks, rhetorically, "since it is a natural book?" He continues:

> Universities and academic knowledge have separated men so that they no longer know one another. Instead of falling into each other's arms [*echarse unos en brazos de los otros*], attracted by all that is essential and eternal, they draw apart, competing with each other like fishwives [*placeras*], for purely trivial differences. . . . Philosophical, religious and literary trends restrain men's thinking the way a lackey's body is restrained by his livery. . . . Thus, when they stand before the man who is naked, virginal, amorous, sincere, potent—the man who walks, loves, fights, rows his boat—the man who does not fall prey to unhappiness but recognizes the promise of final joy in the grace and balance of the world; when they stand before Walt Whitman's sinewy and angelic man-father [*hombre padre*], they flee as if from their own consciences, refusing to recognize in that fragrant and superior humanness the true type of their own discolored, cassocked, doll-like [*amuñecada*] species.[5]

The concept of the natural, to be more precise, of an American natural is represented by an ever-embracing masculinity ("men . . . falling into each other's arms"), while the fall from the natural—into isolation, into a culture of imitation—is signified by a particularly degraded notion of the feminine, *amuñecada*, diminished by connotations of passivity, triviality, and artifice. Repository of fragrant and superior male humanness, Whitman the "man-father" leads his "sons" back to their lost unity.

This notion of the natural, a cultural construct if ever there was one, has illustrious classical antecedents. The virtues that Martí saw as embodiments of an American natural from which men had deviated had already been ascribed by John Addington Symonds, and in strikingly similar terms, to a different "national" tradition: "Hopeful and fearless, accepting the world as he finds it, recognizing the value of

<hr />

[5] Martí, *On Art and Literature: Critical Writings*, ed. Philip S. Foner, trans. Elinor Randall, with additional translations by Luis A. Baralt, Juan de Onís, and Roslyn Held Foner (New York: Monthly Review Press, 1982), 168–9. References are to this edition, which I have modified considerably at times for the sake of accuracy. The original Spanish text, "El poeta Walt Whitman," is in *Obras completas* 13: 131–46.

each human impulse, shirking no obligation, self-regulated by a law of perfect health, he, in the midst of a chaotic age, emerges clear and distinct, at one with nature, and therefore Greek."[6]

What follows in Martí's essay is a fairly extensive web of Whitman quotations and near quotations, woven with remarkable textual familiarity and rhetorical ease into the commentary. Also notable is the choice of particular texts by Whitman. Martí plunges immediately into *Song of Myself*, then goes on directly and unerringly to the *Calamus* poems:

> Since [Whitman's] books and lectures earn him barely enough money for bread, some "loving friends" see to his needs in a cottage tucked away in a pleasant country lane from which he rides out in an ancient carriage drawn by his beloved horses to watch the "athletic young men" busy with their virile diversions, to see the comrades who are not afraid of rubbing elbows with this iconoclast who wants to establish the institution of "the manly love of comrades," to see the fields they cultivate, the friends who pass by arm in arm and singing, the pairs of lovers, gay and vivacious like quail. This he relates in his *Calamus*, the extremely strange book in which he sings of the love of friends: "Not the orgies . . . Not the pageants of you, not the shifting tableaus, your spectacles, repay me . . . / Nor the processions in the streets, nor the bright windows with goods in them, / Nor to converse with learn'd persons . . ./ Not those, but as I pass O Manhattan, your frequent and swift flash of eyes offering me love, . . . Lovers, continual lovers, only repay me."(171–2)

That Martí gravitates to the adhesiveness celebrated in *Calamus*, where, indeed, men fall "into each other's arms," that he even works his way from the poems back to the man who wrote them, turning the old "man-father" into a son to his "loving friends" and his life into a pastoral, is to be expected. Yet even as he openly exalts male bonding in the spirit in which Whitman ostensively wished it to be read—that is, for its political significance, as posited in the 1876 preface to *Leaves of Grass* and in *Democratic Vistas*—Martí is not so sure what he is *really* reading. Proof of his insecurity comes in the changes and gaps in the above quotation. The intention of the opening line of Whitman's

---

[6] Quoted in Phyllis Grosskurth, *John Addington Symonds: A Biography* (London: Longmans, 1964), 152n.

poem "City of Orgies" is clearly laudatory: "City of orgies, walks and joys." Misquoting, Martí resorts instead to negation, setting limits from the start: "*Not* the orgies." Maybe the modification is automatic for Martí, intent as he is on reading the *Calamus* poems "right," that is, on spiritualizing them. Yet if such cleansing, conscious or not, is at work, the choice of "City of Orgies," so evocative of the male cruising scene, is rather odd. Martí, the inveterate New York flâneur, perceived the danger of speaking of this poem even as he was irresistibly attracted to it; he knew of, or at least intuited, something more than a Benjaminian auratic encounter in the "frequent and swift flash[es] of eyes." After "your frequent and swift flash of eyes offering me love," Martí significantly suppresses the line "Offering response to my own—these repay me," thus removing the first person—Whitman's I and/or Martí's own person—from the circulation of desire and denying it an active role in any fecund transaction of male feelings. In the poem that Martí misquotes, the city acts on the I, but not vice versa.

Martí's highly circumspect, ambiguous reading—gravitating toward dangerously attractive poems while distancing himself from them—is particularly obvious when he attempts to deal, more or less directly, with sexuality:

> But who can give an idea of his vast and fiercely burning love? This man loves the world with the fire of Sappho. His world is a gigantic bed, and the bed an altar. . . . One source of his originality is the herculean strength with which he flings ideas to the ground as if to violate them when all he wants to do is kiss them with a saintly passion. Another force is the earthy, brutal, and fleshy way he expresses his most delicate ideals. Only those incapable of understanding its greatness have considered that language lewd. With the affected innocence of dirty-minded schoolboys, fools imagine they see a return to the vile desires of Vergil for Cebes, and of Horace for Gyges and Lyciscus, when Whitman uses the most ardent images of which human language is capable to celebrate love between friends in his *Calamus*. When he sings the divine sin in "Children of Adam," in scenes which make the most feverish images in *The Song of Songs* seem pale, he trembles, shrivels, swells, and overflows, goes mad with pride and satisfied virility, recalls the god of the Amazons who rode through forests and across rivers sowing seeds of life throughout the land, "singing the song of procreation." . . . To find an appropriate resemblance to the satanically forceful enumeration in which he describes, like a hungry hero smacking his bloodthirsty lips, the various parts of the female body, it would be well to have read the

patriarchal genealogies of Genesis in Hebrew, and to have followed the naked cannibal bands of primitive men through the virgin jungle. And you say this man is brutal? Listen to his composition "Beautiful Women," which like many of his poems has only two lines: "Women sit or move to and fro, some old, some young / The young are beautiful — but the old are more beautiful than the young." And this one, "Mother and Babe": "I see the sleeping mother and babe — hush'd, I study them long and long." (178–9)

Why, of all things, begin a paragraph whose principal thrust is to set Whitman "straight" (aggressively so, one might add) with, as it were, a weak card—Sappho? It might be argued that the mention of Sappho harks back to notions of a Greek natural similar to the one admired by Symonds. But in all probability the reference is far more complex. By 1887 the mention of Sappho, although susceptible to different interpretations, was surely not innocent. As Joan DeJean has cogently demonstrated, it was put to active ideological use by nineteenth-century philologists following Winckelmann, usually in connection with, and as a corrective to, implications of sexuality in pederastic relations: "Welcker posited an essential bond between male physical beauty, militarism, and patriotism on the one hand and Sappho's chastity on the other."[7] Moreover, "the association forged between Sappho and Greek love leads to a double overreaction that eventually cuts off both Sapphism and *pederastia* from sensuality" (211). It is indeed to such a use that Martí resorts: if Sappho's passion is chaste or, better yet, sacred (from bed to altar), then so are the *Calamus* poems—ardent, very ardent, but chaste.

Yet one cannot help thinking that this model of Sappho is not the only one for Martí; that Sappho means the spiritual and the chaste yet also hints at the opposite. A reader of Baudelaire, Martí surely has other Sapphos in mind, and a passing reference in one of his letters to someone living "à la Sappho" gives the reader pause. His affirming-while-denying strategy (reminiscent of Symonds's vehement protestations in *A Problem in Modern Ethics*) is reinforced by Martí's other classical allusions, "the vile desires of Vergil for Cebes and of Horace for Gyges and Lyciscus," which merit closer scrutiny. Lyciscus is indeed an

---

[7] DeJean, *Fictions of Sappho, 1546–1937* (Chicago: University of Chicago Press, 1989), 205.

object of love in Horace (*Epodes* 11.24–8). But Gyges is not, deserving just a passing mention as the conventional pretty boy whose flowing hair makes him sexually ambiguous (*Odes* 2.5.20). If Martí thinks that "dirty-minded schoolboys" are reading same-sex sex into *Calamus*, guess who is reading it indiscriminately into Horace? A similar over-reading may be observed in the reference to Vergil's Cebes, for there is no Cebes in Vergil, at least not in Vergil's *text*. Cebes appears, however, in Vergil's commentators: "Servius proposes that, in Eclogue II, Amaryllis and Menalcas are respectively Leria and Cebes, two slaves belonging to Maecenas whom their master gave to Vergil because he had a fancy for them."[8] So now we have a dirty-minded schoolboy snooping not just into eclogue 2 (a text that, in its explicit considera-tion of same-sex love, would have been far too obvious) but into Vergil's life, too. It is precisely this interpretive overkill that undoes the efficacity of Martí's disclaimers for *Calamus*, calling attention to them, rendering them suspicious. The overwrought denials betray a preoc-cupation much more revealing of Martí, and of what Martí represses as he reads Whitman, than, of course, of Whitman himself.

Intimations of homosexuality, more reinforced than disproved by Martí's crossed references, generate in his reading of Whitman a com-pulsively heterosexual justification whose violence cannot be ignored. If, at the beginning of the essay, the feminine signifies the trivial, the artificial, the devalued—the "doll-like"—it now signifies a force to be destroyed by, and in the name of, heterosexual virility. Whitman's curi-ous roamer of bodies becomes for Martí a priapic fiend, trembling, swelling, overflowing, violating ideas and women; a cannibal in a virgin jungle, "satanically" salivating over female body parts. The only alter-native to the bloody celebration, moreover, is admiration for tradi-tionally undesiring and undesirable forms of the feminine: beautiful old women, a mother with child. If, to correct suggestions of deviant male bonding, Martí resorts to woman, the strategy turns on itself. The truculence attending the feminine, in connection with sexual appetites and procreative urges, makes it discordant, literally an obsta-cle to men.

---

[8] H. J. Rose, *The Eclogues of Vergil* (Berkeley: University of California Press, 1942), 70.

"It is to the development, identification, and general prevalence of that fervid comradeship (the adhesive love, at least rivaling the amative love hitherto possessing imaginative literature, if not going beyond it,) that I look for the counterbalance and offset of our materialistic and vulgar American democracy," writes Whitman in the 1876 preface to *Leaves of Grass.*[9] In Whitman's communal masculinity Martí recognizes his own all-male affiliative model, the revolutionary family of sons and fathers confounded in a continuum of natural masculine emotion, and also recognizes the continental, political potential of the model, which he elaborates in later essays. (I think, of course, of the discussion on "natural man" in "Our America.") Whitman, for Martí, is the precursor, pointing out "to our astonished times the radiant swarms of men spreading over America's mountains and valleys, brushing their bees' wings against the hem of freedom's robes" (185). That the intensity of this continental masculine adhesiveness not only rivals "amative love," as in Whitman, but precludes it may well account for both the fear and the passion with which Martí reads *Calamus* as a series of poems that need to be translated (and translated away) in order to function as mirror texts.

To his credit, Martí is the only Latin American to have considered, in Whitman, the erotic together with the political and to register his anxiety, even his panic, before that explosive alliance. Only one year later, such a combination was unthinkable: in a mediocre though much-cited poem of *Azul* (1888), Rubén Darío congealed Whitman forever in the Latin American imaginary; totemizing him as the grand old prophet: the "idea of Whitman" was well on its way. While Martí's reading does not necessarily give us a new Whitman, it does give us, provided we read it carefully, a new Martí.

---

[9] Whitman, *Leaves of Grass*, ed. Sculley Bradley and Harold W. Blodgett (New York: Norton, 1973), 112.

Gender Ideology and Spanish American Critical Practice: José Asunción Silva's Case

ALFREDO VILLANUEVA-COLLADO

The analysis of the relationship between literary critics and authors/texts with respect to gender may begin by either one of three approaches: (1) an exploration of the concept of ideology/hegemony as it applies to a particular critical stance; (2) an exposition of biographical facts about any author gathered by critics supposedly working from "empirical" data; (3) or a presentation of critical pronouncements on an author and/or text again from the perspective of "objectivity" on the part of the critics.

The fact is, however, that "objectivity" in critical endeavors does not exist, and not too many critics choose to focus on the aporic nature of the phrase "objective criticism." For to criticize means to take a particular point of view or stance from which one judges, in the case of literary criticism, either an author's work and/or his/her life. Thus, an ideological infrastructure is inevitable; that is, a set of cultural assumptions and norms which the critic brings from his/her societal background and which is applied to the work/life under examination without the critic's conscious awareness.[1] The existence and application of such an unconscious ideological infrastructure to literary biography and literary criticism can yield surprising distortions of the material,[2] especially if such a material reflects a conscious effort on the part of the writer to create a work where the dominant ideology is either attacked or negated, or where the author projects an ideology of his/her own which runs contrary to dominant discourse.

Spanish American literary criticism, like criticism in other areas of the same discipline, is produced predominantly by heterosexual, middle-class males, and therefore should be expected to reflect the corresponding ideology, in this case originating in the

269

European bourgeoisie's consolidation of power through the normatization of gender roles and regulations.[3] Nevertheless, there is a glaring lack of any kind of analysis which may bring this fact to light and study its impact on the kind of literary criticism being produced.

Such lack is compounded by the added fact that, in many cases, these heterosexual, middle-class critics also belong to Latin America's political left, which is supposedly "progressive" in matters related to gender and sexuality but which, as regards phallocracy, is every bit as puritanical and reactionary as the Right.[4] In terms of gender studies, the net losers are women writers, homosexual writers and the texts they have created. Thus can Alberto Zum Felde, after a lifetime of work on Delmira Agustini's poetry, move form exploring the obvious and intentional eroticism of her work to a critical posture which turns her somatic intentionality into an idealistic neoplatonism.[5] For any discussion of gender and sexuality within the parameters of bourgeois ideology is inexorably bound by the cultural touch-stones of morality and propriety, that is "good/bad taste."[6]

Critics will, therefore, apply standards of morality and propriety to literary works and literary lives. consciously or unconsciously, but always with the same result—a distortion of the product, what I have called "biographical fictions" and "critical fictions" respectively. It is the task of other critics, working from different parameters, to provide alternative norms for the evaluation of literature and the culture which produces it.

Just such a task is undertaken by Barbara Spackman who, in her study of the reception accorded to Gabriele D'Annunzio's novels, discovers the ideological roots of the violent critical rejection of D'Annunzian prose in "the medicolegal studies of Cesare Lombroso and their first 'literary' application in Max Nordau" (VIII) and, moreover, points out that both Crocean "idealism" and Marxist "realism" share commonplaces about the nature and definition of decadent writing which colors both schools' negative reception of decadent writers in general.

Spackman categorizes the premises of Anti-D'Annunzian criticism: "it denies and deeply mistrusts the figurality of language; it willfully ignores the distinction between author and protagonist, author and text; it castrates the literary text in order to accuse it of impotence" (p. 3). These same words can be applied to criticism of José Asunción Silva's only novel, *De sobremesa.* The invisible but nevertheless functional parameters have to do with concepts of health and sickness, of normality/abnormality, applied not only to writers but to literary works (p. 6). Thus there will be, following Nordau's famous *Degeneration* (1892), not only diseased writers but diseased texts. The so-called decadent style is conceived of as a form of rupture or pathology; the pathology lies in its perceived lack of clarity, its lack of communication of the actual, in suggestion by means of associated ideas or of similar sounds (p. 12). Sickness, both in personal and artistic terms, is defined as the absence of *masculine* qualities (p. 16). Therefore, a decadent style is an effeminate style; a decadent writer, a writer who is not quite masculine.

It is precisely from the parameters of a perceived abnormal sexuality that biographical and critical fictions have been created around Silva's life and work. An examination of how these fictions have arisen will reveal the extent to which Spanish American literary criticism masks a bourgeois gender ideology patterned after a pre-Freudian medical discourse in terms of morality and propriety. In Silva's case, it is the hidden premise upon which both types of fiction are constructed: the possibility that he may have been homosexual. Fernando Charry-Lara, in the prologue to Juan Gustavo Cobo Borda's anthology about Silva, points out that "three topics pervade everything which has been written on Silva: the environment where he lived, the literary influences he had and his love life. If we add the theme of suicide, the repertoire is almost exhaustive" (p. 33).[7]

It must be stressed that the possibility of Silva's deviancy is never overtly mentioned; on the contrary, critics have gone out of their way to emphasize the opposite, and it is precisely this emphasis, biographical in nature, which calls attention to the whole issue of his sexuality.[8] On the other hand, when it comes to *De sobremesa*, critics judge it negatively almost in the same terms that D'Annunzian prose is judged negatively, on the basis of the writer's perceived ab/normality. Thus, the writer's personal life is reinvindicated whereas his work if found deficient because the critics cannot move away from the ideological infrastructure that equates gender and style in terms of deviancy.

In Silva's case, the evidence is mainly circumstantial. To begin with, heredity. Orjuela summarizes the case: "According to the most reliable of Silva's biographers, an unfortunate psychopathological germ was inherited by the poet from both parents. His paternal grandfather was 'death's fervent lover' and it is well known that some of the poet's relatives took their lives of their own free will" (p. 80).[9] Concha Meléndez points out that Silva's grandfather was considered "exotic" and that Don Antonio María, his granduncle, "almost a dangerous lunatic" (p. 134). Alberto Miramón, writing in 1937, sets the norms that later critics will parrot: "The hereditary characteristics having been studies, the abnormalities having been noted and the existence of mentally weak individuals on both sides of the family having been ascertained, thus is formed the inheritance that masters of biological science call convergence."[10]

Thus, in terms that are currently totally obsolete, and yet preserved as if in amber by critical discourse, Silva's predisposition for ab/normality of any kind is established.[11] A second feature has to do with Silva's exceptional beauty, a factor underlined by the absence of such details in regard to other authors treated by literary critics.[12] Alfredo Roggiano quotes Guillermo Valencia, thus utilizing the chain of referents, as to the fact that Silva was "born into an elegant environment, favoured by nature with the gift of manly beauty, by him enhanced with a dandy's exquisite care" (p. 595).[13] Concha Meléndez provides specifics that are only embellishments of her own imagination, not having met Silva personally: "His beautiful features, his arabian profile, jet black beard and hair accentuating the pallor of his skin, refined and nervous hands, were the salient traits of his figure" (145).[14] Roggiano adds, "He was so beautiful and sweet, so careful and delicate, that he was called 'Pretty Boy.' He attracted the ill-will and envy of every student" (p. 593).[15] Arias Argáez provides a macabre but effective note, fixing Silva's image in the critical eye for posterity: "But Silva wanted to look beautiful even in death.... I saw him dead, and could not detect the slightest contraction on his face. He looked asleep" (p. 963).[16]

At this point, it is worth mentioning that two of the critics work from secondary sources, privileging the chain of referents already alluded to; Arias Argáez privileges his own discourse by stating his role as a witness, perhaps being aware that, given such privilege, no one is going to question the veracity of his statements or the accuracy of the information he delivers. I consider Arias Argáez to be the principal source of details about Silva's life which carry an implicit suggestion of deviancy. Consider the following description:

I remember José Asunción's figure when, not even having turned twelve, he provoked the envy of innocent boys by showing up dressed in hand-tailored European velvet, always wearing his suede gloves, patent pumps, floating silk ties, silver watch hanging from a beautiful gold chain and (a detail unique among boys at that time) an ivory wallet where he kept his visiting cards (p. 945).[17]

Arias Argáez also provides a picture of Silva right after he had been rescued from the shipwreck of the 'Amerique' by quoting the words of a newspaperman nicknamed 'Tableau': "He was dressed in a cream-colored silk shirt without buttons and red-striped, white flannel pants. No socks on his feet, he wore satin slippers" (p. 957),[18] adding that later Silva would adopt a style of dress ruled by the "Modishness [coquetería] of bad luck" (p. 957). The implicit level of discourse, the details of which seem to have been chosen very carefully for a particular kind of effect, point to a description of deviancy through clothing that, within the period, would have been considered elegant *as well as* effeminate.

There is, nevertheless, a contradiction in Arias Argáez's discourse. When refuting Tableau's assertion that Silva wore casual attire, he points to the writer's appearing in public immaculately dressed, adding: "José Asunción always tried to emulate the best, imitate the Torres and the Urdanetas when these elegant landowners galloped through city streets exhibiting their equestrian skills and handsome figures" (p. 959).[19] It is indeed strange that a man who wore suede gloves as a child and who returned from Europe with English leather suitcases with silver clasps and "full of everything a man could get at Poole's and Tremmet's in London and Costa, Doucet and others in Paris" (p. 946) should have had the need to imitate the local landed gentry. Did Arias Argáez know that Doucet was a ladies' dressmaker? On the other hand, it is Arias Argáez who describes the "elegance and male beauty of the Urdanetas" when characterizing them as the "inspirators of Silva's imagination" (p. 952). An important consequence for critical discourse of the attribution of models as regards the poet's personal life, is that such an attribution becomes, at the hands of later critics, an analysis of influences on his work.[20]

The biographical data also records the hostile reception Silva received after his return to Bogotá from Europe. Once more, biographical discourse is made deliberately ambiguous, notwithstanding the fact that each critic feels free to add details as the story is handed down the chain of referents. Thus Arias Argáez: "The desequilibrium between Silva and his environment was sealed.... As the lettered dandy went by, there were sly smiles, mocking looks of intelligence and impertinent coughs" (p. 946).[21] Concha Meléndez, who cannot claim personal privilege, adds darkly: "The antagonism suggested something more irrevocable than a question of social mores" (p. 136).[22] This hostility pursues Silva long after his death. Consider the words of Eduardo Camacho Guizado, editor and prologuist for the 1978 Ayacucho edition of the poet's works: "Presumptuous (he was nicknamed José Presunción), proud, an aristocrat without means, europeanized, a dandy, a defiant unbeliever, he was rejected by his own social equals (and even by his family; his own grandmother sued him for unpaid debts), who laughed at him and watched over his bankrupcy and suicide coldly and reproachfully" (p. xi).[23] In 1928, Sanín Cano will attribute such hostility to the reactionary nature of "bogotanos" (p. 226). In 1976, Orjuela feels he must refute such an accusation: "Bogotá did not kill the author of the Nocturno. He was killed by the modernist mal-de-siècle anxiety and an obsession with death. Under the same circumstances, his death would have been the same anywhere in the world" (p. 89).[24]

The vague terms of the critical discourse again point in the same direction: the hostility Silva inspires and which pursues him to Caracas has nothing to do with his knowledge or intelligence. It has to do with a perceived deviancy from a set of bourgeois gender norms, his presence in Bogotá constituting perhaps an affront to a collective heterosexual identity. Orjuela, whose acceptance of dominant discourse is masked by a circular premise whose net effect is to dilute collective blame and make it eventually disappear, indicates thus that society is not to be held responsible for the fate of the irritating, offending individual— whether he be an artist, an intellectual, a dandy or a homosexual.

We have seen how Silva's physical beauty and extravagant attire gave rise to his being nicknamed "niño bonito" and "José Presunción." Two other nicknames will be attached to him, "el casto José (chaste Joseph) and "la casta Susana" (chaste Susanna), the latter attributed to Pedro César Dominici during Silva's stay in Caracas (Osiek 38). Here lies the crux of the biographical data on Silva, for it has an immediate impact on critical practice. Roggiano, analyzing Silva's poetry, states:

We believe that Silva did not really feel [heterosexual] love. His peculiar way of being—perhaps effeminate—might not have provided him with suitable opportunities for love—we believe that Silva admired women from afar, without achieving total possession in carnal love. He was too absorbed by his own ego, looking at his own physical and spiritual self, with all its problems, too much (p. 606).[25]

In other words, Silva was a narcissist incapable of heterosexual relationships. It is to Roggiano's credit to have stated what every one else seems to be thinking. Arias Argáez, in 1951, feels the need to deny such a possibility, and quotes himself from a 1927 interview with Eduardo Castillo where he had revealed the existence of an apartment used by Silva for sexual encounters. Such an apartment was supposed to have been decorated with female portraits; the poet, according to his biographer, indicated his appointments by pinning butterflies to a curtain! (p. 960) When Castillo asks whether Silva has taken the subject of matrimony seriously, Arias Argáez answers in the affirmative, indicating that, nevertheless, Silva's "exquisite discretion" had prevented this from being widely known, a surprising statement in view of the fact that any public appearance of the poet's, even to take communion, constituted a spectacle (p. 949).

Arias Argáez again utilizes the chain of referents by quoting from an article by Tomás Vargas Rueda:

Only one woman (dead already) was loved by Silva. . . . She understood his poetry, justly valued the power of his mind, savoured his conversation, a bit affected but extraordinarily intense and agile ... But she did not achieve love either; when it was time to love, she chose an illiterate but strong man, in the sense that today's or tomorrow's women feel, or better said, intuit, a man's strengths (pp. 960–61).[26]

The comment does not need an explanation, but it does provide the accepted dominant image of the male for Spanish American culture. Silva's biography emerges as an ambiguous selection of anecdotes and recollections chosen with the purpose of "normatizing" his image in terms consonant with the official,

permitted definition of masculinity in dominant cultural discourse: catholic, heterosexual. But at the same time, there arises
an alternate image through description of the poet's beauty,
wardrobe, refinement (read: effeminacy), his behavior in public
and the violent hostility he inspired; hostility fully justified if it is
assumed that, whether he was homosexual or not, he was perceived as such. Thus can Rueda Vargas indicate that the unknown woman chooses what Rómulo Gallegos, in *Canaima*,
labels *un hombre macho* about whose sexual identity there is no
doubt.

There exists a page of prescriptions written in Silva's handwriting.[27] They were analyzed by Dr. Bruce Cassels, an eminent
biochemist from the Universidad de Chile. The conclusions he
reaches—independently of any biographical data—point to Silva
as an individual subject to hypochondria, given to stomach up-
sets, worried about his figure as well as about his sexual poten-
cy—probably the type of patient whom doctors dismiss by pre-
scribing placebos whose ingredients, in minimal amounts, will
not have the effect desired by the patient. This data agrees with
biographical accounts of Silva's interest in medicine, but also
reveal some of his own preoccupations with sexuality. However,
there is no way to know with certainty what sexual preference
that showed, something that has not stopped critics from reaching conclusions.

The biographical consensus about Silva's sexual oddity pene-
trates criticism of his only novel, *De sobremesa*. Betty T. Osiek
points out that "Silva reflects a lack of knowledge about sexual
relations and indeed of human relationships among the sexes.
He lets us know that aristocratic Lelia Orloff is of plebeian
origin and wonders how such origins could have produced such
an exquisite creature" (p. 134). Osiek purposely confuses Silva,
the writer, with José Fernández, the novel's protagonist, thus
extending the biographical fiction into the critical fiction. This
is a procedure common to many of Silva's critics. Sanín Cano,
for example, judges Silva's intellectual powers by studying José
Fernández and quoting the character's words as evidence of
Silva's disorganized intellect (p. 265). The practice persists up to
the present time, as evidenced by the superficial and confusing
analysis of Silva's personality made by Rafael Serrano Camargo
in 1987, analysis that contains statements such as "Silva confesses
through his mouthpiece, José Fernández..." (p. 244). On the

other hand, critics have not shied away from fabricating evidence when it has suited them: an often-repeated item is the possibility of D'Annunzio's influence on Silva—specifically on his suicide—through *Il trionfo della morte*, a novel found by Silva's bedside (Córdova-Mauré, p. 169). However, Sanín Cano himself points out that Silva read neither German nor Italian.

Another aspect of Silva's aberrant sexual image is the accusation of incest that pursues him even to this day. Sanín Cano traces it to a 1908 edition of the "Nocturno," in which the editor used sketches of Silva and his sister as if they were kissing. That edition served as the basis for the allegations published in *Revista de América* by Rufino Blanco Fombona. It is far easier to refute such an accusation than it is to strike it from the critical record. There is also a curious detail: it seems as if Elvira's body had been prepared for the grave by her fiancé and her brother (Osiek 36) who turned her into *una Ofelia criolla* ("a native Ophelia"). This item runs contrary to accepted cultural practice for the care of dead bodies was left to the women of a household, especially if they were the bodies of single, unmarried girls. Thus, Silva appears once more in a role not traditionally associated with masculinity.

The identity of the underlying ideological structure is also made evident in Serrano Camargo's book. Its prologue is listed as a "psychological study of the poet by Dr. José Francisco Socarrás." Dr. Socarrás repeats every commonplace about the poet's family, stressing the mother's role (p. 3), the "pathological inheritance" (p. 15) and the meanness of the societal environment (p. 19). There is nothing new in this analysis, except for a reference, of particular interest, to Max Nordau. Socarrás states, "I am sure that if Silva had been alive he would have called me a disciple of Nordau. I hope a bit more informed. The master ignored how much psychiatry has taught us in the ninety years since the publication of *Degeneration*" (51).[28] Socarrás ends his analysis, in a fashion one has come to expect: he refers to an article by Aníbal Noguera about Proust where the French writer is classified as a "neurotic" and applies this classification to Silva. Thus, once more it is shown how the same ideology that Spackman has detected as the infrastructure on anti-D'Annunzian criticism permeates the analysis and criticism of Silva's life and work, the bourgeois concept of artistic "normality" as expressed in a medical discourse, that of Lombroso and Nordau, which may be officially discredited but operationally functional. The imbedding of such discourse in Spanish American criticism creates the need for a total revision of critical practices and a fresh look at authors, such as Silva, who have been negatively affected by an outmoded but persistent gender ideology.

Hostos Community College, CUNY

NOTES

1. I utilize "ideology" as defined by Raymond Williams in *Marxism and Literature* (Oxford: Oxford University Press, 1977), pp. 65, 109, 198. See also my article "Growing Up Hispanic: Discourse and Ideology in *Hunger of Memory* and *Family Installments*" *The Americas Review*, 16, 3–4 (Fall–Winter 1988): 75–90.

2. There are innumerable cases of critical tampering with texts in order to "normatize" them, i.e., to bring them into line with official gender ideology. For example, the publication of Michelangelo's sonnets to his boy/friends with the feminine pronouns substituted for the masculine pronouns. A variant is the publication of women's novels under a male pseudonym. In this case, it is not critical tampering at work, but a societal perception of the relationship between masculinity and prose writing that motivates the distortion.

3. I refer the reader to Robert L. Mosse's *Nationalism and Sexuality: Respectability and Abnormal Sexuality in Modern Europe* (New York: Howard Fertig, 1985).

4. One key text for the understanding of the Left's gender ideology is Wilhelm Reich's *The Sexual Revolution: Toward a Self-Regulating Character Structure* (New York: Farrar, Straus and Giroux, 1974). Three studies of the Left's gender ideology and its oneness with the Right's are Robin Morgan's *The Demon Lover: On the Sexuality of Terrorism* (New York and London: W.W. Norton and Co., 1989); Joao Trevisan's *Perverts in Paradise* (London: GMP Publishers, Ltd., 1986); and Allen Young's *Gays Under the Cuban Revolution* (San Francisco: Gay Fox Press, 1981).

5. Uruguay Cortazzo, "Una hermenéutica machista: Delmira Agostini en la crítica de Alberto Zum Felde." I had the pleasure of reading this presentation at the Segundo Congreso de Creación Femenina en el Mundo Hispánico (Mayaguez, Puerto Rico, 1987) when its author could not attend the meeting.

6. Many times, these parameters are initiated and enforced by teachers in classroom situations. At the University of Puerto Rico, my instructor in Contemporary American Poetry was not allowed, in 1962, to "pervert" the minds of his impressionable young charges by allowing them to read *Howl*, by Allen Ginsberg; the argument presented was that they were "too young" for "that kind of material."

7. "Tres temas dominan todo cuanto se ha escrito sobre Silva . . . el ambien-

te en que vivió, las influencias literarias que tuvo y su vida amorosa. Si a ello añadimos el suicidio, el repertorio resulta casi exhaustivo." All translations of Spanish texts are mine.

8. In 1983 I visited Bogotá on a trip to research materials on Silva. There seemed to be no primary sources available—even the manuscript of this novel had disappeared. However, what could be found—for example, two volumes from his personal collection on display at the Caro y Cuervo Institute's library—had not been used. I spent some of my time with the members of a gay commune who, upon learning of my research plan, wanted to know whether I was going to "prove" Silva's homosexuality. This fact highlights the existence, to this day, of a popular perception of Silva as a closet homosexual.

9. "Según los biógrafos más autorizados de Silva, un desgraciado germen psicopático le venía al poeta de ambos progenitores. Su abuelo paterno era . . . 'un enamorado ferviente de la muerte' y se sabe que parientes del bardo se quitaron la vida por voluntad y consumación propias." Notice the appeal to the chain of referents.

10. "Estudiadas las características hereditarias, vistos los datos anormales y comprobada la existencia de elementos tarados en ambas ramas de la familia, queda de este modo formada la herencia que los maestros de la ciencia biológica llaman convergencia."

11. I must at this point stress once more the existence of an unchallenged chain of referents that at no point is ever reevaluated, not even in the latest books on Silva, such as Cobo Borda's.

12. Think for example, about Arthur Rimbaud's "beauty"; no one would think that it had anything to do with either his life or his production.

13. "Nacido en medio elegante . . . favorecido por la naturaleza con los dones de la belleza varonil, realzada por él con el exquisito esmero de 'dandy'."

14. "La hermosa cabeza de fino perfil árabe, los cabellos y la barba negrísimos acentuando lo blanco del rostro; las manos finas y nerviosas, eran los rasgos más atrayentes de su figura."

15. "Era tan bello y dulce, tan delicado y cuidadoso que sus compañeros le llamaban 'el niño bonito. Se atrajo . . . la envidia y animadversión de todos los estudiantes."

16. "Pero Silva quiso ser bello aún en la muerte. . . . Yo lo vi muerto, sobre el lecho, y no pude sorprender en su faz ni la más leve contracción. Parecía dormido."

17. "Se destaca en mi memoria la figura de José Asunción . . . cuando de una edad que no llegaría a los doce años causaba la envidia de párvulos inocentones . . . al presentarse con su vestido de terciopelo traído de Europa y cortado a medidas, sus guantes de cabritilla siempre calzados, sus zapatillas de charol, sus flotantes corbatas de raso, su reloj de plata, pendiente de una bellísima leontina de oro, y sobre todo (detalle único entre los niños de esos tiempos) su cartera de marfil, en la cual guardaba tarjetas de visita."

18. "Vestía camisa de seda crema sin botones y pantalón de franela blanca a rayas carmelitas. En los pies desposeídos de calcetines, llevaba pantuflas de tafilete."

19. "José Asunción, en todo, trataba de igualar lo mejor, intentaba imitar a los de la Torre y los Urdaneta, cuando estos elegantes hacendados cabalgaban

por las calles de la ciudad exhibiendo sus apuestas figuras y sus habilidades hípicas."

20. As it has been used by Silva's critics, the term "influence" almost carries a perjorative connotation. Moreover, when it comes to finding "influences" in *De sobremesa*, there have been serious misreadings of Silva's novel. I have tried to provide alternatives; see "José Asunción Silva y la idea de la modernidad: *De sobremesa*," INTI, 20 (Fall 1984): 47-56; "*De sobremesa* de José Asunción Silva y las doctrinas esotéricas en la Francia de fin de siglo," *Revista de Estudios Hispánicos* (Vassar), XXI, 2 (Mayo 1987): 10-21; "Ideología y política: la corrupción de la semilla histórica en *De sobremesa*," *Discurso literario*, vol. 6, n. 1 (Otoño 1988): 255-266; "José Asunción Silva y Karl-Joris Huysmans: estudio de una lectura," *Revista Iberoamericana*, LV, nums. 146-147 (Enero–Junio 1989): 273-286.

21. " ... el desequilibrio entre Silva y el medio estaba consumado.... Al paso del dandy letrado surgían sonrisas disimuladas, miradas burlonas de inteligencia y toses impertinentes."

22. "No era cuestión de matiz social, sino algo más irrevocable lo que sugería los antagonismos."

23. "Presumido (le apodaban José Presunción), altivo, aristócrata sin medios, europeizado, dandy, descreído y desfiante, fue rechazado por sus propios congéneres sociales (y aún por su propia familia: su abuela lo ejecutó judicialmente por deudas) que se reían de él y que contemplaron su ruina y su suicidio con frialdad y reproche."

24. "Al autor del Nocturno no lo mató Bogotá. Lo aniquiló el mal del siglo modernista: la angustia y su obsesión por la muerte. En idénticas circumstancias, su fin hubiera sido el mismo en cualquier rincón del mundo."

25. "Creemos que Silva no sintió verdaderamente el amor [heterosexual]. Su peculiar modo de ser—acaso afeminado—no le debió crear situaciones muy aptas para el amor.... creemos que Silva sólo admiró a la mujer desde lejos, sin llegar a la posesión total del amor carnal. Estaba demasiado absorbido por su propio yo, mirando demasiado en su persona física y espiritual, con todos sus problemas."

26. "Sólo a una (muerta ya) amó Silva ... ella comprendió sus versos, apreció el justo valor del poder de su mente, gustó de su conversación, un tanto afectada pero extraordinariamente ágil e intensa ... Mas ella tampoco llegó al amor; cuando fue tiempo de amar, su mano buscó un varón iletrado pero fuerte, en el sentido en que las mujeres de hoy o de mañana sienten, o mejor dicho presienten, las fuerzas del hombre."

27. At the time I visisted Bogotá, Enrique Santos Molano provided me with a copy. They appear in the prologue to Rafael Serrano Camargo's book (page 21). The analysis made by Dr. Socarrás, the author of the prologue, reveals that Silva suffered from "depression" and "neurasthenia." The latter term having disappeared almost completely from 20th century medical terminology, one must suspect its appearance in this context as a deliberate reference to a particular ideology.

28. "Si Silva viviera, de seguro me tacharía como discípulo de Nordau. Estimo que más aprovechado. El maestro ignoraba cuánto nos ha enseñado la psiquiatría en los noventa años transcurridos desde cuando publicó *Degeneración*."

WORKS CITED

Arias Argáez, Daniel. "Recuerdos de José Asunción Silva." *Bolívar*, 1 (1951) : 939–964).

Cobo Borda, Juan Gustavo. José Asuncíon Silva: Bogotano universal. Prologue by Fernando Charry-Lara. Bogatá: Villages Editores, 1988.

Cordovéz-Mauré, José María. *Recuerdos de Santa Fe de Bogotá.* Ed. Elisa Mujica. Madrid: Editorial Aguilar, 1957.

Meléndez, Concha. "José Asunción Silva: Poeta de la sombra (1865–1896)." *Obras Completas.* Tomo III. San Juan de Puerto Rico: Instituto de Cultura Puertorriqueña, 1972: 128–136. Miramón, Alberto. *José Asunción Silva: Estudio biográfico con documentos inéditos.* Bogotá: Biblioteca de Autores Colombianos, 1951.

Orjuela, Héctor. *'De sobremesa' y otros estudios sobre José Asunción Silva.* Bogotá: Instituto Caro y Cuervo, 1976.

Osiek, Betty T. *José Asunción Silva.* Boston: Twayne Publishers, 1978.

Roggiano, Alfredo. "José Asunción Silva: Aspectos de su vida y obra." *Cuadernos Hispanoamericanos,* 9 (1949): 589–599.

Sanín Cano, Baldomero. *El oficio del lector.* Caracas: Biblioteca Ayacucho, n.d.

Serrano Camargo, Rafael. *Silva: Imagen y estudio analítico del poeta.* Prologue by Dr. José Francisco Socarrás, Bogotá: Ediciones Tercer Mundo, 1987.

Spackman, Barbara. *Decadent Genealogies: The Rhetoric of Sickness From Baudelaire to D'Annunzio.* Ithaca and London: Cornell University Press, 1989.

Bertín Ortega

Gutiérrez Nájera y sus cotemporáneos: afrancesamiento vs. nacionalismo*

Al hablar de modernismo inmediatamente se evoca el afrancesamiento de este movimiento y su posición "torremarfilesca".[1] Pero además de incompletas, dichas imágenes aíslan y descontextualizan el fenómeno. Hoy en día es cada vez mayormente aceptado que en el modernismo convivieron dos tendencias: el modernismo "arte purista" que es además el más conocido y que tiene como representante principal al gran Rubén Darío en su primera época; por el otro lado, podemos hablar de un modernismo de resonancias sociales y/o humanas, cuyo principal representante es José Martí, aunque también lo será el propio Rubén Darío en su última época. Esta caracterización no es nada nueva, pues ya Max Henríquez Ureña la había mencionado en su *Breve historia del modernismo*.[2]

Pero no nos contentamos con aceptar dos etapas dentro del modernismo, una después de otra, sino que postulamos la coexistencia temporal de ambas tendencias incluso en un solo escritor, como claramente demuestra el más conocido ejemplo de Rubén Darío. Así, pues, asumimos que un movimiento literario (un poeta, un texto), no es una entidad unívoca, estable y definida, sino una estructura en proceso en cuyo seno se instaura una contradicción motriz y autotransformadora. A grandes rasgos siempre se pueden

---

* Ponencia presentada en el *Congreso sobre Literatura Modernista* (Xalapa, Ver., México: Centro de Investigaciones Lingüístico-Literarias de la Universidad Veracruzana), 20, 21 y 22 de julio de 1988.

[1] "Los que escriben en *La revista Azul* saben que en sus páginas tienen cabida todos los que siguiendo una nueva moda literaria escriben en prosa o en verso, no para las masas sino para los pequeños grupos que constituyen la capilla. Las *torres de marfil* se yerguen orgullosas en el campo de la literatura nacional", señala Julio Jiménez Rueda en su *Historia de la literatura mexicana*, 3a. ed., México, Botas, 1942, p. 200.

[2] Max Henríquez Ureña, *Breve historia del modernismo*, México, F.C.E., 1954, pp. 15 y 16.

fijar los límites o polos de esa contradicción, pero no se les puede asignar una definición acabada.[3]

El caso del modernismo mexicano hay que entenderlo igualmente en su contexto, en donde las contradicciones de los intelectuales de la época se hacen evidentes. En el presente trabajo estudiaremos las ideas vertidas por Manuel Gutiérrez Nájera sobre el arte, y los comentarios de sus contemporáneos, a través de los cuales pretendemos establecer un acercamiento crítico a la oposición "afrancesamiento" vs. nacionalismo.

El 25 de marzo de 1876 se publicó en *El federalista* un comentario de Francisco Sosa acerca del libro *Páginas sueltas* de Agapito Silva. Sosa critica acerbamente a Silva por su poesía a la que define como sentimental-erótica; señala que en "pocos corazones repercuten los ecos de esas trovas apasionadas [...] Agapito Silva debe emplear su talento en obras más utiles".[4]

Este texto desencadenará la respuesta de Gutiérrez Nájera a lo largo de cuatro artículos que se publicaron en *La Iberia* los días 10, 11, 12 y 13 de mayo siguientes. Los dos últimos artículos van dirigidos a comentar el *lied* alemán, pues señala que *Páginas sueltas* es "una colección de composiciones eróticas del género alemán".[5]

En los textos del 10 y 11 de mayo, Gutiérrez Nájera indica que la poesía es una manifestación de diversos sentimientos: fe, creencias, amor, triunfos, etc., y ve el "desprecio de los géneros sentimentales" como una actitud contraria a la poesía. Pide que el filósofo, el moralista, se dediquen a lo suyo, y dejen al poeta en libertad de ejercer su imaginación: "soñar con mundos de luz y de ventura", en lugar de quererlo aprisionar "en los estrechos y mezquinos límites de la realidad". Indica que los bienes espirituales, y la poesía entre ellos, son mil veces mejores que los bienes positivos. El poeta tiene derecho a vivir en el mundo de la fantasía, el cual es más espléndido, señala, que el de la "miserable realidad que nos enloda y mancha".

En poco tiempo Nájera tuvo respuesta, aunque no provenía de Sosa. El 24 de junio de 1876, el *Monitor Republicano* publicó un texto titulado "La poesía sentimental", firmado por P.T.[6] En este artículo primero se alaban los logros intelectuales de Gutiérrez Nájera para después entrar en materia

---

[3] Este es, a mi modo de ver, el problema fundamental que ha evitado a Latinoamérica asumir su propia identidad cambiante, pues, se le busca definir como algo fijo, la esencia de lo nacional como algo acabado: "Patria, te doy de tu dicha la clave, sé siempre igual a ti, fiel a tu espejo diario" decía López Velarde.

[4] Boyd G. Carter, *Manuel Gutiérrez Nájera. Estudios y escritos inéditos*, México, De Andrea, 1956, p. 30.

[5] *Ibid.*, p. 33.

[6] Boyd G. Carter, en el texto citado, señala que seguramente se trataba de Pantaleón Tovar, quien habría de morir el 22 de agosto, sin oportunidad de continuar la polémica.

con críticas que intentan "demostrarle la falsedad de sus ideas", y también
que "el género erótico que tantos atractivos tiene para él, es *fútil, vano* e
infructuoso". P.T. señala que "el género realista es el único admisible en
nuestro siglo", y agrega:

> Tiempo es ya de que los poetas dejen de cantar a sus amadas como los trovadores de
> la Edad Media, para consagrar sus liras a más elevados asuntos, a la historia, a la
> patria, al progreso, a la industria [...] nuestro siglo es positivista, práctico, industrial.
> En la religión y en la filosofía, en el teatro y en la cátedra, en la poesía y en el perio-
> dismo, debemos buscar una utilidad, pero no una utilidad ficticia como la de que el
> señor Gutiérrez Nájera nos habla, y que según él se verifica en el dominio del espíritu,
> sino una utilidad práctica, tangible, que se revele en un orden, menos elevado, pero
> más cierto que el de los espíritus.[7]

Gutiérrez Nájera contestaría en una serie de artículos titulados "El arte y el
materialismo", y publicados en el *Correo Germánico* en los números 3, 4, 11,
13 y 16 y fechados respectivamente 5, 8, 24, 26 de agosto y 5 de septiembre.[8]
En dicha serie de artículos, Nájera emprende la defensa de la poesía sentimental y, a través de ella, de su concepción artística frente a las teorías
realistas-positivistas expuestas por P.T. A las afirmaciones de este último de
que no existe el espíritu, ni el amor y que por ende la poesía erótica es una
quimera contesta que el arte tiende a lo bello, y lo bello sólo puede estar en
el espíritu; el amor, añade, es la fuente de toda belleza; si la industria es
útil el arte es bello. Y lo bello es lo verdadero, lo bueno, lo absoluto, en una
palabra: Dios.[9]

> Para nosotros lo bello es la representación de lo infinito en lo finito;. la manifestación
> de lo extensivo en lo intensivo; el reflejo de lo absoluto; la revelación de Dios. [...]
> Dios, que se revela en las sublimes creaciones del poeta, en las dulces melodías de la
> música, en los lienzos que con magnífico pincel traza el artista, y en las gigantescas
> moles que levanta el genio creador del arquitecto.[10]

[7] Boyd G. Carter, *op. cit.*, p. 38.

[8] Según la plausible hipótesis de Carter, Gutiérrez Nájera no tuvo una respuesta a sus
críticas y comentarios, pues por esos días sobrevino la muerte, el 22 de agosto, de Pantaleón Tovar. Gutiérrez Nájera, sabiendo tanto la identidad de P.T. como su muerte, no
quiso revelar quién era P.T., y caballerosamente fingió que la polémica podía continuar.

[9] El poeta que postula Nájera se ubica así muy cercano a los románticos europeos, en
donde el poeta renuncia a todo lo material, no le interesa el mundo, se refugia, contra
todos los sinsabores de la vida, en un mundo ideal y divino. La poética romántica plantea
una negación de los valores terrestres, pero lo único que afirma es una particular forma
de la nada: Dios.

[10] Boyd G. Carter, *op. cit.*, pp. 124-25. De paso, nótese que aquí el poeta se erige frente
a la gente como un creador que posee el conocimiento verdadero, que recibe la revelación
divina y puede donarla a la gente. El papel de Dios es recubierto, en este segundo momento
por el poeta.

Combate al positivismo que preconiza un arte esclavizado de la materia, una materialización del arte y finalmente una deificación de la materia. Para él, el idealismo rebaja la materia para engrandecer el espíritu, mientras que el materialismo, a la inversa, rebaja el espíritu para engrandecer la materia:

> Lo que nosotros combatimos y combatiremos siempre es esa *materialización* del arte, ese asqueroso positivismo que en mala hora pretende introducir en la poesía; ese cartabón ridículo a que se pretende someter a todos los poetas, privándoles así de la libertad; cartabón que excluye como inútiles o maléficos a todos los géneros sentimentales, y que sólo acepta al mal llamado género realista.[11]

Frente a una poesía que cante necesariamente a la patria, el progreso y la industria, Gutiérrez Nájera enarbola la defensa del principio de la libertad poética por encima de todo. El arte, dice, no es la imitación, si así lo fuera, el espejo sería el supremo artista. Ese tipo de arte es arte para el vulgo. El arte, para él, es composición y apariencia de verdad que acerca al hombre al cielo (no a la tierra). El arte degradado, continúa, afianza al hombre a la tierra, mientras que el arte sublime lo purifica y arrebata al cielo. El materialismo y su realismo sólo puede presentar cuadros de vicio, perdición y maldad, mientras que la verdadera poesía canta a la belleza, la bondad y la verdad, y se inspira en el hogar, la patria, la familia.

Tanto en la polémica entre Gutiérrez Nájera con Francisco Sosa, como en la que sostuvo con P.T., ambas de 1876, cuando Nájera iniciaba apenas su carrera, al igual que en la polémica entre Victoriano Salado Álvarez y varios de los modernistas entre diciembre de 1897 y marzo de 1898,[12] se establece claramente que los dos polos del conflicto son: por un lado, el modernismo (o sus inicios), y por el otro el realismo-positivismo.

Entre ambos grupos se planteaba una diferencia básica: el carácter y función que asignaban a la poesía. Para los realistas, afiliados al positivismo, el arte debía ser útil y por ende cantar a la industria, a la patria, al progreso, y ello dentro del estilo del realismo. Por el contrario, para los modernistas bastaba con que la poesía fuera bella, esa era su función y utilidad pública. Curiosamente, fuera del nivel estético, dichos grupos no entran en conflicto,

---

11 Boyd G. Carter, *op. cit.*, p. 121.
12 Véase Luis Mario Schneider, *Ruptura y continuidad. La literatura mexicana en polémica.* México, F.C.E., 1976, Col. Popular 136, pp. 120-158. Hay que notar que en esta polémica ya no intervino Gutiérrez Nájera, quien había muerto el 3 de febrero de 1895. Al participar diversos escritores identificados entre sí por sus ideas y práctica artística, esta polémica les sirve para reconocerse y aglutinarse como grupo, dando paso a la formación de la *Revista moderna,* como señala Schneider.

sea porque a fin de cuentas los positivistas tenían el poder, sea porque los modernistas aceptaban un modesto lugar en el sistema como señala José Joaquín Blanco:

> Ciertamente todos ellos hicieron concesiones al gusto establecido, pero no sin quejarse ampliamente de los "trabajos vulgares" que, por pobreza, tenían que cumplir, como el periodismo y la burocracia: y reservaron sus mejores ambiciones para satisfacer un "ideal artístico".[13]

Para los positivistas, como ciertamente para muchos críticos e intelectuales posteriores, el modernismo pecaba de afrancesamiento, pero tal vez estos críticos no se daban cuenta de que no había muchas opciones dado el desarrollo histórico que se había seguido y el ambiente de la época, por ello, si

> Gutiérrez Nájera consagraba la mayor parte de su producción a ganarse una reputación de afrancesado, sería porque también ganaba con ello su pan de cada día; que era esa la mercancía que le compraban a mejor precio, a mayor precio, los lectores congruentes en sus consumos y demandas de mobiliario, arquitectura, modas, alimentación, pensamiento. Era pues la ciudad la que no quería —en su pluma, al menos, capaz de afrontar la demanda— saber de sí misma. Era ella la que se menospreciaba, la que así exaltaba su posibilidad de llegar a parecerse a París. El Duque Job no hacía sino plegarse —claro que de buen grado— a la corriente.[14]

Y los propios positivistas parecían no darse cuenta de su deuda con Francia, con Zolá y Taine, y con la cultura en general de ese país:

> Otro rasgo de Salado Álvarez [...] consiste en citar siempre a un escritor conocido, por lo general en francés —que señala, sin que el crítico cobre conciencia, la influencia francesa en México— como sostén de sus argumentaciones.[15]

Así, tanto modernistas como positivistas representaban en realidad dos diferentes líneas de un mismo afrancesamiento. Para unos y para otros, Francia representaba la universalidad, la modernidad y el prestigio. Al mismo tiempo, ambas líneas reclamaban para sí el derecho de encarnar lo nacional. Sin embargo, frente a Francia, la otra opción no era México o América Latina, sino que tanto para unos como para otros, la propia tradición estaba referida a España. Así, Salvador Azuela recuerda que:

[13] José Joaquín Blanco, *Crónica de la poesía mexicana*. 2a. ed., Culiacán, Universidad Autónoma de Sinaloa, 1979, p. 59.
[14] Salvador Novo, *Letras vencidas*, Xalapa, Universidad Veracruzana, 1962, Col. "Cuadernos de la Fac. de Fil. y Letras", pp. 54-55.
[15] Luis Mario Schneider, *op. cit.*, p. 128.

Nájera no tuvo una formación literaria exclusivamente afrancesada. Al empezar su carrera periodística intervino en una polémica ruidosa, nada menos que en defensa de las letras españolas. A José Juan Tablada, delante de Amado Nervo, le aconsejaba no abandonar el estudio de los clásicos, haciendo hincapié en la importancia de nuestros antecedentes hispánicos de cultura.[16]

Entonces, en el contexto de la época, la tradición propia era España, y era también lo regional, lo provinciano, lo campirano, frente a la cultura extranjera que era lo universal y moderno. Pero España estaba en crisis y había perdido desde tiempo atrás su papel de guía espiritual de sus antiguas colonias.

Jesús E. Valenzuela, en la polémica con Salado Álvarez señala:

España dejó de ser nuestra madre intelectual desde la propagación de la enciclopedia de Feijoo, para no decir francamente que España no ha estado en condiciones de enseñar algo nuevo, desde hace siglos...[17]

Y si España se hundía la solución era Francia: la respuesta a los problemas y la Universalidad siempre estuvieron fuera de nosotros, siempre por alcanzar. El propio país nunca fue una opción. Francia era el nuevo modelo de cultura al cual aspirar, y ello no sólo para los modernistas, sino también para los positivistas. El mismo Valenzuela señala que "El medio intelectual nuestro, y de ello llevamos tiempo es puramente francés".[18] Y Amado Nervo, durante la misma polémica decía: "Y se escandaliza usted de que sigamos a los maestros franceses cuando Francia ha sido el modelo de nuestras instituciones".[19] Pero como ambas tendencias se alimentaban de distintas fuentes francesas, cada uno encontraba criticable el afrancesamiento de la otra. Así, Nájera había señalado en *El arte y el materialismo*:

En el teatro, a las idealistas obras de Calderón de la Barca; a las ingeniosas sátiras de Moreto y Tirso de Molina; a las graciosas tragedias de Racine y Corneille, y a las creaciones gigantescas de Shakespeare, ese coloso inmortal del pensamiento, han sucedido las rastreras producciones de Sardon, los repugnantes cuadros de Alejandro Dumas, el asqueroso realismo de la escuela francesa.[20]

16 Salvador Azuela, *Gente de letras*, Toluca, Gobierno del Estado de México, 1979, p. 34.
17 Luis Mario Schneider, *op. cit.*, p. 139.
18 *Ibid.*, p. 127.
19 *Ibid.*, p. 125.
20 Boyd G. Carter, *op. cit.*, p. 138. Más adelante, el poeta que después llevaría *Can-Can* como uno de sus seudónimos, critica a Offenbach, de quien dice que se inspira "en las libres costumbres de las *cancaneuses* de París. ¿Y esto puede ser al arte? No; éste es el tormentoso *can-can* de la humanidad prostituida".

conflicto entre educarse con Europa y ser mexicano. En verdad, esto no fue conflictivo ni para los modernistas ni para los positivistas, ambos grupos mamaban la cultura europea para poder reclamarse nacionalistas y servidores de la patria. En todo caso, la "mexicanidad" se lograría a través de la correcta síntesis de elementos foráneos o cosmopolitas y elementos propios o castizos.

CONCLUSIONES:

1. Tanto la tendencia representada por Gutiérrez Nájera como la de los positivistas se enfrentaban al problema de conciliar lo nacional con la influencia europea, específicamente francesa.

2. Frente a la opción europea no había una opción americana, lo propio y tradicional era lo español. Por mexicano se entendía cosmopolita o castizo, y así lo asumían ambos grupos cuando se proclamaban nacionalistas, mexicanos o patrióticos.

3. En ambas tendencias, cosmopolita y foránea se confunden con universal, y por nacionalismo se entiende imitar, en el mejor de los casos asimilar los modelos externos. La "mexicanidad" se lograba a través de la adecuada síntesis, y no de la conformidad con la realidad americana (como por esa época planteaba Martí).

4. Ambos grupos, alimentados en diferentes escuelas francesas, reaccionan de diversas maneras al plantearse la relación del arte con la realidad: los positivistas limitando el arte a la representación —reflejo— de la realidad (el realismo como necesidad). Los modernistas, por su parte, cierran los ojos a esa realidad, y proclaman la libertad de soñar (el arte como ámbito de lo estético).

5. En ambos casos, la literatura aparece como prestigio o adorno —cantar a la realidad o cantar a la fantasía—, pero no como instrumento-transformación de la realidad —y no me refiero a la acción— sino a la reflexión o pensamiento crítico.

STANFORD UNIVERSITY
STANFORD, CA.
U.S.A.

Technology and Violence:
Casal, Darío, Lugones

❦

Gwen Kirkpatrick

The *modernista* poets, in their search for spiritual universality and transcendence of everyday reality, collide with a changing historical consciousness as well as with an increasingly urban and technological world. In *modernismo* one can see the increasing cult of the object, especially in its fascination with the machine and in the reification and fragmentation of the human body, most notably the female body. In their statements about their craft we see poets asserting, often forcefully, the importance of intricate formal patterning, such as elaborate and fanciful rhyme, the revival of archaic rhythmic patterns, and the elaboration of complex allegories. At the same time that the *modernista* poets make claims for the transformative power of their art, they often deflate within the poetry itself any such transcendent claims to the power of their poetry. *Modernismo* shows its own self-questioning in the way poets push to the forefront their own ambivalence about the productions they are elaborating. *Modernismo*'s high energy of transformation and its voracity of consumption often smooth away the jagged edges and violent turns of its many contradictions. However, an attentive study of its mechanisms reveals the legacy of explosive energy contained in its powerful harmonies.

The late nineteenth-century marks the appearance of the cityscape as a central topic in Spanish American poetry. From José Martí's "Amor de ciudad grande" to Lugones' *Lunario sentimental* to Darío's haunting nocturnes of urban loneliness and despair, the urban landscape brings forth the visual spectacles and accelerated

291

rhythms of the mass populace and its new machines. The spatial perspectives of poetry's formal landscapes also undergo realignments that parallel breaks in social structures and economic exchange systems. While we usually associate the clashing sounds and arrhythmic beat of the modern city scene with later vanguardist poets (notably Oliverio Girondo), earlier poets give us the fragments of the map of what was once a recognizable, chartable space, a *habitus* that respected the hierarchies of social structure.[1] Although later poems such as Pablo Neruda's "Walking Around" and César Vallejo's "Los nueve monstruos" build much more obviously on the rapidly shifting perspectives of the modern city inhabitant, we find earlier examples embedded in *modernista* poetics. This poetic system, ostensibly glorifying the harmonic mixture of sound, sense, and mystical transport, already includes linguistic and thematic dissonance that forecasts the more staccato rhythms and harsher images of *vanguardismo*.

The traditional anthropomorphic landscape as reflective vehicle for human passions changes with the advent of new machines and new technologies. Now the threatening machine performs the same function that the monster once played in Romantic fiction and poetry, where the presence of the monster assures the emergence of difference, just as the fossil preserves continuity.[2] Such an emergence of difference makes a tear in the fabric of poetry, and this torn fabric is still being rewoven by later poets. Marked by the presence of violence and reification, such poetry disturbs the mapped-out reasoning of order and beauty previously associated with anthropomorphic landscapes or the idealized plan of the Renaissance city.[3] *Modernista* poetry incorporated some of the shock waves which reverberated throughout Latin America. New immi-

---

[1] Pierre Bourdieu in *Outline of a Theory of Practice*, trans. Richard Nice (Cambridge: Cambridge University Press, 1977), discusses the construction of social habitats as reflective metaphors of reigning ideologies:

"The construction of a world of objects is clearly not the sovereign operation of consciousness which the neo-Kantian tradition conceives of; the mental structures which construct the world of objects are constructed in the practice of a world of objects according to the same structures. . . . The mind is a metaphor of the world of objects which is itself but an endless circle of mutually reflective metaphors" (9).

[2] Michel Foucault, *The Order of Things* (New York: Random House, 1973), 155-57.
[3] In *Barroco* (Buenos Aires: Editorial Sudamericana, 1974), Severo Sarduy discusses the Renaissance conception of the universe and the city and analyzes its metaphoricity:

gration waves, greater industrialization, and labor-oriented social movements changed the outlines of Spanish American cities at the turn of the century.[4] Just as workers' movements disrupted what was once established political privilege, so frantic rhythms wrenched even *modernista* poets from pastoral contemplation and reveries of palatial interiors. As the poet is thrust into market place, e.g., the financial compensation offered by the newspapers and the adoption of new "marketing" techniques such as the popular serial magazine and the illustrated book, so poetry follows the crowds into the surging streets. *Modernista* poetry shows its creators' preoccupations with life in the urban setting, even though such scenes might create jolting contrasts with the stilled scenes of more confined and luxurious interior spaces.

New technologies can be understood as formations of the social interactions that constitute them. In the same way, poetic techniques serve to reflect and reinforce structures that are seemingly exterior to them, such as social and political organizations or new information systems. In a historical period of dramatic change like *fin de siglo* Spanish American cities, we can see the clash and resulting violence not only in specific social movements but in the coded exchange of information.[5] More simply put, poetry does not reflect an idealized, eternal world, for its forms (metrics, rhyme, imagistic coding) are analogous to the environments and ideologies that shape them. In the works of the *modernistas* one can see the sometimes violent breaks with a former world order.

The city in the early part of the century is no longer the planned monument, radiating from the center of ecclesiastical and governmental power. New lines of power—railroads, the telegraph, even the seeing eye of the wandering journalist—interact and cancel out the ordered symmetry of a Renaissance dream of harmony

---

"La ciudad, que instaura lo cifrable y repetitivo, que metaforiza en la frase urbana la infinitud articulable en unidades, instaura también la ruptura sorpresiva y como escénica de esa continuidad, insiste en lo insólito, valoriza lo efímero, amenaza la perennidad de todo orden" (61-62)

[4] For a summary of specific changes in Latin America, see Tulio Halperin Donghi, *Historia contemporánea de Latinoamérica* (Madrid: Alianza, 1970), 280-82.

[5] Two studies are notable for their discussions of *modernismo*'s parallel systems of production, pointing to a need for a reassessment of the movement in terms of its relation to historical circumstances: Noé Jitrik, *Las contradicciones del modernismo* (Mexico: El Colegio de México, 1978), and Angel Rama, *Rubén Darío y el modernismo* (Caracas: Ediciones de la Universidad Central de Venezuela, 1970).

and balance. Of many possible responses to such realignments, two literary responses stand out. The first is the flight to the inner sanctum, the "reino interior" of Rodó, where the master still holds his pupils rapt before the wisdom of authority, or to the bejeweled and mysterious interiors of decorative opulence, as in the poetry of Julián del Casal. Another response is to enter the street and to confront the anonymity of a streetcar ride, to allow the landscape vision to include any passerby, no matter how incongruent such a presence might be. The shocks of such contracts are registered in a growing randomness of poetic structure as well as in thematic changes, as one can see quite explicitly in José Martí's *Versos libres*.[6]

The demonic power of the machine, embodied often as the monster, is yet another example of the shock effect of new technologies on the poetic system. In an almost onomatopoeic pattern, late *modernista* verse picks up the quickening rhythm of the machine-filled cities, with controls such as strict rhyme and meter losing ground. Machine power certainly is one of *modernismo*'s many topics, although references to it are often shrouded in another kind of language.[7] However, the fascination with a new technological order took many stances, often ambivalent ones. Given concrete historical circumstances, it must be said that these references to a new technology must have been part and parcel of a veneration for all things foreign, since many Spanish American cities felt very late the advent of the industrial age in massive ways. However, in certain places the changes were indeed notable. New modes of transportation allowed products to move at an accelerated pace. And what Spanish America received were finished goods, often luxury items produced from the raw materials they were shipping north and to Europe.

The urban environment, interior architectural space, and the physical body are three habitats that show the violent breaks of change. While sexual violence is a much more overt presence in

---

[6] Roberto González Echevarría in "Martí y su 'Amor de ciudad grande': notas hacia la poética de *Versos libres*," *Isla a su vuelo fugitiva* (Madrid: José Porrúa Turanzas, 1983), 27-42, gives a striking portrayal of Martí's "Amor de ciudad grande" as the definitive "modern" voice that first registers the shock of the modern city in Spanish American poetry.

[7] The impact of growing technologies on North American literature in particular is examined by Leo March in *The Machine in the Garden* (New York: Oxford University Press, 1976). For a discussion of the same topic in Spanish literature, see Juan Cano Ballesta, *Literatura y tecnología. Las letras españolas ante la revolución industrial* (Madrid: Orígenes, 1981).

modernista poetry, it is the first, the urban landscape as setting for
the other two, on which this discussion of the poetry of Julián del
Casal, Rubén Darío, and Leopoldo Lugones will focus. Here the
figural use of conventionalized scenes turns these cultural clichés
or stereotypes (Eve, Salomé, the Mallorca of legend, Paris as the
shining capital) back on themselves. We begin to see familiar
unities of perception projected onto new spaces, thus reorienting
their pattern of signification. An ostensibly arbitrary, chance rearrangement of these clichés questions their stability, just as the stability of genre itself is shaken.

In "El sentido poético de la ciudad moderna"[8] Luis Emilio Soto
points out that the Spanish American *modernistas* particularly favored the work of the Belgian poet Emile Verhaeren, whose work
broke with the implicit precept that the urban scene could not
constitute the raw material of poetry. According to Soto, Verhaeren is singular among the poets of his generation for his inclusion of urban life. As we can easily see in the case of Lugones, the
impact of Jules Laforgue's bitter vision of the new city was also a
powerful changing force. Soto sums up the more enclosed, contrasting notion of poetics that so heavily influenced works of the
modernista poets with its focus on interior, not exterior, circumstances:

> Laboriosas y pacientes rebuscas en pos de nuevas formas constituían a
> la sazón el desvelo unánime. Depurar los medios excesivos hasta lo in-
> decible: he ahí el *desideratum*. El afanoso perfeccionamiento de la técnica
> para captar hasta el último matiz de las más complejas sensaciones era la
> inquietud 'fin de siècle'.
>
> (13)

The work of Julián del Casal illustrates the power of the city's
dangerous attractions, yet his work offers even more evidence of
the need to flee to the interior space, away from the surging city
crowds. Casal's fascination with exotic materials and richly decorated interiors is also a striking example of the impact of the reception of produced goods. His preference is for exotic, often Oriental, goods and imported art works, available only to collectors.[9]

---

[8] *Proa*, Año I, no. 1 (1924): 11-20.

[9] In *Charles Baudelaire: A Lyric Poet in the Era of High Capitalism* (London: NLB, 1973), 166, Walter Benjamin studies the relationship between fashion and fe-tichism, where "the cult of the commodity recruits this [fetichism] to its service."

The city itself is rarely mentioned in Casal's poetry, although he is known for the famous verse "Tengo el impuro amor de las ciudades." Yet, as will be seen, the outward focus enters his poetry in sometimes disturbing ways. Casal's work shields the reader from what a contemporary critic has called "a new primal scene: a space where they [the poor] could be private in public." The new urban scene with its upward swing brings forth its underside: "The setting that makes all urban humanity a great extended 'family of eyes' also brings forth the discarded stepchildren of the family."[10]

In Casal's "Nostalgias" the desire for wandering is decidedly cosmopolitan, yet Casal's preference for the city, Parnassian sculptural patterns, and Decadent pictorial iconography are statically arranged. Urban life generally enters only on the terms of suggestive decor, as well as with a fixation with the modern symptom, *ennui.*

Casal's "En el campo" contains the memorable verse, "Tengo el impuro amor de las ciudades," which is followed by verses less often quoted: "Más que el raudal que baja de la cumbre / quiero oír a la humana muchedumbre / gimiendo en su perpetua servidumbre."[11] In most other poems the image of the hurrying populace, the motley family of man, scarcely appears and is only suggested by the laments for former harmonies. The scorn for the mundane makes the presence of the modern masses move like an invasion through this stilled world. The city wanderer whom Casal favors is the dethroned king who passes proudly through the crowd, "tus sueños de oro entre la plebe inmunda; . . . pasas altivo entre la turba humana, / mostrando inmaculada tu quimera, / como pasa una estrella por la sombra" ("Obstinación," 204). The split between idealized beauty and the sordid commonplace is for Casal usually a rigid dichotomy, although as Carlos Blanco-Aguinaga points out, the "pálida pecadora" of "Neurosis" is the ultimate fetichization of the woman-object, bought and sold like the luxury goods that surround her.[12]

Casal prefers the intricately wrought acquisitions of high art and

[10] Marshall Berman, *All That is Solid Melts into Air. The Experience of Modernity* (New York: Simon and Schuster, 1982), 152-53.

[11] Robert Jay Glickman, *The Poetry of Julián del Casal. A Critical Edition* (Gainesville: University Presses of Florida, 1976), I, 251.

[12] In "Crítica marxista y poesía: lectura de un poema de Julián del Casal," Carlos Blanco-Aguinaga offers a reading of "consumerism" in *modernista* esthetics. (*The Analysis of Hispanic Texts: Current Trends in Methodology,* ed. Mary Ann Beck [New York: Bilingual Press, 1976], 191-205).

high culture, and such preferences echo the cultural and artistic
vogues of his day. "Mi museo ideal," eleven poems based on a
series of paintings by Gustave Moreau, offers a classic example of
the museum refuge, the totally stilled space filled up with luxurious goods, and the poems reproduce faithfully the paintings'
contents in linguistic form. Here Casal invites the reader/spectator
to become a conspirator in the game of looking. In this ideal museum, the excess of cultural bric-a-brac and stereotypical images is
striking. Here objects and images represent what Eugenio Donato,
in his study of the museum-library, has called "displayed history as
an eternally present spectacle with transparent origins and anthro-
pocentric ends," whose fiction results from the "uncritical belief in
the notion that ordering and classifying, that is to say, the spatial
juxtaposition of fragments, can produce a representational understanding of the world."[13] However, when the fiction of rational
representation disappears, the heap of fragments cannot substitute either metaphorically or metonymically for their representation. One may think with a certain pathos of Casal's ambitious attempt to reproduce such a museum in Cuba. In "Mi museo ideal"
Casal introduces an almost conspiratorial note that draws into
question the poems' "ideal" aspects. His paintings of the scenes,
whose content is drawn from legend and mythology, offers an element that is not available to the viewer of the Moreau canvases. In
eight of the poem-paintings, Casal catches the eye of the paintings'
subjects in the last tercet, while three are sealed off with an
upraised hand, extending the viewer's gaze in an outward swing,
flinging out the victory. However, this swing is an indifferent one,
and leads the eye outside the painting to another vantage point,
perhaps a distanced critical stance. Just as in "Neurosis," where the
"billetes en el cofre" break the spell of the white enclosure and
remind us of the market place, so here we find the poetic eye
straying away from Moreau's fixed scenes. Though Casal can
hardly be called a rebel in his treatment of *modernismo*'s fixed
scenes, his emphasis on the literal aspects of his models' features
questions their value as representation of idealized values.

Technology is more an underlying force than an overt topic in
Darío's poetry. The *trotamundos*, the vagabond, and the cosmopol-

---

[13] Eugenio Donato, "The Museum's Furnace." *Textual Strategies. Perspectives in
Post-Structuralist Criticism*, ed. Josué Harari (Ithaca, N.Y.: Cornell University Press,
1979), 213, 237-38.

itan depend on the rapidity of information exchange as well as on the speed of transportation, two topics which enter Darío's poetry in an unsettling manner. Darío's "Epístola a la señora de Lugones" makes clear the collision in space and time of a daily voyage too tangible to be ignored. In the "Epístola" Darío celebrates and at the same time laments his rapid vagabond passage through the capitals of the world. In his actual voyagings, with his "daily labor to survive," Darío shows the dream of the journey as it once might have been. Darío in the "Epístola" gives an undercurrent of nostalgia and mockery as he shifts back and forth between poetic and geographic registers. It forecasts, by the series of cities listed, Nicolás Guillén's *recorrido* through many lands in *Paloma de vuelo popular* (1958). Guillén touches on many of the same themes in his collection, first with the vision of the popular tourist myths and then the painful and violent underside of reality, as in "Canción Carioca":

> ?Te hablaron ya de Río
> del Pan, del Corcovado
> y el sanguinario estío?
>   ?Te han hablado?
> [. . . . .]
> Yo te hablo de otro Río:
> del Río de Janeiro
> de no-techo, sí frío,
> hambre-sí, no-cruzeiro.
> [. . . . .]
> ?Te hablaron ya de Río
> con su puñal clavado
> en el pecho sombrío?
>   ?Te han hablado?[14]

While Darío is never so explicit as Guillén, he constantly shuffles before our eyes the visions of two different cities, the city of cultural legend and the city of daily life, with its *sport, neurastenia,* need for money, and the obligation for daily work.

> ?Y mi trabajo diario y preciso y fatal?
> ?No se sabe que soy cónsul como Stendhal?
> Es preciso que el médico eso recete dé
> también libro de cheques para el Credit Lyonnais;
> y envíe un automóvil devorador del viento,

---

[14] Nicolás Guillén, *Paloma de vuelo popular* (Buenos Aires: Losada, 1973), 61-62.

el cual se pasee mi egregio aburrimiento,
harto de profilaxis, de ciencia y de verdad.[15]

Here the Paris of legend is for Darío "el enemigo terrible," where he sustains himself "confiando solo en mí y resguardando el yo" (93). The urban populace for Darío, as for Casal, does not evoke the vision of the great fraternity of man: "Las gentes sin higiene ni urbanidad, de feos / trajes, avaros, torpes, o malignos y rudos, / mantienen, lo confieso, mis entusiasmos mudos" (749). The trouble here for Darío, as for Casal and for Lugones, is that "mi maldita visión / sentimental el mundo me aprieta el corazón, / y así cualquier tunante me explotará a su gusto / . . . Es justo" (748-49).

On the island of Mallorca Darío continues stringing together cities in a necklace of experience, joy, and pain. Here the teeming markets are alive, filled with the same vision that must have spoken to Pablo Neruda in "Explico algunas cosas," with his idyllic picture of the Madrid market scene before the diaster of the Spanish Civil War. These market scenes Darío paints, like Neruda's paradisiacal and palpitating world of Madrid's prewar days, represent for Darío the soul's rest which is violated by the daily effort to earn a living amidst the shocks and coldness of the modern capital, Paris. Mallorca's cornucopia represents a world now fading away, one as yet unmarked by mercenary commercialism. At this point in his career, we know that Darío has been brought close to the reality of social and political changes; he cannot at this time enter Mexico as governmental emissary, for U.S. troops have already landed in Nicaragua and the president he was to represent has been removed from office.[16] Nor can he follow doctor's orders and retreat to the countryside to rest: "soy cónsul", he states, and must submit his quota of newspaper articles. Yet Darío ends on an ironic note: "Esta es mucha poesía, señora. / Ahora hay comerciantes muy modernos. Ahora / mandan barcos prosaicos la dorada Valencia, / Marsella, Barcelona y Génova. La ciencia / comercial es hoy fuerte y lo acapara todo" (753).

El canto errante is indeed a roaming, sometimes Chaplinesque journey. In its title poem Darío also sets side by side his cosmopolitan dream with the cosmopolitan reality he must live on a daily basis. Darío's poems under discussion exemplify the dual role of vagabond, but not as a free spirit. The haunting sounds and images of "Nocturno" show the ravages of a mind set on edge by

---

[15] Rubén Darío, Poesías completas (Madrid: Aguilar, 1968), 748.
[16] Octavio Paz, Cuadrivio (Mexico: Joaquín Mortiz, 1969), 43n.

traffic and alcohol and loneliness. The same cosmopolitan spirit of adventure that would lead Darío toward regions of azure and the Mediterranean coast, or a fading vision of a vanishing Central American youth, or a Rio de Janeiro as yet unmarked by his own entrance into political deep water, finds itself magnetized toward the world centers where the cameo visions of decorated goddesses and palatial interiors meet their grostesque counterparts. For here the poverty of the alien writer, sending back cultural messages from the capital, is not always cast in melodic strains of richness and harmony.

In *Lunario sentimental* (1909) Leopoldo Lugones explodes the favored iconography of *modernismo*'s treasures. The *Lunario*'s hardened edges, its ironies, and its jolting juxtapositions not only prefigure vanguardist techniques and themes but also make the reader reflect on poetry's previous presentations. Its images of the city, the machine, the inclusion of the middle class, its vision of the dehumanization of human activities, mark a turning point in the diction and topics of Spanish American poetry.

"Los fuegos artificiales," more than any other poem, best represents the explosive destruction of Lugones' previous iconography. The swarming mass of humanity with its "alma de tribu que adora un fuego augusto" is rapt before the fireworks at a patriotic festival. The spectacle's "bazares de cosmos" and its "astronómica feria" constitute a technical caricature of past creations that will foreshadow a future model:

> Y !con qué formidable caricatura,
> Tu policroma incandescencia
> Destaca a la concurrencia
> En un poema de humanidad futura![17]

Formed from a mixture of "un poco de mixto, de noche y de mal gusto," the spectacle is a fitting work of art for its audience, who are described in animalistic terms. The plaza that contains them, "hormiguea / De multitud, como un cubo de ranas." Free from any reminiscence of traditional poetry, "Los fuegos artificiales" accentuates the speed, movement, and color of a changed technique. Its title is a metaphor of itself. It celebrates a new technique that does not reproduce the dimensions and perspectives of nature. Yet there is ambivalence in the presentation of this celebration. The crowd reflects the other face of technical prowess. The appeals of

---

[17] Leopoldo Lugones, *Obras poéticas completas* (Madrid: Aguilar, 1959), 260.

instinct and elementary violence are reflected in the passivity of the crowd before the cannons, bombs, and bright lights of the artificial explosions. Its "millionario tesoro de colores" awakens "arrobos / De paganismo atávico, en cursivas alertas, / Es la pura majestad de los globos / Sobre la O vocativa de las bocas abiertas" (256). Its dizzying spin "hace babear los éxtasis del tonto; / Trocando absurdamente su destino / En el sautor regular de un molino" (258).

Technology, praised in *Las montañas* as a force equivalent to nature's own (the locomotive hailed as "el gran caballo negro"), must here contend with its results. The bourgeois family, grotesque in its presentation, is transfigured beneath the artificial lights. The exaggeration of physical traits once applied to erotic subjects here creates a picture of macabre juxtaposition.

> A su lado el esposo, con dicha completa,
> Se asa en tornasol, como una chuleta;
> Y el bebé que fingía sietemesino chiche,
> No es ya más que un macabro fetiche.
> La nodriza, una flaca escocesa,
> Va, enteramente isósceles, junto a la suegra obesa,
> Que afronta su papel de salamandra
> Con una gruesa
> Inflación de escafandra.
> Mientras en vaivén de zurda balandra
> Goza sus fuegos la familia burguesa.
>
> (260)

The narrative point of view also changes. Not just a spectator of the crowd, the narrator himself is caught up in its movement, changing the relationship of distanced observer: "Donde mi propia persona / En coloreado maleficio, / Adquiere algo de sota y de saltimbanqui / Yanqui . . ." (261). Like the spectacle's audience, the observer himself becomes grotesque.

While most of the *modernistas* did not assign to themselves the role of adversary critics of society, their works incorporate the jolting dissonance of the breakdowns between public and private space. Forcefully removed by personal circumstance from the towering, exalted position of the poet-seer, their gaze moves to record at least snatches of an unsettling reality. While each of these three poets lays claim to an aristocratic ideal for the artist, each one lets down the guard gate to the ivory tower to catch a street-level glimpse of the new cities.

University of California, Berkeley

SOCIO-POLITICAL CONCERNS IN THE
POETRY OF RUBEN DARIO

CATHY L. JRADE

Critics who have set out to examine Rubén Darío's political poetry have tended to define politics in a narrow manner. They have confined themselves for the most part to those poems that deal explicitly with American themes. As a result of this focus, scholars as perceptive as Pedro Salinas, Arturo Torres-Ríoseco, and Enrique Anderson-Imbert, among others, have written about gaps in Darío's interest in politics—usually from the 1888 publication of *Azul... [Blue...]* to the 1905 publication of *Cantos de vida y esperanza [Songs of Life and Hope]*—and have tended to emphasize a few specific poems such as "A Colón" ["To Columbus"], "Los cisnes" ["The Swans"] "Salutación al optimista" ["Greetings to the Optimist"], "A Roosevelt" ["To Roosevelt"], "Salutación al águila" ["Greetings to the Eagle"], "Raza" ["Race"], "Pax" ["Peace"], and "Canto a la Argentina" ["Song to Argentina"].[1] But Darío's concern with social and political conditions in Latin America is present throughout his career. Much of his writing subtly deals with the search for a proper course and identity for the new Spanish American nations and their literature during the second half of the nineteenth century. His poetic vision offers a response to trends that simultaneously molded and alienated him. As an intellectual responding to his surroundings, Darío was not alone.

Aware of their extraordinary place in Spanish American history, Modernist poets broke with Spanish models which they understood to be both grandiose and inflexible. They turned their eyes instead toward Europe to bring themselves up to the present and into the future. This attitude is evident in Darío's selection in 1888 of the term "Modernism" to designate the tendencies of Spanish American poets (Henríquez Ureña 158-172). This choice underscores the Modernists' will to be modern, that is, to become contemporaneous with all of Europe but most especially with Paris. The poets sought to leave behind—either through their travels or their imagination—an anachronistic, local reality in order to establish for themselves a modern mode of discourse in which they could speak for the first time with their own voice and with a clear, critical vision of Spanish America.

Thus the most "escapist" of Modernist literature almost immediately became, as noted by Octavio Paz, a literature of exploration and return (*Puertas al campo* 11-19). Modernist writers turned their attention from the most up-to-date European trends towards home and resurrected, through flights of fancy as much as through historical fact, a Spanish American past that included ancient civilizations, indigenous peoples, and a Spanish

American consciousness. This consciousness is clear in the Modernist attitude toward language and poetry. From the beginning, their concern for formal perfection reflected, along with Parnassian influences, a desire to formalize and to found a modern Spanish American discourse. Their pursuit of beauty throughout the centuries and across all borders was a manifestation of their desire to choose freely the elements of their ideal language. At the same time, Modernist authors struggled with the dominant poetic and prosaic modes of discourse in their attempt to find their own voice. This founding effort was simultaneously aesthetic and political, with the political becoming more pronounced when the pressures that gave rise to Modernism exploded in crisis in 1898 with the Spanish American War and later in 1903 with the creation of the state of Panama through United States intervention.

The social, economic, and political conditions that most directly affected the formation of Modernism of course vary from country to country. There were, however, certain key factors that consistently came into play. For the most part, the last decades of the nineteenth century saw a consolidation of power which brought about a new degree of political stability—despite the periodic resurgence of "caudillismo" and anarchistic tendencies. At the same time, economic reorganization and growth brought prosperity and affluence to the upper classes. In urban centers, wealth and international trade encouraged a perceptible Europeanization of life. As Roberto González Echevarría has expressed it, in exchange for its raw materials, Spanish America received culture, primarily in the form of manufactured products (159). The turn-of-the-century flood of luxury items filled the homes of the old landed aristocracy, the *nouveaux riches*, and the aspiring bourgeoisie. It also created an image of life that left a lasting impression upon the poetic imagination of the writers of the time, an image that evoked the sense of well-being, ease, and fashionable excess characteristic of the Parisian *Belle Epoque*, that is, of Paris during the three decades beginning with the 1880's.[2]

Members of the ruling class allied themselves with foreign financiers and investors, and their primary ambition became the accumulation of capital at the expense of more traditional goals. The political philosophy of the day was the Positivism of Comte and later that of Spencer, both of which became linked with a type of social Darwinism. Comte had developed a philosophical system that rejected metaphysics and relied exclusively on the positive sciences. His final aim was to reform society so that all men could live in harmony and comfort. During the peace that followed the political consolidation of the 1860's, Positivism became the philosophy of order, promoting progress, science, and the "miracles" of free enterprise. Society in Spanish America was to be organized upon a more rational basis than ever before, and humanity was to find itself living in a world without problems. Scientists were believed to be the bearers of a demonstrable truth and trustees of the future. The evils of "modern life" and industrialization were accepted as necessary for national development. In reality, however, Positivism provided the ruling classes with a new vocabulary to legitimate injustice as liberal ideology was replaced by the struggle for existence and the survival of the fittest. Inequalities were now explained, not by race or inheritance or religion, but by science. The Mexican Porfirio Díaz and his "científicos," the oligarchy of the Argentine landowners, and the Chilean nitrate barons best represented the political scene during this era.

Positivism generated in most Modernists a strongly ambivalent attitude. They maintained a respect for science, its breakthroughs, and its contributions to progress; they rejected it, however, as the ultimate measure of all things. Despite the promises made, it became clear that, far from becoming more understandable, life appeared more enigmatic, and the great inventions and discoveries had not provided answers to the fundamental questions of existence. If anything, Spanish America's growing prosperity, and its increasing involvement with the industrial capitals of the world, brought about social dislocations that heightened the sense of crisis among its writers. Two essential elements in the social context of Modernist art were the disappearance of the old aristocracy along with its patronage of poetic production and the transformation of all products of human enterprise—including art—into merchandise (Pérus 65, 66, 81). In this situation, poets had to earn their living producing a marketable commodity. Many supported themselves as journalists at the same time that they sought, through their well-crafted poetry, to assert themselves in a world where the items of highest esteem were luxurious, opulent, and usually imported. Some, like Julián del Casal, became marginalized, creating a bohemian response to the vulgarity and utilitarianism of bourgeois society. Others, like Darío in his famous "El rey burgués" ["The Bourgeois King"], scorned the materialism, mediocre conformity, and aesthetic insensitivity of the growing bourgeoisie. Still others, like José Martí, put their faith in the superior individual, "el hombre magno" [the great man], who could see beyond the pressures of rapid urbanization and commercialization.

With these conditions, modernity, as it is understood in Western culture, arrived in Spanish America—or, at the very least, to its great, cosmopolitan urban centers. Recent studies have emphasized that modernity, as a stage in the history of Western civilization, began as early as the second half of the eighteenth century. Its essential characteristics are linked to scientific and technological progress, the industrial revolution, and the sweeping economic and social changes brought about by capitalism (Roggiano). The ideological adjustments necessitated by these far-reaching alterations in the fabric of life have consistently generated a literary response or, as Octavio Paz notes in *Los hijos del limo*, modern poetry has always represented a reaction against the modern era and its various manifestations, whether they be the Enlightenment, critical reason, liberalism, positivism, or Marxism (10). Modernism is the literary response to Spanish America's entrance into modernity. It is a response to the spiritual and aesthetic vacuum created by the positivist abandonment of religion and metaphysics in favor of science as well as by the positivist support of materialistic, bourgeois values.

As the Modernists formulated their reaction to modernity and sought to deal with their feelings of alienation and anguish, they discovered appealing paradigms in the European literature that they had rushed to read in their attempt to create a modern poetic language consonant with the modern times. They found appropriate models in English and German Romanticism and French Symbolism, for these literary movements too had been reactions to the spiritual upheavals generated by modern life. A primary design that the Romantics elaborated for possible recovery and that was later adapted by the Symbolists and the Modernists centers on analogy, that vision of the universe as a system of correspondences in which language is the universe's double.

The Modernist recourse to analogy sheds light on its cosmopolitanism, its obsession with verbal elegance and musicality, and its insistence on artistic freedom, formal experimentation, and heightened individuality. Many of these features, as well as others, were further fostered by the artistic rejection of what Calinescu calls "bourgeois modernity" (41-58). As Spanish America entered the world economy, it came in touch with a tradition of modern values which encouraged faith in progress, pragmatism, and the beneficial effects of science and technology. Commercialization and com- modification affected all aspects of life including art and time, and success was judged by the accumulation of wealth. Modernist authors responded to the resulting superficiality and vacuity of everyday existence with what had become another tradition, namely, the expression of defiantly hostile anti- bourgeois attitudes. This expression took many forms including art for art's sake, eccentricity, dandyism, and decadentism.

In their unrelenting search for the ideal poetic language, one with which they could address their concerns regarding the life and future of their countries, Modernist poets embraced and reconciled varying styles, images, religious beliefs, philosophic perspectives, and modes of discourse. Their ability and desire to incorporate a bewildering diversity of images and ideas is linked, in part, to the economic imperialism of the end of the nineteenth century. Surrounded by an overwhelming proliferation of imported manu- factured items, the Modernists created a parallel poetic environment in which things proliferate not in a referential but in an artificial system (González Echevarría 159). Nature is filtered through any number of aesthetic landscapes from any number of cultures, periods, or artistic media. Modernist art is filled with Versaillesque palaces, Oriental gardens and interiors, gods and nymphs, gold and pearls, folding screens (*biombos*), divans, lacquered pieces, urns, and tapestries (Pacheco 1:VII-LI). These places and things are described—especially in early Modernist verse—with sophisticated vocabulary and numerous adjectives that both reinforce a sense of wealth and accumulation and, more importantly, reflect the relationship that Modernist poets had with the materialism of bourgeois society (Jitrik 95). This relationship was strongly ambivalent. On the one hand, the values of the dominant classes are exalted in Modernism's rich language. On the other, however, the emphasis on wealth is criticized as superficial when it is seen as an end in itself and not recognized as subservient to the poets' profound search for transcendental beauty and universal harmony.[3]

The impact of this socio-political context on Modernism has generally been overlooked in favor of literary factors. It is, however, precisely this context that forms the background to poems by Darío that have not been considered political but that now can be read as reflections of socio-political concerns. Darío's response to the spiritual and aesthetic vacuum in Spanish America resulting from the materialistic and positivistic orientation of bourgeois culture is present in his formulation of Modernist principles, goals, and ideals. The challenge presented to bourgeois society by these ideals is political in so far as through them Darío aspired to reorder dominant values, placing transcendental, poetic goals above materialistic ends. Yet the language of exaltation comes, at least at first, from the flood of luxury items and cultural models imported into Spanish America. Darío's struggle to find himself and a modern mode of discourse for Spanish America—one that is truly Spanish American—persists throughout both editions of *Azul...*, both editions of *Prosas profanas* [*Profane Proses*], and into *Cantos de vida y esperanza*. However, by the time he publishes *Cantos*, following the Spanish American War and U.S. intervention in Panama, certain elements have changed, and in his work the subtle discussion of socio-political tensions is replaced by boldly political statements.

While "politics" is easily found in Darío's earliest poetry, *Azul...* has generally been considered apolitically aesthetic and "esteticista" [preoccupied by aesthetic concerns]. The short stories and the vignettes of "En Chile" ["In Chile"] show Darío's eagerness to experiment with the styles of many periods, his enthusiasm for the creative possibilities of all the arts, and his audacity, like that of the Romantics before him, in breaking out of the traditional confines of specific genres. Equally important, however, was Darío's expression of disillusionment with the mundane and pedestrian, especially when everyday reality implied a withering of aesthetic and spiritual powers. "El rubí" ["The Ruby"], "El sátiro sordo" ["The Deaf Satyr"], "El palacio del sol" ["The Sun Palace"], "El rey burgués" ["The Bourgeois King"] and, perhaps most directly, the introductory section of "En Chile" all criticize the limited and limiting vision of bourgeois materialism, science, and technology. "En Chile" begins with a sentence-long paragraph that suggests the fundamental focus of Darío's writings at this point.

Sin pinceles, sin paleta, sin papel, sin lápiz, Ricardo, poeta lírico incorregible, huyendo de las agitaciones y turbulencias, de las máquinas y de los fardos, del ruido monótono de los tranvías y el chocar de los caballos con su repiqueteo de caracoles sobre las piedras; del tropel de los comerciantes; del grito de los vendedores de diarios; del incesante bullicio e inacabable hervor de este puerto; en busca de impresiones y de cuadros, subió al Cerro Alegre, que, gallardo como una gran roca florecida, luce sus flancos verdes, sus montículos coronados de casas risueñas escalonadas en la altura, rodeadas de jardines, con ondeantes cortinas de enredaderas, jaulas de pájaros, jarras de flores, rejas vistosas y niños rubios de caras angélicas.

[Without brushes, without palette, without paper, without pencil, fleeing the excitement and confusion, the machines and bundles, the monotonous noise of the trolleys and the jostling of horses with their ringing of hooves on the stones, the throng of merchants, the shouts of vendors, the incessant bustle and unending fervor of this port in search of impressions and scenes, Ricardo, an incorrigible lyric poet, climbed up to Happy Hill, which, elegant like a great flowering rock, displays its green sides, its mound crowned by smiling houses terraced at the summit, homes surrounded by gardens, with waving curtains of vines, cages of birds, vases of flowers, attractive railings, and blond children with angelic faces.]

The world of the modern, industrial city with its traffic, noise, and newspapers (the commercial side of writing) is left behind in search of "impressions and scenes," that is, in search of a nature filtered through, captured in (like the caged birds and cut flowers), and idealized by art (blond children with angelic faces). He leaves the Valparaíso "that performs transactions and that walks like a gust, that peoples the stores and invades the banks" in hopes of finding "el inmenso espacio azul" ["the immense blue space"]—not only the free, clear sky of beauty and tranquility, but also the source of artistic vision, which converts the author into a seer capable of recording the profound realities of existence, an existence that is in essence beauty and harmony, an existence that is offered as an alternative to the crass commercialization of the urban setting.

The poems of the first edition of *Azul*...reflect the same tensions and longings mixed with an additional element, that of erotic passion. "El año lírico," ["The Lyric Year"] which begins the poetic selection, is an escape from the prosaic similar to that found in "En Chile" except the exotic, fanciful, and exquisite settings underscore a fundamental aspiration toward a harmony that is intimately linked to the fulfillment of sexual desire. Woman, more than the poet's Muse, is the Other that complements and completes and with whom the poet attains a vision of beauty, harmony, and artistic perfection that is simultaneously in tune with and supported by nature.

This exaltation of the seasons, of the natural order of things, and of sexuality is, as Paz recognized with regard to the Romantics, simultaneously a moral and political critique of civilization and an affirmation of a time before history (*Los hijos del limo* 56-60). Erotic passion is a part of nature that has been inhibited and/or destroyed by the social order. Reclaiming its importance becomes linked with intuiting a primordial, more perfect world. As a result, these poems offer a vision that is atemporal and cosmopolitan (from classical antiquity in "Primaveral" ["Spring"], from British India in "Estival" ["Summer"], from the timeless world of art in "Autumnal" ["Fall"] and from South America in "Invernal" ["Winter"]) yet rooted in a reaction to a time and place. The political dimension is most evident in "Estival." Here the flow of sexual energy, which is portrayed as the animating force in nature and the inexorable bond between male and female, is disrupted by a cruel and senseless act on the part of the Prince of Wales. Power and modern technology burst upon a scene of lush sensuality and animalistic eroticism interrupting the natural order of things. The implications are both political and philosophic: human action must correspond to the natural harmony in life. Uninformed intervention destabilizes the balance of creation, unlocking violence, pain, and discord. Society must heed those who are in tune with the life force rather than those who blindly impose their will on it.[4]

To the 1890 edition of *Azul*...Darío added poems that highlight his rapid maturation and his continued preoccupation with finding the "right" language for Spanish America. Most of the poems deal with literary figures and themes, with the exception of the first of the "Sonetos" ["Sonnets"] which describes the heroism of the Araucanian chief Caupolicán. The subject and placement of this initial poem colors the readings of those that follow, especially the sonnet on "Salvador Díaz Mirón," which addresses the issue of the "newness" of the world for which the Modernists aspire to speak. Darío praises Díaz Mirón for the unfettered poetry with which the Mexican proclaims artistic strength and political freedom. The goal shared by both Modernists is to create a powerful new language that will speak for the nations of Spanish America, a language that breaks the chains of Spanish rule, that is up to date with Europe and North America, and that is, at the same time, faithful to Spanish America's originality and difference, that is, faithful to the ancient traditions and values represented by Caupolicán.

This new, Modernist language is in evidence with the subsequent publication of *Prosas profanas* in 1896. The struggles faced in the formulation of this new language appear in the form and substance of the prose introduction, "Palabras liminares," ["Liminal Words"] and in many of the poems of the collection. Despite the most widely held perceptions regarding *Prosas profanas*, these struggles continue to reflect a serious mix of social, economic, political as well as artistic considerations.

Prosas profanas is often described as a youthful, exuberant work full of exotic frivolity, playful imagination, and pleasure. When Darío himself refers to the content of the collection and its title he directs attention toward sexual passion—a sexual passion that is inextricably linked to art, poetic creation, music, and religion. He wrote: "Yo he dicho, en la misa rosa de mi juventud, mis antífonas, mis secuencias, mis profanas prosas." ["I have said, in the pink Mass of my youth, my antiphons, my sequences, my profane proses."] Darío plays with the medieval allusions, breaks expectations regarding the genre in question, and equates divine love and religious devotion with sexual exploits. While pleasure is certainly at issue here, so is a great deal more. As Javier Herrero has pointed out, this blasphemous religiosity consists of replacing the Christian gospel with a new one in which the altar is presided over by Venus. Darío aspires to a mystical experience—radically different from those of Catholic mystics—that reveals the meaning of the universe, life, and art. His poetic renovation proposes a revolutionary change in values (Herrero: 40-43).

It becomes clear that Darío's preoccupation with sexuality is linked to his fascination with the limits, restrictions, and constraints imposed on behavior, language, and vision by society. As a result, the socio-cultural context of Modernism is never far from his mind. He begins "Palabras liminares" with regret over the lack of understanding common to the general public and to professionals. It is art that sets him—and the others that he would rally to his cause—apart. Yet art is not imitation; it is the transgressing of limits; it is the reinterpretation and revitalization of habit and custom by each artist.

The art that Darío envisions is presented as an alternative to the dominant values of the day. Its aristocratic, exotic, and fanciful elements are offered in response to and escape from the vulgar materialism that flourished at the expense of aesthetic and spiritual concerns. This unstated dissatisfaction with the status quo forms the background to Darío's declaration that "yo detesto la vida y el tiempo en que me tocó nacer..." ["I detest the life and times to which I was born..."] This statement is not meant, however, as a rejection of Spanish America. Darío finds poetry in "our America," as he did in *Azul...*, in "the old things," in Palenke and Utatlán, in the sensual and refined Inca, and in the great Montezuma. The thrust is, nevertheless, toward the cosmopolis, exemplified by Buenos Aires, and toward the future, for in this envisioned milieu the Spanish, Spanish American, and European (Parisian) would find a balance that would facilitate the creation of a modern mode of discourse, that is, the creation of musical verses in which "each word has a soul."

The reference to the soul of language implies a body which, in Darío's poetry, is clearly female. She is—as seen before—the ideal other who promises love, happiness, erotic fulfillment, emotional and even spiritual salvation. She is also the lover of the poet, the "flesh" of poetry, poetic language. With her, the poet will achieve his ideal and visionary discourse —a discourse that fills the void left by positivism, materialism, and commercialization. He therefore concludes "Palabras liminares" with the mandate: "Y la primera ley, creador: crear. Bufe el eunuco. Cuando una musa te dé un hijo, queden las otras ocho encinta." ["And the first law, creator: create. Let the eunuch snort. When one muse gives you a child, let the other eight remain pregnant."] Despite the jocular tone of this command, Darío is never blind to the possibility that he may not find the language that would make possible his response to society and his vision for the future. This fear forms the background to the first three poems of *Prosas profanas*.

Darío begins with Eulalia of "Era un aire suave...." ["It was a soft air..."] By characterizing her—or actually her golden laughter—as cruel, Darío softens the bold and ambitious declaration of artistic goals of the prose preface. He acknowledges the possible recalcitrance on the part of poetic language to be molded to the form he envisions. By calling her eternal, he affirms his aspiration to take Spanish American discourse out of its limited and anachronistic present and to have it become "modern" through a syncretic exaltation of the beauty and art of all ages—primarily as they come to him filtered through contemporary French sensibilities.

At the perfect point in the timeless evening of the poem, surrounded by auspicious music and an ivory-white swan, the poet will join with Eulalia, vanquishing his rivals, the "vizconde rubio" [the blond viscount] and the "abate joven" [the young abbot]. This reference to the defeat of his social and literary competitors is crucial. It underscores the poet's success in a society where artists are no longer rewarded, through patronage, for the nobility of their spirit but rather must compete in the marketplace producing a desirable commodity. It also emphasizes Darío's sense of having "caught up" with and even superseded those who courted Eulalia earlier, namely his literary role models—most specifically the Verlaine of *Fêtes galantes*. Unfortunately the poet's happiness is mitigated by the fact that there is no lasting amorous conquest. On the contrary, he remains her page, her servant. The first section of "Era un aire suave..." ends with Eulalia's mocking laughter.[5]

With this emphasis on Eulalia's aloof nature and the possible intractability of poetic language, "Era una aire suave..." anticipates the lament as well as the images of "Yo persigo una forma..." ["I pursue a form..."], which was added as the last poem to the 1901 edition of *Prosas profanas*. But whereas "Yo persigo una forma..." pretends to decry the poet's limitations ("Yo persigo una forma que no encuentra mi estilo, /... / Y no hallo sino la palabra que huye,/ la iniciación melódica que de la flauta fluye..." ["I pursue a form that my style does not find, /... / And I find only the word that flees,/ the melodic initiation that flows from the flute..."]), "Era una aire suave..." suggests cautious optimism as Darío enters the *fêtes galantes* and competes with Verlaine and his other (imported) role models and rivals.

Darío's attempt to respond to and master the proliferation of cultural elements that dominated European and Spanish American values at the end of the nineteenth century is central as well to "Divagación" ["Wandering"], the second poem in *Prosas profanas*. "Divagación" is filled with cosmopolitan references, exquisite vocabulary, and esoteric proper names. And, like "Era un aire suave...," it deals with a beloved that is much more than a possible love interest. She is the other with whom Darío aspires to attain the perfect poetic vision. Yet, throughout his poetic journey across the globe, he finds that no one woman can satisfy, no one style can fulfill his longing for an original mode of discourse. The poet's aspiration to a comprehensive grasp of reality takes him through a literary "museum," which he ultimately leaves behind. He affirms instead the transcendental power of poetry, through which he claims divine knowledge and authority. He makes this claim in the final three stanzas of the poem in which he leads the reader off the map, out of the world of inhibiting cultural conventions, into the realm where all styles become one.

At the end, Darío's female Other evokes a male voice that speaks with mystical overtones. When Darío suggests that his love sleeps as he lights the censers, the quiet takes on a religious quality that is reinforced by the mention of a unicorn—associated with Christ—and dromedaries. He thus broadens his goals. He strives to create a poetry that is simultaneously Spanish American and universal, that is, a poetry that surpasses its artistic antecedents. He also aspires to achieve a divine mission. The poem concludes with the savior of poetry—as does "Sonatina" ["Sonatina"], the next poem of the collection.

At the end of "Sonatina" the sad princess is given hope for happiness, love, life, and salvation in the form of "el feliz caballero que te adora sin verte,/ y que llega de lejos, vencedor de la Muerte,/ a encenderte los labios con su beso de amor!" ["the happy knight that adores you without seeing you,/ and that arrives from far away, conqueror of Death,/ to inflame your lips with his kiss of love!"] No matter how frivolous "Sonatina" appears at first with its nursery-rhyme rhythm and its fanciful gardens and palace, by the final stanza the profound nature of the fairy-tale couple becomes evident. The knight who arrives mounted on his winged steed, victor of Death, is more than the proverbial "prince charming" who appears in time to revive the love-sick princess. The linking of the hero/savior with Pegasus, the horse of the Muses, identifies the hero as an artist. The princess that awaits him is the female consort of the male creator, poetic language.

Darío holds that poetic language has lost its vitality and color; it is imprisoned in a golden vessel. The music that should be heard is silent; the atmosphere is stifling, unimaginative, and uninspired. Poetry's only escape is through dreams of freedom and flight. She longs to attain unmediated contact with the order of the cosmos. To this end, she rejects wealth and the reigning values of the day ("ya no quiere el palacio..." ["she no longer wants the palace..."]) because they interfere with her achieving the higher goal and greater pleasure of understanding the universe.

The objects that have come to be associated with the princess's imprisonment as well as with her physical and spiritual decline are boldly denounced. But Darío's detailed rejection is just the opposite of what it claims to be. It becomes a way of possessing, internalizing, and incorporating into his art those aspects that he pretends to disown—very much like the cultural patterns "superseded" in "Divagación" or the viscount and abbot "defeated" in "Era un aire suave..." He disdains the palace and its wealth as incapable of providing spiritual gratification. In fact they appear as obstacles to knowledge and distractions that prevent the enlightened from seeing beyond the superficial trappings of life. At the same time, however, he takes possession of the opulence through description. This ambivalent position with regard to the riches of the palace reflects an even greater struggle—one common among Modernist authors. The poet challenges the superficial materialism of the bourgeois society in which he lives. He strives to assert the worth of his creation in an environment that tends to ignore the value of his art, knowledge, and spiritual insight. The poet fights for the respect and esteem that he feels he deserves by taking up the weapons of the enemy— wealth and opulence—and by poetically rendering them impotent.

The luxuries owned by the princess proliferate like the objects imported into Spanish America. Indeed, they are part of her attraction. She is a regal alternative to a bourgeois world, a means of reaching beyond the uninspired and prosaic. Darío's incorporation of these luxuries into his art indicate the degree to which he is part and parcel of his times and social context. He respects the art and objects brought from Europe and the Orient—like the many cultural possibilities considered in "Divagación"—while ultimately rejecting them as limited and disdaining those who fail to appreciate their transcendental worth. More importantly, the princess's wealth is made subservient to the spiritual wealth offered by the poet. The value of poetic vision and artistic achievement is thus doubly raised above everyday reality— "the life and times to which [he] was born." Only after the princess (poetic language) recognizes the appropriate (inferior) position of material wealth can the poet fulfill his superior destiny. In short, the poetic goals outlined in "Sonatina" and the other pieces examined point to a political and philosophic awareness behind the frivolity, musicality, and aesthetic play with which *Prosas profanas* has generally been characterized.[6] In these works the passing pleasure of artistic experimentation and/or of the sexual *pas de deux* is an aspect of a profound, enduring response to a given social context, a response that reflects transcendental concerns.

This trajectory, which began with *Azul...*and continued in *Prosas profanas*, reaches its zenith in *Cantos de vida y esperanza*, in which Darío reveals himself to be a poet who is more sure of himself and more willing to express his sense of difference—his sense of being Spanish American. The imported models that dominated his poetic imagination in *Prosas profanas* have receded. His concerns reflect his sad awareness of the passage of time and of a youthful squandering of energies. At the same time, he directly addresses in a few powerful poems the socio-political context only alluded to previously. Darío discusses this change in the prose "Prefacio" ["Preface"] to *Cantos de vida y esperanza.* He wrote "Si en estos cantos hay política, es porque aparece universal. Y si encontráis versos a un presidente, es porque son un clamor continental. Mañana podremos ser yanquis (y es lo más probable); de todas maneras, mi protesta queda escrita sobre las alas de los inmaculados cisnes, tan ilustres como Júpiter." ["If there is politics in these songs, it is because it is universally present. And if you find verses to a president, it is because they are a continental clamor. Tomorrow we can all be *yanquis* (and that is what is most probable); at any rate, my protest remains written on the wings of immaculate swans, as illustrious as Jupiter."] Whether this willingness to express openly his political concerns is a result of external events—the Spanish American War or U.S. intervention in Central America—or his and Modernism's literary successes, Darío now speaks with his own voice.

The experimentation with rhythm and rhyme schemes, verse forms, styles, images, myths, religions, and philosophies that underpins the richness of Modernist art began as a search that inevitably turns back upon itself, that is, it is linked to the question of Spanish American modernity and, in broader terms, Spanish American identity. As the Modernist poets reflected upon the formation of nation states and the integration of Spanish America into the world economy, they confronted the issue of Spanish American literature. From this perspective, the political impetus of Modernist literature becomes evident—even in the early Modernist verse that had been defined by Modernism's first commentators as escapist and superficial.

Vanderbilt University

NOTES

1 Some recent studies that have focused on political concerns see Darío as fundamentally apolitical but unavoidably aware of certain political events (González-Rodas and Lancha). Even those studies that perceive Darío to be a politically sensitive and committed writer have tended to emphasize this prose works or the poems already mentioned (see Cubeñas, Arellano, and Allen).

2 For an informative discussion of this situation see Washington Delgado.

3 From a different perspective from the one developed here, Carlos Blanco Aguinaga arrives at a similar conclusion. He indicates that "...what happens in that Darío's work not only reflects the contradictions of independency, which we now recognize as insoluble within the structure that gives rise to them, but more specifically it reflects and refracts the self-deception and the false consciousness with which the Spanish American oligarchy happily postpones facing those contradictions" (p. 553). With this

view in mind, Blanco Aguinaga proposes a basis for reconciling apparently contradictory tendencies in Darío's early and late works and in his prose and poetry.

4 Rubén Benítez, while focusing on the poem's artistic elements, recognized its political implications. He suggests the "Estival" proposes to the reader a positive reevaluation of those aspects of the world and of man that bourgeois civilization rejects as barbaric. Futhermore, he underscores Darío's ongoing political concerns when he links "Estival" with "A Roosevelt" and the Prince of Wales with Theodore Roosevelt.

5 Ricardo J. Kaliman also recognizes the importance of "Era un aire suave..." as a Modernist manifesto, underscoring the parallel between Eulalia and Poetic language. His emphasis, however, is on the tension between the Parnassian and Symbolist strains in Modernist verse. He believes that in the same way that Eulalia rebels against the aristocractic and refined flirtations of her suitors, preferring the authenticity of the flesh (the page), the Modernist poet subverts the Parnassian model through the restoration of sexual desire as the psychic instance that defines the image (31).

6 Eliana Rivero highlights the socio-historic context of "Sonatina." She does not, however, find in the poem a proposal of alternate values.

WORKS CITED

Allen, David H., Jr. "Rubén Darío frente a la creciente influencia de los Estados Unidos." *Revista Iberoamericana* 33 (1967): 387-93.

Anderson Imbert, Enrique. *Crítica interna.* Madrid: Taurus, 1960.

Arellano, Jorge Eduardo. "Rubén Darío: Antimperialista." *Casa de las Américas* 133 (1982): 104-8.

Benítez, Rubén. "La expresión de lo primitivo en 'Estival', de Darío." *Revista Iberoamericana* 33 (1967): 237-49.

Blanco Aguinaga, Carlos. "La ideología de las clase dominante en la obra Rubén Darío." *Revista de Filología Hispánica* 29 (1980): 520-55.

Calinescu, Matei. *Faces of Modernity: Avant-Garde, Decadence, Kitsch.* Bloomington: Indiana University Press, 1977.

Cubeñas, José Antonio. "Presencia socio-cultural en la poesía de Rubén Darío." *Abside: Revista de Cultura Mejicana* 41 (1977): 263-81.

Delgado, Washington. "Situación social de la poesía de Rubén Darío." *Cuadernos Hispanoamericanos* 312 (1976): 575-89.

González Echevarría, Roberto. "Modernidad, modernismo y nueva narrativa: El recurso del método." *Revista Interamericana de Bibliografía/ Interamerican Review of Bibliography* 30 (1980): 157-63.

González-Rodas, Publio. "Rubén Darío y Theodore Roosevelt." *Cuadernos Americanos* 168 (1970): 185-92.

Henríquez Ureña, Max. *Breve historia del modernismo.* Mexico City: Fondo de Cultura Económica, 1954.

Herrero, Javier. "Fin de siglo y modernismo. La virgen y la hetaira." *Revista Iberoamericana* 46 (1980): 29-50.

Jitrik, Noé. *Las contradicciones del modernismo.* Mexico City: El Colegio de México, 1978.

Lancha, Charles. "Notes sur l'anti-imperialisme de Rubén Darío." *Melange a la Memoire d'Andre Toucla-Ruau.* Provence: L'Université de Provence, 1980. 255-67.

Pacheco, José Emilio. *Antología del modernismo* [*1884-1921*]. Mexico City: Universidad Nacional Autónoma de México, 1978.
Paz, Octavio. *Los hijos del limo: Del romanticismo a la vanguardia.* Barcelona: Seix Barral, 1974.
——. *Puertas al campo.* Mexico City: Universidad Nacional Autónoma de México, 1966.
Pérus, Françoise. *Literatura y sociedad en América Latina: El modernismo.* Havana: Casa de las Américas, 1976.
Rivero, Eliana. "Poesía modernista y perspectiva ideológica: La 'Sonatina' de Rubén Darío." *Explicación de Textos Literarios* 8 (1979-1980): 51-58.
Roggiano, Alfredo A. "Modernismo: Origen de la palabra y evolución de un concepto." *In Honor of Boyd G. Carter.* Ed. Catherine Vera and George R. McMurray. Laramie: University of Wyoming, 1981. 93-103.
Salinas, Pedro. *La poesía de Rubén Darío.* Buenos Aires: Losada, 1948.
Torres-Ríoseco, Arturo. *Nueva historia de la gran literatura iberoamericana.* Buenos Aires: Emecé Editores, 1960.

LA IDEOLOGÍA DE LA CLASE DOMINANTE EN LA OBRA RUBÉN DARÍO*

Trataré centralmente de *Azul* (1888) y de *Prosas profanas* (1896) ya que, según Darío mismo escribe en *Historia de mis libros, Azul* es el "comienzo" de su "primavera" y *Prosas profanas* su "primavera plena". Pero será también necesario, desde luego, tener en cuenta la poesía posterior al novecientos. Y por razones que espero resulten evidentes, intentaré establecer las relaciones necesarias entre la obra poética y la prosa periodística de Rubén.

Y nada mejor que empezar por el principio, que es "El rey burgués", primer texto de *Azul,* cuyo título mismo exige ya comentario. El título, por supuesto, tiene que aclararse en el texto del cuento, pero en cuanto que toda lectura es diacrónica, por lo menos en una primera vuelta, cada palabra, a la vez que nos avanza hacia la lectura total, nos detiene en sus propios posibles significados provocando anticipaciones que pueden o no verse confirmadas. En este sentido, el título en sí mismo supone ya la existencia de un código y un contexto sin los cuales no sería posible la anticipación que pretende provocarnos. Hemos, pues, de preguntar cuáles son el contexto y el código en que ese título pretende sostenerse.

Sabemos sobradamente que, en principio, *rey* y *burgués* son términos que se oponen, realidades que deberían ser contrarias. La existencia de reyes en la sociedad burguesa moderna no excluye el hecho de que *rey* nos remite a estructuras sociales precapitalis-

* Apasionado, entusiasta crítico del talento creador, Raimundo Lida fue siempre admirador de Rubén Darío. No lo es mucho menos, a su manera, quien esto escribe. Sin embargo, dudo que Raimundo Lida hubiese estado de acuerdo con las páginas que siguen. Lo cual, sospecho, no le hubiese impedido leerlas con la generosidad que siempre demostró en la atención que prestaba a todo intento crítico, por ajeno que fuese a su propio pensamiento. De aquí que en recuerdo suyo me anime ahora a publicar este ensayo escrito hace ya algunos años, básicamente inédito, y coincidente en gran medida con las propuestas del libro de FRANÇOISE PERUS, *Literatura y sociedad en América latina: el modernismo,* México, 1976.

tas, en tanto que *burgués*, obviamente, es uno de los términos clave de las relaciones de producción capitalistas. Por lo tanto, y a las claras, el título del primer cuento de *Azul* pretende establecer irónicamente una contradicción.

Sabemos también que esa contradicción corresponde a una realidad histórica concretísima: hubo en Francia un "rey burgués", impuesto por la revolución de julio de 1830 en contra de los "legitimistas" que pretendían volver a los fundamentos sociales anteriores a 1789. Luis Felipe significó un triunfo de la burguesía, pero —por así decirlo— de una burguesía incapaz aún de liberarse radicalmente del peso de la historia del Antiguo Régimen. De ahí que aunque el acento de la frase "rey burgués" cae sobre el segundo término, en ese adjetivo sobreviva en algo el "rey". Lo que esa sobrevivencia significó históricamente fue la imposibilidad de la burguesía de democratizar plenamente, a su medida, el nuevo sistema. Tal imposibilidad, que fue también temor a perder las riendas del proceso histórico, fue la causa que llevó al intento de liquidación sistemática de los republicanos entre 1830 y 1840 y a restringir el derecho al voto a los doscientos mil ciudadanos más ricos de Francia. "Rey", pues, coyunturalmente necesario, para un desarrollo "burgués" que en aquel momento se encontraba dirigido y controlado por un núcleo fuerte y muy limitado de banqueros e industriales que temían la República.

En ese conocido arreglo que caracteriza a la Francia de mediados del XIX, el afianzamiento de la burguesía exigía no sólo la explotación masiva de la fuerza de trabajo y la ampliación del mercado, sino también —y ya en el ámbito que aquí nos ocupa directamente— la expansión, democratización y vulgarización de la cultura. Se amplía, por ejemplo, el círculo de los lectores en el mercado de la prosa y los selectos, que temen dejar de serlo, se oponen al proceso, recurriendo no pocas veces a *standards* del Antiguo Régimen. Publicado nuestro cuento en 1888, su título nos remite, por lo tanto, no sólo a la Francia de 1830-1840, sino a un largo proceso europeo en el cual, además de la crítica cultural de "legitimistas" como Balzac, son figuras centrales en Francia Théophile Gautier, Baudelaire, Flaubert, los Goncourt, etc. Nada que en el cuento que vamos a leer vaya explícita o implícitamente en estas direcciones podrá, por lo tanto, sorprendernos. Debemos, sin embargo, preguntarnos si el contexto y el código eran los mismos que para nosotros para los lectores de Santiago de Chile (o, más generalmente, de Hispanoamérica) en 1888.

Hemos de suponer en algunas de aquellas repúblicas una conciencia relativamente generalizada de la noción de "rey" en muy diversas capas sociales. Podemos suponer también que, muy superados ya en 1888 los antagonismos del principio de la Independencia, tal conciencia era, en general, antagónica a todo lo monárquico en las capas más avanzadas de la sociedad. Pero de ningún modo puede pensarse que la conciencia del antagonismo existente entre "rey" y "burgués" se basara en el Chile (o en la Hispanoamérica) de 1888 en la realidad de unas estructuras socioeconómicas propias y autónomas. En este contexto, el peso del título —y lo veremos en el cuento mismo— sigue cayendo contradictoriamente sobre "burgués"; pero, ¿qué era (o significaba) ser burgués en Santiago de Chile en 1888? Dicho de otro modo, ¿quién en Hispanoamérica podía entender en 1888, aunque fuese nebulosamente, las complejas contradicciones de la sociedad capitalista decimonónica a que el título nos remite?

No podemos sino suponer que Darío pensaba que alguien compartiría con él el código y contextos que el título de su cuento exigían. Y hemos de concluir que en el Chile de 1888 los supuestos cómplices del autor habían de ser, por fuerza, miembros de un grupo sociocultural muy selecto. Concretamente, los orientados hacia Europa; es decir, la clase dominante y sus intelectuales orgánicos.

El título del primer cuento de *Azul* (título tan importante, no lo olvidemos, que Darío lo consideró por un tiempo como válido para encabezar todo el volumen), nos remite, por lo tanto, no sólo al complejo significado europeo (y hoy general) de las contradicciones inherentes al desarrollo de la sociedad industrial, sino —y más concretamente— a la contradicción existente a fines del XIX entre la economía y la cultura americanas y Europa, así como, por lo tanto, a las relaciones existentes en Hispanoamérica entre la clase dominante y el poeta.

Es claro que podría igualmente llegarse a tan perogrullesca conclusión si, tomando en cuenta el reducido número de lectores de fin de siglo en Hispanoamérica y en Chile supiésemos cuántos y quiénes leían *La época* de Santiago en 1887 y 1888 y cuál fue exactamente la reducida tirada de *Azul*. Pero, en rigor, no importa por dónde iniciemos la comprensión de un texto. Siempre será inevitable establecer lo que P. N. Medvenev calificaba de relación dialéctica entre lo "interno" y lo "externo"; pero aparte de las razones tácticas que puedan determinar nuestra decisión de iniciar el estudio de un fenómeno cualquiera desde dentro y no desde fuera, la razón teórica que a ello nos obliga es poderosa, y es la siguiente: eso que llamamos "contexto" no es ningún nebuloso ambiente que "envuelve" una realidad específica a la que llamamos "texto". Es, de hecho, su esencia misma. Lo mismo ocurre con el código. Y la separación no dialéctica de estos elementos es un error idealista análogo al de la separación entre fondo y forma.

Pero entremos ya a "El rey burgués". Comentaremos sólo los ocho primeros párrafos, en los que se describe el escenario general en que el tal "rey" ejerce su poderío.

EL REY BURGUÉS

Cuento alegre

¡Amigo! El cielo está opaco, el aire frío, el día triste. Un cuento alegre... así como para distraer las brumosas y grises melancolías, helo aquí:

Había en una ciudad inmensa y brillante un rey muy poderoso, que tenía trajes caprichosos y ricos, esclavas desnudas, blancas y negras, caballos de largas crines, armas flamantísimas, galgos rápidos y monteros con cuernos de bronce, que llenaban el viento con sus fanfarrias. [¿Era un rey poeta? No, amigo mío: era el Rey Burgués.]

Era muy aficionado a las artes el soberano, y favorecía con largueza a sus músicos, a sus hacedores de ditirambos, pintores, escultores, [boticarios, barberos] y maestros de esgrima.

Cuando iba a la floresta, junto al corzo o jabalí herido y sangriento, hacía improvisar a sus profesores de retórica canciones alusivas; los criados llenaban las copas del vino de oro que hierve, y las mujeres batían palmas con movimientos rítmicos y gallardos. Era un rey sol, en su Babilonia llena de músicas, de carcajadas y de ruido de festín. Cuando se hastiaba de la ciudad bullente, iba de caza atronando el bosque con sus tropeles; y hacía salir de sus nidos a las aves asustadas, y el vocerío repercutía en lo más escondido de las cavernas. Los perros de patas elásticas iban rompiendo la maleza en la carrera, y los cazadores, inclinados sobre el pescuezo de los caballos, hacían ondear los mantos purpúreos y llevaban las caras encendidas y las cabelleras al viento.

El rey tenía un palacio soberbio donde había acumulado riquezas y objetos de arte maravillosos. Llegaba a él por entre grupos de lilas y extensos estanques, siendo saludado por los cisnes de cuellos blancos, antes que por los lacayos estirados. [Buen gusto.] Subía por una escalera llena de columnas de alabastro y de esmaragdita, que tenía a los lados leones de mármol como los de los tronos salomónicos. [Refinamiento.] A más de los cisnes, tenía una vasta pajarera, como amante de la armonía, del arrullo, del trino y cerca de ella iba a ensanchar su espíritu, [leyendo novelas de M. Ohnet, o bellos libros sobre cuestiones gramaticales, o críticas hermosillescas. Eso sí: defensor acérrimo de la corrección académica en letras, y del modo lamido en artes; alma sublime amante de la lija y de la ortografía.]

¡Japonerías! ¡Chinerías! [Por lujo y nada más.] Bien podía darse el placer de un salón digno del gusto de un Goncourt y de los millones de un Creso: quimeras de bronce con las fauces abiertas y las colas enroscadas, en grupos fantásticos y maravillosos; lacas de kioto con incrustaciones de hojas y ramas de una flora monstruosa, y animales de una fauna desconocida; mariposas de raros abanicos junto a las paredes; peces y gallos de colores; máscaras de gestos infernales y con ojos como si fuesen vivos; partesanas de hojas antiquísimas y empuñaduras con

dragones devorando flores de loto; y en conchas de huevo, túnicas de
seda amarilla, como tejidas con hilos de araña, sembradas de garzas
rojas y de verdes matas de arroz; y tibores, porcelanas de muchos siglos,
de aquellas en que hay guerreros tártaros con una piel que les cubre
hasta los riñones, y que llevan arcos estirados y manojos de flechas.

Por lo demás, había el salón griego, lleno de mármoles: diosas, musas,
ninfas y sátiros; el salón de los tiempos galantes, con cuadros del gran
Watteau y de Chardin; dos, tres, cuatro, ¡cuántos salones!

Y Mecenas se paseaba por todos, [con la cara inundada de cierta
majestad, el vientre feliz y la corona en la cabeza, como un rey de naipe.]

Si excluimos de la lectura los breves fragmentos que quedan
entre corchetes, destaca el hecho de que todas las posesiones y actos
del rey se nos representan con signo positivo. Nótese, por ejemplo,
que, frente al "burgués" Luis Felipe, a quien a un cierto nivel nos
remite el título (sin que se excluya el posterior Napoleón III), es
éste un "rey sol" cuyas posesiones y comportamientos podrían haber
satisfecho nada menos que el "gusto de los Goncourt", referencia
que debe hacernos tener en cuenta que son varias a lo largo de la
obra de Darío las menciones elogiosas de los hermanos Goncourt,
quienes, según sabemos, fueron no sólo fundadores de una selectí-
sima academia literaria privada, sino coleccionistas de "japonerías"
y "chinerías". Por lo demás, es bien sabido (e insistiré en ello)
que el término rey (como en el tigre "rey" de *Azul*; o en el "rey
del país de la Fantasía", o el "rey misterioso, magnífico y mago, /
dueño opulento de cien Estambules", de *Prosas profanas*), así como
el término *regio* (por ejemplo en "pájaro regio", o "regio Buenos
Aires", también en *Prosas profanas*), son signos siempre positivos
en la obra de Darío.

Hemos de recordar igualmente que el escenario en que este rey
ejerce su autoridad y su buen gusto se reproduce parcialmente, sin
ironía ninguna, en *Prosas profanas*, por ejemplo en las estrofas
finales de "Era un aire suave" y en las estrofas quinta y sexta de
"Sonatina", donde la triste princesa deja escapar sus suspiros frente
a los "cisnes unánimes" del lago "azur" de un palacio que, de manera similar al del "rey burgués", "custodian cien negros con cien
alabardas".

Pero es claro que al no leer lo que ha quedado entre corchetes,
la mutilación a la que hemos sometido el texto ha consistido, precisamente, en eliminar por vía positiva la contradicción que el
título nos propone. En cuanto reintroducimos al texto lo censu-
rado, resulta obvio que lo que Darío se propone es liquidar la
contradicción por vía negativa, negando lo que afirma: este "rey
sol" no es tal, sino —sencillamente— su imitación burguesa. La
negación de los espectaculares elementos "positivos" es, sin embargo, puramente arbitraria; no se sostiene sobre análisis ninguno

y, de hecho, simplifica la contradicción histórica para poder eliminarla. Así, por ejemplo, este rey tiene, como debe ser, "buen gusto" y "refinamiento", pero, sin que sepamos por qué, pronunciados irónicamente. La explicación que sigue, "por lujo y nada más", no es, claro está, explicación ninguna ya que bien podríamos decir lo mismo de, por ejemplo, el mismísimo Rey Sol de Versalles. Como además parecería que este rey se sale de la norma al tener "el vientre feliz", apenas alcanza "cierta majestad" y no es, de hecho, sino "un rey de naipes".

Por más que busquemos en el texto sólo se encuentra un dato que —en opinión del narrador— distingue a este rey de los reyes verdaderos: además de los necesarios criados, esclavos, este rey tiene a su servicio músicos, pintores y escultores (lo que, habrá que suponer, no está mal); pero, curiosamente, no tiene en su corte poetas, sino "hacedores de ditirambos" y "profesores de retórica". Fácilmente entendemos, por lo tanto, en qué se distingue de los reyes ideales y por qué Darío no necesita apoyarse en ningún análisis para descubrirnos la realidad vulgar de lo burgués que esconde el "rey" tras su apariencia: no en vano ya en el segundo párrafo se nos prejuicia la opinión al explicársenos que lo que ocurre es que este rey (tan rico, elegante y poderoso como los mejores) *no es él mismo poeta*. Por lo tanto, es un rey burgués [1]. Con lo que se supone, o se pretende que supongamos, que otros reyes, los verdaderos, eran poetas (y, por lo tanto, reyes verdaderos, no burgueses). Y si no poetas, por lo menos mecenas que existen para que también el poeta tenga el "vientre feliz". Y si así "rey" se asimila a "poeta", es natural el proceso inverso: al final del cuento, en el gesto retórico con que se rechaza definitivamente al usurpador, se afirma que en otro mundo mejor "el arte no vestirá pantalones, sino mantas de llama o de oro": decidida voluntad de identificación del poeta con el más selecto poder "legitimista".

Y todo ello —importa insistir— arbitrariamente, sin el menor análisis o referencia histórica que nos adentre seriamente en las contradicciones a que, según hemos indicado, de hecho nos remite el título del cuento. Es de tal grado la simplificación en que pretende sostenerse la ironía destructiva que hasta de las otras artes (la música y la pintura, por ejemplo) se distancia el poeta. Nada dice para él de positivo acerca de este "rey" el que esas artes tengan cabida en su corte. Con lo que Darío da a cien leguas del blanco

---

[1] En su espléndido estudio de los cuentos de Darío, Raimundo Lida cita estas palabras de "El rey burgués": "¿Era un rey poeta? No, amigo mío: era el Rey Burgués", y comenta: "las mayúsculas de *Rey Burgués* se oponen con insolencia aplastante a *rey poeta*", *Cuentos completos de Rubén Darío*, México, 1950, p. xxvii.

al que apuntaba la crítica cultural de las vanguardias artísticas metropolitanas de las que el asunto se deriva.

Pero no es difícil descifrar la causa de tal simplificación, de tal superficialidad. La clave ha de encontrarse en que, de manera mucho más obvia que en los modelos de la vanguardia europea del xix, Darío no desprecia en absoluto lo burgués, sino que, siempre que ello le es conveniente, lo eleva a la categoría de *regio*. A la simplicidad con que lo burgués destruye lo regio en el primer cuento de *Azul*, corresponde el desenfado con que, una y otra vez, Darío eleva a la oligarquía hispanoamericana al rango de nobleza.

Ello puede parecer relativamente normal cuando al recordar a Balmaceda escribe que "fue el rey de un instante de su patria"[2]. Algo más sorprendente ha de ser, sin embargo, que al festejar en *Prosas profanas* la nada "real" calle de Florida, porque en ella se "mira pasar la Gloria, la Banca y el Sport", califique a Buenos Aires de "regio"[3]. A nivel aún más bajo —con respecto a la figura de Balmaceda, por ejemplo—, recordamos que en otro poema de *Prosas profanas* cuenta Darío gozoso que la "garçonnière" de un oligarca —a quien califica de "caballero"— ostenta "tapices rojos" y "panoplias de pinturas y armas", como los hogares mismos de la nobleza[4]. Merecería leerse con cuidado este poema, pero tendrá que bastar aquí un esquemático recuerdo de lo que en él se trata.

Unos jóvenes oligarcas, seguramente bonaerenses, reunidos en un "amable nido de soltero", que lo es, también, "de risas y versos, de placer sonoro", charlan y recitan de cosas de Venus, "la eterna Dea". Entre ellos, y momentáneamente como ellos, se encuentra el poeta, que comparte sus "sueños azules" y su "vino de oro". Se invierten, pues, los términos de "El rey burgués", ya que esta "burguesía" es "noble" precisamente porque admite en su seno a la poesía. No importa que la poesía sea o no para ellos un simple objeto de lujo más (y volveremos sobre esto). La situación es plenamente satisfactoria para el poeta, que desplaza entonces su foco de atención y, con un característico salto mortal al ámbito de la superestructura, pretende que lo que en la "garçonnière" reina no es el poder o el dinero, sino "la regia rima". El rey entre príncipes resulta ser así Darío mismo, poeta que, infinitamente más generoso de lo que con él pudiera ser un "rey burgués", en la estrofa final de su poema otorga a los señoritos oligarcas nada menos que "el lauro de la poesía".

El colmo de esta actitud que convierte a la Poesía —con ma-

[2] *La vida de Rubén Darío* (por él mismo), Barcelona, s. f., p. 72.

[3] "Del campo", en *Poesías*, Caracas, 1977, pp. 189-190. Todas las referencias a la poesía de Darío irán aquí según esta excelente edición.

[4] "Garçonnière", *op. cit.*, p. 195.

yúscula— en el punto de referencia de todo juicio de valor acerca
de las relaciones sociales, lo encontramos en el Prólogo a *El canto
errante* (1907). Sabemos del desafío de 1904 de Darío a Teodoro
Roosevelt, el cazador violento que ignoraba —entre otras cosas—
que "la América nuestra... tenía poetas / desde los viejos tiempos
de Netzahualcóyotl"; pero he aquí que *El canto errante* se abre
explicando que "el mayor elogio hecho recientemente a la Poesía
y a los poetas" viene precisamente en unas recientes palabras del
antes "terrible cazador", a quien ahora, por lo tanto, Darío califica
de "varón sensato". A este sorprendente cambio valorativo sigue la
explicación de que también "otros poderosos de la tierra, príncipes, políticos, millonarios, manifiestan una plausible deferencia por
el dios cuyo arco es de plata, y por sus representantes en una tierra
cada vez más vibrante de automóviles... y de bombas" [5]. Estamos
aquí en 1907 y Darío que, según veremos, ha tomado ya posición
clara con respecto a la lucha de clases, no podía ser más explícito:
los enemigos de la Poesía son dos, el burgués no sensato (es decir:
celui-qui-ne-comprends-pas, según las "Palabras liminares" de *Prosas profanas*) y sus contrarios dinamiteros. Volveremos sobre este
asunto; baste por ahora con lo entrevisto para entender la arbitrariedad confusionista de "El rey burgués", cuya propuesta es, en
rigor, elemental: valgan los "poderosos de la tierra" (frase en la
que no podemos menos que percibir la oposición a las palabras de
Martí) siempre que muestren una "plausible deferencia" por la
Poesía y por el bienestar de los poetas.

Ahora bien, ¿quiénes son esos poderosos? Quedan todavía en el
mundo, desde luego, algunos reyes y príncipes admirables por su
"buen gusto" (a partir de 1903 Eduardo de Inglaterra, por ejemplo, a diferencia del "comerciante" Leopoldo de Bélgica); pero son
ya pocos y, desde luego, no existen en América. Por lo tanto, el rey
no burgués, el rey verdadero, el "rey más hermoso que el día" ha
de ser sólo posible —con inevitable rima— si es "rey del País de la
Fantasía" [6]. Ocurre, sin embargo, que ya instalada la imaginación
en ese "País", todas las transformaciones son posibles, de modo
que, por ejemplo, cabe atribuir características nobiliarias incluso
a la clase representada en el ocio algo menos que estético de "Garçonnière". Si el poeta se encuentra entre un mecenazgo idealizado
y un mercado en el que no parece tener consumo seguro la Poesía,
la realidad tendrá que ser sustituida por lo irreal, entendiendo por
irreal lo inexistente. Así, veremos, la transformación de la oligarquía hispanoamericana en nobleza imaginada entre sueños "legiti-

---

[5] *Op. cit.,* p. 299.
[6] Del "Pórtico" a *Tropel* de Salvador Rueda, *op. cit.,* p. 208.

mistas" corresponde claramente a un procedimiento central a la visión del mundo de Darío. Veámoslo por lo pronto en *Azul*.

"Existen dos potencias: la real y la ideal", nos dice ahí el narrador de "El sátiro sordo". No intentemos entender esta oposición como si se tratara de un complejo pronunciamiento metafísico. Se trata —sencilla y vulgarmente— de que siempre que la realidad (sea la que sea) no satisface a sus deseos, el joven poeta (21 años en *Azul*) la rechaza y se inventa una realidad absolutamente ficticia a la que llama Poesía. El poema "Invernal" es en *Azul* un notable ejemplo de este procedimiento.

De noche, al pie de los Andes (en Valparaíso, realmente), mientras cae la nieve, encerrado en su habitación frente a una chimenea encendida, poseído de sus "radiantes ilusiones" y de sus "nostalgias íntimas", el poeta piensa en la mujer amada. "¡Oh! Si estuviese / ella...", exclama. Pero, "¿cómo hacer que esté?", se pregunta. "Mirad" cómo, le propone al lector (que es aquí no sólo su cómplice o "semejante", sino su contrario realista, el que está *fuera* de la habitación y, por lo tanto, del poema) :

> De la apacible estancia
> en la extensión tranquila
> vertía la lámpara reflejos
> de luces opalinas.
> Dentro, el amor que abrasa;
> fuera, la noche fría;
> . . . .
> Dentro, la ronda de mis delirios,
> las canciones de notas cristalinas,
> unas manos que to*quen* mis cabellos,
> un aliento que ro*ce* mis mejillas.

Entendemos sin dificultad el conflicto presencia-ausencia a este nivel de deseo, tradicional motivo de angustias y no pocas veces de alta poesía: el presente de subjuntivo (*toquen, rocen*) subvirtiendo el sentido de las oraciones nominativas nos indica claramente que el poeta se encara con el problema de manera realista y que no puede haber engaño. Sin embargo, los versos siguientes continúan en la forma nominal con que —técnica clave del impresionismo— se pretende hacer presente lo ausente:

> un perfume de amor, mil conmociones
> mil ardientes caricias;
> ella y yo: los dos juntos, los dos solos;
> la amada y el amado, ¡oh, Poesía!

Tan consciente está el poeta de su procedimiento y tan bien le sirve, que la estrofa sigue y termina en la misma forma nominal que, a pesar del subjuntivo, ha de hacernos creer en la presencia de la ausencia (logro del deseo):

> los besos de sus labios,
> la música triunfante de mis rimas
> y en la negra y cercana chimenea
> el tuero brillante que estalla en chispas.

Triunfo de la Poesía ("música triunfante" de las "rimas"). Como una varita mágica la táctica impresionista lo transforma todo, de modo —por ejemplo— que si al principio de la estrofa la chimenea estaba "bien harta de *tizones* que crepitan", la siguiente estrofa se inicia frente a un "brasero" que está ya

> lleno de pedrería!
> Topacios y carbunclos,
> rubíes y amatistas
> en la ancha copa etrusca
> repleta de cenizas.

Como el fénix a sí mismo, el poeta hace nacer lo que no existe, logrando que la metáfora rica de piedras preciosas sustituya a la realidad vulgar. (Más adelante, coronando esta riqueza, las llamas serán "lenguas de oro".)

Pero claro está que el poeta conoce el realismo de esos lectores a quienes tan directamente se dirige, así como el pesado lastre de evidencia propia que le podría impedir el vuelo libre y puro de la fantasía. La siguiente estrofa, por lo tanto, se inicia de manera desafiante, polémicamente: "Sí", afirma Darío frente a la posible incredulidad contra la realidad misma; "estaría a mi lado"

> dándome sus sonrisas
> ella, la que hace falta a mis estrofas,
> esa que mi cerebro se imagina...

Estábamos en el presente de subjuntivo dominado por la enumeración nominal y ahora el condicional absoluto nos aclara que el poeta distingue perfectamente entre la realidad y el deseo. A la gramática, por supuesto, corresponde la idea: *ella* no es sino la "que mi cerebro se imagina". Darío sabe de sobra que tales imaginaciones" —ayudadas por el "vino negro" en la "copa hirviente"— hacen "escribir a los poetas locos"; sin embargo, frente a la evidencia, no duda que la función de la Poesía es, precisamente, hacer presente lo ausente, crear lo que no existe:

una carne ideal, grandes pupilas,
algo de mármol, blanca luz de estrella;
. . . .
bellos gestos de diosa,
tersos brazos de ninfa,
lustrosa cabellera
en la nuca encrespada y recogida,
y ojeras que denuncian
ansias profundas y pasiones vivas.

Agradece por lo tanto al invierno su presencia ("¡Oh, crudo invierno, salve!") ya que el invierno le obliga a encerrarse dejando
la realidad fuera. El poema termina mientras "en la alcoba", vencido ya al parecer todo obstáculo, se oyen "tan sólo"

suspiros, ecos, risas;
el ruido de los besos;
la música triunfante de mis rimas...

Donde la realidad fingida está presente en la música verbal porque
no es sino esa música misma.

De tal grado es este "triunfo" que los dos últimos versos del
poema ("Dentro, el amor que abrasa; / fuera, la noche fría"),
repetición de dos versos escritos cuando no sabíamos aún "¿cómo?"
se iba a lograr el deseo, significan ahora no el planteamiento, sino la
resolución del problema: *fuera* lo que no importa; *dentro,* gracias
a la Poesía (¡y que llamen loco, si quieren al poeta!), la ficción
—realidad que importa. Si al inicio del proceso el "amor" que
abrasaba lo era en cuanto *deseo,* es ya *realidad* por gracia de las
oraciones nominales.

Uno de los errores patrioteros o casticistas más significativos de
Clarín (característico, por lo demás, de su oposición a lo que algunos llamaban a fin de siglo la "gente nueva") fue suponer que los
"modernistas", y Darío en cabeza, no entendían y destrozaban la
gramática castellana. Este poema nos revela, si acaso, lo contrario.
Se inicia con una prótasis ("Si estuviese...") aísla y deja como en
suspenso la problemática en ello implícita al pasar a la oración
nominal; rompe sólo aparentemente con la secuencia obligada de
los tiempos al recurrir, sorprendentemente, al presente subjuntivo
("toquen"; "roce") : y afirma la presencia de la amada con una
apódosis ("estaría") que, de hecho, no es sino un salto mortal, con
que el poeta pretende burlar las necesidades de la condición im-
puesta ya que —en buena lógica— es obvio que "si estuviese", "estaría", pero no está. Es como si Darío se hubiese enfrentado directamente con la definición de la Academia que dice que "una deside-

rativa de deseo irrealizable equivale a una prótasis condicional de condición imposible", dejando en el olvido al principio del proceso poético —y esa es la función de las oraciones nominales— la prótasis condicional que impedía el triunfo de la fantasía. Sin violar las reglas gramaticales, jugando inteligentemente con sus posibilidades, Darío afirma así que nada es imposible para la Poesía. Ni siquiera mantener la conciencia de la realidad mientras "locamente" se la deja al margen, *fuera*. Porque la realidad rechazada y, en apariencia, trascendida por la "música triunfante" de las "rimas" sigue estando ahí, irreductible, haciendo que el poeta que pretende suprimirla se considere, a pesar de todo, como un "loco".

No es, pues, Darío un poeta visionario (a lo Novalis, por ejemplo), seguro de que la realidad es el sueño y la sinrazón la razón verdadera. Es éste, justamente, uno de los argumentos que Octavio Paz esgrime en su crítica al nicaragüense y, en efecto, bien podría encontrarse ahí uno de los motivos de su superficial romanticismo, de esa su cómoda manera de dividir la vida entre lo ideal y lo real ("existen dos potencias: la real y la ideal", dice el narrador de "El sátiro sordo"), de cantar al rey de la Fantasía mientras corteja al Mecenas burgués. Parecería que quien se compara a un "cisne entre los charcos" [7] mantiene viva la contradicción que, según sabemos, caracteriza las relaciones de algunos poetas con la sociedad moderna; pero cuando en el prólogo a *El canto errante* escribe: "como hombre, he vivido en lo cotidiano; como poeta no he claudicado nunca, pues siempre he tendido a la eternidad" [8], es claro que, en solución demasiado fácil, se sigue favoreciendo uno de los términos en conflicto, estableciéndose de paso la más trivial distinción entre "hombre cotidiano" y "poeta". No es la menor de mis intenciones negar aquí esa distinción; creo, sin embargo, que el planteamiento mismo de Darío nos guiará a la comprensión de las contradicciones que pretende eludir y que —veremos— son, en el fondo, las que le imponía su prácticamente inevitable necesidad de servir a la oligarquía hispanoamericana de fin de siglo.

Ahora bien, así como en "Invernal", a pesar de todo, la realidad más evidente (ausencia de la amada) niega en su centro mismo el poder absoluto de la fantasía, en toda la prosa de *Azul* se encuentra una saludable voluntad de distancia irónica "maldita" (a lo Heine, a lo Silva). Además de en "El rey burgués", es ello evidente en "La canción del oro" y se tipifica, tal vez, en las palabras finales de "El sátiro sordo": "No se ahorcó; pero se casó con Eurídice". Más

---

[7] "Nocturno", *Cantos de vida...*
[8] *Op. cit.*, p. 305.

me interesa, sin embargo, llamar aquí la atención sobre "El palacio del sol", notable desmitificación de los cuentos de hadas.

La historia es desafiantemente tradicional. Berta, "la niña... gentil como la princesa de un cuento azul", está triste y pálida. Llama su madre a los médicos y empiezan los tratamientos de "glóbulos y duchas". Todo inútil. Pero un buen día, cuando descuidadamente toca la niña "un lirio que se erguía al azul", surge "la buena hada de los sueños de las niñas adolescentes" y se lleva a Berta en su carro al palacio del sol. Ahí, junto con otras muchas adolescentes que se lanzan al baile "en brazos de jóvenes vigorosos y esbeltos", baila en "ardiente estrechez" con un "hermoso compañero". Vuelve Berta feliz a su casa y en el párrafo final, el narrador que ha devuelto al cuento de hadas su sexualidad latente, se burla de las "madres de las muchachas anémicas" en un último consejo que podríamos llamar realista: "es preciso... abrir la puerta de su jaula a vuestras avecitas encantadoras, sobre todo en el tiempo de primavera..."

Sin embargo, a la inversa de lo que ocurre en "Invernal", esta ironía está penetrada de irrealidad. Al final de "El palacio del sol" leemos que si las "madres de las muchachas anémicas" siguen el consejo que hemos calificado de realista, "las niñas como Berta" volverán del palacio del sol "luminosas como un alba, gentiles como la princesa de un cuento azul". Son las mismas palabras con que se abría la narración y, de manera similar a lo que ocurre en "Invernal", bien podrían tener ahora un significado distinto: no en vano se ha desmitificado el cuento de hadas entre la primera vez que lo leemos y su repetición. Sin embargo, no podemos pasar por alto el que sea un hada quien ha resuelto el problema de Berta y que, a pesar de todo, el modelo femenino ideal sigue siendo para el poeta "la princesa de un cuento azul".

Y es que las hadas y los cuentos de hadas (azules, casi siempre) son ingrediente muy especial no ya de la fantasía de los personajes adolescentes de Darío, sino de Darío mismo. En *Azul*, por ejemplo, habiéndose ya tratado de hadas en "El velo de la reina Mab", declara Darío en "El ideal", en unas líneas que vienen a ser su primera poética explícita y en las que propone el aislamiento en la "torre de marfil", que él, "pobre... hacedor de rimas y de castillos aéreos" ha visto "el vestido luminoso de la hada, la estrella de su diadema", en tanto que en "Automnal" (ambiciosamente subtitulado *Eros, Vita, Lumen*) es "una hada amiga", el "hada amorosa" la que le cuenta "las historias secretas / llenas de poesía". También en *Prosas profanas* es dominante la obsesión por las hadas, por los cuentos de hadas y por una serie de motivos asociados con éstos (pájaro azul, bella durmiente, etc.). Los encontramos todos, desde

luego, en "Era un aire suave", primer poema del libro así como,
por supuesto, en "Sonatina" donde "el hada madrina", esta vez
sin distancia irónica ninguna, le resuelve a la triste princesa el
mismo problema que tenía la niña Berta en *Azul*, en tanto que en
"Divagación" gracias a una hada el poeta supera la vulgaridad
y la ignorancia ("no saben nada") de "Monsieur Prudhomme y
Homais" (que son Sully Prudhomme y el boticario de *Madame
Bovary* quien, en su oposición, seguramente, a los poetas "loco."
exclamaba: "de la prudence, surtout de la prudence"). Y en un
poema de tan serias pretensiones como "Cosas del Cid", la niña
que se le aparece al Campeador para iluminarle simbólicamente el
camino es como un "hada", en tanto que ya cerca del final de *Prosas profanas*, en "La anciana", quien inicia al poeta en una de sus
meditaciones es también un hada (anciana ya, esta vez).

Más aún: en "El reino interior", poema generalmente considerado como expresión del Darío más serio y profundo, el poeta
hermana a su alma con la "Bella-Durmiente-del-bosque". Tema que
se repite en el último poema de *Prosas profanas* ("Yo persigo una
forma que no encuentra mi estilo"), donde —y así se cierra el libro
que se abre con "el hada Harmonía"— encontramos al poeta "bajo
la ventana" de su "Bella-durmiente", no sabemos si porque se cree
hada ya él mismo, o —máxima fantasía— porque cree ser él un
príncipe encantado. No ha de sorprendernos, por lo tanto, que,
fuera de la poesía, en la prosa periodística con que se ganaba
la vida, Darío perciba a la reina Victoria no sólo "como una figura de arte", sino "¡cuan hermosa y rubia reina de cuento de
hadas!"

Se perfila así la imagen del poeta como inventor de ficciones en
que la realidad queda sistemáticamente vencida por el toque de la
varita mágica (con la que, por supuesto, se toca también a sí mismo
para convertirse en príncipe encantado o en Pan salvador-violador
de durmientes doncellas). Es decir, *hada* equivale a *musa* y, gracias a ello, si ocurre que por desgracia histórica el rey es, en general, *burgués,* los cachorros de la oligarquía argentina se convierten
en poetas laureados y el "terrible cazador" del Norte en "varón
sensato". Muy lógicamente, la reina imperialista, modelo de cómo
en su desarrollo superior las relaciones de producción burguesas
pueden apoyarse superestructuralmente en símbolos del Antiguo
Régimen, resulta ser una verdadera reina; es decir: *"una reina de
cuento de hadas".*

No es extraño, por lo tanto, que quien así transforma realidades
crea ser ya no sólo hada él mismo, "como un dios", según se explica
en el penúltimo poema de *Prosas profanas* ("Alma mía"), donde
leemos: "Alma mía, perdura en tu idea divina; / . . . Corta la flor

al paso, deja la dura espina; / . . . Saluda al rudo arado del rudo
Triptolemo, / y sigue como un dios que sus sueños destina. . ."

La peligrosa, "la dura espina", es el prosaísmo de la realidad
"burguesa" dominante en la segunda mitad del siglo XIX y, más
concretamente, su proyección en la sociedad oligárquica de Hispanoamérica (particularmente en sus países punta: Argentina, Chile,
México. . .). Tan claro es ello para el mismo Darío que al fardo
que en uno de los cuentos más importante de *Azul* mata al hijo
del tío Lucas, lo define como uno de *"los prosaísmos de la impor-
tación* [que] envueltos en lona y fajados con correas de hierro"
llegan a Valparaíso. ¡Gran diferencia entre esta prosaica "lona", sus
vulgares "correas de hierro" y —por ejemplo— el velo de la reina
Mab, todo tules, o sedas, o "suspiros o miradas de ángeles"! Recordemos que este velo es, precisamente, el de "los dulces sueños, que
hacen ver la vida color de rosa". Y ya hemos oído: "Corta la flor,
deja la dura espina".

Pero la realidad es, en efecto, dura y el problema del poeta de
"El rey burgués" era que tenía que comer y abrigarse y que si al
fin se muere es porque se le niega asilo y se olvidan de alimentarle
quienes tienen el poder y la riqueza. De ahí la necesidad del "prosaico" periodismo, en la práctica del cual Darío insistentemente
adula a la oligarquía hispanoamericana (y a la española, de ser necesario), se encuentre donde se encuentre.

Es de sobra sabido que desde la adolescencia —y en escala siempre ascendente— fue Rubén Darío protegido de los poderosos de
América (diputados locales, dictadores centroamericanos, oligarcas
chilenos y argentinos, diplomáticos mexicanos. . .). Conocidas son
las muchas angustias, materiales y espirituales, que pasó a lo largo
de una vida dependiente siempre del mecenazgo y no interesa aquí
volver a contar esa triste y deprimente historia. Sí interesa, en cambio, no pasar por alto que ese mecenazgo "a lo burgués" tenía su
precio y que en ningún caso fue suficiente para sus mecenas el que
Darío les ofreciese de vez en cuando un poema a las glorias patrias,
o al "progreso" de América, una dedicatoria o una elegía a la
muerte de cualquiera de los miembros de sus familias o de su
casta.

Lo que, además de poemas, tuvo Darío que dedicar a sus protectores —ya desde la precoz adolescencia de Nicaragua y El Salvador, cuando le dice a un presidente, Rafael Saldívar: "Quiero
tener una buena posición social"[9]— fueron muchas horas y páginas
de producción periodística en la cual, insistentemente, halaga a sus

---

[9] *La vida de Rubén Darío*, p. 54.

protectores no ya en cuanto individuos, sino, fundamentalmente, en cuanto miembros de la clase dominante.

En esos trabajos, Darío se dedica a difundir la ideología de esa clase: ¡Y cómo envidiaba —según él mismo cuenta— a Jean Moreas que "como no quería escribir en los diarios, vivía principalmente de una pensión que le pasaba un tío suyo que era ministro en el gobierno del rey Jorge, en Atenas! [10] Ese rey Jorge —cuñado, por cierto de Eduardo el inglés— no era, seguramente, un "rey burgués", por lo menos cara a la familia de sus ministros; pero en aquella que Martí llamaba "época de génesis" de Hispanoamérica, años de la afirmación de una oligarquía exportadora que, entre otras cosas, entendía bien la relación existente entre poder real y difusión de la ideología dominante, no existía el "regio" y "verdadero" mecenazgo, y Rubén se vio obligado a depender de esa relación ya bien establecida entre el poder y la prensa de que ideológicamente el poder se servía. (Al decir que "Rubén Darío se vio obligado —y este es un asunto merecedor de una atención que aquí no podemos dedicarle— pretendo indicar que sus opciones en cuanto intelectual pequeño burgués eran mínimas por comparación con las de los intelectuales de su generación en la Europa hegemónica, e incluso en España. Y también que en aquella América la relación entre trabajo periodístico y servicio al poder era mucho más directa y clara).

¿De qué trata Darío en sus artículos periodísticos? Escribe, básicamente lo que podríamos calificar de crónicas socioculturales con, por lo menos, cuatro temas principales.

A nivel más bajo, escribe acerca de exposiciones a las que asiste "la gente elegante": Concursos caninos o de flores, por ejemplo [11]. En el polo que se diría contrario, ofrece a sus lectores de América noticias culturales europeas: lo que ocurre en Barcelona, Madrid, París o Londres en exposiciones de pintura, por ejemplo, o entre literatos (tratados personalmente en España; las más veces apenas vistos fugazmente en Europa). A medio camino entre estos dos aparentes extremos se encuentran dos tipos de crónicas también en apariencia contrarios: por un lado, artículos sobre asuntos socioeconómicos, con noticias detalladas, por ejemplo, acerca del "Congreso social y económico iberoamericano (España, 1900), o comentarios acerca de la pobreza del campo español, que compara con la riqueza de Argentina (a propósito de lo cual —y nada más "prosaico"— sugiere a los ganaderos argentinos que podrían exportar vacas para pastar en Andalucía o carnes enlatadas para el ejército español [12];

[10] *Ibid.*, p. 152.
[11] RUBÉN DARÍO, *Obras completas*, t. 3, Madrid. p. 615.
[12] *Op. cit.*, p. 48.

por otro, recuentos de sus tratos personales con la nobleza (o incluso realeza) española, o de su visita al Papa León XIII.

Los muchos artículos de viaje que escribió pueden tocar cualquiera de estos cuatro grandes temas que son, en última instancia, el hilo conductor de una trama por lo demás sumamente sencilla: dirigida a la oligarquía hispanoamericana, particularmente a la argentina, la prosa periodística de Darío ejemplifica o refleja para esa clase su potencial capacidad de viajar a Europa, centro de la "civilización", fuente de la "gran cultura", términos que —curiosamente— no excluyen a España porque ahí, además del trato con cantaores y bailaoras, esa oligarquía puede tratar directamente con condes, duques y hasta con la familia real, figuras públicas del Poder que en París o Londres son casi míticas ya que allí sólo se ven de lejos. Roma, claro está, además de museos y arquitectura, ofrece siempre la posibilidad de una visita al Papa. Así, desde una exposición de flores hasta una bendición de León XIII (el de la encíclica obreril, *Rerum novarum*, mayo 15, 1891, condenada por toda la izquierda europea —pero elogiada por Justo Sierra— y sobre la cual Darío no habla porque, según explica, lo que a él le gusta del Papa son sus versos [13]), la prosa periodística de Darío ofrece a sus lectores todas las satisfacciones en que se confirma su poderío: juerga flamenca, reposada cena con la marquesa de Medinaceli, noche en el Barrio Latino, un vistazo fugaz al rey Eduardo de Inglaterra que pasa en su carruaje... E insistentemente un recordar a esos lectores que, en efecto, porque son un "pueblo industrioso" son ricos y pueden sentirse satisfechos de su lugar en el mundo, dignos de todo lo que Europa pueda ofrecer a sus propias clases dominantes.

En última instancia, la gran virtud que se predica en esta prosa es, por supuesto, el "cosmopolitismo", según declara Darío en un largo artículo polémico contra Unamuno. El conocido pasaje en que replica a ciertas críticas de Unamuno merece siempre citarse:

Con París, que tanto preocupa al señor Unamuno, tenemos las más frecuentes relaciones.
Buena parte de nuestros diarios es escrito por franceses. Las últimas obras de Daudet y de Zola han sido publicadas por *La Nación* al mismo tiempo que aparecían en París; la mejor clientela de Worth es la de Buenos Aires; en la escalera de nuestro Jockey Club, donde Pini es el profesor de esgrima, la *Diana*, de Falquiere, perpetúa la blanca desnudez de una parisiense. Como somos fáciles para el viaje y podemos viajar, París recibe nuestras frecuentes visitas y nos quita el dinero encantadoramente. Y así, siendo como somos un

13 RUBÉN DARÍO, *Opiniones*, Madrid, 1906?; "El poeta León XIII", pp. 37-48.

pueblo industrioso, bien puede haber quien en un minúsculo grupo procure, en el centro de tal pueblo, adorar la belleza a través de los cristales de su capricho [14].

Aunque en este mismo artículo asoma una crítica al imperialismo norteamericano ("la peligrosa presencia anglosajona" en Hispanoamérica) [15], crítica que se amplía en otros artículos [16] y llegará más adelante a ser una crítica al imperialismo en general [17], es evidente la satisfacción de nuestro poeta con la división internacional del trabajo esencial al imperialismo, así como su interiorización de la no-excentricidad de la neo-colonia ("... han sido publicadas por *La Nación* al mismo tiempo que aparecían en París"). No ha de extrañarnos, ya que tal división y tales fantasías favorecían en Hispanoamérica exclusivamente a la "cosmopolita" clase dominante con la cual se identifica el poeta al emplear la primera persona del plural: *somos* los que disfrutamos *nuestro* Jockey Club y París, así como disfrutamos la literatura modernista que molesta a Unamuno, porque en el "minúsculo" "centro" del pueblo industrioso en que se consumen productos de Worth, bien puede también —como un lujo más, es claro— adorarse la belleza. "Belleza" que, por lo demás, en su forma particular de, por ejemplo, *poema* es "capricho" intercambiable con cualquier otro producto que compra la oligarquía de Buenos Aires en la tienda entonces quizás más cara del mundo.

La relación así establecida entre la prosa (en sentido literal y en el figurativo de "industriosidad") y la poesía que Darío defiende como un "capricho" más que puede tener la clase dominante, se subraya de manera, si cabe, más directa, en la siguiente defensa y elogio de Buenos Aires.

> ¡Pardiez! Buenos Aires será todo lo prosaico, lo comercial, lo financiero, lo práctico que se quiera; pero no podré olvidar que en mi último viaje a la gran ciudad argentina, entre las manifestaciones de gentileza que recibía de personas de diferentes clases sociales, está la de una alta dama, gala de los salones que, sin tener yo la honra de conocerla, envió a mis órdenes su regio automóvil, durante todo el tiempo de mi permanencia. Y todo a simple título de poeta [18].

Normal relación de intercambio, ya que si la alta dama del *"regio"* automóvil sabe apreciar al poeta, poniendo a su máquina y su

[14] *Obras completas*, t. 3, p. 155.
[15] *Op. cit.*, p. 154.
[16] Cf. *op. cit.*, pp. 800-804 y 812-813.
[17] Cf. *op. cit.*, pp. 706-708.
[18] RUBÉN DARÍO, *Todo al vuelo*, Madrid, 1912, p. 111.

chofer a su servicio, este poeta ha escrito que "nadie como el artista sabe valorar y amar los bellos espectáculos, los exquisitos interiores, el mármol, la seda, el oro, el lujo, en cuyo medio las almas comunes no saben qué hacer, entre el gozo irrazonable y el fastidio" [19].

Lo así explicado en la prosa ensayística corresponde perfectamente al mundo representado en la obra de la más pura fantasía poética. Recordemos, por ejemplo, de *Azul*, el principio de "La ninfa" (cuento parisiense)":

> En el castillo que últimamente acaba de adquirir Lesbia, esta actriz caprichosa y endiablada que tanto ha dado que decir al mundo por sus extravagancias, nos hallábamos a la mesa hasta seis amigos... Era la hora del *chartreuse*. Se veía en los cristales de la mesa como una disolución de piedras preciosas, y a la luz de los candelabros se descomponía en las copas medio vacías, donde quedaba algo del borgoña, del oro hirviente del champaña, de las líquidas esmeraldas de la menta.
>
> Se hablaba con entusiasmo de artistas de buena pasta, tras una comida. Éramos todos artistas...

Las metáforas con que los productos de consumo suntuario se convierten en variables del equivalente universal (borgoña-púrpura; menta-esmeralda; todo ello resumido en "piedras preciosas" y en champaña-oro) son, por supuesto, inseparables del lujo del castillo donde, entre los ricos —porque es su sitio verdadero— se encuentra el poeta satisfecho "tras una buena comida". Queda aquí resuelto, como en "Garçonnière", el problema del poeta de "El rey burgués", en tanto que desaparece la ironía de "La canción del oro".

Ha de notarse, por lo demás, que son abrumadoramente constantes las referencias de Darío al buen comer y buen beber como parte de su universo de belleza poética. No vale la pena hacer un inventario y bastará recordar "El faisán" (*Prosas profanas*), poema galante (persecución, una vez más, de la mujer tentadora que, como casi siempre, es de clase más alta que la del poeta) en el cual, como de costumbre, la comida y la bebida se disfrazan de metáforas de lujo ("los cristales llenos de aromados vinos, / las rosas francesa en lo vasos chinos"). El galanteo se inicia mientras, con no menor prosaísmo que el de Campoamor, "la cena esperaba". Culmina cuando en rima necesaria con "vinos", los labios de la mujer le ofrecen al poeta... "¡las fresas y los langostinos!" Se conjugan aquí la mediocridad de la rima obligada en la busca de un adecuado manjar de lujo cuyo nombre termine en *ino(s)* con la obsesión de Darío por la elegancia suntuaria y por participar en el festín de las clases dominantes.

---

[19] *Opiniones*, p. 117.

Esta obsesión en nada le distingue del despreciado "rey burgués". La diferencia, no lo olvidemos, radica exclusivamente en su ser *poeta*; es decir, según lo hemos visto, en su particular talento para representar y transformar fantásticamente la realidad que observa. En los fragmentos VI, VII y VIII de "En Chile" (*Azul*) encontramos un notable ejemplo de la relación que así se establece entre el poeta y la sociedad a la que sirve.

Leemos ahí cómo Ricardo, "poeta lírico incorregible", se ha dado un largo paseo por los alrededores de Valparaíso "en busca de cuadros" que retratar con palabras (fragmento I),

> ...huyendo de las agitaciones y turbulencias, de las máquinas y de los fardos, del ruido monótono de los tranvías y el chocar de los caballos... del tropel de los comerciantes; del grito de los vendedores de diarios; del incesante bullicio e inacabable hervor de este puerto...

Vuelve al fin a la ciudad (fragmento VI) y pinta una "acuarela". Es primavera y "ya las damas elegantes visten sus trajes claros, dando al olvido las pieles y los abrigos invernales". Y Ricardo pinta con palabras. "He aquí el cuadro": Caballos finos, soñolientos cocheros, mujeres rubias de ojos soñadores, rosadas adolescentes; y en "la confusión" de "los que van y que vienen", "medias azules, zapatos charolados y holgado cuello a la marinera", mientras "en el fondo, los palacios elevan al azul la soberbia de sus fachadas". Se asocian, pues, como de costumbre, la gente elegante, el azul y los palacios soberbios que parecían criticarse al "rey burgués".

Pero hay más. El poeta entra en uno de los palacios y nos dice: "Estáis en los misterios de un tocador". Vemos entonces un brazo de ninfa y, en claro eco de Quevedo, unos "cabellos que tienen todo el oriente en sus hebras". En Chile, se nos explica, estamos, sencillamente, ante "una marquesa contemporánea de Madama Maintenón". Siguen referencias a madrigales y a amores galantes; se nos detiene la mirada ante "un jarro de Rouen lleno de agua perfumada" y, para terminar, vemos que, ya frente al espejo,

> La hermosa está satisfecha; ya pone perlas en la garganta y calza las manos en seda; ya, rápida, se dirije a la puerta donde el carruaje espera y el tronco piafa. Y hela ahí, vanidosa y gentil, a esta aristocrática santiaguesa, que se dirige a un baile de fantasía de manera que el gran Watteau le dedicara sus pinceles.

A lo que hemos asistido en el interior mismo de "los misterios de un tocador" —es decir en uno de los centros vitales de un "palacio" del "industrioso" Valparaíso— es a un acto de disfraz, a una transfiguración (o metamorfosis) profundamente significativa, por medio de la cual una mujer cuyos lujos y privilegios derivan del cambio "desigual" de "fardos", es decir, de la división internacional del trabajo esencial al capitalismo (en su fase imperialista), se convierte en "marquesa" de tiempos de Watteau, de la época anterior a la afirmación decidida de tal sistema. Frente a esta transfiguración el poeta exclama: "Soñamos en los buenos tiempos pasados". Se trata, claro está, de un acto "de fantasía" y en cuanto que es la sociedad oligárquica misma la que organiza el baile al que se dirige la santiagueña, el poeta no es responsable de la imagen a lo Watteau en que esa clase pretende reflejarse (contemplarse) a sí misma. Pero, aparte de que ya hemos visto el papel que una "fantasía" en todo similar a ésta cumple en la obra de Darío, es el poeta quien califica a esta mujer de *aristocrática,* es decir, de miembro de la clase dirigente compuesta por los mejores.

O sea, Darío ve a la oligarquía hispanoamericana (en este caso, concretamente la chilena) como casta merecidamente dominante y en cuanto poeta cortesano —como justamente le llama Jaime Concha— entiende que su función en cuanto artífice del lenguaje es, precisamente, hacer verdad la fantasía. La mujer *se disfraza* de marquesa *Ancient Régime* (como el burgués del primer cuento de *Azul* pretendía pasar por rey); pero es el poeta que tiene acceso a su tocador quien gozosamente confirma por la palabra la ideología motivadora de la transfiguración.

Para ello, claro está, ese poeta ha tenido que huir del tráfago portuario y de los "fardos" a los que, según también hemos visto, ha llamado certeramente "prosaísmos". Se diría, pues, que los Watteaus, faunos, princesas, etc., de la obra "primaveral" de Darío están ahí como negación radical de la sociedad vulgar en que se da tanta belleza. Sin embargo, sabemos que la "aristocrática" chilena aquí retratada es el objeto sexual caro de una oligarquía que importa el lujo que gasta gracias a los "fardos" de los que huye el "poeta lírico incorregible". Más directamente aún: cualquiera de esos "fardos" puede haber contenido el trabajo acumulado que ha permitido la compra de lo que a la dama viste y adorna o, incluso, aquello mismo que la viste y adorna. Pero también Darío sabe que el consumo suntuario de la sociedad chilena de fin de siglo es inseparable de la muerte del hijo del tío Lucas: ya hemos visto claramente expresada tal relación en su prosa periodística, en la lucidez con que propone la necesidad (caprichosa) de instalar la "belleza" en el centro del "pueblo industrioso". Más adelante veremos cómo la aparente oposición entre "Watteau" y los "fardos" desaparece en la obra poética misma. Por el momento subrayemos simplemente que la función del poeta consiste para Darío en transformar lo uno en lo otro, al *burgués* en *rey*, como en "un baile de fantasía".

Por lo demás, sabemos sobradamente que no todo en la obra poética de Rubén Darío es cuestión de princesas y cisnes a cuya relación con sus contrarios hemos llegado en parte por mediación de su prosa periodística de ganapán. Dejando de lado su poesía "cívica" anterior a 1888 la relación entre los dos mundos se establece ya claramente a partir de *Prosas profanas*. Un momento cimero de esta labor poética "civilizadora" sería el *Canto a la Argentina* (1910) en el cual, según observó acertadamente Octavio Paz, se reúnen las "ideas predilectas" de Darío: "paz, industria, cosmopolitismo, latinidad. El evangelio de la oligarquía hispanoamericana de fines de siglo" [20]. Pero no hay que esperar a 1910. A fin de siglo Darío escribe en Buenos Aires un "poema en prosa" titulado "God save the Queen" que bien merece ser leído por entero:

GOD SAVE THE QUEEN

To my friend C. E. F. Vale

Por ser una de las más fuertes y poderosas
tierras de poesía;
Por ser la madre de Shakespeare;
Porque tus hombres son bizarros y bravos,
en guerras y en olímpicos juegos;
Porque en tu jardín nace la mejor flor,
de las primaveras y en tu cielo se manifiesta
el más triste de los inviernos;
Canto a tu reina, oh grande y soberbia
Britania, con el verso que repiten los labios
de todos tus hijos:

God save the Queen

Tus mujeres tienen los cuellos de los cisnes
y la blancura de las rosas blancas;
Tus montañas están impregnadas de leyenda,
tu tradición es una mina de oro, tu historia
una mina de hierro, tu poesía una mina
de diamantes;
En los mares, tu bandera es conocida
de todas las espumas y los vientos,
a punto de que la tempestad ha podido pedir
carta de ciudadanía inglesa;
Por tu fuerza, oh Inglaterra:

[20] OCTAVIO PAZ, *Cuadrivio*, México, 1965, p. 54.

God save the Queen

Porque albergaste en una de tus islas a
Victor Hugo;
Porque sobre el hervor de tus trabajadores,
el tráfago de tus marinos y la labor incógnita
de tus mineros, tienen artistas que te visten
de sedas de amor, de oros de gloria, de
perlas líricas;
Porque en tu escudo está la unión de la
fortaleza y del ensueño, en el león simbólico
de los reyes y unicornio amigo de las
vírgenes y hermano del Pegaso de los
soñadores;

God save the Queen

Por tus pastores que dicen los salmos
tus padres de familia que en las horas
tranquilas leen en alta voz el poeta favorito
junto a la chimenea.
Por tus princesas incomparables y tu
nobleza secular;
Por San Jorge, vencedor del dragón; por
el espíritu del gran Will y los versos de
Swinburne y Tennyson;
Por tus muchachas ágiles, leche y risa,
frescas y tentadoras como manzanas;
Por tus mozos fuertes que aman los
ejercicios corporales; por tus *scholars* familiarizados
con Platón, remeros o poetas;

God save the Queen

ENVÍO

Reina y emperatriz, adorada de tu inmenso pueblo, madre de reyes,
Victoria favorecida por la influencia de Nile; solemne viuda vestida
de negro, adoradora del príncipe amado; Señora del mar, Señora del
país de los elefantes. Defensora de la Fe, poderosa y gloriosa anciana, el himno que te saluda se oiga hoy por toda la tierra: Reina
buena: ¡Dios te salve!

No ha de asombrarnos ya que desde el principio de este revelador documento la Poesía se identifique no sólo con la belleza femenina y los cisnes, sino con la guerra, el poder y el "sport". Lo interesante es que tal constelación, al revelársenos ahora como carac-
terísticamente británica, resulta inseparable de la existencia del

"trabajo" productivo. En efecto, el "diamante" que es la poesía inglesa se engarza en una "tradición de oro" que, a su vez, se sustenta sobre "una historia de hierro": la unidad de "fortaleza" y "ensueño" que, según el poeta, simboliza el escudo inglés se refleja en la unidad explotación industrial/riqueza-belleza. Pero claro está que todo ello no sería posible (es decir: el capitalismo no podría desarrollarse plenamente en cuanto tal) si Gran Bretaña no fuese potencia imperial ("historia de hierro", por lo tanto, es también historia de guerras y conquistas). De ahí que Victoria sea una gran reina —de verdad como las de los cuentos de hadas— porque es "Señora del mar, Señora del país de los elefantes".

Se acepta y se propone, pues, lúcidamente, el modelo de la sociedad capitalista entonces más avanzada y, por lo tanto, el dominio de la "bandera" británica sobre el mundo (claro está, sobre Hispanoamérica). De ahí que, sin paradoja alguna, pueda el católico Darío, en la católica Argentina, llamar a Victoria "Defensora de la fe"; o sea: del orden (internacional y nacional) contra la barbarie. Parte esencial de ese modelo, por supuesto, es el gran mito de la civilización verdadera, que se adorna no sólo con los *scholars* puros "familiarizados con Platón", sino —claro está— con la poesía que encarna como nadie al "gran Will". El modelo es lo suficientemente sutil y complejo como para que esa civilización y esa poesía aparezcan en él situados como al margen del poder, como por encima de la explotación de la fuerza de trabajo que hace posible la "historia de hierro", en tanto que de algún modo particularmente ennoblecedor, civilización y poesía resultan ser inseparables de prosperidad y poder. Aunque en un nivel elemental, pero absolutamente coherente, Darío expresa y propone así desde la dependencia, no sólo el modelo capitalismo-imperialismo, sino su versión ideológica, mistificada y mistificadora; versión según la cual, a diferencia de lo que ocurría en "El rey burgués", el poeta tiene su sitio justo en palacio.

Entiéndase esta afirmación no sólo de manera metafórica y no olvidemos en el nivel semántico aquello de la coherencia en que tanto insistimos en otros niveles de análisis de una estructura literaria. En efecto —y por ejemplo— el elogiado Alfred Tennyson (1809-1892) era barón, estudiante de Cambridge, todo un atleta, autor de *La carga de la caballería ligera* (1854) y vivió gran parte de su vida pensionado por la reina Victoria que le nombró también poeta laureado (1850) en sucesión de Wordsworth, tras lo cual llegó a ser "par" de Inglaterra y miembro de la "House of Lords". En cuanto a Swinburne (Algernon Charles, 1837-1909), aristocrático, rico y elegante, era hijo de un almirante de la gran flota imperial, estudió en Eton y Oxford, y fue un helenista respetable y amigo de Jowett, el editor de Platón.

Dada tal coherencia, no es de extrañar, por lo tanto, que cuando el "hervor" de los "trabajadores" aquí elogiados junto a los nobles poetas deja de dirigirse a la producción de plusvalía, o cuando "la labor incógnita" de los "mineros", por ejemplo, exige su reconocimiento a la luz de la Historia, Darío, según veremos en seguida, reaccione igual que lo hacían las clases dirigentes de su modelo.

Ya en su primer viaje a Barcelona, en 1898, se inquieta ante el "terremoto" que parece anunciar la actividad política de la clase obrera española [21], y en un recuerdo posterior de aquel momento explica que notó en Barcelona "la sorda agitación del movimiento social, que más tarde habría de estallar en rojas explosiones" [22]. Su verdadera actitud ante el "movimiento social" se había expresado ya claramente en un artículo escrito a propósito de las "malas noticias [que] traen los diarios respecto a la República de Chile" y titulado "La obra del populacho", donde Darío se queja de que "ha brotado, allá en lo de abajo, en medio de la inconsciente y ruda muchedumbre, una onda de perversidad que ha impulsado al crimen y al pillaje". Valparaíso, escribe, "ha sido una pequeña Comuna". Y puesto que "la muchedumbre" iba "por la calle gritando, amenazante, beoda, brutal, feroz", Darío explica sencillamente, que "hoy en Valparaíso *ha habido* que emplear las armas del gobierno contra el pueblo". Escribe estas palabras el poeta que varias veces negó su interés por la política, el mismo que en 1912 (año en que todavía publica un elogio a Porfirio Díaz [23] se reirá del "pueblo soberano" a propósito de lo que llama "La comedia de las urnas" [24]; el mismo que en un artículo titulado "La Francia de hoy" explicaba también que "no hay que confundir" al verdadero "pueblo" con "el obrero de la ciudad" [25].

Tal actitud venía de lejos, según resulta evidente en la lectura de un artículo publicado en *La Tribuna* de Buenos Aires el 27 de noviembre de 1894 y titulado "Dinamita" [26]. "Toda Europa está minada por la carie socialista", explica ahí Rubén Darío; pero ahora el mal va llegando a América. Hasta hace poco —escribe— "parece que el lustrabotas de la esquina y el barrendero de más allá no se habían dado cuenta de que el capital del señor Pereira es de ellos", pero ahora —y son, en efecto años de gran agitación en Bue-

---

[21] *Obras completas*, t. 3, pp. 26-34.
[22] *La vida de Rubén Darío*, p. 217.
[23] *Todo al vuelo*, p. 60.
[24] *Op. cit.*, pp. 183-193.
[25] *Op. cit.*, p. 211.
[26] *Escritos inéditos de Rubén Darío*, Nueva York, 1938, pp. 24-28.

nos Aires— "los hambrientos de Europa" han traído "su contagio de iras almacenadas por siglos, a nuestros bueno países donde solamente el que no quiere no pone en su olla la gallina que el rey bondadoso quería para el caldo de sus súbditos". Ante tan bárbara invasión (donde los "bárbaros" no son ya indios o gauchos, sino los antes deseados emigrantes de la civilizada Europa), y no sin que se establezca una vez más la relación oligarquía (Argentina) =rey (bondadoso), nuestro poeta entusiasta del trabajo productivo arremete contra el anarquismo, que pronto, y típicamente confunde con el pensamiento de Marx, a cuyo nombre maldito se añaden los de Engels, Bebel y Lasalle. Pasando todo ello por una justificación de las matanzas del 3 y 4 de mayo de 1886 en Chicago y rematado con la aprobación enfática del hecho de que ya "empiezan los gobiernos y sociedades a ponerse en guardia": "Ya era hora", exclama Darío. Justificada así la violencia de la clase dominante, el artículo se remansa un tanto y termina filosóficamente: "He allí la base de la felicidad humana: contentarse cada cual con su puchero, más o menos gordo, más o menos flaco".

Es, por supuesto, la tesis con que la *Rerum novarum* puso al día la ideología calderoniana del *Gran teatro del mundo* y es de notar en esta versión cómo el poeta de la "chartreuse" y los "langostinos" rebaja tales manjares al nivel de *puchero*. Por lo demás no habrá que explicar quiénes y por qué motivos se erigían por todas partes a fin de siglo en defensores de "la sociedad" contra los "dinamiteros" y el "populacho" levantisco. Quizás no esté de más, sin embargo, en el contexto geográfico limitado en que se mueve Darío entre 1888 y 1891, recordar a aquel oligarca chileno que en las páginas de *El Pueblo* de Santiago explicaba el 19 de marzo de 1892 que "somos los dueños de Chile", que el pueblo no es sino "una masa que puede ser moldeada y vendida y que no pesa nada ni en opinión ni en prestigio". Con ese "nosotros" y, por lo tanto, con ese lenguaje desnudo y bárbaro hemos visto ya identificarse al de las hadas y los cisnes. Por otra parte, la dimensión internacional que adquiere la propuesta de Darío con las referencias a la masacre de la Comuna de París en 1871 y de Chicago de 1886, nos permite también entender cómo el final calderoniano de "Dinamita" puede integrarse perfectamente al protestantismo de la reina Victoria a quien, desde esta perspectiva, no puede resultar herético calificar de "defensora de la fe".

Lo que no resulta tan claro en la lectura de "Dinamita" es que el Darío de 1894 (29 años), recién llegado a Buenos Aires y a seis años de distancia de *Azul*, tuviese el conocimiento mínimo necesario de la literatura política de su tiempo como para poder referirse no sólo a Marx, Engels, Bebel y Lasalle, y para poder, además, aludir irónicamente a la distinción que el marxismo establece entre socialismo científico y los socialismos utópicos de Cabet, Fourier (llamado Pourier en el texto, quizás por errata) y Saint Simon, entre otros. La duda podría resolverse de dos maneras diferentes que, sin embargo, nos llevan a una conclusión única: si algún conocimiento tenía Darío en 1894 del pensamiento socialista (y/o anarquista), ese conocimiento está puesto directamente al servicio de los defensores de "la sociedad" argentina contra aquellos a quienes por entonces solía llamarse los "nuevos argentinos"; si Darío no poseía el conocimiento mínimo necesario para escribir de tales nombres y cosas, el artículo habría sido escrito (o "dictado", por decirlo así) por algún ideólogo de la clase dominante que aprovechaba el creciente renombre del poeta para difundir la ideología de la represión entre lectores relativamente cultos y —sería de esperar— entre intelectuales "modernistas" que interesaba integrar a los designios de esa clase. En cualquiera de los dos casos, la subordinación del poeta a la voluntad de la clase dominante sería absoluta.

Pero se dirá, tal vez, sobre todo si tomamos en cuenta la posibilidad de la segunda de las opciones, que estamos aquí ya demasiado lejos de la poesía. A fin de cuentas, importa por su asombrosa producción poética y no por algunas opiniones políticas más o menos torpemente puestas al servicio de la oligarquía hispanoamericana. ¿No hemos acaso insistido nosotros mismos en el aspecto necesario de su trabajo periodístico, necesidad que deberíamos distinguir radicalmente de la libertad bajo la que se supone florece la creación poética? Con qué razón, en el contexto de la poética dominante, pediríamos este género de cuentas a quien, no sin amargura, preguntaba en 1906 en la "Epístola" ("A la señora de Leopoldo Lugones"): "¿He nacido yo acaso hijo de millonario?" [27].

No se trata de pedir cuentas; pero debo aclarar antes de pasar adelante que mi atención a los textos no "poéticos" de los poetas, en este caso de Rubén Darío, parte de una hipótesis que creo se va confirmando en sucesivos estudios de autores diferentes. A saber: que en un momento dado cualquiera (a veces durante toda una obra), se exprese en la forma o género que sea, la ideología de un autor es siempre consecuente consigo misma (inclusive, claro está, en las contradicciones que puedan encerrarse en ella). En este sentido rechazo la propuesta de Lukacs expresada en la idea del "a pesar suyo" en que se sustenta su estudio sobre *Les paysans* de Balzac.

Claro que sin la evidencia empírica de un número razonable de casos tal hipótesis puede parecer una simple afirmación gratuita frente a la dominante costumbre de considerar la obra literaria

[27] *Poesía*, p. 346.

no ya como relativamente autónoma, sino, incluso, como libre de toda determinación histórico-ideológica. Sin embargo, en nuestro caso concreto, hemos llegado al fondo más lamentable de la ideología de Darío a partir de su concepción de lo *regio* y lo *fantástico* expresada en textos poéticos ajenos al parecer en todo a las brutales realidades de una política social represiva. En este recorrido hemos visto cómo en cuanto que la prosa es calificada de contraria a la poesía, a ésta le resulta necesario aparecer temática y estilísticamente como lo contrario de la prosa. La negación afirma así la unidad dialéctica (subyacente). Dicho de otra manera: en sus casos extremos y aparentemente excluyentes ("Era un aire suave" contra "Dinamita", por ejemplo), la ideología de Darío se organiza unitariamente *precisamente* por la exclusión o ausencia (calculada) de uno de los polos en la representación del otro.

Por lo demás, ésta sería la forma extrema en que la unidad pretende esconderse tras la negación y ya hemos visto cómo en cualquier momento de la prosa periodística, por ejemplo, es esencial a la justificación de su prosaísmo la presencia "contraria" de lo poético. A la inversa, ya hemos visto en el texto dedicado a la reina Victoria que Darío mismo tiene clara idea de la relación existente entre el mundo de la "prosa" productiva y el de la poesía que sobre él se eleva en pureza diamantina. Y no hemos de olvidar que con "El rey burgués" *Azul* se inicia planteándonos esta relación dialéctica en términos de una semántica central al siglo XIX. También hemos observado, aunque muy de pasada, cómo en el prólogo a un libro de poemas (*El canto errante*, 1907) los que lanzan "bombas" han sucedido al "burgués" torpe de *Azul* como enemigos de la poesía. Tal tipo de relación antagónica se encuentra también en la poesía misma de Darío, a pesar de su tendencia a excluir de lo que afirma lo que podría negar la afirmación.

Así, por ejemplo, en *Cantos de vida y esperanza* (en "Cyrano en España", escrito en enero de 1899) leemos que:

> El Arte es el glorioso vencedor. Es el Arte
> el que vence el espacio y el tiempo, su estandarte,
> pueblos, es del espíritu el azul oriflama...
> *(Poesía*, p. 252)

Pero no sólo se trata de una lucha contra "el espacio y el tiempo", así, en general y en abstracto, sino que la lucha tiene ciertas dimensiones sociales, según se ve en "¡Torres de Dios! ¡Poetas!" donde leemos no sólo que "El bestial elemento se solaza / en el odio a la sacra poesía", sino que "La insurrección de abajo / tiende a los excelentes". Escrito este poema en París en 1903, o sea, en los momentos definitivos de la lucha francesa por los territorios del África

Occidental, no dejan de aparecer en él los "bárbaros" enemigos de la "civilización". Los dos versos que siguen a los recién citados son los siguientes: "El caníbal codicia su tasajo / con roja encía y afilados dientes". (*Poesía*, 257). Ante tan vulgar imagen colonialista casi resulta superfluo notar que si los grandes banquetes se reducían a "puchero" para el pueblo trabajador de Occidente, para los aún más "bárbaros" el alimento es ya *tasajo*. Y en un asombroso poema dedicado "A Colón", recogido en *El canto errante* en 1907, pero escrito en 1892, Darío califica a Colón de "¡Desgraciado Almirante!" porque

> Tu pobre América
> tu india virgen y hermosa de sangre cálida,
> la perla de tus sueños, es una histérica
> de convulsivos nervios y frente pálida.

Tal transformación se debe a que suenan clarines y cañones en el continente y, sin duda, Darío alude en el poema a las diversas guerras entre los países hispanoamericanos que, desde luego, no faltaban en aquellos tiempos. Pero no deja de ser curioso que la más que probable alusión a esas diversas guerras se resuma de repente en la quejumbrosa afirmación de que "día a día cantamos la *Marsellesa* / para acabar cantando la *Carmañola*". Importa recordar que la *carmagnola*, traje campesino piemontés llevado a París por los revolucionarios marselleses en 1792, se convirtió en el uniforme de los jacobinos y pasó, en fin, a ser el nombre de una canción revolucionaria que, entre otros casos, dice lo que sigue sobre la lucha contra la aristocracia:

> Madam' Veto avait promis,
> Madam' Veto avait promis,
> de faire egorger tout Paris
> de faire egorger tout Paris.
> Mais son coup a manqué
> grâce a nos canoniers.
>
> Dansons la Carmagnole,
> vive le son, vive le son;
> Dansons la Carmagnole,
> vive le son du canon.

A lo que no deja de añadirse:

> Ah, ça ira, ça ira, ça ira,
> tous les bourgeois a la lanterne!
> Ah, ça ira, ça ira, ça ira,
> Tous les bour on les pendra!

En 1792 se estaba, por supuesto, en pleno "terror" jacobino y a fines de ese año se condenó a Luis XVI, que muere guillotinado el 21 de enero de 1793.

No sería justo menospreciar el rigor conceptual, la conciencia alusiva de un poeta como Darío a quien, en todo lo demás (rima, ritmo, simbolismo), consideramos riguroso. Y mucho menos cuando en la penúltima estrofa del poema le dice a Colón que

> La cruz que nos llevaste padece mengua;
> y tras encanalladas revoluciones,
> la canalla escritora mancha la lengua
> que escribieron Cervantes y Calderones.
> *(Poesía*, p. 309)

No son, pues, los "burgueses" los únicos, ni los peores, enemigos de la poesía. A fin de cuentas, en su misma clase se encuentran no pocos miembros "civilizados" que justifican la existencia toda de la clase acosada por el enemigo común de aristocracia y burguesía. Quien no tiene salvación, en cambio, es este enemigo, provocador de "encanalladas revoluciones" (cuyo origen histórico se remonta a la liquidación del nieto del "Rey Sol", con la pretensión, además, de colgar a los "burgueses"). Por lo demás, claro está, en cuanto que aquí funciona como poeta, Darío no se horroriza en estos versos de que nadie quiera quitarle su propiedad al "señor Pereira" —esto le toca al periodista—, sino de la suciedad que la canalla trae a la lengua de los Cervantes y Calderones.

Esta relación antagónica se ha establecido oponiendo la *Carmañola* de los regicidas y linchadores de burgueses a la *Marsellesa*, himno compuesto también en 1792 en ocasión de la defensa militar de Francia, pero que adquiere su nombre y popularidad con el desembarco de Napoleón en Marsella. Es, pues, en su origen no sólo un himno patriótico, sino específicamente un himno antijacobino y no puede sorprendernos que a él recurra contra la *Carmañola* el Darío que —en "Dinamita", por ejemplo— acusaba a los obreros emigrantes de antipatriotismo. Y aunque mucho habló Darío de la paz en poemas posteriores a *Prosas profanas* ya hemos oído justificar disparos antirrevolucionarios en tanto que dos de sus poemas acentualmente más importantes, la "Marcha triunfal" y la "Salutación del optimista", son decididamente bélicos. Es claro: defensa de la "sociedad" y defensa de la patria son una y la misma cosa; y las dos se suman en la defensa "de la fe" que une a la neocolonia con la metrópoli en la división del trabajo establecida por el imperialismo (es decir, por el modo *burgués* de producción). Por lo demás, no es cuestión de unos cuantos versos sueltos ya que todo ello se propone exhaustivamente en el *Canto a la Argentina*.

Desde un punto de vista ideológico desaparece así la oposición entre prosa periodística y poesía, así como la oposición que alguna vez ha pretendido establecerse entre poder oligárquico y positivismo de un lado y poesía modernista de otro. Tales oposiciones se quedan en la superficie de los textos, aceptando acríticamente lo establecido por Darío mismo desde, por lo menos, "El rey burgués": oposiciones que no son reales en su significado histórico objetivo sino cuando el poeta se enfrenta, una y otra vez a lo largo de los años, a lo que entonces se llamaba "la cuestión social".

En el contexto de tal ideología podemos ahora volver al principio y preguntarnos: ¿a quién, realmente, va dirigida la crítica de "El rey burgués" de ese primer texto de *Azul* que de tal manera gravita sobre la obra toda de Darío? A los "rastacueros", desde luego, según se aclara en las "Palabras liminares" de *Prosas profanas*; a quienes atareados entre fardos de prosaísmo no sabían ser modelos de nuevos Watteaus. Pero, dicho ello así, no tocamos sino la superficie metafórica del problema. *Celui-quine-comprend-pas*, según también se le llama en esas "Palabras liminares", es en verdad el "burgués" que no entiende que el poeta, puro adorno en apariencia, puede también servir a sus designios "civilizadores". Así lo entendieron los mejores ideólogos positivistas, como, por ejemplo, Justo Sierra quien en 1901, en su prólogo a *Peregrinaciones* explica que "los poetas —como bien lo hace Darío— deben servirse de su lira para civilizar, para dominar monstruos" [28]. En este prólogo se habla también de "la Europa de la civilización" y se aprueba con entusiasmo el que Darío tenga en su texto "palabras encantadoras... de admiración, de amor" para León XIII, cuyas "manos fluidas, bendecidoras y trémulas, manos hechas de alma y de bondad", además de bendecir, firmaron en mayo de 1891 la *Rerum Novarum*. Función, pues, del poeta modernista equiparable a la del filósofo positivista que justificaba la represión y la división internacional del trabajo apelando al orden ("civilización") que había de imponerse contra los "monstruos" (barbarie). Ya hemos visto cuáles eran esos "monstruos", cuál era la "barbarie" que —según bien había explicado León XIII— amenazaba una "civilización" que se identificaba con la propiedad privada; sólo importa añadir que Justo Sierra escribe lo citado cuando ya hacía su tiempo que Martí había explicado amplia y claramente que el problema no podía plantearse en términos de "civilización" y "barbarie".

Claro está que desde la perspectiva de quien vivía en la prosa del enriquecedor intercambio de fardos no tenía por qué ser fácil la comprensión del papel ideológico que puede cumplir el arte de

[28] *Estudios sobre Rubén Darío*, México, 1968, pp. 136-145.

vanguardia. A fin de cuentas, tanto en la metrópolis como en la neocolonia, hacía ya tiempo que los artistas insultaban rencorosamente al burgués como si no vieran claro que a lo largo del siglo iba surgiendo un más que probable enemigo común. Cuando ese "burgués" leía algo más que novelas de "Monsieur Ohnet" pronto entendía, claro está, que los poetas puros (como Teófilo Gautier, Baudelaire y Darío mismo) habían ya reconocido al nuevo enemigo. Pero aún así, y no sin razón dialéctica, esos artistas pensaban que el vulgo democrático, populachero y "encanallado" había surgido por culpa, precisamente, del "burgués". De ahí que su estética fuese sistemáticamente anti-capitalista.

En aparente contradicción con lo que hasta aquí hemos venido viendo, tal actitud se expresa nítidamente en las ya mencionadas "Palabras liminares" de *Prosas profanas*. Es central ahí la proclamación de la "estética acrática", desde la que se rechaza "la imposición de un modelo o de un código". Corrían los tiempos en que "los nuevos" se llamaban a sí mismos "anarquistas literarios" y no difiere Darío en esto de las vanguardias de la época, como no sea en su característica tendencia a escoger la palabra menos divulgada (que, además, le permite una rima interna). Puede ser también que quien había escrito contra el anarquismo (incendiario) como enemigo de "la sociedad" pretendiese evitar posibles confusiones ya que para los más comunes oídos *acrático* no sonaba tan mal como *anarquista*. De todo modos, lo que centralmente importa es que en este texto la noción de "estética acrática" es inseparable de la de "artífice", término en el que siempre va implícita la oposición al modo de producción capitalista (o relaciones burguesas de producción). El que ese artífice sea, además, como un "monje" no hace sino subrayar su voluntad de rechazo del modo de producción dominante. No ha de extrañarnos, por lo tanto, que, de manera similar al poeta de "Ruvernal" este artífice ácrata se imagine a sí mismo oyendo campanas de oro y plata en un protegido interior mientras el "viento" y el "mal" soplan "afuera". En ese interior se escucha también un "clavicordio pompadour" a cuyo son "danzaron sus gavotas alegres abuelos".

No podemos sino preguntar: ¿abuelos de quién? Inconcebible que lo sean de Darío; pero es que nuestro poeta —y hemos de tomarle absolutamente en serio— afirma tener "manos de marqués". Dicho ello de manera desafiante, como si se estuviera oponiendo no sólo al más vulgar pensamiento burgués, sino, tal vez, a la crítica que hizo Martí a quienes trataban de cosas de América con "manos de petimetre".

En el mundo de "lo útil" de que ya se había quejado Baudelaire, tal lenguaje y tales ideas bien podían sonar como enemigos a oídos de los "burgueses" más cerrados. Pero en cuanto que la "estética acrática" dista mucho del anarquismo incendiario o sindical, tal antagonismo no podía preocuparles mucho; quien pretendía que su "producción" era sólo suya en sí ("mi literatura es mía en mí"), pretendiendo con ello distinguir su obra de toda producción en el sentido real del término y, particularmente, de la producción capitalista, no podía de ningún modo pretender incoı porarse a la organización necesaria de quienes, enajenados de su producción, tenían en los números la posibilidad de atacar de frente al sistema. De ahí que el "rey burgués" pueda, si quiere, dejar morir tranquilamente al poeta sin miedo alguno a las represalias. Cuando tal hacía, sin embargo, ese "burgués" revelaba no entender que tan antidemocrático poeta ("Lo demás es tuyo, demócrata Walt Whitman") podía proporcionarle a su ideología el lenguaje que justificara por el arte su dominio y sus pretensiones de transfiguración fantástica. Lenguaje correlato del brutal lenguaje del oligarca chileno ya citado, del fusil que liquidaba comunidades indígenas o anarquistas de Valparaíso y Buenos Aires, de las inversiones extranjeras o de las teorías (metropolitanas) del libre cambio...

No deja de ser notable que el poeta cuya importancia histórica parece residir en la magistral capacidad de renovación de los metros y ritmos de la lengua castellana dedique a lo que llama "la cuestión métrica" sólo cuatro líneas por demás intrascendentes en estas "Palabras liminares", riquísimas, en cambio, de contenido ideológico. Notables son en el sentido las palabras que preceden inmediatamente a tal "cuestión": "mi esposa es de mi tierra; mi querida de París", escribe Darío fuera, al parecer de todo contexto. Son, desde luego, atractivas palabras de "garçonière" para quienes, de hecho, compraban objetos de lujo en París (o Inglaterra) con las ganancias de la explotación casera. En este sentido contribuyen a organizar el alto valor ideológico que debemos asignar a "Palabras liminares". Cuando quince años más tarde (en 1909) Darío escribe durante su viaje de visita a Nicaragua que "al hogar no ha llegado el modernismo"[29], vemos que percibe claramente no sólo los diversos niveles de desarrollo dependiente que distinguen a Nicaragua de Chile o de Argentina, sino que, establecido él en la vanguardia, entiende con lucidez los modos de relación necesaria de ese desarrollo con la "civilización" metropolitana. Vemos así, una vez más, cómo el tan traído y llevado "cosmopolitismo" modernista es la estructura mental que, oponiéndose tanto a una "hogareña" (y autosuficiente) noción de la vida socioeconómica como al internacionalismo proletario, corresponde en la neocolonia a la

[29] "El viaje a Nicaragua", en *Obras completas*, t. 3, p. 1076.

inserción dependiente (y gozosa) en la división internacional del trabajo desde la cual se justifican fantasías, sueños azules de ideales aristocráticos no sólo anteriores a 1789, sino, por supuesto, tan ajenos a América como es imposible el desarrollo capitalista a partir del subdesarrollo [30].

Hemos de insistir en este sentido en que la visión del mundo que nos proponen las "Palabras liminares" de *Prosas profanas* es radicalmente anticapitalista. El *acratismo*, lo *pompadour*, lo *marqués* y lo *monje* forman una unidad de sentido cuya coherencia se sustenta en la noción de *artífice*, cuyo significado histórico Darío expresa con toda lucidez al explicar que *su obra es suya en sí*, donde se rechaza un sistema caracterizado, precisamente, por la destrucción de la artesanía, por el maquinismo y por la enajenación de los medios de producción, del trabajo, de la mercancía producida y, por lo tanto, del productor mismo. Sin embargo, hemos visto sobradamente cómo Darío parece aceptar y proponer también el modelo de desarrollo capitalista. En este sentido hemos de tener presente junto a *Prosas profanas* el *Canto a la Argentina*, donde, desde el principio, estamos entre "fábricas trémulas de vida", "tumulto de metales y de lumbres/activas", "locomotoras veloces", "chimeneas" de los *"docks"*, pampa "granero del orbe", "trajín de hierro y fragores", etc. ¿Cómo no caer nosotros en la contradicción en que parece polarizarse la obra misma de Darío?

Con intención de ir recogiendo ya algunos hilos propongo que lo que ocurre es que la obra conjunta de Darío no sólo refleja las contradicciones de la dependencia, que nosotros reconocemos ya como insolubles dentro de la estructura en que se originan, sino que refleja y refracta el autoengaño y la falsa conciencia con que la oligarquía hispanoamericana gozosamente pospone el enfrentamiento con esas contradicciones. Por ejemplo —y sin ir más lejos— el *Canto a la Argentina* mas, si cabe, que los más convencionales poemas "cívicos", es una monumental falsificación de la realidad histórica ya que ni había en la Argentina de 1910 tantas "fábricas trémulas de vida" ni tantas "locomotoras veloces". La falsificación —digna del "poeta loco" que se inventa presencias en "Ruvernal"— refleja la imagen de sí misma tenía la clase dominante argentina,

---

[30] No veo, por lo tanto, que podamos confundir este vanguardismo de la dependencia con "un pequeño sistema semiótico que tiende a ligar una producción específica, la poética, con una genérica, la social" cuyo "elemento esencial" sería la "máquina", con el "aspecto objetivo del industrialismo, o sea el capitalismo", según propone Noé Jitrik, sino que, por el contrario, se trata de un modelo al que "le es propio" establecer "una relación subordinada" —según propone también Jitrik creo que contradictoriamente, en su libro *Las contradicciones del modernismo*, México, 1978, pp. 83-85.

imagen que se origina en el fantástico sueño de Sarmiento de crear
un país como Estados Unidos. "Granero del orbe", sí; pero sabemos
que tal especialización productiva significa cambio desigual e imposibilidad de desarrollo. Y significa también —aunque no sin conflictos que Darío deja de lado en su *Canto*— cierta prosperidad
general, riqueza abundante para los menos y un consumo suntuario
que igualaba en apariencia a las clases dominantes del país con las
de la metrópolis. Parte de este consumo en que el poder encuentra
un aspecto de su razón de ser, era —según ya nos ha explicado
Darío— "la aceptación caprichosa de la belleza" producida por "ar-
tífices" cuyas obras rechazan, precisamente, el modo de producción
capitalista. Quizás sea de interés recordar aquí que ya William
Morris se había quejado de que las obras de artesanía producidas
por artistas modernos en rechazo de la producción masiva capitalista habían acabado por convertirse en objetos de lujo que sólo podía
comprar la misma burguesía propietaria de los medios de producción que funcionaban en sentido contrario. Si así en la metrópolis
se aceptaba el arte que la praxis burguesa negaba, el proceso era
aún más claro en la neo-colonia, donde la carencia de independencia productiva, inseparable de la pervivencia de viejas estructuras, llevaba a la imitación de fantásticos modos de vida pre-capi-
talista en los que quien no podía, de hecho, ser auténticamente
burgués compensaba su carencia imaginándose aristócrata.

Pero, además, no todo había de ser lujo y caprichoso consumo
suntuario. El poeta que todo podía convertirlo en cuento de hadas
podía también servir para explicar más directamente la relación
existente entre su lenguaje y el de la división internacional del
trabajo —como cuando Darío, al tratar, por ejemplo, de "nuestra
lucha hispanoamericana por representarnos ante el mundo como
concurrentes a una idea universal" [31] funde con absoluta precisión
en el término comercial ("concurrentes") dos niveles de actividad
sólo en apariencia contrarios: el que le permite a él identificarse
con la "aristocracia mental internacional" en cuyo centro se en-
contraría —por ejemplo— Remy de Gourmout ("escritor de una
élite") [32], y el que permite a la oligarquía exportadora no sólo
comprar en París o Londres, sino participar también en el intercambio de ideas cuya "universalidad" consistía en la difusión de la
ideología librecambista. Si, además, el poeta estaba dispuesto a
mistificar estas relaciones por 10.000 francos en un altisonante
Canto a la Argentina, ¿cómo no recibirle en palacio? Así incorporado al servicio, "Sonatina" o "Era un aire suave" habían de resultar también, por supuesto, poemas altamente "civilizadores".

[31] *Todos al vuelo*, p. 64.
[32] *Opiniones*, p. 183.

Se ha hablado de la "alienación" y "evasión" de los poetas modernistas con respecto a una realidad que —según escribía Carpentier en son de queja— suele denominarse "Nuestra América", pretendiendo con tal término trascender la división de la sociedad en clases. Propongo que en Darío no existe tal alienación. Conoce y aprueba el mecanismo que produce en Hispanoamérica la riqueza de los menos y se arrima a su mecenazgo, no sólo en su vida cotidiana, según es de sobra sabido, sino en la ideología de su obra. Lo que no excluye, desde luego, que, tal vez como ningún otro poeta modernista, Darío haya sufrido muy dolorosamente las consecuencias de su servidumbre. Pero planteó siempre ese dolor en los términos ideológicos que oponen la "prosa" a la Poesía "pura" bajo la luz de una falsa conciencia evidente ya en "El rey burgués", desde el inicio mismo de su "primavera" creadora. Esa oposición, al permitirle la liberación absoluta de la "fantasía" como mistificadora de la realidad, es la entraña misma de una visión del mundo en la que todas las tergiversaciones son posibles.

Tal vez sea Rubén Darío entre los modernistas un caso extremo; pero es ejemplar. La indiscutible centralidad de su obra en las letras hispánicas de fin de siglo me permite arriesgar la siguiente propuesta para un estudio realista del modernismo.

En los orígenes del desarrollismo dependiente, en la época de dominio de la ideología y la técnica positivistas, a caballo entre el mecenazgo y el mercado, el poeta modernista es uno de los intelectuales orgánicos del sistema, al cual facilita uno de sus lenguajes necesarios. El lenguaje que, como una varita mágica, transforma a oligarcas y burgueses en príncipes y reyes, en herederos de la "civilización" más refinada, contribuyendo de paso con ello al intento de paralizar la imaginación creadora en fantasías adolescentes que, bien rimadas —rima generadora—, llevan a dejar de lado la confrontación realista con lo que las clases dominantes llamaban "la cuestión social".

Este lenguaje de lujo se complementa y se explicita en sus funciones con el de una prosa periodística que, escrita generalmente por los modernistas para ganarse la vida, propone una ideología conservadora y, en momentos claves, específicamente positivista. Inseparable de esta ideología, y sólo en apariencia contrario a ella, es la tergiversación de la realidad que encontramos en sus poemas.

Caso, pues, tal vez extremo el de Darío; pero se encuentran notables paralelos en la obra de Julián del Casal, Gutiérrez Nájera y José Asunción Silva, por ejemplo. La gran excepción sería siempre José Martí.

CARLOS BLANCO AGUINAGA

University of California, San Diego.

LA CONCEPCION METAPOETICA DE DARIO
EN CANTOS DE VIDA Y ESPERANZA

Esta obra, editada por primera vez en 1905, acentúa el tono reflexivo que se insinuaba en la última sección de **Prosas Profanas y otros poemas**, y evoluciona hacia una meditación de carácter trascendente acerca de la función metafísica y religiosa de la poesía. Darío nos propone una estética que consiste en la develación del misterio y en este sentido **Cantos...** no hace más que confirmar. continuar y ahondar la cosmovisión poética sugerida en **Prosas...** No hay en este sentido un corte o una contraposición entre ambas obras.

El primer poema que abre la serie "Cantos de vida y esperanza" es estrictamente metapoético porque plantea la evolución poética del autor, manifestando este último una clara autoconciencia de su oficio. Está constituido por 28 cuartetos endecasílabos con rima consonante ABAB y la meditación se concentra alrededor del hablante lírico, en primera persona. Las doce primeras estrofas configuran su **universo poético inicial**. En el primer verso el poeta ("yo") se distancia del que fue por la elección del predicativo "aquel", y su ubicación en un tiempo pasado: "ayer"[1]. Este distanciamiento temporal y espacial confirma que la descripción siguiente pertenece a una primera etapa de su evolución poética, connotadas dos de sus obras: "el verso azul" y "la canción profana". Esta etapa constituyó la posibilidad de transfigurar el mundo ("un ruiseñor en la noche" convertido "en alondra de luz por la mañana") y adueñarse poéticamente de él (reiteración del predicativo "dueño"). Los habitantes de su poesía ("jardín de rosas", "cisnes", "tórtolas", "góndolas" y "liras en los lagos") corresponden a las influencias artísticas identificadas por el mismo Darío a continuación (el siglo de Watteau, la presencia ambivalente de Hugo y Verlaine), junto a la inclusión del exotismo temporal y espacial ("antiguo y moderno", "cosmopolita"). Estos tres cuartetos se sintetizan en el último verso: "una sed de ilusiones infinitas", que supone y justifica la invención de este mundo ideal como corporización de un anhelo poético superior.

El siguiente cuarteto ahonda la dimensión del hablante lírico, antes connotado por un verbo de esencia ("soy", "fui"), y le atribuye el conocimiento ("supe") del lado oscuro de su universo. Junto al gozo sensorial del paisaje anterior se superpone inmediatamente la conciencia del dolor, la

---

[1]Rubén Darío, **Poesías completas**, 11º Ed. de Alfonso Méndez Plancarte y A. Oliver Belmás. (Madrid: Aguilar, 1968), pp. 627-630.

dimensión melancólica de su oficio poético desde sus primeras manifestaciones (infancia, juventud): "Yo supe de dolor desde mi infancia; mi juventud..." Esta "fragancia de melancolía" está unida frecuentemente a la insatisfacción del impulso erótico en Darío. Y el siguiente cuarteto corporiza el "instinto" bajo las figuras del "potro sin freno", la "embriaguez", el desafío del "puñal al cinto", la inminencia de la caída en lo elemental (detenida sólo por gracia divina, operando una fuerza superior al hombre: "si no cayó, fue porque Dios es bueno"). (p. 628)

Las siguientes siete estrofas (6ª a 12ª) se concentran en el otro polo de la relación poeta-ideal. Hasta aquí queda constituido su universo azul, luminoso, soñado, preciosista a la manera de Watteau, pero igualmente doloroso, oscuro, de embriaguez insaciable y fatal. A partir de aquí el yo lírico se distancia y esconde tras el símbolo de la "estatua", que interioriza la meditación ("estatua bella" —"alma joven"). En el ámbito señalado ("en mi jardín") se constituye el polo de captación de la belleza ideal anhelada: el al del poeta "sentimental, sensible y sensitiva". Tres adjetivos que acentúan la misma idea de "sed", a la espera de los afectos y la satisfacción de los sentidos. El alma está habitada por una dualidad que la constituye: "mármol"-"carne viva"; "silencio"-"melodía", "tímida" y "encerrada"-"beso", "embeleso" y "suspiro". La hora de la poesía es la hora del amor, pues ambas permiten la manifestación del alma que, en virtud de la llegada de la "primavera" (despertar de la naturaleza), evoluciona del silencio a la melodía (función poética), del encierro al beso (función erótica), de la timidez al madrigal y al embeleso (unión de ambas funciones). El advenimiento del amor y la hora de la poesía marcan el ingreso a la etapa de creación y expansión, donde el universo estático descripto al principio se dinamiza a través del juego amoroso (metamorfosis en "sátiro", analogía con la "Galatea gongorina" y "la marquesa verleniana", triunfo de la pasión, "todo ansia, todo ardor, sensación pura / y vigor natural") y a través de la música ("un renovar de notas del Pan griego" y un "desgranar de músicas latinas"). El último verso de la estrofa 12ª concentra en la virtud de la sinceridad el máximo valor del hablante lírico que, "dueño" de su "jardín de sueño", lo eleva en la palabra unido al sentimiento cósmico y expansivo del amor. Esta es la característica esencial de esta primera etapa de la obra dariana: la belleza ideal con cuerpo y rostro de mujer tiñe su poesía de un erotismo que excede los límites estrechos del instinto individual y se postula como medio poético de aprehensión del absoluto (baste recordar la divinización del ideal en "Venus", la universalización del arquetipo femenino en "Divagación" y "Era un aire suave", la búsqueda de manifestación poética de "Sonatina", etc.)

Las estrofas 13ª a 15ª marcan una transición necesaria antes de ingresar de lleno en el universo de la segunda etapa dariana. Hay una explícita meditación acerca del arte que será el móvil que opere su transición: la supuesta función evasiva del arte será solamente una tentación ("la torre de marfil tentó mi anhelo"), pues el encierro ("quise encerrarme dentro de mí mismo") genera en Darío automáticamente su necesidad y anhelo por acceder a un nivel de la realidad superior: "y tuve hambre de espacio y sed de cielo..."

(p. 629). La confrontación "espacio" y "cielo" (nivel superior) "sombras" y "abismo" (nivel inferior) revela cómo para Darío la poesía será un modo de conocimiento universal a partir del microcosmos personal, del buceo en lo oscuro del ser. El anhelo superior responde a una necesidad de superar (no evadir) la realidad de dolor que lo circunda: la hostilidad de la muerte y el pecado, la amargura "por el mundo, la carne y el infierno...". Y ante la conciencia de este pecado y de su fatalidad, lo único que se opone es el arte como don sagrado de Dios ("Mas, por gracia de Dios, en mi conciencia..."), receptáculo de valores éticos ("el Bien supo elegir la mejor parte") y reposo y consuelo del dolor existencial ("y si hubo áspera hiel en mi existencia, / melificó toda acritud el Arte."). Atribuye así una función ética a la estética y la virtud pedagógica de la poesía se afirma precisamente en una concepción platónica del arte como salvación tanto de las apariencias sensibles como del mundo moral. Entendido como moral el arte exige al poeta una disciplina y se propone como un culto para iniciados[2].

Las estrofas 16º a 20º configuran un universo simbólico que constituye una segunda etapa en la categorización dariana del ideal que intuye poéticamente. La vía de acceso es la intelección de estos símbolos del misterio, por el cual accede a la revelación total. Para ello el poeta-"iniciado" debe someterse al baño lustral ("bañó el agua castalia el alma mía") como paso previo al peregrinaje iniciático ("peregrinó mi corazón y trajo / de la sagrada selva la armonía"). El misterio se corporiza tras la imagen de esta "selva sagrada" como depositaria de la "armonía" secreta. En tal selva o "bosque ideal" se encuentra "la fecunda fuente" que es "emanación del corazón divino" y que permite descifrar los enigmas de "lo real". Inmerso en este bosque de símbolos divinos, el poeta descubre la permanente dualidad que, a consecuencia de la caída y la fractura original, recorre su ser, objetivada exteriormente: el vuelo de Psiquis-mariposa frente al "ardor del cuerpo", la Filomela y su aspiración "azul" frente a la fornicación del "sátiro", el ensueño frente al amor, la Hipsipila en la flor frente al sátiro en el pezón. Es la penetración de lo ideal en lo real, como señala Rull[3]. La simbología mitológica se multiplica y lo que en "el jardín de sueño" fue "beso" discreto, "embeleso" y suspiro se transforma aquí en persecución "del dios en celo tras la hembra". La capacidad proteica del instinto elemental, la manifestación ya no oculta sino abierta del erotismo amoroso es un canto a la fecundidad y fertilidad generosa que permite el interminable ciclo de las generaciones: "La eterna vida sus semillas siembra, / y brota la armonía del gran Todo." La función poética es generadora de vida y el erotismo que la envuelve es elevado en la estrofa 21º a herramienta gnoseológica por la cual "el alma" del poeta ingresa al misterio ("sagrada selva" y "bosque ideal") para descifrar "lo real" mediante la asunción de su doble naturaleza (Psiquis y sátiro). La desnudez, el "deseo y

---

[2] Ycaza Tigerino y Zepeda Henríquez, **Estudio de la poética de Rubén Darío** (Managua. Comisión Nacional del Centenario, 1967), p. 126-7.

[3] Enrique Rull, "El símbolo de Psique en la poesía de R. Darío" en **Revista de literatura**, XXVII (1965), p. 38.

fiebre santa" del alma (connotaciones eróticas), al penetrar el misterio están balanceadas por otra serie de características ("santa", "cardo heridor" y "espina aguda") que anuncia el sentido purificador y redentor de la poesía, propio de la tercera etapa. El último verso sintetiza nuevamente lo descripto hasta aquí a través de tres actividades del alma: "así **sueña**" (p. 630) aquel "dueño" de un "jardín de sueño"; "así **vibra**" aquel "cuerpo que arde" "temblando de deseo"; "así **canta**" en "la hora de la melodía".

Los restantes cuartetos precisan y completan lo ya meditado, preanunciando la tercera etapa en la categorización del ideal que Darío busca, a través de la analogía del arte con Cristo: "El Arte puro como Cristo exclama:/ 'Ego sum lux et veritas et vita'". Esta "religión del arte" que explicita el poeta en este primer poema de su libro intensifica al carácter divino y absoluto que el ideal ya había comenzado a poseer desde el principio ("Venus" — "Gran Todo" — "Dios"). Los nombres de este absoluto recorren un camino paralelo al énfasis puesto en diferentes actitudes del poeta: la deificación del ideal de lo bello (Venus, marquesa Eulalia...) junto al erotismo como móvil poético; la penetración en un mundo ideal de misterio junto a la posibilidad de desciframiento y conocimiento iniciático por parte del poeta-vate; y a partir de aquí la elevación al absoluto (Dios) a través de la consagración del "Cristo del arte"[4]. Esta tercera intuición subsume la belleza y el misterio y se carga de alusiones sacras y religiosas que no desplazan la significación estética y metafísica anteriores. Así, la vida, la luz y la verdad (atributos de la divinidad) hallan en el arte su imagen especular y vinculan al poeta con su creador: "Vida, luz y verdad, tal triple llama / produce la anterior llama infinita"[5]. El arte no puede ser más que analógico y simbólico porque "la realidad ideal" que revela es de categoría superior y trascendente; Vida, Luz y Verdad (características del "Arte puro") son nombres de lo incognoscible pues "la vida es **misterio**", "la luz **ciega**:/ y la verdad **inaccesible**..." Por consiguiente "la adusta perfección **jamás se entrega**,/ y el secreto ideal **duerme** en la **sombra**.": vida que no se entrega, luz que permanece en la sombra, verdad que es secreto. Esto no limita la función gnoseológica de la poesía, sino que establece sus límites: el poeta-vate puede acceder al misterio a través de la iluminación vital y verdadera del arte (que no es nunca contemplación directa del absoluto, porque nace de la imperfección humana), porque, como Cristo, debe aceptar la "espina aguda" (el dolor como purificación y redención) para comunicar esta palabra a los demás. Su vida se transforma así en un intento permanente por "hacer del alma pura", "desnuda" y "mía", una "fuente sonora", "una estrella" (ascensión). La sinceridad es el camino que le abrirá tal posibilidad poética, junto al desdén "de la literatura" (entendida como los convencionalismos académicos y las mezquindades del oficio), junto al anhelo definitivo del ideal superior a través de la asunción de su naturaleza dual: "crepúsculo", "bruma", "flauta" y

---

[4] Vittoria Coletta di Biase, "Darío y su búsqueda de Dios" en **Revista de la Universidad del Zulia**, 44-47 (1969), p. 99.

[5] Ycaza Tigerino y Zepeda Henríquez, **ob. cit.** p. 135.

"aurora", "sol", "lira", oscuridad y luz, noche y día, Pan y Apolo, canto erótico y música armoniosa.

Su intento poético ha sido y es acceder a la realidad superior entrevista, que la "piedra" lanzada descanse en la "onda" y que "la flecha del odio" se pierda en el "viento". Piedra y flecha, símbolos del camino del poeta, reposan en una íntima convicción final que abandona la primera persona gramatical para postularse como descubrimiento poético universal: la virtud de la paz, la fortaleza de la poesía como "fuego interior", el triunfo sobre "el rencor y la muerte", la inmersión de la palabra en un orden revelado religioso (vinculado aquí al cristianismo): "y hacia Belén..., ¡la caravana pasa!".

El poema plantea entonces la autoconciencia de Darío como poeta y la lucidez acerca de su tránsito desde "el verso azul y la canción profana" a otras formas de manifestación poética, vinculadas a una posible "religión del arte puro". Es legítimo reconocer además una evolución en las categorías del ideal que intenta aprehender el poeta: la mujer en "el jardín de sueño" del poeta-amante, el misterio de la "selva sagrada" de armonía ideal ante el poeta-vate, el absuluto que se refleja en el arte analógicamente y transforma al poeta a su imagen: redentor y vencedor de la muerte.

Un erotismo trascendente.

En el poema "Carne, celeste carne..." (p. 668) Darío eleva y lleva a su plenitud el vínculo de la poesía con lo erótico. Se intensifica la fusión de elementos profanos y religiosos, ya anticipado en **Prosas**... y el poema se convierte en paradigma de un erotismo cósmico y trascendente, como afirma Pedro Salinas[6]. El oxímoron "celeste carne" plantea la doble naturaleza de su anhelo desmedido: humano y divino, traspuesto a la mujer arquetípica que une y eleva ambas naturalezas. Las vías de fusión del poeta con el ideal siempre parten de la sensibilidad. Y en la contemplación de la mujer celestial Darío contempla la fuerza unitiva y cósmica del amor que ensambla todas las cosas y las ilumina. En el poema el amor humano se funde al divino descubierto y el poeta-amante es a su vez vate que descifra en el corazón misterioso de la mujer el estallido de amor de todo el universo. En ella se concentran la poesía (posibilidad de manifestación y causa eficiente del canto), la belleza, la verdad, el misterio de la realidad:

> En ella está la lira,
> en ella está la rosa,
> en ella está la ciencia armoniosa,
> en ella se respira
> el perfume vital de toda cosa.
> Eva y Cipris concentran el misterio del corazón del mundo.

La "carne" no es de una mujer particular y concreta sino que se halla revestida de caracteres abstractos, celestes, configurándose como camino por el cual el hombre asciende al absoluto, abismo al cual se lanza para

---

[6]Pedro Salinas, **La poesía de Rubén Darío**, (1948) (Barcelona: Seix Barral, 1975)

espiritualizarse en un vuelo que confluye hacia lo alto. Esto explica la contaminación de ambos niveles, profano y religioso, creando una entidad dual, síntesis del conflicto dialéctico presente en el propio poeta. Tal conflicto o tensión agónica se intenta resolver por esa **transubstanciación**, que otorga a su erotismo un carácter definitivamente trascendente:

> ¡Carne, celeste carne de la mujer! Ardilla,
> —dijo Hugo—; ambrosía, más bien, ¡oh maravilla!
> La vida se soporta,
> tan doliente y tan corta,
> solamente por eso:
> roce, mordisco o beso
> en ese pan divino
> para el cual nuestra sangre es nuestro vino.

Confluye aquí la concepción de la mujer como signo eucarístico y la poesía como vivencia sensual que evoluciona hacia el acceso místico al absoluto sin despojarse de sus connotaciones carnales, pues está fundido con el amor. El impulso o vía para este conocimiento poético del misterio es el amor, visto como fuerza suprema del espíritu, medida de lo humano pero ritmo y armonía del cosmos. Su sensualismo deja de ser puro goce material para transformarse en "misticismo sensualista"[7].

Una cosmología poética.

También en esta obra Darío plenifica el vínculo ya anticipado de la poesía con el misterio universal, pues la armonía del "bosque ideal" que debe descifrar el poeta configura una verdadera "cosmología poética"[8]. Podemos establecer dos series relevantes: los poemas que presentan símbolos aéreos y los que presentan símbolos acuáticos, generalmente marinos. Esta imaginería expresa la radical vitalidad de la poesía dariana y se corporiza en figuras míticas o fuerzas elementales, que corresponden a la visión integral del cosmos cuyos movimientos rítmicos y musicales, son análogos a los del propio poeta en su búsqueda artística.[9]. "Mar", "agua", "laguna", etc. y "aire", "cielo", "astros", son algunas de las representaciones del universo concebido como "gran Todo", que surgen de la poesía no como sistema pensado sino como resultado de una espontánea y peculiar visión del universo. Y en todas ellas se establece una vinculación con la palabra y el arte como mediador entre el microcosmos y el macrocosmos[10].

El "mar" es una de estas representaciones y pertenece al ámbito acuático. Es el dominio del sentimiento, del corazón, de lo femenino, ya que es considerado como "divinidad madre". En el poema "Marina" (p. 670) el ámbito es este mar portador de una música divina que denuncia la palpitación

---

[7]Roberto Armijo, "Darío y su intuición del mundo" en Ernesto Mejía Sánchez (ed.), **Estudios sobre Rubén Darío**, (México: F.C.E., 1968), p. 569.

[8]Octavio Paz, "El caracol y la sirena" en **Cuadrivio** (México: Serie de lo volador, 1965), p. 45.

[9]Alan S. Trueblood, "R. Darío: The sea and the jungle" en **Comparative Literature Studies**, IV, nº 4 (1967), pp.425-456.

[10]Sobre la significación del mito en Darío ver Ycaza Tigerino y Zepeda Henríquez, ob. cit. p. 147 y ss.

vital del misterio, del que brota el canto, por eso el poeta lo llama: "mar armonioso" (reiterado al inicio de la primera y segunda estrofa), "tus colores y músicas sonoras", "arcadas de diamante que se rompen en vuelos/ rítmicos que denuncian algún ímpetu oculto", "de donde brota un canto/ inextinguible "magnífico y sonoro", suenan vagas canciones"...

Se establece la correspondencia alma del mar-alma del hombre, en virtud de este canto eterno que ejerce sobre el poeta una fascinación secreta, insertándolo en la armonía universal: "mi alma siente la influencia de tu alma invisible". El golpe de las olas, los sonidos oceánicos son ritmos que pertenecen en última instancia a una única armonía cuya música es la que el poeta intenta aprehender. La presencia aérea de los astros ("Venus", "Sol") que son quienes engendran esta energía poética marina, preside las correspondencias alma-mar y establece una correlación permanente entre los dos ámbitos señalados (aéreo y acuático). El dinamismo marino ("brazos salen de la onda"), la música ("suenan vagas canciones") y la belleza ("brillan piedras preciosas") se manifiestan cuando la máxima belleza y luz (Venus y el sol) ejercen sobre el cosmos su gracia fecundante: "mientras en las revueltas extensiones / Venus y el Sol hacen nacer mil rosas" (p. 671). El misterioso acorde del espíritu humano con una armonía superior y la música pitagórica universal latente en el mar, otorga ser a la propia creación del poeta.

"Caracol" (p. 679) es un poema dedicado a Antonio Machado que concentra la meditación en torno al poeta. El caracol es fugitivo habitante marino, pero guarda reminiscencias musicales de sus secretos. El proceso simbólico se agudiza y sólo se revela la significación del vocablo caracol en el último verso y entre paréntesis, como una velada confesión hecha en tono menor: "(El caracol la forma tiene de un corazón)". Señala Octavio Paz que el caracol es el emblema que en Darío simboliza la concepción universal/ y la reminiscencia platónica[11]. Condensa la belleza plástica de la piedra preciosa ("macizo y recamado de las piedras más finas") y la musicalidad concentrada en su fragilidad. Todas las alusiones anteriores al ritmo y a la música en la obra de Darío son sintetizadas aquí emblemáticamente en la figura del caracol, que se presenta como "instrumento musical" por antonomasia, revelador de los secretos del mar y de sus profundidades:

> Europa le ha tocado con sus manos divinas
> cuando cruzó las ondas sobre el celeste toro.
> He llevado a mis labios el caracol sonoro
> y he suscitado el eco de las dianas marinas;
> le acerqué a mis oídos, y las azules minas
> me han contado en voz baja su secreto tesoro.

El "eco" que concentra en sí el poeta en la forma del caracol (en su "corazón") es revelación del misterio del universo, aludido míticamente por el viaje de la nave Argos, capitaneada por Jasón, en busca de aquel "vellocino de oro" que en Darío convierte al poeta en "argonauta". Mito hondamente

---

[11]Octavio Paz, ob. cit. p. 64.

vinculado al mar como permanente misterio, al cual el hombre debe lanzarse para encontrar el tesoro buscado:

> Así la sal me llega de los vientos amargos
> que en sus hinchadas velas sintió la nave Argos
> cuando amaron los astros el sueño de Jasón;
>
> y oigo un rumor de olas y un incógnito acento
> y un profundo oleaje y un misterioso viento...

El mar es la afirmación de la existencia del gran Todo y el caracol, la vía de revelación de su existencia en virtud de su secreta analogía con el corazón del hombre.

El "cisne" es otra de las figuras preferidas de Darío por su doble naturaleza: la estirpe divina (encarnación de un dios) y la pasión erótica (mito de Leda). Expresa la agonía y tensión interior del poeta, su ansia de ascensión (ámbito aéreo) y su reposo en el agua (ámbito acuático)[12]:

> El verso su ala y el ritmo su onda
> hermanan en una
> dulzura de luna
> que suave resbala
> (el ritmo de la onda
> y el verso del ala
> del mágico Cisne,
> sobre la laguna)
> sobre la laguna.
> ("Salutación a Leonardo", p. 637)

Verso y ritmo aluden a la poesía, que el cisne, emblemáticamente representa, y el escenario de su manifestación es el agua. Este "cisne mágico", portador de la poesía, es el que busca afanosamente todo poeta, extraviado en la realidad hostil: "Faltos del alimento que dan las grandes cosas,/ ¿qué haremos los poetas, sino buscar tus lagos?" ("Los cisnes," I, p. 649). En el intento de identificación y fusión del poeta con el cisne, aquél se apropiará de la pasión amorosa de este por la mítica Leda:

> Por un momento, ¡oh Cisne!, juntaré mis anhelos
> a los de tus dos alas que abrazaron a Leda,
>
> Cisne, tendré tus alas blancas por un instante
> y el corazón de rosa que hay en tu dulce pecho,
> palpitará en el mío con su sangre constante.
> ("Los cisnes", III, p. 650)

---

[12]Jaime Concha señala que el cisne es otra encarnación ornitológica cuya significación musical está preludiada en su cuello semejante a un brazo de lira y contiene todos los rasgos de la lírica dariana: la exaltación del ritmo, la cercanía de la muerte como umbral. En la fase antigua del mito el canto del ave termina con el morir, en la fase wagneriana revive y esta ambivalencia axiológica otorga al cisne la categoría de símbolo extremo de las polaridades de la existencia: amor y muerte, inmortalidad por el canto; en:" El tema del alma en R. Darío" en **Atenea**, 165, 415-416 (1967), pp. 50-55.

Y en este supremo acto de unión divino-humana se oficia el restablecimiento de la armonía cósmica, donde el poeta-cisne se apropia de su canto, que revela los secretos del universo[13]:

> ¡Antes de todo, gloria a ti Leda!
> Tu dulce vientre cubrió de seda
> el Dios. ¡Miel y oro sobre la brisa!
> Sonaban alternativamente
> flauta y cristales, Pan y la fuente.
> ¡Tierra era canto; Cielo, sonrisa!
>
> Ante el celeste, supremo acto,
> dioses y bestias hicieron pacto.
> Se dio a la alondra la luz del día,
> se dio a los búhos sabiduría,
> y melodía al ruiseñor.
>
> Las dignidades de vuestros actos,
> eternizadas en lo infinito,
> hacen que sean ritmos exactos,
> voces de ensueño, luces de mito.
>
> De orgullo olímpico sois el resumen,
> ¡oh blancas urnas de la armonía!
> ("Los cisnes", IV, p. 650-651)

En el aire reina el sol y hacia el remontará vuelo el poeta-Pegaso y los ruiseñores y mariposas. "Helios" (p. 643) representa el ámbito aéreo que nos refiere al Apolo de aquella dualidad cósmica de **Prosas Profanas**. Apolo es una deidad lumínica en general, Helios es el dios solar por excelencia, pero ambos están estrechamente unidos por el ámbito que habitan y la luz que los constituye. Además ambos tienen una estrecha conexión con el canto ya que Apolo es inspirador de las Musas y a Helios lo llama Darío "...portaestandarte/de Dios, padre del Arte..." Divinidad solar y origen de la música divina, a él se dirigirá el poeta para acceder al misterio y adquirir su "poder fecundo" y su energía poética:

> ¡Oh rüido divino!
> ¡Oh rüido sonoro!
> Lanzó la alondra matinal el trino,
> y sobre ese preludio cristalino,
> los caballos de oro
> de que el Hiperiónida
> lleva la rienda asida,
> al trotar forman música armoniosa...

Su presencia despierta el canto escondido del universo, la música de las esferas que es manifestación de la armonía universal: "Atrás se queda el trémulo matutino lucero,/ y el universo el verso de su música activa." "Cochero celeste" del "carro fecundo" guiará al poeta— Pegaso a su destino más alto en la asunción del canto que ha de conmover "las entrañas del

---

[13]Sobre el símbolo del cisne y sus complejas conexiones ver el estudio de Arturo Marasso, **R. Darío y su creación poética** 1934. (Bs. As.: Kapelusz, 1973) pp. 212-213.

mundo" con su "poder fecundo"[14]. Su función sacra es igualada progresivamente a la de la divinidad, vencedor del mal y de la muerte, dador de belleza,
poesía, verdad, esperanza:

> ¡Helios!, tu triunfo es ése,
> pese a las sombras, pese
> a la noche, y al miedo, y a la lívida Envidia.
> Tú pasas, y la sombra, y el daño y la desidia,
> y la negra pereza, hermana de la muerte,
> y el alacrán del odio que su ponzoña vierte,
> y Satán todo, emperador de las tinieblas,
> se hunden, caen. Y haces el alba rosa, y pueblas
> de amor y de virtud las humanas conciencias,
> riegas todas las artes, brindas todas las ciencias;
> los castillos de duelo de la maldad derrumbas,
> abres todos los nidos, cierras todas las tumbas,
> y sobre los vapores del tenebroso Abismo,
> pintas la Aurora, el Oriflama de Dios mismo.

Este oriflama, estandarte que se despliega al viento, anticipa su función
simbólica: la paternidad del arte como creación eterna que engendra una vida
permanente y vence con su luz las tinieblas:

> ¡Helios! Portaestandarte
> de Dios, padre del Arte,
> la paz es imposible, mas el amor eterno,
> Danos siempre el anhelo de la vida,
> y una chispa sagrada de tu antorcha encendida,
> con que esquivar podamos la entrada del Infierno.

El poeta-hombre, alma-cuerpo, eternidad y temporalidad revestido de su
luz sagrada, puede hallar el camino al absoluto: "Que del alma-Quijote y el
cuerpo-Sancho Panza /vuele una psique cierta a la verdad del sueño; /que
hallen las ansias grandes de este vivir pequeño /una realización invisible y
suprema". Esta es la virtud salvífica de la palabra que inspira su poder: "El
hombre, la nación, el continente, el mundo,/ aguardan la virtud de tu carro
fecundo, / ¡cochero azul que riges los caballos de oro! (p. 645)

Esta unión de la palabra con la luz es una constante fundamental de la
visión neoplatónica que Darío tomó en su himno a Helios para exaltar el
poder fecundante del Sol como recreación y elevación a la luz de toda la
realidad sumergida en la sombra (de la noche-silencio al día-canto).

En el poema "Pegaso" (p. 639) vemos con claridad esta concepción de la
poesía como acceso al absoluto, ya que como bien señala Anderson Imbert, el
renacimiento convierte a Pegaso en la cabalgadura mítica de los poetas y
Darío lo utiliza como símbolo del poeta-héroe o semidiós, caballero sobre-
humano. El espacio que rodea al poeta montado en su Pegaso es luminoso,
pues corresponde al ámbito aéreo: sol, luna, aurora, belleza, luz, claridad:

---

[14]La asociación de la poesía con Pegaso que aquí aparece, se reitera en varios poemas: "Trébol", poema
XVII, "Letanía de Nuestro Señor Don Quijote", "Cyrano en España", etc. hasta corporizarse explícitamente en el poema homónimo.

362

Cuando iba yo a montar ese caballo rudo
y tembloroso, dije: "La vida es pura y bella."
Entre sus cejas vivas vi brillar una estrella.
El cielo estaba azul, y yo estaba desnudo.

La estrella en la frente identifica al caballo como miembro de una estirpe divina. Y la asunción de esta cabalgadura otorga al poeta la experiencia de la armonía y plenitud del origen ("pura" y "bella", "azul", "desnudo")[15]. Apolo presidirá esta cabalgata y el tono solemne que adquiere la voz de Darío nos trasladará progresivamente a un ámbito "ceremonial y caballeresco" en el cual caballo y caballero se corresponden como poesía y poeta (anticipando así la figura ideal del caballero como intermediario hacia Dios):

Sobre mi frente Apolo hizo brillar su escudo
y de Beleforonte logré seguir la huella.
Toda cima es ilustre si Pegaso la sella,
y yo fuerte he subido donde Pegaso pudo.

El yo poético, presente desde el principio, ha reconocido ya este ingreso por la poesía a la plenitud y armonía originaria al montar a Pegaso; y el inicio de la trayectoria le ha otorgado fortaleza. En los tercetos se autodefinirá en su estatura heroico-poética a través de tres imágenes: su esencia caballeresca y su coronación con el laurel real, la fantástica doma del corcel más valioso y el vuelo ascensional final que marca su ingreso definitivo al ámbito aéreo:

Yo soy el caballero de la humana energía,
yo soy el que presenta su cabeza triunfante
coronada con el laurel del Rey del día;

domador del corcel de cascos de diamante,
voy en un gran volar, con la aurora por guía,
adelante en el vasto azur, ¡siempre adelante!

Hacia esa "cima ilustre" con "cabeza triunfante" el poeta en alas de la poesía puede elevarse hacia el sol (Helios) que ha presidido la génesis de su ritmo. Las referencias míticas en Darío no tienen funcionalidad meramente esteticista en general, sino que constituyen la expresión emblemática de la relación simbólica que intenta expresar. Así el símbolo de Pegaso, dominante en su imaginación poética, se identifica en este soneto con una vivencial real del poeta. Examinando la significación del mito de Pegaso en la antiguedad, observamos:

1. Se trata de un caballo alado al servicio de la máxima divinidad olímpica (Zeus).

---

[15]Acerca de la significación autobiográfica del soneto A. Pagés Larraya ha señalado que se trata de una exaltación del propio poeta con respecto a su "ingreso triunfal al mundo de la creación lírica", produciendo una visión optimista y promisoria de su futuro, en "Estructura y sentido de un soneto de Darío" en **Hispania**, 53, nº 2 (1970), pp. 181-188. Alberto M. Forcadas además ha rastreado los antecedentes españoles del poema en su artículo "La influencia castellana clásica en 'Pegaso' de R. Darío" en **Cuadernos hispanoamericanos**, nº 285 (1974), pp. 1-15.

2. Es de estirpe divina pues es hijo de Poseidón y la Gorgona (divinidades marinas); y al nacer se elevó hacia el aire (ámbito aéreo que le es propio).
3. Una vez nacido dirigió su vuelo hacia el Olimpo, dando antes una patada en el suelo que produjo la fuente Hipocrene, nacida en la falda del Helicón en la Beocia y consagrada a las Musas. Esta fuente **inspiradora** fue conocida como "la fuente del corcel".
4. Es vencido y dominado por Beleforonte que, montado sobre él, realiza heroicas hazañas[16].

La "cima ilustre" que Pegaso ha sellado en el soneto de Darío es la fuente del canto, que nace de la interioridad del alma, en virtud del alado toque de un enviado divino, al cual el poeta asciende por la virtud sacra de la poesía (emanación y voluntad divina).

El "ruiseñor" es también un alado habitante aéreo que concentra simbólicamente el poder creador del poeta. Ya desde **Azul** se le atribuye al ave el poder de la música: "El nido es cántico. El ave/ incuba el trino, ¡oh poetas!/ De la lira universal el ave pulsa una cuerda." ("Primaveral", p. 517). Aquí, en "Augurios" (p. 673) también el ruiseñor es emblema amoroso-musical que comunica al poeta la visión del absoluto:

> Pasa el ruiseñor.
> ¡Ah, divino doctor!
> No me des nada. Tengo tu veneno,
> tu puesta de sol
> y tu noche de luna y tu lira,
> y tu lírico amor.
> (Sin embargo, en secreto,
> tu amigo soy,
> pues más de una vez me has brindado
> en la copa de mi dolor,
> con el elixir de la luna
> celestes gotas de Dios...)

La "mariposa", símbolo de Psiquis (el alma del poeta), también está unida a la virtud poética y pertenece a este ámbito aéreo: "El verso sutil que pasa o se posa / sobre la mujer o sobre la rosa,/ beso puede ser, o ser mariposa." (X, p. 663). Esta representación sensorial de Psiquis como mariposa, intenta conectar la concepción del alma poética con lo alado, lo etéreo, más precisamente con un soplo que viene de lo alto[17].

Ruiseñor y mariposa unidos expresan en su canto la **belleza** del ideal y la **divinidad** de Dios y simbolizan en su frágil envoltura al poeta que accede al absoluto en virtud del amor y a través de la palabra ("catedral" y "ruinas paganas" se corresponden con sus "dos alas divinas"): "Y de la flor/ que el

---

[16]Ch. Daremberg-E. Saglio, **Dictionnaire des antiquités grecques et romaines.** (Paris: Hacette, 1969), T. IV, p. 369.

[17]En cuanto a la significación del alma-Psique es interesante notar la contribucción de Rull en su artículo ya citado, donde señala que "ánima" se relaciona con ᾿ΧΓΕΜϚ᾿ que significa viento; y el símbolo de Psique tiene dos aspectos: la mariposa, y la joven con alas de las estatuillas primitivas. (**ob. cit.** p. 40).

ruiseñor/ canta en su griego antiguo, de la rosa,/ vuelas, ¡oh Mariposa!, /a posarte en un clavo de Nuestro Señor." ("Divina Psiquis", 2, p. 666)

El mesianismo poético y la función "redentora" del arte.

El verso bíblico en el primer poema de CVE inaugura una meditación acerca de la "religión del arte", enlazando el "Arte puro" a la figura de Cristo por su valor lumínico, ético y vital: "Ego sum lux et veritas et vita". Este mesianismo poético (que convierte al poeta en nuevo mesías) se constituye a partir de una reflexión gradual que reconoce una serie de pasos sucesivos en el ahondamiento del tema.

"¡Torres de Dios! ¡Poetas!" (p. 641) es un poema metapoético que define directamente al poeta en relación con la divinidad. Todas las metáforas con las que se lo simboliza aluden a su posición jerárquicamente superior (altura) y a su vinculación con el ámbito divino: "torres de Dios", "pararrayos celestes", "rompeola de las eternidades", "crestas", "picos"... El mesianismo del poeta le otorga una capacidad profética y visionaria: es quien anuncia el triunfo de la poesía ("armonía") sobre la realidad hostil ("pérfida sirena", "bestial elemento", "odios", "insurrección de abajo", "caníbal" sintetizados como "mal" y "recelo"). El canto convoca a sus conjurados y establece una relación comunitaria, la élite privilegiada a la que tanto alude Darío en sus escritos teóricos: "los Excelentes". Pertenecen a esa estirpe divina de los consagrados a un don que les viene de lo alto y los transforma en faros, en torres desde donde contemplar la realidad, elevándola a su altura, en antenas sensibles a las ondas secretas del ámbito "celeste". Esta toma de partido por una religión poética tiene sin duda su raíz y sentido profundo en una concepción estética trascendente, como lo han visto muchos críticos. Pues la belleza se identifica con la suma Verdad de Dios, y el arte consecuentemente es vía e instrumento hacia el absoluto. El poeta elegido debe convertir su canto en profecía y este nivel poético parte de su inserción en un "orden revelado", que se expresa, por ejemplo, en "Canto de esperanza" (p. 642), donde el poeta tiene la visión de lo que vendrá: "un gran vuelo de cuervos", "amagos de peste", "se asesinan los hombres". Realidad apocalíptica que vuelca a su palabra como proclamación: "Se han sabido presagios y prodigios se han visto/ y parece inminente el retorno de Cristo." Antena humana de Dios, el poeta puede ver el porvenir, descifrar los signos de los tiempos y expresar los designios de Dios en la historia. Por su mesianismo poético sufre el dolor cósmico de la destrucción y su corazón concentra las angustias del corazón universal: "La tierra está preñada de dolor tan profundo/ que el soñador, imperial meditabundo,/ sufre con las angustias del corazón del mundo."

Sólo desde el poeta, visto desde esta óptica de vinculación humano-divina (18), debe provenir la plegaria. Y el canto adquiere el tono sacro de la petición de intercesión a quien le ha concedido, en virtud de su palabra, ser "torre" divina: "¡Oh, Señor Jesucristo!, ¿por qué tardas, qué esperas..." "Ven, Señor, para hacer la gloria de ti mismo...", "Mi corazón será brasa de tu incensario."

---

[18]Acerca del sentido del adjetivo "divino" en la obra de Darío, ver el artículo de Luis C. Herrera, "Inquietud religiosa en Darío en sus CVE" en **Revista Javeriana**, 65 (1966), pp. 322-327.

El ascenso del poeta a Dios ha comenzado con claridad explícita en esta obra y lo que en PP era contaminación de símbolos sacros y profanos, aparece aquí como resuelta inmersión en categorías sagradas. Helios-Apolo, imagen del absoluto al que el poeta tiende, asumen también la figuración de Cristo como Luz suprema. Y así, la religión cristiana, aporta un nombre más a la simbología sacra y a la religión poética de Darío, pero, a la vez, concentra sobre sí la aspiración a un "mensaje", a una "revelación" en el orden religioso, convocado por su palabra.

En el poema "Los tres Reyes Magos" (p. 634) se proclama la verdad revelada por los profetas antiguos, homologando el poeta con el sacerdote en su anuncio mesiánico: "Existe Dios. El amor es inmenso.", dice Gaspar:, "Existe Dios. El es la luz del día", dice Melchor; "...existe Dios. El es el grande y fuerte", dice Baltasar. El anuncio está sostenido por los tres dones: el incienso que exalta la belleza y el amor divino, la mirra que simboliza la luz, el oro que alude al poder divino. El mensaje proviene del espacio celeste, del ámbito aéreo: "¡Todo lo sé por la divina Estrella!, "...todo lo sé por el lucero puro". Los dos últimos versos confirman la profética afirmación real: "¡Cristo resurge, hace la luz del caos / y tiene la corona de la Vida!".

La vida es experimentada como un constante flujo de alegrías y angustias, "vuelos" y "abismos", elevación y sometimiento. La plegaria analiza este nivel de la poesía, teñido de misticismo, como una de sus expresiones más adecuadas, donde se inserta con naturalidad la "Letanía de Nuestro Señor Don Quijote" (p. 685), fusionando otra vez los ámbitos sacros y profanos (literario en este caso). Aquí cobra relevancia la analogía poeta-caballero sugerida en "Pegaso", como "cruzado por la fe" y "mediador" ante Dios. Un personaje literario se vuelve paradigma de santidad y humanidad para el poeta por su doble condición eterna (poética) y temporal (encarnación de un ansia humana)[19]:

> Rey de los hidalgos, señor de los tristes,
> que de fuerza alientas y de ensueños vistes,
> coronado de aúreo yelmo de ilusión.
>
> Ruega por nosotros hambrientos de vida,
> con el alma a tientas, con la fe perdida...
>
> ¡Ruega por nosotros que necesitamos
> las mágicas rosas, los sublimes ramos
> de laurel! ¡Pro nobis ora, gran señor!

El poeta se ubica como interlocutor de Don Quijote y hacia él eleva la plegaria. Lo une a ambos la común figura de Pegaso, asiento del poeta, posibilidad de elevación del ámbito aéreo y superior soñado ("Rolando" en su "Clavileño", el poeta en su Pegaso). La poesía nace de una **visión** de la realidad

---

[19] Esta deificación del personaje es consecuente con una inclinación literaria de principios de siglo que deriva de obras como **Por el alma de Don Quijote** de Evaristo Carriego, **Vida de Don Quijote y Sancho** de Unamuno (1900) o **El Cristo a la jineta** de Rodó (1906) en las cuales se presenta un Don Quijote "santo" o "Dios", que prolifera en el mundo hispánico y del cual bebe el mismo Darío como ha señalado Emilio Carilla en su artículo. "R. Darío y la 'Letanía a Nuestro Señor Don Quijote" en **Cervantes y América** (1951), pp. 59-70.

circundante ("cosas de todos los días") y de una **"supervisión"** de lo superior y secreto ("con otras que en lo misterioso vi").

Esta concepción caballeresca del poeta como cruzado y consagrado aparece también en algunos versos de "Cyrano en España" (p. 635), donde Darío reitera:

1. La filiación divina del poeta: "¡Oh celeste poeta", "tu penacho es hermano de las más altas cimas..."
2. Su consecuente pertenencia a una casta o estirpe superior ("príncipe de locuras, de sueños y de rimas") y su vinculación con otros niveles de realidad, locura, sueño, poesía ("¿Viste el palacio blanco de los locos del Arte?").
3. El sentido doloroso de su oficio como martirio poético: "un hada es tu madrina y es la Desesperación", "y en medio de la selva del duelo y del olvido/ las nueve musas vendan tu corazón herido."
4. La postulación del arte como posibilidad trascendente, en el orden gnoseológico y metafísico: "El Arte es el glorioso vencedor. Es el Arte/ el que vence el espacio y el tiempo, su estandarte,/ pueblos, es del espíritu el azul oriflama."

Este poeta y caballero paradigmático, elegido "de los dioses", cuyo oído percibe la melodía del "Rey de los ruiseñores", es el mismo que exalta en Cervantes, creador del inmortal caballero de caballeros, a través del que vence los límites temporales y accede a la eternidad:

> Cristiano y amoroso caballero
> parla como un arroyo cristalino.
> ¡Asi le admiro y quiero,
>
> viendo cómo el destino
> hace que regocije al mundo entero
> la tristeza inmortal de ser divino!

("Un soneto a Cervantes", p. 669)

La literatura como reposo del dolor y consuelo de la soledad aparece en este poema claramente expuesto y Darío, en función de lector, ya no de creador, reconoce esta amistad espiritual y su influencia benéfica: "Horas de pesadumbre y de tristeza / paso en mi soledad. Pero Cervantes / es buen amigo. Endulza mis instantes/ ásperos, y reposa mi cabeza."

El vencimiento de la muerte por el arte, ampliamente teorizado, adquiere en esta obra mayor relevancia y es reiterado en el poema "En la muerte de Rafael Núñez" (p. 649), donde la contemplación de la cruz (símbolo del triunfo de Cristo sobre la muerte y el pecado) otorga al poeta la salvación y el consiguiente vencimiento de la Esfinge. El reconocimiento de su jerarquía poética ("manto de poeta") y de su carácter redentor ("laurel y espina" "sobre la frente triste") son los pasos previos que permiten su ingreso a "la ciudad teológica en que vive / la sempiterna Paz". La transición de vida a muerte es vista como viaje en "la negra barca" y el arribo "a la ansiada costa", como incorporación del poeta al Paraíso de los elegidos donde "el sublime espíritu gozó la suma gracia". Finalmente la contemplación directa de la cruz le permite triunfar sobre la muerte-destrucción, simbolizada en "el helado cadáver de la Esfinge".

Tanto la profecía apocalíptica como la plegaria letánica remite la meditación al concepto de poeta-consagrado, vencedor de la muerte y redentor. El canto tiene el ritmo de la Pasión de Cristo, el poeta sumergido hondamente en la revelación cristiana se transforma de "cuerpo y alma" en "pan y vino" eucarísticos, "sangre y carne" entregados por la salvación del mundo:

> Para ti, pensador meditabundo,
> pálido de sentirte tan divino,
> es más hostil la parte agria del mundo.
> Pero tu carne es pan, tu sangre es vino.
>
> Dejad pasar la noche de la cena
> —¡oh Shakespeare pobre, y oh Cervantes manco! —
> y la pasión del vulgo que condena.
> Un gran Apocalipsis horas futuras llena.
> ¡Ya surgirá vuestro Pegaso blanco!
> ("Mientras tenéis...", XI, p. 643)

Esta visión mística de la palabra, formalmente expresada en el prólogo a **El canto errante**, "Dilucidaciones", le atribuye las propiedades del "logos creador" y sostiene la visión de la palabra común a otros poetas del siglo XIX según señala Skyrme, para quienes las palabras no eran meros símbolos acústicos o visuales sino entidades vivientes con poderes mágicos[20].

En "Melancolía" (p. 675) se sintetiza la analogía del poeta con Cristo y se postula la poesía como verdadera religión cuya trascendencia nace del carácter redentor de su ejercicio. Cristo se humaniza en el hermano y, cercano al poeta, éste le confiesa su ceguera, su camino "sin rumbo" y su "pasión dolorosa", rogándole la luz:

> Hermano, tú que tienes la luz, dame la mía.
> Soy como un ciego. Voy sin rumbo y ando a tientas.
> Voy bajo tempestades y tormentas
> ciego de ensueño y loco de armonía.
>
> Ese es mi mal. Soñar...

Darío define a continuación a la poesía en términos análogos a la función redentora de Cristo y esto completa la homología abierta en el primer poema de la obra con la cita del versículo bíblico, donde el Arte exclama lo mismo que Cristo acerca de su esencia de luz, verdad y vida:

> ...La poesía
> es la camisa férrea de mil puntas cruentas
> que llevo sobre el alma. Las espinas sangrientas
> dejan caer las gotas de mi melancolía.

La poesía aparece como vía de salvación accesible al poeta-redentor, cuya alma es capaz de suscitar en su interior el acorde universal mediante la consagración al canto. Armijo en su artículo señala que hay en Darío un sentido escatológico de la culpa y de la necesidad de expiación a través del

---

[20]Raymond Skyrme, **R. Darío and the Pythagorean Tradition** Ganesville: Univ. of Florida Press, 1975), p. 89.

canto para elevarse de sus propias miserias y restaurar el desgajamiento del alma y la pérdida de la inocencia edénica[21].

El soneto se estructura en torno a un diálogo entre el hablante lírico y un "tú" en una relación dialéctica de carencia del yo y plenitud del tú. La invocación del tú se da sólo como apertura y cierre del poema. En el primer verso vemos el reconocimiento de la posesión plena de la luz (absoluto) en el tú y la plegaria del yo para obtenerla con la consecuente aceptación de su carencia ("sin luz"), a causa de la ceguera y el andar sin rumbo y la locura. El último verso del soneto vuelve a actualizar esta relación con la interrogación al tú que define su oficio poético redentor: "caer" (ejercicio del arte) "gotas" (poemas, versos) "de mi melancolía" (estado espiritual del poeta debido a la fractura original y al dualismo agónico del hombre). El poeta equipara en el soneto tres dimensiones vitales de su espíritu: el vivir ("soy", "voy"), el "soñar" y el hacer poesía (poesía (...) que llevo sobre el alma..."). El **vivir** está connotado, como ya vimos, por la carencia de luz para una auténtica visión ("ciego", "a tientas") y para encontrar el camino ("sin rumbo", desorientado por el "camino muy largo" "muy corto"). El **soñar** es el propio "mal", la enfermedad o fiebre fatal que provoca la locura ("loco de armonía") y una ceguera para la realidad hostil y trivial que se manifiesta en la entrega ansiosa a otra realidad superior ("ciego de ensueño"). El **hacer poesía** consiste en aceptar este vivir-soñar como padecimiento que redime, en superar el dolor de las "mil puntas cruentas" que ciñen el alma y dejar que estas "espinas sangrientas" viertan las gotas" de su melancolía.

Vivir, soñar y crear por la palabra constituyen una unidad indisoluble un "titubeo de aliento y agonía", la sed del ideal junto a un padecimiento real. El poeta que camina su "calvario", cargando la cruz que apenas "soporta", y que en su peregrinaje vierte gotas poéticas por la redención de todos es la imagen final que ratifica la analogía estrecha con Cristo, que Darío ha estado sugiriendo desde el principio de la obra.

Tránsito del poeta desde el ámbito diurno al nocturno.

Esta inmersión del poeta en un "mundo amargo" y su vida como peregrinaje incierto y calvario doloroso, perfila el tono oscuro que Darío ha inaugurado definitivamente con esta obra y que señala, en su evolución poética, un tránsito del ámbito diurno y primaveral al nocturno y otoñal.

Los dos "Nocturnos" de la obra establecen la hegemonía temporal y ambiental de la noche como espacio de inspiración poética. Son, junto a un tercero de **El canto errante**, para B. Gicovate, momentos de un mismo poema que el poeta no pudo concluir en su primer esfuezo[22]. Los Nocturnos son la ratificación de la experiencia y patencia de lo temporal en la concepción

---

[21]R. Armijo, **ob. cit.** p. 580.

[22]Según Gicovate los Nocturnos provienen de una moda extendida en el siglo XIX y reconoce los más famosos como antecedentes de Darío: los de Silva y los de J. R. Jiménez: Sin embargo en Darío el Nocturno se convertirá en el molde más adecuado para traducir y expresar el terror atormentado de la existencia agónica, la tentación del nihilismo, la sombra de la locura de Hamlet; en "Lectura de un poema de R. Darío. Reflexiones sobre la originalidad" en **Asomante**, XXIII (1967), pp. 38-42.

estética de Darío; la angustia del tiempo es más padecida por el poeta, pues el ejercicio poético implica un afán permanente de eternización.

El primer Nocturno (p. 656) expresa cómo el canto nace del descubrimiento de las presencias nocturnas que habitan el corazón del poeta: "fatal destino", "persecución del mal", "divino veneno", "tortura interior". El hombre contempla sus propios miedos y la débil luz nocturna agiganta sus temores y certezas: "la conciencia espantable de nuestro humano cieno/ y el horror de sentirse pasajero, el horror / de ir a tientas...", "este dormir de llanto" que sólo acaba con la muerte: "¡de la cual no hay más que Ella que nos despertará!". La poesía se transforma así en expresión objetivada de la visión interior existencial del poeta: "Quiero expresar mi angustia en versos que abolida / dirán mi juventud de rosas y de ensueños..." Los habitantes de su mundo diurno eran exteriores: rosas, barcos, Oriente, cisnes, azules, clavicordios, hierbas frescas, ruiseñor primaveral. Los habitantes de su mundo nocturno son obsesivas presencias interiores en las cuales Darío reconoce el fin de la seducción de los sentidos y el triunfo de las preguntas últimas el afloramiento de su inquietud existencial: "desfloración amarga de mi vida", "azucena tronchada por un fatal destino..."

Lo que fuera "alondra de luz por la mañana" en su "verso azul" y su "canción profana", se transforma ahora en objetivaciones nocturnas y oscuras de su realidad interior: "insomnio tenaz", "eco vago", "silencio misterioso". El poeta es quien penetra las tinieblas y posee una "supervisión" que le permite ver más allá de la realidad aparente, es parte del grupo de los "predestinados del arte", de los que auscultan "el corazón de la noche", la esencia nocturna de la realidad, y este hundimiento en el instinto y en los límites le otorga un conocimiento superior. Este conocimiento es el que el poeta vuelca en su poesía, en el ámbito espectral de la noche, anunciadora del final de muerte, como expresa en el segundo Nocturno (p. 680-681):

> En los instantes del silencio misterioso,
> cuando surgen de su prisión los olvidados,
> en la hora de los muertos, en la hora del reposo,
> sabréis leer estos versos de amargor impregnados...
>
> Como en un vaso vierto en ellos mis dolores
> de lejanos recuerdos y desgracias funestas,
> y las tristes nostalgias de mi alma, ebria de flores,
> y el duelo de mi corazón, triste de fiestas.

El contenido del canto son los mismos habitantes nocturnos del poema anterior: los temores y obsesiones secretas hacia el pasado que no vuelve y hacia el futuro cierto de muerte:

> Y el pesar de no ser lo que yo hubiera sido,
> la pérdida del reino que estaba para mí,
> el pensar que un instante pude no haber nacido,
> ¡y el sueño que es mi vida desde que yo nací!

De acuerdo a su personal concepción pitagórica del universo, su corazón ("terrena ilusión") recupera el eterno eco del cósmico y la palabra vincula ambos cosmos, penetrados y conmovidos por un acorde que los une en la noche:

> Todo esto viene en medio del silencio profundo
> en que la noche envuelve la terrena ilusión,
> y siento como un eco del corazón del mundo
> que penetra y conmueve mi propio corazón.

La poesía es así un "vaso" que contiene los poemas y estos versos ("dolores", "recuerdos", "desgracias", "nostalgias", "duelos", "pesar") representan "la pérdida del reino" soñado. La palabra poética y la vivencia angustiada del tiempo son las dos claves de los Nocturnos de Darío.

En "Canción de otoño en primavera" (p. 657) asistimos al desplazamiento de la estación poética dariana desde la primavera hacia el otoño, paralelo al paso de la juventud a la madurez: "¡Juventud, divino tesoro, / ya te vas para no volver!". El otoño actualiza una vertiente permanente del alma dariana que estuvo presente desde el principio y que él mismo reconoce:

> Plural ha sido la celeste
> historia de mi corazón.
> Era una dulce niña, en este
> mundo de duelo y aflicción.
>
> Miraba como el alba pura;
> sonreía como una flor.
> Era su cabellera obscura
> hecha de noche y de dolor.

El ideal de belleza absoluta (Venus, Eulalia, el eterno femenino de "Divagación") que el poeta-príncipe anhelaba alcanzar, se diluye ante la certeza de la fatalidad del tiempo, la fugacidad de la vida, la cercanía de "Ella", la dama sin nombre que encarna la muerte[23]. Por eso el poeta reconoce la pérdida de la princesa ideal (la belleza de "Sonatina" que espera su manifestación en virtud del beso del poeta que ha de rescatarla), como otra forma de aquella "pérdida del reino" soñado que afirmó en su segundo Nocturno:

> En vano busqué a la princesa
> que estaba triste de esperar.
> La vida es dura. Amarga y pesa.
> ¡Ya no hay princesa que cantar!

Este tono amargo que inaugura su tránsito del ámbito diurno al nocturno parece contradecirse a primera vista en la analogía arte puro-Cristo y la

---

[23]E. Rull ha advertido la resonancia de los "Pensamientos" de Bécquer en los Nocturnos de Darío, en especial por este estrecho vínculo del poeta con la muerte bajo ropaje femenino. El uso del pronombre "Ella", si por un lado es un enfemismo que elude el nombramiento directo, por el otro la personaliza y destruye su simbolismo abstracto que yuxtapone la imagen temida de la muerte a la anhelada de la amada. Rull explica esta sublimación poética de su terror como catalizador de la enorme energía psíquica de Darío. En "Pensamientos' de Bécquer y 'Nocturnos' de Darío" en **Rev. de Filología Española**, LII (1969), pp. 563-569.

elevación de la poesía a "canto de esperanza", profecía y plegaria. Sin embargo si recordamos el sentido redentor de su oficio, el dolor y la angustia constituyen la esencia del ejercicio poético (espinas, cruz, sangre) y así es natural la convivencia de los contrarios esperanza-desesperanza, que se integran como una nueva polaridad a la larga serie de dicotomías y dualidades darianas que constituyen su esencia agónica y su básica tensión interior (Pan-Apolo, "carne celeste", cuerpo-alma, Don Quijote-Sancho, etc.)

El último verso del poema es la proclamación de la esperanza, ante esa pérdida definitiva: "¡Mas es mía el Alba de oro!". Y otorga al poema un hálito primaveral en el reinado del otoño. Tal esperanza convive sin embargo con el reconocimiento de su evolución, el paso apresurado del tiempo que anuncia la muerte. Recordemos que la filosofía de la muerte presente en el pensamiento dariano es sin duda compleja, pues no sólo representa la mera "interrupción de la vida" (de la cual nace su angustia existencial), sino también representa la posibilidad ineludible que el hombre tiene para asistir a la "revelación del secreto de la vida sobrenatural" (de lo cual nace, en consecuencia, su esperanza)[24].

En "De otoño" el poeta reconoce su cambio, pero justifica su tono amargo por la acentuada sensación de temporalidad: "hora", "minuto", "año". El **antes** se configura como "locura armoniosa de antaño" y su símbolo inspirador es la "brisa" que engendra del "pobre árbol" (poeta) "un vago y dulce son" (poesía). El **ahora** destierra "la juvenil sonrisa" y su símbolo inspirador es "el huracán" que engendra el movimiento poético directamente del propio corazón del poeta. La potencia ciclónica reemplaza el débil temblor y encarna los temores y cuestionamientos últimos de la existencia. Este breve poema metapoético ratifica la autoconciencia de Darío de su propia evolución y de sus motivos y alcances finales. El advenimiento del "huracán" anticipa la cercanía de "Ella" y la conciencia de la fatalidad de la vida humana, iluminándose así el último poema, que cierra la obra ("Lo fatal") y que, desde esta perspectiva, no implica una contradicción con su anhelo del ideal y su inmersión en un orden revelado[25]

Esta "religión del arte", incipiente antes y explicitada desde esta obra, nace como un intento por superar y contrarrestar la creciente angustia existencial derivada de la certeza de muerte y la conciencia fatal de tal destino contingente. Angustia provocada por las dificultades que se le presentan al hombre para acceder a la realidad absoluta que anhela. El poeta es quien por el arte puede acceder a tal absoluto, postulándose la poesía como un modo de conocimiento trascendente. Esta religión del arte es sublimación y elevación plena de su función estética y en Darío absorbe vocabulario y símbolos sacros, incluyendo elementos de la revelación cristiana, lo que no implica necesariamente que coincida con la religión que profesa Darío como hombre. Así cuando atribuimos a su poesía una función "religiosa" y más aún "redentora",

---

[24]Enrique Anderson Imbert, **La originalidad de R. Darío** (Bs. As.: C. E. A. L., 1967) p. 132.

[25]En relación a este poema es interesante el artículo de Leonor Fleming "De la brisa al huracán: una trayectoria de R. Darío" en **Anales de lit. hispanoamericana,** XI 1982, p. 235-244.

lo hacemos desde una perspectiva estrictamente formalista, a partir de la obra y con absoluta independencia de los cuestionamientos religiosos de su autor. En esta obra pues la poesía se propone no sólo como instrumento de goce estético o herramienta gnoseológica, sino como valor absoluto, ya que excede el conocimiento de lo real inmediato para dotar al poeta de una "supervisión" o conocimiento de la realidad superior ideal. Como bien ha observado Joan Lluis Marfany en su artículo "Algunas consideraciones sobre el modernismo hispanoamericano" esta concepción superior del arte se expresa en términos de analogía religiosa para indicar la naturaleza fervorosa de la dedicación al oficio poético y lo que la religión del arte reemplaza no es la religiosidad de su autor sino otras concepciones de la naturaleza y función del arte misma pues "no hay que confundir la religión del arte con la religiosidad —o irreligiosidad— de los artistas"[26].

La dialéctica esperanza-desesperanza y la convivencia en el poeta de la certeza de "lo fatal" frente a la creencia en el arte como valor absoluto (vencimiento de la muerte) completan la compleja meditación sobre la función de la poesía en esta obra.

El erotismo trascendente ("celeste carne") y la aprehensión de la armonía secreta del universo (fusión de los ámbitos aéreo y acuático en símbolos poéticos) son asumidos e iluminados por esta profesión de fe en el arte visto como don divino, profecía mesiánica, plegaria caballeresca, instrumento de redención y triunfo sobre la muerte, a pesar de la asunción del ámbito oscuro y nocturno como faceta ineludible de la realidad humana, que el poeta debe también elevar y planificar por la virtud sagrada de la palabra: **luz** que vence la oscuridad, **verdad** que devela los misterios, **vida** llevada a su máxima potencialidad creadora.

Laura Rosana Scarano
Univ. Nacional de Mar del Plata

---

[26]Joan Lluis Marfany, "Algunas consideraciones sobre el Modernismo hispanoamericano" en **Cuadernos hispanoamericanos**, nº 382; (1982), pp. 116-117.

EL *LUNARIO SENTIMENTAL,* DE LEOPOLDO LUGONES: PARODIA TEXTUAL Y CONFIGURACION DISCURSIVA

POR

HECTOR M. CAVALLARI
Mills College

En 1908 apareció un libro que iba a tener notable repercusión ulterior: el *Lunario sentimental,* de Leopoldo Lugones [1]. Mofa de ciertos temas y lugares comunes poéticos; rimas audaces, frecuentemente extrañas; figuras y giros expresivos insólitos y hasta aparentemente incongruentes; conformación de una imagen de lo real a partir de una óptica caricaturizante hasta lo grotesco: he aquí algunos de los aspectos que hacen del *Lunario* un texto sorprendente, no sólo en sí mismo, sino también en relación con la actividad poética propia y ajena que lo había precedido y a la cual venía a incorporarse demoledoramente. La influencia de este libro —directa o indirecta, positiva o negativa— es un hecho reconocido por la crítica y atestiguado por varios poetas posteriores a Lugones, algunos de los cuales habían tenido con él notorias polémicas en determinados momentos. Quizás el caso más famoso sea el de Borges, quien llegó a declarar lo siguiente: «Yo afirmo que la obra de los poetas de 'Martín Fierro' y 'Proa' está prefigurada, absolutamente, en algunas páginas del *Lunario.* Lugones exigía en el prólogo riqueza de metáforas y rimas. Nosotros, doce y catorce años después, acumulamos con fervor las primeras y rechazamos ostentosamente las últimas. Fuimos los herederos tardíos de un solo perfil de Lugones» [2].

Con gesto unilateral, Borges atribuye la influencia del *Lunario* en los poetas vanguardistas a la profusión metafórica que caracteriza al libro. Pero no es éste el único aspecto que, efectivamente, puede concebirse

---

[1] Leopoldo Lugones, *Lunario sentimental* (Buenos Aires: Manuel Gleizer, Editor, 1909); 2.ª ed., 1926. Las citas provienen de la 2.ª ed., y se apuntan en el texto.

[2] Jorge Luis Borges, *Leopoldo Lugones* (Buenos Aires: Editorial Pleamar, s. f.); 2.ª ed., 1965, p. 78.

como anticipación de las prácticas líricas del movimiento ultraísta. Carlos H. Magis, por ejemplo, señala algunos hitos importantes de la poesía de la llamada Generación argentina del 22: concomitancias ya presentes en el poemario que nos ocupa, tanto en lo tonal como en lo temático y en el uso de ciertos recursos expresivos[3]. Los aspectos destacados pueden resumirse en los cuatro puntos siguientes: 1) temple lúdico; 2) uso expresivo del prosaísmo; 3) inscripciones de lo real en un mundo de contornos ilusorios, fantásticos o extravagantes; 4) riqueza de metáforas e imágenes. Pese a su importante contribución interpretativa, sin embargo, Magis no elabora el examen de los hitos que señala, como tampoco deja claramente sentadas las diferencias que apartan al texto lugoniano de las prácticas literarias del ultraísmo.

Consecuentemente, uno de los objetivos del presente trabajo consiste en explorar aquellos aspectos y determinaciones textuales que permiten aislar los núcleos básicos de la discontinuidad comprobable entre las pautas de la configuración del *Lunario* y las que definen a la actividad lírica vanguardista[4]. Sin embargo, dado que la inscripción de una obra en la serie literaria pertinente es tan sólo *una* de las tareas críticas que considero válidas, me propongo también enfocar el poemario en la especificidad que le es propia, examinando con particular énfasis la determinación de las estructuras latentes que codifican el texto manifiesto, en un *corpus* previamente recortado de ejemplos representativos[5].

Puede lograrse una articulación de los cuatro puntos del esquema de Magis, arriba resumidos, en función de los condicionamientos ejercidos por el paradigma de significaciones textuales que el poemario despliega en su textura. Para ello conviene revisar algunas declaraciones pertinentes a la escritura de los treinta y cuatro poemas adelantadas por el propio autor en el prólogo del *Lunario*. Lugones afirma allí que el libro constituye una «especie de venganza con que sueño casi desde la niñez, siempre que me veo acometido por la vida» («Prólogo», p. 13). Y unos renglones más abajo insiste: «¿Existía en el mundo empresa más ardua y pura que la de

---

[3] Carlos H. Magis, «Del *Lunario sentimental* de Leopoldo Lugones al ultraísmo», en *Cuadernos Hispanoamericanos*, 42 (1961), pp. 336-351. Véase, además, el libro del mismo autor *La poesía de Leopoldo Lugones* (México: Ediciones Ateneo, 1960), pp. 72-80.

[4] El propósito y los límites de este trabajo no permiten un desarrollo del tema de las prácticas poéticas denominadas vanguardistas. Remito al lector al libro de Renato Poggioli *The Theory of the Avantgarde,* trad. Gerald Fitzgerald (New York: Harper and Row, 1971).

[5] El confinarme a la poesía me exime de tener que referirme a los cuatro cuentos y a las cuatro breves piezas teatrales que también integran el *Lunario sentimental,* junto con los treinta y cuatro poemas.

cantar a la luna por venganza de la vida?» *(ibíd.)*. Como señala Marta Morello-Frosch, se trata de un prólogo polémico [6]. Ello dificulta el de por sí difícil problema de establecer una interpretación mínimamente consecuente de las palabras «vida» y «venganza». Sin embargo, teniendo en cuenta el carácter altamente caricaturesco de los poemas, puede argüirse que la «venganza» consiste en una plasmación deliberadamente deformada, casi siempre grotesca, de ciertas experiencias humanas (es decir, sociales) comunes.

Morello-Frosch propone que la intención de Lugones habría sido «ridiculizar a la luna como lugar común de la poesía» mediante la plasmación de una imagen prosaica del astro [7]. El propio autor parecería corroborar indirectamente este juicio al adelantar lo siguiente: «El lugar común es malo, a causa de que acaba perdiendo toda significación expresiva por exceso de uso; y la originalidad remedia este inconveniente, pensando conceptos nuevos que requieren expresiones nuevas. Así, el verso acuña la expresión útil por ser la más concisa y clara, renovándola en las mismas condiciones cuando depura un lugar común» («Prólogo», p. 8). Surge entonces una pregunta importante: ¿se habría propuesto Lugones contribuir a la utilidad social mediante la renovación original de un clisé literario ya gastado, o esboza en su alegato *pro* utilidad de la poesía una sátira más o menos velada, aunque de concreta orientación? Pregunta a la discusión de cuyos términos virtuales habré de dirigirme más adelante.

Carlos Navarro, por su parte, ofrece una interpretación en cierta medida complementaria a la de Morello-Frosch, al señalar la mediocridad humana como verdadero objeto del ridículo, siendo la luna uno de los «elementos de caricaturización» [8]. Pero al no precisar ningún contorno concreto de dicha «humanidad mediocre» avizorada por Lugones, Navarro deja en un plano inaceptablemente abstracto, acríticamente «universal», los contenidos específicos que tal tema recupera en el *Lunario*. En este punto hay que releer un trozo del prólogo, a mi juicio clave para esta discusión. Dice Lugones:

> También constituye un error creer que el verso es poco práctico. Lo es, por el contrario, tanto como cualquier obra de lujo... Se llama lujo a la posesión comprada de las obras producidas por las bellas artes.

---

[6] Marta Morello-Frosch, «Metáfora cósmica y ciudadana en el 'Himno a la luna', de Leopoldo Lugones», en Ashhurst, Scari *et al.*, *Homenaje a Leopoldo Lugones* (México: Ediciones Cultura, 1964), p. 154.

[7] Marta Morello-Frosch, p. 161.

[8] Carlos Navarro, «La visión del mundo en el *Lunario sentimental*», en Ashhurst, Scari *et al.*, pp. 134-135.

No hay más diferencia que la baratura del libro respecto al salón
o al palco; pero la gente práctica no ignora ya que hacer cuestión de
precio en las bellas artes es una grosería... («Prólogo», p. 9).

El autor emplaza su poemario en el intersticio de una confrontación implícita entre las cualidades del arte y las exigencias prácticas y utilitarias
de una sociedad organizada en torno a las pautas económicas del valor
monetario y comercial. Y aunque simula un intento conciliatorio, orien-
tado a superar esa enfrentada incompatibilidad axiológica, el texto mismo
del *Lunario* puede leerse como una diatriba *sui generis* contra el «filis-
teísmo» de aquella «gente práctica».

Continuando esta línea de lectura, puede verificarse una interpretación
según la cual el discurso del *Lunario* despliega, en la mofa ridiculizante
y caricaturesca que repite, las vicisitudes de una sátira soterrada y constante a todo un conjunto concreto de valores sociales adscribibles a las
crecientes capas medias argentinas, por entonces en pleno proceso de con-
solidación y de ingreso al espacio cultural de la nación. La sátira lugoniana se articula en diversas figuras de ciertas instituciones de discurso, cris-
talizando una jerarquización textual según el eje de oposición *buen gusto/
mal gusto,* y en la atribución de tales instituciones (o «convenciones»)
discursivas a sectores «aristocráticos» y «plebeyos», respectivamente, mediante la plasmación textual de «tipos ciudadanos» y la parodia verbal de
significativos y reconocibles lugares comunes del discurso poético vigente
en 1909 [9]. El esquema original de Magis, entonces, puede ser articulado
según el propósito de parodiar grotescamente aspectos concretos de ciertos valores sociales determinados e históricamente situables. Actitud lúdica, afán desrealizador y uso expresivo del prosaísmo pueden subordinarse
funcionalmente a la consecución de aquella parodia, lograda fundamentalmente mediante la construcción de una densa malla de insólitas figuras
lírico-discursivas.

La extravagancia, la desmesura y el disparate forman el círculo semántico dentro del cual se desarrolla la sátira farsesca, la esperpéntica gesticulación y el entretejimiento grotesco de tropos y figuras que constituyen la
densidad significativa del texto según el ordenamiento rebuscadamente difícil e impecablemente logrado, tanto a nivel del significante como del significado. Los sectores de experiencia parodiados manifiestan la predilec-

---

[9] En este trabajo sólo puedo limitarme a dejar señalada la necesidad de desarrollar esta observación. Para una teorización general en torno a las instituciones discursivas y sus mediaciones articuladas en las estructuras sociales de poder, véase
Michel Foucault, *El orden del discurso,* trad. Alberto González Troyano (Barcelona:
Tusquets Editores, 1973); 2.ª ed., 1980, espec. pp. 11-57.

ción lugoniana por la mofa de la emotividad lírica, del sentimentalismo patético, de la luna en tanto que *topos* poético ya gastado, de su propia actividad literaria en el *Lunario*. Pero es preciso hacer aquí una importante aclaración. Estrictamente hablando, y reducido a sus dimensiones puramente estructurales, el texto paródico constituye una mimesis deformante —mediante la operación de dispositivos del discurso literario— de determinados significantes (gestos, lugares comunes lingüísticos y retóricos, incluyendo tropos, figuras y demás mecanismos de la práctica poética) y de ciertos significados (temas, asociaciones lógicas, divisiones semánticas). Así aprehendida, sin embargo, la parodia sólo concierne al discurso en tanto que objeto o estructura desgajado de la red de actividades en cuya matriz se produce el texto. A mi juicio, en el análisis del *Lunario* debe irse más allá: debe llegarse a las instancias codificantes del discurso en tanto que práctica en cuyo espesor se arriesga la posición de un sujeto, de una función-sujeto comprometida en un espacio discursivo de significaciones sociales concretas. Sólo así podrá evitar la crítica, al decir de Michel Foucault, las «trampas» de aquel «Sistema cuyo representante más decisivo es hoy Derrida, en su último brillo: reducción de las prácticas discursivas a las huellas textuales; elisión de los acontecimientos que se producen allí para no conservar más que las marcas para una lectura; invención de voces detrás de los textos para no tener que analizar los modos de implicación del sujeto en los discursos; asignación de lo originario, como dicho y no dicho en el texto, para no re-ubicar las prácticas discursivas en el campo de transformaciones en que se efectúan» [10].

La mofa del ejercicio poético propio reviste un interés muy especial, ya que Lugones parecería haber dedicado una parte importante del *Lunario* a la consecución de una autoburla estética. El libro comienza con un poema-dedicatoria dirigido «A mis cretinos». Ello permite al hablante dar al texto la forma de un diálogo tácito entre un «yo» (hablante) y un «ustedes» (sus «cretinos»), haciéndolo replegarse sobre el resto del poemario y arrojando sobre éste una mirada desdoblada y distanciada: segmento semidesgajado del todo; pliegue sobre pliegue del texto poemático, colocado en espacio ambiguo, a la vez «dentro» y «fuera» del libro. Desde esta perspectiva privilegiada, el hablante despliega una ironía humorística: «Dando en tropo más justo, / mi poético exceso / naturalmente es queso / para vuestro buen gusto» («A mis cretinos», p. 18). Mediante el uso de prosaísmos como «queso» y la expresión coloquial

---

[10] Michel Foucault, *Historia de la locura en la época clásica,* trad. Juan José Utrilla, tomo II (México: Fondo de Cultura Económica, 1967), p. 371.

«naturalmente», el yo lírico establece dos planos antagónicos de significación que se sintetizan en la oposición «poético exceso» *versus* «buen gusto», atribuyéndose el «exceso» y dejando el «buen gusto» a los «cretinos». Tanto el título como el emplazamiento del texto en el libro y la posición del sujeto hablante, sin embargo, señalan la ironía que subvierte al enunciado, situándolo en un contexto inequívoco de lectura: el poema no alude a todo oyente, sino que se dirige directamente a los «cretinos», a esos enemigos del poeta que se sienten seguros de poseer un firme «buen gusto» y que, naturalmente, condenarán el *Lunario* tachándolo de adefesio. Al reconocer abiertamente su «exceso», el hablante toma distancia respecto del mismo, colocando su enunciado en el terreno de la inversión burlesca y delimitando un público virtual, ingenuamente «filisteo», como objeto de la mofa.

Unas estrofas más abajo, la ironía se torna explícita diatriba: «Para que no me mime / la gente que me odia, / haréis de mi prosodia / mi Calvario. ¡Sublime! / Mas en verdad os digo, / que, líricos doctores, / están los ruiseñores / con la luna y conmigo. / ... / Pero sabed que tildo / con alegre modestia, / de *vero mala bestia* / vuestro grave cabildo» («A mis cretinos», pp. 20-21). Lugones repite aquí los términos de la estrategia arriba señalada; parodiando ciertos temas y modos de decir del Nuevo Testamento, la figura del hablante adopta una postura pasiva de víctima (haciendo del «voostros» el grupo victimario), para surgir abruptamente en franca actitud fustigante. Los signos de la burla se invierten: del «yo» al «vosotros». Con ello, el hablante delimita dos campos claramente escindidos e incompatibles entre sí: el terreno de lo Mismo (sector parodiante) y el de lo Otro (sector parodiado). Pero al plasmar esta división, el yo lírico establece un grupo de lectores cómplice del poeta, capaz de compartir con él los criterios y categorías de su *misma* valoración estética; capaz también de entablar con él un diálogo tácito de mutuo reconocimiento y apoyo en la mofa del *otro* bando. El *Lunario* incluye en ese grupo cómplice a diversas figuras estrafalarias que connotan una relativa marginalidad frente al buen gusto filisteo; personajes que el hablante usa para motivar sus ataques al bando hostil y despreciable. En «Cantilena a Pierrot», por ejemplo, el poeta se dirige a esta conocida figura de la *Commedia dell'Arte* en tono de sólida hermandad: «La platitud plebeya, / con imbécil apodo, / clasifica el gran modo / de tu prosopopeya. / Pero a tus pies, la faja / del arco-iris es trocha, / y la luna es tu brocha / y el viento tu navaja» («Cantilena a Pierrot», p. 101). En esta instancia se va haciendo más específico el contorno que define concretamente al grupo *otro,* tanto en lo cualitativo («platitud») como en lo indicativo («plebeya»).

El título del segundo poema del *Lunario* —«A Rubén Darío y otros cómplices»— marca el sector de las preferencias lugonianas en materia de poesía; sus ataques no deben pensarse dirigidos contra los grandes maestros del Modernismo, parece decir el poeta, sino contra la vulgaridad de un gusto plebeyo, pervertido por la caterva de ineptos epígonos trasnochados que sobrepueblan el empobrecido ámbito de las letras. Con su «poético exceso» parecería haber querido emplear Lugones el método —ya conocido en su época, gracias a los *dandies* y *décadents* finiseculares— de *épater les bourgeois*. Un significativo ejemplo de tal «poético exceso» se encuentra precisamente en «A Rubén Darío y otros cómplices»: «A ella va, fugaz sardina, / mi copla en su devaneo, / frita en el chisporroteo / de agridulce mandolina» (p. 26). La asociación sardina-copla (poesía) es ya un prosaísmo sorprendente; pero la imagen se desarrolla aún más, apuntando hacia proporciones grotescas que constituyen un ámbito de connotada «vulgaridad»: la mención de la sardina —no como animal vivo, sino como alimento común— y de la fritanga; la alusión a la cursilería melodramática («agridulce mandolina»). Lugones acerca así dos planos —el de la realidad estética y el de la cotidianeidad del «vulgo»— para establecer los términos del rechazo y de la incompatibilidad recíprocos, tema ya desarrollado por el Modernismo y cuyas proyecciones ideológicas en dicho movimiento quedan fuera de las posibilidades de este trabajo. Cabe mencionar en este contexto, sin embargo, las pautas que el autor coloca en «El taller de la luna» para diseminar los resortes de una lectura cómplice del *Lunario*. En este poema se plasma la figura de un «vate» que «derrocha una poesía rara, / como un cubo sombrío / que se invierte en agua clara. / ... / Su nocturna cantinela / tiene un leve agraz de mofa / que desbarata el canon de la escuela» (p. 144). Si suponemos aquí una referencia indirecta al propio poemario lugoniano, estaremos en posición de entender que la parodia de tal «poesía rara» —alusión probable a la exquisitez rebuscada del Modernismo— puede leerse como *inversión*, como «mofa» (por cierto, no «leve») que *revela* (como en un «agua clara») la violencia al «canon de la escuela».

Lugones despliega aquella violencia mediante el uso de lo que él llama verso libre, además de la construcción virtuosista de difíciles rimas, dos elementos formales que implican una superación y una ratificación, respectivamente, del concepto tradicional del género lírico en su especificidad formal externa [11]. Pero lo más sorprendente, como medio de desbaratar el canon poético vigente en 1909, es la práctica de insólitos encabalgamientos, como lo muestran los ejemplos siguientes:

---

[11] Véase el prólogo del *Lunario sentimental,* espec. pp. 9ss.

La luz que tu veste orla,
gime de verse encadenada por la
gravitación de sus siete soles («Himno a la luna», p. 30).

A tu suave petróleo,
el bergantín veloz,
no se sabe si es mole o
fantasma precoz («Jaculatoria lunar», p. 54).

Solemne como un globo sobre una
multitud, llega al cenit la luna («Himno...», p. 34).

En este último ejemplo asoma ya la caricaturización de la luna misma, tema sobre el que volveremos más adelante.

La ruptura con la tradición poética del momento se hace más evidente en el ataque burlesco al concepto de lo lírico como práctica suscitadora de una vivencia eminentemente sentimental. La ruptura se cristaliza en excentricidad, en caída tonal, en significación esperpéntica que destruye la emotividad rebuscada de ciertos cuadros líricos típicos; y es aquí donde cabe situar ciertas figuraciones ridiculizantes del astro lunar. Veamos algunos ejemplos: «En las piscinas, / los sauces, con poéticos desmayos, / echan sus anzuelos de seda negra a tus rayos, / convertidos en relumbrantes sardinas» («Himno a la luna», p. 31). Aquí son los rayos lunares los que se asocian a los peces, evocados ahora en su forma viviente. Estamos en presencia, por lo demás, de una compleja metáfora múltiple, esencialmente visual y de tipo *tradicional:* el plano real (sauces junto a piscinas nocturnas sobre cuyas aguas se refleja la luna) y el imaginario (pescadores de sardinas) se relacionan mediante una semejanza geométrico-visual (la forma de las ramas del sauce, similar a la de las líneas de pesca cayendo sobre la superficie del agua; el destello plateado de los rayos lunares reflejados, similar al color de las escamas de los peces) [12]. La frase prepositiva, «con poéticos desmayos», cristaliza la ironía que viene a romper la «magia» del cuadro lírico, disolviendo toda posibilidad de sugestión emotiva al instalarse brutalmente, por aposición, en el centro de la escena [13]. La caída tonal se logra frecuentemente a través de giros insólitos y humorísticos: «Corazones galantes / que en comedia de amor / pierden *(agítese antes / de usarse)* su candor» («A las máscaras», p. 78). O tam-

---

[12] Carlos Bousoño, *Teoría de la expresión poética,* 5.ª ed. (Madrid: Editorial Gredos, 1970), pp. 137-176, desarrolla coherentemente las diferencias teóricas y pragmáticas entre las imágenes tradicionales y las modernas (ambos adjetivos suyos).

[13] Véase Carlos Navarro, pp. 134ss.

bién: «Vuelve a correr la tuna, / déjate hacer la corte, / y pon a tu consorte / los cuernos... de la luna» («Odeleta a Colombina», p. 111).

La burla de todo lirismo emotivo se observa directamente en varios textos, donde irrumpe la visión prosaica más sorprendente. En «Claro de luna», por ejemplo, se lee: «Entre taciturnos sauces, / donde la esclusa / abre sus líquidas fauces / a la onda musical y confusa, / ... / gozamos el sencillo fresco / de una noche en pijama» (p. 150). El moroso ambiente «poético» creado por los cuatro versos iniciales —donde se aprecia la transformación metafórica de la esclusa en un animal («fauces») que devora el arroyo (sinécdoque «onda musical y confusa»)— se disuelve mediante la aparición repentina del verso «de una noche en pijama». Además de contener un vocablo extranjero que denota una prenda de vestir «ordinaria», connotando una intimidad cotidiana, este verso introduce una interesante ambigüedad que acentúa aún más su carácter antipoético. En efecto, la expresión «en pijama» puede referirse al sujeto tácito «nosotros», evocando un cuadro «vulgar» (ya que tomar el fresco en pijama en el jardín conlleva la alusión a un código de valores, dentro del cual se inscribe y queda relegado a las zonas del «mal gusto» propias de las capas populares). Por otra parte, la expresión puede entenderse como referida al sustantivo «noche», en cuyo caso se configura una grotesca prosopopeya. De ambos modos, el verso destruye el «embeleso» lírico. Una vez más, se verifica en esta instancia textual el procedimiento lugoniano de acercar dos planos opuestos para lograr un más eficaz rechazo mutuo, haciendo surgir de allí la caricaturización paródica.

En el ya mencionado poema «El taller de la luna» se lee lo siguiente:

> Mas la luna poetisa,
> que a la sublimidad del cenit sube,
> ha salido ya de su nube
> como una doncella de su camisa.
> Su desnudez divulga
> la hermosura secreta
> que escocía vilmente alguna pulga (pp. 145-146).

En este texto la ruptura de la emotividad poética conlleva una burla de la figura lunar. Se destaca la caída abrupta lograda mediante el brusco cambio de tono al introducirse el vocablo «camisa» que, al rimar con «poetisa», acentúa dicha caída tonal, estableciendo una abierta disonancia con el ambiente del cuadro lírico anterior («sublimidad», «cenit», «nube»). Se repite el procedimiento examinado anteriormente: a la personificación de lo abstracto (la «desnudez» que «divulga») y a la evocación de una «hermosura secreta», sigue la abrupta introducción del verso «que escocía vilmente...», sobre cuyo carácter violentamente prosaico (y hasta «vulgar») no es necesario insistir. La ruptura de la cadena significante mediante el cambio de metro (7-7-12) viene a cristalizar la caída a nivel del significado.

La burla de la figura lunar está diseminada a lo largo de todo el *Lunario*. Hay, sin embargo, dos ejemplos que quiero destacar en este punto y que deben ser considerados de modo conjunto:

> Y la luna, que en su halo de ópalo se engarza,
> bajo una batería de telescopios,
> como una garza
> que escopetean cazadores impropios,
> cae al mar de cabeza... («Jaculatoria lunar», p. 54).

> Ante mi ventana, clara como un remanso
> de firmamento, la luna repleta
> se puso con gorda majestad de ganso
> a tiro de escopeta («Un trozo de selenología», p. 137).

En ambos casos la luna aparece como objeto de caza; ello se naturaliza en el texto mediante la asociación del astro a un ave («garza» o «ganso»). Pero la burla se realiza aquí en un plano más oculto, mediante un dispositivo que puede calificarse de culterano. Una de las figuras clásicas de la luna, en efecto, es la que emblematiza la prosopopeya de Diana, la divina cazadora; la luna queda ridiculizada, entonces, por un proceso de inversión: en ambos trozos antes citados el astro aparece como *cazadora cazada*. Al juego culterano le corresponde el juego conceptista, también para ridiculizar a la luna: «Mas ya la luna, con amable trueque, / por el balcón que en fondos lila se dilata, / libra en blanco —naturalmente— su cheque, / y estamos ya nadando en plata» («Luna crepuscular», p. 177).

Hay en el *Lunario* otra forma de inversión asociada a la figura lunar; específicamente, a la figura de la luna como Hécate, divinidad terrible de las catástrofes y de los hechos trágicos (de allí viene el término «hecatombe»). Inversión, por cuanto el hecho trágico se plasma en forma humorística, rompiendo todo temple patético posible. Así, por ejemplo, el caso del estrafalario y «lunático» pescador de sirenas, en el poema homónimo: «Lo malo es que una noche de ideas más perplejas, / se destapa de pronto las orejas. / Oye, naturalmente, el canto maldito, / arrójase —homérida— al agua sinfónica, / y como dirá la crónica, / *pone fin a sus días sin dejar nada escrito*» («El pescador de sirenas», p. 66). O el caso del cantor de barcarolas en un crucero de placer a bordo de un transatlántico: «El tiburón que anda / veinte nudos por hora tras de los paquebotes, / pez voraz como un *lord* en Irlanda, / saborea aún los precarios jigotes / de aquel rumiante de barcarolas, / que una noche de caviar y cerveza, / cayó lógicamente de cabeza / al compás del valse *Sobre las olas»* («Himno a la luna», pp. 38-39). En «Luna ciudadana» se narra un pequeño drama citadino: *«Fulano»* (personaje cuyo nombre connota el anonimato de la gran urbe) viaja en tranvía junto a una muchacha que luce «una intrepidez flacucha / de institutriz o de florista. / ... / Acaso en la muda / fatalidad de una vulgar tragedia, / con sensata virtud de clase media, / cose para una madre viuda» (p. 164). De repente ella se baja del tranvía: «La linda criatura / descubrió con casta indiferencia, / para dar su saltito más segura, / una pierna de infantil largura / que puso su juventud en evidencia. / Y su cuello grácil, / y su minucioso paso de doncella, / bien dicen que no es aquélla / una chica fácil» (pp. 165-166). Horas más tarde, después de cenar en un restarante de suburbio, *Fulano* lamenta aún haber perdido la oportunidad —la única en su vida, probablemente— de conocer a la muchacha perdida entre la muchedumbre ciudadana: «Aún se queda padeciendo largo rato, / y monda que te monda / los dientes. (Qué diablos, esas comidas de fonda / son el martirio del celibato)» (p. 167).

En este minúsculo drama ciudadano se dan casi todos los rasgos antes señalados que corporizan el afán paródico, el temple lúdico y el despliegue prosaico del *Lunario,* agregándoseles la plasmación caricaturesca —a veces francamente esperpéntica— de ciertos tipos ciudadanos, casi sin excepción de las capas medias y populares. En «Himno a la luna», por ejemplo, se concita una pléyade de seres comunes que pueblan el poema con sus gestos casi siempre grotescos: «cortesanas modernas», «vírgenes tiernas», monjas, novias, familiares, ujieres, colegialas diversas, gendarmes, médicos, organilleros suburbanos, «escuálidas bañistas», poetas, joyeros, viajeros, cazadores, y más. Véase, por ejemplo, la siguiente caracterización:

> La rentista sola
> que vive en una esquina,
> redonda como una ola,
> al amor de los céfiros sobre el balcón se inclina;
> y del corpiño harto estrecho,
> desborda sobre el antepecho
> la esférica arroba de gelatina (p. 37).

Aquí las hipérboles se complementan y se refuerzan: «redonda como una ola» crea dos asociaciones (la redondez y el medio líquido) que se enfatizan mediante el verbo desbordar y el adjetivo «esférica». A este juego de palabras se agrega otro: el que se establece mediante el uso del vocablo «antepecho», explícitamente referido al balcón y relacionado, por paranomasia, al gigantesco pecho («arroba de gelatina») de la rentista. La visión grotesca se logra, además, mediante dos dispositivos: primero, la desproporción entre dos objetos que deberían armonizarse (el pecho de la rentista y el «corpiño harto estrecho»), y segundo, la transformación de un rasgo humano en un objeto inerte (los senos se transforman hiperbólicamente en una arroba de gelatina). Todos estos recursos, magistralmente combinados, convergen para producir un efecto desrealizador por deformación grotesca, deshumanizante y/o ridiculizante.

Hay muchos más ejemplos interesantes y variados de todos estos procedimientos paródicos en el *Lunario sentimental;* debido a los límites necesarios de este trabajo, no voy a analizarlos aquí. Pero deseo apuntar, en cambio, que las distintas rupturas que se dan en el poemario no implican ninguna aspiración hacia un nuevo concepto del fenómeno lírico, hacia una revalorización o revisión de sus categorías implícitas. Se trata de un ataque que, a primera vista, puede parecer gratuito o, a lo sumo, simplemente polémico frente a la tradición modernista ya gastada. Esto adquiere para nosotros una doble importancia: por un lado, nos permite llegar a una de las diferencias esenciales, en términos de forma, que separan a este libro de la ulterior práctica ultraísta; por otro, nos conduce a enfocar el verdadero objeto de la burla lugoniana en un terreno sólo accesible mediante una lectura «cómplice» del texto —es decir, asumiendo los códigos antipopulares que posibilitan las jerarquizaciones en el espesor propio de los poemas.

* * *

Los ejemplos selectos que he examinado permiten constatar la actividad lúdica e irónica de un sujeto lírico-discursivo que, con marcado afán desrealizador, hace un uso virtuosista de diversos dispositivos expresivos. Muchos de éstos anticipan las prácticas poéticas del vanguardismo; pero, como señala Magis, «la Generación del 22 resultó más seria y profunda que Lugones, aunque, contradictoriamente, más regocijada, pues, a diferencia de la actitud retórica del *Lunario,* estos poetas hicieron sus versos impulsados por el fervor casi mágico de la metáfora para fundir los mundos real y poético» [14]. Ya en su libro de fecha anterior, el mismo crítico había observado que, en el poemario que examinamos, «el poeta se desprende de la vehemencia romántica en busca de nuevas imágenes y correspondencias; pero su alma no estaba comprometida. Se impuso una gim-

---

[14] Carlos H. Magis, «Del *Lunario sentimental...*», p. 345.

nasia y logró salir, por lo general, victorioso» [15]. En el *Lunario,* todo acercamiento de planos diversos se da, como anteriormente fue destacado, para revelar con mayor evidencia una incompatibilidad radical generante de la deformación grotesca. Esto no es sino una instancia de un más amplio proceso de inversión paródica que recorre todo el libro y que determina la posible lectura del mismo como *anti-lunario* y como *anti-sentimental.* La práctica vanguardista aspira, en cambio, a superar las polaridades que codifica e impone el sistema cultural de Occidente, subsumiéndolas en una síntesis que textualice la trascendencia de toda antinomia. En el «Segundo Manifiesto Surrealista», por ejemplo, André Breton proclama lo siguiente: «De la efervescencia desesperanzadora de aquellas representaciones vacías de significado nace y se nutre el deseo de superar la insuficiente, la absurda distinción entre lo bello y lo feo, lo verdadero y lo falso, el bien y el mal» [16].

Lugones no sólo no aspira a tal síntesis redentora, sino que fundamenta la configuración discursiva del *Lunario* —en cuyo interior se articula la gesticulación farandulesca de la parodia— en las antinomias de determinadas oposiciones sociales de clase debidamente codificadas, en la corporización de toda una serie de polaridades estéticas sincretizables en el código binario *buen gusto/mal gusto.* Notorio defensor de las tradiciones culturales, poéticas e ideológicas de un sistema de poder hegemonizado aún, en 1909, por el discurso de la oligarquía señorial argentina, el autor hace de la creciente clase media nacional —el «vulgo»— el objeto de su ataque real en el *Lunario.* La parodia, la sátira burlesca, la caricatura decididamente misantrópica, articulan una imagen grotescamente codificada de lo que puede llamarse *discurso plebeyo.* Y es en esa imagen deshumanizada de lo popular donde Lugones logra anticipar —sin proponérselo, sin duda— el rasgo central que Ortega y Gasset destacó como el más definitorio de todo un arte de Occidente, a su juicio en crisis.

---

[15] Carlos H. Magis, *La poesía...,* p. 40.
[16] André Breton, *Manifiestos del surrealismo,* trad. Andrés Bosch (Madrid: Ediciones Guadarrama, 1969), p. 164.

The Limits of *Modernismo*: Delmira Agustini and Julio Herrera y Reissig

Gwen Kirkpatrick

Delmira Agustini and Julio Herrera y Reissig were latecomers to the spectacle of *modernista* extravagance. Despite their affinities with the esthetic tenets of this movement, their classification as *modernistas*, especially in the case of Agustini, is somewhat awkward. Less often noted is their role as initiators of a "new" style, as boundary breakers, as antecedents of vanguardist experimentation, the generation with which they are almost contemporaneous. If we reevaluate the important *continuities*, not breaks, between them and later poets such as Ramón López Velarde, César Vallejo, and Alfonsina Storni, we have another vantage point to rethink their poetic production. As Plato reminds us, we must look at style, "because a new music in poetry always signals a new meaning. When the music changes, the walls of the city tremble."[1]

These two poets reflect in their poetry the uneasy sensation that the music and sculpture of *modernismo* are falling apart, and with them, the esthetic and ideological constructs which declared the inviolability of individual esthetic value and its centrality in poetic construction. They allow us to look more deeply into their literary epoch, its naturalist prose and *modernista* poetry, as well as forward toward more obviously experimental verse. Their dislocations of an inherited poetic language and their attention to the powerful visual nature of physical and erotic description show their ties to the naturalist writers' emphasis on the physical environment and the role of madness, sickness, and the Nietzschean vision of "Otra estirpe," in the words of Agustini.

These two Uruguayans were striking innovators. Herrera achieves a parodic subversion of *modernismo*'s norms with his stylistic innovation, explicit and parodic eroticism, and the startling nature of many of his metaphors. Agustini, even more than Herrera, concentrates on eroticism and love. Their defiance and exaggeration of the poetic (as well as social) conventions they inherited have made them objects of a great deal of biographical assessment, and the bizarre facts of their lives make the appeal of such studies understandable. Their lives were brief: Herrera y Reissig died in 1910 at the age of 35, and Agustini died four years later (1914) at 28 years of age. They are noted for their brilliance and eccentricity. Agustini, as the first major female poet in twentieth-century Latin America, has trou-

bled her critics by the powerful explicit eroticism of her poetry and its resistance to easy classification. Herrera's extravagance and powerful
inventiveness of metaphor have earned him a place in the pantheon of
modernistas. But as Rubén Darío noted: "En Herrera lo artificial, el virtu-
alismo se penetra de su vibración si queréis enfermiza de la verdad de su
tensión cordial, de su verídico sufrimiento interno."[2]

My purpose is to suggest new readings of these poets in their relationship to their heritage of naturalism as well as *modernismo*. We might remember that they arose from the same environment, an Uruguay in the wake of
major social and political realignments. Early twentieth-century Uruguay
certainly presents one of the oddest and most brilliant casts of characters
anywhere. The famous "Generación del '900" was an extraordinary group-
ing of writers and thinkers that included, among others, Javier de Viana,
Carlos Reyles, José Enrique Rodó, Carlos Vaz Ferreira, María Eugenia Vaz
Ferreira, Florencio Sánchez, Horacio Quiroga, as well as Herrera y Reissig
and Delmira Agustini.[3] During this period José Enrique Rodó sparks the
youthful renewal of "arielismo" throughout Latin America, Horacio Quiroga is the continent's master of the fantastic short story, gaucho literature
is flourishing, Roberto de las Carreras engages in scandalous literary and
personal polemics with Herrera y Reissig, María Eugenia Vaz Ferreira re-
cites her verses, and Delmira Agustini, la "Nena"[4], emerges as the poet
who most transforms and refracts the waning sunlight of *modernista* decadence.

Like its more populous neighbor Argentina, during this time Uruguay
witnessed high tides of immigration, sharply vocal articulation of social
reform programs, and last but not least (and directly related to the former)
a pressing emergence of a new social and political role for women. With
the social reforms undertaken during the presidency of Batlle y Ordóñez,
there was new labor legislation, popular education, secularization of state
institutions, a divorce law in 1908, and the formation of a university for
women.[5] We should not, however, look for evidence of clear correlation of
these trends in the poetry of Agustini and Herrera y Reissig; poetry for
them is not the vehicle for social or political commentary. It is the notable
absence of these specific issues, and of a specific receptor, that defines their
relation to the external world. We may, however, look to their environment
for some cues to the fund of images from which they drew, and for a new
understanding of the dynamics expressed in their poetry, and in the prose
of their contemporaries.

Herrera concentrates on organic images to describe the appearance of a
new spirit: "Los siglos le han visto morir para luego renacer glorioso bajo
distintas formas; es como un gusano sublime que se enferma mientras le
brotan las alas."[6] Herrera y Reissig and Agustini do not so much declare a
frontal assault on the "reino interior" constructed and transmitted by Rodó
with his *Ariel*, as they populate its interior with larval forms: the "gusanos"

and female vampires favored by Agustini, the frenzied erotic rites and the incongruous presence of scientific terms in the work of Herrera y Reissig. As Jorge Ruffinelli has noted in Herrera's works: "[E]stá presente esa suerte de regodeo vesánico en ciertas actitudes del amor—el tema de la sustitución del objeto amado, la degradación de la persona o el sufrimiento cultivado—que . . . revela insoslayables poses de lúdica y artificiosa maldad."[7]

Herrera y Reissig proposes a counter-image to Rodó's construction of an interior world, signifying light, voice, and spirit. I use Rodó's figure here for two reasons: first, he was a contemporary of both these poets and was an important force (or counterforce) in the establishment of the Generación del '900 in Uruguay, a status Herrera heatedly opposed from his "Torre de las panoramas"; second, Rodó's metaphor of "the spirit of Ariel" was adopted almost immediately as a cultural and artistic creed in Latin America, at the same time that poetic practice began to diverge sharply from such a philosophy. In his reading of Rodó's *Ariel*, Roberto González Echevarría has explored the strange construction of Rodó's new house for the spirit, where "voice, spirit and air" are opposed to "body, stone, utilitarianism."[8] Rodó's metaphor suggests metallic enclosure, and defensive stance, rather than the free exchange of light and air. González's description of this "reino interior" is uncannily similar to our reading of much *modernista* verse: "The self, this monstrous self in which authority is invested, is shielded from nature, isolated from the world, by the most luxurious artifice."[9]

Agustini and Herrera almost feverishly set about populating the "house of the spirit" with body and materiality, in both a referential and linguistic sense. Language is not to be a transparent medium. Crystalline transparencies, whether lakes, clouds, or skies, invite clouding or staining. Nowhere is this more explicit than in Agustini's "Nocturno" (*Los cálices vacíos*):

> Engarzado en la noche el lago de tu alma,
> diríase una tela de cristal y de calma
> tramada por las grandes arañas del desvelo.
>
> Nata de agua lustral en vaso de alabastros;
> espejo de pureza que abrillantas los astros,
> y reflejas la sima de la Vida en un cielo . . .
>
> Yo soy el cisne errante de los sangrientos rastros
> voy manchando los lagos y remontando el vuelo.[10]

Many of Agustini's critics have chosen to view her as a mystic, rather than to read her erotic verse at face value.[11] She does establish, in a more concrete and apparently spontaneous way, the possibility of a dialogue between the biological world and a transcendent one. One of her best-known poems, "Visión" (*Los cálices vacíos*), can represent her rearrangement of the

crowded rooms of *modernista* decor, and the manner in which she populates
these verbal spaces with corporal images of spiritual states are images familiar to her epoch, but given odd twists:

> ¿Acaso fue en un marco de ilusión,
> en el profundo espejo del deseo,
> o fue divina y simplemente en vida
> que yo te vi velar mi sueño la otra noche?
> En mi alcoba agrandada de soledad y miedo,
> taciturno a mi lado apareciste
> como un hongo gigante, muerto y vivo,
> brotado en los rincones de la noche,
> húmedos de silencio,
> y engrasados de sombra y soledad. (p. 34)

For Agustini, the winged spirit is essentially female, most often without
the light airiness proposed by Rodó. Her winged creatures include, as well
as the famous bleeding swan she creates in "Nocturno," winged vampires,
Iris, and bats, as well as butterflies and doves.

Critics and biographers of Agustini have warned her readers of the likely
dangers of misjudging her poetry. Over and over again they warn us to
separate the "eternal" from the "worldly reflections" of her overly heated,
decorated, and decadent epoch. And more, we are to be taught to avoid
the dangers of naively trusting in her overtly erotic expressiveness, "redeemed," in the eyes of Zum Felde, by her "dramatismo."[12] Sylvia Molloy,
however, has outlined very clearly the materialization and explicit erotic
force of Agustini's swan in Agustini's writing. She points out her rewriting
of Darío's work, where her unmistakable subject position of *female* enunciator leaves no doubt as to the sexual suggestiveness of the classical encounter.[13]

My focus here is another: Agustini's apparent "unfinished" technique.
Did she choose a freer style, as many critics have said, because of her child-
ish lack of discipline or training in poetic form? Or, as others have said, is
it her innate femininity, her spontaneity of desire that impedes her chisel-
ing perfect Parnassian forms? All we know for sure is that she is no representative of formal perfection. She leaves her sonnets unfinished at times
(reminding us of Darío's haunting "Nocturno"), and rhymes repetitively
and often trivially, even "moka," "loca," "boca." Augmentative techniques contrast with the foreshortened ones. Anaphora can produce an
incantatory effect, as in "Las alas," but its combination with exclamation
sometimes thunders on too heavily. She uses a kind of shorthand to set a
scene: "Diríase" or "Se diría crisálida de piedra," prefiguring its use in more
recent verse (e.g., Vallejo). Her use of the ellipse perhaps best characterizes
her technique. In Agustini, this has been seen as lack, although it is rec-

ognized in later poets as the fine cutting of the ironic edge, the intrusion of doubt and silence that unanchors a logocentric universe.

Both Agustini and Herrera are preoccupied with subverting received structures in another way. For both, the sonnet is the favored form. Its rigor, enclosure, and poetic closure issue to them an invitation to shake its structure from within by exaggeration, fragmentation, or elliptical breaks in meaning. Implicitly, both Agustini and Herrera y Reissig reject the weight of tradition through their somewhat anarchic individualism. With Herrera, this takes a turn toward the overloading of formal structures until they collapse incongruously, and self-consciously, by their piling on of discordant additions and ever more frenzied rhythms. In Agustini, we see quite another turn to the exaggeration of tradition's boundaries. While ostensibly embracing the esthetic tenets of *modernismo*, she exaggerates its discontinuities, its silences, and accentuates its refusal to mediate between individualistic conscience and an external world. The unboundedness to external referents that we find in *modernismo* is heightened, and yet undermined, in the works of both these poets. The absence of such referential boundaries, the resulting expansion of an anarchic individualism, leads ultimately to a silence, a continual fragmentation, and an obsessive (and sometimes oppressive) dialogue with a silent interlocutor, the *tú*. Yet the unresponsiveness of her interlocutor, the trailing off into silence, and the recurring presence of the ellipse and the fragment give the sense of exclamations being shouted into a total void.

The question of individualism here is central. Although there is an apparent full-blown Romantic ego on one side of the dialogue, the void into which she speaks casts uneasy reflections back onto the emitter. The mobility of the desiring imagination makes the identity of the desiring self problematic.[14] The unanchoring of desire becomes the dynamic which pushes along Agustini's poetry. Even the titles of the three volumes published within her lifetime—*El libro blanco, Los cálices vacíos, El canto de la mañana*—are somewhat ephemeral. In "¡Oh tú!" the problematic is explicit, where the "reino interior" is full of cobwebs, silence, and sterility:

> Yo vivía en la torre inclinada
> de la Melancolía . . .
> [. . . .]
> . . . y el Silencio en la torre
>   es dos veces;
> tan triste, que sin verlo nos da frío la inmensa
> sombra de su tristeza!
> Eternamente incuba un gran huevo infecundo,
> incrustadas las raras pupilas *más allá*;
> o caza las arañas del tedio, o traga amargos
> hongos de soledad. (p. 51)

Of course, one quite logical explanation for the diffusion of the poetic construct is gender-specific. How does a female creator work within the literary dynamics of sexuality she inherits from her age? Unless she plans to identify herself with the *voyeur* spying on the female, as in much *modernista* poetry (and prose), she must take another route. She might speak back, gazing out from the scene constructed, as did Alfonsina Storni in "Tú me quieres blanca." Agustini takes neither of these routes exclusively. She suggests both of them, although only obliquely. The exaggerated physicality found in so much late *modernista* poetry turns back onto the speaker. The speaker here *is* the monster, the winged figure that may be Iris, the vampire, or the swan. Transformational fantasies, the slippage from one form to another, are striking in her poetry. In a parallel move, there is a formal slippage: sonnets are unfinished, lines break off, the subject gets lost, and consonantal rhyme accentuates its poverty by repetition.

Agustini, with her constancy of transformation and sideways slippage, forecasts the type of abstraction of the physical image that arises from the verbal incrustations so typical of decadentism. Her reflexivity, the vision of self that doubles back on itself, accounts for the particular illegibility of the outlined body in her poetry, and the polarization of interiority and exteriority, subject and object, in the representation of the body[15], as in "El cisne":

> ¡Y en la cristalina página,
> en el sensitivo espejo
> del lago que algunas veces
> refleja mi pensamiento,
> el cisne asusta de rojo,
> y yo de blanca doy miedo! (p. 47)

Neither Agustini nor Herrera proposes a truly *outside* position for the enunciator in their poetry. They remain within the constraints of a place not unlike Rodó's "reino interior." If it is true, according to Georges Bataille, that eroticism's movement is always dislocating and dissolving, creating discontinuities and a fundamental fascination with death, then the play of eroticism in the works of these two poets can make clearer their articulation between two poetic epochs, and between the poetry and prose of their times. To the surface of their poetry they bring images and exchanges usually reserved for the prose of the period. In their elliptical hesitancy and their discontinuities, they suggest the more radical experiments of the poets who will follow.

The treasured public images of these two poets are those of the Romantic "genius," oppressed by a workaday world uninterested in the soaring of the spirit. Notions of delirium, automatic writing, and autobiographical outpourings are associated with their fame, due in part to the intensely personal and anguished tone of much of their writings. In the case of Agustini, another twist is added: she is exemplary as the victim of a repressive Victorian environment, and of a monster mother.[16] The photographic iconography most often used to represent them adds a deterministic intent to such abstractions. The photographs also tell us something about the ways they chose to represent themselves, as well as of the photographic conventions of their day. Photographs which illustrate their biographies and critical studies invariably include scenes of Herrera y Reissig injecting himself with morphine. Agustini adopts Isadora Duncan-like costumes, with soulful eyes uplifted toward the heavens. In her case, favored juxtapositions include portraits of her gazing skyward, her doll collection (lovingly cared for by her mother), and the image of her bloodstained corpse minutes after her death at the hands of her ex-husband. Such images are of undeniable dramatic attention. They are fitting symbols of decadence, the label we attach to a poetic epoch too rich for modern tastes, the sensory overload so often lamented in those who prefer the harmonies of Darío. It is clear that their own self-representation helped to stimulate such expectations. Yet it was Darío himself who gave us so many clues to the tastes of the epoch of these two "raros," such as his evocation of Salomé in "Poema XXIII" of *Cantos de vida y esperanza*. Even though union, harmony, and death itself are to be resolved within the scheme of Eros, Darío reveals the dangerous physicality of eroticism.

As we also see in Darío's prose, beneath the shining side of *modernismo* lies its sister, naturalism. Its presence reminds us over and over again of the overlapping presence in both naturalist prose and *modernista* poetry of madness, sickness, poverty and crime, and of other roles for the princess. For these oddities, one does not even have to leave Uruguay to see the insistence of the theme. In Javier de Viana and in Horacio Quiroga, malign little princesses come to a bad end. Quiroga mercifully leaves us at the door of suspense in "La gallina degollada," so we are spared the neck-wringing of little Bertita at the hands of her four idiot brothers. The "pobre princesita" of Viana's "La tísica," another classic of the period, is a poisonous little waif, rejected by her clear-thinking gaucho companions, who see, better than the humanitarian eyes of the educated doctor, her deadly feigned fragility. This, however, is only a preview of the real monster-women who will emerge shortly after, the Doña Bárbaras, Josie Blisses, and other vamps who seem to have gotten the knife in the upper hand a few years later.

Both Agustini and Herrera y Reissig reveal their links with the more explicit and harsher strains of naturalist prose and vanguardist poetry. As they subvert *modernismo*'s treasured images and forms, they make problematic the boundaries established by its tenets. The disjointed voices, slippage between subject and object, enunciator and addressee, dissolve the contours of an estheticized, interior world. Their dramatic personal con-

frontations with their environment, now incorporated into our readings of
their poetry, are revealed on the poetic level of form and subject position.
Factors external to the esthetic ideals of their poetic epoch enter their poetry
as disturbing signs of elements that could not be contained in the ideal
enclosures of *modernismo*.

UNIVERSITY OF CALIFORNIA, BERKELEY

1. Quoted in Alicia S. Ostriker, *Stealing the Language: The Emergence of Women's Poetry in America* (Boston: Beacon Press, 1986), p. 587.

2. Lecture given by Darío in Montevideo in 1912, rpt. *Alfar*, 71 (1932), s.p.

3. For a discussion of this generation, see Emir Rodríguez Monegal, "La Generación del '900," *Número* 6-7-8 (1950), 37-61.

4. Sylvia Molloy convincingly describes the "aniñamiento" myth of Agustini and her relation with Darío in "Dos lecturas del cisne: Rubén Darío y Delmira Agustini," in *La sartén por el mango*, eds. Patricia E. González and Eliana Ortega (Río Piedras: Ediciones Huracán, 1985) pp. 57-69.

5. See Carlos Rama, *Historia social del pueblo uruguayo* (Montevideo: Editorial Comunidad del Sur, 1972), esp. pp. 105-26.

6. *Prosas: crítica, cuentos, comentarios* (Montevideo: Máximo García, 1918), p. 34.

7. "Modernismo y poesía," vol. 33, *Enciclopedia Uruguaya* (Montevideo: Arca, 1969), 62.

8. *The Voice of the Masters: Writing and Authority in Modern Latin American Literature* (University of Texas Press, 1985), pp. 8-32.

9. *Voice of the Masters*, p. 25.

10. *Poesías completas*, ed. Alberto Zum Felde, 3rd ed. (Buenos Aires: Losada, 1962), p. 50, hereafter indicated in text with page number in parentheses.

11. Despite Zum Felde's early negations of this point of view, this interpretation has had persistent followers. See his 1930 essay included as the "Prólogo," Agustini, *Poesías completas*, 1982, pp. 7-30.

12. "Prólogo," p. 19.

13. *La sartén por el mango*, pp. 57-69.

14. Leo Bersani discusses the instability of the desiring self in his *Baudelaire and Freud* (University of California Press, 1977), pp. 46-66.

15. For a parallel discussion of the female body in the visual arts, see Carol M. Armstrong, "Edgar Degas and the Representation of the Female Body," in *The Female Body in Western Culture*, ed. S. Suleiman (Harvard University Press, 1986), pp. 233-42.

16. For a discussion of the Victorian environment of Agustini, see Ida Vitale, "Los cien años de Delmira Agustini," *Vuelta* (Sudamericana) 2 (1986), 63-65.

Vampirismo, sadismo y masoquismo en la poesía de Delmira Agustini

Gisela Norat

A pesar de su corta vida (1886-1914), Delmira Agustini logró consagrarse en la poesía uruguaya de su época. Su obra es, sin duda, una contribución importante a la literatura de Hispanoamérica. La poesía de Agustini revela unas inquietudes, angustias y frustraciones personales que pintan un cuadro de su vida síquica. Aunque sus versos son de una gran intimidad no dejan, en gran parte, de ser reflejo de la situación general de la mujer de su época. La poeta vivió sus pocos años intensamente, pero de manera introvertida, ya que le tocó vivirlos bajo las restricciones sociales de su tiempo. Son precisamente las represiones que la familia y la sociedad le imponen a la niña, a la joven y a la mujer poeta las que directamente forman parte de los versos eróticos característicos de su obra.

Desde niña Agustini fue mimada por unos padres burgueses que la criaron aislada en un ambiente de protección. Casi no tuvo relaciones con otros niños de su edad ya que su madre se encargó de su primera enseñanza y después la tarea fue relegada a profesores privados (Stephens 10). Es fácil imaginar las prohibiciones que le esperaban a la joven de sociedad en una pequeña ciudad como Montevideo a principios de siglo.

A las previstas frustraciones que experimentará como mujer se le añadirán las angustias de ser poeta. Pagará por sus versos atrevidos con la crítica audaz de una clase media conservadora. Sin embargo, al mismo tiempo su poesía fue digna de reconocimiento por personas consagradas a la literatura como Carlos Vaz Ferreira, Juan Ramón Jiménez, Miguel de Unamuno y Rubén Darío (Stephens 11-12). Pero, a pesar de su talento, Delmira Agustini no podía aspirar a formar parte del mundo patriarcal que le rendía esas palabras laudatorias. En el círculo literario regido por los hombres, Delmira Agustini era simplemente una joven excepcional cuyos versos les llamaban la atención. Ella permanecería en esa pequeña ciudad donde era una persona señalada, motivo de constantes críticas dentro de su ámbito social.

Su circunstancia de vida la lleva a elaborar un eros poético que funciona como foro de resistencia contra la represión que experimenta en una sociedad patriarcal. El erotismo es el instrumento que escoge para la transgresión. En manos de la poeta este erotismo es también [h]eroísmo por su desafío al canon literario. Se propondrá aquí un análisis sicológico de tres rasgos que surgen con frecuencia en su más tardía poesía: el vampirismo, el sadismo y el masoquismo. Se destacará el papel del hombre en esta poesía, pero se sugiere que el móvil de tales tendencias radica en una relación conflictiva con la madre.

Como señala Emir Rodríguez Monegal, los testimonios que dejaron los maestros de la poeta coinciden en el excesivo celo y vigilancia de sus padres; en la influencia que ejercía sobre ella una madre religiosa y severa; y en la suma obediencia y respeto que Agustini le demostraba a ésta (40). Rodríguez Monegal presenta un factor clave para el entendimiento de la poética de Delmira Agustini:

La Nena era la máscara con la que circulaba la pitonisa del mundo; era la máscara adoptada como solución al conflicto familiar que le imponía sobre todo una madre neurótica, posesiva y dominante. Encerrada en el amor materno como en una cárcel, Delmira sólo podía librarse por la poesía. La única salida que le permitían sus apasionados celadores era la creación (41).

Los críticos de la obra de Agustini coinciden en destacar las palabras de Ofelia Machado de Benuto para ilustrar la dedicación asidua de la madre hacia la hija:

Y es la madre la que ... obliga a respetar religiosamente el sueño matinal de su hija que ha pasado la noche en la angustia de la creación poética ... Y es la madre la que exclama alborozada, todas las mañanas, cuando la joven, abriendo las puertas de su habita-

399

embargo, si se va más allá de esta envidia hacia el hombre que describen los sicólogos, se encuentra el verdadero objeto de venganza, la madre.

Jane Flax señala que una fase importante en el desarrollo infantil es la de separación e individuación en la cual se establece un firme sentido de diferenciación con la madre, reconociendo así los confines físicos y mentales con ésta. A la vez se fomenta una gama de características, habilidades y rasgos personales que le son propios (172). Cuando la hija es la única fuente de seguridad emocional para la madre, ésta no le permite la individuación. Idealmente la relación materna debe ayudar a la hija a alcanzar autonomía. La negación de esta necesaria satisfacción crea en la hija sentimientos de rabia, sufrimiento y un sentido de traición. Inconscientemente la madre se convierte en opresora (Flax 179, 180).

Delmira Agustini es la vampiresa que se venga contra la madre por chuparle la sangre, por paralizar su libertad bajo ese vigilante ojo materno. El amor excesivamente posesivo de la madre le bebe la vida a la hija, en forma simbólica. Por consiguiente, ésta se venga situándose en semejante posición de dominio y control. Los sentimientos negativos que menciona Flax se encuentran en la poesía de Agustini dirigidos contra el hombre, porque manipularlo sexualmente es cobrar poder sobre él.

En el poema "¡Vida!", la sed de sangre otra vez evoca la imagen del vampiro:

Para mi vida hambrienta,
Eres la presa única,
!Eres la presa eterna!
El olor de tu sangre,
El color de tu sangre
Flamean en los picos ávidos de mis águilas (109).

Obsérvese que también aquí el hombre aparece como presa; lo cual para él implica debilidad, falta de dominio, falta de libertad. Por supuesto, esta es la situación en que se encuentra la misma Agustini y tales cualidades reflejan la represión que experimenta como mujer. En el poema, la sangre sugiere que la presa ha sufrido una herida y, por lo tanto, ha experimentado dolor. Pero a la vez la sangre está ligada con un tono fuerte de deseo. ¿Quién sufre y quién inflige esta herida?

Freud señala que en el campo de la experiencia síquica (y no solamente sexual) las impresiones que se reciben pasiva e instintivamente se quieren expresar de forma activa. Según Freud, esto representa una rebeldía hacia lo pasivo y la preferencia por el papel activo (*Female sexuality* 264). Es usualmente en el juego donde los niños expresan esta tendencia. La niña baña, viste y le da alimento a la muñeca como lo hace la madre con ella.

Si se aplica esta tendencia que describe Freud a los versos de Agustini, se ve que el dolor que ella le inflige al compañero, la sangre que le hace derramar, es una reacción natural a la violencia del acto sexual y, en particular, al dolor que éste le causa en la desfloración. Pero si esta reacción sádica por parte de la mujer parece exagerada Freud señala que se trata de algo más que del dolor físico; la herida que sufre la mujer es síquica. En su ensayo "Contribuciones a la psicología del amor. El tabú de la virginidad", Freud señala que con la pérdida de la virginidad la mujer sufre una herida narcisista ya que reconoce la desvalorización sexual que esto significa para la sociedad patriarcal (228).

Dada la limitación de la libertad y de la expresión sexual, es comprensible que la mujer sufra un hondo resentimiento hacia aquel que representa la represión y que adopte una actitud rebelde. Mediante su rebeldía, la mujer se despoja del papel de subordinada mostrando que es un ser activo. Como indica Alfred Adler, lo que significa ser hombre en una sociedad patriarcal por fuerza tiene que afectar el desarrollo sicológico de la mujer:

> Una de las consecuencias amargas del prejuicio sobre la inferioridad
> de la mujer es la tajante división y el encasillamiento de conceptos
> según un designio: así pues lo "masculino" significa lo valioso, lo
> poderoso, lo victorioso, lo competente, mientras que lo "femenino" se
> identifica con lo obediente, lo servil, lo subordinado (35, mi versión).

Según Adler, la superioridad que se le atribuye a lo masculino y el lugar privilegiado que se le concede al hombre en la sociedad han causado severos trastornos en el desarrollo síquico de la mujer. En el caso de Delmira Agustini sus resentimientos se manifiestan en sus versos en forma de una hostilidad erótica.

En "El vampiro" esta hostilidad se vuelve explícitamente sádica como puede verse en las dos primeras estrofas del poema:

> En el regazo de la tarde triste
> Yo invoqué tu dolor... ¡Sentirlo era
> Sentirte el corazón! Palideciste
> Hasta la voz, tus párpados de cera,

403

Bajaron... y callaste... Pareciste
Oír pasar la muerte... Yo que abriera
Tu herida mordí en ella —¿me sentiste?—
¡Como en el oro de un panal mordiera! (94).

De inmediato se destaca el deleite con que se contempla el dolor del otro. Este dolor permite un acercamiento íntimo al amante, "¡Sentirlo era sentirte el corazón!" Ya en la segunda estrofa la evocación u observación pasiva pasa a la acción: "Tu herida mordí... ¿me sentiste?" Aquí, por supuesto, opera la tendencia que ya se ha señalado de convertir una experiencia pasiva en activa.

Además, al inflingirle dolor a su compañero lo introduce en el espacio femenino y en la experiencia femenina, lo cual constituye una emasculación simbólica, equivalente a esa herida narcisista que Freud asociaba con la desfloración. Nótese que la mujer le causa dolor al hombre, a propósito. Ella sabe que al morder la herida que ya le había abierto le causará aún más tormento. Este "abrir" de una herida alude a la desfloración, una herida que de antemano el hombre sabe le será dolorosa a su pareja y que, no obstante, seguirá martirizando durante el ímpetu del acto amoroso. El hombre, tradicionalmente sujeto, pasa a ser objeto. Fuera del contexto sexual, la resistencia síquica contra la dominación masculina e, inconscientemente, materna se extiende a las frustraciones asociadas con su vocación. Manejar la palabra erótica es asumir y transgredir los códigos y el recinto patriarcal. Como señalan Michelle Zimbalist Rosaldo y Sherry B. Ortner en *Woman, culture, and society*, el mundo cultural le ha pertenecido al hombre.

Ya se sabe el ambiente protegido y aislado en que se crió Delmira Agustini. Sin duda, este ambiente influyó profundamente en su personalidad ya que le causó mucha soledad (Stephens 13). El último verso del poema "Sobre una tumba cándida" dice así: "La Soledad llamaba en silencio al Horror..." Obsérvense las palabras en mayúsculas. Para Agustini la "Soledad" la conduce a un mundo lleno de "Horror".

En el estudio del sadismo los análisis revelan que a menudo la melancolía (probable padecimiento de Agustini) tiene como base el canibalismo (Stekel 2: 254). Stekel señala las características que se manifiestan en casos de melancolía:

Son las siguientes: impulsos sádico-canibalistas, una actitud profundamente escondida y hostil hacia el contorno, la prominencia en saciar el instinto oral... y la capacidad para incorporar o encarnar el objeto sexual al punto de identificarse completa y absolutamente con el mismo (2: 254, mi versión).

Véanse por ejemplo las últimas estrofas de "El vampiro" donde se prolonga la descripción de morder la herida de la víctima en una celebración sádica/canibalesca:

!Y exprimí más, traidora, dulcemente
Tu corazón herido mortalmente,
Por la cruel daga rara y exquisita
De un mal sin nombre, hasta sangrarlo en llanto!
Y las mil bocas de mi sed maldita
Tendí a esa fuente abierta en tu quebranto.

¿Por qué fui tu vampiro de amargura?...
¿Soy flor o estirpe de una especie oscura
Que come llagas y que bebe el llanto? (94).

En este poema se observan las características que señala Stekel en cuanto a la melancolía: el impulso hostil de tendencias sádicas y canibalescas; la satisfacción oral ("Y exprimí más... tu corazón herido", "mil bocas de mi sed maldita", "Que come llagas"); también se ve que el deseo de devorar al amante se convierte en una especie de comunión con éste.

En la lucha que emprende la hija al querer separase de la madre, Jane Gallop señala una especie de conexión oral. Cuando no se ha logrado una adecuada separación entre madre e hija no existen límites claros de identidad. Aunque la hija se siente absorbida por la madre y busca la separación, a la vez se identifica y hasta se confunde con ella porque a causa de su socialización ha interiorizado inconscientemente la obligación de reproducir o repetir la historia de la madre. De un lado, la hija rechaza ser absorbida o devorada por la madre; y, del otro, tiende a querer incorporar a la misma (Gallop 113-115).

En "Fiera de amor", puede interpretarse esta relación tensa entre comunión amorosa y sadismo devorante:

Fiera de amor, yo sufro hambre de corazones,
De palomos, de buitres, de corzos o leones,
No hay manjar que más tiente, no hay más grato sabor... (71).

El sadismo igualmente aparece en "Supremo idilio" cuando nos dice que es ella la encarnación del dolor:

Yo soy la Aristocracia lívida del Dolor
Que forja los puñales, las cruces y las liras,
Que en las llagas sonríe y en los labios suspira...
¡Satán pudiera ser mi semilla o mi flor! (95).

Estos versos exhiben el goce de enfrentarse con el dolor del otro; se "forja los puñales" para sonreír ante las "llagas" que ellos producen. Sin duda, aquí opera el símbolo fálico en el puñal que de manera vengativa amenaza castrar al amante.

En el siguiente poema sin nombre surge de nuevo el hombre/presa y la mujer/caníbal. Esta vez Agustini se metamorfosea en buitre:

La intensa realidad de un sueño lúgubre
Puso en mis manos tu cabeza muerta;
Yo la apresaba como hambriento buitre...
¡Y con más alma que en la Vida, trémula,
Le sonreía como nadie nunca!...
¡Era tan mía cuando estaba muerta! (103).

La decapitación se ha interpretado como símbolo de castración (Freud, *Taboo* 233). Sin embargo, como ya se ha mencionado, el verdadero móvil tras estas manifestaciones de violencia radica en un conflicto inconsciente con la madre. La clara expresión sádica hacia el hombre disfraza el verdadero objeto de resentimiento. Esta es la manera en que el inconsciente manifiesta el conflicto, ya que tales sentimientos hacia la madre serían inaceptables en la mente de una buena hija. Al castigar al hombre, Agustini, en realidad, se está defendiendo contra la madre.

¿Por qué la mujer incuba tanta animosidad contra la madre? La respuesta parece radicar en que la madre es la primera figura autoritaria y, por lo tanto, para la niña ésta representa prohibiciones de todo tipo. En lo sexual la madre le prohíbe la masturbación y la regaña por otras expresiones de carácter sexual. Después de la pubertad la madre se encarga de cuidar la castidad de la hija. Frecuentemente, las restricciones se extienden aun a otros aspectos de actividades previamente consentidas. Por ejemplo, a la niña ya no se le permite trepar árboles, participar en los juegos de los niños, etc. (Freud, *Female sexuality* 260). A menudo la niña no entiende el cambio que se le exige y entonces surge el rencor.

Adrienne Rich explica en su libro *Of woman born* que la madre es un instrumento del patriarcado. A ella se le otorga la responsabilidad de socializar a los hijos de una manera que les facilite la integración en la sociedad. En el caso de una hija, esto significa que la madre debe inculcarle el mismo tipo de censura que la ha subordinado a ella. Por consiguiente, cuando la joven llega a ser mayor, el descrédito de la madre aumenta porque la hija se da cuenta de que ésta, como mujer, es objeto de las mismas discriminaciones. Al reconocer su desventaja en la sociedad patriarcal, la joven culpa a la madre por haber nacido mujer (Freud, *Female sexuality* 261-262). Esto implica que la madre indirectamente la somete al dolor de la menstruación, la desfloración y la procreación. Al no poder escapar de su destino biológico la hija se siente victimizada y, en consecuencia, se resiente.

La teoría de Freud sobre la importancia de la fase pre-edípica de la sicología de la mujer ofrece algunas claves que esclarecen ciertos motivos lúgubres en la poesía de Agustini. Según Freud, muchos fenómenos de la vida sexual de la mujer se pueden entender por referencia a esta etapa en la cual el ser humano establece su relación primaria, usualmente con la madre. En la vida conyugal es esta relación original la que emerge de la represión y, por lo tanto, la mujer repite con el esposo el tipo de relación que cuando soltera llevaba con la madre (*Female sexuality* 258).

En su estudio sobre el masoquismo, Theodor Reik revela algunos puntos de enlace con esta teoría de Freud. Reik señala, por ejemplo, que las fantasías masoquistas de la mujer tienen a la madre por objeto principal; la aparición del hombre es tardía y, en esencia, su papel es secundario. La fantasía donde surge el hombre es, según Reik, una versión totalmente corregida o camuflada que deriva de un asunto original en cuyo centro figura la madre (229). Así, cuando en "El surtidor de oro" Agustini evoca al amante en términos masoquistas, en la raíz se encuentra la figura materna. En la segunda estrofa evoca al amante casi exigiéndole que le inflija dolor:

> El amante ideal, el esculpido
> En prodigios de almas y de cuerpos,
> Arraigando las uñas extrahumanas
> En mi carne, solloza en mis ensueños... (69).

Este masoquismo es la manifestación de culpabilidad que siente la poeta ante unos deseos sexuales que no cumplen con los estrictos criterios de la madre. En el inconsciente de una joven decente, la madre castiga severamente su digresión de la norma. La hija simbólicamente se deja mortificar la carne pecaminosa que la madre tienta para extraviarla del buen camino. El amante que le hace daño en sus versos es en realidad la forma como se manifiesta la madre. Recuérdese que en los versos sádicos que ya se han analizado era Agustini la que le infligía dolor a su amante; de esa forma se representaba la rebeldía contra la madre dominante y represiva. Al herir al amante, simbólicamente se desquitaba contra su verdadero tormento: la madre.

En los versos de tono masoquista es la poeta misma el objeto de castigo como, por ejemplo, vemos en "Boca a boca":

> El placer unges de dolor; tu beso,
> Puñal de fuego en vaina de embeleso,
> Me come en sueños como un cáncer rosa... (40).

El sentimiento de culpabilidad y pecado que se desprende de estos versos convierten conceptos normalmente positivos en signos negativos: el placer "unges de dolor", el beso hiere como "puñal de fuego" y carcome como un "cáncer". En otra estrofa del poema se asoma el buitre, símbolo por excelencia del castigo que le espera a aquellos que desobedecen las reglas de los dioses, de los que ejercen el poder:

> Pico rojo del buitre del deseo
> Que hubiste sangre y alma entre mi boca,
> De tu largo y sonante picoteo
> Brotó una llaga como flor de roca (41).

Recuérdese que en el poema sin nombre que ya se ha tratado, la poeta se metamorfoseaba en buitre sádico. En estos versos masoquistas es ella quien recibe el castigo del buitre. El pico rojo pone de relieve el aspecto erótico-sexual mientras que el constante picoteo alude al martirio de la carne que merece ser castigada por tener deseos lascivos. Ya en "Otra estirpe" se ve que este aspecto de martirio llega al punto en que la mujer, en su sentimiento inconsciente de culpabilidad, se ofrece al hombre como sacrificio:

> ¡Para sus buitres en mi carne entrego
> Todo un enjambre de palomas rosas!
>
> Da a las dos sierpes de su abrazo, crueles,
> Mi gran tallo febril... (65).

Inconscientemente la hablante se entrega a la madre para ser castigada.

En este estudio se presenta el sentido del vampirismo, el sadismo y el masoquismo en la poesía de Delmira Agustini y se propone que la madre es el dominador común. Los versos donde surge el vampirismo son una reacción al excesivo cariño materno que, llevado al extremo, desangra la propia vida de la hija. Mediante una expresión sádica la poeta se rebela contra el papel pasivo que le impone la sociedad a su sexo. El sadismo le permite maltratar a su compañero, arrebatándole así su dominio tradicional. Pero en el fondo de los versos sádicos hay una venganza contra la madre por someter a la hija a las injusticias del sistema patriarcal. El masoquismo revela un sentido de culpabilidad que busca absolución mediante el martirio. En el inconsciente poético el resentimiento hacia la madre busca ser castigado. Los tres rasgos aquí analizados ponen de manifiesto una voluntad de resistencia poética e inconscientemente síquica, reacción, sin duda, a la represión experimentada dentro del ambiente literario, social y familiar que le tocó vivir a Delmira Agustini.

Bibliografía

ADLER, Alfred. "Sex." Psychoanalysis and women: Contributions to new theory and therapy. New York: Brunner/Mazel, 1973. P. 33-42. (Ed. Jean Baker Miller).

AGUSTINI, Delmira. Poesías. Montevideo: Biblioteca Rodó, 1940. (Ed. Ovidio Fernández Ríos).

FLAX, Jane. "The conflict between nurturance and autonomy in mother-daughter relationships and within feminism". Feminist studies, june (1978): 171-189.

FREUD, Sigmund. "Contributions to the Phycology of love. The taboo of virginity". Collected papers. Vol. 4. London: Hogath Press & Institute of psychoanalysis, 1934. 217-235. 5 vols. 1924-1950. (Ed. Joan Riviere).

FREUD, Sigmund. "Female sexuality". Collected papers. Vol. 5, London: Hogarth Press & Institute of psychoanalysis, 1950. 252-272. 5 vols. 1924-1950. (Ed. James Strackey).

GALLOP, Jane. The daugther's seduction: feminism and psychoanalysis. Ney York, Cornell University, 1982.

ORTHER, Sherry B. "Is female to male as nature is to culture?" Woman, culture, and society. California: Stanford University, 1974. 67-87. (Ed. Michelle Zimbalist Rosaldo e Louise Lamphere).

REIK, Theodor. Masochism in modern man. Trad. Margaret H. Beigel and Gertrude M. Kurth. New York: Farrar/Straus, 1941.

RICH, Adrienne. Of woman born. New York: W. W. Norton, 1986.

RODRIGUEZ MONEGAL, Emir. Sexo y poesía en el 900 uruguayo. Montevideo: Alfa, 1969.

ROSALDO, Michelle Zimbalist. "Woman, culture, and society: A theoretical overview". Woman, culture and society. California: Stanford University, 1974. 17-41. (Ed. Michelle Zimbalist Rosaldo e Louise Lamphere).

STEKEL, Wilhelm. Disorders of the instincts and the emotions: The psychology of hatred and cruelty. 2 vols. New York: Liverright, 1953.

STEPHENS, Doris T. Delmira Agustini and the quest for trascendence. Montevideo: Geminis, 1975.

THOMPSON, Clara. "Cultural pressures in the phychology of women". Psychoanalysis and women: Contributions to new theory and therapy. New York: Brunner/Mazel, 1973. 49-64. (Ed. Jean Baker Miller).

TWITCHELL, James B. The living dead: a study of the vampire in romantic literature. Durham: Duke University, 1981.

GABRIEL ZAID

UN AMOR IMPOSIBLE
DE LOPEZ VELARDE

1. ¿Viejos y nuevos trovadores?

El tema del amor imposible, que viene de los trovadores, expresa una vivencia universal a partir de una singular. El trovador es un ser anómalo: ni labriego, ni clérigo, ni caballero, ni simple criado del castillo. Sube a las cortes por su talento, pero es un desarraigado de su medio, que por su cultura puede alternar con los señores y hasta enamorarse de las señoras, con un amor permitido como galanteo pero prohibido como consumación:

Quisiera encontrarla sola,
durmiendo o fingiendo sueño,
para robarle un tierno beso
que nunca me atrevería a pedirle

dice Bernard de Ventadour a fines del siglo XII, y a principios del XX Augusto Cárdenas (1905-1932):

Yo sé que nunca besaré tu boca,
tu boca de púrpura encendida.
Yo sé que nunca llegaré a la loca
y apasionada fuente de tu vida.

El tema evoluciona con los autores, con las sociedades y con las prohibiciones. No todos los imposibles son sociales, pero muchos lo son. Aunque el subir haciendo méritos ya está en los trovadores (como puede verse en el *Tratado del amor cortés* de André Le Chapelain, también del siglo XII) y hasta en la *Subida al Monte Carmelo* de los trovadores a lo divino, en una sociedad donde (teóricamente) todos pueden trepar a todo, donde no hay posiciones imposibles para nadie, la prohibición se vuelve una dificultad superable con la acumulación de esfuerzos, de méritos, de créditos. Novelas, obras de teatro, películas, telenovelas, cuentan la historia de un protagonista (y, más recientemente, de una protagonista) que pasa noches oscuras, privaciones, pruebas, pero llega a la posición imposible. En las versiones menos burdas, una vez en posición de realizar su deseo, la amada o el amado o el amor o su consumación se esfuman, como para mostrar la irrealidad del tabú: su función de estímulo trepador.

Un tema cercano (aprovechable por el feminismo) es el de los hombres que hacen méritos galantes para subir socialmente. En los castillos, los caballeros tenían que hacer méritos guerreros para quedar bien con el señor; los trovadores tenían que hacer méritos galantes para quedar bien con las señoras. En las pirámides modernas, las líneas meritorias pueden cruzarse: los méritos galantes pueden servir para ganar posiciones ejecutivas y las posiciones ejecutivas para ganar favores galantes.

También cercano es el tema de la perdición: la fascinación por el abismo que derrumba la carrera trepadora. Cuando el adulterio o el divorcio podían arruinar una vida, el tema era romántico. A medida que se han vuelto una vulgaridad, otros abismos van tomando su lugar para estremecernos de horror: las drogas, la homosexualidad, el incesto, el satanismo. Todo lo cual, naturalmente, puede volverse una banalidad: esa otra cara del amor imposible.

En Kierkegaard, en Kafka, en López Velarde, el amor imposible se vuelve más moderno. El trovador no es el personaje romántico que desafía un No social para triunfar o para perderse diciendo No a la sociedad. La realización de la pareja no es el paraíso prohibido cuya negación provoca la autodestrucción o la autoafirmación, porque el protagonista se va a hacer méritos, hazañas, posición, dinero; se va a tierras lejanas a matar dragones, hacer la América, triunfar en la capital o sacar su doctorado: a conquistar el mundo para ofrecérselo a su dama, y volver por ella y merecerla, como en la *Historia de un gran amor* de Jorge Negrete y Gloria Marín, y tantas otras.

Ninguna prohibición impide la pareja en estos escritores que mueren relativamente jóvenes y solteros (1813-1855, 1883-1924, 1888-1921). No se casan porque tienen que escribir. El No de los trovadores modernos se vuelve íntimo, vocacional. No es algo externo lo que impide la plena realización de uno en la pareja: es la pareja la que impide la plena realización de uno.

Hoy es común ese imperativo íntimo. La mística del progreso seculariza la vocación religiosa del trepador a lo divino. Toda carrera se vuelve sagrada, digna de sacrificarle lo que sea. Dejarás a tu padre y a tu madre, te alejarás de tu ciudad natal, sacrificarás a tu pareja y a tus hijos, renunciarás a tus gustos, madrugarás para cantar maitines, hacer pintas en las bardas, correr la milla, tomar el avión, llegar a tiempo a un desayuno de negocios, sentarte frente al piano o la máquina de escribir. Todo por la misión, la causa, el puesto, la prosperidad, la obra, la carrera.

Por supuesto, la más alta realización de uno también está en el deseo de los antiguos trovadores, en la vocación monástica de los trovadores a lo divino, en el adulterio trágico y en todas las vías que rompen con la pareja posible en aras de la imposible. Pero el trovador tradicional tiene los ojos puestos en lo alto, escamotea la pareja posible: no la tiene presente, no habla de ella, no la pone "a la altura del arte", no parece siquiera darse cuenta de su realidad inmediata, demasiado inmediata. Manuel Acuña le hace versos a Rosario, no a la criada con la cual se consuela. En cambio, en Kierkegaard, en Kafka, en López Velarde, la pareja posible no se escamotea. Con una lucidez cruel, el trovador contempla sacrificada la plenitud posible de uno y otro, por la mayor plenitud de uno.

Cervantes, que desconfiaba de la vocación religiosa, de la búsqueda de una nueva pareja y, en general, del amor imposible, parece haber tenido esa lucidez cruel, aunque se nota menos porque no la expresa en primera persona. Así, aunque escribe en *El Quijote*:

Marinero soy de amor
y en su piélago profundo
navego sin esperanza
de llegar a puerto alguno

sintiendo vivamente el amor imposible, supo reírse de los sentimientos présbitas, que sólo admiran lo distante. Un hidalgo solterón, lector de libros de caballería, no puede enamorarse de "una moza labradora de muy buen parecer" sin ponerla a distancia como "princesa y gran señora" Aldonza no es la criada escamoteada por Acuña, pero está fuera del campo de visión de don Alonso: no puede verla con entusiasmo sino alejándola como Dulcinea y alejándose como don Quijote, que sale a conquistar el mundo para merecerla. El amor posible sigue sacrificado al imposible, pero con una inversión cómica: en vez de ignorar a la criada, la pone en el pedestal de Rosario, que es otra forma de ignorarla. La novela puede leerse como una crítica del amor imposible, cuya lucidez ennoblece el amor posible.

Para la tradición romántica, que continúa la trovadoresca, ese realismo se volvió muy difícil. Aunque el romanticismo surge como una crítica del progreso, lo hace en favor de un progreso más profundo. La conciencia del progreso posible alimenta el amor imposible: la profunda melancolía de no ser más, el deseo desatado de profunda plenitud.

Quedaba para una lucidez posterior, en circunstancias que parecían realizar ese progreso más profundo (al extenderse la libertad de elección de la pareja), la conciencia de que no hay a quién echarle la culpa: de que uno sacrifica a la pareja del amor posible, porque aspira a más. Esto, que puede ser un cálculo banal, adquiere todo su sentido terrible en el *Diario de un seductor* de Kierkegaard, en lo que Canetti ha llamado *El otro proceso de Kafka* y en un poema autobiográfico del joven López Velarde:

NO ME CONDENES...

Yo tuve, en tierra adentro, una novia muy pobre:
ojos inusitados de sulfato de cobre.
Llamábase María; vivía en un suburbio,
y no hubo entre nosotros ni sombra de disturbio.
Acabamos de golpe: su domicilio estaba
contiguo a la estación de los ferrocarriles,
y ¿qué noviazgo puede ser duradero entre
campanadas centrífugas y silbatos febriles?

El reloj de su sala desgajaba las ocho;
era diciembre, y yo departía con ella
bajo la limpidez glacial de cada estrella.
El gendarme, remiso a mi intriga inocente,
hubo de ser, al fin, forzoso confidente.

María se mostraba incrédula y tristona:
yo no tenía traza de una buena persona.
¿Olvidarás acaso, corazón forastero,
el acierto nativo de aquella señorita
que oía y desoía tu pregón embustero?

Su desconfiar ingénito era ratificado
por los perros noctívagos, en cuya algarabía
reforzábase el duro presagio de María.

¡Perdón, María! Novia triste, no me condenes:
cuando oscile el quinqué y se abatan las ocho,
cuando el sillón te mezca, cuando ululen los trenes,
cuando trabes tus dedos por detrás de tu nuca,
no me juzgues más pérfido que uno de los silbatos
que turban tu faena y tus recatos.

412

2. Tierra adentro: Jerez, Aguascalientes, San Luis

Ramón López Berumen (que se firmaba López Velarde, como su padre José Guadalupe López Morán y su abuelo Ramón López Díaz, que adoptaron el Velarde como elegancia, porque en La Barca hubo un Velarde de riqueza legendaria) fue el primogénito de nueve hermanos que tuvieron siete tíos paternos y siete maternos. Ambas familias de Jerez, de fortunas medianas e inestables.

El abuelo materno (José María Berumen Valdés) era rico. Tuvo una sola hija (Trinidad Berumen Llamas, madre del poeta) y siete hijos (tíos del poeta) más o menos pródigos: uno se jugó a las cartas todo lo que tenía, perdió, se fue y nunca más se supo de él; otro destripó como universitario, se volvió borracho agresivo y acabó protegido y encarcelado por un primo en una bodega, donde se suicidó; otro acabó de bohemio porque no le importaba el dinero: simpático, arpista popular, contaba historias y genealogías, por las cuales hacía remontar su propia sangre a negros (lo cual era cierto) y a una tentación de Gregorio López, el famoso ermitaño del siglo XVI, que vivió en tierra de indios, cerca de Jerez. Los otros sentaron finalmente cabeza, dos protegieron a su hermana viuda y uno de éstos (Salvador) sostuvo la carrera de Ramón. Una cuñada joven de Salvador, pero ocho años mayor que Ramón, fue su primer amor imposible: Josefa de los Ríos ("Fuensanta").

El abuelo paterno dejó propiedades agrícolas, cuatro hijas todas solteronas, dos universitarios (uno abogado, otro sacerdote) y dos hijos más, uno de los cuales ejerció el mayorazgo en forma autoritaria, se hizo cargo de las propiedades familiares, se metió en negocios de minas y acabó muerto en una en un accidente que pareció asesinato. El joven Lic. José Guadalupe López Velarde (padre del poeta) trató de prosperar como notario y fracasó, luego tuvo éxito como empresario escolar hasta que (hostigado por un gobernador que estaba en contra de la enseñanza católica) cerró el Colegio Morelos. No se había casado hasta asegurar su posición a través del Colegio, a los 34 años, con una jovencita de 17; típico matrimonio tardío del que hereda aspiraciones, más que posiciones hechas (seguramente el matrimonio al que iba su primogénito, de no haber muerto a los 33). Abandona el estado de Zacatecas y se lleva la familia a Aguascalientes, donde muere a los 55.

Ramón viaja para estudiar desde niño. A los doce años, al Seminario Conciliar de Zacatecas, donde probablemente estaba su tío Inocencio, el sacerdote asesinado años después por los villistas en esa ciudad. A los catorce se reúne con la familia en Aguascalientes, donde termina la preparatoria. A los veinte, su padre (poco antes de morir) lo envía a San Luis Potosí para estudiar derecho. En aquella capital próspera y culta se incorpora a la vida profesional, política, literaria, de los veinte a los veinticinco años: de 1908 a 1914, años muy importantes en su vida y en la del país.

1908. Muere su padre. Porfirio Díaz declara al periodista Creelman que en 1910 no volverá a reelegirse, porque el país ya está maduro para una renovación democrática del poder. Francisco I. Madero da a la imprenta La sucesión presidencial en 1910.

1909. López Velarde efervescente: escribe poemas, prosas, artículos políticos, en El Debate de San Luis, Nosotros de Aguascalientes, Cultura y, sobre todo, El Regional y su suplemento Pluma y Lápiz de Guadalajara, desde donde lo apoya y casi lo adopta (le llevaba catorce años) el Lic. Eduardo J. Correa, de Aguascalientes, que será su editor, colega poeta, socio de bufete y padrino político. Correa lo anima a publicar en El Regional su primer libro y el poeta prepara una primera versión de La sangre devota (que se queda en proyecto hasta 1916). Hace política estudiantil: le pide a Correa publicar "cuanto antes" que "Varios estudiantes de derecho se han organizado para intervenir en su esfera de acción en el problema político del país. Trabajarán entre otras cosas por la no reelección", "por medio de la imprenta y conferencias de viva voz al pueblo". Su primer artículo se lo dedica a Madero, y abre con estas palabras: "Este fronterizo vale, por su hombría, más que los políticos sin sexo de la ciudad de México." No está de más recordar que por entonces parecía un imposible que Madero llegara al poder, y que la gente sensata no se expresaba así: adulaba a Porfirio Díaz, convencida de que el sistema seguiría por los siglos de los siglos.

1910. Su admirado Madero le cae del cielo, en campaña (marzo). Hay represalias de la policía, a pesar de las cuales no sólo participa: queda como secretario del Centro Antirreeleccionista de San Luis Potosí. (Nunca se ha dicho, pero no hay otra forma de leer "Susanita y la cuaresma", donde recuerda agradecido la simpatía de Susanita, a pesar de que en la cuaresma de 1910 "mis ganancias de pasante fluctúan, mensualmente, entre treinta y cuarenta pesos; a pesar de que soy secretario de un centro oposicionista..."). Unos meses después, Madero (ya postulado como candidato presidencial) es arrestado en Monterrey y llevado a la cárcel de San Luis (para alejarlo de la frontera) donde toman su defensa legal Pedro Antonio de los Santos (quizá presidente del Centro) y Ramón López Velarde, que logran su libertad bajo caución poco después de las elecciones (celebradas el 26 de junio y 10 de julio). Una vez libre, pero vigilado, se anuncia oficialmente la reelección de Díaz (primero de septiembre), se vuelve a fundar la Universidad de México (12 de septiembre) y (el glorioso 15 de septiembre) se celebran simultáneamente el día de San Porfirio, los ochenta años de Díaz y el Centenario de la Independencia. Madero sigue en la ciudad por cárcel, seguramente frecuentado por sus defensores, por lo cual se ha llegado a pensar que López Velarde tuvo que ver en la formulación del Plan de San Luis. Él mismo escribirá (25 VI 12) que ahí "se fijó el Plan", fechado en San Luis, el 5 de octubre, aunque no escrito ahí ni en esa fecha, sino poco después, en San Antonio, Texas (a donde Madero se fugó el 6 de octubre). Sin embargo, parece razonable suponer que Madero se resolvió a tomar las armas en San Luis y en esos meses de cárcel, libertad restringida y reflexión ante el fracaso de la vía pacífica, electoral, respetuosa ante el dictador, que había seguido. También es razonable suponer que López Velarde participó en esa reflexión, aunque no tomó las armas: prudentemente, se quedó a sacar el título. Pedro Antonio de los Santos (que era dos años mayor que él, y al parecer ya lo tenía) sí las toma, el 20 de noviembre.

1911. Díaz renuncia (25 V). López Velarde abogado (exento de examen profesional, por sus buenas calificaciones, 31 X). Madero presidente (6 XI). López Velarde juez de primera instancia en el pueblo de Venado, S.L.P., desde donde escribe una carta (18 XI) a su amigo Correa, quizá para que la publique: "la voluntad decidida que siempre he tenido para el hombre fenómeno, porque yo sí soy de abolengo maderista, de auténtica filiación maderista, y recibí el bautismo de mi vida política en marzo de 1910, de manos del mismo hombre que acaba de libertar a México. Le dité con franqueza, amigo Correa, que una de las satisfacciones más hondas de mi vida ha sido estrechar la mano y cultivar la 'amistad de Madero, y uno de mis más altivos orgullos haber militado como el último soldado del hombre que hoy rige al país". Lo que sigue, naturalmente, es ir a verlo, quizá pasar de juez de pueblo a juez de la capital. Pero Madero lo envía con el procurador de justicia, que no le ofrece más que una plaza de actuario judicial. La rechaza. Por esos días, coincide con María, también de viaje en México, y son presentados (se conocían de vista en San Luis).

1912. Vuelve a Venado, a San Luis, a México. Desde México le escribe a Correa (8 IV): "estoy como siempre, disfrutando de las migajas del festín". Este deja Guadalajara para hacer política en la capital. Había secundado a Madero por vía pacífica, como uno de los promotores del Partido Católico Nacional, que en 1911 coincidió con el Partido Antirreeleccionista en la postulación de Madero. Funda *La Nación*, como órgano del PCN, y en este diario ofrece a López Velarde su primera tribuna en la ciudad de México. Además, el PCN lo lanza por Jerez como candidato a diputado suplente. Pero los jerezanos lo tildan de "decadentista y apático", según lo cuenta él mismo ("En el solar"). Fracasa. De junio a diciembre escribe en *La Nación* el 35% de sus obras completas: ante todo artículos políticos, a veces diarios. Muchos en contra del gobernador de San Luis: Rafael Cepeda de la Fuente, médico, militar, maderista, coahuilense avecindado en San Luis, que preparó la fuga de Madero (por tren, disfrazado de ferrocarrilero) y se levantó en armas el 20 de noviembre, al igual que Pedro Antonio de los Santos. Ambos fueron candidatos a la gubernatura, aunque de los Santos (y con él López Velarde) se sumó a Cepeda que, al llegar a gobernador, en vez de gobernar con sus aliados, se rodeó de porfiristas. (El Lic. Santos, a diferencia del Lic. López, sí llegó a diputado. Volvió a tomar las armas después del cuartelazo y murió fusilado.)

1913. El asesinato de Madero era lo único que le faltaba. El 7 de febrero publica un artículo contra el gobernador de San Luis: será el último de su pluma política. El 9 de febrero empieza la Decena Trágica. Deprimido, vuelve a San Luis. Escribe prosas líricas sobre amores imposibles. Siente la injusticia al poeta que es "una cumbre, por más que haya vivido entre nosotros familiarmente": pide una estatua para Manuel José Othón, cuyos pasos parece haber seguido.

Ambos fueron primogénitos, destacaron por su inteligencia y buenas calificaciones desde la primaria, estudiaron en un seminario, se graduaron como abogados a los 23 años en el Instituto Científico y Literario de San Luis, perdieron a su padre (llamado José Guadalupe) en esa etapa de la vida (Othón al terminar la carrera, López Velarde al empezarla), ejercieron su profesión en pueblos de San Luis y sin embargo tuvieron acceso a las publicaciones de más prestigio nacional, viajaron a la capital, hicieron relaciones con gente de letras importante y con aspirantes a la presidencia de la república (Bernardo Reyes fue mecenas de Othón, Madero no supo serlo de López Velarde), tuvieron puestos docentes y ambiciones políticas: además de jueces y funcionarios menores, uno fue diputado y el otro candidato a serlo, aunque suplente y perdedor. Ambos vivieron zozobras económicas, y buscaron fuera de San Luis mejores oportunidades, sin llegar muy lejos. Tampoco llegaron a viejos: Othón murió a los 48 años, López Velarde a los 33. A pesar de lo cual, llegaron con sus huesos a la Rotonda de los Hombres Ilustres. A Othón le fue mejor (en vida), en parte porque tuvo más tiempo. Pero a los 33 ya estaba en la Academia, gracias al celebrado "Himno de los bosques". Quizá "La suave patria", otro himno del paisaje publicado también a los 33, hubiera tenido el mismo efecto. Pero López Velarde murió por esos días. Fue precisamente entonces cuando, por fin, la Revolución le hizo justicia, con "un suntuoso entierro, por cuenta del gobierno" (y tres días de luto en la Cámara de Diputados) que dispararon la cargada crítica a su favor y lo llevaron de inmediato al santoral revolucionario.

Othón había muerto en San Luis en 1906, poco antes de publicar "En el desierto. Idilio salvaje". A los méritos de este poema, hay que añadir el haber hecho avanzar la cultura católica, entonces presidida por el obispo de San Luis: Ignacio Montes de Oca ("Ipandro Acaico"). Sus versos finales parecen un programa de investigación para López Velarde:

> *...qué pavor en la conciencia*
> *y qué horrible disgusto de mí mismo!*

No hay que olvidar que la literatura católica (como luego el realismo socialista) no tematizaba la mala conciencia sino desde la buena, distanciándose netamente de cualquier identificación con el yo pecador, a menos que éste fuera la voz de la autocrítica, y siempre, naturalmente, sin detenerse más que lo indispensable en la experiencia prohibida. Todavía no hace mucho se discutía en París si era posible ser católico y novelista (como se discutió si era posible estar a favor de las buenas causas, sin faltar a la verdad que las deja mal paradas). El claroscuro de la conciencia y de la realidad no era tematizable: había que reducirlo a blanco y negro.

Naturalmente, el modernismo ya tenía esa conciencia cómplice, pero no los llamados "clásicos" o "neoclásicos": los poetas bien vistos por la cultura católica, cuya capital era entonces San Luis, donde esta tradición poética (que empieza con José Joaquín Pesado) termina. Ahí muere Othón en 1906. De ahí se va Montes de Oca en 1914, a morir en el extranjero, después de que los carrancistas atropellan y saquean su palacio episcopal, su biblioteca, su colección de arte. Joaquín Arcadio Pagaza muere en 1918 (en Jalapa: otro cierre simbólico, si se quiere, porque Pesado surge de tierra veracruzana).

López Velarde se educó en esa tradición católica, conservadora, de mucha disciplina y oficio, paisajista. La abandona sobre todo en esto último, inspirado en Othón, que la cultivó, pero del cual admira al "parnasiano que gusta del verbo bravo y rotundo y al artista que padece los males del día". Como si leyera en Othón lo que le seguía, después de la exploración de los bosques, las estepas y el desierto: la exploración del paisaje íntimo. (Otro católico, Carlos Pellicer, renovaría de manera insólita, vanguardista, la tradición del paisaje externo.)

El primer poema conocido de López Velarde, escrito a los diecisiete años, se llama "A un imposible" y habla de que él renuncia (a su "pasión risible") y se aleja; ella muere y él guarda "los marchitos azahares". A los veinticinco años, al volver derrotado a San Luis, quizá también su aventura política le pareció risible, pero no lo dice. Tampoco vuelve a su cargo de Venado. Publica una columna semanal (Renglones Líricos) en el *Eco de San Luis Potosí*, con un seudónimo significativo: Tristán (que además suena a tristón). Aunque de los textos se desprende que el tú no se refiere siempre a la misma Isolda, está claro que todas representan un amor imposible, visto con ojos un tanto necrofílicos.

En "Hoja de Otoño", ella tiene treinta años: "Mi soledad persigue la tuya inútilmente", busca "aligerarte el peso de los días grises y torvos de la primera cana". En "Hacia la luz", ella está enferma del corazón y su "frente ha de recibir el contacto de los gusanos en vez de la corona de azahar". En "Rosa de claustro", ella es una monja. En "El secreto", él está corroído "por el hábito del análisis": al tomar de la mano a la amada que su "fantasía decora con los más finos y etéreos hechizos", le ha pasado por la cabeza "la representación de los esqueletos colgados de un tornillo, por el cráneo, en las vitrinas de los colegios y museos". En "Dichosa miseria": "muchos románticos han gemido con sincera efusión al ver morir entre sus brazos a las idolatradas heroínas, pero junto con ese dolor habrán experimentado un gratísimo halago (...), como si éstas al morir les ofreciesen un presente de la más terrible emotividad. Así se goza al aspirar la última onda de perfume de una rosa agonizante."

En "Nuestra casa", que parece referirse precisamente a María, ella tiene "ojos grandes y contemplativos, como de doncella que sufre, y risa espontánea y un poquillo alocada, como de niña que se asoma a un jardín de ilusión" y él (que en este caso vive el otro extremo de la diferencia de edad) siente el afán proyecto de un hombre que quiere echar raíces, al doblar el cabo de los treinta. ¿Qué anhelaba? Algo que no se compadece con la sinceridad de mi pesimismo: la edificación de una casa". "Nuestra casa hubiera sido un edén, amiga que te consumes entre las palomas familiares, las macetas rústicas y el son de las esquilas que te llaman a misa y a los rosarios vespertinos." Pero hay que "Arrancar los efectos con mano implacable, como se arrancan las tallos de las plantas débiles con guantelete de hierro"...

En los primeros días de 1914, el mismo año en que monseñor Montes de Oca se va a Roma, el licenciado López Velarde se va definitivamente a la capital, todavía tan obligado con María, como para escribirle de inmediato (11 I 14): "Querida amiga: ayer en la noche llegué a ésta, donde me hallo a sus órdenes en la avenida Jalisco, número 71. No me ha abandonado el recuerdo de sus atractivos espirituales y de sus extraños ojos, cuya belleza singular me ha dado una de las impresiones más gratas de mi juventud. Espero que usted, por su parte, se dignará conservar cariñosamente mi recuerdo, aunque sea el de un amigo un poco triste que ha pronunciado palabras melancólicas al oído de usted. Perdóneme estos renglones fúnebres, piense en mí y hágame justicia al ver cómo cumplo la promesa que en la última noche que hablamos le empeñé de escribirle inmediatamente. Creo que sus letras no tardarán. Su amigo que la quiere por la bondad de su alma y por el azul de sus pupilas."

La carta (única salvada de una larga correspondencia de 1912 a 1921) y gran parte de la información se deben al poeta y crítico potosino Luis Noyola Vázquez, que habló con María y otros protagonistas de esta historia, investigó en archivos parroquiales y estudió la literatura probablemente leída por López Velarde. Para esta sección, aproveché ampliamente *Las fuentes de Fuensanta*, Departamento de Bellas Artes del Gobierno del Estado de Jalisco, 1975. También, naturalmente, la excelente edición, cronología, índices y notas de las *Obras* de Ramón López Velarde, preparadas por José Luis Martínez, Fondo de Cultura Económica, 1971.

La sección que sigue está tomada de dos capítulos de Noyola ("Génesis de un poema" y "El duro presagio de María"). Hay ciertas contradicciones cronológicas de los informantes. López Velarde no puede hablar de la "reciente muerte de su padre", ocurrida en 1908, la tarde que rompe con María. Esa tarde no puede ser "la última noche que hablamos" de la carta a María: el 10 de enero de 1914; menos aún si esa tarde López Velarde habla del encumbramiento de su amigo Pedro Antonio de los Santos (arrestado con Madero durante la Decena Trágica). Sin embargo, más adelante, en un pasaje no reproducido, resulta que antes de tomar el tren López Velarde visita "la redacción de *El Eco de San Luis*, diario del que eran responsables" (él y Vera) y "dio una última ojeada a su postrer artículo", que es del 29 de diciembre de 1913. Por otra parte, si la ruptura se produce antes de la primera estancia larga en México, el noviazgo dura unos cuantos meses: cuando mucho de diciembre de 1911 a principios de 1912. Todo lo cual hace pensar que Vera (único posible informante sobre la escena de la ruptura) combinó recuerdos de distintos momentos.

(Dicho sea entre paréntesis: los jóvenes licenciados y compañeros de escuela Melchor Vera y Pedro Antonio de los Santos, según me informa el profesor Noyola, eran la personificación misma de un "católico de Pedro el Ermitaño" y un "jacobino de época terciaria", respectivamente. Y una de las profundas dualidades de López Velarde era ser íntimo de ambos y comprender que pudieran odiarse "con buena fe", como dijo en "La bizarra capital de mi estado".)

Quizá la cronología es la siguiente. López Velarde se enamora de ella como estudiante, de lejos, sin tratarla, entre 1908 y 1911, cuando ella no tiene más que catorce años y él entre veinte y veintitrés. Empieza a cortejarla en diciembre de 1911. Rompen cuando se va definitivamente a la capital, el 10 de enero de 1914. El noviazgo dura dos años. La relación siete años más. En abril de 1921, se ven por última vez: Ramón se siente todavía tan ligado y obligado como para viajar a San Luis a darle el pésame por la muerte de su padre. No es inconcebible que en ese momento se haya sentido responsable de ella, que (según los criterios provincianos de entonces) ya iba para señorita quedada (tendría unos veinticuatro-veintisiete años). También es posible que se viera en ella: como solterón, que iba para los treinta y tres, sin sentar cabeza, ni haber logrado una posición, incapaz de asumir responsabilidades paternas, edificar una casa y "echar raíces, al doblar el cabo de los treinta", inmaduro como se pinta en el poema "Treinta y tres": La edad del Cristo azul se me acongoja, yo querría gustar del caldo de habas, alcanzar la plenitud de cerebro y corazón, pero me asfixia una dualidad funesta que me impide integrarme; no puedo renunciar al sexo ni asumir sus responsabilidades.

Tampoco es inconcebible que el desamparo de ella, el ánimo responsable de él y su desánimo ante la realidad, lo hayan debilitado para resistir el enfriamiento nocturno (mal abrigado por las calles de Jalisco, hoy Alvaro Obregón): la neumonía, la pleuresía, la asfixia que lo mató dos meses después del viaje a verla y cuatro días después de haber cumplido treinta y tres años.

Hilo que dejo suelto, porque no acabé de investigarlo y por si algún lector me puede informar: Quizá estaba sin nada, y el viaje a San Luis fue también para ver si había algo, regresivo de varias maneras (María, San Luis, el *alma mater*). En todo caso, un trasfondo agravante del último año de su vida, fue la tragedia carrancista, que seguramente vivió como una repetición (nacional, personal) de la maderista. De estudiante, había conocido a Manuel Aguirre Berlanga, compañero de leyes y hasta de casa de asistencia, que luego fue diputado de aquella legislatura coahuilense que "autorizó" al gobernador Carranza para levantarse en armas, el mismo día del golpe contra Madero. Aguirre Berlanga destacó durante la insurrección, fue transitoriamente gobernador de Jalisco, diputado del congreso constituyente de 1916-1917 y finalmente secretario de gobernación del presidente Carranza: desde 1917 hasta el 21 de mayo de 1920, cuando el presidente muere acorralado, después del levantamiento de Obregón. Con el carrancismo, parecía que López Velarde, por fin, iba a hacerla: triunfaba nuevamente la revolución, quedaba nuevamente del lado bueno, y esta vez con mayores esperanzas. Empezaba a tener cierto renombre. Había puesto un despacho en Madero 1 (dirección por demás significativa) con Francisco del Campo (también compañero de leyes y de casa). Como si fuera poco, se volvió secretario particular de su amigo el secretario de gobernación, hasta que el ascenso desembocó en tragedia. La repetición: "Siempre que inicio un vuelo por encima de todo, un demonio sarcástico maúlla y me devuelve al lodo."

Aguirre Berlanga, que acompañó a Carranza en la huida y durmió en su jacal la noche de Tlaxcalaltongo, aunque salió ileso, quedó como perturbado. López Velarde, que seguramente lo trató después, vivió así intensamente la tragedia: por contagio amistoso y por las consecuencias. Hipótesis excesiva, pero no descabellada: el mismo golpe que derribó a Carranza se llevó de paso a López Velarde. Por lo cual resulta irónico o maquiavélico (sabiduría "revolucionaria institucional") que haya sido el golpista precisamente quien decretara su consagración oficial.

3. Génesis de un poema

"Al concluir su carrera y optar el consiguiente título fue nombrado Juez de Primera Instancia en el partido judicial de Venado. Después de algunos meses, solicita licencia y se dirige a la ciudad de México, desde donde envía la primera misiva a María Nevares, la mujer que había de ser el segundo y más humano de sus amores. El primero, bien se sabe que fue Josefa de los Ríos, a quien impuso el poético nombre de "Fuensanta", tal vez recordando un poco a la heroína de *El loco Dios* de Echegaray. Pero es importante recalcar que ese nombre sólo figura en el primero de sus libros. En *Zozobra* no vuelve a aparecer y es sustituido por estos: María, Magdalena, Mireya, Genoveva... Finalmente, en *El son del corazón* desaparece todo vestigio de nombres

del santoral católico y sólo se menciona a Ligia y a Zoraida, como símbolos, y evidentemente sin ninguna relación con mujeres reales y verdaderas. El tono amatorio se vuelve impersonal y únicamente se hace referencia fetichista a objetos del vestuario femenino tales como guantes, trajes y sombreros. Esto es, una completa "deshumanización del Arte".

Concretando la atención a las mujeres que aparecen en *Zozobra*, la figura que destaca más netamente es la de María Magdalena Nevares Cázares, que recuerda a aquella doña Marta de Nevares, segundo gran amor de Lope de Vega e inspiradora de la mejor y mayor parte de las canciones amatorias del Fénix español. A María Nevares se dirige indistintamente con los nombres de María y Magdalena. López Velarde conoció a María en la casa del senador porfirista don Francisco Albíztegui, en San Angel, D.F., por presentación que le hizo el entonces pasante de leyes don Manuel Gómez Morín, en diciembre de 1911. Ramón quedó vivamente impresionado por los extraños ojos de aquella muchacha, con quien había de tener una muy larga correspondencia que abarca desde el año de 1912 hasta el de 1921 en que murió el poeta. Todavía en abril, Ramón emprendió viaje a San Luis para expresar a la señorita Nevares su condolencia por la muerte de su señor padre. Ella por su parte continúa fiel a la memoria de su poeta.

Cuando hizo conocimiento con María Nevares se encontraba un tanto deprimido a causa de no haber obtenido un puesto judicial que ambicionaba en la capital de la república, y al que se juzgaba con derecho, ya que como se sabe, fue uno de los defensores del señor Madero, cuando éste estuvo preso por el delito de sedición en la penitenciaría de San Luis Potosí. "Al triunfo de la causa", López Velarde se entrevista con el Jefe de la Revolución y éste le envía con su Ministro de Justicia para que le emplee. El licenciado Vázquez Tagle le ofrece un puesto de ínfima categoría, actuario o cosa por el estilo, que el poeta rechaza, y tiene que volverse a su juzgado de la aldea potosina. Por los mismos días vuelve María Nevares a San Luis Potosí, y López Velarde da principio al cortejo. Le expresa una afección vehemente en la que ella no cree, de momento. El le habla de sus deseos de gloria y fortuna, le promete la felicidad y se vuelve a México para seguir luchando, ahora como postulante, asociado al bufete de don Eduardo J. Correa, y como periodista en *La Nación*, órgano del partido católico que dirige el mismo abogado aguascalentense. El poeta lleva consigo todos los poemas de *La sangre devota*, cuya publicación estaba proyectada en el año de 1910, en la imprenta del periódico *El Regional* de Guadalajara, del que era director el licenciado Correa. Al abandonar éste la dirección del periódico, se frustró el proyecto. En el número dedicado a honrar la memoria del poeta jerezano por la revista *México en el Arte*, publiqué sumarias apuntaciones sobre dicha edición nonata, que precedieron a su reproducción fragmentaria en facsímile. Anuncié entonces que al conocerse la correspondencia de López Velarde con su amada del Potosí, se formaría cabal idea del López Velarde natural y humano, realista, como dicen los locos de hoy. Sus amores ideales con Fuensanta hacían crisis por entonces, al dar paso la adolescencia a la juventud. Es ya otra la voz del cantor. Es "partitura del íntimo decoro", no ya el compás de las misas de Eslava oídas en provincia, con ecos de González Blanco y reminiscencias

del teatro de Echegaray. Ahora busca personalizarse. Todos los poemas de *Zozobra* revelan ese estado de vacilaciones y de inquietud psicológica de quien intenta emitir una voz no vulgar ni el eco de voces anteriores. Es natural que en cada una de las fases de su desarrollo literario el jerezano reflejara las inquietudes mentales, y sobre todo estéticas que tenían prevalencia en cada una de ellas. Por eso no es de extrañar que el teatro dejara también su huella fascinadora. La carreta de Tespis hundía sus ruedas morosamente en los campos áticos lodosos de lluvia fertilizante, mucho antes de que las trojes estuvieran colmadas y los lagares reventasen de mosto. En sus días de la provincia potosina el Teatro de la Paz era emporio de espectáculos escogidos, juegos florales, ópera, buena zarzuela y sobre todo comedia, esa comedia española de Echegaray y Zorrilla, a quienes fue tan deudora la dramaturgia othoniana. Entre las compañías que visitaron San Luis se distinguió especialmente la de Tomás Borrás, en cuyo repertorio figuraba *El loco Dios*. El conflicto medular que representa este raro drama en cuatro actos es muy semejante al que por entonces vivía nuestro poeta: demostrar a la amada, madura y pudiente, la autenticidad de una pasión en la que los villanos de la farsa creían descubrir sólo el mezquino interés económico. Se trataba, en ambos casos, de un joven abogado provinciano y pobre, pretensor de un cariño en consonancia con el suyo, sincero y contrariado por el medio hostil. En drama alguno de Echegaray el desborde lírico es mayor.

"Fuente, que aunque de la tierra impura brotas, eres santa"...

Y la eterna oposición del diablo con el símbolo cristiano:

"Cuando la miro a usted el resto del universo me sobra, me molesta, me pone frenético. ¡Ruido que rompe la armonía, fealdad que embadurna la hermosura, el diablo ridículo, más mono que diablo, que se me pone a hacer gestos delante de la cruz y no me deja verla!"

Y el planteo tajante que elude lo crematístico en busca de la igualdad amatoria: "Usted es rica, yo no lo soy. Voy a buscar la riqueza y cuando vuelva poderoso, ya no tendrá usted para qué atormentar su espíritu con cavilaciones indignas de usted y de mí".

A la tertulia literaria que a diario presidía el abarrotero Facundo Venegas, en su almacén de la calle de Iturbide en San Luis, se presentó aquella vez Ramón López Velarde, un tanto abatido. Rechazó la copa de Marie Brizard que el ibero le ofrecía, y estrechado por el afectuoso cerco de preguntas de su inseparable camarada Melchor Vera, contestó con metáfora eléctrica, "que traía poco voltaje por la proximidad de su salida para la capital". Luego se dedicó a escuchar los versos de "El Mago" Medellín Espinosa, que increpaban a una elusiva potosina:

No eres tú la soñada. La soñada tenía
como ninguna otra, piadoso el corazón,
la soñada era dulce como una melodía
y tú eres implacable como una maldición.

Acodados en el mostrador, otros citaredas del parnaso local, esperaban su turno: Jorge Adalberto Vázquez, en cuyos espejuelos se refractaba la luz meridiana; Alfonso Zepeda

Winkfield, de corrosivas ironías; Agustín Vera, Pancho Sustaita.

Instado a decir algo, Ramón extrajo del bolsillo unos desmayados versos que concluían:

... el campanero y yo somos amigos.

El sopor ofidio de las cuatro de la tarde deglutió aunque sin masticarlo, aquel poema. Poco después, se despidió para poner un telegrama a su familia, que residía en México, en una casa de la avenida Jalisco, colonia Roma, anunciándole que llegaría al día siguiente. Al salir del telégrafo, pidió a Melchor Vera que le acompañase a la estación del ferrocarril a comprar su boleto para México. De paso, se despediría de su novia María Nevares, cuya casa estaba frontera a la terminal ferroviaria.

En el camino hizo comentarios sobre el triunfo del maderismo, el encumbramiento de su amigo Pedro Antonio Santos (con el cual había colaborado en la defensa del Apóstol y a quien acompañó a la estación unos pocos días antes), sobre la reciente muerte de su padre en Aguascalientes, etc. Al acercarse a las ventanas de María, que miraban al poniente, ésta hizo reverberar su espejo contra la lumbre vesperal, lanzando sobre su novio la burlona agresión del "cardillo". Por su parte el poeta introdujo la mano en la bolsa, con ademán amenazante de sacar un revólver, y mostró un gran salero de cristal azul, de color muy semejante al de los ojos de su amada. Melchor Vera se detuvo a conveniente distancia de los inminentes arrumacos.

El diálogo fue corto y al terminarse, las ventanas se cerraron, acusando en el fruncimiento de sus visillos la caída

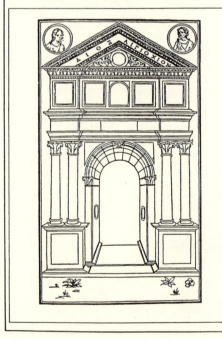

del telón y en la contracción pudorosa de los obligados caracoles, la clausura de un sueño virginal.

Al ver el rostro demudado de su amigo, le preguntó Vera:

—¿Qué te sucede, Ramón?

—Hemos terminado.

Luego le explicó que María se mostraba dudosa acerca de la duración de su afecto, una vez incorporado al vivir metropolitano, según ella pródigo en tentaciones. Se mostró informada de sus galanteos a Teresa Toranzo, una tendera ojizarca de El Venado, cuando estuvo allá de juez. No ignoraba tampoco que "hacía el oso" a Genoveva Ramos Barrera, pendiente de cuyo piano pasaba las horas en una de "Las Nueve Esquinas". ¿Y aquella especie de amistad amorosa con las homónimas Susanas Jiménez, una de San Luis y otra de Jerez, con las que se carteaba? Y si eso era en ciudades chicas y pueblos rabones, ¿qué no sucedería en "un México"?

—Ante información tan erudita, te confieso, Melchor, que me sentí confuso. Pero aún no me reponía de la sorpresa, cuando me enrostró aquella frase, creo que de Heine, sobre que los poetas somos el primer amor de muchas y el último de ninguna, y que para mi mal le cité yo mismo alguna vez. En fin, que ojalá no le dé Dios labios de profetisa."

4. Una entrevista medio siglo después

No hay que ser adivino para ver que el primer amor de María (y aparentemente el único) le plantó "aquella frase". Pero el joven y caballeroso licenciado López nunca haría gala de esa técnica, como Kierkegaard, que la explica en el *Diario de un seductor*: cómo le plantó a su prometida la iniciativa de romper con él.

En la mejor tradición provinciana, María se quedó para vestir santos hasta los ochenta años (¿1895-1975?). En 1971 fue entrevistada por el poeta, crítico y sacerdote potosino Joaquín Antonio Peñalosa, que publicó la entrevista en *El Sol de San Luis* (26 I 71). El texto (de sus *Páginas escogidas*, Universidad Autónoma de San Luis Potosí, 1983) es el siguiente:

—Pase, pase, me siento feliz de verlo a usted. Yo era amiga de su mamá. Nos veíamos todos los días en misa de siete en La Compañía. Siéntese. Cómo quiere que esté. Con la pena de mi hermana Patrocinio que murió hace tres meses, se me olvidan las cosas. Vivo sola. Mire, por esa puerta me comunico a la casa de mi cuñada. Mis vecinos son muy buenos. El sastre, el relojero, los pintores de enfrente, las señoritas que venden estambre, el padre Ortega que viene a verme seguido. Pero estos ochenta años, casi... Sí fuma, fume usted. Déjeme quitarle esos prendedores de la mesa. A mí siempre me gustaron las composturas.

La señorita María Magdalena Nevares Cázares vive en la calle Julián de los Reyes 345, en la zona comercial de San Luis Potosí.

El zaguán, las macetas con camelias rojas, las camelias blancas, ay, se secaron. Las alacenas de cedro del comedor, la vajilla japonesa, los pocillos de porcelana, el viejo reloj parado. En la antesala, un biombo de terciopelo negro pintado por las manos de Mariquita, dos libreros rinconeros por donde se asoman el *Año Cristiano* y los versos de López Velarde. Me gustaba tanto leer de muchacha. Mire, aquí está mi retrato cuando tenía unos quince años, muy chirisca, siempre fui de pelo rizado, ahora ni el recuerdo, lo tengo blanco, nunca me he pintado las canas, ni las primeras. Todos mis muebles son antiguos. El piano color caoba con la cubierta adornada de flores que también ella pintó, hace tantos años. La máquina Singer. La cama de alto cabezal. Soy muy devota del Sagrado Corazón, lo tengo en todas las piezas. Este Crucifijo, me lo trajé de Chihuahua. Un cristo lleno de blancura y de dolor, como las camelias marchitas del patio.

—No, no soy potosina. Soy de la Sierra Madre de Chihuahua, de Guadalupe y Calvo, ahí había casa de moneda. Pero me vine muy chica a San Luis. No más considere. Adopté a dos niñas, que son mis hijas, se casaron. Buenas como usted no se lo imagina. Sus niños me dicen abu.

Ramón López Velarde amó a esta dulce ancianita, blanca y fina como las camelias, entre azules y verdes los ojos inusitados de sulfato de cobre que el poeta evoca en su libro *Zozobra*, llamándola a veces Magdalena, a veces María.

—Tendría 14 años cuando conocí a Ramón. Aquí en la Plaza de Armas de San Luis Potosí. Vivíamos por la Estación del Ferrocarril, por el Exprés, ahí tenía mi papá una tienda y teníamos casa propia. Me trajeron a dar la vuelta a la Plaza, de haber sido mi mamá, porque mi hermana no: nos traía mi mamá. Entonces ponían sillas, había música desde temprano. Serían como las cuatro de la tarde. Porque, noche, no nos dejaban andar en la Plaza. Mi madre se llamaba Florencia y mi padre José María. Ahí me conoció Ramón en la Plaza. Eran los paseos de entonces. Luego se quedó viéndome. No platicamos. No más nos vimos.

—Bueno, Mariquita, ¿usted fue novia de Ramón?

—Muchachadas: Así eran los noviazgos de entonces.

—¿La visitaba Ramón?

—Una vez me mandó regalar flores con un muchachito. Nunca me escribió con versos. Cartas, sí. Serían unas cinco o seis. (En realidad la correspondencia abarcó desde 1912 hasta 1921). Rompí las cartas hace mucho tiempo. Yo dije, para qué las guardo. Cosas de juventud. Eran cartas breves. Yo siempre las contestaba, no trataba con respeto, él era un hombre muy ilustrado. Era muy platicador, me visitaba con mucho respeto. Trataba con mucha seriedad. Era muy inteligente. Mucho. Platicábamos. Qué seré, me decía, yo te quiero y se lo he dicho a mis familiares. Bueno, no al principio, sino cuando ya me empezó a hablar de tú.

—Oiga, Mariquita, ¿y por qué cree que Ramón se fijó en usted?

—Cantaba, me gustaba la música, la pintura, de todo tomé clase. Mi papá me compró ese piano que está en la sala. Mire, esas pinturas son mías. Ese cuadro al óleo con flores. Las señoritas Cabrera me dieron clase de pintura. Ramón siempre elogiaba mis ojos. El decía que eran azules, pero mi papá decía que eran verdes, de gato.

—¿Y qué pasó cuando Ramón se fue de San Luis Potosí a México?

—Yo viajaba mucho a México. Iba a casa de mi tía Donaciana, le decía Chanita, ella se apellidaba Nevares de Albíztegui. Mi tía era muy sociable, era de las familias que figuraban. Tenían su casa en San Angel, cerca del templo del Carmen, una huerta muy bonita. Ramón vivía también en San Angel. Un día salí y Ramón se fue detrás de mí. Salió mi tía al balcón. Oye, quién es ese joven sino que venía detrás de ti. Es un joven que se llama Ramón López Velarde. Ramón pasaba seguido frente a la casa. Una vez mi tía le preguntó a Manuel, su hijo. Este que pasa y pasa, quién es. Es un amigo, él conoce a María desde San Luis y quiero presentártelo. El la quiere. Pásalo. Ya entró, ya pasó. Mi tía vio que se trataba de un hombre serio. Esto sería como en diciembre de 1911. A mi tía también le gustaba el canto, tocaba el piano y el arpa. Un piano grande del año del caldo. Viajaba seguido a Europa.

—¿Conserva algún otro recuerdo?

—Los dueños de un hotel de la calle Isabel la Católica, invitaron a comer a mis tíos. Como Ramón supo que yo iba a ir,

se hizo de una tarjeta y se fue a comer, aunque no le tocó mesa, había mucha gente, pero platicamos.

—¿Cómo era Ramón, Mariquita, qué imagen guarda de él?

—Alto, delgado, le diré a usted, un joven, sano, a mí se me hacía muy guapo. Ramón era muy estudioso. Era más bien serio, que anduviera con risas no, era muy formal. Religioso, cómo no, de muy bonitas ideas, un hombre que le gustaba todo lo bueno, menos yo. Siempre me di a respetar para darle a conocer mi carácter. Su voz, era una voz de un joven educado, y su conversación muy agradable. Una vez me dijo, por qué será que te quiero y tengo tus ojos toda la vida en el cerebro y no te dejas ver.

Mariquita, apoyada en su bastón, agachadita de años, los ojos húmedos de luto, me abre la puerta.

—No deje de volver.

Yo abro las poesías de Ramón López Velarde por donde ella cruza, juvenil y altiva, mientras el poeta le pide: "No me condenes".

> *Yo tuve, en tierra adentro, una novia muy pobre:*
> *ojos inusitados de sulfato de cobre.*
> *Llamábase María; vivía en un suburbio,*
> *y no hubo entre nosotros ni sombra de disturbio(...)*
> *El reloj de su sala desgajaba las ocho;*
> *era diciembre, y yo departía con ella*
> *bajo la limpidez glacial de cada estrella.*

(Pero, Ramón. Si María no era pobre. Las rimas, como algunas novias, suelen ser difíciles...)

5. El llanto del verdugo

Fue esa última frase del padre Peñalosa la que me puso a investigar, hasta que acabé armando esto. ¿Cómo era posible? La famosa "novia muy pobre" ¿no era pobre? "Era la típica 'señorita educada' de aquellas calendas", me escribe el padre Peñalosa. (Que también me dice: "El Lic. Vicente Gómez Sologuren, que fue maestro en leyes de López Velarde, me contaba que muchas muchachas potosinas andaban a caza del inatrapable y apuesto poeta.") María, según me informa el profesor Noyola, era hija de un minero chihuahuense que había hecho dinero y emigrado a San Luis. Por eso se había extrañado y molestado de verse convertida en la "novia muy pobre" de Ramón, cuando la verdad era otra: el pobre era Ramón.

¿Por qué lo hizo? No por molestarla, evidentemente; era todo un caballero, la quería bien y hasta se sentía culpable de haberla ilusionado. Tampoco por salir del paso en una relación difícil: le encantaba darse el lujo de resolverlas con gracia inusitada. Tenía que haber más, una verdad profunda detrás de esa mentira biográfica (que biográficamente era un problema: ella se iba a molestar). Según me parece finalmente, la única explicación posible del adjetivo "pobre" es que lo exige internamente el poema, como discurso de una mala conciencia trepadora.

López Velarde invierte la situación real, y no para hacerla encajar en el mito romántico, donde encaja perfectamente (ella una joven de buenas familias, él un joven trovador que todavía no tiene nada que ofrecerle), sino para invertir el mito (ella no tiene nada que ofrecerle, el joven trovador aspira a más). Esta inversión expresa una conciencia moderna: una autocrítica del trovador/trepador. Isolda no es la prometida del rey, inalcanzable para el trovador: es la prometida del trovador que le impide ser rey. Tristán se identifica con ella como víctima, y llora, pero no se engaña: él mismo es el verdugo que separa a la pareja.

La supuesta pobreza de María está exigida por la inversión del mito. Es congruente con el resto del poema, donde María es la víctima de un abandono, que suscita sentimientos de culpa. El problema de López Velarde es que no puede asumir la figura de los antiguos trovadores: está corroído "por el hábito del análisis", tiene una lucidez cruel que le impide engañarse. No puede culpar a Dios, el destino, la sociedad, del No que impide la pareja. No puede decir: me voy a destruir las barreras que nos separan, me voy a conquistar el mundo para merecerte, porque sabe que no es cierto. Por eso invierte la realidad y el mito romántico. La pobre de María lo es como parte mutilada de una pareja posible, como la parte que se queda, en vez de ir a su plenitud.

Nada externo impedía la pareja, sino las ambiciones del joven provinciano: los silbatos febriles del progreso, las campanadas centífugas que lo llamaban a la capital. Y ¿qué noviazgo puede ser duradero entre esos pérfidos silbatos? ¿Quién, que pueda escribir como nadie, va a dejar que se le vaya el tren, para quedarse a departir con ella, bajo la limpidez glacial de cada estrella?

El patetismo del poema está en los sentimientos de culpa que nos hace compartir, hoy que parece un derecho (y hasta un deber) la más alta realización de uno, a costa de quien sea. Nos identificamos con el personaje que va en el tren del progreso con la cara vuelta hacia atrás: llorando todo lo que dejó, pero sin engañarse, sabiéndose el verdugo de aquella señorita que se quedó soltera.

Allen W. Philips (*Ramón López Velarde, el poeta y el prosita*, INBA, 1962) ha señalado la afinidad de "No me condenes" con "Mi pecado". En apoyo de esta observación (aunque María no fue la segunda hija de un notario), habría que señalar no sólo la vehemencia autocrítica de ambos textos, sino la forma de tratar el mal y la mala conciencia:

Por zurdo cálculo me acerqué a la segunda de las hijas de aquel notario. Desde la siniestra imparcialidad con que estoy mirándola, me confieso traidor, egoísta y necio. En las efemérides de mi flaqueza, es ella, en realidad, mi único pecado.

La aproveché mientras duró la comodidad de mi conciencia. Al sentirme incómodo, la saqué del calor de mis entrañas y la solté sobre el invierno. Casi no se quejó. Lancé su corazón con la ceguera desalmada con que los niños lanzan el trompo. Hoy, castigándome la cuerda los dedos, la dignidad de su martirio me echa en cara la más hueca de mis faltas.

Me faltó personalidad. De la interferencia de nuestras vidas, salí deshonrado. A partir de entonces hay alguien que puede hablarme de arriba a abajo. En el sol y en las estrellas he indagado por una reparación, no ante ella, que quizá me despreciaría, sino ante mí mismo. Mas la noche y el día me esconden el emblema de la expiación.

Viejo pecado, que en este instante rezarás o coserás: si eres expiable, te ofrezco mi voluntad de permanecer inferior a ti. Quiero hablarte siempre desde abajo. Mi iniquidad rayó tu horóscopo diamantino con una estría de duelo. Viejo pecado, qué en este instante cantarás dentro del vaho de la tarde lluviosa: conserva en rehenes mi deshonor.

En ambos textos hay una confesión, no a ella sino, digamos, al público, que se interrumpe en un final patético dirigido a

ella. En ambos, hay una mala conciencia que resulta doble: la primaria, que pudiéramos llamar autobiográfica, y otra que surge frente a la primera y que pudiéramos llamar poética. Pero no se trata simplemente de que en la primera parte hable una conciencia y en la segunda otra. Las dos están presentes de principio a fin de los textos, aunque en la primera parte contraponen y en la segunda suman sus presencias.

En el poema, contrasta el patetismo del culpable con la gratuidad y aun banalidad del mal: él la abandona, aunque "no hubo entre nosotros ni sombra de disturbio". En el prosema, él la contempla desde una "siniestra imparcialidad". Que la imparcialidad sea siniestra parece extraño; también que el abandono carezca de motivo y sin embargo estremezca. (Sin hablar de lo más extraño para una conciencia convencional: él se siente culpabilísimo por haberla ilusionado, en una relación que no pasó del noviazgo respetuoso.)

En la primera parte del poema, la confesión tiene cierto regodeo de Don Juan situado en la superioridad de la capital ("tierra adentro"), que habla como el superviviente ("Llamábase", "vivía") de una aventura provinciana, quizá ante otros compañeros de copas, con un dejo burlón (noviazgo entre campanadas y silbatos) y folclórico (el gendarme; se veían, naturalmente, ventana de por medio). Pero la voz se quiebra. Habla de pronto para sí misma y luego ante la pobre que se quedó escuchando los silbatos del tren que no tomó.

La segunda mala conciencia está implícita en el tono de la confesión. Pinta a la primera como diciéndole en el confesionario: Hijo, ¿vienes a confesarte o vienes a presumir? Es la mala conciencia de tematizar la mala conciencia. Hasta en esta confesión de abandono, la abandonas: la sacrificas nuevamente a tu vocación de escribir, la conviertes en materia prima de un poema, la dejas allá tematizada para siempre, convertida en objeto. Hablas de ella como si hubiera muerto, como si estuvieran en el limbó y, sin embargo, en el momento de escribir el poema (1916), ella tenía veinte años o poco más, estaba a unos cientos de kilómetros, tocaba el piano, cantaba, pintaba, tenía unos ojos preciosos, contestaba todas tus cartas y estaba puestísima: le hubiera encantado ser la señora López Velarde.

Por eso es siniestra la "imparcialidad con que estoy mirándola". Es como la imparcialidad de un fotógrafo que tematiza su naufragio, y pasa a la inmortalidad, fotografiando la mano que no alcanzó a subir al bote, mientras él ocupaba las suyas en fotografiarla.

En "Algo sobre la muerte del mayor Sabines", después de escribir:

De las nueve de la noche en adelante,
viendo la televisión y conversando
estoy esperando la muerte de mi padre.

Jaime Sabines introduce una segunda voz que dice entre paréntesis:

(Me avergüenzo de mí hasta los pelos
por tratar de escribir estas cosas.
¡Maldito el que crea que esto es un poema!)

Este quiebre de voz no es tan explícito en López Velarde, pero convierte en tema el mismo malestar: el malestar de convertir al otro en tema, con siniestra imparcialidad. En el poema de Sabines, la segunda conciencia entra como un aparte teatral que se dirige al público. En los textos de López Velarde, el quiebre desemboca en hablarle de tú al tema, como si así fuera posible negar que ella está ahora convertida en objeto. Pero no se engaña. Sabe que el texto no repara el daño: lo perpetúa. La mala conciencia poética se suma a la mala conciencia biográfica, en vez de darle la absolución. Dirigiéndose a la víctima, acusándose, las dos malas conciencias entran en resonancia patética y se funden, como en un gran final de violín y piano.

Hay una solución parecida en el tema de los ojos, que volvió memorable del segundo alejandrino:

ojos inusitados de sulfato de cobre

Alfonso Méndez Plancarte (*El Universal*, 14 III 49) señaló la fuente en Amado Nervo (el primer verso del poema "Dominio", del libro *Serenidad*, 1914) (por cierto que María, según me dice el padre Peñalosa, era blanca pero no rubia, de pelo castaño oscuro, muy rizado):

Unos ojos verdes, color de sulfato de cobre;
unos rizos rubios, de pálido sol boreal.

Pero hay que hacer una referencia erudita para recordar estos versos, seguramente leídos por López Velarde: no están en la memoria de nadie, como los ojos de María. El primero, en particular, no tiene la redondez prosódica del alejandrino, y se toma quince sílabas para decir mucho menos que López Velarde en catorce. Este suprime *Unos*,

verdes, color (el 40% de las sílabas) a cambio de un adjetivo (*inusitados*) que lo cambia todo.

Aunque enemigo de explicar sus procedimientos, López Velarde dejó dicho cómo podía pasarse mucho tiempo buscando un adjetivo, guardar el poema como un crucigrama no resuelto, dejar en blanco el espacio para el adjetivo que buscaba. Así descubrió la *gota categórica*, que no sólo cae con perfección prosódica (go-go, ta-te, oa-oia) y exactitud perfecta, sino con perfección y exactitud categóricas: no puede haber otro adjetivo posible. La belleza es doble: hace entrar en resonancia la referencia a la gota que cae y la autorreferencia al adjetivo que cae con una música y exactitud que reproducen la gota.

El adjetivo *inusitados* tiene esa triple perfección. Suena muy bien, es muy exacto, pero además:

a) es inusitado,
b) se refiere a unos ojos de color inusitado
c) y también a una forma inusitada de llamar a ese color (sulfato de cobre).

Es decir: el adjetivo *inusitados* adjetiva unos ojos (digamos biográficos, b); adjetiva la conciencia (digamos poética, c) de tematizarlos; y en el mismo acto adjetiva su propio acto de presencia (es autorreferente, a). Hace entrar todo en resonancia: las sílabas resonantes, la exactitud, la conciencia de esa exactitud. Y como se refiere a unos ojos que enamoran y juzgan, lo que se queda en la memoria, después de patetismo, son esos ojos del amor imposible.•

Notas

Luis Noyola Vázquez nació el 24 de agosto de 1916 en San Luis Potosí. Estudió en la Escuela Nacional Preparatoria y en la Universidad Nacional (leyes, como su padre, que fue compañero de López Velarde; y como su abuelo, compañero de Othón). Fue funcionario público de su estado (1939-1944). Fundó y dirigió la revista *Letras Potosinas* (1942-1945). Desde 1950, es profesor de literatura. Publicó *Cancel* (poemas, 1946); *Fuentes de Fuensanta. La ascención de López Velarde* (1947, con prólogo de Enrique González Martínez; segunda edición aumentada, 1971; tercera, 1975); *Los cauces poéticos de Manuel José Othón* (1958 y 1962). Tiene inéditos *Periplo íntimo* (sonetos), *Ensayo biográfico de don Luis de la Rosa. Una centuria de política internacional de México, Estudio crítico sobre Concha Urquiza, Historia crítica de la literatura mexicana* y la recopilación de sus ensayos en *Letras Potosinas*. Algún editor debería pedirle una versión ampliada de sus *Fuentes de Fuensanta* para el centenario de López Velarde (1988).

Joaquín Antonio Peñalosa nació el 16 de agosto de 1923 en San Luis Potosí, donde fue ordenado sacerdote en 1947 y fundó el Hogar del Niño (que sigue a su cargo). Publicó la revista *Estilo* (1945-1959). Renovó la poesía católica con *Ejercicios para las bestezuelas de Dios* (1959) y otros libros recogidos en *Un minuto de silencio* (1966). Escribió el libreto de la última obra de Miguel Bernal Jiménez (La Pastorela, poema sinfónico, con ballet y poesía coral, sin estrenar). Doctorado en letras por la UNAM y académico de la lengua, ha sido sumamente productivo como investigador. Le debemos un cuaderno inédito de poemas adolescentes de Manuel José Othón (*Ensayos poéticos*), así como la mejor edición de su *Poesía completa* (Editorial Jus, 1974); además del estudio *José Manuel Othón, novelista olvidado*. Editó el *Epistolario de Ipandro Acaico* y el *Epistolario de Joaquín Arcadio Pagaza*. También ha publicado libros sobre los poetas Ignacio Montes de Oca, Ambrosio Ramírez, Francisco González Bocanegra, Diego José Abad y Luis de Mendizábal; *Entraña poética del himno nacional*, analizado como poema; dos interesantes libros socio-literario-religioso: *Vocabulario y refranero religioso de México, Cien mexicanos y Dios*. Está compilando para la Editorial Jus *Flor y canto de poesía guadalupana*, imprescindible antología en cuyo primer volumen (siglo XX) me enteré de que el famosísimo himno guadalupano ("Mexicanos volad presurosos / del pendón de la Virgen en pos") es nada menos que de José López Portillo y Rojas. *Vida, pasión y muerte del mexicano*, que resultó un *bestseller* (1973, con docenas de reediciones), y sus artículos periodísticos le han dado un público nacional, insólito para un poeta que decidió no irse a la capital.

TOMÁS SEGOVIA

RAMÓN LÓPEZ VELARDE O EL AMOR MÁS ALLÁ DE LA MUERTE

E L EROTISMO DE la poesía de López Velarde es un descubrimiento inevitable, y las lecturas que se hacen de eso tendrán mucho en común. Un aspecto muy visible de ese erotismo es su frecuente asociación con temas religiosos y con elementos de la liturgia. Es por supuesto una asociacion frecuente en la poesía occidental, donde se relaciona entre otras con una evidente tradición que arranca de la poesía trovadoresca. Pero lo que hace que estos lugares comunes sean sin embargo diferentes en cada poeta son sus relaciones con sus otros temas y visiones: la manera de situarse en el conjunto de su mundo poético. En López Velarde hay una manera peculiar de relacionar una experiencia más o menos religiosa de la muerte con los temas eróticos. En el modo de abordar la muerte intervienen seguramente varios motivos: un estilo mexicano de jugar con lo macabro; una descarnada lucidez moderna aprendida por ejemplo en Baudelaire; una reflexión sobre el dogma católico de la resurrección de la carne: en una prosa de *El minutero* ("Oración fúnebre") lo dice claramente: "Uno de los dogmas para mí más queridos, quizá mi paradigma, es el de la Resurrección de la Carne".

El resultado es que López Velarde no introduce la idea de la muerte en la idea del erotismo o del amor, como hacen muchos poetas, sino que lleva un sentimiento erótico hasta el corazón mismo de una imagen bien concreta de la muerte, y eso hasta un extremo que roza casi la necrofilia. No es que vea las relaciones de lo erótico con la muerte, es que tiene relaciones eróticas con *las muertas*. En "El sueño de los guantes negros" (*El son del corazón*), el poeta tiene la visión de la amada resucitada; pero resucitada en toda la literalidad del dogma católico. Por eso puede preguntarle con escalofriante sangre fría:

¿Conservabas tu carne en cada hueso?

En otro poema del mismo libro ("¡Qué adorable manía!"), el mundo, "enamorado mausoleo", se puebla de difuntas en celo,

y un sonoro esqueleto peregrino
anda cual un laúd por el camino...
Por darme el santo y seña, la viajera

se ata debajo de la calavera
las bridas del sombrero de pastora.
En su cráneo vacío y aromático
trae la esencia de un eterno viático.

¿Se trata simplemente de la peculiaridad psicológica de un gusto macabro, o de una búsqueda de lo morboso? No lo creo. Se ha hablado a menudo de un conflicto banal entre los apetitos de este sensual ingenuo y sus aspiraciones a un amor "espiritual" y "puro", reforzadas además por sus convicciones religiosas. Se ha generalizado refiriendo ese conflicto al viejo y confuso prejuicio de nuestra civilización que da por supuesta la superioridad de lo soñado sobre lo vivido, de lo imposible sobre lo efectivo, del encierro en una "interioridad" autosuficiente y autocomplaciente que se preserva del sucio mundo y del turbio tiempo. No tengo la menor duda que López Velarde compartió mucho tiempo gran parte de esas nebulosas ideas, y tal vez hasta el final algunas de ellas; en la prosa de sus primeros años ha amontonado mil veces los más obvios y vacuos lugares comunes sobre lo "ideal" y lo "bajo", especialmente a propósito del amor. Pero a partir de 1915, y a veces antes, su prosa madura casi de golpe. Y sobre todo, aunque puedan encontrarse aun en su prosa más tardía esporádicas recaídas en algunos de los prejuicios más o menos fariseicos de su época, en su poesía (por lo menos en la que él recogió) está ya liberado, casi desde el principio, de esos *tics* mentales: en su poesía (salvo algún pequeño desfallecimiento) López Velarde no tiene opiniones, tiene revelaciones. Él mismo lo dijo: Núñez y Domínguez nos ha relatado cómo declaraba que "su fuerte no era la prosa", y muchas veces protestó (en prosa ingenua) contra la prosaica prepotencia del "intelecto", de la razón y de las ideas deliberadas.

A mí por lo menos, siempre me ha impresionado el contraste entre la sensación de actualidad que produce su poesía y el tono claramente fechado que caracteriza a esa parte de su prosa. No hay más remedio que aceptar a nuestra vez una ingenuidad: que la poesía se mantiene viva más allá de su época porque es "creación", mientras que la prosa no es "más que" construcción consciente y expresión instrumental. No habrá más remedio que suponer que una mentalidad como la de López Velarde se obstina tanto, cuando escribe poesía,

423

en la búsqueda exaltada de la forma verbal que sea el equivalente exacto de las más oscuras y evasivas experiencias, que se coloca de antemano, en esos momentos, más allá de sus ideas, sus hábitos mentales, sus opiniones y hasta sus propósitos. El señor López Velarde, a pesar de su inteligencia, de su voluntad de comprensión, de su probable buena fe, puede sucumbir a veces a ciertos hábitos mentales que todos respiramos diluidos en nuestra atmósfera cultural sin sentir siquiera su presencia, y que le hacen exaltar las buenas costumbres de las señoritas decentes, que repudian hasta las pervertidas innovaciones de la moda; los valores pacatos de una supuesta paz provinciana cuya hipocresía, incluso ya en su época, era fácilmente desenmascarable: las ideas más convencionales sobre las virtudes femeninas y sobre unas bellezas del mundo mecánicamente inventariadas. El poeta López Velarde se mueve entre esos mismos temas, pero al intentar sostenerle la mirada al temible poder del lenguaje, la fascinación de ese poder se apodera de su visión, y entonces ese poeta es menos amigo de sus encantadoras paisanas, de sus respetables maestros, incluso de sus creencias e ideas que de la Verdad. Verdad artística, claro, verdad poética, pero no por ello menos Verdad. Así, las señoritas de buenas costumbres habitan también su poesía; pero aquí son las "Hermanas mías, todas"

y las que en la renuncia llana y lisa
de la tarde, salís a los balcones
a que beban la brisa
los sexos cual sañudos escorpiones.

("A las vírgenes", *Zozobra*)

Esa verdad se va apoderando de toda su persona; se va apoderando del señor que acostumbraba utilizar su prosa para expresar sus opiniones y prejuicios. Lo normal en un poeta es que la poesía le enseñe todo, hasta el verdadero rostro del razonamiento. Cuando en 1916 López Velarde escribe sobre la palabra, es bien consciente de la importancia de esa probidad de la atención que intenta desnudarse de todo su bagaje para de veras *mirar*. "Antes de borrajear el papel", —dice— "hay que consultar cada matiz fugaz del ala de la mariposa [...] Quien sea capaz de mirar estos matices, uno por uno, y capaz también de trasladarlos por una adaptación fiel y total de la palabra al matiz, conseguirá el esplendor auténtico del lenguaje, y lo domeñará." El que escribe esto sabe que ese dominio no es sólo lo que suelen llamar "arte"; es también lo que suelen llamar "pensamiento". "Por eso" —dice frase siguiente— "resulta formidable el poder de los meditativos". ¿No es sorprendente que por eso, por mirar los matices del ala de la mariposa, destaquen no los sensitivos o los exquisitos, sino *los meditativos*? Pero sigue la sorpresa: esos meditativos son "desde el príncipe Góngora hasta Darío y hasta Lugones."

Adonde voy a parar con todo esto es a confesar que nunca me ha convencido esa imagen de un López Velarde doble, encarnación de la figura, para mí bien poco interesante, del alma débil alternativamente pecadora

y arrepentida, personaje que alimenta nuestra hipocresía por sus dos extremos, a la vez cuando nos sentimos noblemente comprensivos al verlo sucumbir a unos "apetitos" que en secreto admiramos (o envidiamos), y cuando aplaudimos unas "elevadas aspiraciones" que inconfesadamente juzgamos ilusorias. Es cierto que el propio López Velarde se ha pintado a sí mismo con esos rasgos, incluso en algunos poemas (pues es claro que la división no es tajante y que a veces el señor particular echa mano a la pluma del poeta). Pero por un lado, incluso esa explicación de su propia personalidad es menos simple de lo que parece; y por otro y sobre todo, su poesía entera apunta como a su plenitud y su cumplimiento a una instalación de la mirada en un nivel donde todo eso queda muy abajo.

Si hemos de distinguir dos rostros de López Velarde, yo distinguiría más bien un López Velarde doble, signo de Leo y signo de Virgo, que es alternativamente "un harem y un hospital", "lucha / de la Arabia Feliz con Galilea", y un López Velarde que no se reduce a uno, pero que precisamente por rico y complejo tampoco se reduce a dos. Su más auténtico emblema, para mí, no es el León y la Virgen; es el "Yo, varón integral" del poema "Todo" de *Zozobra*, que es obviamente una declaración de principios. No olvidemos que en el poema donde él mismo se representó con el León y la Virgen, lo que dice es: "Me revelas la *síntesis* de mi propio zodíaco..." Esa síntesis, esa unidad de la "santa persona" que es el "varón integral", la ha expresado innumerables veces: en su poesía de madurez sería fácil encontrar uno o más ejemplos cada dos o tres páginas; pero puesto que están al alcance de cualquier lector, me limitaré a citar un solo poema, "El mendigo", de *Zozobra*: "Soy el mendigo cósmico y mi inopia es la suma / de todos los voraces ayunos pordioseros". La suma, no la oposición; "mi alma y mi carne trémulas imploran" y con ese "sacro apetito", "Saboreo mi brizna heteróclita": un solo apetito, una sola brizna, uno y otra sagrados y trémulos, sabrosos y heteróclitos.

Pues lo característico, a mi entender, de esa poesía, lo que hace que su visión del erotismo sea efectivamente original, no es la comprobación, simple punto de partida, de que hay en nuestras vidas amores que no alcanzan una realización carnal, y actos carnales que no nos atreveríamos a llamar amor; sino la búsqueda de un nivel donde asome el sentido de ese sinsentido.

Es cierto que si, a primera vista, parecen ofrecérsenos dos caminos para esa superación: erotizar los amores "castos", o "sublimar" los actos carnales, López Velarde da la impresión de no explorar más que el primero; puede decirse que las "consabidas náyades arteras" quedan abandonadas a su triste tiniebla y el poeta no dedica grandes esfuerzos a redimirlas o comprenderlas. Claro que, como de costumbre, esto no es tan tajante, y siempre es posible encontrar rastros del otro recorrido. Por lo menos en un nivel muy general sí equipara a veces esas dos direcciones:

> Si digo carne o espíritu,
> paréceme que el diablo
> se ríe del vocablo;

por lo menos negativamente la carne y el espíritu son igualmente dignos —de dar risa al diablo. Pero sigue siendo innegable que es el enigma del amor "casto" lo que lo obsesiona:

> El enigma de amor se veló entero
> en la prudencia de tus guantes negros..

¿No es natural que así sea? ¿No reaparece aquí ese cambio de nivel que hemos señalado, no en la dualidad de uno y otro polo, sino en la asimetría de esa dualidad misma y una no–dualidad? Entre la "náyade artera" y la tejedora "que teje / en un limbo sentimental" hay asimetría porque (para decirlo en términos de una psicología que el propio López Velarde podría suscribir), aun cuando pudiéramos de veras amar a la "náyade artera" que deseamos carnalmente, nos consta que también podemos no amarla; mientras que a la amada casta nos consta que no podemos no desearla carnalmente. O para ponerlo en términos más rudimentarios, los que utilizarían probablemente muchos caballeros del círculo de López Velarde: no es extraña tenerles ganas a las "náyades arteras"; lo que es turbador es que también le tenemos ganas a la noviecita ideal y casta. Y mucho más turbador (para esos caballeros) que ellas nos tengan ganas a nosotros.

Pero lo diremos en un estilo más "serio", por si algún lector ignora que la sonrisa y la lucidez no se excluyen: si hay un conflicto (y puede dudarse) entre el deseo carnal y la "simpatía" asexuada, entre *eros* y *filia*, su resolución no puede consistir en sumar indiferentemente lo uno a lo otro o lo otro a lo uno. El "verdadero" deseo, experiencia que se nos da como *una* experiencia que no es ni la del puro "instinto" ni la de la incorpórea concordia de los "espíritus"; lo que con un término lopezvelardiano llamaríamos enamoramiento, que no es el producto de un impulso carnal más una simpatía, sino originariamente y de una vez enamoramiento, sentimiento total donde sólo después podríamos separar lo uno de lo otro; esa vivencia global no la vivimos, a pesar de ciertas confusiones modernas, como "sublimación" de una sexualidad instintiva; pero tampoco como erotización de una etérea simpatía que, bien lo sabemos, nunca estuvo deserotizada.

La "sublimación", me permitiré decirlo de manera perentoria, es una falacia metodológica. No es este el lugar de dar mis argumentos de este juicio (lo he hecho, mal que bien, en otros lugares). Aquí me basta decir que esa perspectiva es la de López Velarde. Sin duda cree en el "instinto" —aunque él lo llamaría más probablemente "apetito". A mi entender es un error, no porque objetivamente sea o no sea correcto, sino porque es una idea general que acepta sin examen en su universo y cuya corrección sería seguramente más fecunda para ese universo. Pero lo que está claro en su actitud es que si hay "apetito", entonces la "sublimación" no lleva a ningún sitio. La síntesis está ya de golpe: es el enamoramiento, esa "simpatía" desde siempre y para siempre erotizada, ese "apetito" que desde el comienzo adora a la apetecida.

Es *casi* verdad que hay un López Velarde bipolar que pasa de las quejas ante las irresistibles tentaciones de la carne a la nostalgia de una supuesta inocencia perdida. (Y si digo *casi* es porque no creo que haya en su poesía, por lo menos después de la adolescencia, un solo texto que se atenga exclusivamente a ese nivel.) Pero hay otro López Velarde que, lejos de fluctuar entre el apetito y el arrepentimiento, está desde siempre fascinado, fijos los ojos en ese "enigma de amor" que se vela *entero* —pero que también, en la medida en que se revela, se revela entero. Para enfrentarse, en la desnudez de la mirada y la desnudez del lenguaje esencial, a "cada matiz fugaz" de ese enigma, no ha tenido que esperar a ese amor capitalino de su última época, ahora bien documentado por sus biógrafos. Siempre ha sabido que Eros es un solo dios y no la asociación de conveniencia de dos ídolos celosos. Siempre ha sabido que es el amor mismo, el amor más "sublime", el amor "espiritual", el que es carnal. El enigma está ahí, y no en la alternancia o incluso la mezcla de un impulso carnal y una aspiración desencarnada; el enigma no es el "instinto" sino el deseo. El misterio no es el apetito de placer, sino el apetito de amor.

Pero la tentación del intelecto es que simplificar es simple. Nos da pereza "consultar cada matiz fugaz"; la exigencia de "adaptación fiel y total" de la palabra poética tiene que consultar la vida de la carne en sus matices, más allá de su fórmula simplificada. Ya en los poemas de *La sangre devota* dedicados a Fuensanta, "pobrecilla sonámbula", esa palabra rezuma sensualidad: Me siento bien, dice el poeta, "en la aromática / vecindad de tus hombros, y en la limpia / fragancia de tus brazos"; te prefiero "por la frescura de tus manos gratas", y porque "eres un lampo entre las fauces lóbregas / de mi apetito", quisiera "santificar las horas / quedándome a dormir en la almohada / de tus brazos sedeños"; ese amor lo es en todos los sentidos, sólo que de un estilo peculiar, "suspirante y sobrio": eres una "cohibida / escanciadora" y una "aliada tímida [...] como una flor que se transfigurase / en el ocaso, como en un lecho", y "por ese suspirante y sobrio estilo / de amor, te reverencio", sabiendo que podría perfectamente "sacudirte en un loco vértigo / por lograr que cayera sobre mí tu caricia".

425

Esos poemas dicen que el enamorado acepta renunciar a la realización carnal de su amor; que el amor puede seguir siendo amor *a pesar* de esa parte faltante. Pero no *por eso*. No dicen nunca que la verdad del amor sea la veneración desencarnada y no el deseo en toda la plenitud de su sentido. El deseo puede no cumplirse, pero no puede negarse. Justamente por eso no es del mismo orden que las necesidades "naturales". Porque en otro sentido se cumple siempre: a pesar de Platón, el deseo no es simple carencia, impronta en hueco de una necesidad. Aunque coexista con un impulso hacia una satisfacción, él mismo no es sólo una especie de hambre, sino a la vez una especie de hartura. Nadie se ha muerto nunca de no amar, ni siquiera de no fornicar. Lo que el deseo desea es radicalmente innecesario, y por eso su existencia propia no es sólo la ausencia de lo que le falta, sino una presencia en sí misma. Al que desea le envidiamos el hecho mismo de desear, aunque fracase, pero al hambriento no le envidiamos el hambre. Así es posible, incluso casi inevitable, desear el deseo, mientras que no hay un hambre del hambre. El enamorado de Fuensanta no niega su propio deseo, aunque respeta la timidez o la confusión de ella. No sin impaciencia a veces: "¿Imaginas acaso / mi amargura impotente?" "Yo no sé si estoy triste / [...] porque nuestros mustios corazones / nunca estarán sobre la tierra juntos"; "y pensar que pudimos / [...] apurar en un beso / la comunión de fértiles veranos"; pero (como le dirá por esas mismas fechas, ya en *Zozobra*) "despilfarras el tiempo y la emoción", y ante ese "ínclito derroche [...] algo / muy hondo en mí se escandaliza y llora." "¿Qué será lo que espero?", se pregunta ese paciente enamorado. Pero su fortaleza será justamente no contestar, comprender que eso no es un problema, mucho menos un engaño, sino el enigma mismo: "vuélvese un hondo enigma / lo que de ti persigue mi esperanza."

Fuensanta no es el polo opuesto de la "náyade artera"; no es la severa censora del erotismo de su enamorado, sino su "aliada tímida". Todos los poemas dedicados a ella presuponen que, a los ojos de él, ella tiene razón pero se equivoca. De acuerdo, no hagamos el amor; de acuerdo, quédate con tu doncellez; pero no niegues que eres mi aliada; no niegues que ese estilo "suspirante y sobrio" es un "estilo / de amor". Y es también (no lo niegues) un estilo de *hacer* el amor. No que sustituya o invalide el acto carnal propiamente dicho. Es cierto que los modos en que este amante respetuoso "posee" a la amada: la fragancia, la limpieza, el deshacerse en escarcha, la aromática vecindad, son también modos carnales; pero hay que confesar honestamente que no son lo mismo que el acto sexual estricto. No es que sea mejor o más elevado prescindir de esa realización sexual, que valga más renunciar al cumplimiento del deseo para que no desaparezca, menos aún que el "verdadero" amor no tenga deseos. Pero el ser humano, al entrar en el deseo mutuo de la pareja, y asumirse como tal ser deseante mutuo, ha pasado ya un umbral decisivo y está en esa comarca donde se habla del idioma del amor humano, y ese idioma es el del deseo carnal. Cumplir ese deseo en un acto sexual es trasponer otro umbral, pero de esa misma comarca. Es verdad que en cierto modo el deseo mutuo asumido pero sin cumplimiento sexual es un sustituto de ese cumplimiento. Si se tratara de un apetito en sentido literal, de un equivalente del hambre, sería un triste sustituto. Pero el deseo es un idioma, uno de los idiomas básicos del hombre. Esa sustitución es también una figura, y lo que está figurado en una figura no queda suprimido por ella, sino realizado en ella. La sustitución en el orden del sentido no es como en el orden de las cosas. Una metáfora no excluye el sentido original, ni lo oculta; lo encarna y lo revela. En la literalidad del apetito, devorarse con los ojos, beberse las palabras y abrasarse con las miradas no es en absoluto lo mismo que realizar el acto sexual, y negar esa diferencia es mentirse. Pero en el mundo significativo del deseo (deseo carnal, se entiende) esa realización figurada es por supuesto imaginaria, pero no ilusoria: pues en el coito mismo los amantes verdaderos hacen *el amor* más allá del coito. El cumplimiento del *deseo* carnal es la realización figurada de la satisfacción del apetito. Pero es que en el mundo del sentido, en el mundo humano, no sólo las realizaciones figuradas son efectivamente realizaciones, sino que todas las realizaciones son efectivamente figuradas.

Se ve entonces, espero, cómo las novias castas, las vírgenes de provincia, las náyades arteras, la citadina seductora, las muertas adorables podrían mirarse como aspectos de un mismo universo coherente. Porque la muerte misma, humanamente, es una figura. El animal que somos pasa a ser un cadáver; el hombre que somos pasa a ser el ausente, el añorado, o por lo menos el compadecido. Su muerte no está en la desintegración de sus tejidos, está en el dolor de los que lo amaron, acaso en el alivio de los que lo odiaron, en la exigencia de fidelidad que sienten los que piensan en él, todo lo cual son hechos de sentido y no cosas: ni el dolor ni el alivio pesan en ninguna balanza ni desplazan ningún volumen. En ese mundo la ausencia no es la misma que la de las cosas. Desde la sexualidad hasta la política, desde el paladeo o el asco hasta la moral o la estética, todo lo humano es significación, o sea que existe en un universo donde la relación de la ausencia y la presencia no es la misma que en el mundo natural (es por eso, además, por lo que no pesa en las balanzas ni desplaza los volúmenes). El significado de una palabra está "presente" en su sonido, pero no como el peso o la temperatura están presentes en una piedra; porque a la vez está "ausente", pero tampoco como la piedra de al lado está ausente de ésta. También mi simpatía está y no está en mi mirada complacida y mi amor en mis caricias o mis palabras tiernas.

Pero el ejemplo canónico de lo que está sin estar han sido siempre los muertos. Puede decirse que el mundo humano es ese mundo donde convivimos con los muertos. Si no fuera posible convivir hoy con López Velarde tampoco sería posible nada de lo que es propio del hombre: ni la historia, ni el lenguaje, ni el pensamiento, ni el crecimiento del saber. Si a López Velarde no le fuera posible amar a Fuensanta muerta tampoco

426

le sería posible escribir, ni siquiera hablar, ni por supuesto amar a cualquier otra. Pero más que ningún otro ha comprendido que amarla sin ir con ella a la cama era ya parecido a amarla muerta, y sin embargo eso no excluía la figura del cumplimiento del deseo, que como todas las figuras, figura carnalmente lo figurado; porque no sólo la frescura y la aromática vecindad y las miradas son carnales; las palabras mismas lo son. Entonces el poeta puede "honrarla en el espanto"; puede incluso besarla en el espanto:

mis besos te recorren en devotas hileras
encima de un sacrílego manto de calaveras
como sobre una erótica ficha de dominó

("Te honro en el espanto", *Zozobra*)

Y no es extraño que pueda erotizar a una muerta un lenguaje capaz de erotizar una ficha de dominó. Para el dueño de ese lenguaje el mundo entero y la historia entera están erotizados:

La redondez de la Creación atrueno
cortejando a las hembras y a las cosas
con el clamor pagano y nazareno

("El son del corazón")

En lo que hemos llamado la coherencia de ese universo, es esa ilimitada expansión del erotismo, y no su bipartición, la que guía su desciframiento del mundo, como él mismo dijo cuando se defendió contra los que lo acusaban de no comprender nada sino a través de la mujer. Su sentido de la unidad de la historia —expresado en imágenes simples como el del "varón integral / nutrido en el panal / de Mahoma / y en el que cuida Roma / en la Mesa Central", o la del "soliloquio intranquilo / de la Virgen María en la Pirámide"— es coherente con su sentido de la unidad del deseo; es la comunidad de muertos y vivos, como la otra es la comunidad de las deseadas conseguidas y no conseguidas; es la continuidad del tiempo humano, donde esa peculiar transitividad que llamamos significación asegura el paso desde un elemento hasta otro que no lo sustituye tomándole el lugar, sino tomándole el relevo; donde el pasado no está ausente como está ausente el pasado de un hecho físico, sino como antecedencia heredada y figuración del presente. Negar eso es demagogia: "Para nuestra demagogia", dice López Velarde, "el presente no se nutre del pasado ni mira al porvenir. [...] El hoy de esas gentes primarias es un hoy hipotético, de generación espontánea y que se prolonga fuera del arco terrestre, en una tangente de ira y de obcecación" ("Los obreros equilibristas", *El don de febrero...*).

Y entonces el sello de testamento poético que toma "La suave patria" por ser el último poema de su obra y la última visión de su vida tiene un sentido más generalmente humano. Contra la patria de la demagogia, la patria "suave" se ama "no cual mito / sino por [su] verdad de pan bendito"... Se le pide que sea "fiel a su espejo diario", pero esa vida diaria es la de un hoy no

hipotético, un hoy que no se sale por la tangente sino que arraiga en "el arco terrestre". Ese es el minuto verdadero, el minuto en su cogollo de tiempo unitario al que se refiere en el poema "Todo":

Uno es mi fruto:
vivir en el cogollo
de cada minuto.

La descripción de la patria "suave" va a ser entonces un relato de ternura, una conversación sonriente y llena de guiños traviesos, casi un coqueteo con esa patria obviamente femenina. No creo que exista un poema patriótico más juguetón e irónico. Las figuras de esa patria son en general escenas cotidianas, vistas a menudo con los ojos de un niño, y tienen casi siempre un aire de estampa infantil o de grabado ingenuo. Son su "espejo diario" que, taladrado en un hilo continuo como las cuentas del rosario, es más feliz que la patria. La patria es siempre desdichada; todas las patrias. Pero la felicidad es su espejo diario. No su retrato: su imagen; no su definición objetivada en un hoy hipotético o en un mañana demagógico: sí figura diaria y terrestre, según una ley que no es la de la literalidad sino la de la fidelidad.

Para mí no ofrece duda que esa patria que él llama "suave" es la que constituyen los seres humanos concretos con el indiagramable tejido, infinitamente polimorfo y nunca estabilizado, de sus relaciones, sus acciones, sus juicios, sus deseos, antes y después y por debajo de la patria oficial. Ese espacio, obviamente social pero donde lo social rebasa siempre sus propias instituciones, en el cual cada uno vive su vida como algo impregnado hasta su fondo de la invasora presencia de los otros, y sin embargo como vida propia y destino único; ese espacio que llevamos con nosotros hasta el interior de las instituciones, y donde seguimos viviendo nuestra vida y no la de la institución incluso cuando ella se apodera enteramente de nosotros. La porción de nuestra vida que sucede allí, que se muestra allí como vicisitudes de lo humano, no se reduce al amor y a la muerte: pero el amor y la muerte son sus rostros más visibles y generalizados. Todos sabemos que para la institución nuestra muerte no es nada, como no es nada nuestro amor. Pero todos sabemos que en otro nivel es tremendamente significativa. Ese saber pueden compartirlo con nosotros los que nos aman. Morir fuera de ese nivel es morir como un perro. La muerte humana es la que muere para el amor, como el amor humano es el que ama, el que desea "en el crítico umbral del cementerio". Leyendo a López Velarde lo sabemos un poco mejor.

Acknowledgments

Gallardo Ballacay, Andrés. "Andrés Bello y la conciencia del idioma." *Nueva Atenea* 445 (1982): 123–36. Reprinted with the permission of *Nueva Atenea*.

Foster, David William. "Paschal Symbology in Echeverría's *El matadero.*" *Studies in Short Fiction* 7 (1970): 257–63. Reprinted with the permission of Newberry College.

Lojo, María Rosa. "*El matadero* de Esteban Echeverría: La sangre derramada y la estética de la 'mezcla.'" *Alba de América* 9 (1991): 41–63. Reprinted with the permission of the Instituto Literario y Cultural Hispanico.

González Echevarría, Roberto. "Redescubrimiento del mundo perdido: El *Facundo* de Sarmiento." *Revista iberoamericana* 54: 143 (1988): 385–406. Reprinted with the permission of the International Institute of Ibero–American Literature.

Goodrich, Diana S . "From Barbarism to Civilization: Travels of a Latin American Text." *American Literary History* 4 (1992): 443–63. Reprinted with the permission of Oxford University Press.

Gold, Janet N. "The Feminine Bond: Victimization and Beyond in the Novels of Gertrudis Gómez de Avellaneda." *Letras femeninas* 15 (1989): 83–90. Reprinted with the permission of *Letras femeninas*.

Santos, Nelly E. "Las ideas feministas de Gertrudis Gómez de Avellaneda." *Revista/ Review interamericana* 15 (1975): 276–81. Reprinted with the permission of Universidad Interamericana de Puerto Rico.

Vera-León, Antonio. "Juan Francisco Manzano: el estilo bárbaro de la nación." *Hispamérica* 20: 60 (1991): 3–22. Reprinted with the permission of *Hispamérica*.

Molloy, Sylvia. "From Serf to Self: The Autobiography of Juan Francisco Manzano." *Modern Language Notes* 104 (1989): 393–417. Reprinted with the permission of Johns Hopkins University Press.

Rodríguez-Peralta, Phyllis. "Liberal Undercurrents in Palma's *Tradiciones peruanas.*" *Revista de estudios hispánicos* 15 (1981): 283–97. Reprinted with the permission of *Revista de estudios hispánicos*.

Puccini, Darío. "La doble oralidad y otras claves de lectura de Ricardo Palma." *Revista de crítica literaria latinoamericana* 23 (1984): 263–68. Reprinted with the permission of *Revista de crítica literaria latinoamericana*.

Andreu, Alicia G. "Una nueva aproximación al lenguaje en las *Tradiciones peruanas* de Ricardo Palma." *Revista de estudios hispánicos* 23, no.2 (1989): 21–36. Reprinted with the permission of *Revista de estudios hispánicos*.

Borello, Rodolfo A. "La originalidad del *Martín Fierro*." *Cuadernos hispanoamericanos* 437 (1986): 65–84. Reprinted with the permission of the Instituto de Cooperación Iberoamericana.

Dorra, Raúl. "*Martín Fierro*: la voz como forma del destino nacional." *Dispositio* 15: 40 (1990): 95–105. Reprinted with the permission of the University of Michigan, Department of Romance Languages.

Rodríguez-Peralta, Phyllis. "González Prada's Social and Political Thought." *Revista interamericana de bibliografía* 30 (1980): 148–56. Reprinted with the permission of the Organization of American States.

Perera San Martín, Nicasio. "El cocoliche en el teatro de Florencio Sánchez: descripción, elementos de evaluación estilística." *Bulletin Hispanique* 80 (1978): 108–22. Reprinted with the permission of Editions Biere.

Fernández Retamar, Roberto. "José Martí en los orígenes del antimperialismo latinoamericano." *Casa de las Américas* 25: 151 (1985): 3–11. Reprinted with the permission of Institute Cubano del Libro.

Molloy, Sylvia. "His America, Our America: José Martí Reads Whitman." *Modern Language Quarterly* 57 (1996): 369–79. Reprinted with the permission of *Modern Language Quarterly*.

Villanueva-Collado, Alfredo. "Gender Ideology and Spanish American Critical Practice: José Asunción Silva's Case." *Translation Perspectives* 6 (1991): 113–25. These essays were first presented at a SUNY Conversation in the Disciplines in 1991 and subsequently printed in *Translation Perspectives* VI. Reprinted with the kind permission of the copyright holder the Research Foundation of the State of New York.

Ortega, Bertín. "Gutiérrez Nájera y sus contemporáneos: afrancesamiento vs. nacionalismo." *Texto crítico* 14, no.38 (1988): 118–26. Reprined with the permission of Universidad Veracruzana.

Kirkpatrick, Gwen. "Technology and Violence: Casal, Darío, Lugones." *Modern Language Notes* 102 (1987): 347–57. Reprinted with the permission of Johns Hopkins University Press.

Jrade, Cathy L. "Socio-Political Concerns in the Poetry of Rubén Darío." *Latin American Literary Review* 18 (1990): 36–49. Reprinted with the permission of the *Latin American Literary Review*.

Blanco Aguinaga, Carlos. "La ideología de la clase dominante en la obra Rubén Darío." *Nueva revista de filología hispánica* 29 (1980): 520–55. Reprinted with the permission of Colegio de México.

Scarano, Laura Rosana. "La concepción metapoética de Darío en *Cantos de vida y esperanza*." *Revista de estudios hispánicos* 12 (1985): 147–67. Reprinted with the permission of *Revista de Estudios Hispánicos*, (Puerto Rico).

Cavallari, Héctor M. "El *Lunario sentimental,* de Leopoldo Lugones: parodia textual y configuración discursiva." *Revista iberoamericana* 52, no.137 (1986): 895–907. Reprinted with the permission of the International Institute of Ibero–American Literature.

Kirkpatrick, Gwen. "The Limits of *Modernismo*: Delmira Agustini and Julio Herrera y Reissig." *Romance Quarterly* 36 (1989): 307–14. Reprinted with the permission of the Helen Dwight Reid Educational Foundation. Published by Heldred Publications, 1319 Eighteenth St., N.W., Washington, D.C. 20036–1802. Copyright 1989.

Norat, Gisela. "Vampirismo, sadismo y masoquismo en la poesía de Delmira Agustini." *Lingüística y literatura* 17 (1990): 152–64. Reprinted with the permission of *Lingüística y literatura*.

Zaid, Gabriel. "Un amor imposible de López Velarde." *Vuelta* 110 (1985): 7–17. Reprinted with the permission of Amigos del Arte A.C.

Segovia, Tomás. "Ramón López Velarde o el amor más allá de la muerte." *Vuelta* 150 (1989): 19–23. Reprinted with the permission of Amigos del Arte A.C.